Macroéconomie quantitative et théorie des fluctuations

Business & Innovation

Vol. 32

La création de nouvelles activités, de nouveaux modes de production et de consommation, de nouveaux biens et services, de nouveaux marchés, de nouveaux emplois, etc. repose aussi bien sur l'action héroïque des entrepreneurs que sur la stratégie des grandes entreprises qui se déploient sur une échelle mondiale. L'innovation et les affaires sont intrinsèquement liées. Trois grandes thématiques seront particulièrement privilégiées : Entrepreneuriat, entreprise, innovation et développement durable ; Innovation et réseaux ; L'Innovation dans un contexte global. Les rapports synergiques entre entrepreneuriat innovant, stratégies des firmes et politiques d'innovation constituent un axe majeur dans le changement des paradigmes technologiques et la modification des structures économiques et sociales des pays riches et moins riches. Dans la collection sont publiés en français ou en anglais des ouvrages d'économie, de management et de sociologie de l'innovation, du changement et de l'entrepreneur dans une perspective locale, nationale et internationale.

La collection bénéficie de l'appui du Réseau de Recherche sur l'Innovation.

Elachhab Fathi

Macroéconomie quantitative et théorie des fluctuations

Applications aux pays en développement

PETER LANG
Bruxelles - Berlin - Chennai - Lausanne - New York - Oxford

Information bibliographique publiée par "Die Deutsche Bibliothek".
"Die Deutsche Bibliothek" répertorie cette publication dans la "Deutsche National-bibliografie"; les données bibliographiques détaillées sont disponibles sur le site
<http://dnb.ddb.be>.

ISBN 978-2-87574-922-2 • ISSN 2034-5402
E-ISBN 978-2-87574-923-9 (ePDF) • E-ISBN 978-2-87574-924-6 (EPUB)
DOI 10.3726/b21563 D/2024/5678/04

Publié par Peter Lang Éditions Scientifiques Internationales - P.I.E., Bruxelles, Belgique

info@peterlang.com http://www.peterlang.com/

Cette publication a fait l'objet d'une évaluation par les pairs.

Sommaire

Introduction générale 23

PARTIE 1 Macroéconomie du Cycle économique

CHAPITRE 1 Du cycle d'affaires au cycle de croissance 33

CHAPITRE 2 Les explications théoriques du cycle économique : Approche endogène vs approche exogène 61

CHAPITRE 3 Politique macroéconomique au cours du cycle : stabilisation et lissage des fluctuations 135

PARTIE 2 Repérage, Caractérisation et Mesures Empiriques du Cycle Economique

CHAPITRE 4 Décomposition Tendance-Cycle : Méthodes statistiques d'estimation du cycle économique 177

CHAPITRE 5 Datation des points de retournement du cycle économique : Méthodes paramétrique vs méthodes non paramétriques 225

CHAPITRE 6 Caractérisation statistique du cycle économique et analyse des co-mouvements 249

PARTIE 3 Macro-économétrie du Cycle Economique

CHAPITRE 7 La modélisation VAR : un cadre privilégié pour l'analyse des sources d'impulsion à l'origine des fluctuations 289

CHAPITRE 8 La prévision des points de retournement du cycle économique 331

PARTIE 4 Les modèles d'Equilibre Général Dynamique et Stochastique (DSGE): Fondements Théoriques, Résolution Approchée et Utilisations Pratiques

CHAPITRE 9 Les Modèles d'Equilibre Général Dynamique et Stochastique (DSGE): de la modélisation RBC aux nouveaux paradigmes keynésiens 377

CHAPITRE 10 Les méthodes de résolution approchée : Méthodes linéaires vs méthodes non linéaires 411

CHAPITRE 11 Détermination des paramètres structurels des modèles DSGE: Estimation vs calibrage 489

CHAPITRE 12 Les modèles d'Equilibre Général Dynamique et Stochastique : Les Utilisations Pratiques 511

Table des matières

Introduction générale 23
Un ouvrage de référence 25
Contenu et plan de l'ouvrage 26
Présentation des chapitres et publics concernés 30

PARTIE 1 Macroéconomie du Cycle économique

CHAPITRE 1 Du cycle d'affaires au cycle de croissance 33

1. Introduction 33
2. Positionnement cyclique : l'approche ABCD 35
   2.1. Le cycle classique ou le cycle d'affaires (business cycle) ... 35
      2.1.1. Le cycle classique : une définition 35
      2.1.2. Morphologie du cycle classique 39
   2.2. Le cycle en déviation ou le cycle de croissance (growth cycle) 43
      2.2.1. Le cycle de croissance 43
      2.2.2. Morphologie du cycle de croissance 46
3. Les régularites cycliques 49
   3.1. Les faits stylisés 49
   3.2. Les co-variations avec le cycle du PIB 52
   3.3. Le différentiel de volatilité 54
4. Conclusion 58

CHAPITRE 2 Les explications théoriques du cycle économique : Approche endogène vs approche impulsion-propagation 61

1. Introduction 61
2. L'approche endogène du cycle économique 64

2.1. Cycles endogènes et déséquilibres des marchés 65
2.1.1. Le multiplicateur-accélérateur de Samuelson et déséquilibres sur le marché des biens 65
2.1.2. Le modèle proie-prédateur de Goodwin et déséquilibres sur le marché du travail 69
2.2. Cycles endogènes et marchés en équilibre 73
2.2.1. Fluctuations endogènes déterministes 74
2.2.1.1. L'équilibre dynamique de prévision parfaite 76
2.2.1.2. Existence des cycles périodiques 77
2.2.2. Fluctuations endogènes aléatoires et équilibres à taches solaires 81
2.2.2.1. Le cadre d'analyse 83
2.2.2.2. L'existence des équilibres à taches solaires : l'indétermination de l'équilibre 85
3. Cycle endogène et dynamique chaotique 89
3.1. Chaos déterministe, sensibilité aux conditions initiales et attracteurs étranges 90
3.2. Non linéarité et dynamique chaotique 94
3.2.1. La cascade des bifurcations 97
3.2.2. Orbites apériodiques et apparition du chaos 101
3.3. Dynamique chaotique et équilibre de marchés 107
4. L'approche semi-endogène ou l'approche impulsion-propagation 109
4.1. La théorie des cycles monétaires à l'équilibre 112
4.1.1. Un modèle canonique de cycle à l'équilibre 113
4.1.2. Théorie des cycles monétaires à l'équilibre et les fluctuations observées 115
4.2. La théorie des cycles réels 117
4.2.1. Un modèle canonique du cycle réel 122
4.2.1.1. Le programme d'optimisation des agents 123
4.2.1.2. La dynamique macroéconomique 126
4.2.2. Deux mécanismes de propagation des chocs : l'accumulation du capital et la substitution inter-temporelle du travail 126
5. Conclusion 128

CHAPITRE 3 Politique macroéconomique au cours du cycle : stabilisation et lissage des fluctuations 135

1. Introduction 135
2. Politique budgétaire et cycle économique 139
   2.1. Les stabilisateurs automatiques 139
      2.1.1. Les avantages des stabilisateurs automatiques 142
      2.1.2. Les inconvénients des stabilisateurs automatiques 142
   2.2. La Politique budgétaire discrétionnaire 144
      2.2.1. La politique budgétaire discrétionnaire : un aperçu général 144
      2.2.2. Les grands défis à la politique budgétaire discrétionnaire: la taille du multiplicateur budgétaire et le risque de pro-cyclicité 146
         2.2.2.1. L'ampleur des multiplicateurs budgétaires 146
            A. La taille des multiplicateurs varie en fonction de l'environnement économique du pays 148
            B. La taille des multiplicateurs varie en fonction de la position dans le cycle économique 151
         2.2.2.2. Le risque de pro-cyclicité de la politique budgétaire 153
   2.3. L'efficacité des mesures discrétionnaires : la règle des trois T 156
3. Politique monétaire et cycle economique 158
   3.1. La politique monétaire est elle encore efficace pour lisser le cycle économique? 160
   3.2. les canaux de transmission de la politique monétaire 162
4. Conclusion
   Sortir des plans de relance 169

PARTIE 2 Repérage, Caractérisation et Mesures Empiriques du Cycle Economique

CHAPITRE 4 Décomposition Tendance-Cycle : Méthodes statistiques d'estimation du cycle économique .. 177

1. Introduction 177
2. Les méthodes non-structurelles uni-variées d'extraction de la tendance 181
   - 2.1. Les méthodes de filtrage 182
     - 2.1.1. Le lissage par moyenne mobile 182
     - 2.1.2. Le filtre de Hodrick-Prescott (HP) 183
       - A. Le filtre Hodrick-Prescott : les principes de base 184
       - B. Analyse spectrale du filtre Hodrick-Prescott 187
       - C. Limites du filtre Hodrick-Prescott 189
     - 2.1.3. Le filtre Passe- Bande de Baxter et King 195
       - A. Filtre Passe-Bas et filtre Passe-Haut 196
       - B. Le filtre Passe-Bande 199
       - C. Limites du filtre Passe-Bande 203
   - 2.2. Les méthodes mixtes ou hybrides 204
     - 2.2.1. Les modèles à composantes inobservables 204
       - A. La dynamique de la tendance 205
       - B. La dynamique du cycle 206
       - C. Estimation du modèle 207
       - D. Limites des modèles à composantes inobservables 211
     - 2.2.2. La décomposition de Beveridge-Nelson 211
3. Les méthodes non-structurelles multivariées d'extraction de la tendance 214
   - 3.1. Le filtre Hodrick-Prescott multi-varié (HPMV) 215
     - 3.1.1. Le filtre HPMV : le programme général 215
     - 3.1.2. Les équations structurelles 217
     - 3.1.3. Procédure d'estimation 217
     - 3.1.4. Remarques finales 218

3.2. Le modèle multi-varié à composantes inobservables 219
4. Conclusion 221

CHAPITRE 5 Datation des points de retournement du cycle économique : Méthodes paramétrique vs méthodes non paramétriques 225

1. Introduction 225
2. Les méthodes univariées de datation du cycle économique ... 229
2.1. La procédure non paramétrique de Bry-Boschan 229
2.2. La méthode paramétrique de changement de régime markovien 237
2.2.1. Un modèle simple de changement de régime markoviens 237
2.2.2. La construction d'une chronologie du cycle économique 239
3. Les méthodes multi-variées de datation du cycle économique 241
4. Conclusion 245

CHAPITRE 6 Caractérisation statistique du cycle économique et analyse des co-mouvements 249

1. Introduction 249
2. Caractérisation du cycle économique: la règle des 3D 250
2.1. Durée, amplitude et formes des phases cycliques 251
2.1.1. La conjecture théorique 251
2.1.2. Durée, Amplitude et forme des phases cycliques : cas du cycle tunisien 254
2.2. La diffusion 258
3. L'analyse des co-mouvements : la synchronisation cyclique .. 260
3.1. Les déterminants de la synchronisation cyclique 261
3.1.1. Synchronisation et transmission des chocs idiosyncratiques 263
A. L'intégration commerciale 263
B. L'intégration financière 264

3.1.2. Synchronisation cyclique et importance des chocs communs 265
3.1.3. Synchronisation cyclique et similarité des politiques économiques : cas d'une union monétaire 265
3.2. Synchronisation des cycles et union monétaire en Afrique 271
3.2.1. La synchronisation des cycles : condition conséquence de l'intégration monétaire 271
3.2.2. Le découplage des cycles en Afrique : un obstacle à la création d'unions monétaires ? 272
4. Conclusion 281

PARTIE 3 Macro-économétrie du Cycle Economique

CHAPITRE 7 La modélisation VAR : un cadre privilégié pour l'analyse des sources d'impulsion à l'origine des fluctuations 289
1. Introduction 289
2. La modélisation VAR 292
2.1. le cadre méthodologique 292
2.2. L'identification des chocs 294
2.2.1. L'identification des chocs par la décomposition de Choleski 296
2.2.2. Les contraintes identifiantes 297
A. Les restrictions instantanées 297
B. Les restrictions de long terme 297
2.2.3. Perfectionnement de la méthode d'identification 298
2.3. Analyse structurelle 301
2.3.1. La décomposition de la variance de l'erreur de prévision 301
2.3.2. Les fonctions de réponse aux chocs 302
3. La modélisation VAR et les interdépendances internationales : les modèles VAR Global 305
3.1. Le cadre méthodologique 306
3.2. La construction du VAR Global 308
3.3. Conditions préalables à l'estimation du modèle 312

3.4. L'analyse dynamique du modèle: les fonctions généralisées de réponses impulsionnelles et la décomposition généralisée de l'erreur de prévision 313
3.4.1. Les fonctions généralisées de réponses impulsionnelles (GIRF) 314
3.4.2. Décomposition généralisée de la variance de l'erreur de prévision 315
4. Les VAR Bayésiens 317
4.1. La Statistique Bayésienne 317
4.1.1. Généralité sur la statistique Bayésienne 317
4.1.2. Le choix de l'information a priori 320
A. L'information est fondée sur des données antérieures 321
B. L'information est subjective 321
C. Lois a priori non informatives 321
4.2. Statistique Bayésienne et modélisation VAR 322
4.2.1. La modélisation VAR Bayesienne comme réponse au problème de sur-identification 322
4.2.2. Principe d'estimation Bayésienne 324
4.2.3. Simulation de Monte Carlo et intégration numérique de la densité postérieure: l'échantillonnage de Gibbs 325
4.2.4. Distribution à priori pour les paramètres 326
A. Le prior de *Litterman/Minnesota* 326
B. Le prior *Normal/Wishart* 327
5. Conclusion 327

CHAPITRE 8 La prévision des points de retournement du cycle économique 331

1. Introduction 331
2. Le système d'indicateurs composites avancés de l'OCDE 333
2.1. Méthode de construction de l'indicateur composite avancé 335
2.1.1. La présélection des séries 337
La série de référence 337
Les séries-indicateurs 337

2.1.2. Traitement des données : dessaisonalisation, lissage, filtrage, extraction de la tendance et normalisation ... 339
2.1.3. L'évaluation ... 340
2.1.4. L'agrégation des séries-indicateurs ... 340
2.1.5. Le pouvoir prédictif de l'indicateur composite avancé ... 341
2.2. CACIS : un programme pour construire les indicateurs composites ... 344
2.2.1. Conversion des séries (*Conversion*) ... 344
2.2.2. Extraction de la tendance (*Detrending*) ... 345
2.2.3. L'agrégation des séries (*Aggregation*) ... 346
2.2.4. La détection des points de retournement (*Turning-point Detection)* ... 347
2.2.5. Etude de cas : Un indicateur composite avancé pour l'Afrique du Sud ... 348
3. Les modèles probabilistes de prévision cyclique ... 350
3.1. Le modèle de probabilité séquentielle de Neftçi ... 350
3.2. Les modèles à variables qualitatives de type probit ... 352
3.3. Les modèles qualitatifs à chaîne de Markov cachée ... 356
3.3.1. L'état de la conjoncture : une variable cachée déduite des soldes d'opinions ... 357
A. Le codage ... 358
B. La phase de synthèse ... 358
3.3.2. L'estimation du modèle ... 359
4. Les modèles économétriques de prévision du cycle économique ... 362
4.1. Modélisation VAR et prévision du cycle économique ... 363
4.2. Les Modèles à facteurs et prévision ... 366
4.3. L'indice de probabilité de récession de Stock et Watson 368
4.3.1. Un modèle factoriel pour construire l'indicateur coïncident ... 369
4.3.2. Un modèle VAR pour prévoir l'indicateur coïncident ... 370
4.3.3. Un modèle Logit binaire pour prévoir les récessions ... 370
5. Conclusion ... 371

PARTIE 4 Les modèles d'Equilibre Général Dynamique et Stochastique (DSGE): Fondements Théoriques, Résolution Approchée et Utilisations Pratiques

CHAPITRE 9 Les Modèles d'Equilibre Général Dynamique et Stochastique (DSGE): de la modélisation RBC aux nouveaux paradigmes keynésiens 377

1. Introduction 377
2. Un modèle DSGE-RBC 382
   2.1. L'exposé du modèle DSGE-RBC canonique 382
   2.2. Détermination des conditions d'optimalité 384
      2.2.1. Détermination des conditions d'optimalité par la méthode de Lagrange 384
      2.2.2. Fonction Valeur et équation de Bellman 386
      2.2.3. Equivalence entre les équations d'Euler et les conditions de premier ordre du Lagrangien 390
   2.3. Les approfondissements du modèle canonique 394
3. Modèles DSGE et nouveau paradigme keynésien: rigidités et imperfections des marchés 396
   3.1. Prise en compte des rigidités et des imperfections des marchés 396
      3.1.1. Prise en compte des rigidités réelles 396
      3.1.2. Prise en compte des rigidités nominales 397
      3.1.3. Prise en compte des imperfections des marchés . 398
   3.2. Un modèle DSGE canonique avec rigidités et imperfection des marchés 398
      3.2.1. Le comportement des ménages dynastiques 399
         A. Le comportement de consommation et d'épargne 401
         B. La décision d'offre du travail et fixation des salaires 401
         C. Décision d'investissement et accumulation du capital 403
      3.2.2. Le comportement des entreprises 404
         A. le secteur de bien final 404
         B. Les biens intermédiaires 405

3.2.3. L'Equilibre général 406
3.3. Résolution du modèle 407
4. Conclusion 407

CHAPITRE 10 Les méthodes de résolution approchée : Méthodes linéaires vs méthodes non linéaires . 411

1. Introduction 411
2. Un problème de contrôle optimal 414
3. Les méthodes non-linéaires 416
3.1. La méthode d'Itération sur la fonction valeur 416
3.1.1. La méthode d'itération sur la fonction valeur : l'algorithme général 416
3.1.2. Application au modèle DSGE-RBC canonique . 421
A. Le modèle déterministe 421
B. Le modèle stochastique 425
3.2. La méthode de projection 428
3.2.1. La méthode de projection : l'algorithme général 429
A. Choix de la base et du produit scalaire .. 431
Le choix de la base 431
Le choix du produit scalaire 432
B. Le choix de la technique de projection . 434
La méthode des moindres carrés 435
La méthode de Galerkin 435
La méthode de collocation 436
3.2.2. Application de la méthode de projection au modèle DSGE-RBC canonique 439
A. Méthode de collocation 439
Méthode de collocation : l'algorithme général 440
Application au modèle de croissance stochastique 440
B. Méthode de Galerkin 448
L'algorithme général 448
Application au modèle de croissance stochastique 450

3.3. La méthode de perturbation 453
3.3.1. La méthode de perturbation : formulation générale 457
A. L'équilibre stationnaire déterministe 461
B. Approximation à l'ordre 1 461
3.3.2. Application de la méthode de perturbation au modèle DSGE-RBC canonique 463
4. Les méthodes linéaires 471
4.1. La méthode de linéarisation (log-linéarisation) 471
4.1.1. Linéarisation (log-linéarisation) des conditions d'optimalité 471
4.1.2. Un système d'équations récurrentes linéaires à anticipations rationnelles 472
4.2. La méthode d'approximation linéaire quadratique 473
4.2.1. La méthode d'approximation linéaire quadratique : l'algorithme général 474
A. Etape 1 : détermination de l'équilibre stationnaire déterministe 474
B. Etape 2 : construction de l'approximation quadratique de 474
C. Etape 3 : calcul de la fonction valeur et détermination des règles de décision optimales 476
D. Itérations sur la fonction valeur 478
4.2.2. Application au modèle DSGE-RBC canonique .. 479
A. Calcul de l'équilibre stationnaire 480
B. Approximation quadratique de la fonction d'utilité au voisinage de l'équilibre stationnaire : 480
C. Matlab code pour le calcul de la fonction valeur optimale et la règle de décision c^* (Diaz-Gimenez, Javier, 1999) 481
5. Conclusion 485

CHAPITRE 11 Détermination des paramètres structurels des modèles DSGE: Estimation vs calibrage

CHAPITRE 11 Détermination des paramètres structurels des modèles DSGE: Estimation vs calibrage 489

1. Introduction 489
2. L'étalonnage ou la calibration 490
   2.1. Le principe de l'étalonnage 490
   2.2. Etalonnage d'un modèle DSGE-RBC : une illustration 493
3. Estimation des paramètres structurels, moments généralisés, moments simulés et inférence indirecte 494
   3.1. Méthode des moments généralisés 495
      3.1.1. Principe général 495
      3.1.2. Estimation d'un modèle DSGE-RBC par la méthode des moments 497
   3.2. Méthode des moments simulés et inférence indirecte ... 498
      3.2.1. La méthode des moments simulés (MMS) 499
      3.2.2. L'inférence indirecte 500
4. L'approche Bayesienne 501
   4.1. Forme réduite du modèle et représentation espace-état .. 501
   4.2. Les distributions à priori 503
   4.3. Distribution à posteriori et inférence Bayésienne 504
   4.4. Estimation d'un modèle DSGE-RBC par la méthode Bayésienne 505
5. Conclusion 506

CHAPITRE 12 Les modèles d'Equilibre Général Dynamique et Stochastique : Les Utilisations Pratiques 511

1. Introduction 511
2. DSGE et fonctions de réponses aux chocs 515
   2.1. Méthode de décomposition des valeurs propres généralisée et résolution des modèles linéaires avec anticipations rationnelles 516
      2.1.1. Application au modèle de croissance stochastique 521
         A. L'état stationnaire déterministe 522

B. La log-linéarisation autour de l'équilibre stationnaire 523
2.1.2. Matlab code pour l'écriture du modèle sous forme Etat-Mesure 525
2.2. Les fonctions de réponses aux chocs 530
3. Coût en bien-être des fluctuations et évaluation des règles de politiques économiques 532
3.1. Une présentation générale du calcul de la perte en bien-être 532
4. Dynare : plateforme de programmation des modèles DSGE . 537
4.1. Simulation stochastique des fonctions de réponse aux chocs 539
4.1.1. Présentation du Modèle DSGE-RBC 539
4.1.2. L'écriture du code source Dynare 540
4.2. Règles de politiques optimales 550
4.2.1. Règle de politique optimale simple 550
4.2.2. Politique optimale avec règle ou politique optimale de Ramsey 555
5. Conclusion 561

Introduction générale

Pourquoi publier, un ouvrage sur les cycles économiques pour les pays en développement? Posée il y a dix ans, cette question valait à peine d'être débattue. Dans la plupart des pays en développement, les préoccupations de recherche sont, généralement, orientées vers les déterminants de la croissance et les causes de la stagnation ; peu d'attention avait été accordée au repérage et à l'analyse du cycle économique. Les objectifs de lutte contre la pauvreté, de la réduction du chômage et des inégalités permettent, en effet, de comprendre les priorités accordées, dans les recherches scientifiques, aux défis que présentent les problèmes du développement et de l'inclusion économique et sociale.

Aujourd'hui la nécessité d'un programme de recherche sur les cycles économiques dans les pays en développement se pose avec acuité. Les années récentes ont révélé des vulnérabilités de tous ordres, qui peuvent avoir des conséquences sur la dynamique de court terme et même sur la croissance de long terme. L'ouverture croissante des économies en développement, leur exposition différenciée aux chocs externes, l'inefficience de leurs dispositifs institutionnels et les échecs récurrents dans la gestion des crises par des politiques économiques appropriées, sont autant de facteurs qui penchent en faveur d'une recherche approfondie sur les causes des cycles économiques, sur leurs effets potentiels ainsi que sur les mesures qui doivent être mises en œuvre pour atténuer leurs risques.

Plus généralement, l'évolution de l'économie mondiale durant les trente dernières années illustre bien l'intérêt porté à l'étude des cycles économiques dans les pays en développement. Les épisodes de ralentissement de l'économie mondiale, la volatilité des cours des produits de base et le resserrement des crédits affectent sensiblement leurs conjonctures et leurs perspectives de croissance. Les observations récentes permettent de penser que l'évolution des cycles conjoncturels dans ces pays et les inflexions de la croissance conséquentes, dépendent de leurs structures de production, de leurs degrés d'exposition aux chocs ainsi que de leurs capacités de résilience. Ces capacités sont conditionnées par des facteurs structurels (rôle régulateur de l'État, facteurs démographiques, qualité institutionnelle) et par les modes d'intégration dans l'économie mondiale (poids de la dette, régime de change, insertion dans les chaînes de valeur).

En fait, cette réflexion sur la dynamique du cycle économique dans les pays en développement se confirme dès lors qu'on évoque les multiples tentatives de coopération régionales qui devraient aboutir, le moment venu, à la création d'unions économiques et monétaires. Les travaux qui ont cherché à apprécier les enjeux de la création d'unions monétaires montrent que la symétrie des chocs subis par les pays membres et la convergence de leurs cycles (*.ie* synchronisation ou couplage cyclique) constituent une condition nécessaire à la réussite de la monnaie unique. La politique monétaire commune serait, dans ce cas stabilisatrice ; dans le cas contraire (*.ie* une désynchronisation cyclique), la centralisation monétaire conduit à des coûts économiques, pouvant remettre en cause, à terme, la continuité de l'union monétaire.

L'ambition de ce livre est d'apporter un éclairage sur les cycles économiques, en articulant, à la fois, des approches théoriques et méthodologiques. Les débats théoriques portent sur les questions de définitions et de régularités du cycle, des forces qui génèrent les fluctuations ou encore des moyens à mettre en œuvre pour stabiliser et amortir les fluctuations. Les débats méthodologiques posent des questions de datation et de repérage du cycle économique, de caractérisation de ses différentes phases, d'identification des sources d'impulsion à l'origine des fluctuations et même de prévision de ses points de retournement

Le décryptage de ses questions est souvent difficile à établir, même pour un public averti. Le repérage et l'analyse des cycles dans les pays en développement sont, en effet, complexes, bien plus complexes que dans les pays développés, et nécessitent une analyse fine qui prend en compte non seulement les facteurs économiques, mais aussi les cadres politiques et institutionnels. Il s'agit d'apprécier, à la fois, la manière avec laquelle ces facteurs contribuent à façonner le cycle (surtout les facteurs politiques et institutionnel) et la façon dont les fluctuations engendrent des déséquilibres persistants. Sur ce plan, les faits stylisés observées dans la majorité des pays développés et les analyses standards sont largement remis en cause. Un autre élément de complexité, est l'absence de données fiables qui rend, des fois caduque, toute question de repérage et d'analyse du cycle dans certains pays. Des problèmes de non disponibilité de données, d'absence de variables de substitution, de problèmes de conversion, d'ajustement saisonnier et calendaire, de calcul rétroactif sont là pour rappeler le caractère particulièrement délicat du suivi de la conjoncture économique dans les pays en développement.

Un ouvrage de référence

Cet ouvrage de macro-dynamique de court terme se propose de fournir au lecteur les moyens pour comprendre les cadres théoriques et les outils méthodologiques, les plus contemporains, nécessaires au repérage et à l'analyse du cycle économique. Il s'agit de l'un des rares ouvrages de synthèse, sinon le seul, qui s'inscrit dans une littérature faiblement abondante consacrée au cycle économique et à la théorie des fluctuations dans les pays en développement.

Deux options, résolument assumées, semblent caractériser cet ouvrage : *(i)* une stratégie de présentation qui privilégie la lecture analytique ; et *(ii)* une attention soutenue à la modélisation macro-économétrique et aux techniques de simulation.

L'ouvrage affiche une ambition technique progressive et affirmée. Dans la plupart des manuels, les analyses sont souvent présentées de manière futile sans trop entrer dans la technicité du raisonnement et les formalismes mathématiques sur lesquels elles s'appuient. Cet ouvrage s'attache à assurer une explication détaillée des schémas analytiques présents dans la macro-dynamique du cycle et à garantir une compréhension économique des outils mathématiques utilisés. A ce titre, ce livre constitue une référence privilégiée, à la fois, pour les étudiants chercheurs, qui rencontrent des brides tout au long de leur cursus, en leur fournissant un ensemble cohérent d'analyses théoriques et méthodologiques du cycle économique; et pour les conjoncturistes praticiens qui voudraient établir une discussion assez complète du repérage, de la caractérisation et de la prévision du cycle économique.

Deuxième option de fond de l'ouvrage ; l'initiation, de tous ceux, étudiants ou chercheurs, qui sont confrontés aux besoins de la recherche appliquée, à la conceptualisation et à l'exécution de programme (*.ie* code source) de macro-économétrie du cycle et d'algorithmes de résolution et de simulation de modèles. Cet ouvrage est un guide pratique qui expose, étape par étape, les outils de l'analyse quantitative du cycle : Méthodes d'extraction du cycle (uni-variées vs multi-variées) ; méthodes de datation historique (méthode paramétriques *-modèles à changement de régime* *markovien vs* méthode non paramétriques *algorithme de Bry-Boschan*); modèle à vecteur autorégressif (*.ie* VAR pour Vector Autoregressif Model) ; VAR Bayésien et VAR Global ; méthodes de prévision du cycle économique (Indicateurs composite avancés de l'OCDE, modèle probabilistes, modèles économétriques de prévision) ; résolutions, calibration et simulation des modèles d'Equilibre Général Inter-temporels Stochastiques (DSGE). Le contexte des pays en développement reste au cœur des préoccupations ; les élargissements sont, bien sur, possibles. Au terme de la lecture de l'ouvrage, le lecteur pourrait s'atteler, lui-même, la tâche de construire un programme ou un algorithme et faire ses propre applications empiriques.

Contenu et plan de l'ouvrage

Cette couverture ambitieuse de la macro-dynamique de court terme et de la théorie des fluctuations fait l'objet de 12 chapitres, organisés en quatre parties. Approfondissement de l'analyse et élargissement des champs rythment la progression proposée.

La première partie, regroupe une présentation détaillée des définitions et des caractéristiques du cycle économique ainsi que des développements relatifs aux grands courants théoriques qui ont cherché à expliquer l'origine des fluctuations. Une discussion sur la nécessité de formuler des politiques économiques (*.ie* budgétaires et monétaires) pour stabiliser les fluctuations et lisser le cycle est également abordée.

Le premier chapitre établi un exposé des définitions et des concepts nécessaires à la compréhension du cycle économique. Le lecteur trouvera des éléments de réflexion sur la nécessité de distinguer deux types de cycles, en utilisant ce qu'il est convenu d'appeler la méthode ABCD : cycle classique ou *cycle d'affaires* et cycle de croissance ou *cycle en déviation*. Une illustration des régularités cycliques (*.ie* faits stylisés) qui caractérisent les fluctuations des pays développés ainsi que celles des pays en développement est aussi avancée.

Le deuxième chapitre aborde la question de l'origine du cycle dans une perspective purement théorique. En pratique, le cyclique économique se répète et se reproduit dans le temps, sans que l'on puisse y trouver la perfection de la régularité présente dans les domaines de la physique ou des mathématiques. Pour autant, les faits stylisés empêchent de penser que le cycle se produit de manière aléatoire ou stochastique. Même s'il n'est pas parfaitement régulier, il semble suivre une certaine logique et semble être guidé par des forces internes aux systèmes économiques. Toutes les théories, qui ont tenté d'expliquer le cycle économique, se sont confrontées à ce type de débat. Dans ce chapitre, deux types d'approches sont détaillées : l'approche *purement endogène* qui identifie l'origine du cycle dans le fonctionnement même des systèmes économiques. Les économies génèrent en permanence, des forces qui accélèrent puis ralentissent le niveau de l'activité. Et l'approche *semi-endogène* ou l'approche *impulsion propagation* qui explique les fluctuations par l'occurrence de chocs externes aléatoires qui affectent les caractéristiques fondamentales du système économique. La dynamique chaotique, selon laquelle de simples relations non-linéaires peuvent produire des comportements non périodiques, désordonnés et instables, fera l'objet d'un développement particulier.

Le troisième chapitre pose une série de questions, qui ont retrouvé leur actualité ces dernières années à mesure que les économies semblaient s'enfoncer dans des récessions: la politique budgétaire est-elle utile pour amortir les fluctuations de l'activité? Sous quelles conditions une politique budgétaire discrétionnaire pourrait réussir à stabiliser l'activité économique ? La politique monétaire est-elle en mesure de lisser efficacement les fluctuations ou est-elle, plutôt, susceptible de les accentuer en raison d'informations imparfaites ou d'actions inadaptées ? Le lecteur trouvera, dans ce chapitre, des éléments de réflexion sur l'efficacité de la politique économique dans la régulation du cycle. À la suite de ces questions, le lecteur trouvera un panorama exhaustif du cadre général et des caractéristiques des politiques économiques adoptées dans un certain nombre de pays de l'Afriques Sub-saharienne.

La deuxième partie, importante du point de vue méthodologique, développe les outils et les techniques statistiques nécessaires pour le repérage, la caractérisation et la modélisation du cycle économique. Le chapitre quatre, s'intéresse aux principales techniques d'épuration de la tendance et d'extraction du cycle : *(i)* les méthodes uni-variées non structurelles (*méthode de filtrage* vs *méthodes mixtes ou hybrides*) et *(ii)* les méthodes multi-variées structurelles (*filtre Hodrick-Prescott multi-varié (HPMV)* et *modèle multi-varié à composantes inobservables*). Le lecteur y trouvera un classement des différentes démarches et une présentation claire de chaque méthode, ainsi que de ses principaux avantages et inconvénients. Les problèmes liés à l'estimation des points terminaux, propres à certaines méthodes, ainsi que les moyens de les résoudre seront particulièrement détaillés. Quelques exemples, servant à établir une comparaison des résultats obtenus avec différentes méthodes (ou en faisant varier les paramètres d'un filtre donné), seront également présentés.

Le chapitre cinq, est centré sur les techniques d'identification et de datation des points de retournement du cycle économique. L'attention est portée sur la pertinence des méthodes non paramétriques (*algorithme de Bry-Boshan),* par rapport aux méthodes paramétriques (*modèles à changement de régimes markoviens*) dans la détection des points d'inflexion. Les méthodes multi-variées de datation seront, ensuite, analysées en détail sur la base d'un *modèle factoriel dynamique à changement de régime.*

Le chapitre six, est consacré à la caractérisation statistique du cycle, notamment les propriétés de *Durée*, d'*Amplitude* et de *Diffusion*, de ses différentes phases : expansion (vs reprise conjoncturel) et récession (vs ralentissement conjoncturel). C'est la règle dite des *3D*: *Duration, Depth et Diffusion.* Schématiquement il existe une différence dans la durée, l'amplitude, le degré de diffusion et la forme des phases cycliques ; et cette différence conditionne le profil, même, du cycle. Une description détaillée de ces caractéristiques constitue un élément essentiel à toute analyse fiable des fluctuations ; et aide à détecter (en temps réel) et à prévoir, de manière confirmée, le comportement du cycle ainsi que de ces différentes phases. Les débats sur la convergence des cycles, leur synchronisation, sera ensuite analysée en détail. L'examen de la synchronisation, utile pour l'analyse des fluctuations de certains secteurs ou de certains pays, permet d'identifier les comportements communs et/ou idiosyncratiques.

La macro-économétrie du cycle fait l'objet de la troisième partie. Le chapitre sept s'intéresse à la modélisation vectorielle autorégressive (*VAR*). Le cadre méthodologique, l'identification des chocs structurels et les outils de la décomposition de la variance de l'erreur de prévision et des fonctions de réponses aux chocs seront analysés en détail. Les débats sur les prolongements des modèles VAR seront, ensuite, abordés. Deux extensions seront discutées : la modélisation *VAR Global* et la modélisation *VAR Bayésienne.* La modélisation *VAR Global* analyse les interdépendances macroéconomiques entre pays, ou région, et se prête, particulièrement bien, à l'étude de la transmission des chocs, commerciaux ou financiers. La modélisation VAR *Bayésienne* ajoute de l'information au système dynamique à l'aide d'une distribution, a priori, sur les paramètres et permet l'obtention d'estimations plus précises.

Le chapitre huit établi un examen des techniques de prévision du cycle économique ; tâche considérée comme la plus difficile pour les conjoncturistes et celle qui a le plus de valeur pour les décideurs publiques. Dans ce chapitre, seront présentées de manière consécutive *(i)* la méthode *d'indicateurs composites avancés* de l'OCDE ; *(ii)* les modèles probabilistes de prévision, dont notamment la *méthode de probabilité séquentielle de Neftci*; les modèles *à variables qualitatives* de types *Logit* ou *probit* et les *modèles qualitatifs à chaine de Markov cachée* ; ainsi que *(iii)* les méthodes économétriques de prévision. Un accent, tout particulier, sera mis sur les travaux de Stock et Watson, qui associent l'analyse factorielle dynamique à la modélisation VAR.

La quatrième partie couvre le champ des Modèles d'Equilibre Général Inter-temporels Stochastiques (DSGE). Le chapitre neuf aborde la question des origines théoriques des modèles DSGE : des modèles des cycles réels (RBC) aux développements des nouveaux keynésiens, jusqu'à la récupération-intégration des hypothèses de la nouvelle école keynésienne dans le cadre méthodologique RBC. Dans ce chapitre deux modèles DSGE canoniques seront présentés : *(i)* un modèle DSGE-RBC avec concurrence parfaite et flexibilité des prix et *(ii)* un modèle DSGE avec rigidités (nominale et réelles) et imperfections des marchés.

Le chapitre dix, offre une présentation détaillée des méthodes de résolution approchées des modèles DSGE. En prenant appui sur une formulation de base d'un problème de contrôle optimal dans lequel l'équilibre est récursif, les méthodes de résolution linéaire (*méthode de linéarisation* et *méthode d'approximation linéaire quadratique*) et les méthodes de résolution non linéaire (*itération sur la fonction valeur*, *méthode de projection* et *méthode de perturbation.*) seront développées. L'intérêt porté pour une méthode particulière n'est pas, tant, sa structure théorique mais, plutôt, la fiabilité de ses résultats. Pour chacune des méthodes une application à un modèle DSGE-RBC canonique (sous sa version *déterministe* et *stochastique*) sera réalisée et un code source (programme) sous Matlab sera construit.

Le chapitre onze aborde les questions d'étalonnage (*.ie* calibrage), c'est à dire de la détermination des paramètres structurels des modèles DSGE. Dans les conditions d'optimalité d'un modèle DSGE, interviennent des paramètres structurels (paramètres relatifs à la fonction d'utilité, la technologie...) auxquels il faut donner des valeurs numériques. Les propriétés cycliques du modèle leur sont conditionnelles. Il s'agit d'estimer de la façon la moins arbitraire possible ces valeurs. Dans ce chapitre, les méthodes économétriques d'identification des paramètres structurels seront abordées. Certaines techniques feront l'objet de développement plus particulier, notamment les méthodes des Moments Généralisés, les Méthodes des Moments Simulés, l'Inférence Indirecte et les Méthodes Bayésiennes.

Finalement, le chapitre douze présente deux utilisations pratiques des modèles DSGE : *(i)* La première cherche à déterminer les fonctions de réponses aux chocs. Ces fonctions permettent de comprendre, du point de vue formel, comment une variable macroéconomique peut s'écarter de sa valeur d'équilibre stationnaire sous l'impulsion de chocs externes *(ii)* La deuxième se propose de calculer le coût en bien-être des fluctuations et d'évaluer l'efficience des politiques économiques. Dans ce chapitre, seront exposées les caractéristiques essentielles de la plateforme informatique *Dynare* : un préprocesseur et une collection de routine *Matlab* permettant de résoudre et de faire des simulations à partir d'une grande variété de modèles macroéconomiques avec anticipation rationnelle, notamment les modèles DSGE.

Présentation des chapitres et publics concernés

Cet ouvrage se démarque des manuels traditionnels en ce qu'il propose des outils pédagogiques adaptés. Les différents chapitres ont été conçus comme pouvant être lus séparément. Ils s'adressent à des lecteurs qui peuvent avoir des degrés de connaissance différents, en offrant plusieurs niveaux de lecture. Dans tous les chapitres, on trouve un texte principal qui explique chaque point. Ce texte est enrichi d'encadrés qui illustrent des théories, qui approfondissent des notions clés ou qui regroupent des calculs intermédiaires pour alléger les démonstrations.

Ce manuel s'adresse, tous particulièrement, aux :

- Étudiants et enseignants-chercheurs qui trouvent, pour chacun des thèmes traités, une analyse détaillée des principales théories et une présentation exhaustive des méthodes et des techniques, étayés par des illustrations puisées dans la conjoncture des pays en développement
- Conjoncturistes et praticiens qui trouveront non seulement les bases méthodologiques et les techniques statistiques nécessaires pour le repérage, la caractérisation, la modélisation et la prévision du cycle économique, mais aussi des conseils pratiques qui concernent chaque question abordée.

PARTIE 1

Macroéconomie du cycle économique

1. Du cycle d'affaires au cycle de croissance 33
2. Les explications théoriques du cycle : Approche endogène vs approche exogène 61
3. Politique économique au cours du cycle 135

CHAPITRE 1

Du cycle d'affaires au cycle de croissance

1. Introduction 33
2. Positionnement cyclique : l'approche ABCD 35
   2.1. Le cycle classique ou le cycle d'affaires (Business cycle) 35
   2.2. Le cycle en déviation ou le cycle de croissance (Growth cycle) 43
3. Les régularités cycliques : 49
   3.1. les faits stylisés 49
   3.2. Les co-variations avec le cycle du PIB 52
   3.3. Le différentiel de volatilité 54
4. Conclusion 58
5. Bibliographie 59

1. Introduction

Il suffit d'observer l'évolution de quelques séries macroéconomiques pour s'apercevoir que le rythme de l'activité économique n'est pas constant au cours du temps. Pour certaines périodes, l'activité économique est soutenue, les entreprises produisent en pleine capacité, l'emploi augmente et le chômage diminue. Pour d'autres périodes, l'activité économique ralentie, les capacités de production sont sous utilisées, l'emploi diminue et le chômage augmente. L'évolution de l'activité est, donc, faite par une succession alternée de période de hausse conjoncturelle, ou expansion, et de période de baisse conjoncturelle, ou récession : Le cycle économique désigne cette succession répétée d'expansion et de récession.

Si l'idée de cycle était au centre des préoccupations des économistes dès le 19ème siècle, c'est surtout durant la moitié du 20ème siècle que celui-ci a été systématisé, en particulier, grâce aux travaux du *National Bureau of Economic Research (NBER),* auxquels sont associés les noms de Burns et Mitchell (1946). Pour ces auteurs, le cycles d'affaires correspond à des fluctuations dans l'ensemble de l'activité économique caractérisées par des phases d'expansion pour la plupart des branches activités, que suive, ensuite, des phases de retournement, puis des phasse de récession. Trois éléments sont essentiels pour identifier les phases de récession et, corrélativement, les phases d'expansion : *(i)* le déclin de l'activité doit être suffisamment prononcé ; *(ii)* il doit affecter de nombreux secteurs de l'économie, et enfin *(iii)* la récession doit se prolonger suffisamment longtemps, même si sa durée est nettement inférieure à celle de la phase d'expansion.

Pourtant, l'analyse des fluctuations est restée, pour longtemps, hors du champ de la théorie économique. La longue période de croissance soutenue, observée aux Etats-Unis et dans plusieurs pays développés (*.ie* les trente Glorieuses), a conduit les économistes à privilégier, dans leurs études, le phénomène de croissance. Durant les trente Glorieuses aucune récession générale, un tant soit peu significative, n'a été observée. Les quelques récessions qui ont touché certains pays ont été, la plupart du temps, le résultat de pressions politiques. Ces constatations ont poussé les économistes à s'interroger sur l'éventualité d'une récession ; en d'autres termes sur la vraisemblance ou non d'un retournement du cycle économique (Zarnowitz, 1992). Le doute, en la pertinence du concept du cycle d'affaires, s'est ainsi traduit par l'apparition de l'ouvrage de "M. Bronfenbrenner (1969) " : « Le cycle des affaires est-il devenu obsolète ? ».

Ce sont, surtout, les critiques, formulés par la nouvelle école classique, au début des années soixante-dix, à l'encontre des politiques keynésiennes de stabilisation et, donc, de la possibilité de réguler systématiquement l'activité économique, qui ont restitué l'analyse des fluctuations. Le cycle économique n'est pas « mort ». Dans la caractérisation du cycle économique, il ne s'agit pas de prétendre qu'il existe une hausse ou une baisse, plus ou moins prolongée, du niveau de l'activité, mais que ce dernier subit seulement des périodes de ralentissement conjoncturelles suivies de période d'accélération. Le cycle porte non pas sur le cycle d'affaires, mais plutôt sur le « cycle en déviation » ou le « cycle de croissance ».

Historiquement, le cycle de croissance trouve ses origines dans les travaux de Mintz (1969) au NBER. Ce cycle mesure la déviation, l'écart à un instant donné, de la variable censée représenter l'évolution globale de l'économie par rapport à sa tendance de long terme. Celle-ci (.ie la tendance) peut être appréhendée comme la croissance tendancielle ou la croissance potentielle, selon la terminologie. Il s'agit, donc, de décomposer une série de production, par exemple, en une partie structurelle de long terme, la tendance, et une partie conjoncturelle de court terme, le cycle de croissance.

Ce chapitre expose de manière approfondie, les définitions fondamentales à la compréhension du cycle économique. Les travaux de Burns et Mitchell (1946) restent encore, aujourd'hui, un instrument d'analyse central des fluctuations conjoncturelles et offrent une description pertinente de la façon dont les cycles se développent et se répètent dans le temps. La *section 1* est consacrée à la définition des deux types de cycle : cycle d'affaires et cycle de croissance. Elle présente en outre le lien qui existe entre ces deux cycles dans le cadre d'une approche intégrée dite ABCD. La *section 2*, complète la définition du cycle économique et énonce un certain nombre de régularités, des faits stylisés, qui caractérisent les fluctuations des pays développés ainsi que celles des pays en développement. Une attention particulière est consacrée aux régularités cycliques observées dans certains pays de l'Afrique Sub-saharienne.

2. Positionnement cyclique : l'approche abcd

Le point de départ de l'analyse du cycle économique est très simple : l'évolution de l'activité économique n'est pas régulière. Au cours de certaines périodes, la croissance de la production s'accélère. On parle de période d'expansion. Au cours d'autres périodes, l'activité progresse à un rythme plus long et, même, diminue. On parle de récession. Le passage d'un point de retournement à un autre définit un cycle économique (Zarnowitz, 1992).

2.1. Le cycle classique ou le cycle d'affaires (business cycle)

2.1.1. Le cycle classique : une définition

Dans la tradition dominante, retrouvée dans la majeur partie des travaux empirique, on définit le cycle classique comme des « fluctuations que l'on retrouve dans l'ensemble de l'activité économique d'un pays, dont le travail s'organise, principalement, dans le cadre d'entreprises: un cycle consiste en expansions qui se produisent à peu près au même moment dans de nombreuses activités économiques, suivies par des récessions, des contractions, puis des reprises qui se fusionnent dans la phase d'expansion du prochain cycle; cette séquence de changement est récurrente, mais non périodique; en durée les cycles d'affaires peuvent varier de plus d'une année à dix ou douze ans; ils ne sont pas divisibles en cycles plus courts de même allure et d'amplitudes similaires » (Burns et Mitchell , 1946)

Cette définition constitue le point de départ des analyses du cycle économique et offre une description pertinente de la façon dont les cycles classiques se développent et se répètent: un cycle d'affaires est une suite alternée de franche expansion et de franche récession dans le niveau de l'activité, qui se produit à des intervalles non réguliers, allant de plus d'une année à douze ans.

Le graphique1 illustre un cycle d'affaires hypothétique respectant toutes les conventions sur la nomenclature des conjoncturistes. Le cycle correspond à une phase favorable, expansion, et une phase défavorable, récession. Il couvre la période allant d'un pic à l'autre ou d'un creux à l'autre. Le Pic est le point le plus élevé dans la phase d'expansion. Ce point est suivi par une phase de récession, au cours de laquelle il y a une contraction du niveau de l'activité, qui se poursuit jusqu'à ce que l'économie atteigne son niveau le plus bas: le Creux. Le Creux est suivi par une reprise de l'activité jusqu'au sommet suivant.

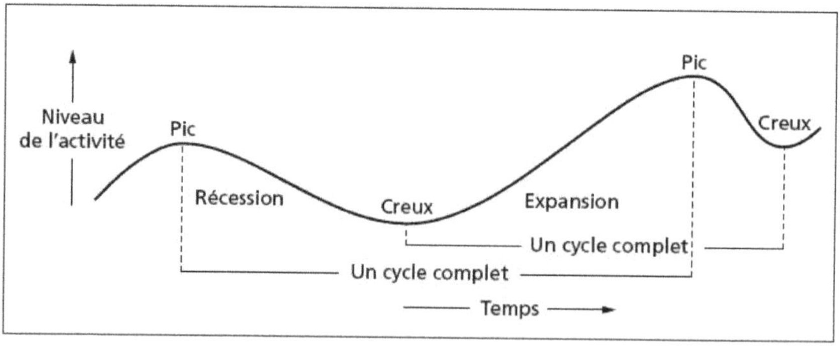

Graphique 1 : Les phases du cycle classique

Notes: Evolution d'un cycle d'affaires hypothétique, l'ordonnée mesure une variable représentative de l'économie et l'abscisse mesure le temps. Le pic est le point le plus élevé et marque la fin de la phase d'expansion ; il est suivi par une période de récession qui se poursuit jusqu'à ce que l'économie atteigne le point le plus bas: le creux, celui ci marque la fin de la phase de récession (Elachhab, 2007)

La définition de Burns et Mitchell (1946) mets en évidence deux propriétés du cycle d'affaires: le co-mouvement et la non-régularité (*.ie* non-linéarité). Le co-mouvement signifie que la plupart des séries macroéconomiques évoluent dans le même sens au cours du cycle, avec un certain décalage plus ou moins marqué. Il s'agit d'un mouvement global qui concerne, non seulement, la production, l'investissement et l'emploi mais aussi un très grand nombre de variables tel que les prix et les taux d'intérêt. La non-linéarité signifie que les mouvements des variables macroéconomiques, durant les phases d'expansion, diffèrent de ceux observés durant des phases de récession. Ainsi, la durée moyenne des phases d'expansion et des phases de récession n'est pas égale : elle est plus longue durant les phases d'expansion que lors des phases de récession[1].

1 On peut, aussi, penser à la différence entre la durée moyenne des phases d'expansion et celle des phases de contraction. Un autre exemple est la notion de dépendance à la durée mise en œuvre par Diebold et Rudebush (1992). En accord avec Brain et Shapiro (1983), l'hypothèse centrale du test de dépendance de durée est que la probabilité de sortir d'une phase est indépendante de sa durée ; ce qui implique l'absence de toute relation entre la durée d'une phase cyclique et la probabilité qu'elle prenne fin

Encadré 1 - Cycle économique vs Fluctuations conjoncturelles

Bien qu'il existe une différence notable entre la notion de cycle économique et celle de fluctuations conjoncturelles, les praticiens ont, souvent, tendance à les confondre. La rigueur de l'analyse rend nécessaire de donner plus de précisions quand à l'utilisation des deux concepts. Le cycle économique désigne des mouvements alternés, de phase d'expansion et de phase de récession. Il se reproduit de manière permanente, dans le temps et présente les caractéristiques suivantes:

(i) Il est quasi périodique, c'est-à-dire qu'il se répète, se reproduit à des intervalles de temps relativement réguliers ;

(ii) il présente des amplitudes qui ne dépassent pas une certaine limite ;

(iii) il est persistant, c'est à dire qu'un retournement de la conjoncture dans un sens ou dans l'autre dure toujours un certain temps (durabilité).

A la différence du cycle économique, les fluctuations désignent des mouvements, qui se produisent à des intervalles irréguliers (apériodiques), d'amplitudes totalement aléatoires et qui sont généralement non persistants

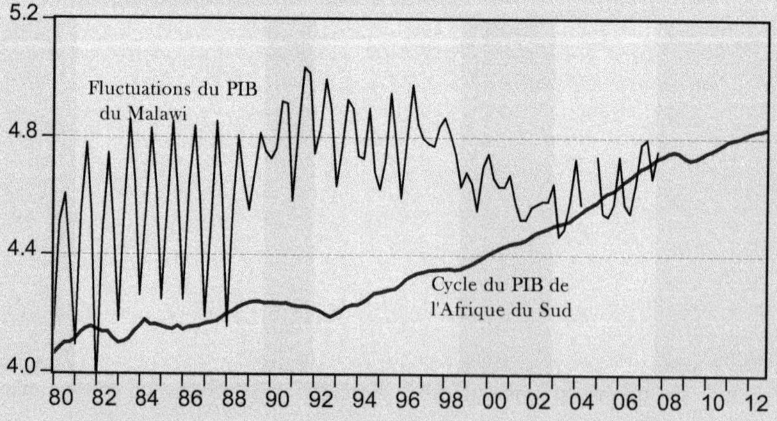

Graphique 2 : Cycle vs Fluctuations

2.1.2. Morphologie du cycle classique

Le graphique 3 illustre l'évolution du PIB réel de l'Afrique du Sud sur la période 1980 Q1-2012 Q4. Les cycles d'affaires délimitent les périodes de croissance positive, ou expansions, des périodes de croissance négatives, ou récessions. Ces cycles semblent récurrents, se reproduisent dans le temps et faits de successions de périodes de 2.5 à 19 ans. Les phases de récessions commencent aux points de retournement les plus élevés du cycle (les traits pleins) et les phases d'expansion aux points les plus bas (traits pointillés). Les phases du cycle d'affaires tendent à être semblables, mais le graphique montre qu'elles sont loin d'être identiques. Par exemple, la récession de 2008 Q3-2009 Q2 fut de courte durée et peu sévère, un retournement immédiat vers l'expansion en 2009 Q2. A l'inverse, la récession de 1989 Q3-1992 Q4 fut nettement plus longue et plus profonde. C'est cette dis-similarité dans l'amplitude et la durée des phases de récession (et d'expansion) qui explique l'irrégularité des mouvements cycliques.

La durée moyenne du cycle (*.ie* Pic au Pic) est de trente-six trimestres, soit 9 ans. Mais les durées minimale (2.5 ans) et maximale (19 ans) peuvent s'en écarter sensiblement. Dans l'ensemble trois cycles peuvent être détectés, chacun présente des caractéristiques spécifiques.

Tableau 1 : Les points de retournements du cycle classique de l'Afrique du Sud

Récessions		Expansions		Cycles (Pic-Pic)	
Périodes	**Durée**	**Périodes**	**Durée**	**Périodes**	**Durée**
1981Q4–1983Q1	5	1983Q1–1984Q2	5	1981Q3–1984Q2	11
1984Q2–1986Q1	7	1986Q1–1989Q3	14	1984Q2–1989Q3	21
1989Q3–1992Q4	13	1992Q4–2008Q3	65	1989Q3–2008Q3	78
2008Q3–2009Q3	4	2009Q3-			
Moyenne	7.25	Moyenne	28	Moyenne	36.6
Médiane	6.5	Médiane	14	Médiane	21
Ecart type	4.19	Ecart type	32.3	Ecart type	36.14

Source : Bisman et "Leroux (2015) " et Bisman et "Machetti (2012)"

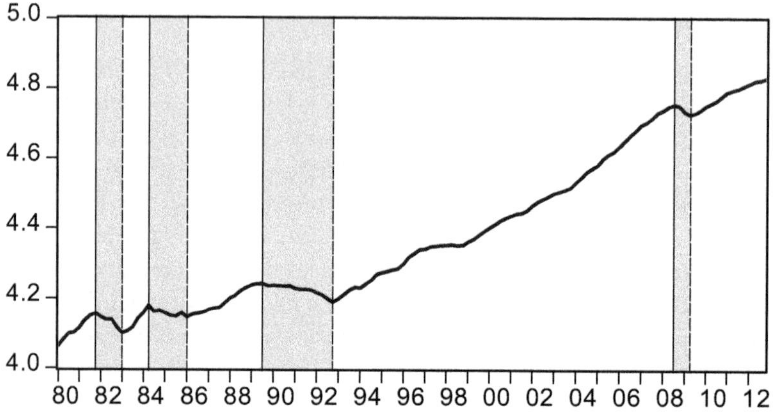

Graphique 3 : le cycle classique de l'Afrique du Sud :1980Q1-2012Q4

Notes : Les pics sont représentés par des traits pleins, les creux par des traits pointillés. Les phases de contraction (Pic- Creux) sont colorées en gris.

Source : Bisman et "Leroux (2015)"

Contrairement à ce que l'on pourrait penser, l'identification d'une phase de récession n'est pas une tâche facile. Des fois, la croissance du PIB peut devenir négative durant deux trimestres consécutifs, mais cet épisode peut ne pas être, suffisamment, diffusé pour que l'on puisse parler de récession globale. Aux Etats-Unis, par exemple, le National Bureau of Economic Research (NBER) dispose d'un comité de datation, constitué de sept membres, dont le rôle consiste, précisément, à déterminer les dates du début et de fin des recessions. L'idée de base est de reconnaître qu'une « récession est une baisse significative de l'activité diffusée dans l'ensemble de l'économie, durant plus de quelques mois, visible dans la production industrielle, l'emploi, le revenu et le commerce de gros et de détail. Une récession commence juste après que l'économie ait atteint un pic d'activité et d'emploi et se termine quand l'économie atteint un creux. » (NBER)

Cette définition met en évidence trois critères que doit satisfaire un ralentissement conjoncturel pour qu'il puisse être considéré comme une récession : la durée, l'amplitude et la diffusion (ce qu'on appelle la règle des 3 D: *Duration, Deepness, Diffusion*)[2]. Une récession ne peut, donc,

2 Voir chapitre 2 de la deuxième partie

être caractérisée par sa durée seulement: le minimum généralement admis étant de six mois, ce qui est à l'origine de la règle des deux trimestres (six mois) consécutifs de croissance négative. Une récession doit, aussi, satisfaire à deux autres critères : l'amplitude et la diffusion au sein de l'économie.

À l'inverse du critère de durée, il n'existe pas de seuils quantitatifs minimaux relatifs aux critères d'amplitude des récessions et à leurs degrés de diffusion au sein de l'économie. Ces critères sont généralement, spécifiques au pays considéré. Il serait alors inapproprié d'appliquer les mêmes seuils quantitatifs à deux pays dont les niveaux de développement, ou dont les structures économiques, sont différentes. Il serait, ainsi, difficile de comparer, sur la base de ces seuils, une récession dans un pays émergent, par exemple le Maroc avec une récession dans un pays fragile tel que le Burundi.

Par ailleurs, la diffusion d'une récession ne peut se faire de manière identique dans tous les pays. Si pour un pays développé, le meilleur indicateur des périodes de récession est l'emploi salarié ; dans la plupart des pays en développement cette variable est plus persistante (du fait des rigidités qui caractérisent les marché du travail) et n'est pas appropriée à la détection des phases de récession. Plus encore, les séries de ventes au détail et de revenu des ménages sont peu volatiles dans ces pays ; il serait alors difficile d'en extraire un signal clair.

Encadré 2 - Quelle variable(s) utilisé (es) pour suivre le cycle économique

Deux réponses peuvent être envisagées : « on peut donner une signification bien définie à l'activité agrégée et la rendre conceptuellement mesurable en l'assimilant au Produit Intérieur Brut» (Burns et Mitchell, 1946). Le cycle économique serait, ainsi, identifié à partir de la série du PIB. On peut, aussi, penser à construire un indicateur composite à l'aide d'une multitude de séries.

Le PIB comme mesure empirique du cycle : la description du cycle économique à partir de la série du PIB est une pratique générale, envisagée, surtout, dans les pays développés. Dans les pays en développement, cette pratique est contestable sur le plan empirique. Dans ces pays, la part de la valeur ajoutée agricole dans le PIB est importante. Même s'il y a eu une amélioration dans les conditions de production, l'évolution de la valeur ajoutée agricole, et donc du PIB, reste tributaire des facteurs climatiques. Aussi, les mesures non fiables des services et des activités du secteur informel peuvent induire des biais significatifs dans l'estimation des phases du cycle économique (Agénor, et *alii*, 1999). Dans les pays en développement, le cycle de l'indice de production industrielle présente une plus grande pureté que le cycle du PIB.

L'indicateur composite coïncident comme représentation statistique du cycle *:* L'idée de synthétiser l'information contenue dans plusieurs variables en un seul cycle de référence remonte aux travaux de Babson/Havard (1937). Il s'agit de construire un indicateur composite, dont la variabilité est plus faible que chacune de ses composantes, ce qui permet une lecture plus fiable de ses points de retournement. Au Etats-Unis, c'est au *Conference Board*, que revient le mérite de construire l'indicateur composite coïncident. Cet indicateur retrace les co-mouvements observés dans quatre séries mensuelles représentatives des divers aspects de l'activité économique: la production industrielle, l'emploi salarié non agricole, les ventes manufacturières et commerciales et le revenu réel des ménages. La méthodologie d'agrégation des séries consiste à faire intervenir, à part égale, chacune des variables élémentaires. Dans ce but les variations de chaque composante sont standardisées. Ces variations sont, ensuite, chainées afin d'obtenir un indice en niveau, qui sera, finalement, rebasé pour avoir une moyenne annuelle de 100 sur l'année de base.

2.2. *Le cycle en déviation ou le cycle de croissance (growth cycle)*

Après la deuxième guerre mondiale, la longue période de croissance soutenue observée aux Etats-Unis et dans plusieurs pays européens, a conduit les économistes à s'interroger sur la possibilité d'appariation de récessions significatives ; en d'autres termes sur la possibilité ou non d'un retournement cyclique (Zarnowitz, 1992). Ce doute, en la pertinence du concept du cycle d'affaires, s'est traduit par l'appariation de l'ouvrage de "M. Bronfenbrenner (1969) " : « Le cycle des affaires est-il devenu obsolète ? ». A partir du début des années soixante-dix, la perte de confiance dans les paradigmes keynésiens en la possibilité de réguler systématiquement l'activité économique, a restitué les analyses en terme de cycle économique. Le cycle économique n'est pas obsolète et une nouvelle approche du cycle est apparue : le cycle en déviation ou le cycle de croissance.

2.2.1. Le cycle de croissance

Le cycle en déviation (ou le cycle de croissance) trouve ses origines dans les travaux initié par Mintz (1969). Dans un article sur la datation des points de retournement du cycle économique en Allemagne, durant des années 50 et 60, Mintz montre que, dans une longue phase d'expansion, il est possible d'observer des sous phases de croissance prononcée et des sous phases de croissance faible. En partant de ces observations, il introduit une définition alternative au cycle classique : le cycle de croissance ou le cycle en déviation.

Le cycle de croissance mesure l'écart, à un instant donné, entre la variable -- la série censée représenter l'évolution globale de l'économie, le PIB par exemple -- et sa tendance de long terme. C'est à dire la variable corrigée de sa tendance. Celle-ci correspond à la croissance tendancielle ou potentielle[3]. La série agrégée utilisée pour mesurer l'évolution globale

3 La production potentielle correspond au niveau de production qui peut être réalisé sans générer des déséquilibres sur le marché des biens et sur le marché du travail. Elle représente la capacité d'offre d'une économie, compatible avec une inflation stable et une évolution équilibrée des salaires. La production effective peut s'établir à un niveau supérieur ou inférieur à la production potentielle. Les écarts de production par rapport au niveau potentiel s'appellent l'output gap. Ces écarts s'expliquent par des divergences entre l'offre et la demande. L'output gap est positif lorsque les facteurs de production sont sur-utilisés (pour faire face à une forte demande), ce qui

de l'économie est ainsi perçue comme la résultante d'une tendance de long terme combinée à un écart, à une déviation, par rapport à cette tendance. En faisant extraire la tendance de la série, il est possible d'observer un cycle, plutôt stationnaire et beaucoup plus symétrique que le cycle classique.

Le graphique 4 retrace les mouvements de hausse et de baisse du cycle en déviation (l'écart de la série par rapport à la tendance): Les phases ascendantes délimitent les périodes au cours desquelles le taux de croissance de la variable est supérieur au taux de croissance de la tendance (*ie* : la croissance instantanée est supérieure à la croissance tendancielle). Ces phases sont, généralement, appelées phases de reprise conjoncturelle. Les phases descendantes délimitent les périodes au cours desquelles le taux de croissance de la variable est inférieur aux taux de croissance de la tendance; on les appelle phases de ralentissement conjoncturel. Le pic est atteint lorsque le taux de croissance de la série repasse en dessous du taux de croissance tendanciel. Le creux est atteint lorsque ce taux repasse au dessus[4].

---

peut entrainer des tensions sur les salaires et sur les prix. Il est négatif lorsque les facteurs de production sont sous-utilisés.

4 Soit Y_t la série du PIB à l'instant t. En supposant que le PIB suit un régime de croissance régulier à taux constant g, $Y_t = Y_0 e^{gt}$ avec Y_0 le PIB de la date t =0. En posant $y_t = LogY_t$; $y_t = y_0 + gt + \varepsilon_t$ avec ε_t un résidu : écart de la série du PIB par rapport à sa tendance de long terme (le cycle en déviation). ε_t est croissant (phase de reprise conjoncturelle) lorsque que $d\varepsilon_t / dt > 0$ ce qui signifie que $dy_t / dt > g$, c'est à dire le taux de croissance instantané de y_t est supérieur au taux de croissance de la tendance g (la tendance est linéaire). De manière similaire ε_t est décroissant (phase de ralentissement conjoncturel) lorsque que $d\varepsilon_t / dt < 0$ ce qui signifie que $dy_t / dt < g$, c'est à dire le taux de croissance instantané de y_t est inférieur au taux de croissance de la tendance g.

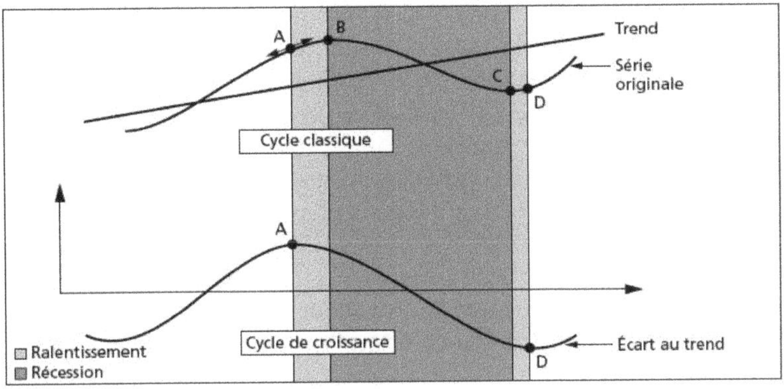

Graphique 4 : Cycle classique et cycle de croissance
Notes : évolution hypothétique du cycle classique et du cycle de croissance. Le pic du cycle de croissance, A, précède celui du cycle classique, B, alors que le creux du cycle de croissance, D, succède à celui du cycle classique C
Source: Anas et Ferrara (2002),

Contrairement au cycle classique, qui délimite les périodes d'ascension et de fléchissement de la tendance, le cycle de croissance identifie, quant à lui, les phases d'accélération et de décélération de l'activité. Ces deux type de cycle, bien que différents, sont bien complémentaires: des phases d'accélération et de décélération peuvent bien se rencontrer au cours d'une des phases d'expansion ou de récession du cycle classique. Au cours du cycle en déviation, si l'on se trouve au-dessus de la tendance, l'économie est dans une période de forte croissance, alors que si l'on se trouve en dessous, l'économie est dans une période de faible croissance.

Deux observations méritent d'être distinguées sur le lien théorique ente le cycle classique et le cycle de croissance (Bohem et Liew, 1994; Mintz, 1972) :

- Premièrement, il existe une chronologie naturelle entre les points de retournement des deux cycles, qui n'est pas symétrique (Anas et Ferrara, 2002). Sur le graphique 4, le Pic du cycle de croissance, A, précède celui du cycle classique, B, alors que le creux du cycle de croissance, D, succède à celui du cycle classique, C. Ensemble, ces deux configurations impliquent que la phase de reprise conjoncturelle du cycle de croissance est plus courte que la phase d'expansion du cycle classique. La phase de ralentissement du cycle de croissance paraît, quant à elle, durer plus longuement que la phase de récession du cycle classique ;

- Deuxièmement, une phase n'en implique pas nécessairement une autre. En période de reprise, la phase d'accélération du cycle de croissance coïncide toujours avec la phase d'expansion du cycle classique (une reprise du cycle de croissance est toujours suivie d'un retour à la croissance positive). En revanche, en période de croissance ralentie, la phase défavorable du cycle de croissance (A-D) coïncide avec l'une (dernière étape A-B de la phase d'expansion) ou l'autre (la phase de récession B-C) des phases du cycle classique. En d'autres termes, le Pic du cycle de croissance ne débouche pas forcément sur une récession : le fait que la croissance repasse en dessous du taux de croissance de la tendance n'implique pas nécessairement qu'elle deviendra négative

2.2.2. Morphologie du cycle de croissance

Le graphique 5 reproduit le profil du cycle de croissance de l'Afrique du Sud. Sur ce profil, apparaissent plusieurs points de retournement (Pic et Creux) qui délimitent les phases de reprise conjoncturelle et les phases de ralentissement conjoncturel. Il est clair que certaines phases sont trop courtes et peu sévères pour être considérées comme des phases du cycle de croissance. Le découpage établi au tableau 2 met en exergue cinq cycles : trois cycles courts et deux cycles moyens. La durée des cycles courts est d'environ trois à quatre ans, celle des cycles moyens est de dix ans (Encadré 2).

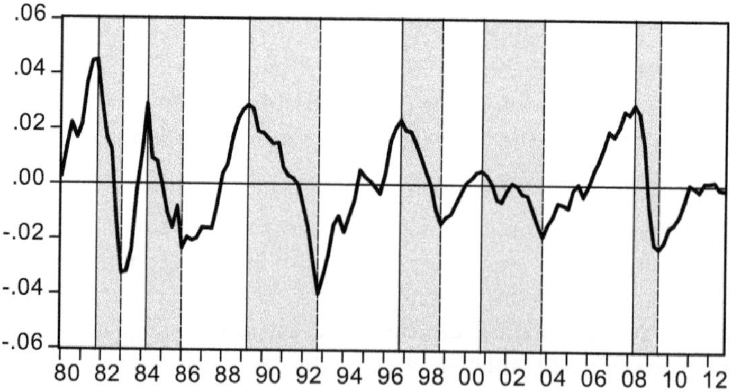

Graphique 5 : Le cycle de croissance de l'Afrique du Sud :1980 Q1-2012 Q4
Notes : Les pics sont représentés par des traits pleins, les creux par des traits pointillés. Les phases de ralentissement conjoncturel (Pic- Creux) sont colorées en gris.

Tableau 2 : Les points de retournements du cycle de croissance de l'Afrique du Sud

Ralentissement conjoncturel		Reprise conjoncturelle		Cycles (Pic-Pic)	
Périodes	**Durée**	**Périodes**	**Durée**	**Périodes**	**Durée**
1981Q4–1983Q1	5	1983Q1–1984Q3	6	1981Q3–1984Q3	11
1984Q3–1986Q1	6	1986Q1–1989Q2	13	1984Q3–1989Q2	19
1989Q2–1992Q4	14	1992Q4–1997Q1	17	1989Q2–1997Q1	31
1997Q1–1998Q4	7	1998Q4–2000Q4	10	1997Q1–2001Q2	17
2000Q4–2003Q4	10	2003Q4–2008Q2	18	2001Q2–2008Q2	28
2008Q2–2009Q3	5	2009Q3–			
Moyenne	7.8	Moyenne	12.8	Moyenne	21.2
Médiane	6.5	Médiane	13	Médiane	19
Ecart type	3.5	Ecart type	4.9	Ecart type	8.1

Source : South African Reserve Bank Dating

Pour les six cycles de croissance, seuls les cycles de 1997Q1-1998Q4 et de 2001Q2-2003Q4 ne se sont pas transformés en récession. Les pics de 1997Q1 et de 2001Q2 du cycle de croissance (point A) n'ont pas été suivis par des pics du cycle classique (point B). Dans l'ensemble, le délai moyen entre un pic A et un pic B est d'environ un trimestre. Dans le cas de sortie de récession, la question est assez différente. Il est clair que toute remontée du cycle de croissance est suivie instantanément par un retour à une phase d'expansion, du cycle classique. Les creux du cycle classique (point C) coïncident toujours avec ceux du cycle de croissance (point D).

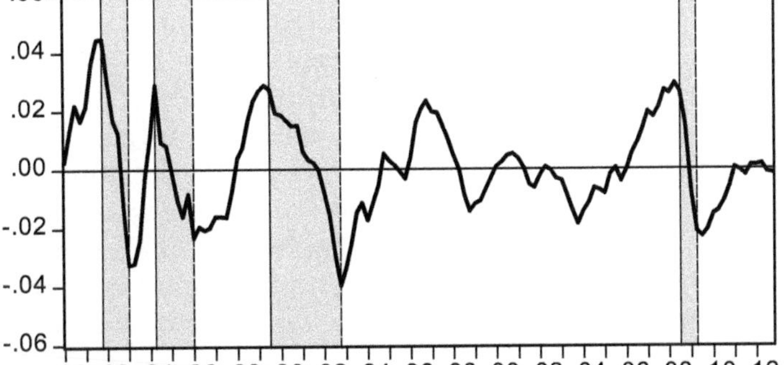

Graphique 6 : Cycle classique et cycle de croissance de l'Afrique du Sud : 1980Q1-2012Q4

Notes : Les zones colorées en gris désignent les phases de contraction du cycle classique

Encadré 3 - Une classification des cycles économiques

Dans son ouvrage *Business cycles (1939),* Schumpeter établit une classification des cycles économiques selon leur durée. Trois types de cycles sont distingués: les cycles courts (ou cycle Kitchin), les cycles moyens (ou cycles Juglar) et les cycles longs (ou cycles kondratiev).

- **Les cycles courts** - dits aussi cycles Kitchin, du nom du statisticien anglais Joseph Kitchin, durent 3 à 4 ans (environ 40 mois) et sont expliquées par les variations des stocks des entreprises. Durant les phases d'expansion, les entreprises augmentent leur production (pour répondre a la croissance de la demande) et se constituent des stocks. Lorsque les entreprises anticipent ou constatent un ralentissement de l'activité économique, elles réduisent leur production et déstockent, ce qui accentue encore le ralentissement de l'activité.
- **Les cycles moyens** – appelés aussi cycle Juglar du nom de l'économiste français Clément Juglar – durent en moyenne 10 ans et font appels aux mouvements de l'investissement. Ces cycles sont les plus proches des cycles conjoncturels étudiés en macroéconomie.
- **Les cycles longs** – appelés aussi cycles Kondratiev du nom de l'économiste russe Nicolaï Dimitrievich Kondratiev, durent entre 40 et 60 ans, et trouvent leur source dans le fonctionnement du système économique. L'accroissement de l'épargne augmente les possibilités d'investissement et entraîne une période de hausse de longue durée. Schumpeter (1939) enrichit le champ d'interprétation des cycles longs par l'introduction du rôle des innovations majeures (machine à vapeur, électricité, ..). Selon Schumpeter (1939), les innovations majeures se produisent par « grappes » et entraînent une longue phase d'expansion, caractérisée par un investissement massif, une création de nouveaux marchés et une forte croissance. Une fois ces innovations sont diffusées dans l'économie, le marché atteint une phase de saturation et l'effet dynamique des innovations s'épuise. L'économie entre, alors, dans une phase de ralentissement prolongée, jusqu'à ce que de nouvelles innovations provoquent une nouvelle reprise.

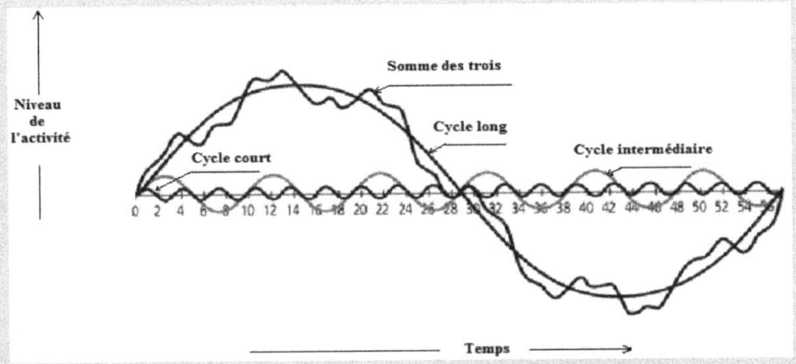

Source : J. Schumpeter, *Business Cycles*, Mc Graw-Hill, New York, 1939

3. Les régularites cycliques

3.1. Les faits stylisés

Pour compléter la définition du cycle économique, il est utile de présenter les éléments communs à tous les cycles conjoncturels, c'est à dire formuler des régularités cycliques ou des faits stylisés. Selon Burns et Mitchell (1946), la définition du cycle économique suppose qu'un ensemble important de variables macroéconomiques soit affecté par un phénomène plus ou moins périodique. On s'attend, ainsi, à trouver, pour les principales variables de l'économie, des cycles cohérents. « Les mouvements cycliques ne présentent pas d'uniformité dans leur amplitude ou dans leur périodicité. Les régularités observées concernent les co-variations de différentes séries agrégées » (Burns et Mitchell, 1947)

Si on définit le cycle du PIB comme *cycle de référence*, les niveaux de corrélation avec ce cycle indiquent l'intensité des co-variations. Les variables qui évoluent dans le même sens que le cycle du PIB sont qualifiées de *pro-cycliques ;* celles qui évoluent en sens inverse sont qualifiées de *contra-cycliques.* Certaines variables peuvent être indépendantes du mouvement du PIB, elles sont dites acycliques.

La notion de cycle présente, toutefois, deux autres caractéristiques : *(ii)* la persistance des mouvements et *(iii)* le différentiel de variabilité des séries. La persistance des mouvements signifie que le retournement conjoncturel dans un sens ou dans l'autre (reprise ou ralentissement conjoncturel) se poursuit généralement pendant un certain temps. Aussi, lorsque le cycle commence à accélérer au cours d'une période (reprise conjoncturelle), l'augmentation du rythme de l'activité se prolonge pendant plusieurs périodes. Inversement, si le cycle commence à ralentir, la baisse du rythme de l'activité se maintient durant quelques temps.

Le différentiel de variabilité signifie que certaines variables macroéconomiques sont plus volatiles, au cours du cycle, que d'autres. En l'occurrence, il existe un différentiel de variance, d'une part entre les composantes de la demande globale, investissement et consommation, et d'autre part entre les heures travaillées et la productivité du travail.

Le tableau 3 présente quelques caractéristiques cycliques observées dans certains pays développés. A la lecture de ce tableau, il apparaît que les composantes de la demande privée (consommation, investissement) sont essentiellement pro-cycliques, alors qu'en moyenne les dépenses publiques sont, plutôt, acycliques. Ces dépenses seraient contra-cycliques si le gouvernement les utilise pour compenser la variation de la demande privée et pro-cycliques si elles la stimulent. Il apparaît, aussi, que la variance relative de la consommation est plus faible que celle de la production et encore plus que celle de l'investissement. De plus, les importations sont plus volatiles que les exportations et le solde de la balance commerciale est contra-cyclique. Les composantes cycliques des variables nominales (taux d'intérêt, offre de monnaie et inflation) apparaissent corrélées avec ceux du PIB et évoluent de manière pro-cyclique. Néanmoins, la volatilité de l'inflation est systématiquement moins élevée que celle de la production.

Tableau 3 : Ecart type / Ecart type du PIB

	Ecart-Type		**Ecart type / Ecart type du PIB**				**Corrélation avec le PIB**				
Pays	**PIB**	**(X-M)/ PIB**	**C**	**Inv**	**G**	**Inf**	**C**	**Inv**	**G**	**H**	**(X-M)/ PIB**
Allemagne	**1.51**	**0.79**	**0 .90**	**2.93**	**0.81**		**0.66**	**0.84**	**0.26**	**0.59**	**-0.11**
Canada	**1.50**	**0.78**	**0.85**	**2.80**	**0.77**		**0.83**	**0.52**	**-0.23**	**0.69**	**-0.26**
France	**0.90**	**0.82**	**0.99**	**2.96**	**0.71**		**0.61**	**0.79**	**0.25**	**0.77**	**-0.30**
Grande Bretagne	**2.61**	**1.19**	**1.15**	**2.29**	**0.69**		**0.74**	**0.59**	**0.05**	**0.47**	**-0.19**
Japon	**1.35**	**0.93**	**1.09**	**2.41**	**0.79**		**0.80**	**0.90**	**-0.02**	**0.60**	**-0.22**
Etats-Unis	**1.92**	**0.52**	**0.75**	**3.27**	**0.75**		**0.82**	**0.94**	**0.12**	**0.88**	**-0.37**
Europe	**1.01**	**0.50**	**0.83**	**2.09**	**0.47**		**0.81**	**0.89**	**0.10**	**0.32**	**-0.25**

Source: Backus, Kehoe and Kydland (1993)

Encadré 4 - Les régularités cycliques : pays développés vs pays en développement	
Pays développés **Fait stylisé 1 :** les composantes de la demande privée (consommation, investissement, variation de stock) sont pro-cycliques, alors qu'en moyenne la dépense publique est acyclique **Fait stylisé 2 :** La consommation privée est nettement moins volatiles que le PIB. L'investissement et les variations des stocks sont plus prononcés. Les importations sont plus volatiles que les exportations et le solde de la balance commerciale est contra-cyclique **Fait stylisé 3 :** Les variables nominales (taux d'intérêt nominaux, offre de monnaie et inflation) sont pro-cyclique. La volatilité de l'inflation est systématiquement moins élevée que celle du PIB **Fait stylisé 4 :** L'emploi total, les heures travaillées et l'utilisation des capacités sont pro-cycliques. Les fluctuations des heures travaillées sont inférieures à celles du PIB et supérieures à celles de la productivité ;	**Pays en développement** **Faits stylisé 1** : les composantes de la demande (consommation, investissement, variation de stock et dépenses publiques) sont pro-cycliques. Toutefois, les corrélations sont plus faibles que dans les pays développés **Fait stylisé 2 :** la consommation privée est nettement plus volatile que le PIB. l'investissement et les variations de stocks sont plus prononcés. **Fait stylisé 3 :** les taux d'intérêt sont conta-cycliques et l'inflation n'est pas constamment pro-cyclique. Les agrégats monétaires sont pro-cycliques mais leurs corrélations avec le PIB sont plus faibles que celles observées dans les pays développés **Fait stylisé 4 :** Les salaires réels sont pro-cycliques mais leurs corrélations avec le Pib sont plus faibles que celles observées dans les pays développés

Fait stylisé 5 : Les salaires réels sont pro-cycliques ou acycliques. La productivité est pro-cyclique. Sa volatilité ainsi que celle des salaires réels sont systématiquement moins élevées que celle du PIB **Fait stylisé 6 :** Les profits sont fortement volatiles	**Fait stylisé 5 :** Il n'existe pas de relations apparentes entre les dépenses publiques, les taux de change nominaux, les taux de change réels, les termes de l'échange et le PIB

Source : "Hoffmaister et *al* (1998) ", Agénor et al (1999) et Rand et Tarp (2002)

3.2. *Les co-variations avec le cycle du PIB*

Le tableau 4 présente les corrélations entre le cycle du PIB et les cycles de certains agrégats d'un échantillon de pays africains (Rand et Tarp, 2002). A l'exception du Gabon, de la Gambie et du Kenya la consommation et l'investissement privés sont pro-cycliques pour tous les autres pays. L'amplitude de la corrélation est identique à celle observée dans les pays développés, à quelques exceptions prés--Nigeria, Zambie, Zimbabwe. Les dépenses de consommation publique paraissent, plutôt, pro-cycliques pour six pays de l'échantillon. Il n'existe, donc, aucune évidence empirique du rôle contra-cyclique de stabilisation de la politique fiscale, même si certains pays montrent des signes négatifs de corrélations entre les dépenses publiques et le PIB.

Tableau 4 : Corrélations cyclique : PIB vs certaines variables macroéconomiques

	Consommation privée	Investissement	Consommation publique	Exportations	Importations	Indice des Prix A la consommation	Inflation
Benin	0.70	0.16	-0.08	0.54	0.46	Na	Na
Burkina F	0.51	0.55	0.35	-0.08	0.19	Na	Na
Burundi	0.59	0.39	0.24	-0.08	-0.13	-0.37	Na
Cameroun	0.68	0.62	0.10	0.04	0.27	Na	Na
Congo	0.42	0.43	0.13	0.30	0.68	-0.14	Na
C. d'Ivoire	0.67	0.49	0.76	-0.53	0.22	-0.13	0.11
Gabon	-0.16	0.80	0.53	0.42	0.61	0.13	Na
Gambia	-0.08	0.06	-0.21	0.44	0.01	0.13	Na
Ghana	0.87	0.55	0.30	-0.11	0.64	0.06	Na
Kenya	0.76	-0.07	0.33	-0.10	0.05	-0.19	Na
Madagascar	0.82	0.79	0.50	0.43	0.68	-0.10	Na
Malawi	0.76	0.18	-0.26	0.18	0.26	Na	Na
Mali	0.77	0.32	0.17	0.18	-0.10	Na	Na
Niger	0.65	0.44	0.49	-0.19	0.05	-0.12	Na
Nigeria	0.15	0.22	0.24	0.66	0.14	-0.7	0.52
Rwanda	0.70	0.53	0.81	0.72	-0.30	Na	Na
Senegal	0.65	0.55	0.11	0.71	0.14	0.20	Na
Afrique du Sud	0.78	0.97	0.33	-0.21	0.95	-0.13	0.25
Zambie	0.35	0.26	-0.36	-0.04	-0.10	Na	Na
Zimbabwe	0.28	0.54	0.10	na	na	-0.58	0.44

Source: Rand et "Tarp (2001)"

Ce tableau montre, aussi, de fortes corrélations positives entre les importations et le PIB, pour la plupart des pays. A l'inverse, les exportations paraissent non significativement corrélées avec les mouvements agrégés du cycle. Ceci implique que le solde du commerce extérieur paraît, particulièrement, contra-cyclique ; une régularité empirique, généralement, observée dans la plupart des pays développés.

En ce qui concerne les fluctuations des prix, généralement dans les pays développés l'évolution de l'indice des prix à la consommation est contra-cyclique ; celle de l'inflation est plutôt pro-cyclique. Dans l'échantillon de pays africains retenus, il existe une tendance pour les économies, dont l'indice des prix à la consommation est contra-cylique, de générer aussi des mouvements contra-cyclique de l'inflation. En principe lorsque les fluctuations de la production ont pour origine des chocs de demande, les mouvements des prix et de l'inflation seraient, surtout, pro-cycliques. A l'inverse, lorsque les fluctuations de la production sont expliquées par des chocs d'offre, l'inflation et les prix seraient, plutôt, contra-cycliques (Chadha et Prasad,1994). Sur la base de cette axiomatique, il semble qu'en Cote d'Ivoire, au Nigeria, en Afrique du Sud et au Zimbabwe, les impulsions d'offre conduisent l'essentiel des mouvements cycliques observés.

3.3. Le différentiel de volatilité

L'examen de la volatilité des cycles du PIB de certains pays africains par rapport à ceux observés dans les pays développés montre que les mouvements cycliques en Afrique subsaharienne sont, généralement, plus amples que ceux observés dans les pays développés : un fait généralement observé dans la plupart des pays en développement (OCDE, 2001 et FMI, 2001). Cet excès de volatilité résulte, sans doute, d'au moins, trois raisons (Loayza et *alii*, 2007):

Tableau 5 : Volatilité des principales séries macroéconomiques

	PIB	Consommation privée	Investissement	Consommation publiques	Exportations	Importations	Indice des prix à la consommation	Inflation
Benin	1.79	2.94	11.55	5.24	8.77	8.83	Na	Na
Burkina F	1.90	2.74	9.28	5.80	8.15	7.17	Na	Na
Burundi	2.46	3.41	19.78	9.08	9.36	5.52	3.01	Na
Cameroun	2.90	4.70	7.21	4.98	7.29	6.33	Na	Na
Congo	1.75	3.25	19.20	17.16	8.47	9.98	34.03	Na
C. d'Ivoire	1.96	3.25	14.07	5.04	5.34	5.43	2.50	53.28
Gabon	5.28	7.12	17.74	7.47	5.59	9.77	4.00	Na
Gambia	1.54	3.59	8.63	4.37	5.31	4.33	3.16	Na
Ghana	2.33	3.71	12.80	6.46	8.16	8.61	7.73	Na
Kenya	2.14	4.92	10.62	2.51	4.50	7.33	3.01	Na
Madagascar	1.89	2.22	12.95	2.69	5.51	8.09	3.07	Na
Malawi	2.66	5.86	14.89	5.01	6.72	8.06	Na	Na
Mali	2.56	3.02	7.00	7.16	5.11	6.53	Na	Na
Niger	3.54	8.13	23.53	5.38	11.32	8.66	3.70	Na
Nigeria	2.98	5.93	8.38	9.62	8.30	7.68	5.65	31.54
Rwanda	8.08	4.22	11.05	15.83	14.03	9.60	Na	Na
Senegal	2.46	1.70	6.33	1.68	6.97	3.44	3.34	Na
Afrique du Sud	1.85	1.17	8.32	1.27	1.89	5.98	0.79	4.91
Zambie	1.69	7.78	8.83	10.73	5.85	7.25	Na	Na
Zimbabwe	2.41	5.40	7.79	8.43	na	na	2.19	24.36

Source: Rand et Tarp (2001)

- **L'ampleur et la nature des chocs** : Les pays en développement subissent des chocs, d'amplitudes assez fortes, bien plus élevés que ceux subis par les pays développés. Ces chocs sont, le plus souvent, des chocs financiers et commerciaux. Généralement, les chocs financiers succèdent les arrêts brutaux (*sudden stop*) des flux de capitaux, et engendrent des récessions très vives et très prononcées. Dans les pays en développement, les mouvements de capitaux sont irréguliers en raison, notamment, du comportement de certains investisseurs privés, qui sont attirés par les perspectives de plus-value rapides à court terme[5]. Une fois les opportunités de profit terminés, les sorties soudaines de capitaux engendrent des difficultés monétaires et financières aigues et de fortes instabilités dans les pays d'accueil. Les chocs commerciaux sont liés, quand à eux, aux variations des termes de l'échange[6], tant positifs que négatifs. Dans les pays exportateurs de produits primaires, l'évolution des termes de l'échange a un impact négatif fortement élevé sur les résultats macro-économiques. En Éthiopie, par exemple, l'effondrement des cours du café, de 1987, a engendré une dégradation des termes de l'échange de 40 % et une baisse du revenu national de 6 % (FMI, 2007). De façon générale, les pays en développement exportent des produits primaires, et importent des denrées alimentaires et des biens manufacturés. En se spécialisant dans un nombre limité de produits, aux technologies de production obsolètes, ces pays se montrent plus vulnérables aux chocs sur les prix mondiaux que les pays développés.
- **La qualité du dispositif institutionnel** : Dans les pays en développement, la faible qualité des institutions[7] réduit leur résilience face chocs externes et conduit à formuler des politiques inappropriées.

---

5 Les flux de capitaux et la croissance en Afrique, CNUCED, 2000

6 Le ratio prix à l'exportation/prix à l'importation d'un pays permet de définir les termes de l'échange nets qui indiquent le nombre d'unités de biens importés pouvant être échangées contre une unité de biens exportés.

7 Selon Rodrick (1999, 2002) et Frankel (2002), pour bien fonctionner les économies doivent instaurer des institutions capables de : (i) Protéger les droits de propriétés, faire appliquer la loi et combattre la corruption ; (ii) bien réglementer les marchés des produits, des facteurs et des instruments financiers pour neutraliser les causes ou les conséquences de leurs défaillances ; (iii) étayer la stabilisation macroéconomique , notamment en préservant la valeur de la monnaie et en assurant la viabilité de finances publiques (vi) promouvoir la cohésion et la stabilité sociales, y compris en faisant reculer la pauvreté et en neutralisant les conséquences adverses des changements et des bouleversements économiques.

Cette incapacité à conduire des politiques qui : protègent les droits de propriété, éliminent la corruption, créent un climat favorable et limitent les conflits d'intérêt et les troubles sociaux, conduit à une plus grande instabilité macroéconomique. "Le FMI (2003) "estime que l'amélioration de l'indice de gouvernance en Afrique-subsaharienne pourrait faire réduire la volatilité de plus du quart

- **La gestion des perturbations par les politiques économiques** : La plupart des pays en développement ont mal à gérer de manière efficace les chocs externes par les règles de politiques économiques. Lorsque les chocs externes sont favorables (.*ie* chocs positifs sur les termes de l'échange par exemple), les gains sont peu importants, tandis que, lorsqu'ils sont défavorables, les pertes réelles sont assez sévères. Durant les années 1970, plusieurs pays africains ont profité de la flambée des cours des hydrocarbures et des prix des produits de base pour augmenter sensiblement leurs dépenses publiques. Ils ont mis en place des projets d'investissements publics en grande partie par des importations. L'effondrement des cours, qui s'en est suivi, a provoqué une diminution des recettes publiques et ces programmes ont été soit abandonnés soit financés par l'emprunt extérieur, ce qui a engendré des dettes non soutenable à long terme.

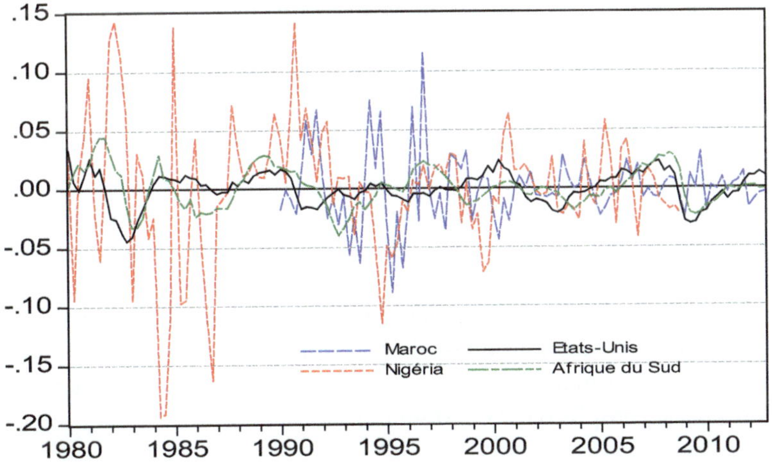

Graphique 7 : Volatilité des mouvements cycliques, Etats-Unis vs Pays africains

4. CONCLUSION

Deux définitions, importantes pour les macro-économistes, ont marqué l'analyse des cycles conjoncturels : le cycle classique ou cycle d'affaires (business cycle) et le cycle en déviation ou cycle de croissance (growth cycle). Le cycle classique reproduit le cycle du niveau de l'activité global d'une économie. C'est la définition la plus répandue dans la littérature. Les points de retournement sont détectés à partir de la série en niveau, généralement le PIB, et délimitent les périodes au cours desquelles le niveau de l'activité augmente (*ie :* périodes de croissance positive) ou diminue (*ie :* périodes de croissance négative). Le cycle de croissance définit, quant à lui, le cycle de l'écart de la série par rapport à sa tendance de long terme et résume les dispositions de l'économie à revenir sur son sentier de croissance tendanciel. Sur ce cycle, les phases ascendantes (*.ie* phases de reprise conjoncturelle) et les phases descendantes (*.ie* phases de ralentissement conjoncturel) délimitent les alternances d'accélération (*ie* : la croissance instantanée est supérieure à la croissance tendancielle) et de ralentissement de la croissance (*ie* : la croissance instantanée est inférieure à la croissance tendancielle).

Si l'idée de cycle d'affaires est ancienne, c'est surtout au début des années 70 que le cycle en déviation ou cycle de croissance a été systématisé, ce qui a permis d'expliquer les alternances qu'on avait observé aux Etats Unies et dans plusieurs pays Européens, entre périodes de croissance accélérée et périodes de croissance ralentie, avec en corollaire le passage par des phases de reprise et des phases de ralentissement. L'apparition des premiers travaux de Mintz y trouvera un substrat théorique.

Dans cette perspective, deux groupes de travaux ont été engagés : *(i)* des travaux empiriques, notamment en ce qui concerne la description du cycle économique, sa caractérisation, l'identification de ses principaux déterminants voir même la prévision de ses points de retournement ; *(ii)* des travaux théoriques sur les causes et les mécanismes à l'origine des fluctuations économiques. Les chapitres qui suivent analysent, précisément, comment les macro-économistes ont traité ces question et les progrès accomplis dans ces domaines.

5. BIBLIOGRAPHIE

Agénor, P R., McDermott, J., Prasard, E., (1999)., «Macroeconomic fluctuations in developing countries: some stylized facts», *IMF Working Paper*, 99/35.

Anas, J., Ferrara, C., (2002)., «Detecting Cyclical Turning Point: The ABCD Approach and two Probabilistic Indicators, *26 th CIRET conference Tapei*, Octobre.

Backus, D., Kehoe, P. et Kydland, F., (1993)., «International Business Cycles: Theory and Evidence», *NBER Working Paper*, No. 4493

Bismans, F., ET Le Roux, P. (2013)., «Dating the business cycle in South Africa by using a Markovswitching model», *Journal for Studies in Economics and Econometrics,* 37, 25–39.

Bismans, F., ET Majetti, R. (2012)., «Dating the South African business cycle», *Journal for Management and Leadership,* 1, 1–12.

Brain, C.W., Shapiro, S.S., (1983)., «A regression Test for Exponentiality: Censored and Complete Samples», *Technometrics,* 25, 69–76.

Burns, A. and **W. Mitchell** (1946)., *«Measuring Business Cycles»*, New York: NBER. Conference Board, 2001, *«Business Cycle Indicators Handbook»*, New York.

Diebold, F.X., Rudebush, G.D., (1992)., «Have Postwar Economic Fluctuations been Stabilized? », *American Economic Review,* 82, 993–1005.

Diebold F. X. and Rudebusch G. D. (1999), *«Business Cycles: Durations, Dynamics and Forecasting»*, Princeton University Press, Princeton

Elachhab, F. (2007)., «Les Cycles Economiques en Tunisie: Identification, Caractérisation et Comparaison Internationale», *Économie Internationale,* 110 (2007), p. 31–61

FMI, 2007. *Perspectives Economiques Régionale*, Afrique Sub-saharienne, Octobre, chapitre 3. Washington

Loayza, N. V., Romain R, Luis S, et **Jaume V.**, (2007)., «Macroeconomic volatility and welfare in developing countries:An introduction», *World Bank Economic Review*, 21(3): 343–357.

Mintz, I. (1969), «Dating Postwar Business Cycles: Methods and Their Application to Western Germany, 1950–1967», *Occasional Paper*, 107, National Bureau of Economic Research, New York

Mintz, I.(1972)., « Dating American Growth Cycles», dans Zarnovitz, V. (Ed) The *Business Cycle Today*, NBER, New York, 39–88.

OCDE, (2001)., *Perspectives économiques de l'OCDE* 70.

Rand, J. et **Tarp, F.,** (2002)., «Business cycle in developing countries: Are they different? », *World Development* 30 (12), 2071–2088.

The Conference Board. (2001)., «*Business Cycle Indicators Handbook*», December

Zarnowitz, V. (1992)., «*Business Cycles: Theory, History, Indicators, and Forecasting*», Chicago: The University of Chicago Press.

CHAPITRE 2

Les explications théoriques du cycle économique : Approche endogène vs approche exogène

1. Introduction 61
2. L'approche endogène du cycle économique 64
   2.1. Cycles endogènes et déséquilibres des marchés 65
   2.2. Cycles endogènes et marchés en équilibre 73
3. Cycle endogène et dynamique chaotique 89
   3.1. Chaos déterministe, sensibilité aux conditions initiales et attracteurs étranges 90
   3.2. Non linéarité et dynamique chaotique 94
   3.3. Dynamique chaotique et équilibre des marchés 107
4. L'approche semi-endogène du cycle économique ou l'approche impulsion-propagation 109
   4.1. La théorie des cycles monétaires à l'équilibre 112
   4.2. La théorie des cycles réels 117
5. Conclusion 128
6. Bibliographie 130

1. Introduction

Comment s'explique la succession récurrente des cycles économiques? L'observation de l'alternance des phases d'expansion (reprises conjoncturelles) et des phases de récession (ralentissement conjoncturel) montre que le cycle n'est pas aussi régulier. En pratique, les mouvements cycliques se répètent et se reproduisent dans le temps, mais sans que l'on puisse y trouver la perfection de la régularité présente dans les domaines de la physique ou des mathématiques. Il est, en effet, difficile de prétendre qu'il existe une périodicité et une amplitude constante des phases du cycle économique. Pour autant, les faits stylisés empêchent de penser que les cycles se produisent de manière aléatoire ou stochastique. Même s'ils ne sont pas parfaitement réguliers, ils semblent suivre une certaine logique et semblent être guidé par des forces internes aux systèmes économiques. Toutes les théories, qui ont tenté d'expliquer le cycle économique, se sont confrontées à ce type de débat.

Il est possible de scinder les théories du cycle économique en deux grandes familles : L'approche *purement endogène* et l'approche *semi-endogène* ou l'approche *impulsion propagation*. L'approche purement endogène identifie l'origine du cycle dans le fonctionnement même des systèmes économiques. Les économies génèrent, en permanence, des forces qui accélèrent puis ralentissent l'activité. Ces mouvements cycliques sont de deux types : en premier lieu, des oscillations cycliques autoentretenues qui ont pour origine des déséquilibres sur le marché des biens, résultat de l'insuffisance de la demande effective. En second lieu, des fluctuations régulières en dépit d'un environnement marchand parfaitement concurrentiel et équilibré.

La particularité de ces théories endogènes tient en ce qu'elles offrent une présentation très régulière des fluctuations : les oscillations cycliques sont récurrentes, autoentretenus et périodiques. Pour autant, les faits stylisés observées, dans la plupart des pays, montrent que les fluctuations réelles ne sont pas aussi régulières et que le profil temporel des séries macroéconomiques est bien plus désordonné. C'est la théorie du chaos qui va permettre de dépasser cette difficulté et d'accéder à une plus grande irrégularité des trajectoires cyclique dans un environnement totalement endogène. Pour cette théorie de simples relations déterministes non-linéaires peuvent faire apparaître des comportements dynamiques endogènes extrêmement complexes et non périodiques.

La deuxième approche, ou l'approche *impulsion-propagation*, met l'accent sur les vertus des marchés concurrentiels et leur stabilité interne. Selon cette approche, les fluctuations persistantes et non explosives ont pour origine des chocs aléatoires externes, qui affectent les caractéristiques fondamentales des systèmes économiques. Le cycle serait la manifestation de la propagation dans le temps, et dans le système, de chocs aléatoires externes.

Initialement développée par Frisch (1933) et à Slutsky (1937), l'approche *impulsion-propagation* n'a pu trouver d'essor sur le devant de la scène de la théorie des cycles qu'avec les enseignements de la nouvelle école classique, au début des années 1970. Les premiers travaux, connus sous le nom de modèles des cycles à l'équilibre, expliquent les fluctuations par l'occurrence *chocs monétaires aléatoires* : des surprises sur la politique monétaire. Le comportement optimisateur des agents permet, alors, aux chocs monétaires de se propager dans tout le système économique et de produire des fluctuations cycliques. Les travaux qui s'en sont suivis, appelés modèles des cycles réels, montrent que les réponses optimales des individus à des *chocs de nature réelle*, essentiellement technologique, peuvent produire des caractéristiques cycliques semblables à celles observées.

Ce chapitre ne prétend pas être exhaustif mais cherche à présenter quelques modèles théoriques de référence qui affèrent à l'une ou l'autre des deux approches. La première section est consacrée à l'approche purement endogène. Elle examine comment des déséquilibres sur le marché des biens (*.ie* oscillateur de "Samuelson, 1939 ") ou des déséquilibres sur le marché du travail (modèle de Goodwin , 1967) peuvent engendrer des fluctuations cycliques. Dans un second temps, elle montre comment dans des économies de marchés, il peut exister des mécanismes internes qui peuvent produire une perte de stabilité de l'équilibre et, partant, des oscillations endogènes autoentretenues. La présentation s'appuie sur une version simplifiée du modèle à génération imbriquées de Grandmont (1985a). Deux possibilités s'offrent à ce niveau: *(i)* la première fait émerger des fluctuations cycliques autoentretenues en dépit d'un environnement parfaitement déterministe ; *(ii)* la seconde lie les fluctuations aux « croyances auto-réalisatrices », c'est à dire aux croyances qu'entretiennent les agents sur le rôle qu'exercent les phénomènes extra-économiques sur le niveau de l'activité économique. La deuxième section, déplace le champ de l'analyse vers la théorie du chaos et explique comment de simples relations non-linéaires peuvent produire des comportements dynamiques non périodiques, désordonnés et instables. Finalement, la troisième section étudie l'approche semi endogène du cycle économique, ou l'approche impulsion propagation, dans une vision de « cycle à l'équilibre », telle que développée par la nouvelle école classique : les marchés sont en équilibre, les agents économiques rationnels réagissent de manière optimale aux chocs extérieurs. Ces chocs peuvent être de type monétaire (parabole des iles de Phelps, 1970) ou de type réel (modèle de Kydland et Prescott, 1982)

2. L'approche endogène du cycle économique

L'approche endogène du cycle économique[8] montre comment des mécanismes internes aux systèmes économiques peuvent produire des pertes de stabilité et engendrer des fluctuations cycliques. Initialement, développée par les travaux fondateurs de Kalecki (1935) et "Samuelson (1939) ", cette approche explique les fluctuations par les déséquilibres sur le marché des biens et services, résultat de l'insuffisance de la demande effective. Le cycle est, alors, endogène et résulte du jeu simultané de l'accélérateur et du multiplicateur.

Parmi les réserves émises à l'encontre de ces modèles, il y a une qui est assez sévère: les fluctuations autoentretenues ne peuvent se produire que sous certaines conditions restrictives, qui portent sur les paramètres structurels des modèles: la propension marginale à consommer et le coefficient technique du capital. Ces conditions illustrent les propriétés, tout à fait générale, des modèles linéaires où l'apparition de fluctuations autoentretenues est formellement particulière.

Sur la base de ces résultats, Hicks (1950) et Goodwin (1967) ont pressenti l'intérêt d'introduire dans les relations caractéristiques des systèmes, des non linéarité. Deux types de modèles ont été proposés. Hicks introduit, dans le modèle de Samuelson, des contraintes, des butoirs, à l'expansion et à la contraction. Godwin reprend le modèle proie-prédateur de Lotka-Volterra (1925) et montre comment des relations conflictuelles entre capitalistes et salariés, sont capables de produire des fluctuations cycliques.

Avec le renouveau de la théorie des systèmes dynamiques non linéaires, au début des années 1980, des travaux centrés sur des modèles de croissance optimale et des modèles à générations imbriquées ont montré la possibilité d'apparition de fluctuations endogènes autoentretenues dans des économies purement néoclassiques. Même dans des économies de marchés parfaitement concurrentiels, les trajectoires optimales peuvent ne pas converger vers l'équilibre stationnaire, mais, plutôt, osciller indéfiniment autour de ce dernier. L'opposition traditionnelle entre

8 L'approche endogène ne conteste pas l'importance de chocs externe (chocs pétroliers, troubles politiques...) dans l'explication des fluctuations. Elle montre, tout simplement, que ces chocs ne sont pas les seules causes, bien au contraire il existe des forces internes aux systèmes économique qui peuvent produire de fluctuations autoentretenues.

logique de l'équilibre, d'où nait la stabilité, et logique du déséquilibre, d'où naissent l'instabilité et le cycle, s'est ainsi estompée. Les nouvelles dynamiques mises en évidences, dans les modèles néoclassiques, montrent qu'il peut y avoir conjointement équilibre, rationalité et fluctuations autoentretenues régulières ou désordonnées.

2.1. Cycles endogènes et déséquilibres des marchés

2.1.1. Le multiplicateur-accélérateur de Samuelson et déséquilibres sur le marché des biens

L'oscillateur de "Samuelson (1939) " définit les fluctuations dans le cadre d'un modèle dynamique simple, de type keynésien. Dance ce modèle, l'investissement dépend de l'écart entre la demande anticipée et la capacité de production disponible (*.ie* l'offre) et constitue une force de rappel qui ajuste à terme l'équilibre sur marché des biens. Deux types de mécanismes sont retenus : *(i)* le multiplicateur des dépenses qui transforme les chocs exogènes de demande en variation de la demande finale ; et *(ii)* l'accélérateur qui lie l'investissement aux variations du revenu national. Les hypothèses de base du modèle supposent que la consommation réagit, avec retard, au revenu disponible (*.ie* retard de Robertson[9]) et la fonction d'investissement est de type accélérateur.

Plus formellement, le modèle dynamique de Samuelson retient trois équations :

$$Y_t = C_t + I_t \tag{1}$$

$$C_t = cY_{t-1} \tag{2}$$

$$I_t = \beta\left(Y_{t-1} - Y_{t-2}\right) + I_0 \tag{3}$$

Où c est la propension marginale à consommer, β le coefficient d'accélération et I_0 l'investissement autonome. En substituent dans (1), les équations (2) et (3), le modèle aboutit à une forme réduite qui correspond à une équation récurrente d'ordre deux

9 Les individus peuvent prendre un certain temps pour transformer leurs intentions de consommation en actions, c'est ce qu'on appelle retard de Robertson

$$Y_t - (c+\beta)Y_{t-1} + \beta Y_{t-2} = I_0 \qquad (4)$$

L'équation (4) est une équation aux différences finies. Elle définie un sentier endogène de la production compte tenu de ses valeurs passées et de certains paramètres structurels (propension marginale à consommer et coefficient d'accélération). La résolution de cette équation permet de déterminer le comportement dynamique de Y_t autour de sa valeur d'équilibre stationnaire[10], $Y^* = \dfrac{I_0}{1-c}$.

En fonction des valeurs prises par les paramètres structurels (*.ie* propension marginale à consommer et coefficient d'accélération), trois types de dynamiques cycliques peuvent se produire (voir encadré 1). Le graphique (a) présente des cycles qui tendent à s'amortir au cours du temps, l'amplitude des fluctuations tend à diminuer progressivement jusqu'à atteindre la valeur de l'équilibre stationnaire. Le graphique (b) illustre des cycles explosifs, l'amplitude des fluctuations peut atteindre des valeurs très grandes, infinies à la limite. Ce n'est que pour des valeurs très particulières des paramètres structurels que les fluctuations de l'activité peuvent être régulières et autoentretenues (graphique c). Dans ce cas, l'économie fluctue, indéfiniment, autour de l'équilibre stationnaire sans jamais l'atteindre. « On parle d'oscillations non amorties, qui permettent une répétition systématique et sans fin des cycles, comme si ceux-ci s'auto-perpétuaient » (Michael, et Wyplosz, 2005)

Encadré 1 - L'oscillateur de Samuelson

La forme réduite du modèle de l'oscillateur de Samuelson est donnée par l'équation récurrente d'ordre deux suivante :

$$Y_t - (c+\beta)Y_{t-1} + \beta Y_{t-2} = I_0 \qquad (1)$$

D'un point de vue formel, la solution de l'équation (1) est la somme de la solution de l'équation homogène associée (soit z) et d'une solution particulière (soit Y^*)

- *La solution particulière,* Y^*

10 L'équilibre stationnaire est un état pour lequel Y reste constante à travers le temps $(Y_t = Y_{t-1} = Y_{t-2})$

Cette solution admet la même forme de la fonction $f(t)=I_0$. Puisque I_0 est une constante, on cherche alors une solution particulière, Y^*, constante à travers le temps, soit $Y_t=Y_{t-1}=Y_{t-2}=Y^*$, c'est la solution de l'équilibre stationnaire

On a donc $Y^*-(c+\beta)Y^*+\beta Y^*=I_0$, c'est à dire, $Y^*=\dfrac{I_0}{1-c}$

- Solution de l'équation homogène associée

L'équation homogène associée est définie par :

$$Y_t-(c+\beta)Y_{t-1}+\beta Y_{t-2}=0 \quad (2)$$

L'ensemble des solutions de cette équation forment un espace vectoriel de dimension 2. Pour connaitre tous ses éléments il faut déterminer une base. Pour cela on cherche alors les solutions de type $z_t=\lambda^t$

Ce qui revient à écrire

$$\lambda^t-(c+\beta)\lambda^{t-1}+\beta\lambda^{t-2}=0 \quad \textbf{(3)}$$

En simplifiant par λ^{t-2}, on obtient l'équation caractéristique

$$\lambda^2-(c+\beta)\lambda+\beta=0 \quad \textbf{(4)}$$

Trois cas sont possibles en fonction du signe du déterminant de l'équation (4), $\Delta=(c+\beta)^2-4\beta$

a) $\Delta>0$, on a deux racines réelles distinctes $\lambda_1\ et\ \lambda_2$. Les suites $\lambda_1^t\ et\ \lambda_2^t$ sont linéairement indépendantes et forment une base de l'espace vectoriel des solutions de l'équation (2). Ces solutions prennent la forme $\alpha_1(\lambda_1^t)+\alpha_2(\lambda_2^t)$, avec $\alpha_1\ et\ \alpha_2$ des paramètres qui dépendent des conditions initiales.

b) $\Delta<0$, on a deux racines complexes conjuguées, $\lambda\ et\ \overline{\lambda}$. La solution générale complexe de l'équation (2) prend la forme: $\alpha_1(\lambda^t)+\alpha_2(\overline{\lambda}^t)$.

Puisqu'un nombre complexe peut s'écrire sous une forme trigonométrique $\lambda=\rho(\cos\theta+i\sin\theta)$, la solution générale devient $\alpha_1(\rho^t(\cos\theta t+i\sin\theta t))+\alpha_2(\rho^t(\cos\theta t-i\sin\theta t))$

c) $\Delta=0$, on a une racine double. Puisqu'on a une solution λ^t, $t\lambda^t$ peut aussi etre une solution, linéairement indépendante de la précédente. La solution générale peut alors prendre la forme $\alpha_1(\lambda^t)+\alpha_2(t\lambda^t)$

La dynamique Y_t dépend alors de deux conditions :

(i) l'existence de fluctuations : il y a des mouvements cycliques (amortis, réguliers ou explosifs) lorsque les racines de l'équation caractéristique (4) sont complexes et conjuguées, c'est à dire lorsque le déterminant Δ est négatif, soit $\Delta = (c+\beta)^2 - 4\beta < 0$. Dans le cas contraire (le déterminant Δ est positif) les mouvements sont monotones ;

(ii) la stabilité du système : le système converge (diverge) vers (de) la solution de l'état stationnaire Y^* (de façon monotone ou avec des oscillations), si les racines de l'équation caractéristique (4) sont de module inférieure à 1, c'est à dire si $\beta < 1$.

Le graphique qui suit présente trois situations de mouvements oscillatoires. Dans la première, les fluctuations sont amortie $(\beta < 1)$. Dans la deuxième, les fluctuations sont explosives $(\beta > 1)$. Seul lorsque $(\beta = 1)$ les fluctuations seront entretenues. On aura alors des oscillations de périodicité et d'amplitude constantes.

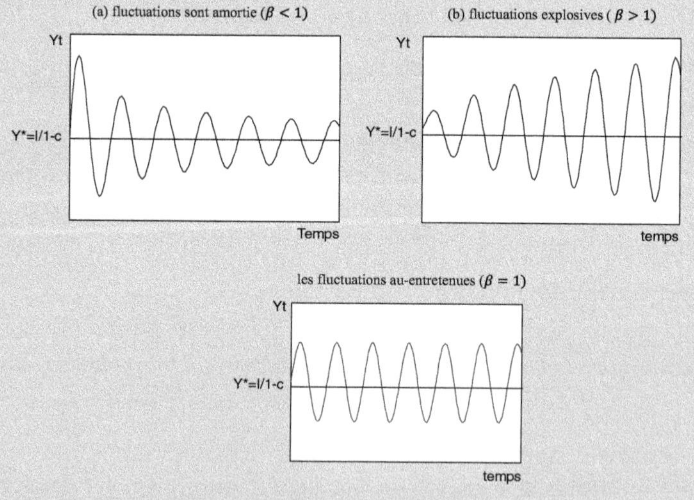

Graphique 1 : Fluctuations cyclique dans le modèle de Samuelson

Du point de vue économique l'émergence, dans ce modèle, de fluctuations endogènes autoentretenues s'explique par la conjugaison de deux effets : l'effet multiplicateur et l'effet accélérateur. Si à une période donnée, les producteurs anticipent une augmentation de la demande; ils augmenteront leur investissement de ΔI . Celui-ci exerce, à son tour, un effet multiplicateur, qui accroitra la demande de $\frac{\Delta I}{1-c}$. Si les producteurs sont optimistes, cette nouvelle augmentation de la demande entrainera des investissements supplémentaires de $\frac{\beta \Delta I}{1-c}$, dont l'effet multiplicateur se fera de nouveau sentir et ainsi de suite. L'investissement augmente et accroit progressivement le stock de capital ce qui permet aux capacités productives (*.ie* l'offre) de s'ajuster à la demande. Lorsque les capacités productives sont suffisantes, l'investissement ralenti et la demande diminue. Un effet multiplicateur négatif amplifiera la diminution initiale de la demande, d'où une nouvelle contraction de l'investissement et ainsi de suite. L'économie entre alors dans une phase de récession qui ne cessera que lorsque les capacités de production apparaîtront insuffisantes. La réduction des capacités de production due au désinvestissement conduit à terme à une capacité de production inférieure à la demande, entraînant une reprise de l'investissement et un retournement du cycle à la hausse (Muet, 1993).

Le modèle de Samuelson permet donc, d'engendrer des cycles récurrents, mais qui diffèrent des cycles observés de trois points, au moins : *(i)* les oscillations du modèle sont parfaitement symétriques ; *(ii)* leur amplitude dépend des conditions initiales du modèle, alors que l'amplitude des cycles observés, dans tous les pays, est variable ; et *(iii)* les oscillations ne sont régulières que dans un cas extrêmement particulier, dans l'exemple présenté $\beta = 1$. Cette dernière caractéristique est très particulière et la plupart des économistes la jugent trop invraisemblables pour expliquer les cycles conjoncturels effectivement observés. Ce qui ouvre la voie à d'autres approches alternatives.

2.1.2. Le modèle proie-prédateur de Goodwin et déséquilibres sur le marché du travail

Le modèle de Goodwin (1967) transpose le modèle biologique « proie-prédateur » de Lokta (1925) et Volterra (1931) au rapports sociaux conflictuels « capitalistes - salariés » et montre comment les variations de la répartition du revenu dans les économies capitalistes sont capables de produire des évolutions cycliques. Dans ce modèle, le marché des biens est en équilibre, les profits sont réinvestis en totalité et les salaires sont consommés. Le marché du travail est, quand à lui, en déséquilibre et le partage du revenu national entre salaires (*.ie* rémunération des travailleurs-consommateurs) et profits (*.ie* rémunération des capitalistes-investisseurs) est déterminé par les variations du taux de chômage (*.ie* courbe de Phillips). La dynamique du taux de partage (*.ie* la répartition du revenu national) et du taux de chômage se traduit alors par des cycles réguliers.

L'économie simplifiée étudiée par Goodwin, est caractérisée par deux hypothèses fondamentales :

(i) les variations du taux d'emploi résultent de la différence entre taux de croissance de la production d'une part et taux de croissance de la productivité et de la population active d'autre part. La croissance de la production correspond à l'extension des capacités due au réinvestissement intégral du profit.

$$\frac{\dot{\varepsilon}}{\varepsilon} = \dot{Q} - (\alpha + n) = \frac{1-w}{\delta} - (\alpha + n) \qquad (1)$$

Où $\varepsilon = \frac{L}{N}$ le taux d'emploi, $= \frac{K}{Q}$ le ratio capital-production considéré constant, $w = \frac{wL}{Q}$ la part des salaires, α le taux de croissance de la productivité du travail et n le taux de croissance de la population active. Cette relation montre que l'évolution du taux d'emploi dépend de l'évolution de la part des salaires et de la productivité du travail. Lorsque la croissance des salaires est plus forte que celle de la productivité du travail, la part des salaires dans le revenu national augmente et réduit ainsi la part des profits. L'investissement diminue, en conséquence, la production est freinée et les entreprises licencient. Le taux d'emploi diminue et le chômage augmente.

(ii) La variation des salaires dépend du niveau de l'emploi (la courbe de Phillips)

$$\frac{\dot{w}}{w} = \rho\varepsilon - \alpha \qquad (2)$$

Cette relation traduit comment les salaires croissent linéairement avec le taux d'emploi conformément à une relation de type courbe de

Phillips. Pour augmenter le volume de leur production, les entreprises doivent augmenter leur demande de travail. Les tensions conséquentes sur le marché du travail engendrent, alors, une augmentation des rémunérations.

Le comportement cyclique de la production peut être expliqué, dans ce modèle, par les variations de la répartition du revenu national entre salaire et profit. Lorsque la part des salaires dans le revenu national est faible, les entreprises investissent (*.ie* l'investissement est fonction croissante du profit), en conséquence de quoi la croissance de l'activité est forte et la demande de l'emploi est élevée. La croissance soutenue épuise la main d'œuvre sur le marché du travail et les salariés retrouvent les moyens d'accroître la pression sur les entreprises et faire accroitre leurs salaires. L'augmentation des salariale réduit l'investissement et donc la production : l'économie entre alors dans une phase de récession. La baisse du niveau de l'activité augmente le chômage et réduit le niveau de l'emploi. La baisse conséquente des salaires fait augmenter les profits. L'investissement et donc le niveau de l'activité peuvent alors entrer dans une nouvelle phase ascendante : c'est la reprise.

C'est donc la présence du conflit d'intérêt entre capitalistes et salariés, à propos du partage du revenu, qui est à l'origine des mouvements cycliques. Dans ce conflit, chacun des acteurs dispose d'un instrument: les capitalistes disposent de la décision de production et de la fixation du taux d'emploi ; les salariés disposent de la possibilité de faire pression sur les capitalistes pour faire augmenter les salaires lorsque leur pouvoir de négociation s'améliore. Ainsi l'amélioration de la situation de chacun des acteurs porte en elle même le germe de sa propre détérioration. Une situation trop favorable aux salariés entraîne, à terme, un ralentissement de l'activité, une montée du chômage et un recul de leur part dans le revenu national. Une part élevée des profits et une relance de l'activité renforcent les moyens de pression des salariés.

Encadré 2 - Dynamique cyclique dans le modèle de Goodwin (1967)

La forme réduite du modèle est donnée par le système dynamique défini par les équations (1) et (2). Ces équations sont non linéaires et traduisent l'évolution de deux variables d'état : le taux d'emploi et la part des salaires dans le revenu national.

L'équilibre stationnaire (ε^*, w^*) est donné par le centre et est asymptotiquement instable (stable au sens de Lyapunov[11]) : ie si le système ne démarre pas à partir de son point d'équilibre stationnaire, il n'y aura pas convergence vers cet état, mais plutôt des fluctuations circulaires autour de celui-ci. En effet, lorsque $w > w^*$, le taux d'emploi tend à diminuer, il augmente si la part des salaires est inférieure à la valeur w* et resterait stable si w = w*. De la même manière, la part des salaires tend à croitre (ou a diminuer) si $\varepsilon > \varepsilon^*$ (respectivement $\varepsilon < \varepsilon^*$), elle ne resterait stable que pour $\varepsilon = \varepsilon^*$.

Supposons que l'économie est initialement au point A, puisque le taux d'emploi est inférieur à la valeur critique de l'état stationnaire $\varepsilon < \varepsilon^*$, la part des salaires diminue et les profits augmentent. Le taux d'emploi diminue encore car la part des salaires est supérieure à la valeur critique. A partir du point A l'économie tend vers le point B, où l'emploi atteint son niveau minimum. En ce point $(\varepsilon < \varepsilon^*)$, la part des salaires continue à baisser et les profits à augmenter. Le niveau de l'activité augmente et le niveau de l'emploi s'améliore. L'économie se dirige alors vers le point C. En ce point $w < w^*$, le taux d'emploi continu à croitre et le taux de chômage à diminuer. Lorsque le taux d'emploi dépasse la valeur d'équilibre stationnaire ε^*, la part des salaires tend à s'accroitre au détriment des profits. L'économie tend vers le point D, ou l'emploi est à son maximum. En D, $\varepsilon > \varepsilon^*$ la part des salaires continue de croitre et le taux de profit tend à baisser. Ceci fait réduire le niveau de l'activité ; la croissance ralentie et le chômage augmente. L'économie passe du point D au point A.

11

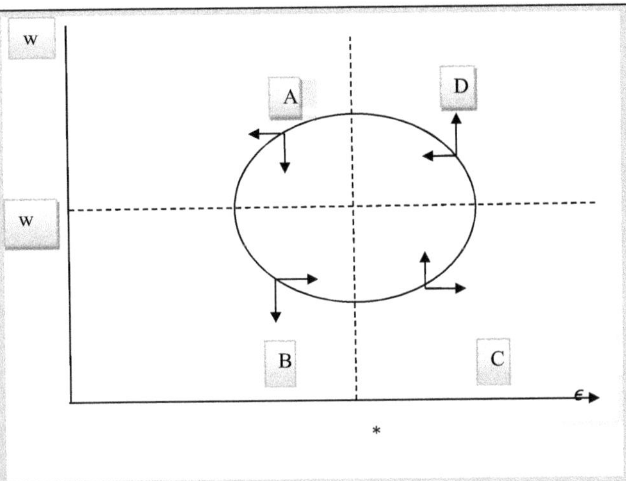

Graphique 2 : Dynamique cyclique

2.2. *Cycles endogènes et marchés en équilibre*

Dans les modèles présentés, les fluctuations ont pour origines les déséquilibres des marchés : déséquilibre sur le marché des biens dans le modèle multiplicateur-accélérateur de Samuelson ; et déséquilibre sur le marché du travail dans le modèle de Goodwin. Cette vision du cycle est très restrictive et suppose que la théorie de l'équilibre général est pertinente pour décrire, seulement, les dynamiques de la croissance dans le long terme (*.ie* la croissance équilibrée) ; les dynamiques de court, et donc les fluctuations, relèvent des déséquilibres des marchés.

Avec le renouveau de la théorie des systèmes dynamiques non linéaires, au début des années 1980, des travaux centrés sur des modèles de marchés en équilibre ont pu montrer la possibilité d'existence de fluctuations endogènes persistantes. Ainsi, dans des économies de marchés parfaitement concurrentiels, il peut exister des mécanismes internes qui peuvent produire une perte de stabilité de l'équilibre et, partant, des oscillations endogènes autoentretenues, autour de ce dernier. Dans ces modèles, les fluctuations peuvent être de deux types : *(i)* des fluctuations cycliques autoentretenues en dépit d'un environnement parfaitement déterministe ; et *(ii)* des fluctuations liées aux « croyances auto-réalisatrices » et au caractère extra-économique de l'incertitude.

2.2.1. Fluctuations endogènes déterministes

La possibilité d'apparition de fluctuations endogènes déterministes dans un cadre d'équilibre de marchés s'appuie sur une version simplifiée du modèle à génération imbriquée avec monnaie de Grandmont (1985a). Ce modèle semble, particulièrement, approprié en ce qu'il ramène la description de l'économie à une variable qui pourrait se ré-exprimer en termes de dynamique du taux d'inflation, des salaires réels, des encaisses réelles ou encore de la production. Les hypothèses fondamentales du modèle supposent une économie composée de générations d'individus qui vivent deux périodes : la période de jeunesse et la période de vieillesse. Le comportement agrégé d'une génération peut être décrit par le comportement d'un individu représentatif. A la première période, l'individu est jeune et dispose d'une dotation l^* de temps qu'il partage entre temps de loisir $(l^* - l_t)$ et temps de travail, l_t. Le travail permet la création d'un bien, selon des rendements constants, désiré uniquement par les vieux.

A chaque période, M_t unités de monnaie par individu est disponible. La monnaie a une fonction simple : elle permet aux agents de transférer de la valeur de la période de leur jeunesse où ils sont producteurs, à la période de leur vieillesse où ils sont consommateurs. L'individu jeune reçoit, alors, un salaire en terme monétaire qu'il dépense sur la consommation à la période de sa vieillesse. A chaque date t, les membres vieux nés à la date $t-1$ cohabitent et échangent avec les membres jeunes de la génération qui vient de naitre à la période t. Les préférences de l'agent de la génération t sont décrit par une fonction d'utilité intertemprelle séparable, soit $V_1(l^* - l_t) + V_2\left(c_{t+1}\right)$ avec $l^* - l_t$, le loisir.

Les marchés des biens, du travail et de la monnaie sont supposés concurrentiels. A l'équilibre, le salaire réel est égal à la productivité marginale du travail (*ie* égal à 1: la fonction de production du bien se résume à l'obtention d'une unité de bien à partir d'une unité de travail). On identifie à chaque période le salaire nominal au prix nominal du bien, soit $\left(p_t = w_t\right)$.

Le comportement de l'individu jeune peut s'énoncer come suit : A la date t, il observe la valeur courante du prix $p_t = w_t$, il anticipe le prix futur du bien, soit p_{t+1}^a. Il choisit une offre de travail l_t, une demande de monnaie M_t et une consommation c_{t+1} qui maximisent son utilité. Par ailleur, l'individu est supposé épargner la totalité de ses gains de travail, soit $p_t l_t = M_t$ pour les dépenser sous forme de consommation à la seconde période, soit $M_t = p^a_{t+1}c_{t+1}$. La contrainte budgétaire intertemporelle peut être résumée par $p_t l_t = p^a_{t+1}c_{t+1}$. On définit $\theta^a = p_t / p^a_{t+1}$, le taux d'intérêt réel anticipé (*.ie* ou le taux de salaire réel anticipé)

Les conditions de premier ordre du programme de maximisation de la fonction d'utilité sous la contrainte budgétaire sont données par :

$$V'_1(l^* - l_t) = V'_2(c_{t+1})\theta^a \tag{1}$$

$$\theta^a l_t = c_{t+1} \tag{2}$$

Avec $V'_1(l^* - l_t)$ l'utilité marginale du loisir et $V'_2(c_{t+1})$ l'utilité marginale de la consommation. A partir de ces deux conditions, il est possible de déterminer une fonction d'offre de travail, et donc d'offre de bien, qui dépend uniquement de $\theta^a = \frac{p_t}{p^a_{t+1}}$. On note $l_t = S\left(\frac{p_t}{p^a_{t+1}}\right)$.

Le rapport $\theta^a = p_t / p^a_{t+1}$, est l'inverse du prix relatif du bien de consommation par rapport au loisir (*.ie* le salaire réel anticipé). La réaction des agents à une augmentation de ce rapport (baisse du prix de la consommation future ou augmentation du salaire réel anticipé) passe par deux effets : un effet de substitution et un effet de richesse. L'effet de substitution se traduit par une augmentation de la consommation présente et une baisse du loisir. Lorsque le salaire réel anticipé augmente, les individus jeunes décident de consommer plus de bien et moins de loisir, c'est à dire de travailler plus, ce qui conduit à une hausse de la production. L'effet revenu provient de la hausse du pouvoir d'achat consécutive à la hausse du salaire réel anticipé. Les individus consomment, alors, plus de bien et plus de loisir ; l'offre de travail diminue et la production baisse.

La réaction de l'offre de travail et de la production à une hausse du salaire réel est donc ambiguë: l'offre de travail et la production augmentent si l'effet de substitution domine l'effet revenu ; et diminuent si l'effet de revenu domine l'effet substitution. A l'inverse, la consommation est toujours croissante avec le salaire réel.

2.2.1.1. L'équilibre dynamique de prévision parfaite

En supposant que les marchés du travail et de la monnaie sont en équilibre, la loi de Walras implique alors que le marché des biens est aussi en équilibre.

$$l_t = c_t \tag{3}$$

$$\frac{M_t}{p_t} = c_t \tag{4}$$

$$M = M_t \tag{5}$$

La première condition implique que l'offre de travail du ménage jeune, qui est transformée en production, est égale à la consommation du ménage vieux vivant à cette même date, soit $\frac{M_t}{p_t} = c_t$. La deuxième condition indique que la monnaie disponible au vieux est utilisée pour l'achat des biens. La troisième assure l'équilibre sur le marché de la monnaie. L'offre de monnaie est supposée constante et est utilisée uniquement à des fins de transaction. Les trois équations peuvent être résumées sous la forme.

$$\frac{M}{p_t} = S\left(\frac{p_t}{p^a_{t+1}}\right) \tag{6}$$

Où $\frac{M}{p_t}$ la demande de bien des vieux à la période t et $S\left(\frac{p_t}{p^a_{t+1}}\right)$ l'offre de biens des jeunes.

Un équilibre inter-temporel de prévision parfaite est défini comme une suite infinie (p_t) (avec $p_{t+1} = p^a_{t+1}$), tel que pour tout t, $\frac{M}{p_t} = S\left(\frac{p_t}{p_{t+1}}\right)$ (*ie* la consommation des vieux est égale à la production des jeunes). Dans cet équilibre le prix courant p_t est ainsi déterminé par l'anticipation (parfaite) du prix futur p_{t+1}. Dans ce cas, c'est le futur qui détermine le présent, on parle alors d'une « dynamique regardant vers l'avant » (forward looking dynamics).

Il est possible maintenant de définir une solution p^*, valeur de p solution de l'équation $\frac{M}{p^*} = S\left(\frac{p^*}{p^*}\right)$. C'est la valeur du prix à l'équilibre monétaire stationnaire de Samuelson.

2.2.1.2. Existence des cycles périodiques

La dynamique de l'économie est définit en termes de dynamique des prix[12]. L'existence de fluctuations cycliques endogènes, c'est à dire d'équilibres périodiques déterministes, dépend de l'antagonisme marqué entre effet de substitution et effet de richesse. Un raisonnement intuitif peut expliquer ceci : supposons que les agents anticipent à la période t, un prix p_{t+1} élevé. La baisse conséquente du salaire réel anticipé engendre deux effets : un effet de substitution et un effet de richesse. Si l'effet de revenu domine l'effet de substitution, l'offre de travail et donc le volume de la production tendent à croitre. L'excès d'offre conséquent se solde, à l'équilibre, par une baisse du prix courant, p_t. De manière réciproque, si les individus pensent que le prix p_{t+1} sera, plutôt, faible à la période $t+1$, sous la même hypothèse que l'effet de revenu domine l'effet de substitution, le prix de la période t tend à être plutôt élevé. Dans ce cas, la dynamique des prix tend à osciller spontanément entre deux niveaux de prix : niveau faible et niveau élevé.

Plus formellement, l'équation (6) implique que pour tout prix anticipé p_{t+1}, il existe un prix d'équilibre p_t unique tel que $p_t = \tau(p_{t+1})$. La fonction τ préserve les mêmes propriétés que la fonction S, notamment qu'elle est croissante lorsque l'effet de substitution domine et décroissante lorsque l'effet de revenu est prépondérant.

Effet de substitution dominant globalement: Lorsque les individus anticipent un prix p_{t+1} élevé (supérieur à p^*) et donc lorsque le salaire réel anticipé est plutôt bas, les individus jeunes réduisent leur offre de travail, ce qui réduit en conséquence leur offre de bien et tend à pousser le prix courant p_t à la hausse. La courbe $p_t = \tau(p_{t+1})$ est monotone et croissante partout et il n'existe pas de cycle endogène persistant.

12 En notant $y = l = M/p$, le niveau de production d'équilibre, une formulation en terme de production peut être développée, soit $y_t = S\left(y_{t+1}^a\right)$

Dans la dynamique des prix $p_t = \tau(p_{t+1})$, , il ne faut pas regarder la suite des prix (p_0 , $p_0, p_1, \dots p_t, p_{t+1} \dots$) dans le sens naturel d'écoulement du temps (*.ie* dynamique de prévision orientée vers le passé). Dans cette dynamique, c'est le futur qui détermine le présent : c'est parce que les agents anticipent un prix futur que le prix présent se réalise (*.ie* dynamique de prix orientée vers le futur). Il faudrait, alors, regarder les équilibres comme des suites de prix (p_0 , $\dots, p_{t+1}, p_t, \dots, p_1, p_0$)

Pour établir le sens de l'écoulement du temps, il suffit de déterminer la fonction réciproque $p_{t+1} = \tau^{-1}(p_t)$. Le graphique 3 indique que pour l'obtenir il suffit de renverser le sens de fléchage de la dynamique des prix orientée vers le passé. Dans la dynamique orientée vers le futur, l'équilibre stationnaire p^* devient localement instable.

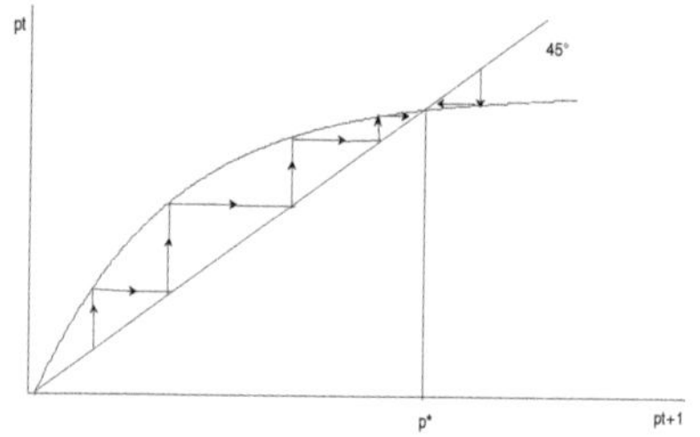

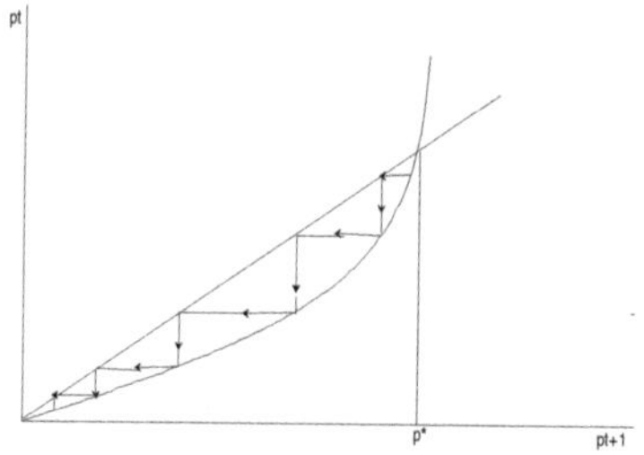

Graphique 3 : Prédominance de l'effet de substitution

Effet revenu dominant localement : Supposons maintenant que l'effet de substitution prédomine chez les individus pauvres – les perspectives de l'augmentation du taux de salaire réel les incite à travailler plus – et l'effet de revenu l'emporte chez les individus riches – les perspectives de l'augmentation du taux de salaires réels les incites à travailler moins.[13] La conjonction de ces deux effets rend la fonction τ

13 Chez ces individus riches, la fonction $p_t = \tau(p_{t+1})$ sera décroissante et une baisse du prix p_{t+1} entrainera une diminution de l'offre de travail et donc de la production, ce qui tend à pousser le prix p_t à la hausse

unimodale[14] avec un maximum prononcé obtenu au niveau du prix p^*. A l'équilibre stationnaire $p^* = \tau(p^*)$ viendra s'ajouter deux points périodiques $\overline{p_1}$ et $\overline{p_2}$ tel que :

$$\overline{p_1} = \tau\left(\overline{p_2}\right) \text{ et } \overline{p_2} = \tau\left(\overline{p_1}\right)$$

Ces points périodiques constituent deux solutions cycliques avec une périodicité de 2, et définissent un cycle déterministe d'ordre deux (Encadré 3). L'économie fluctue, alors, de manière périodique entre ces deux solutions.

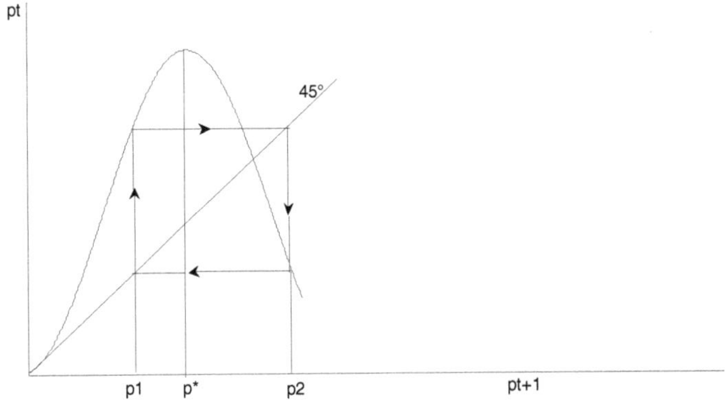

Graphique 4 : Prédominance locale de l'effet de revenu et émergence d'un cycle d'ordre 2

14 La fonction τ est dite unimodale sur un intervalle [0, $\breve{p}$], s'il existe une valeur p^*, tel que $\tau'(p^*) = 0$ et $\tau'(p) > 0$ pour tout $p < p^*$ et $\tau'(p) < 0$ pour tout $p > p^*$ et

Encadré 3 - Emergence du cycle déterministe d'ordre 2

D'un point de vue mathématique le cycle déterministe d'ordre 2 correspond à deux solutions $\overline{p_1}$, $\overline{p_2}$ qui diffèrent de l'état stationnaire, tel que

$$\overline{p_1} = \tau\left(\overline{p_2}\right) \text{et } \overline{p_2} = \tau\left(\overline{p_1}\right) \text{avec } \overline{p_1} \neq \tau\left(\overline{p_1}\right) \text{ et } \overline{p_2} \neq \tau\left(\overline{p_2}\right)$$

Soit encore $\overline{p_1} = \tau\left(\tau\left(\overline{p_1}\right)\right) = \tau o \tau\left(\overline{p_1}\right) = \tau^2\left(\overline{p_1}\right)$ et

$$\overline{p_2} = \tau\left(\tau\left(\overline{p_2}\right)\right) = \tau o \tau\left(\overline{p_2}\right) = \tau^2\left(\overline{p_2}\right)$$

En d'autre termes, le cycle de période 2 correspond aux points fixes de l'itéré seconde de la fonction τ. Le graphique de la courbe τ^2 permet d'illustrer l'émergence de la solution de périodicité 2. Le lien entre τ et τ^2 peut se résumer comme suit :

(iii) Si τ passe par l'origine alors τ^2 passe aussi par l'origine car $\tau^2(0) = \tau(\tau(0)) = 0$

(iv) Tout état stationnaire de τ est aussi un état stationnaire de τ^2 car $\tau^2\left(p^*\right) = \tau\left(\tau\left(p^*\right)\right) = \tau\left(p^*\right) = p^*$

(v) La pente de τ^2 en un point stationnaire de τ est égale au carré de celle de τ car

$$\left[\tau^2\left(p^*\right)\right]' = \tau'\tau\left(p^*\right)\tau'\left(p^*\right) = \left[\tau'\left(p^*\right)\right]^2$$

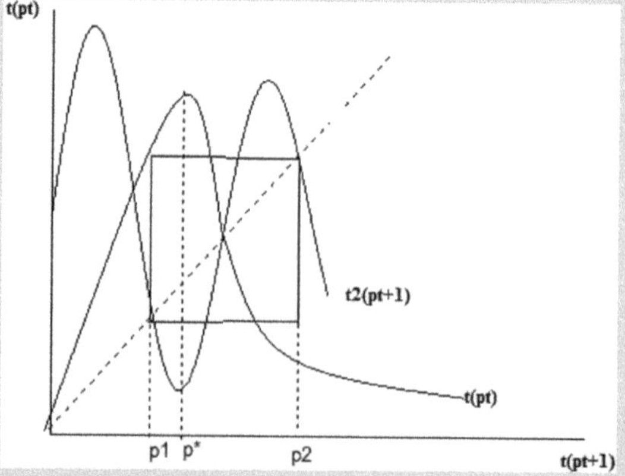

Lorsque la courbe de la fonction τ admet la structure uni-modale ou $\tau'(p)=0$, alors l'identité $\left[\tau^2(p)\right]' = \tau'[\tau(p)]\tau'(p)=0$ admet deux types de racines. La première, est la solution de $\tau'(p)=0$, soit p^*. La deuxième, est la solution de $\tau'\left[\tau(p)\right]=0$, c'est à dire les maximas locaux $\widehat{p_1}$ et $\widehat{p_2}$ de la courbe $\tau^2(p)$. Si la courbe $\tau(p)$ est uni-modale et admet une forme en cloche, la courbe $\tau^2(p)$ est bimodale et admet deux bosses en $\widehat{p_1}$ e t $\widehat{p_2}$

2.2.2. Fluctuations endogènes aléatoires et équilibres à taches solaires

Dans une perspectives voisine à celle des solutions cycliques déterministes, envisagées dans le paragraphe précédent, plusieurs travaux (Azariadis et Guesnerie (1986), Chiappori et Guesnerie (1993), Farmer (1993), Grandmont (1985b)) ont remis en cause l'hypothèse de prévision parfaite et ont envisagé des équilibres, dans lesquels prix et quantités fluctuent de manière aléatoire. Ces modèles considèrent des individus qui forment leurs anticipations sur la base de croyances en la corrélation des variables du système (*.ie* prix et quantités) avec des signaux qui se situent en dehors de la sphère économique (*.ie* incertitude extrinsèque). Les individus observent des signaux, des *taches solaires*, qui ne sont, a priori, d'aucune pertinence pour le système en ce qu'elles sont totalement détachées des préférences ou de la technologie. Les individus croient, tout de même, qu'il existe une corrélation parfaite entre les phénomènes aléatoires extra-économiques (*.ie* les taches solaires) et les variables du système (*.ie* prix et quantités). Et ce, alors même qu'en dehors d'une telle croyance, les prix et les quantités n'ont aucune raison de dépendre de cette variable totalement extérieure au système économique. Les individus utilisent cependant cette croyance pour former leurs anticipations. Des *équilibres à taches solaires*[15] se produisent si les niveaux des prix (des

---

15 Dans ces modèles, les taches solaires constituent une métaphore qui permet de montrer comment des phénomènes purement psychologiques pourraient affecter les décisions économiques des individus. Le mérite de ces modèles est de permettre de concilier les concepts keynésiens d'esprit animal ou de facteurs psychologiques dans un cadre purement néoclassique. « *The main implication of [this result] is that the idea of animal spirit is entirely consistent with the assumption of rational expectations and market clearing*" (Farmer, 1993)

quantités) prédit par les croyances des individus correspondent à des prix (des quantités) d'équilibre lorsque le signal est observé. Dans ce cas, les croyances des individus seront qualifiées de *croyances créatrices* ou *croyances auto-réalisatrices.* (Encadré 4)

Encadré 4 - Les prophéties auto-réalisatrices

Chaque individu possède des prévisions ou des croyances, a priori sans fondements, qui parce qu'elles sont considérées comme « vraies », engendrent des décisions et des comportements tels qu'elles trouvent effectivement une confirmation dans les faits. Ces prévisions et ces croyances définissent ce qu'on a appelé dans la littérature socio-économique « prophéties auto-réalisatrices ».

Une prophétie auto-réalisatrice est « une définition d'une situation fausse à l'origine, suscitant un comportement nouveau, qui la rend vraie » (Merton, 1948). Il s'agit la d'une transformation d'une définition initialement fausse de la situation en une définition vraie dès lors qu'elle est considérée comme telle par les individus. Considérons trois exemples concrets qui illustrent l'utilité et la pertinence de cette notion de prophéties auto-réalisatrices (Merton, 1948). Le premier concerne la parabole de la panique bancaire. La « Last National Bank » est une « institution bancaire florissante ». Seulement, une rumeur de faillite et de fermeture de l'établissement se répond entre les clients. Tous se précipitent aux guichets pour retirer leur fonds, provoquant du même coup l'événement annoncé. Ainsi, «en dépit de la relative liquidité des actifs de la banque, une rumeur d'insolvabilité, dés lors qu'un nombre suffisamment grand de déposants y croient, s'est traduit effectivement par l'insolvabilité de la banque ». Le deuxième exemple correspond à la névrose d'échec d'un étudiant qui, persuadé qu'il va rater un examen passe plus de temps à s'angoisser qu'à travailler, ce qui se traduit inéluctablement par la réalisation de l'événement attendu. Le troisième exemple est celui de la course aux armements entre deux pays et finalement d'un conflit déclenché pour une conviction partagée par les deux parties que la guerre est inéluctable.

Au-delà de leur apparente diversité, ces trois exemples possèdent un trait commun qui caractérise l'autoréalisation. « La prophétie auto-réalisatrice, écrit Merton, consiste à l'origine en une définition fausse de la situation, suscitant un comportement nouveau, qui rend vraie la conception fausse à l'origine ». La croyance des individus en la fermeture imminente de la banque est fausse puisque la « Last National Bank » était une institution financière florissante à l'origine. Cependant, des lors que cette définition de la situation est considérée comme vraie par les épargnants, elle le devient effectivement. La banque doit alors fermer ses portes puisque les épargnants vont retirer leurs fonds. « De « fausse », la croyance serait ainsi devenue « vraie » ; la définition irréelle entraînant des conséquences qui, non seulement, n'étaient que trop réelles mais qui, précisément, venaient valider les croyances des agents » (This, 1994).

2.2.2.1. Le cadre d'analyse

Le cadre d'analyse va différer de celui du paragraphe précédent en ce que l'individu ne connaît pas avec certitude le prix futur. L'incertitude est supposée exogène et est liée à un phénomène naturel : *les taches solaires*. Cette incertitude est appelée dans la littérature économique incertitude extrinsèque (Cass et Shell, 1983), par opposition à incertitude intrinsèque dont les manifestations se résument par des variations des grandeurs fondamentales de l'économie (.*ie* les ressources, la technologie…).

Les taches solaires sont supposées admettre deux états de la nature, deux réalisations a et b, soit $S=(a,b)$ dont l'un apparaît à chaque période. Les apparitions de a et b sont supposées corrélées dans le temps. Le processus stochastique sous-jacent à ces états est markovien et est supposé décrit par les probabilités $\pi_{ij}=prob\left(s_{t+1}=s_j | s_t=s_i\right)$: la probabilité pour que l'état j se réalise demain si l'événement i est observé aujourd'hui $(i,j=a,b)$. Plus formellement, il est admis que les individus connaissent les probabilités de transitions entre les différents états, c'est à dire qu'ils connaissent la matrice de transition suivante :

$$\pi=\begin{bmatrix}\pi_{aa} & \pi_{ab}\\ \pi_{ba} & \pi_{bb}\end{bmatrix} \text{avec } \pi_{aa}+\pi_{ab}=1 \text{ et } \pi_{ba}+\pi_{bb}=1 \qquad (1)$$

π_{aa} : la probabilité pour que a se réalise demain si a est observée aujourd'hui

π_{ab} : la probabilité pour que b se réalise demain si a est observée aujourd'hui

π_{ba} : la probabilité pour que a se réalise demain si b est observée aujourd'hui

π_{bb} : la probabilité pour que b se réalise demain si b est observée aujourd'hui.

Les agents croient qu'il existe une relation entre les taches solaires et les prix d'équilibre. Ils croient qu'à chaque fois que a (respectivement b) est observée, le prix d'équilibre est p_a (respectivement p_b), soit $p_a = \Psi(a)$ et $p_b = \Psi(b)$ (2)

Un équilibre à taches solaires stationnaire existe lorsque la croyance (2) se réalise à l'équilibre, c'est à dire que p_a (respectivement p_b) apure le marché lorsque le signal a (respectivement b) est observé.

Le scénario suivant sous-tend le concept : l'individu jeune de la période t observe la valeur du signal extrinsèque, soit a (respectivement b) ; il anticipe deux valeurs possibles pour la tache solaire en $t+1$, et donc deux valeurs possibles de prix $\tilde{p}_{t+1,a}$ et $\tilde{p}_{t+1,b}$, avec les probabilités respectives π_{aa} et π_{ab} (respectivement π_{ba} et π_{bb}). Il décide, compte tenu de ses anticipations du prix futur, de son offre de travail l_t, de sa demande de monnaie M_t et de sa consommation future contingente aux deux états, soit $c_{t+1,a}$ et $c_{t+1,b}$. La confrontation des offres et des demandes sur les marchés du travail, de la monnaie et du bien implique alors

$$\frac{M}{p_t} = S_a\left(\frac{p_t}{p_{t+1,a}}, \frac{p_t}{p_{t+1,b}}, \pi_{aa}, \pi_{ab}\right) \tag{3}$$

$$\frac{M}{p_t} = S_b\left(\frac{p_t}{p_{t+1,b}}, \frac{p_t}{p_{t+1,a}}, \pi_{ba}, \pi_{bb}\right) \tag{3'}$$

Où S_a (respectivement S_b) définit l'offre de travail, lorsque l'état a (respectivement b) est observé en t. Celle ci dépend du prix courant, des anticipations du prix futur et du vecteur des probabilités $\pi_a = (\pi_{aa}, \pi_{ab})$ (respectivement $\pi_b = (\pi_{ba}, \pi_{bb})$).

Un équilibre stationnaire stochastique à anticipation rationnelle complètement corrélé aux taches solaires est un vecteur de prix (p_a, p_b), tel que :

$$\frac{M}{p_a} = S_a\left(1, \frac{p_a}{p_{t+1,b}}, \pi_{aa}, \pi_{ab}\right) \quad (4)$$

$$\frac{M}{p_b} = S_b\left(1, \frac{p_b}{p_{t+1,a}}, \pi_{ba}, \pi_{bb}\right) \quad (5)$$

Les équations (4) et (5) sont des équations d'équilibre entre offre et demande et traduisent le fait que p_a (respectivement p_b) apure le marché lorsque le signal a (respectivement b) est observé. En un tel équilibre les prévisions faites par les agents ont bien le statut de prophéties auto-réalisatrices. La croyance des individus en un tel équilibre suffit de l'engendrer et sa réalisation crée les conditions de la perpétuation de la croyance initiale, et de sa validation éventuelle dans le futur (Azariadis, 1981)

La formulation (4) et (5) englobe toute les formes d'équilibre dynamique, qu'on pourrait envisager. En effet :

(i) Si $\pi_{aa} = \pi_{bb} = 1$; $\pi_{ab} = 1 - \pi_{aa} = 0$ et $\pi_{ba} = 1 - \pi_{bb} = 0$, et p_a sera égal à p_b . Ainsi, si l'état a (respectivement b) prévaut aujourd'hui (à la période t), $\pi_{aa} = 1$ $(\pi_{bb} = 1)$ implique alors que l'état a (respectivement b) devrait se réaliser demain et de nouveau l'après demain. Cette définition renvoie directement à celle d'un équilibre stationnaire $S_a(1,\pi) = \frac{M}{p_a} = S_b(1,\pi) = \frac{M}{p_b} = \frac{M}{p^*}$.

(ii) Si $\pi_{aa} = \pi_{bb} = 0$; $\pi_{ab} = 1 - \pi_{aa} = 1$ et $\pi_{ba} = 1 - \pi_{bb} = 1$; le prix d'équilibre sera donné alternativement par p_a et par p_b. Ainsi, si l'état a prévaut aujourd'hui (à la période t), $\pi_{ab} = 1$ implique alors que l'état b devrait se réaliser demain et au retour l'état a après demain $(\pi_{ba} = 1)$, et de même *ad- infinitum*. Cette solution devrait se comprendre dans les termes d'une solution périodique avec une périodicité de 2 ; soit un cycle déterministe d'ordre 2.

2.2.2.2. L'existence des équilibres à taches solaires : l'indétermination de l'équilibre

Les conditions d'apparition des équilibres à taches solaires sont étroitement liées à la perte de l'unicité de l'équilibre et à *l'indétermination locale* qui en résulte. Il est déjà connu, depuis (Azariadis, 1981) et (Azariadis et Guesnerie, 1982), que dans les modèles à générations imbriquées, des équilibres à taches solaires proches d'un état de repos peuvent exister lorsque celui ci est *indéterminé*[16]. Une multitude d'équilibres dynamiques peuvent apparaitre et convergent vers l'état stationnaire. Dans ce cas, les agents, supposés rationnels, coordonnent leurs anticipations sur l'un de ces équilibres en fonction de l'événement extrinsèque observé. La révision des anticipations des agents (en fonction des valeurs prises par le signal extrinsèque) provoque, à chaque période, des sauts d'un équilibre à un autre ; c'est la répétition de ces sauts qui engendre les fluctuations.

Dans (Grandmont, 1985b) on montre que l'émergence des équilibres à taches solaires stationnaires est liée à la condition $|\tau'(p^*)>|1$, soit la condition de l'apparition d'une indétermination de l'équilibre stationnaire. La démonstration mathématique est d'une haute technicité et son développement est des plus touffus[17]. On se limite dans l'encadré à définir la notion d'indétermination de l'équilibre et à exposer, de manière brève, les conditions mathématiques de son apparition.

Encadré 5 - L'indétermination de l'équilibre

Indétermination locale vs indétermination globale

Soit le modèle dynamique, en temps discret, suivant

$$Y_{t+1} = f(Y_t).$$

L'évolution de Y_t est décrite par une équation récurrence d'ordre 1. Un état stationnaire de cette séquence récurrente est un état tel que $Y = f(Y)$. Graphiquement, l'état stationnaire correspond au point d'intersection entre la courbe $Y_{t+1} = f(Y_t)$ et la première bissectrice $Y_{t+1} = Y_t$. Selon la forme de f, il peut exister zéro, un ou plusieurs états stationnaires.

16 Deux travaux peuvent être cités dans cette lignée de recherche : ceux de Gouriéroux, Laffont et Monfort (1982) qui cherchent à généraliser à des systèmes dynamiques linéaires les résultats trouvés par Azariadis et Guesnerie et, d'autre part, les travaux de Woodford (1986) dans lesquels il est montré que le lien entre l'indétermination de l'équilibre stationnaire et l'existence des équilibres à taches solaires n'est pas un fait qui apparaît seulement dans les modèles linéaires mais peut se produire dans tout système dynamique non linéaire.

17 Les lecteurs intéressés peuvent se référer à (Grandmont, 1985b)

Les graphiques qui suivent représentent deux formes d'indétermination de l'équilibre, que l'on retrouve dans la majeure partie des modèles dynamiques inter-temporels: l'indétermination locale et l'indétermination globale.

Le graphique a, illustre une situation ou existe une *multitude d'états stationnaires :* $Y_1^*, Y_2^*, et\, Y_3^*$. Pour une condition initiale donnée (valeur initiale de Y, soit Y_0), il existe une multitude de trajectoires d'équilibre qui peuvent converger vers l'un de ces états stationnaires. L'indétermination de l'équilibre est qualifiée d'indétermination globale. Dans les modèles de croissance, cette configuration est, généralement, associée à l'existence de plusieurs *régimes de croissance*, chacun est associé à un taux de croissance spécifique. Des écarts persistants des taux de croissance et une divergence des niveaux de développement peut alors se produire. C'est, notamment, le cas de certains modèles avec *trappe à développement* (Farmer, 1993)

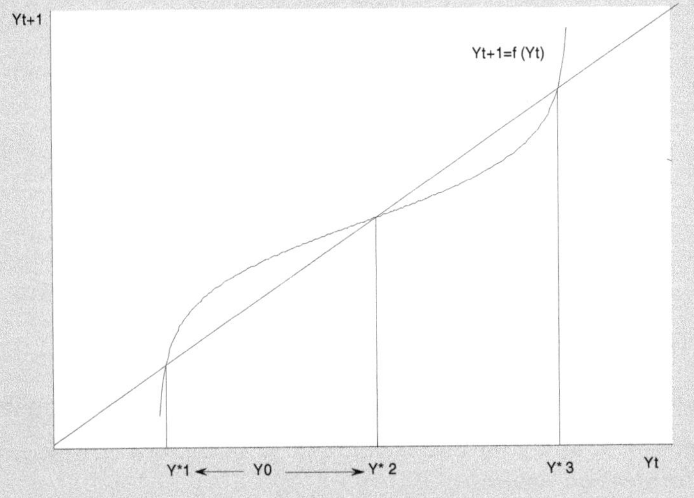

Graphique 6a : Indétermination globale

Le graphique b illustre une situation ou l'unique état stationnaire est entouré d'un *continuum de trajectoires d'équilibre* qui convergent vers lui. Il existe, alors, une multitude de trajectoire d'équilibre (un continuum), qui démarre chacune à partir d'une condition initiale, et qui convergent toutes vers l'unique équilibre stationnaire : toute valeur Y_0 choisie par les agents donne en effet lieu à une trajectoire d'équilibre qui converge vers l'état stationnaire. L'indétermination de l'équilibre est qualifiée d'indétermination locale (Benhabib et Perli [1994] et Xie [1994]).

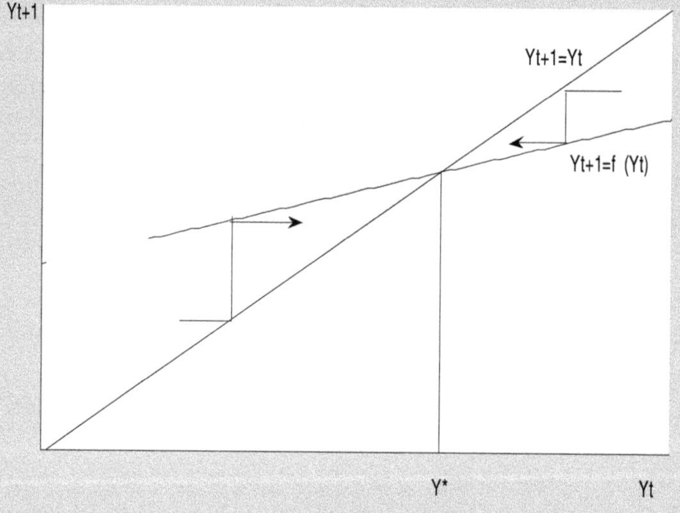

Graphique 6b : Indétermination locale

L'indétermination locale : une caractérisation mathématique

Supposons la forme linéaire suivante (le principe peut être généralisé aux formes non linaires) :

$$Y_{t+1} = aY_t + b \qquad (1)$$

Cette représentation définit une dynamique classique orientée vers le passé. Si Y_0 (la condition initiale) est spécifiée, la suite $\{Y_t\}$ est déterminé de manière unique et converge vers Y^* (l'état stationnaire) lorsque $|a| < 1$. Y_t est qualifiée de prédéterminée du moment où sa valeur initiale Y_0 est spécifiée (Blanchard et Kahn, 1980).

Supposons maintenant que le processus de la variable $\{Y_t\}$ soit déterminée, non par sa réalisation passée Y_t, mais par l'anticipation de sa valeur future Y_{t+1}. Il est possible, alors, de lui inférer les caractéristiques d'une dynamique orientée vers le futur définie par

$$Y_t = {Y_{t+1}}/{a} - {b}/{a} \qquad (2)$$

Dans ce cas Y_t n'a pas de condition initiale, on dit qu'elle est non prédéterminée ou libre. Lorsque $|a| < 1$, chaque valeur de Y_0 engendre une suite convergente qui tend asymptotiquement vers l'équilibre stationnaire Y^*. Puisque Y_0 est libre, on peut définir plusieurs équilibres dynamiques qui démarre, chacun, à partir d'une valeur spécifique de Y_0. On est alors dans une situation d'*indétermination locale* de l'équilibre stationnaire Y^*. Ainsi, dans un cadre linéaire univarié, deux conditions sont nécessaires pour dire que l'équilibre stationnaire est indéterminé: la non prédétermination de la variable considérée (Y_0 n'est pas spécifiée) et la convergence de l'équilibre correspondant $(|a|<1)$ (voir Blanchard et Kahn, 1980, pour une généralisation au cadre multi-varié).

3. Fluctuations endogènes et dynamique chaotique

Les théories endogènes du cycle économique, développées dans la section précédente, offrent une présentation très régulière des fluctuations : les oscillations cycliques sont récurrentes, autoentretenus et périodiques. Pour autant, les faits stylisés observées, dans la plupart des pays, montrent que les fluctuations réelles ne sont pas aussi régulières que celles permises par ces modèles. Le profil temporel des séries macroéconomique est bien plus désordonné. C'est l'apparition de la théorie du chaos qui va permettre de dépasser cette difficulté et d'accéder à une plus grande irrégularité des trajectoires cyclique dans un cadre totalement endogène. Pour cette théorie, de simples relations déterministes non-linéaires peuvent faire apparaître un comportement dynamique extrêmement complexe et non périodique.

La plupart, sinon la totalité, des modèles du chaos, développés depuis le début des années 1980, (Boldrin et Woodford, 1990) se placent dans un cadre formel simple où les variables fondamentales du système sont liées par des relations non linéaires de type $x_{t+1} = \mu x_t (1 - x_t)$. Pour des valeurs relativement faibles du paramètre structurel μ, cette fonction logistique fait apparaître des comportements réguliers, en particulier la convergence vers un régime régulier de croissance. Lorsque μ prend des valeurs relativement plus élevées, des évolutions cycliques apparaissent. Des cycles déterministe d'ordre deux se produisent ; l'économie fluctue, alors, de manière régulière entre deux équilibres stables. Lorsque μ augmente de nouveau, chacun de ces équilibres se dédouble, bifurque, et on voit apparaître un cycle d'ordre quatre ; les fluctuations se font, alors, entre quatre valeurs. Puis le phénomène de dédoublement se poursuit à mesure que μ s'accroit et on voit apparaître des cycles d'ordre huit, seize...Ce phénomène de dédoublement se poursuit jusqu'à un point critique, appelé point de Feigenbaum, à partir duquel la dynamique de la fonction logistique marque un changement radical. Des comportements imprévisibles, non périodiques et désordonnés apparaissent, c'est le chaos.

3.1. Chaos déterministe, sensibilité aux conditions initiales et attracteurs étranges

« La théorie du chaos est l'étude des comportements apériodiques, désordonnés et instables des systèmes dynamiques non linéaires déterministes» (Kellert, 1993). Dans cette théorie l'imprévisibilité et le désordre apparaissent dans des systèmes mécanistes et déterministes. Il est bien connu que dans les systèmes déterministes l'évolution des systèmes au cours du temps est prévisible: la connaissance exacte de l'état du système à un instant donné, l'instant initial, permet de calculer de manière précise l'état du système à n'importe quel autre instant. Dans les systèmes chaotiques l'imprévisibilité provient non pas de la dynamique modélisée mais de l'incapacité de connaitre avec exactitude, et précisons infinie, le point de départ : la condition initiale. Le lien tant établi entre les deux notions paradoxales de déterminisme et d'imprévisibilité, se manifeste ici par la sensibilité aux conditions initiales : deux conditions initiales quasiment semblables peuvent conduire à des états différents du système. « Le Chaos est un comportement apériodique à long terme[18]

18 Le comportement d'un système est apériodique lorsque sa trajectoire ne converge pas vers un point fixe (état stationnaire ou régime régulier de croissance équilibrée) ou vers une orbite périodique ou quasi-périodique (cycle déterministe d'ordre k)

d'un système déterministe qui affiche une sensible dépendance des conditions initiales » (Strogadz, 1994)

Une trajectoire d'un système dynamique serait exactement déterminée, si l'on connaît avec précision infinie le point de départ ; une condition impossible à réaliser dans la pratique. Ainsi, dans les mouvements des systèmes dynamiques on ne peut prévoir l'état du système qu'approximativement et jusqu'à un horizon temporel bien déterminé. Au delà de cet horizon temporel, les prévisions du comportement futur deviennent impossibles et des trajectoires fortement proches divergent et s'éloignent l'une de l'autre. C'est l'accumulation des erreurs de mesures initiales qui explique cette divergence, phénomène largement connu dans la littérature par *effet papillon* (Lorenz, 1963). « Il peut arriver que des petites différences dans les conditions initiales engendrent de très grandes dans les phénomènes finaux ; une petite erreur sur les premières produirait une erreur énorme sur les dernières. La prédiction devient impossible » ("Poincaré, 1908 ")

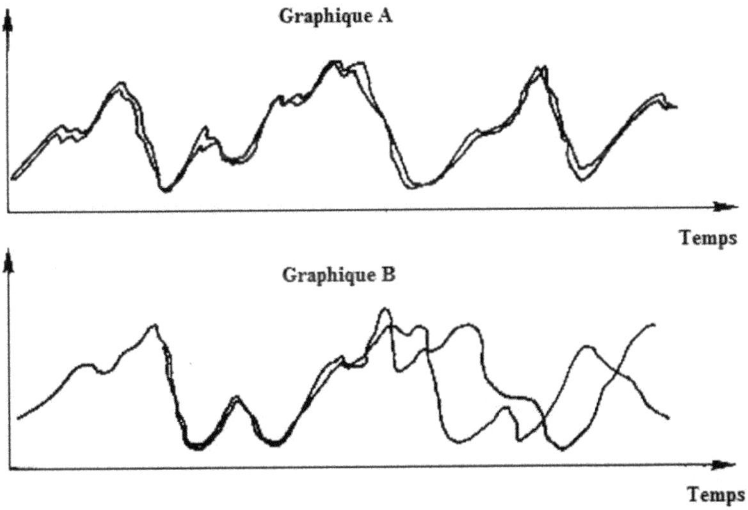

Graphique 7 : Evolution d'une variable à partir de deux conditions initiales très voisines

Graphique A : les trajectoires restent voisines et la dynamique est non chaotique.

Graphique B : les trajectoires divergent et la dynamique est chaotique (sensibilité aux conditions initiales). De deux situations initiales aussi proches l'une de l'autre, mais non rigoureusement identiques, naissent deux trajectoires qui divergent exponentiellement avec le temps.

La sensibilité aux conditions initiales est une condition nécessaire pour définir la dynamique d'un système chaotique, néanmoins elle reste non suffisante puisque celle-ci pourrait avoir lieu dans des systèmes linéaires instables. Le deuxième aspect important qui caractérise la dynamique chaotique est « l'évolution bornée du système dans une région limitée de l'espace ». Lorsque l'évolution du système est aléatoire sa trajectoire évolue de manière fortuite et aucune structure globale n'apparaît. Quand le mouvement est plutôt chaotique, les trajectoires du système paraissent à première vue aléatoires. Cependant lorsqu'on observe le système suffisamment longtemps, des formes particulières et des structures stables apparaissent. Ces formes et ces structures stables sont qualifiées *d'attracteurs étranges* du fait de leurs géométries particulières. Ainsi, en dépit de l'instabilité des trajectoires individuelles, un portrait de phase, stable et cohérent, apparaît lorsque celui-ci est observé sur un temps assez large. « Le désordre n'est pas total, il y a en fait un ordre dans le chaos … (Du point de vue géométrique) les trajectoires d'un mouvement chaotique ne se répartissent pas de façon totalement erratique dans l'espace des phases, mais se localisent dans certaines régions, elles-mêmes structurées » (De Gennes, 1987).

On assiste, dans les mouvements chaotiques, à un « changement d'échelle du déterminisme ». A une échelle micro, il y a un désordre et une imprévisibilité des trajectoires, en raison de la sensibilité aux conditions initiales. A une échelle macro, on assiste à une régularité, une cohérence et un ordre global, en raison de l'apparition d'attracteurs étranges. Ces attracteurs révèlent des régions où les trajectoires passent plus fréquemment.

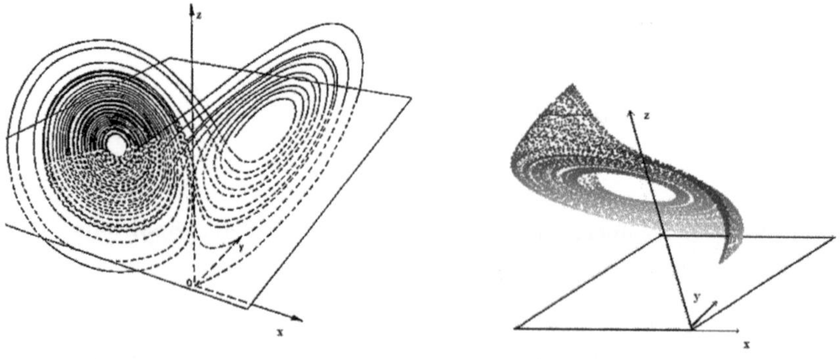

(a) Attracteur de Lorenz

(b) Attracteur de Rossler

Graphique 8 : Attracteurs étranges

(i) Les trajectoires du mouvement chaotique restent contenues dans un volume fini de l'espace des phases (Confinement dans un volume fini de l'espace des phases).

(ii) Les trajectoires chaotiques ne passent jamais, deux fois, par le même point car dans ce cas, ce point commun aux deux trajectoires pourrait leur servir de condition initiale commune, et elles coïncideraient alors tôt ou tard.

Encadré 6 - Le modèle de Lorenz et la découverte des comportements chaotiques

Edward Lorenz, un mathématicien météorologue, a été le premier à pouvoir découvrir la possibilité d'émergence de comportements chaotiques dans les systèmes dynamiques non linéaires. En étudiant la convection thermique dans l'atmosphère, Lorenz a développé un modèle simple de trois équations non linéaires :

$$\begin{cases} \dot{x} = \sigma(y - x) \\ \dot{y} = rx - y - xz \\ \dot{z} = xy - bz \end{cases}$$

où x définie le taux de convection et y et z mesurent, respectivement, la variation horizontale et la variation verticale de la température. σ est un paramètre de viscosité et r est un nombre lié à la différence de température. σ et b sont fixes.

Lorenz s'est rendu compte que ce système, en apparence simple, pouvait se comporter de manière complexe et inattendue. Il vérifie que pour des valeurs de r très faibles $0 < r < 1$, , le système converge vers une solution d'équilibre stable. Toutefois, pour des valeurs de r élevés $r > 24$, , le modèle peut engendrer des dynamiques extrêmement complexes et erratiques. En effet, sur la base des simulations répétées, Lorenz montre que la solution oscille de manière régulière, sans jamais parcourir la même orbite, et reste toujours à l'intérieur d'une région bornée.

Pour vérifier cette dynamique, Lorenz définit comme conditions initiales d'une nouvelle simulation les valeurs intermédiaires d'une simulation précédente. Il remarque que l'évolution obtenue n'a aucun rapport avec l'enchaînement de la dernière simulation. Lorenz avance, alors, que le modèle est sensible aux conditions initiales et que la différence initiale entraîne nécessairement une divergence complète des deux trajectoires : en résolvant le système pour des conditions initiales très proches, on pourrait obtenir des orbites différentes, dont la distance augmente au fur et à mesure que le temps avance.

3.2. Non linéarité et dynamique chaotique

Les premières tentatives de la dynamique chaotique ont été développées autour d'une fonction logistique unidimensionnelle discrète. Malgré sa simplicité, cette fonction logistique a pu offrir un accès aux comportements chaotiques de façon très facile. La « simplicité de la spécification s'est accompagnée d'une masse considérable de résultats à la fois théoriques et numériques qui ont pu faire de la dynamique chaotique le domaine le plus extensivement étudié et probablement le mieux connu » (Lordon, 1995). La particularité de cette fonction tient en ce qu'elle participe explicitement à la dimension non linéaire.

Les développement qui suivent s'appuient sur une version simplifié de la fonction logistique non linéaire $x_{t+1} = \mu x_t \left(1 - x_t\right)$. Le propos étant de conduire une analyse des propriétés dynamiques de toutes les évolutions possibles de la variable x, en fonction des valeurs prises par le paramètre structurel μ.

x_t est une variable endogène comprise entre 0 et 1 $\left(x_t \in [0,1]\right)$ et μ un paramètre exogène donné $\left(\mu \in [0,4]\right)$. Cette fonction logistique admet un extremum unique, dit point critique, de coordonnées $\left(0.5, \frac{\mu}{4}\right)$, et sa courbe est uni-modale pour toutes les valeurs de μ. Plus μ est elevé plus la courbe de la fonction logistique est trainée vers le haut (graphique 9).

Encadré 7 - Linéarité et non linéarité des systèmes dynamiques

Les modèles linéaires sont, généralement, utilisés pour décrire le comportement de systèmes dans des situations proches de l'équilibre. Dans ces modèles, l'économie est fréquemment sujette à des chocs ; elle fluctue de manière régulière, mais revient à son état d'équilibre une fois que l'effet des chocs s'estompe. Ainsi, pour rompre l'équilibre ou déstabiliser le système, il faut agir de l'extérieur. Dans un monde régit par des linéarités, les effets observés (les fluctuations économiques par exemple) sont liés aux causes (chocs externes) par un ensemble de lois basées sur la proportionnalité : si on double les causes on double les effets. Ainsi, les petits chocs ont des petits effets et un choc deux fois plus grave a des effets deux fois plus importants, c'est *le principe de proportionnalité* : l'effet combiné de deux causes différentes est une simple superposition des effets des deux causes prises séparément.

La dynamique d'un système est alors décrite par une simple superposition de plusieurs composantes, chacune évolue de manière indépendante, liée à une cause donnée.
Dans la réalité vécue, le principe de proportionnalité entre la cause et l'effet est rarement rencontré. Bien au contraire, on assiste souvent à des situations où de petites perturbations engendrent de grands changements. Des petits chocs ont de grands effets et peuvent se solder par des épisodes de crises longues et persistantes. On se rappelle l'exemple de Merton des paniques bancaires qui, parfois sans cause apparente, ou dues à un petit incident, sont susceptibles de semer la terreur chez les déposants, avec de graves conséquences sur l'ensemble de l'économie. Des exemples de ce genre se sont produits à plusieurs reprises - dans les pays développés et en développement- et montrent bien que les non linéarités doivent être perçus comme cruciales.

L'approche non linéaire semble fournir une nouvelle possibilité d'explication : *(i)* nul besoin de chocs, de perturbations externes pour que des fluctuations se produisent ; *(ii)* de petites variations dans les situations initiales peuvent engendrer de grands changements dans les phénomènes finaux (effet papillon) *(iii)* des trajectoires bizarres ou il n ya ni convergence ni divergence ; tant de phénomènes que la dynamique linéaire ne peut expliquer.

L'équilibre stationnaire (où le point fixe) : ie la valeur de la variable d'état x qui vérifie $x_{t+1} = x_t = x_{t-1} \forall t$, se situe à l'intersection de la courbe de la fonction logistique avec la première bissectrice $(x_{t+1} = x_t)$. En plus de l'équilibre trivial $x = 0$ (l'origine), cette fonction logistique admet un deuxième équilibre stationnaire $x^* = 1 - \frac{1}{\mu}$.

Ce second point fixe n'est positif que si $\mu > 1$. Dans le cas contraire $(\mu < 1)$, $x^* = 1 - \frac{1}{\mu}$ est négatif et ne peut appartenir à l'intervalle $[0,1]$. Seul le point fixe $x = 0$ est alors admissible.

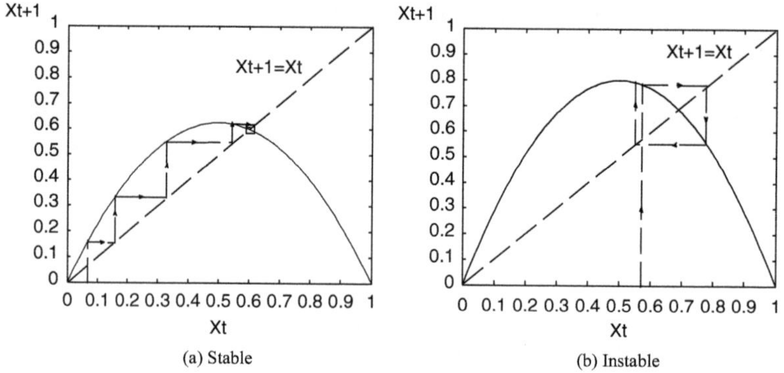

Graphique 9 : Courbe de la fonction logistique pour différentes valeurs de ¼

La stabilité de ces points fixes varie en fonction des valeurs prises par le paramètre μ. Il est bien connu que la stabilité d'un point fixe dépend de la pente de $f(x)$ évaluée en ce point : ie un point fixe x^* est stable lorsque la valeur absolue de la dérivée de $f(x)$ en ce point est inférieure à l'unité.

Puisque $\frac{df(x_t)}{dx_t|x = x^*} = \mu(1 - 2x^*) = 2 - \mu$, il s'ensuit que :

(i) Si $0 < \mu < 1$, $x^* = 0$ est stable et $x^* = 1 - \frac{1}{\mu}$ est instable ;

(ii) Si $1<\mu<3$, $x^*=0$ est instable et $x^*=1-\frac{1}{\mu}$ est stable.

3.2.1. La cascade des bifurcations

Que se passe t-il lorsque $\mu\geq 3$ et l'équilibre $x^*=1-\frac{1}{\mu}$ devient instable.

Pour le voir considérons la deuxième itéré de la fonction f, soit l'application f^2 définie par :

$$f^2 : x_{t+2}=f(x_{t+1})=f(f(x_t))=f^2(x_t)$$

$$\text{Soit } x_{t+2}=\mu\left(\mu\left(x_t-x_t^2\right)-\mu^2\left(x_t-x_t^2\right)^2\right)$$

Le graphique 10, illustre le graphique de la fonction f^2 pour des valeurs de $\mu=2.5$ et $\mu=3.2$.

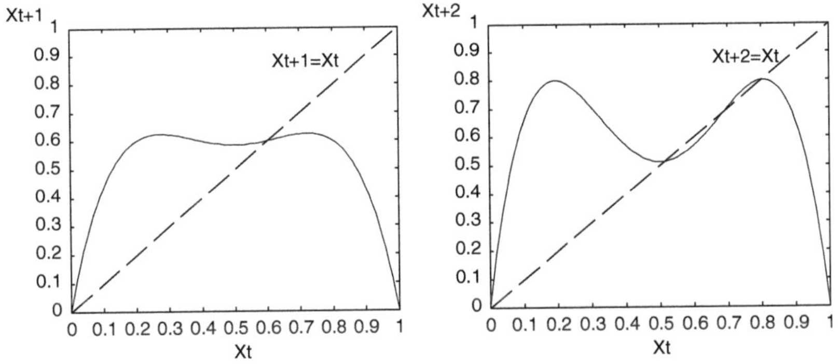

Graphique 10 : Graphe de la fonction f^2
$\mu=2.5 \mu=3.2$

Lorsque $\mu=2.5$, le point fixe de la deuxième itérée, f^2, est stable puisque $\left|\frac{d^2 f(x_t)}{dx_t}\right|<1$. On pourrait facilement vérifier que ce point fixe est aussi le point fixe de la fonction f.

Lorsque $\mu=3.2$ trois points d'intersection entre la courbe de la fonction f^2 et la première bissectrice apparaissent : le point fixe

$x^{*}=1-\frac{1}{\mu}=1-\frac{1}{3.2}$ et deux autres points fixes qu'on va désigner par c_1 et c_2. Le point fixe $x^{*}=1-\frac{1}{\mu}=1-\frac{1}{3.2}$ perd maintenant sa stabilité, puisque la pente de f^2 est supérieure à 1. Les points fixes c_1 et c_2 sont stables et ont respectivement pour expressions :

$$c_1=\frac{1+\mu+\left((1+\mu)(\mu-3)\right)^{\frac{1}{2}}}{2\mu} \text{ et } c_2=\frac{1+\mu-\left((1+\mu)(\mu-3)\right)^{\frac{1}{2}}}{2\mu}$$

Ces points fixes vérifient, en outre, la propriété :

$$c_2=f(c_1) \text{ et } c_1=f(c_2)$$

ce qui signifie que la trajectoire de x fluctue de manière régulière entre deux valeurs stables c_1 et c_2. Ainsi, lorsque $\mu_1>3$, le comportement des points fixes de la fonction logistique f se modifie, en ce sens qu'au point fixe stable $x^{*}=1-\frac{1}{\mu}$ se substitue un cycle déterministe d'ordre 2 : $\{c_1,c_2\}$ qui vérifie :

(i) $c_1=f^2(c_1)$, c'est à dire que c_1 est un point périodique d'ordre 2 de la fonction f

(ii) $c_2=f^2(c_2), c_2$ est aussi un point périodique d'ordre 2 de la fonction f

(iii) $c_2=f(c_1)$ et $c_1=f(c_2)$

L'équilibre $x^{*}=1-\frac{1}{\mu}$ sdédouble, alors, en deux équilibres périodiques d'ordre 2. On dit qu'il se produit une bifurcation (Encadré 8). Le système oscille, maintenant, entre les deux valeurs c_1 et c_2 et (ie cycle déterministe d'ordre 2).

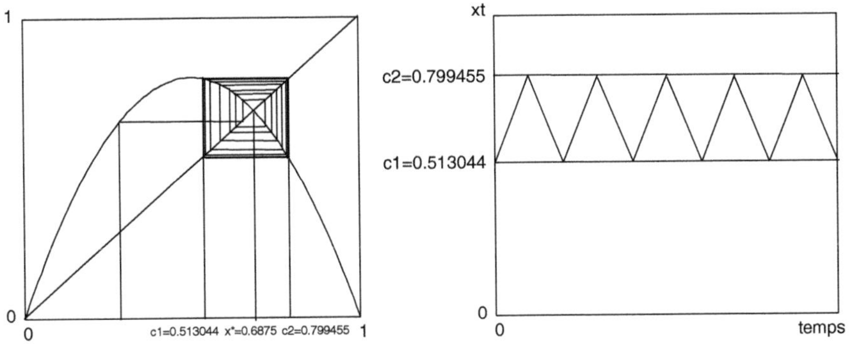

Graphique 11 : Diagramme des phases et évolution de x
Diagramme des phases de $f(x_t) = 3.2\,x_t(1 - x_t)$
Evolution de $x_{t+1} = 3.2\,x_t(1 - x_t)$

Si μ augmente de nouveaux, la pente de la fonction f^2 aux deux points fixes stables, c_1 et c_2, augmente ; jusqu'à ce que pour une certaine valeur $\mu_2 = 3.449\ldots$, , la fonction f^2, comme son géniteur (la fonction f), atteint son point de rupture. En ce point, chacun des deux points fixes périodique, c_1 et c_2, se dédouble et engendre son propre cycle d'ordre 2. Pour la fonction f, c'est un cycle attractif d'ordre 4 : *ie* chaque point périodique est le point fixe de la quatrième itérée f^4.

Pour une nouvelle valeur de μ les quatre valeurs stables du cycle attractif d'ordre 4 de la fonction f se dédoublent pour engendrer un cycle d'ordre 8. Cette structure va évoluer, en se dédoublant, à chaque fois qu'une valeur critique du paramètre μ est franchie. Après n dédoublement, on atteint un cycle déterministe stable d'ordre 2^n. Le diagramme de bifurcation illustre cette cascade de dédoublement et de bifurcation.

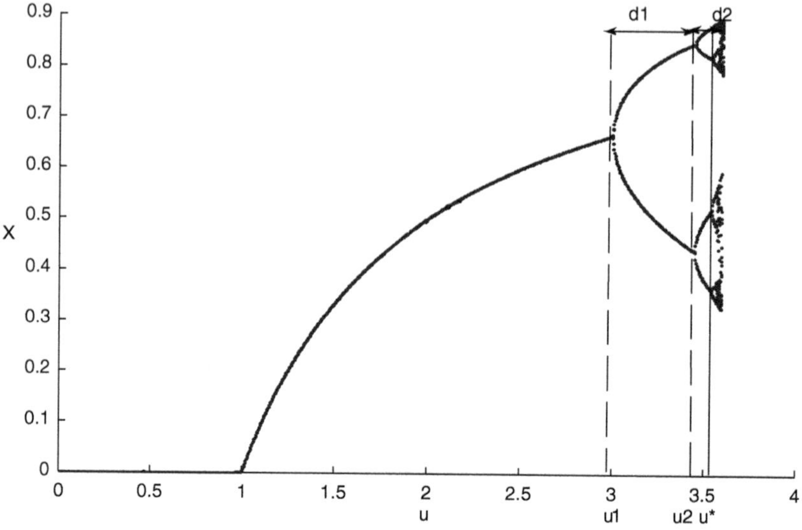

Graphique 12 : Diagramme des bifurcations

Le diagramme de bifurcation illustre le comportement de la fonction logistique $x_{t+1} = f(x_t, \mu) = \mu x_t(1 - x_t)$ en fonction du paramètre μ. Sur ce diagramme, en abscisses, sont représentées les différentes valeurs du paramètre μ et en ordonnées celles de $f(x_t, \mu)$

Au regard de ce diagramme, il apparaît que :

Pour $\mu = 1$, la courbe de la fonction logistique f passe de la valeur constante 0 aux valeurs $x^* = 1 - \frac{1}{\mu}$, qui croissent avec μ jusqu'au point d'abscisse $\mu = 3$.

Pour $\mu_1 = 3$ apparaît une première bifurcation. A partir de cette valeur le digramme se subdivise en deux branches, ce qui correspond à un comportement périodique : l'application f admet une orbite périodique de période 2 (cycle d'ordre 2).

Pour $\mu_2 = 3.449\ldots$ apparaît une deuxième bifurcation : chacune des deux banches du cycle d'ordre 2 se subdivise à son tour en deux branches. Une orbite périodique de période 4 apparaît (cycle d'ordre 4).

Puis $\mu_3 = 3.544\ldots$, apparaît une troisième bifurcation et il y aura une orbite périodique de période 8, etc…

Cascade des bifurcations

n	Période	μ
1	2	3.000
2	4	3,449490
3	8	3,544090
4	16	3,564407
5	32	3,568750
6	64	3,569690
7	128	3,569890
8	256	3,569934
9	512	3,569943
10	1024	3,569945
11	2048	3,569946
∞	accumulation	3,569946…

Il est possible de vérifier que la distance entre deux bifurcations successives $(d_k = \mu_{n+1} - \mu_n; n = 1,2,3\ldots)$, diminue à mesure que le paramètre μ augmente (*ie* : les bifurcations sont de plus en plus rapprochées et d'intensité plus faibles). En supposant que cette décroissance est géométrique, "Feigenbaum (1978) " montre que les valeurs de bifurcation μ_n vérifient la relation :

$$\lim_{n\to\infty}\left|\frac{\mu_{n-1} - \mu_n}{\mu_n - \mu_{n+1}}\right| = \delta = 4.669201\ldots$$

Il en résulte que le phénomène de bifurcation se poursuit jusqu'à un point critique, appelé point de Feigenbaum, dont la valeur est $\mu_\infty = 3.569945\ldots$ Ce point marque un changement radical dans la dynamique de la fonction f. Pour des valeurs de μ supérieures à μ_∞, il serait impossible de prévoir le comportement de la fonction logistique f. Cette dernière ne répond plus au principe de bifurcation et de dédoublement de la période comme c'est le cas pour les valeurs de μ inférieures à μ_∞.

3.2.2. Orbites apériodiques et apparition du chaos

Quelle sera le comportement de la fonction logistique $x_{t+1} = f(x_t, \mu) = \mu x_t (1 - x_t)$ lorsque $\mu > \mu_\infty 3.569945\ldots$

Les résultats de l'itération de la fonction f conduisent à une orbite $\{x, f(x), f^2(x), \dots f^n(x) \dots\}$ qui ne converge pas vers aucun attracteur usuel (: ie point fixe stable, cycle d'ordre k). Le comportement de l'orbite est désordonné et apériodique : la trajectoire $\{x, f(x), f^2(x), \dots f^n(x) \dots\}$ ne repasse jamais par le même point. On dit que l'orbite est apériodique ou chaotique.

L'attracteur obtenu est dense dans une réunion de sous intervalle v appartenant à $[0,1]$: en ce sens que, dans tout sous intervalle v de longueur ε , aussi petit qu'il soit, il existe au moins un point périodique de la fonction f - c'est un attracteur étrange (graphique 13). De plus, des valeurs initiales de x_0 (conditions initiales) très voisines peuvent conduire, après un petit nombre d'itération, à des orbites complètement différentes. C'est la sensibilité aux conditions initiales.

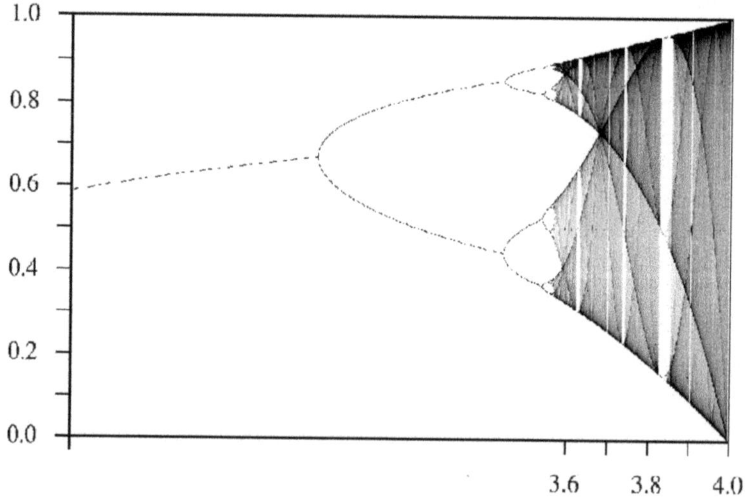

Graphique 13 : Diagramme de Feigenbaum et apparition du chaos[19]

Sur le graphique apparaît la cascade de bifurcation et l'apparition du chaos lorsque $\propto$ est supérieur à $\mu_\infty = 3.569945\dots$ Il apparaît, aussi,

19 Tiré de *fr.academic.ru/dic.nsf/frwiki/444128*

qu'il existe des valeurs de $\propto$ pour lesquelles le comportement chaotique cesse brusquement, l'attracteur prend, de nouveau, le forme d'un cycle périodique d'ordre k.

Le théorème de Li et York (1975) établit une définition du chaos largement utilisée dans les systèmes dynamiques discrets et unidimensionnels

Théorème de Li et York (1975) :

Soit $J=[a,b]$ un intervalle de R et $f : J \to J$ continue

S'il existe un point $x \in J$ pour lequel $b=f(a), c=f^2(a), d=f^3(a)$ sont tels que:

$$f^3(x) \leq x < f(x) < f^2(x)$$

$$\text{ou } f^3(x) \geq x > f(x) > f^2(x)$$

alors:

(i) deux trajectoires apériodiques, aussi proches qu'elles puissent être à un instant donné, divergeront ultérieurement.

(ii) Toute trajectoire apériodique peut être aussi proche d'une autre trajectoire.

(iii) Si une trajectoire apériodique approxime, pour un temps, un cycle d'ordre k elle en divergera ultérieurement.

Une fonction f unidimensionnelle chaotique au sens de Li et York possède donc, pour certaines conditions initiales, des cycles de périodes k et des cycles apériodiques : il existe des cycles de période k et il existe un sous ensemble non-dénombrable de $[a,b]$ dont les trajectoires sont chaotiques au sens où deux quelconques de ces trajectoires sont arbitrairement proches pour une infinité de dates et elles restent à une distance minimale positive pour une autre infinité de dates.

Encadré 8 - Les bifurcations, définition et typologie

Les systèmes dynamiques non linéaires peuvent avoir différents comportements (convergence vers un équilibre, vers un cycle limite …) en fonction des valeurs prises par leurs paramètres structurels. Il peut donc exister certaines valeurs pour lesquelles le comportement du système passe d'un état qualitatif à un autre. Ce changement qualitatif de l'état du système s'appelle *Bifurcation* et la valeur du paramètre ou se produit la Bifurcation s'appelle *valeur de Bifurcation.*

Pour clarifier cette définition supposons que la dynamique d'un système est régie par l'équation différentielle suivante :

$$\dot{x} = f(x, \mu)$$

Où μ est un paramètre. Un équilibre dynamique (x^*, μ) de cette équation est tel que $\dot{x} = 0 = f(x^*, \mu)$. Cet équilibre est stable lorsque la pente de la fonction, soit la dérivée de $f(x, \mu)$ évaluée en ce point, est inférieure à zéro.

Sur le graphique, les branches en trait plein et en trait pointillé représentent des branches d'équilibre : les branches en trait plein représentent des équilibres stables ; ceux en trait pointillé représentent des équilibres instables

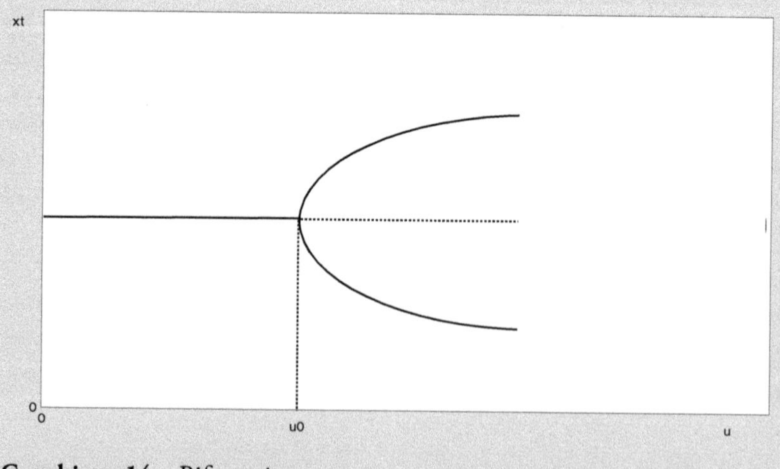

Graphique 14 : Bifurcation

L'équilibre (x^*, μ) est stable pour des valeurs de $< \mu_0$. Lorsque $\mu = \mu_0$ le système se déstabilise : l'équilibre perd alors sa stabilité. Pour $\mu > \mu_0$ il apparaît deux équilibres stables. Il y a, ainsi, un dédoublement du point d'équilibre : l'équilibre, qui était initialement stable, éclate, se dédouble, bifurque en deux équilibres distincts au point de bifurcation μ_0.

Dans les systèmes différentiels à une dimension, il existe quatre types de bifurcation : trois d'entre elles donnent naissance à des solutions stationnaires (bifurcation nœud col, bifurcation transcritique et bifurcation fourche). La quatrième donne naissance à des solutions oscillantes (bifurcation de Hopf).

(a) Bifurcation « nœud-col »

C'est la bifurcation associé à l'équation $\dot{x} = f(x, \mu) = \mu - x^2$. L'équilibre (x^*, μ) correspond à $(0,0)$.

Les points critiques de cette équation sont donnés par : $x = \pm\sqrt{\mu}$ lorsque $\mu > 0$ et aucun si $\mu < 0$. Ainsi, si le paramètre μ est inférieur à la valeur de bifurcation $\mu_0 = 0$, il n'existe aucun équilibre. En revanche, lorsque $\mu > \mu_0 = 0$, deux équilibres apparaissent : l'un étant stable $\left(x = \sqrt{\mu}\right)$; l'autre instable $\left(x = -\sqrt{\mu}\right)$

(b) Bifurcation transcritique

La bifurcation « nœud-col » suppose qu'il n'existe pas d'équilibre pour des valeurs de μ inférieurs à la valeur de bifurcation et deux équilibres au delà de la valeur de bifurcation ($\mu_0 = 0$ pour la forme $\dot{x} = f(x, \mu) = \mu - x^2$). Il peut se réaliser que des systèmes dynamiques aient un équilibre en amont de la valeur de bifurcation. La bifurcation transcritique traite du changement de stabilité de l'équilibre au point de bifurcation.

La forme normale associé à cette bifurcation est donnée par l'équation $\dot{x} = f(x, \mu) = \mu x - x^2$. Deux solutions sont associées à cette équation. L'équilibre trivial $x = 0$; et l'équilibre $x = \mu$. Il est facile de voir que l'équilibre $x = 0$ est stable pour $\mu < 0$, tandis que l'autre équilibre, $x = \mu$, ne l'est pas. Cette situation s'inverse pour $\mu > 0$ (ie l'équilibre $x = 0$ devient instable et il apparaît une branche d'équilibre supplémentaire $x = \mu$, qui est stable) On dit qu'il y a « changement de stabilité ».

(c) Bifurcation fourche

La bifurcation fourche définie une situation où un équilibre se dédouble en deux équilibres qui peuvent être stables ou instables. La forme normale associée à ce type de bifurcation et donnée par l'équation $\dot{x} = f(x,\mu) = \mu x - x^3$. Trois solutions sont associées à cette équation : L'équilibre trivial $x = 0$ et les deux points fixes $x = \pm\sqrt{\mu}$. Lorsque le paramètre μ est inférieur à la valeur de bifurcation $\mu_0 = 0$, seul l'équilibre $x = 0$ est stable. Cet équilibre devient instable pour $\mu > \mu_0 = 0$ et il apparaît deux branches d'équilibre stable : $\left(x = \sqrt{\mu}\right)$ et $\left(x = -\sqrt{\mu}\right)$.

(d) Bifurcation de Hopf

Ce type de bifurcation définie l'éclatement d'un point fixe, d'un équilibre stable en une orbite fermée aux alentour de l'équilibre, appelée cycle limite. La forme normale associée à cette bifurcation s'écrit dans le plan complexe. Ainsi, si on pose $z = x + iy$, on a :

$$\begin{cases} \dot{x} = \left[\mu + \left(x^2 + y^2\right)\right]x - \gamma y \\ y = \gamma x + \left[\mu - \left(x^2 + y^2\right)\right]y \end{cases}$$

Les solutions stationnaires associées à cette équation sont données par : $z = 0(x = y = 0)$ et $|\dot{z}|^2 = x^2 + y^2 = \mu$ (l'équation d'un cercle dans le plan (x, y) de rayon $\sqrt{\mu}$).

Lorsque μ est inférieur à la valeur de bifurcation $\mu_0 = 0$, le système possède un équilibre stable. Les trajectoires s'enroulent sur elles mêmes en spirale vers l'origine (le point $z = 0$). Lorsque $\mu = \mu_0 = 0$, le système perd sa stabilité et le système tourne en mouvement circulaire autour de $z = 0$, sans jamais l'atteindre. Puis, pour des valeurs de μ supérieures à $\mu_0 = 0$, apparaît un cycle limite : l'équilibre est instable mais entouré par une orbite attractive.

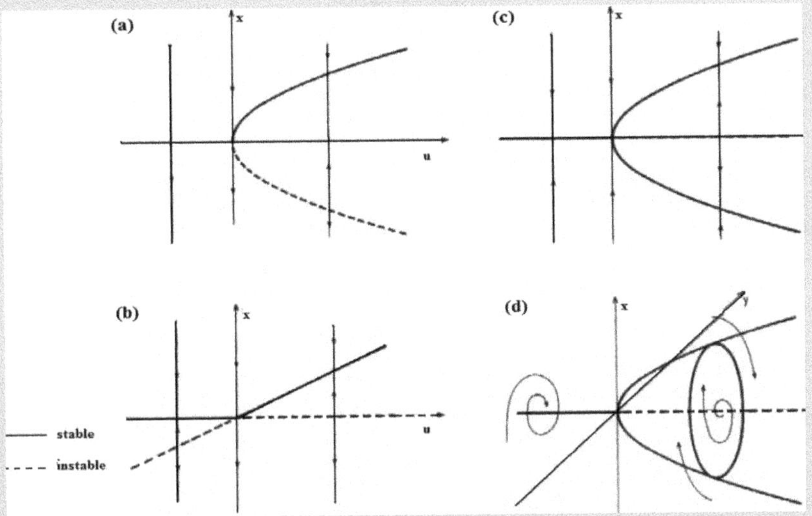

Graphique 15 : Digramme des bifurcations des systèmes uni-dimensionnels

3.3. Dynamique chaotique et équilibre de marchés

Il est bien connu, depuis les travaux fondateurs de (Day [1982], Grandmont [1985] et Pohjola [1981]), que les mouvements chaotiques peuvent, facilement, être générés dans un environnement concurrentiel simple, à temps discrets. Des mécanismes internes au système économique peuvent produire des mouvements cycliques endogènes, qui peuvent se transformer, sous certaines conditions, en mouvements chaotiques. Le modèle le plus représentatif de cette tendance est le modèle à effet d'encombrement de Day (1982). Ce modèle transpose le modèle de croissance de Solow (1956) en temps discret et introduit un effet de pollution dans la fonction de production.

Dans ce modèle, on suppose que le capital se déprécie entièrement au cours d'une période.

$$Y_t = C_t + I_t$$

$$I_t = K_{t+1}$$

$$S_t = sY_t$$

$$L_t = (1+n)^t L_0$$

$$Y_t = F(K_t, L_t)$$

En supposant que la fonction de production est homogène, le modèle peut écrit sous sa forme réduite :

$$k_{t+1} = \frac{sf(k_t)}{1+n} \tag{1}$$

Où $k_t = \frac{K_t}{L_t}$ l'intensité capitalistique.

Il est bien connu, dans le modèle de Solow, que lorsque la fonction de production vérifie les conditions d'Inada, l'économie converge vers un régime de croissance équilibré à taux constant asymptotiquement stable. Ainsi, si k^* est la solution du régime de croissance équilibré, à partir de la condition initiale k_0 le système converge vers la solution k^*.

Dans le modèle de Day, on suppose que la fonction de production prend en considération l'existence d'une externalité négative, donnée par un effet de pollution.

$$\frac{Y_t}{L_t} = Bk_t^{\beta}(m_t - k_t)^{\gamma} \text{ avec } k_t \leq m \tag{2}$$

La composante Bk_t^{β} est la fonction de production Cobb-Douglass. Le terme $(m_t - k_t)^{\gamma}$ définit un effet induit de la pollution causé par l'augmentation de k. Ce facteur $(m_t - k_t)^{\gamma}$ est :

- Proche de 1 lorsque γ tend vers 0
- Proche de 0 lorsque k tend vers m, qui paraît comme une intensité capitalistique limite.

La dynamique du capital par tête s'écrit alors comme :

$$k_{t+1} = \frac{sBk_t^{\beta}(m_t - k_t)^{\gamma}}{1+n} = f(k_t) \tag{3}$$

Il est évident que dans le cas particulier où $\beta = \gamma = m = 1$, l'équation (3) se ramène à l'équation logistique $k_{t+1} = ak_t(1-k_t)$ (où $a = \dfrac{sB}{1+n}$) à laquelle s'applique les résultats établis par "Feigenbaum (1978) ".

Cependant, la forme générale (3) peut, tout de même être, analysée. Soit, $\dot{k}$ l'intensité capitalistique qui rend maximum la fonction (3) :

$$\frac{dk_{t+1}}{dk_t} = 0 \Rightarrow \dot{k} = \frac{\beta m}{\beta\gamma}$$

Pour des valeurs de B suffisamment élevées, $\dot{k}$ sera inférieur au point fixe k^*. Soit k^c l'antécédent de $\dot{k}$, $k^c = f^{-1}\left(\dot{k}\right)$. Cet antécédent est tel que $k^c < \dot{k}$.

Par ailleurs, il serait toujours possible de trouver une valeur de B tel que $k^m = f\left(\dot{k}\right)$, avec k^m la valeur maximale de k_t, point d'intersection entre la courbe de la fonction $f(k_t)$ et l'axe des abscisses. Puisque k^m a pour image l'origine, on aura :

$$0 < k^c < \dot{k} < k^m$$

C'est à dire $\quad f(k^m) < k^c < f(k^c) < f\left(\dot{k}\right)$

Ou de manière équivalente $f^3(k^c) \leq k^c < f(k^c) < f^2(k^c)$

On retrouve bien les conditions de l'application du théorème de Li et York (1975).

4. L'approche semi-endogène ou l'approche impulsion-propagation

On doit à Frisch (1933) et à Slutsky (1937) les premières analyses des fluctuations en terme impulsion-propagation, reprenant, par là, la célèbre parabole du cheval à bascule énoncée par Wicksell : « Si vous frappez un cheval à bascule avec un bâton, le mouvement du cheval sera très différent de celui du bâton ». L'économie s'écarte alors de son état de repos (état stationnaire) sous l'impulsion de chocs exogènes aléatoires, d'offre ou de demande. La structure du système détermine la longueur et la nature des fluctuations tandis que le choc exogène détermine l'amplitude des oscillations. Peu importe que ces oscillations soient explosives ou amorties ; les anciennes fluctuations sont constamment remplacées par celles engendrées par les nouveaux chocs. Ces impulsions pourraient représenter une succession d'événements, faibles ou amples, mais imprévisibles. « Une économie constamment perturbée par des chocs aléatoires pourrait, ainsi, engendrer une évolution régulière sans qu'il s'agisse d'une évolution cyclique au sens stricte ».

Durant les années 1940–1960 la théorie keynésienne était dominante et avec elle la vision endogène des fluctuations. L'accent était, plutôt, mis sur l'efficacité de la politique économique avec la croyance largement répandue en la possibilité de réguler l'activité économique et, donc, d'éliminer les cycles. Ce n'est qu'avec les travaux de la nouvelle école classique, au début des années 1970, que le schéma de l'approche impulsion-propagation est revenu sur le devant de la scène. Les premiers travaux, connus sous le nom de modèles des cycles à l'équilibre, expliquent les fluctuations par les surprises de la politique monétaire. Le comportement optimisateur des agents permet, alors, aux chocs monétaires de se propager dans le système économique et produire des fluctuations cycliques.

Une des critiques importantes faites à l'encontre de l'approche des cycles monétaire à l'équilibre est leur impertinence sur le plan empirique. Les fluctuations produites par ces modèles ne sont pas aussi persistantes et les oscillations engendrées ne perdurent pas pour longtemps. La théorie des cycles réels va, alors, se développer en proposant une vision des fluctuations qui dénie tout rôle aux facteurs monétaires, et plus spécifiquement aux surprises de la politique monétaire. En reprenant le cadre théorique du modèle de croissance néoclassique, cette théorie montre que les réponses optimales des individus à des chocs de nature réelle, essentiellement technologique, peuvent produire des caractéristiques cycliques semblables à celles observées, conformément à ce qu'il est convenu d'appeler un *effet Slutsky* (Encadré 9).

Encadré 9 - Impulsions aléatoires et effet Slutsky

Slutsky (1937) montre que les fluctuations cycliques peuvent être engendrées par le cumul, au cours du temps, de chocs aléatoires irréguliers. C'est l'interaction entre ces chocs stochastiques et la structure interne du système qui va transformer la suite des impulsions en des cycles. La longueur du cycle et la tendance vers l'amortissement sont déterminées par la structure interne du système alors que l'amplitude des fluctuations est déterminée par l'intensité des chocs.

Pour rendre compte de ces phénomènes, soit l'équation caractéristique du modèle de Samuelson à laquelle ont été associés des chocs aléatoires, sur l'investissement, de moyenne nulle et sans persistance (indépendants dans le temps).

$$Y_t - (c + \beta)Y_{t-1} + \beta Y_{t-2} = I_0 + \varepsilon_t \quad (1)$$

Il est, bien, établi, dans le modèle de Samuelson (en l'absence de perturbation externe ε_t), que les fluctuations cycliques ne sont régulières que dans le cas particulier, celui où le coefficient d'accélération est égal à l'unité. Dans le cas contraire, les fluctuations sont soit explosives $(\beta > 1)$, soit amorties $(\beta < 1)$. Ces oscillations sont, à la différence des cycles observés, parfaitement symétriques et présentent une périodicité et une amplitude constante. En définitive le cadre déterministe ne permet pas de reproduire les fluctuations observées, en dépit de sa profonde cohérence interne.

Si le système est soumis à un choc aléatoire ε_t, l'évolution de celui-ci sera cyclique de façon permanente (et ressemble bien au cycle observé). En d'autres termes, indépendamment des paramètres du modèles, dès que le système subit des chocs exogènes aléatoires, son comportement dynamique sera cyclique de façon permanente. Pour le vérifier, soit la forme récurrente de l'oscillateur de Samuelson avec chocs externe, définie par l'équation (1)

Sous cette forme, l'état présent de l'économie est expliqué par ses valeurs passées, par le niveau autonome de l'investissement et par les valeurs courantes du choc aléatoire

$$Y_t = (c + \beta)Y_{t-1} - \beta Y_{t-2} + I_0 + \varepsilon_t \quad (2)$$

Une solution de cette équation sera la somme de la solution de l'équation homogène $\left(Y_t = (c+\beta)Y_{t-1} - \beta Y_{t-2}\right)$, discutée dans le cadre de l'oscillateur de Samuelson, et d'une solution particulière, soit

$$Y_t = \alpha_1\left(\lambda_1^t\right) + \alpha_2\left(\lambda_2^t\right) + Y^* + \sum_i^2 \theta_i \varepsilon_{t-i} \qquad (3)$$

avec θ_i dépend des paramètres du système c et β . Y^* est la solution de l'équilibre stationnaire

Sous cette forme définitive, l'état de l'économie est défini comme la somme de deux composantes :

(i) Une première composante, $\alpha_1\left(\lambda_1^t\right) + \alpha_2\left(\lambda_2^t\right)$, (solution de l'équation homogène) qui traduit l'évolution du système à partir de son état initial. Cette composante est génératrice de fluctuations si les racines λ_i sont complexes. Ces fluctuations seront amorties si le module de ces racines est inférieur à l'unité et explosive dans le cas contraire ;

(ii) Une composante aléatoire $\sum_i^2 \theta_i \varepsilon_{t-i}$, qui a la forme d'une moyenne mobile des perturbations aléatoires, affectant la variable endogène. Elle traduit l'effet cumulé des chocs qui affectent l'économie. Cette composante est à l'origine de fluctuation même si les valeurs prises par la perturbation sont non corrélés dans le temps. Les fluctuations se produisent, alors, de l'effet des aléas, définis comme la somme pondérée des valeurs successives du choc : c'est *l'effet Slutsky*.

4.1. La théorie des cycles monétaires à l'équilibre

Dans de nombreux articles, Lucas (1972, 1973, 1975) suggère de revenir sur les théories pré-keynésiennes du cycle et aux contributions de Hayek et de Walras. L'approche de Lucas articule les postulats néoclassiques relatifs à l'équilibre des marchés et l'utilisation optimale des informations disponibles dans la formation des anticipations des acteurs économiques. C'est dans une optique de cycle d'équilibre, que la nouvelle école classique approfondit la distinction opérée par Frisch et Slutsky entre impulsion et propagation. Le terme cycle à l'équilibre est justifié en ce sens que la propagation du cycle doit pouvoir être expliquée sur la base du comportement optimisateur des agents confrontés à la survenance de chocs. Dès lors que les mouvements économiques ne sont pas périodiques, il devient pertinent d'attribuer l'irrégularité exhibée par les principales séries macroéconomiques à la survenance de chocs aléatoires monétaire venant perturber un état d'équilibre stable.

4.1.1. *Un modèle canonique de cycle à l'équilibre*

Dans le modèle canonique des cycles monétaires à l'équilibre, Lucas (1972) suppose que l'offre de monnaie fait subir au système économique des chocs aléatoires, imprévisibles ; qui peuvent engendrer des fluctuations économiques. Les impulsions (*.ie* le coup de bâton) sont d'origine monétaire et ont une influence (temporaire) sur le niveau de la production, alors même que ce niveau est le résultat de l'équilibre décentralisé. En d'autres termes, la monnaie est non-neutre et peut avoir des effets sur les grandeurs réelles bien que le système de prix est flexible et tous les marchés sont en équilibre.

Fondamentalement, ce résultat est dû au fait que l'équilibre décentralisé met en jeux un grand nombre de marchés dans lesquels l'information imparfaite des agents ne leur permet pas de dissocier les mouvements des prix relatifs (prix spécifiques) des mouvements du niveau général des prix, *i.e.* ce que l'on a appelé « *le problème d'extraction du signal.* Ainsi, la confusion sur l'origine des variations des prix (variation du niveau général des prix *vs* variation des prix relatifs) peut conduire les agents et, ce, malgré la formation d'anticipations rationnelles, à ne pas anticiper correctement le volume de production et le niveau l'emploi. Ces derniers s'éloignent alors de leur niveau d'équilibre de long terme. Une fois que les agents ont accès à l'ensemble de l'information sur les prix nominaux, ils corrigent leurs anticipations ; et la production et l'emploi retrouvent alors leurs valeurs d'équilibre de façon automatique.

Le cadre analytique retenu par Lucas (1975) est celui d'une économie constituée d'un grand nombre de marchés indicés par z, séparés géographiquement (la parabole des îles de Phelps (1970)[20]) sur lesquels l'offre de bien est donnée par :

$$y_t^s(z) = \beta_0 + \beta_1(p_t(z) - E_t(z)p_t)$$

Avec $p_t(z)$ le prix du bien sur le marché z à la période t ;

$E_t(z)p_t$ le prix anticipé du bien conditionnellement à l'information disponible à la période t sur le marché z (hypothèse d'anticipation rationnelle).

La demande qui s'établit sur chaque marché z est donnée par

$$y_t^d(z) = m_t - E_t(z)p_t$$

m_t est la quantité de monnaie supposé suivre le processus suivant

$$m_t = m_{t-1} + g + \varepsilon_t$$

ε_t un choc monétaire sur l'offre de monnaie défini comme un bruit blanc (.). L'offre de monnaie à deux composantes : une composante systématique g prévisible (déterministe) et une composante stochastique imprévisible ε_t. Ce sont ces chocs imprévisibles qui sont à l'origine des fluctuations. Chaque marché s'équilibre grâce à l'ajustement du prix $p_t(z)$. Le revenu agrégé d'équilibre peut s'écrire alors

$$y_t^* = \beta_0 + \frac{\beta_1}{1+\beta_1}\varepsilon_t$$

C'est la partie imprévisible de la masse monétaire, la surprise monétaire, qui a une influence sur le volume de production d'équilibre. La partie prévisible systématique est neutre. Les changements dans la composante systématique sont immédiatement incorporés dans les anticipations de prix et ainsi le produit reste à son niveau β_0.

---

20 Dans sa parabole des iles, Phelps suppose que les marchés sont séparés par des distances sociales et/ou géographiques. Lorsque le prix varie sur une ile, le producteur ne peut pas savoir si cette variation de prix correspond à une baisse simultanée de tous les prix ou à une variation de son propre prix seulement. L'information étant imparfaite, il n'existe pas de signal qui lui permet d'avoir l'information concernant l'ensemble des autres producteurs. Il n'existe pas de commissaire priseur qui assure l'équilibre général sur tous les marchés et où l'information est instantanée et gratuite.

Ce résultat s'explique bien par l'hypothèse d'information imparfaite, mise par Lucas, sur les grandeurs agrégées (ie le niveau général des prix), et non sur les grandeurs spécifiques (ie le prix du bien produit). En effet, lorsqu'il y a des changements du niveau général des prix, entraîné par des chocs monétaires imprévus, les producteurs ne savent pas si cette variation est générale ou spécifique, c'est à dire limitée à certains types de prix (confusion sur l'origine des variations des prix)[21]. Chaque producteur étant mieux averti et mieux informé des modifications concernant le prix de son produit que de celles concernant le niveau général des prix. L'imperfection de l'information entraine des erreurs d'anticipation de la part de certains agents qui pourront être amenés à interpréter une partie de l'accroissement du niveau général des prix comme un accroissement de leurs prix relatifs.

Ainsi, suite à un choc monétaire, si l'augmentation des prix est perçue comme spécifique et limitée à certains biens, le ou les producteurs concernés accroitront leur offre de bien. Dans le cas contraire, ils réduiront leur offre et tendront à produire ou à travailler moins lorsque les prix de leurs produits diminuent.

4.1.2. Théorie des cycles monétaires à l'équilibre et les fluctuations observées

Pour la théorie du cycle à l'équilibre les fluctuations du produit sont les manifestations des erreurs de prévision des agents sur les signaux des prix. Mais, en raison des hypothèses retenues sur l'*indépendance sérielle des impulsions*, les surprises monétaires ne peuvent avoir d'effet persistant sur le produit. Celui-ci est affecté instantanément, mais cette influence disparaît à la période suivante. « Pour cette théorie, les erreurs de prévision sur les prix, qui sont les seules causes d'écart par rapport au taux naturel de chômage, sont inévitables mais elles ne peuvent qu'être brèves et aléatoires. En particulier, il ne peut y avoir un taux de chômage durablement supérieur au taux naturel car cela impliquerait un niveau élevé d'auto-corrélation entre les erreurs successivement commises sur les prévisions, ce qui est incompatible avec l'hypothèse d'anticipation rationnelle » (Modigliani, 1977).

---

21 En l'absence d'illusion monétaire, une variation du niveau général des prix est neutre et n'aura aucun effet. Au contraire, une variation du prix du bien dans lequel l'agent est spécialisé, entraîne un effet incitatif dès lors que le prix des autres biens demeure stable ou augmente dans une moindre mesure

La théorie du cycle à l'équilibre se trouve incapable de rendre compte de la durée ou de la persistance des fluctuations. Il y a donc une inadéquation entre l'hypothèse d'anticipations rationnelles des agents et celle de la récurrence du cycle, c'est à dire un décalage évident entre les formulations théoriques et les fluctuations observées. Pour le vérifier, reprenons l'équation fondamentale du modèle canonique de Sargent et Wallace (1975) :

$$y_t^* = \overline{y} + \theta\varepsilon_t$$

Où $\overline{y}$ définit le produit naturel (celui qui correspond au taux naturel de chômage) et ε_t les surprises monétaire supposés comme un bruit blanc, indépendantes dans le temps. Puisque les surprises monétaires ne sont pas auto-corrélées, l'écart, en t , du produit part rapport au produit naturel $\left(y_t^* - \overline{y}\right)$ serait alors indépendant des écarts observés durant les périodes précédentes. La dépendance temporelle de ces écarts, et donc la persistance des fluctuations, ne pourrait être réalisée que si les chocs sont auto-corrélés, ce qui contredit l'hypothèse d'anticipation rationnelle. « Si les chocs aléatoires présentent une auto-corrélation, cette persistance des chocs est anticipée par les agents et ceux-ci n'ont plus d'effets réels » (Modigliani, 1977).

La théorie du cycle à l'équilibre va alors répondre en introduisant des couts d'ajustement des facteurs de production. Par exemple, si le cout de l'emploi augmente suite à la surprise monétaire, les producteurs sont incités à répartir ces couts sur plusieurs périodes. Ils n'ont pas intérêt à revenir rapidement au niveau de production naturel à la suite du choc, mais plutôt de résorber une fraction seulement de l'écart entre le produit effectif et le produit naturel au cours de cette période. Dans le modèle de Sargent et Wallace, ceci exige de modifier la fonction d'offre pour rendre compte de l'importance des couts d'ajustement. Le niveau de production d'équilibre est alors donné par

$$y_t^* = \left(1-\phi\right) y_{t-1} + \phi\overline{y} + \beta_0 + \theta\varepsilon_t$$

ϕ un paramètre qui traduit les couts d'ajustement. On retrouve ici une équation de récurrence stochastique identique à celle de Slutsky (Encadré 9). Cette équation (de récurrence d'ordre 1), donne la persistance des déviations du produit par rapport à son niveau naturel.

4.2. La théorie des cycles réels

La théorie des cycles réels (ou *Real Business Cycle*) s'est développée au début des années 1980, avec les travaux fondateurs de Kydland et Prescott (1982) et de Long et Plosser (1983), en proposant une vision des fluctuations qui se situent dans le prolongement du projet défini par Lucas (1977). Il s'agit de construire un modèle simple simulable d'un système économique afin de rendre systématique sa validation d'un point de vue quantitatif, et permettre d'évaluer sa capacité à reproduire les caractéristiques cycliques. « Comprendre les fluctuations, c'est construire un modèle, c'est à dire une économie artificielle complètement explicitée qui se comporte dans le temps de façon à reproduire fidèlement le comportement des séries » (Lucas, 1977).

Suivant la voie ouverte par Lucas (1977), la théorie des cycles réels introduit la notion de cycle économique dans un cadre idéal purement néoclassique, sans rigidité nominale et sans imperfection *à priori.* Elle prend les modèles des cycles monétaires à l'équilibre à revers, en cherchant à montrer que l'essentiel des fluctuations peut être expliqué par les seules ressources réelles de l'économie, c'est à dire par les perturbations affectant la technologie, les préférences, les dotations des facteurs. Ainsi, si la monnaie reste une source importante d'instabilité, elle n'est nullement nécessaire à l'apparition des fluctuations.

Le projet des cycles réels vise à montrer, dans le cadre du modèle de croissance optimale néoclassique ("Ramsey, 1927 "), que les réponses optimales des individus à des chocs de nature réelle peuvent produire des caractéristiques cycliques semblables à celles observées. Les chocs réels sont essentiellement des chocs d'offre liés à la technologie de production : inventions, découvertes innovations de procédés et de produits sont les sources principales d'impulsion. Ces chocs affectent la productivité globale des facteurs, modifient l'environnement des agents et les incitent à changer leur profils de consommation et d'offre de travail.

Le courant des cycles réel ancre le concept de fluctuations dans le cadre de l'équilibre général inter-temporel. Les fluctuations ne sont plus envisagées comme un phénomène d'équilibre, seulement, mais aussi l'expression de la réaction optimale des agents à des chocs réels externes. Une régulation externe du système (politique de stabilisation) n'est plus envisageable puisque optimum et équilibre coïncident à chaque instant. Ainsi, le phénomène du cycle ne constitue plus une déviation récurrente par rapport au produit potentiel associé au taux naturel d'utilisation des facteurs (ou la tendance de long terme), mais comme les variations du produit naturel lui-même (les mouvements de la tendance elle-même), résultat de l'interaction des seuls facteurs réels. On peut ainsi reconnaître au moins une qualité au courant des cycles réels : partir de la théorie de la croissance pour chercher à expliquer les fluctuations (Encadré 10).

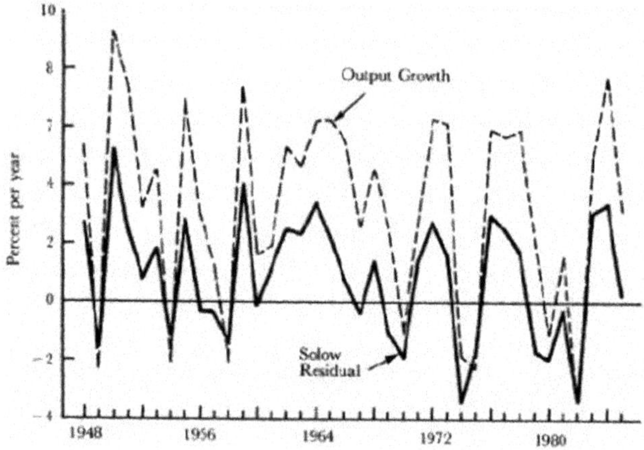

Graphique 16 : Le résidu de Solow et croissance du PIB, Etats Unis : 1948-1988
Notes : la figure illustre la corrélation parfaite entre la croissance de la productivité globale des facteurs, mesurée par le résidu de Solow, et la croissance du PIB
Source : Mankiw (1989)

Encadré 10 - Les propositions de Nelson et Plosser : vers une remise en cause

de l'évaluation du cycle comme écart à une tendance

Jusqu'au début des années 1980, on décomposait les mouvements des variables réelles (le PIB, la consommation, l'investissment...) en une composante tendancielle ou *séculaire* et une composante cyclique résiduelle ou *écart conjoncturel*. Cette décomposition avait une double exigence :

(i) Sur le plan théorique, elle se justifie par la distinction entre les schémas respectifs d'explication de la croissance et des fluctuations. La composante tendancielle relevait du domaine de la croissance ; ses déterminants fondamentaux étaient des facteurs d'offre (croissance démographique, accumulation du capital, progrès technique). La composante cyclique était de nature transitoire et ses déterminants fondamentaux relevaient de la demande (chocs monétaires).

(ii) La dissociation entre tendance et cycle procède aussi d'une exigence technique. Les principales séries macroéconomiques, réelles ou nominales, sont *non stationnaires*, c'est à dire qu'elles admettent une moyenne et, souvent, une variance, qui croit avec le temps. Or, les méthodes statistiques classiques (MCO.) ne s'appliquent qu'à des séries stationnaires. Deux méthodes sont disponibles pour stationnariser les séries : l'extraction d'une tendance déterministe et la différentiation par rapport au temps.

1. Séries stationnaires en écart ou en différence

La vision traditionnelle de la stationnarisation des séries était fondée sur l'extraction d'une tendance *déterministe*, fonction du temps. La spécification de la tendance peut être linéaire, quadratique ou même linéaire par morceaux.

Supposons, pour simplifier, une série Y_t dont la tendance est fonction linéaire du temps, soit :

$$Y_t = \alpha + \beta t + u_t \tag{1}$$

α et β sont des paramètres constants et u_t un terme aléatoire qui suit une distribution stationnaire.

La méthode d'écart à la tendance revient à considérer la série transformée $Y_t - \breve{\alpha} + \widehat{\beta} t = u_t$ où $\breve{\alpha}$ et $\widehat{\beta}$ sont les paramètres estimés.

La deuxième méthode, la différentiation par rapport au temps, conduit à travailler sur la variable

$$\Delta Y_t = Y_t - Y_{t-1} = \beta + u_t - u_{t-1} \tag{2}$$

Ces deux transformations permettent certes d'éliminer la tendance déterministe mais elles conduisent à considérer des termes aléatoires différents.

Si, dans l'équation (1), le terme aléatoire u_t est stationnaire, l'écart à la tendance est lui même stationnaire et la méthode classique d'écart à la tendance est valide : on parle alors de variable stationnaire en écart à la tendance, ou *trend stationary* (TS).

Si u_t est, maintenant, non stationnaire, (on suppose le cas simple où u_t est une simple accumulation d'aléas indépendants, de bruits blancs ε_t), le processus qui engendre les données est alors $\Delta Y_t = \beta + \varepsilon_t$, stationnaire en différence première, ou *difference stationary* (DS). Par récurrence, on obtient

$$Y_t = Y_0 + \beta t + \sum_{j=0}^{t} \varepsilon_j \quad (3)$$

Dans l'écriture de l'équation (1), la constante α n'est plus un paramètre mais une réalisation particulière de Y, la valeur initiale Y_0. Le résidu $u_t = \sum_{j=0}^{t} \varepsilon_j$, non stationnaire, s'interprète comme une tendance stochastique qui peut exister avec la tendance déterministe βt. On parle alors de manière identique de variable stationnaire en différence ou suivant une tendance stochastique.

2. *Les propositions de Nelson et Plosser*

Neson et plosser ("1982 ") ont montré que les séries macroéconomiques suivent une tendance stochastique (ou stationnaire en différence (DS). Ils appliquent les tests spécifiques de stationnarité de Dikey et "Fuller (1976) " à 14 séries macroéconomiques américaines et concluent au rejet de l'hypothèse que les variables retenues sont TS – ie stationnaire autour d'une tendance déterministe. Les implications de ces résultats sont considérables : (i) l'invalidité de la distinction entre la croissance et le cycle ; et (ii) la prédominance des chocs permanents

(i) Une remise en cause de la dissociation entre croissance et cycle

Les processus TS et DS représentés par les équations (1) et (2) ont des implications totalement différentes quant à l'effet des chocs sur le comportement de la série Y_t.

Lorsque la série Y_t est TS (stationnaire en écart par rapport à la tendance), il est clair qu'à la suite d'un choc u_t intervenu à la date t, la valeur de Y en $t+1$ sera $Y_{t+1} = \alpha + \beta(t+1) + u_{t+1}$, indépendante de u_t. La série Y revient à sa tendance de long terme $(\alpha + \beta t)$ et le choc u_t n'a aucun effet sur l'évolution future de Y. L'effet du choc est donc temporaire. En définitive, le processus TS renvoie à l'hypothèse traditionnelle de séparation entre la croissance et le cycle. Les chocs, les perturbations qui viennent affecter le système sont de purs bruits qui ne modifient que provisoirement la trajectoire de long terme.

Lorsque la série Y_t est DS (stationnaire en différence), l'effet d'un choc ε_t intervenu en t sera permanent. En effet puisque $Y_t = \beta + Y_{t-1} + \varepsilon_t$, à un horizon $t+n$, $Y_{t+n} = nY_0 + Y_{t-1} + \sum_{j=t}^{t+n} \varepsilon_j$. Le choc a ainsi un effet durable sur le comportement Y et fait déplacer le niveau de la variable de façon définitive. La dissociation entre croissance et fluctuation, entre tendance et cycle, se trouve ainsi rejetée.

Les résultats de Nelson et Plosser (1982) que les séries macroéconomiques suivent une tendance stochastique (séries DS) rompent définitivement avec la représentation traditionnelle du cycle comme un mouvement autour de la tendance de long terme. Désormais, les fluctuations sont appréhendées comme des variations, des ruptures de la tendance elle-même. Ce qui ressemble à des fluctuations autour d'une tendance déterministe n'est en fait que des fluctuations de la tendance elle-même, dues à une série de chocs dont l'effet est permanent ; chaque choc détermine un nouveau sentier de croissance. Ce résultat vient renforcer l'idée selon laquelle que « c'est en partant de la théorie de la croissance qu'il faut chercher à expliquer les fluctuations ».

Tendance déterministe : l'effet du choc au temps t est temporaire et la série revient à sa tendance de long terme

Tendance stochastique : l'effet du choc est permanent et déplace le système vers une autre trajectoire

(ii) La prédominance des chocs permanents

Neson et "Plosser (1982) " constatent que les chocs permanents (ceux qui sont eux-mêmes non stationnaires) ont un impact durable sur les fluctuations. Ce constat comporte une implication majeure pour la représentation théorique des fluctuations. La plus grande part de la non stationnarité est à expliquer du coté de l'offre. La conséquence directe est que les facteurs monétaires se trouvent exclus. Ils ne peuvent en aucun cas être une source de non stationnarité et ne peuvent avoir qu'un impact temporaire. Les chocs qui peuvent engendrer les fluctuations ne peuvent être que réels ; résultat qui devrait confronter les analyses en termes des cycles réels.

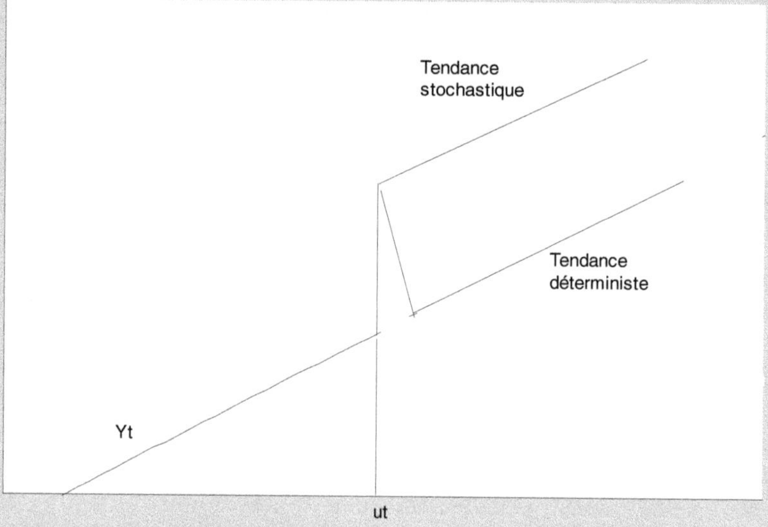

Graphique 17: Tendance déterministe vs tendance stochastique

4.2.1. *Un modèle canonique du cycle réel*

L'exposé canonique des cycles réels dérive du modèle de croissance optimale néoclassique stochastique (Brock et Mirmans (1972) et "McCullum (1988)"). Ce modèle suppose l'existence d'un grand nombre de consommateurs, tous identiques qui possèdent les entreprises, ce qui permet de raisonner en termes d'agent représentatif (ménage et entreprise). Le fonctionnement de l'économie est résumé par les décisions de cet agent représentatif dont les choix optimaux correspondent aux quantités par tête qui émergent du calcul de nombreux agents agissant sur des marchés de concurrence pure et parfaite.

Le ménage représentatif alloue, de façon optimale, ses ressources dans le temps. Il peut substituer inter-temporellement sa consommation en fonction du rendement du capital, présent et future. Celui-ci évolue en fonction de l'occurrence des chocs technologiques. Il peut allouer, aussi, la quantité totale de temps qu'il dispose entre temps de travail et temps de loisir. L'entreprise représentative évolue dans un environnement concurrentiel et produit un bien unique en utilisant les services du travail et du capital qu'elle achète au ménage.

Sous les hypothèses de flexibilité des prix, de marchés concurrentiels et d'absence d'externalités les deux théorèmes de l'économie du bien être sont vérifiés : l'équilibre concurrentiel correspond, alors, à la situation ou un planificateur central se chargerait de l'allocation des ressources dans un environnement aléatoire.

4.2.1.1. Le programme d'optimisation des agents

Le ménage représentatif décide du profil de sa consommation C_t, et de son offre de travail N_t, de manière à maximiser l'espérance de son utilité sur un horizon infini

$$\max E_0 \sum_{t=0}^{\infty} \beta^t U(C_t, L_t) \tag{1}$$

Avec L_t, le temps de loisir, différence entre la dotation temporelle et le temps de travail N_t. E_0 est un opérateur d'espérance mathématique conditionnelle à l'information disponible à la période 0. β représente le facteur d'escompte psychologique qui reflète le degré d'impatience de l'individu. U la fonction d'utilité instantanée supposée croissante et concave.

En l'absence de monnaie et de titre, le capital est le seul emploi de l'épargne et la contrainte budgétaire de l'individu de la période t peut s'écrire comme :

$$C_t + I_t = w_t N_t + r_t K_t = Y_t \tag{2}$$

Celle ci signifie que les usages de ressources à la période t, soit la somme de la consommation privée et de l'investissement privé, doivent être financés par les ressources de fonds disponibles durant cette période.

Ces dernières proviennent des revenus du travail N_t et du capital K_t. Le salaire réel w_t, le taux de rendement réel du capital r_t, sont donnés du point de vu de l'agent représentatif. Les revenus des facteurs épuisent le produit, Y_t, sous l'hypothèse de rendements d'échelle constants.

La fonction de production est supposée croissante et concave, identique à celle du modèle de Solow (1956) en ce sens qu'il y a un bien unique produit en utilisant les services du travail et du capital. Cette fonction est caractérisée par des rendements d'échelle constants. La fonction de production subit, en outre, des chocs qui peuvent être envisagés comme des changements dans la productivité et qui se manifestent par des déplacements proportionnels de la fonction de production vers le hauts ou vers le bas.

$$Y_t = A_t F(K_t, N_t) \tag{3}$$

A_t est le progrès technique aléatoire, dont le logarithme est supposé suivre un processus autorégressif persistant et dont l'innovation ε est un bruit blanc.

$$A_t = A_{t-1}^{\rho}\varepsilon_t$$

La demande de travail et la demande de capital s'obtiennent par la maximisation du profit de l'entreprise représentative. L'hypothèse de rendements constants à l'échelle implique qu'à l'équilibre les revenus de l'entreprise sont entièrement écoulés par le paiement aux facteurs de production en accord à leurs productivités marginales respectives, soit

$$w_t = \frac{\partial Y_t}{\partial N_t} \text{ et } r_t = \frac{\partial Y_t}{\partial K_t}$$

La contrainte d'accumulation du capital détenu par les ménages suppose un taux de dépréciation du capital δ et est donnée par la règle

$$K_{t+1} = (1-\delta)K_t + I_t \tag{4}$$

Le problème du planificateur central consiste à maximiser la fonction d'utilité (1) sous les contraintes des ressources (2) et de l'accumulation du capital (4).

$$\max E_0 \sum_{t=0}^{\infty} \beta^t U(C_t, L_t)$$

$$\text{sc } K_{t+1} - (1-\delta)K_t + C_t = A_t F(K_t, N_t)$$

Ce programme permet de déterminer les équations dynamiques fondamentales qui définissent le profil temporel de K_t, C_t et N_t. En particulier :

(i) Le taux marginal de substitution entre consommation présente et loisir présent égalise le rendement marginal du travail. A l'optimum, il est équivalent en termes d'utilité de consacrer une unité supplémentaire de temps au loisir ou de l'orienter au travail pour augmenter la consommation de bien. En effet consommer une unité supplémentaire de loisir diminue de une unité le temps de travail et donc réduit la consommation de bien de $\frac{\partial Y_t}{\partial N_t}$. Il suffit alors de multiplier cette quantité de consommation par l'utilité marginale de cette dernière pour obtenir la baisse du niveau de l'utilité induite

$$\frac{\partial U / \partial L_t}{\partial U / \partial C_t} = \frac{\partial Y_t}{\partial N_t} \tag{5}$$

(ii) Le comportement d'épargne est décrit par $\frac{\partial U}{\partial C_t} = E\beta \frac{\partial U}{\partial C_{t+1}}\left(1 + \frac{\partial Y}{\partial K_t} - \delta\right)$ (6) Cette règle d'optimalité implique d'égaliser l'utilité marginale de la consommation présente à sa désutilité marginale anticipée et actualisée. Il est équivalent en termes d'utilité de consommer une unité de bien supplémentaire au présent ou de l'investir pour consommer dans le futur. $\left(1 + \frac{\partial Y}{\partial K_t} - \delta\right)$ définit le rendement réel de l'investissement.

(iii) Et finalement la substitution inter-temporelle du loisir

$$\frac{\partial U / \partial L_t}{E \partial U / \partial L_{t+1}} = (1 + r_t - \delta)\frac{w_t}{w_{t+1}}, \text{ avec } w_t = \frac{\partial Y_t}{\partial N_t} \text{ et } r_t = \frac{\partial Y_t}{\partial K_t} \tag{7}$$

4.2.1.2. La dynamique macroéconomique

En spécifiant les formes des fonctions d'utilité (1) et de la production (3)[22], il est possible de déterminer à partir des conditions (5) (6) (7) et de la règle d'évolution du capital, la dynamique des variables K_t, C_t et N_t et bien sur Y_t. Celle-ci est donnée par

$$K_t = K(A_t, K_{t-1}) \quad N_t = N(A_t, K_{t-1})$$

$$C_t = C(A_t, K_{t-1}) \quad Y_t = Y(A_t, K_{t-1})$$

Le stock de capital, la production, la consommation, la production et l'offre de travail à un instant donné, sont des fonctions de leurs valeurs respectives à la période précédente et de l'aléa technologique. En supposant que l'aléa technologique est distribué comme un bruit blanc, la solution en logarithme du stock de capital $K_t = K(A_t, K_{t-1})$ prend la forme d'un processus autorégressif d'ordre un (Mac Callum, 1988), soit

$$logK_t = \alpha_0 + \alpha_1 logK_{t-1} + logA_t$$

or la productivité suit un processus autorégressif d'ordre1, $logA_t = \theta logA_{t-1} + \varepsilon_t$. Reporté dans l'équation du capital celle ci signifie que

$$logK_t = \alpha_0(1-\theta) + \alpha_1(1-\theta) logK_{t-1} + \alpha_1 \theta logK_{t-2} + \varepsilon_t$$

Le capital suit donc un processus autorégressif d'ordre 2. On retrouve ici une équation de récurrence stochastique identique à celle de Slutsky. Puisque le consommation, la production et l'offre de travail sont fonction de K_{t-1} et de A_t, ces variables suivent le même type de processus. Ainsi se trouve justifiée une forte persistance des mouvements et une évolution cyclique des variables macroéconomiques.

4.2.2. Deux mécanismes de propagation des chocs : l'accumulation du capital et la substitution inter-temporelle du travail

Les propriétés du modèle impliquent que les chocs de productivité engendrent les fluctuations, en raison à la fois de leur impact instantané et de leur propagation dans le temps.

---

22 Le modèle canonique retient une fonction de production Cobb-Douglass et une fonction d'utilité à aversion pour le risque constante.

La première voie de propagation du choc technologique ε_t fait intervenir l'accumulation du capital physique. Si la productivité du capital prend une valeur momentanément élevée durant une période donnée (suite à un choc technologique), le volume de la production augmente. L'individu représentatif peut décider de consommer en totalité le supplément de production durant cette période, en laissant inchangé son investissement et son offre de travail. Dans ce cas, le choc sera entièrement absorbé à l'intérieur de la période et le choc n'aura aucun effet sur les périodes futures. Cependant, l'individu peut décider de ne pas tout consommer au cours de cette période et de consommer davantage dans le futur. L'accumulation du capital lui offre, en effet, cette possibilité et une partie de l'augmentation du produit sera investi dans cette éventualité : la réponse de l'individu coïncide ainsi avec la volonté de lisser sa consommation en investissant une partie de l'augmentation de la production.

Le choc de productivité modifie ainsi les termes de l'arbitrage inter-temporel auquel est confronté l'individu. L'impact peut être décomposé en un effet substitution et un effet revenu. Un choc de productivité implique un effet de richesse positif dans la mesure où il engendre un niveau courant et futur du produit plus élevé sans faire augmenter l'utilisation des facteurs de production. Cependant, ce choc provoque aussi un effet de substitution inter-temporelle. L'individu choisit d'investir plus dans le présent pour profiter de cette hausse du rendement du capital présent par rapport au rendement futur.

La deuxième voie de propagation des chocs fait appel au travail. Un choc de productivité accroit le salaire réel et le taux d'intérêt présents puisque les facteurs sont rémunérés à leurs productivités marginales respectives. Ceci accroit la valeur du travail présent par rapport à celle du travail futur (le loisir présent devient plus cher que le loisir futur). Il est donc opportun de travailler plus au présent et diminuer son travail au futur puisque le choc de productivité permet d'espérer une rémunération plus élevée (effet de substitution). En outre, le prix du loisir s'étant accru, l'agent représentatif va donc augmenter sa consommation et diminuer son loisir en faisant le choix inverse dans le futur.

Encore faut-il prendre en compte l'effet revenu : l'individu étant plus riche a tendance à consommer davantage de loisir au présent, donc à diminuer sa consommation et son offre de travail dans le présent et dans le futur. Les modèles conventionnels du cycle réel font généralement l'hypothèse que les effets de substitution inter-temporelle entre travail et loisir, d'une part, et entre consommation courante et loisir, d'autre part, dominent les effets de revenu si bien que l'offre de travail courante tend à s'accroitre.

Au total, l'incitation à investir et travailler davantage que suscite un choc de productivité permet d'augmenter les productions présentes et futures de sorte que, par le jeu des arbitrages inter-temporels, une perturbation voit ses effets se propager dans le temps et affecter l'ensemble des variables économiques (production, consommation, capital, travail). Tel sont les mécanismes centraux des modèles des cycles réels qui permettent de penser que des perturbations non corrélées entre elles puissent avoir pour conséquence d'induire une corrélation sérielle sur les variables macroéconomiques.

5. Conclusion

Les modèles présentés, dans ce chapitre, illustrent comment il est possible de rendre compte des fluctuations cycliques dans des environnements concurrentiels. Compte tenu de l'importance de la littérature théorique, il a été choisi de présenter les modèles de référence, qui semblent être les plus pertinents, en laissant de coté certains thèmes. Le développement de la littérature théorique du cycle économique s'est, surtout, effectué de manière horizontale, en intégrant des problématiques spécifiques à des corpus théoriques variés. Nous revenons, à la fin de cette conclusion, à quelques points, non abordés, dans le présent chapitre.

Une première façon de rendre compte des fluctuations est de supposer que les individus vivent dans un monde où les événements aléatoires changent l'environnement. Ces événements aléatoires constituent des chocs externes car leur réalisations ne dépendent pas des décisions des acteurs sur les marchés et parce qu'ils sont imprévisibles. Ces chocs sont les impulsions, les perturbations, et la réponse des agents à ces perturbations constituent les mécanismes de propagation. Le cycle serait, alors, la manifestation de la propagation, dans le temps et dans le système, de perturbations aléatoires, les chocs. Cette optique a été, en fait, adoptée par les « nouveaux classiques » dans les tentatives, les plus récentes, de donner des fondements microéconomiques à l'occurrence des fluctuations : les fluctuations ont pour cause des chocs aléatoires affectant les caractéristiques fondamentales du système : des chocs monétaires, des surprises sur la politique monétaire, pour les modèles des cycles à l'équilibre ; et des chocs réels, des impulsions technologiques, pour les modèles des cycles réels.

Il existe un autre point de vue, souvent attribué à l'approche purement endogène, qui explique l'origine du cycle par le fonctionnement même des systèmes économiques. Cette optique suggère que les économies génèrent, en permanence, des forces qui accélèrent et ralentissent l'activité et qui peuvent être à l'origine d'une instabilité significative en l'absence de régulation externe. Selon ce point de vue, les fluctuations économiques peuvent être de deux types : en premier lieu des oscillations cycliques qui ont pour origine les déséquilibres sur le marché des biens (*l'oscillateur de Samuelson*, 1939) ou sur le marché du travail (*modèle de Goodwin*, 1967). En second lieu, des fluctuations régulières en dépit d'un environnement marchand parfaitement concurrentiel et équilibré (*modèle à générations imbriquées de Grandmont*, 1985 a et b).

Plusieurs plans, tout aussi importants, de la littérature sur les fluctuations ont été complètement écartés de cette présentation. Parmi eux, un qui s'intéresse à l'apparition des fluctuations endogènes dans le contexte du modèle de croissance optimale (Vendetti, 1996). Les travaux précurseurs de Benhabib et Nishimura (1979) ont montré que les fluctuations ne peuvent se produire que lorsque le nombre de secteurs de production dans l'économie est au moins égal à 2 et que les individus sont suffisamment myopes. Ce résultat est identique à celui obtenu dans le modèle à générations imbriquées de "Grandmont (1985 a) ", développé dans le présent chapitre, où les agents sont très impatients et refusent tout arbitrage inter-temporel. D'une manière générale, la littérature sur les fluctuations endogènes dans le cadre du modèle de croissance optimale met l'accent sur un certain nombre de facteur qui sont à l'origine des oscillations: les rendements d'échelle ; le degré de substituabilité des facteurs et la différence d'intensités capitalistiques entre secteurs ; l'élasticité de substitution inter-temporelle du consommateur représentatif et son niveau de saturation de la consommation et le degré d'impatience des agents. Bien que l'influence de chacun des facteurs soit difficile à évaluer, selon la nature de l'arbitrage entre préférences, technologie et degré d'impatience, des économies parfaitement concurrentielles peuvent générer des fluctuations endogènes autoentretenues (Vendetti, 1996).

6. BIBLIOGRAPHIE

Azariadis C. (1981), « Self-Fulfilling Prophéties », *Journal of Economic Theory*, Vol 25, p. 380–396.

Azariadis C, Guesnerie R. (1982), «Prophéties Créatrices et Persistance des Théories », *Revue économique*, 33, p. 787–806.

Azariadis C. et Guesnerie R., (1986), «Sunspot and Cycles », *Review of Economic Studies,* 53, p 725–37

Benhabib J. et Nishimura K (1979), «The Hopf bifurcation and the Existence and Stability of Closed Orbits in Multisector Models of Optimal Economic Growth», *Journal of Economic Theory*, Vol. 21, issue 3, pp 421–444.

Boldrin, M. et **Woodford M.** (1990), «Equilibrium Models Displaying Endogenous Fluctuations and Chaos», *Journal of Monetary Economics*, vol.25, pp. 189–222

Blanchard J.O. et Kahn C.M. (1980), «The Solution of Linear Difference Models Under Rational Expectations», *Econometrica,* 48(5), juillet, pp. 1305–1311.

Brock W.A. et Mirman L.J., (1972), « Optimal Economic Growth and Uncertainty: the Discounted Case», *Journal of Economic Theory,* Vol. 4, issue 3, pp 479–513.

Cass D. et Shell K. (1983), « Do Sunspots Matter? », *Journal of Political Economy*, Vol 91, p 193–227.

Chiappori P. A. et **Guesnerie R.,** (1993), « Suspot Equilibria in Sequential Markets Models » dans : Hildendrend W. et Sonnenschein A., eds *Handbook of Mathematical Economics*, Vol IV. Amestredam: North Holland

Day R.H., (1982), «Irregular Growth Cycles», *American Economic Review*, Vol. 72, n° 3.

De Gennes (1987) «*L 'ordre du chaos*», *Bibliothèque Pour la Science*,

Farmer R., (1993) «The Macroeconomics of Self-Fulfilling Prophecies», *Cambridge MIT Press*

Frisch, R. (1933),. «Propagation Problems and Impulse Problems in Dynamic Economics», *Economic essays in honor of Gustav Cassel.* London: George Allen & Unwin.

Goodwin, R.M. (1967), «A Growth Cycle», dans Feinstein C.H (ed) *Socialism, Capitalism and Economic Growth.*

Gourierous C., Laffont J. J. et Monfort A. [1982], « Rational Expectations in Dynamic Linear Models : Analysis of the Solutions, » *Econometrica*, 50, 409–425.

Grandmont J-M., (1985a), «On Endogenous Competitive Business Cycles», *Econometrica*, vol. 53-5, pp. 995–1045, Septembre.

Grandmont J-M., (1985b), « Cycles Concurrentiels Endogènes », *Cahiers du Séminaire d'Econométrie*, Vol. 34, pp. 49–79

Hicks J-R., (1950), «A Contribution to the Theory of the Trade Cycle», *Oxford, chapitre VI et appendice.*

Kellert S.H. (1993), «In the Wake of Chaos Unpredictable Order in Dynamical Systems», *The University of Chicago press Books*

Kalecki M., (1935), « A Macrodynamic Theory of Business Cycles», *Econometrica*, 3, pp. 327–344.

Kydland, F., and E. C. Prescott. (1982), «Time to Build and Aggregate Fluctuations», *Econometrica 50*:1345–70.

Lordon F. (1991) « Théorie de la Croissance: Quelques Développements Récents [Première partie: la croissance récente] » *Observations et Diagnostics Economiques: Revue de l'OFCE.* N°36, pp. 157–211.

Lorenz E. (1963) «Deterministic non Periodic Flow». *Journal of Atmospheric Sci*ences, 20, (130–141): 386–377

Lotka A. Y (1925) «Element of Physical Biology», *Williams and Wilkens*

Li TY, Yorke JA (1975) «Period Three Implies Chaos», *American Mathematical Monthly,* 82:481–485.

Long, J. B., et **Plosser C. I.** (1983), «Real Business Cycles», *Journal of Political Economy. 91(1):3969.*

Lucas, R. E (1972), «Expectations and the Neutrality of Money», *Journal of Economic Theory,* 4:103–24.

Lucas, R. E (1973), «Some International Evidence on Output-Inflation Tradeoffs», *American Economic Review, 63*:326–34.

Lucas, R. E (1975), «An Equilibrium Model of the Business Cycle». *Journal of. Political Economy, 83*:pp 111–344.

Lucas, R. E., (1977), «Understanding Business Cycles», dans *Brunner and Meltzer*

Merton R.K. (1948). «The Self-Fulfilling Prophecy». *The Antioch Review*, vol. 8, n° 2, pp 193–210,

Mankiw N. G. (1989) «Real Business Cycles: A New Keynesian Perspective», *Journal of Economic Perspectives*, Vol 3, No 3, p 79–90

McCallum B.T., (1988), « Real Business Cycle Models », *NBER Working Paper*, n°2480.

Michael B. et **Wyplosz C.** (2005) Macroéconomie à l'Echelle Européenne», *de Boeck*

Modigliani F., (1977), «The Monetarist Controversy: Presentation», *Economic Review, Federal Reserve Bank of San Francisco*, issue Spr suppl, pp 5–11.

Muet P-A., (1993), «Théories et Modèles de la Macroéconomie», "Fluctuations et croissance". *Tome 2, Economica*,

Nelson, C. R., and C. I. Plosser. (1982), «Trends and Random Walks in Macroeconomic Time Series: Some Evidence and Implications», *Journal of Monetary Economics, Vol.* 10, pp 139–62.

Phelps, E. S. (1970), «Introduction: The new Microeconomics in Employment and Inflation Theory», In *Microeconomic foundations ofemployment and inflation theory*, ed. E. S. Phelps et al. New York: Norton

Poicaré H, (1908) «Science et Méthode»n Paris

Pohjola M.T., (1981), «Stable Cyclic and Chaotic Growth: the Dynamics of a Discrete Time Version of Goodwin's Growth Cycle Model », *Zeitschrift fur Nationaldkonomie*, Vol. 41.

Samuelon P-A., (1939), « Interactions Between the Multiplier Analysis and the Principle of Acceleration », *Review of Economic Statistics*, 21, pp. 75–78.

Salomon G. (1981). «Self-fulfilling and Self-Sustaining Prophecies and the Behaviors that Realize Them». *American Psychologist*, n° 36, pp 1452–1453

Sargent T.J. et Wallace N (1975), «Rational" Expectations, the Optimal Monetary Instrument, and the Optimal Money Supply Rule», *Journal of Political Economy*, Vol. 83, No. 2, pp. 241–254

Staszak J.-F. (1999). «Les Prophéties Autoréalisatrices». *Sciences Humaines*, n° 94, p. 42–44.

Slutsky E.,(1937), «The Summation of Random Causes as the Source of Cyclical Process», *Econometrica*, 5 (2) p 105–146

Solow R., (1956): «A contribution to the theory of economic growth », *Quaterly Journal of Economics*, n° 1, Vol. 70.

Strogatz M (1994), «Non Linear Dynamics and and Chaos», *Perseus Books*, MIT

This I. (1994). «La Construction d'un Concept: des Prophéties Auto-réalisatrices de R.K. Merton au Concept Général d'Autoréalisation», *Économies et Sociétés*, vol. 19, n° 4, p. 161–199.

Vendetti A (1996), « Croissance Optimale et Fluctuations Endogènes: un Arbitrage entre Préférences, Technologie et Impatience », *Revue d'Economie Politique*, Vol. 106, pp 791–841.

Volterra V. (1931) « Leçons de la Théorie Mathématique de la Lutte pour la Vie », *Paris, Gautier-Villars*

Woodford, Michael, 1986. "Stationary sunspot equilibria in a finance constrained economy, " Journal of Economic Theory, Elsevier, vol. 40(1),

CHAPITRE 3

Politique macroéconomique au cours du cycle : stabilisation et lissage des fluctuations

1. Introduction 135
2. Politique budgétaire et cycle économique 139
2.1. Les instruments budgétaires de stabilisation 139
2.2. Efficacité des instruments budgétaires 144
3. Politique monétaire et cycle économique 158
3.1. Le rôle contra-cyclique de la politique monétaire est-il toujours nécessaire ? 156
3.2. les canaux de transmission de la politique monétaire 160
4. Conclusion 169
5. Bibliographie 171

1. Introduction

Il existe un consensus assez large parmi les économistes que la politique macroéconomique, monétaire et budgétaire, devrait contribuer à amortir les fluctuations de l'activité et lisser le cycle économique[23]. Sous

23 Le débat sur la nécessité de mise en œuvre des politiques économiques pour stabiliser l'économie et lisser le cycle économique scinde la communauté scientifique en trois camps : (i) Le camp des keynésiens (dont notamment Joseph Stiglitz, Paul Krugman et Olivier Blanchard) prône pour un politique interventionniste en période de crise. Leur argument est que jamais dans l'histoire, une économie n'est sortie de la dépression par une politique d'austérité ; (ii) le camp des non keynésiens (James Buchanan, Edward Prescott, Robert Barro et David Levine) conteste l'efficacité des politiques économiques de stabilisation, surtout budgétaires, et juge que la solution pour sortir de la dépression est l'adoption de mesures structurelles pour améliorer le fonctionnement de l'économie à moyen et long terme. Et finalement, (iii) une voie médiane (le *Think Tank* européen *Bruegel*) considère qu'il existe un arbitrage à opérer entre discipline budgétaire et préservation de la croissance.

l'impulsion de chocs aléatoires l'économie peut s'éloigner, plus ou moins durablement, de son niveau d'équilibre (ou de son niveau de croissance potentielle), ce qui a pour conséquence d'engendrer un cout social et une perte de bien être. La fonction de la politique économique est, alors, de contribuer à accélérer le retour de l'économie à son niveau d'équilibre (ou niveau potentiel), c'est-à-dire d'assurer la stabilisation de l'économie.

Durant les périodes de récession, par exemple, le ralentissement conjoncturel de l'activité peut entrainer une baisse des revenus disponibles des ménages. Pour lisser leur consommation, les ménages devraient emprunter ou épargner ; ce qu'ils ne pourront faire du fait du rationnement de crédit auquel ils font face. La contraction forcée de leur demande aggrave le ralentissement par l'intermédiaire du multiplicateur. Pour mettre fin à cette contraction, l'Etat peut augmenter ses dépenses ou réduire l'impôt. Ceci revient, en fait, à emprunter pour le compte des ménages soumis au rationnement du crédit (Graphique 1). En revanche, lorsque l'économie est en phase d'expansion, les tensions inflationnistes peuvent engendrer une baisse des revenus réels des ménages. Si les revenus des ménages n'augmentent pas au même rythme que les prix, l'inflation aurait pour effet de réduire la demande et provoquer une contraction de l'activité économique. L'augmentation de l'impôt ou la réduction de la dépense publique pourrait ainsi réduire la demande globale et maitriser les tensions inflationnistes.

L'augmentation du chômage au cours des récessions offre une autre justification à la nécessité de l'intervention publique au cours du cycle. La baisse des capacités de production durant les périodes de récession a des effets manifestes sur le niveau du chômage. Si l'Etat n'intervient pas, l'économie pourrait entrer dans un cercle vicieux dans lequel la déflation, fréquemment observée dans les périodes de crises graves, renforce les difficultés économiques. Un pré-requis à la réduction du chômage est la reprise de la demande agrégée; les politiques macroéconomiques de soutien à la demande (augmentation de la dépense publique, réduction de l'impôt, réduction du taux d'intérêt) sont ainsi justifiées. Ces deux exemples constituent des situations ou, la fonction de la politique publique est de naviguer contre-courant (selon l'expression populaire), en menant une politique de relance en bas de cycle (récession) et une politique de restriction en haut du cycle (expansion). On parle, alors, de politique contra-cyclique (Graphique 2).

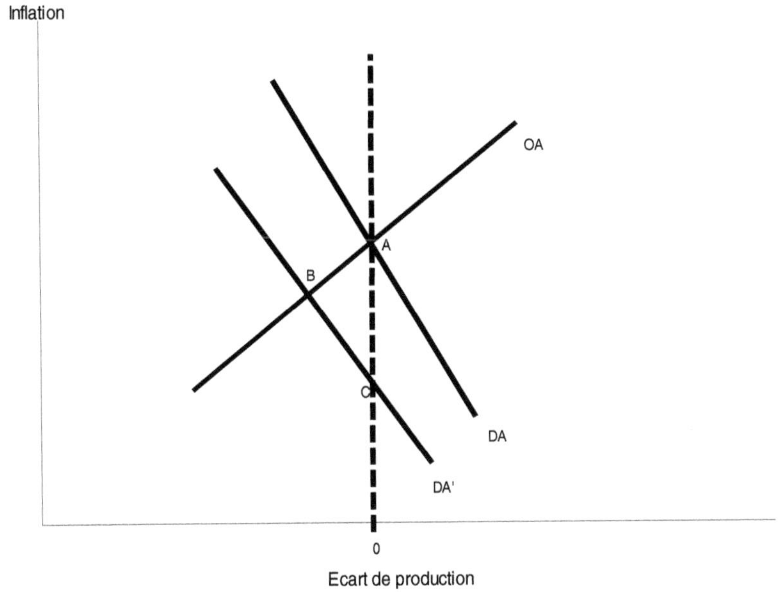

Graphique 1 : Politique de stabilisation

Notes : Une baisse de la demande déplace l'économie du point A au point B. En l'absence de politique de stabilisation, l'économie se trouvera au point C. Une politique budgétaire permet d'accélérer le retour du PIB à son niveau tendanciel (potentiel) au point A, voir même tout déplacement de la courbe DA

Sources : Michael B. et Wyplosz C. (2005) « Macroéconomie à l'échelle Européenne », pp 407

De toute évidence, si les politiques de stabilisation sont fortement recommandée au cours du cycle économique, leur d'efficacité dépend d'un certain nombre de facteurs. *(i)* En premier lieu, la nature des chocs : les politiques de stabilisation qui agissent sur la demande risquent, en effet, de ne pas être efficaces en réponse à un choc d'offre. Les mesures de stabilisation ont, en général, une action plus directe sur la demande, mais risquent d'entraver l'ajustement nécessaire face à un choc d'offre. Ces chocs d'offre nécessitent, plutôt, des ajustements, structurels et institutionnels, qui peuvent exiger beaucoup plus de temps. *(ii)* En second lieu, la capacité à résister aux chocs : les petites économies ouvertes peuvent rencontrer plus de difficultés pour stabiliser et amortir le cycle du fait qu'elles soient plus exposées aux chocs externes. Ces économies devraient d'avantage recourir à des mesures qui permettent d'améliorer leur résilience. *(iii)* Enfin, les délais de réaction : les politiques de stabilisation ne sont jamais faciles à mettre en œuvre. Une expansion budgétaire, par exemple, peut avoir une finalité contra-cyclique mais pourrait s'avérer pro-cyclique ex-post, car entre le moment où elle est mise en place en théorie et celui où elle est mise en œuvre réellement, un retournement non anticipé de la conjoncture pourrait se produire. Ainsi, il est possible que des décisions prises pour limiter une phase de récession soient appliquées alors que l'économie est déjà entrée dans une phase d'expansion. La politique budgétaire est, alors, non seulement inefficace par rapport à son objectif initial, mais peut avoir, en plus, des effets négatifs. Ces trois facteurs (nature des chocs, capacité de résilience et délais de réaction) recouvrent une dimension fondamentale en ce que ce n'est qu'à l'aune de leur approfondissement que se pourront réellement mesurer l'efficacité des politiques de stabilisation.

Le chapitre est organisé de la manière suivante : la première section passe en revue les principaux instruments budgétaires de stabilisation *: ie* les *stabilisateurs automatiques* et les *politiques discrétionnaires*. Elle étudie, en particulier, les conditions que doit vérifier une politique budgétaire discrétionnaire pour qu'elle soit réussie. Ces conditions forment ce qu'il est convenu d'appeler: la *règle des trois T* : *Timely* pour *Opportun ; Temporary* pour *Temporaire* et « *Targeted* pour *Ciblé*. La deuxième section, analyse la complexité des problèmes soulevés par les cycles économiques pour la conduite de la politique monétaire. En particulier, elle tente de répondre à la question de savoir si la politique monétaire est en mesure d'amortir efficacement les mouvements du cycle ou est-elle susceptible, en définitive, de les accentuer en raison d'informations imparfaites ou d'actions inadaptées. La troisième section, la conclusion, discute la portée des mesures de sortie des plans de relance.

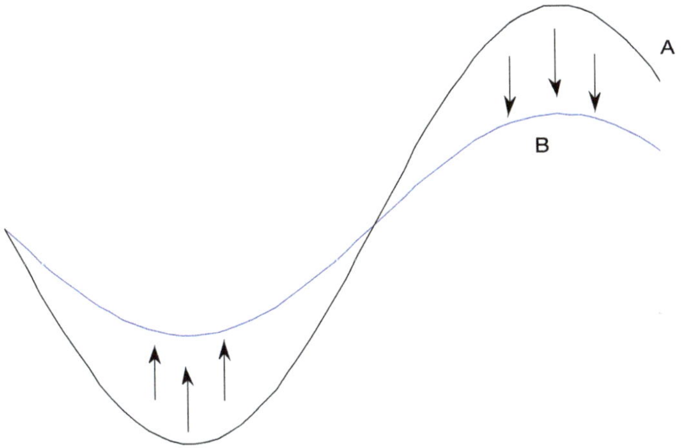

Graphique 2 : Politique contra-cyclique et stabilisation des fluctuations
Notes : Le tracé A représente l'évolution de l'économie sans intervention de l'État. Le gouvernement devrait idéalement stimuler l'économie à la phase récession et la ralentir à la phase d'expansion. L'effet d'une telle politique permet d'obtenir le tracé B, où les fluctuations de l'économie sont moins volatiles et plus amorties. À l'évidence, dans cette illustration, les politiques de stabilisation lissent le cycle et réduisent l'ampleur des fluctuations.

2. Politique budgétaire et cycle économique

La politique budgétaire peut lisser le cycle économique à travers deux outils : les stabilisateurs automatiques et les politiques discrétionnaires. Si les stabilisateurs automatiques agissent de manière spontanée et endogène aux variations de la conjoncture, les politiques discrétionnaires résultent d'un changement délibéré de la politique économique en matière de dépenses, d'impôt et de transferts.

2.1. Les stabilisateurs automatiques

La stabilisation automatique, ou encore la flexibilité incorporée, est la capacité des finances publiques à stimuler ou ralentir l'économie en cas de besoin et sans modification délibérée des politiques économiques. L'adjectif « automatique » signifie que les réactions de la politique budgétaire face aux chocs se produisent spontanément, de manière endogène, sans choix discrétionnaire, sans adoption de nouveaux textes;

elles sont incorporées dans les structures institutionnelles existantes du pays (Solow, 2002).

En pratique, seuls les prélèvements fiscaux et les transferts sociaux, tels que les prestations d'assurance chômage ou les prestations sociales versées, sont supposés réagir spontanément au cycle économique. Les autres types de dépenses publiques, en particulier la masse salariale publique et les prestations sociales, sont rigides à la baisse. La hausse tendancielle de ces dépenses résulte de l'existence de « droits acquis » qui peuvent difficilement être mis en cause à court terme.

Les dispositifs de la stabilisation automatique ajustent spontanément les recettes fiscales et les prestations d'assurance chômage au cours du cycle ; celles-ci réagissent de façon anticyclique aux évolutions de l'activité. Ainsi, lorsque l'activité ralentit et le chômage s'élève, l'impôt proportionnel sur le revenu génère moins d'impôt, sans qu'il soit nécessaire de modifier la législation fiscale, du simple fait que les individus (ménages et entreprises) payent moins d'impôt lorsque leurs revenus sont plus faibles. De même le système d'assurance chômage, accroit les prestations lorsque l'économie est en contraction du simple fait que plus de gens se trouvent en situation d'en bénéficier. Inversement, lorsque l'économie est en expansion, la hausse de la pression fiscale et la baisse des prestations sociales vont freiner l'accroissement de la demande globale et atténuer l'expansion de l'activité. Dans les deux cas, les stabilisateurs automatiques tendent à amortir les effets des chocs, en stabilisant les revenus.

Les stabilisateurs automatiques ne peuvent pas éliminer en totalité les fluctuations, ils ne peuvent qu'en réduire l'amplitude. « Les stabilisateurs automatiques réduisent l'ampleur des variations autour d'une situation médiane ; ils ne modifient pas les moyennes. En général, un stabilisateur automatique est donc un dispositif déjà en place de l'ensemble des politiques publiques, qui tend à amortir les variations autonomes de la demande agrégée, dans un sens ou dans l'autre » (Solow, 2002)

Le recours aux stabilisateurs automatiques admet, certes, des avantages incontestables ; mais renferme, surtout, des risques qui, lorsqu'ils se produisent, peuvent porter préjudice aux équilibres macroéconomiques.

Encadré 1- Mesurer les stabilisateurs automatiques

Une méthode couramment utilisée (Commission européenne, Système européen de banques centrales – SEBC, OCDE et Fonds monétaire international – FMI), pour estimer les stabilisateurs automatiques consiste à calculer les composantes conjoncturelles du solde budgétaire. Celles-ci sont définies comme la différence entre les recettes et les dépenses publiques effectives et les composantes structurelles correspondantes. Les composantes structurelles indiquent ce que seraient les recettes et les dépenses publiques si la production se situait à son niveau potentiel. Les composantes effectives des recettes et des dépenses sont influencées par la composante conjoncturelle de l'activité économique et fluctuent donc autour de leurs niveaux structurels respectifs. Les stabilisateurs automatiques correspondent alors à la différence entre les recettes et les dépenses effectives et les composantes structurelles correspondantes estimées.

Selon l'OCDE (1999), les composantes structurelles du solde budgétaire sont calculées à partir des recettes fiscales et des dépenses publiques effectives ajustées proportionnellement en fonction de l'écart de production (entre production effective et production potentielle) et des élasticités[24] (élasticités des différentes catégories d'impôt et de dépenses par rapport aux fluctuations conjoncturelles du PIB). Soit

$$T^{i*} = T^{i}\left(\frac{Y*}{Y}\right)^{\alpha_i} \quad \text{et} \quad G^{*} = G\left(\frac{Y*}{Y}\right)^{\beta}$$

Avec T^{i*} recettes fiscales structurelles pour la ième catégorie d'impôt, T^{i} recettes fiscales effectives pour la ième catégorie d'impôt, α_i élasticité de la ième catégorie d'impôt par rapport à la production, G^{*} dépenses publiques structurelles, G dépenses publiques effectives, β élasticité des dépenses publiques par rapport à la production, $Y*$ la production potentielle et Y la production effective.

24 Pour plus de détail sur les méthodes d'estimations des élasticités de l'impôt par rapport à la production voir Claude Giorno, Pete Richardson, Deborah Roseveare et Paul van den Noord, Production Potentielle Ecarts de Production et Soldes Budgétaires Structurels, Revue économique *de l'OCDE,* no *24, 1995*

2.1.1. Les avantages des stabilisateurs automatiques

Les stabilisateurs automatiques disposent de plusieurs avantages. D'abord, ils sont contra-cycliques : leur mise en ouvre ne nécessite aucune intervention des autorités budgétaires et leur orientation est prédéfinie au préalable. Ainsi, la difficulté d'identifier la position de l'économie dans le cycle (détermination des points de retournement, l'amplitude et la durée des phases du cycle) pour mettre en œuvre une politique de stabilisation est écartée. Ensuite, les stabilisateurs automatiques ne sont pas soumis à des délais de prise de décision, à l'instar des politiques discrétionnaires. Enfin, la question réversibilité des mesures ne se pose pas : pour autant que le cycle soit symétrique, les stabilisateurs automatiques sont neutres sur le budget de l'Etat, ce qui garantit une grande prévisibilité quant à leur impact sur les soldes publics.

2.1.2. Les inconvénients des stabilisateurs automatiques

Les stabilisateurs automatiques comportent certaines limites qui peuvent conduire à l'émergence de déficits structurels générateurs de dette pérenne. Du point de vue théorique, l'apparition des déficits budgétaires lors des phases de récessions devrait être automatiquement compensée par des excédents lors des phases d'expansion. Ce mécanisme peut, toutefois, être contrecarré par au moins deux facteurs :

(i) Le premier tient à la nécessité de laisser agir les stabilisateurs automatiques de façon symétrique, c'est à dire à laisser les stabilisateurs agir dans les phases d'expansion comme dans les phases de contraction. Ainsi, la constitution d'excédents durant les phases d'expansion du cycle devrait compenser les déficits enregistrés durant les phases de contraction. Si les gouvernements laissent les stabilisateurs jouer dans une phase de ralentissement mais dépensent les gains des recettes cycliques durant une phase d'expansion, les stabilisateurs risquent de créer une distorsion dans les équilibres budgétaires. Il peut en résulter une hausse de la dette publique durant les périodes de basse conjoncture qui ne s'inverse pas, lorsque l'activité reprend. Cela peut entraîner une augmentation des impôts ou une réduction des dépenses pour financer le service de la dette. Une dynamique permanente d'augmentation de l'endettement public et du service de la dette pourrait alors se produire.

(ii) Le deuxième risque tient à ce que les stabilisateurs budgétaires automatiques réagissent aussi bien aux modifications structurelles de l'économie qu'aux variations conjoncturelles. Ainsi, si la

croissance potentielle diminue, et que le gouvernement n'en tient pas compte en temps opportun, l'application des stabilisateurs automatiques aura pour conséquence de compromettre les positions de finances publiques (Graphique 3).

Au total, le fait qu'un pays dispose de stabilisateur automatique fort peut être considéré comme un avantage car cela permet de limiter le recours aux politiques discrétionnaire avec tous les risques que ces mesures pourraient avoir sur les équilibres des finances publiques. La force des stabilisateurs est directement liée au poids de la sphère publique dans l'économie : plus celui-ci est important en termes de montant de recettes fiscales ou de dépenses publiques rapporté au PIB, plus les stabilisateurs automatiques sont réputés efficaces (Bouthevillain et *alii*, 2014)

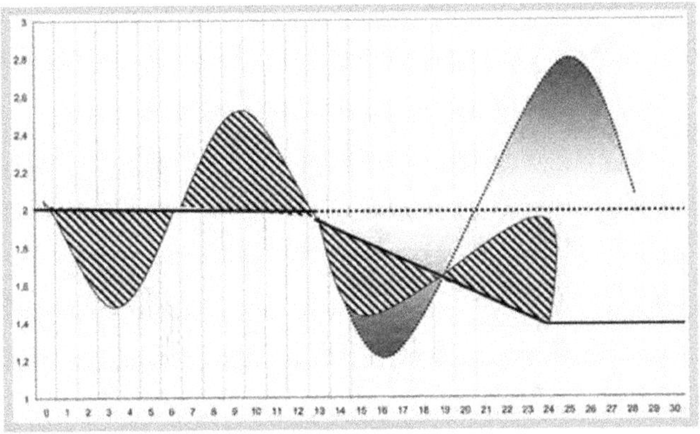

Graphique 3 : Baisse de la croissance potentielle

Notes : « Les techniques usuelles d'évaluation de la croissance potentielle ne permettent pas, en général, l'identification en temps réel des ruptures structurelles. Si une telle rupture se produit, tout se passe comme si la tendance n'était pas modifiée et que seul le cycle changeait d'amplitude. Ainsi lors d'une rupture structurelle négative (la tendance effective se situe à un niveau plus bas que dans le passé) sans changement d'amplitude du cycle (courbe pleine, zones hachurées) sera interprétée, dans un premier temps, comme une phase prolongée de récession (zones grises) sans changement du niveau de la croissance potentielle (courbe pointillée). Ainsi, le décideur en déduira, à tort, qu'il s'agit d'un cycle plus prolongée, voir dissymétrique. De ce fait, la composante cyclique de la croissance (et donc du déficit) est surévaluée dans un premier temps et la part non réversible du déficit public est sous estimée. Cette appréciation erronée de la situation budgétaire peut conduire à différer les mesures correctrices nécessaires pour prévenir l'apparition d'un déficit structurel croissant » (Bouthevillain et *alii*, 2014)

Sources : Les Politiques budgétaires dans la crise : comprendre les enjeux actuels et les défis futurs (Bouthevillain et *alii*, 2014)

Encadré 2 - En Afrique Subsaharienne, les stabilisateurs automatiques sont peu efficaces

En Afrique Subsaharienne, les stabilisateurs automatiques sont peu efficaces. *(i)* D'abord, parce que les ratios recettes/PIB y sont généralement faibles : dans les pays non exportateurs de pétrole, le ratio moyen recettes fiscales /PIB est de l'ordre de 21 %, contre plus de 40 % dans les pays développés (dans les pays scandinaves les ratios recettes/PIB dépassent même les 50 %) *(ii)* Ensuite, parce que les systèmes fiscaux et les structures de dépenses publiques ne sont pas sensibles aux variations du cycle économique. Pour renforcer les stabilisateurs automatiques une mobilisation des recettes fiscales et une mise en place de programmes d'assurance sociale sont donc nécessaires. Du coté des recettes fiscales, les efforts de mobilisation de l'impôt devraient comporter une réforme de la fiscalité des entreprises (étant donné que la plus grande part des ressources fiscales provient de l'impôt indirecte) ainsi que des mesures de nature à améliorer l'efficience et la transparence des d'institutions fiscales. Du côté des dépenses, il convient de mettre en place, avec le soutien étranger, des dispositifs de protection sociale et de les développer progressivement, en les ciblant soigneusement et en y intégrant des propriétés anticycliques (FMI, 2009).

2.2. La Politique budgétaire discrétionnaire

2.2.1. La politique budgétaire discrétionnaire : un aperçu général

Contrairement aux stabilisateurs automatiques, la politique budgétaire discrétionnaire résulte d'un choix délibéré et volontaire du gouvernement, pour modifier les niveaux d'imposition et de dépenses publiques. Cette politique est, généralement, préconisée dans le cas de chocs sévères de grande amplitude, comme ce fut le cas des politiques de relance adoptées lors de la crise financière de 2008. Elle est, aussi, préconisée dans le cas où les stabilisateurs automatiques sont faibles ou peu efficaces, comme ce fut le cas des politiques budgétaires adoptées dans les pays de l'Afrique Sub-saharienne (FMI, 2009). En présence de choc de demande, des actions budgétaires discrétionnaires stimulent la demande globale et contribuent à réduire l'écart de production. Toutefois, l'influence de telles mesures sur l'activité économique dépend de la façon dont réagissent les individus privés, notamment s'ils épargnent davantage après la mise en place d'un programme de relance budgétaire. Lorsque le taux d'investissement est plus élevé que le taux d'épargne, le surcroit d'investissement fait augmenter le taux d'intérêt et rend, par conséquent, certains projets d'investissement privés non rentables. L'investissement public se substitue alors à l'investissement privé, et un effet d'éviction se produit.

Cependant, même si l'efficacité de l'investissement public est raisonnable (absence d'effet d'éviction suite à la faiblesse de l'investissement privé associée à des taux d'intérêt élevé), il faut tenir compte des délais de mise en œuvre des projets d'investissement. En particulier, la complexité des grands projets d'investissement et l'importance des contrats, qui exige de longues négociations, donnent à penser que seuls les projets immédiatement réalisables répondront aux besoins de stabilisation. Il est possible que la mise en œuvre de grands projets d'investissement pourrait être relativement longue et pourrait se traduire par une impulsion budgétaire pro-cyclique (et non contra-cyclique). Pris pour relancer l'économie dans une phase de récession, ces projets pourraient continuer à être appliqués alors même que l'économie entre déjà dans une phase d'expansion. « La politique budgétaire est ainsi non seulement inefficace par rapport à son objectif initial, mais en plus elle peut avoir des effets inflationnistes négatifs » (Sloman et Wride, 2011).

La politique budgétaire discrétionnaire peut, par ailleurs, avoir des effets préjudiciables sur la production en présence de difficulté de cibler efficacement les mesures de soutien à l'économie. Lors d'un ralentissement de l'activité économique, il est généralement difficile de distinguer les secteurs affectés pour des raisons conjoncturelles de ceux qui sont pénalisés par un manque de compétitivité structurels. Par conséquent, il serait difficile de définir de manière efficace les mesures de soutien à l'économie et éviter les distorsions induites par un soutien exagéré de certains secteurs. Enfin, la mise en œuvre des mesures discrétionnaires n'est pas toujours facilement réversible. Il se trouve que le gouvernement n'a pas la capacité de réduire les nouvelles dépenses lorsque celles-ci ne seront plus nécessaires pour la stabilisation de l'activité. Cette irréversibilité de la politique budgétaire pourrait entrainer une persistance des déficits et engendrer une hausse de la dette publique remettant en cause sa soutenabilité. Le dernier paragraphe établi les formes que doit prendre une politique budgétaire discrétionnaire et les conditions qui doivent être remplies (résumés dans la *règle* dite *des trois T*) pour que celle ci soit réussie

2.2.2. Les grands défis à la politique budgétaire discrétionnaire: la taille du multiplicateur budgétaire et le risque de pro-cyclicité

La mise en œuvre de la politique budgétaire ne doit pas peser sur les équilibres structurels de l'économie et engendrer des déficits budgétaires excessifs. En particulier, la politique budgétaire doit répondre à deux défis: l'incertitude quant à l'ampleur des multiplicateurs budgétaires et le risque que la politique menée devienne pro-cyclique.

2.2.2.1. L'ampleur des multiplicateurs budgétaires

L'efficacité de la politique budgétaire dépend de la taille des multiplicateurs budgétaires. Le multiplicateur budgétaire synthétise l'impact d'une politique budgétaire sur l'activité. Il mesure la variation du revenu national induite par une variation exogène du solde budgétaire (encadré 3). D'une manière générale, la taille des multiplicateurs budgétaires dépend de l'environnement économique du pays et varie en fonction de la position dans le cycle économique.

Encadré 3 - Le multiplicateur budgétaire

Selon la théorie keynésienne, une politique budgétaire expansionniste peut stimuler l'activité économique par son effet multiplicateur. En effet, si l'Etat décide de faire augmenter ses dépenses publiques (baisse des prélèvements fiscaux) ; cette augmentation entraine un supplément de revenus qui sera en partie consommé, en partie épargné. La partie consommée va alimenter la formation de revenus dans les entreprises qui produisent les biens de consommation. Ces revenus supplémentaires vont, à leur tour, être partiellement consommés, le reste sera épargné ; et le processus va ainsi se poursuivre au cours du temps. Au final, le montant total de revenus générés au cours du processus sera supérieur au montant initial de dépenses publiques. L'effet multiplicateur traduit, donc, l'idée de l'existence d'un levier qui multiplie l'effet de la stimulation initiale.

Cette stimulation génère un accroissement du niveau de la production global par le biais de la consommation additionnelle ainsi crée qui apporte des débouchées supplémentaires pour les entreprises. L'effet multiplicateur intègre de ce fait deux effets : un effet direct de la hausse des dépenses publiques (ou de la baisse de l'impôt) sur le niveau de l'activité et un effet indirect lié à la circulation du choc de dépense dans le système économique. D'une manière générale, l'ampleur de l'effet multiplicateur dépend de la propension à consommer.

La nouvelle école classique a remis en cause cet effet multiplicateur de l'expansion budgétaire et a insisté, au contraire, sur son caractère neutre, voire même perturbateur, en raison, notamment, de l'effet de richesse et de l'effet de substitution inter-temporelle. Pour Barro (1974), le multiplicateur budgétaire ne peut pas fonctionner « car les individus ne sont pas idiots et savent que ce que l'Etat dépense aujourd'hui, il le lèvera en impôts demain ». Ainsi, sous l'hypothèse de l'équivalence Ricardienne - équivalence entre l'augmentation de la dette publique aujourd'hui et l'augmentation des impôts requise demain pour le remboursement de cette dette et le paiement des intérêts- lorsque les dépenses publiques augmentent les individus anticipent une hausse des impôts à l'avenir et réagissent dès à présent en réduisant leur consommation et en augmentant leur épargnant. Dès lors, au lieu de consommer, comme espéré par le gouvernement, ils épargnent en prévision des hausses d'impôts futurs. La baisse de la consommation privée réduit, voire même annule l'effet multiplicateur de l'expansion budgétaire (propension marginale à consommer est faible).

Les développements récents des nouveaux keynésiens renouvellent l'analyse des multiplicateurs budgétaires. Ces derniers considèrent que l'effet multiplicateur est opérationnel « car les arguments de Barro ne valent pas et l'équivalence Ricardienne ne tient pas si les agents sont contraints en liquidité ou s'il existe des rigidités nominales ou réelles » ("Galí, 2006 "). Ainsi, lorsque les individus sont confrontés à une contrainte de liquidité, la consommation et l'investissement sont limités par le revenu courant (ne réagissent pas au revenu permanent) et sont ainsi plus sensibles aux mesures budgétaires. La politique budgétaire retrouve alors sa pleine efficacité.

Les évaluations empiriques du multiplicateur budgétaire n'ont pas permis de trancher en faveur de l'une ou de l'autre de ces théories. Les résultats sont divergents et varient entre des valeurs négatives Krogstrup (2002) et des valeurs positives, pouvant atteindre même des valeurs extrêmes (valeur du multiplicateur 4 pour Perotti (2007)). Cette divergence est, sans doute, liée aux difficultés empiriques pour tenir compte de tous les facteurs qui affectent le multiplicateur budgétaire. Elle pourrait, aussi, s'expliquer par les divergences dans les méthodes d'identification.

A. *La taille des multiplicateurs varie en fonction de l'environnement économique du pays*

Dans un cadre strictement keynésien, le multiplicateur doit être supérieur à l'unité, c'est à dire qu'une impulsion budgétaire de 1 % du PIB produit un surplus de production plus que proportionnel. Cependant le mécanisme de base du multiplicateur bute sur un ensemble de limites qui réduisent, voir inversent, sa capacité à augmenter le niveau de l'activité. La valeur du multiplicateur sera alors inférieure à l'unité, voir même négative. On parle *d'effet non keynésien*, lorsque l'impulsion budgétaire n'a que peu d'effet sur la production et *d'effets anti-keynésien* lorsqu'elle induit une baisse du niveau de l'activité. Plusieurs facteurs peuvent réduire l'amplitude des multiplicateurs budgétaires. Outre l'éviction induite par les fuites vers l'extérieur, on note l'existence d'autres facteurs, liés plutôt aux comportements des individus privés : ménages et entreprises.

- Les fuites vers l'extérieur : lorsqu'une une part importante de la demande intérieure porte sur des biens importés, les mesures budgétaires seront moins efficaces et le multiplicateur sera faible. Ainsi une relance budgétaire qui se traduit par une hausse des importations, tend à réduire l'effet multiplicateur. Un tel effet est clairement observé dans plusieurs pays en développent où les structures des échanges sont dominées par l'importation des biens d'équipement et l'exportation des biens primaires. Un autre phénomène de fuite vers l'extérieur est l'éviction par le taux de change théorisé par Mundell et Fleming au début des années 60. La hausse du taux d'intérêt induite par la politique budgétaire expansive provoque une appréciation de la monnaie nationale, et cette appréciation sera d'autant plus forte que les capitaux sont mobiles. La dégradation du solde de la balance commerciale freine alors l'effet de relance.

- Des évictions liées aux réactions des entreprises : Dans certaines circonstances, les entreprises peuvent se trouver dans la situation de ne pas pouvoir accroitre leur production en réaction à l'augmentation de la demande, induite de l'impulsion budgétaire, soit parce qu'elles ne disposent pas de capacités de production inemployées, soit parce qu'il leur est difficile d'augmenter rapidement leur offre de biens en raison de contrainte de financement. Pour que le multiplicateur budgétaire soit élevé, il faudrait que les entreprises soient préparées à répondre à l'augmentation de la demande effective et que le marché financier soit en situation d'accompagner les entreprises dans leur effort d'investissement
- Les réactions des ménages : Selon la théorie keynésienne la propension marginale à consommer est constante et stable alors que les tenants de la nouvelle école classique considèrent que les ménages ont la capacité de moduler la part respective de la consommation et de l'épargne. Selon le théorème de l'équivalence Ricardienne (Barro, 1974), une politique budgétaire expansive ne pousse pas les ménages à consommer mais plutôt à épargner, en prévision d'une hausse future de l'impôt (encadré 3). Ce théorème s'appuie sur le fait que les ménages prennent en compte, dans leur partage consommation épargne, non pas le revenu actuel mais leur revenu permanent. Une limite à ce mécanisme est la contrainte financière : seuls les ménages les plus riches ont la capacité d'arbitrer entre épargne et consommation alors que les plus pauvres consomment immédiatement le supplément de revenu qui leur est accordé.
- La déréglementation du système financier: la dérégulation des marchés des capitaux tend à augmenter les contraintes sur l'offre de crédits en faveur des ménages et des entreprises. Les décisions de consommation et d'investissement seront, ainsi, contraintes et seront moins sensibles aux mesures budgétaires discrétionnaires ; l'effet multiplicateur sera alors faible

Encadré 4 - la taille des multiplicateurs budgétaires est faible en Afrique Sub-Saharienne

Dans les pays africains, les travaux empiriques sur l'ampleur des multiplicateurs budgétaires et sur les facteurs qui les déterminent sont peu nombreux. A part quelques contributions, le terrain est encore inexploité. Une étude de Davoodi, et "Agu (2010) " a, toutefois, montré que dans certains pays de l'Afrique Subsaharienne, l'effet multiplicateur est faible avec des écarts très prononcés entre pays.

Ce résultats n'a rien de surprenant. D'une manière générale, l'effet du multiplicateur budgétaire n'est opérationnel que si les dépenses publiques supplémentaires permettent de faire augmenter l'emploi des ressources inactives. Par exemple, lorsque le gouvernement décide de construire une route, il embauche pour cela des travailleurs et achète des matériaux de construction. Si ces travailleurs étaient auparavant en chômage et les matériaux de construction sont construits par des machines existantes, les dépenses publiques supplémentaires contribueront à accroitre le PIB. Mais si ces ouvriers travaillaient déjà dans d'autres activités (par exemple dans le secteur informel) et les machines existantes exerçaient à pleine capacité, l'effet multiplicateur serait minime (Shanta Devarajan, 2013).

Plus encore, dans de nombreux pays africains, lorsque l'Etat décide de mettre en place un projet public, l'exécution du projet se fait généralement avec retard. Il pourrait se produire un décalage important entre le moment où la décision publique est prise et son application réelle, ce que certains observateurs appellent « deficit d'execution » (execution deficit).

Pour accroitre l'effet des multiplicateurs budgétaires, les Etats africains devraient ciblés les dépenses sur les consommateurs les plus pauvres et les plus à court de liquidités ainsi que sur les biens pour lesquels les risques de réduction au profit des importations sont limités. L'effet d'éviction, pourrait sans doute, être limité lorsque la politique budgétaire est associée à une politique monétaire expansionniste. Aussi, le développement des marchés financiers limiterait l'effet d'éviction à moyen terme.

B. *La taille des multiplicateurs varie en fonction de la position dans le cycle économique*

C'est le niveau de l'activité qui conditionne l'efficacité de la politique budgétaire. L'effet multiplicateur apparaît alors plus élevé en période de ralentissement économique qu'en temps normal. Cette non linéarité s'explique par le fait que la propension à consommer des ménages et la propension à investir des entreprises, sont influencées par l'état de la conjoncture. Ainsi, lorsque l'activité économique entre dans une contraction, la consommation dépend plus du revenu courant que du revenu futur et l'investissement dépend davantage des profits courants que des profits futurs. La paralysie du secteur bancaire et son incapacité à fournir le crédit nécessaire aux agents économiques pour faire face à la chute de leurs revenus ou à la dégradation de leurs bilans oblige ces derniers à respecter leur contrainte budgétaire. La consommation et l'investissement seront contraints par le revenu courant et plus sensibles aux mesures budgétaires discrétionnaires. L'effet multiplicateur sera alors élevé bien supérieur à l'unité. L'impossibilité de généraliser des taux d'intérêt nominaux négatifs empêche les banques centrales de stimuler les économies par des baisses supplémentaires de taux d'intérêt, ce qui renforce l'effet multiplicateur. En phase d'expansion du cycle, le surcroît de dépenses publiques risque de se traduire par une accélération de l'inflation et non une stimulation de l'activité réelle. L'effet multiplicateur sera faible, voir même négatif[25].

Puisque le multiplicateur est supérieur à l'unité en période de récession, tandis qu'il est faible en période d'expansion, le gouvernement doit adopter une politique budgétaire contra-cyclique. Il doit assouplir sa politique budgétaire, s'endetter en période de récession et resserrer sa politique budgétaire, ramener ses finances publiques à l'équilibre en période d'expansion. Si, au contraire, le gouvernement adopte un plan d'austérité en période de récession, comme ce fut le cas dans certains pays européens lors de la dernière crise financière, les dommages portés à l'activité de court terme seront maximaux. Lorsque la demande globale

---

25 Auebarch et Gorodnichenko (2012a et b) montrent, sur des données américaines, que les multiplicateurs sont supérieurs en phase de récession qu'en phase d'expansion. Ils affirment qu'un choc sur la dépense publique aurait un impact 4 fois plus important sur l'activité s'il se réalise en basse conjoncture (2,5) plutôt qu'en haut du cycle économique (0,6). Ce résultat est confirmé par Fazzari *et al* (2011) et Mittnik et Semmler (2012).

est insuffisante, une consolidation budgétaire, qu'elle prenne la forme d'une baisse des dépenses publiques ou d'une hausse des impôts, ne peut qu'amplifier la contraction de la demande et éloigner davantage l'économie de son niveau potentiel.

Encadré 5- les difficultés de mesure du multiplicateur (Bouthevillain et *alii*, 2014)

Au moins cinq difficultés peuvent être rencontrées lors de l'évaluation empirique du multiplicateur budgétaire. Ces difficultés peuvent être résumées comme suit :

1- La composition des recettes et des dépenses qui constituent le choc budgétaire et les élasticités de ces agrégats à la croissance : Une des difficultés de mesure du multiplicateur résulte de la présence de biais de simultanéité. Si le solde budgétaire a un impact sur l'activité, les variations de celle-ci ont également un impact sur le solde public via les stabilisateurs automatiques. Par exemple, une récession va conduire à de moindres recettes fiscales car les assiettes budgétaires progressent moins vite, mais cela n'est pas équivalent à une baisse discrétionnaire d'impôt qui est une politique volontariste de relance. Le multiplicateur concerne seulement ce second mécanisme. Il est donc nécessaire pour identifier le choc budgétaire initial et évaluer le multiplicateur, de tenir compte du positionnement de l'économie dans le cycle et d'isoler uniquement les mesures discrétionnaires mises en œuvre. Concernant les élasticités, leur évaluation est également difficile. Empiriquement, les élasticités ne sont pas constantes dans le temps et peuvent fluctuer en fonction de nombreux facteurs tels que les changements de comportement des contribuables qui ne résultent pas de modifications de la fiscalité, ou encore de la position de l'économie dans le cycle. Il convient donc d'identifier la composition et la durée des chocs de politique budgétaire discrétionnaire et de leur affecter les justes élasticités qui captent à la fois les comportements des agents et les caractéristiques du système fiscal d'un pays ;

2- Plusieurs paramètres concernant les agents privés : la valeur des propensions marginales à épargner et à importer, la proportion des agents confrontés à des contraintes de liquidité etc.., sont des grandeurs centrales pour l'évaluation du multiplicateur. Leur évaluation est elle même délicate et dépend notamment du développement et du fonctionnement des systèmes financiers ;

3- Le policy-mix : l'impact des chocs budgétaires sur la production doit être apprécié par rapport aux autres chocs de politique économique, en particulier ceux résultant de la politique monétaire. Politique budgétaire et politique monétaire étant le plus souvent employées de façon concomitante, dégager la contribution autonome de chacun des deux instruments est un exercice très difficile ;

4- Les effets de retards : les chocs budgétaires produisent des effets non pas instantanés mais graduels sur la production ;

5- Enfin, le contexte économique dans lequel s'inscrit l'impulsion budgétaire (stock initial de dette, phase du cycle d'activité, régime de change…) peut modifier l'efficacité de la politique budgétaire.

Il existe une vaste littérature empirique qui a cherché à évaluer les multiplicateurs budgétaires en utilisant différentes méthodes (approche narrative (Rommer er "Romer, 2010 "), approche VAR (Blanchard et Perotti, 2002), modèle macroéconométrique (FMI, 2010) et DSGE (Cogan et *alii*, 2010). Toutefois, les mesures empiriques auxquelles on a aboutie restent peu probantes » (Bouthevillain et *alii*, 2014).

2.2.2.2. Le risque de pro-cyclicité de la politique budgétaire

Une politique budgétaire est dite pro-cyclique lorsqu'elle évolue au gré du cycle économique. Des mesures budgétaires expansionnistes (augmentation de la consommation publique et réduction de la ponction fiscale) sont, ainsi, mises en place en période d'expansion et, à l'inverse, des mesures restrictives en période de contraction. Dans les deux cas, la volatilité de la production se trouve amplifiée au lieu d'être lissée. Plusieurs facteurs peuvent être à l'origine de la pro-cyclicité de la politique budgétaire, dont notamment :

- Les contraintes de financement : Dans les pays où le taux d'endettement est élevé et où, la marge de manœuvre budgétaire est faible, la politique budgétaire est plutôt pro-cyclique. Les gouvernements ne sont pas en mesure de financer des politiques contra-cycliques en période de ralentissement, soit parce qu'ils ne peuvent trouver les financements nécessaires soit parce qu'ils ne peuvent emprunter qu'à des taux très élevés, ce qui pourrait aggraver leur déficits. Ils sont, donc, contraints à baisser leurs dépenses. Dans les pays où les marchés financiers sont développés, même s'il y a moins de contraintes de financement intérieur de leurs budgets publiques, ces pays sont davantage exposés à la volatilité des marchés de capitaux internationaux, qui sont fortement pro-cycliques (Kaminsky, Reinhart, and Végh, 2004).
- L'existence de forts groupes de pression : Dans certains pays, les dépenses de l'Etat sont fortement influencées par des groupes de pressions (syndicats, associations, partis politiques, organisations non-gouvernementales, collectivités territoriales...) et ces pressions s'accentueraient généralement durant les phases d'expansion. Ces groupes contraignent, ainsi, les gouvernements à baisser leurs dépenses primaires durant les périodes de basse conjoncture et à les augmenter en période d'expansion (Talvi et Végh, 2005)
- La mauvaise gouvernance : certains responsables politiques malveillants, désirant s'approprier des ressources du pays, se trouvent confronter à des électeurs qui exigent un traitement plus élaboré, en réclamant davantage de biens publics et moins de taxes pour empêcher des comportements déviant durant des périodes de haute conjoncture. L'exigence des électeurs pousse ainsi les gouvernements à augmenter les dépenses durant les périodes fastes ce qui rend la politique budgétaire pro-cyclique (Alesina et "Tabellini, 2005 ")
- La qualité des institutions: Les pays qui sont dotés d'institutions budgétaires fiables et transparentes, caractérisées par un contrôle de l'exécutif, adoptent en général un comportement pro-cyclique moins prononcé et suivent une politique budgétaire modérée en période de prospérité (Calderón et "Schmidt-Hebbel, 2004" et Akitoby *et alii* 2004). Ces institutions budgétaires sont définies par «: *(i)* une loi de finances et des institutions nécessaires pour l'appliquer; *(ii)* un ministère des finances qui a le pouvoir de contrôler les activités budgétaires des ministères dépensiers et des autres dirigeants de l'exécutif, et de coordonner les réformes; *(iii)* un budget global et crédible qui supprime les activités et les comptes extrabudgétaires; et *(iv)* un système transparent de comptabilité et de contrôle qui

empêche les arriérés de paiement et qui permet l'établissement en temps voulu des rapports budgétaires périodiques. Ces institutions sont indispensables non seulement pour qu'un contrôle politique permette de corriger le biais pro-cyclique de la politique budgétaire en période de prospérité, mais aussi pour réduire les contraintes administratives qui allongent les délais de mise en œuvre et compliquent le ciblage des dépenses » (FMI, 2009).

Encadré 6 - La politique budgétaire dans les pays de l'Afrique Sub-Saharienne est pro-cyclique

Selon les *Perspectives Economiques Régionale* de l'FMI (2009), la politique budgétaire des pays d'Afrique subsaharienne a été pro-cyclique sur la période 1980-2008 (Graphique 4). Cette pro-cyclicité budgétaire est due essentiellement à *(i)* la faiblesse des stabilisateurs automatiques ; *(ii)* les contraintes de financement internes et externes ; et *(iii)* l'inefficience des institutions budgétaires. Le degré de pro-cyclicité varie en fonction de la catégorie de dépenses (tableau 1)

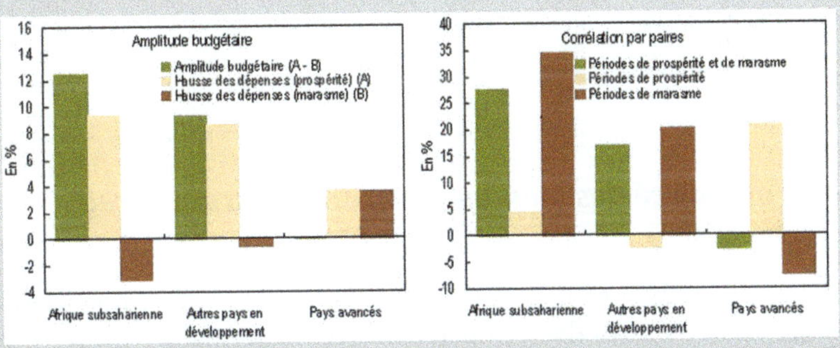

Graphique 4 : Amplitude et corrélation, dépenses publiques totales ; 1980-2008

Notes : Amplitude budgétaire: écart entre la croissance des dépenses réelles en période de prospérité et leur croissance en période de marasme. Une amplitude budgétaire positive indique que les dépenses réelles ont progressé davantage en période de prospérité qu'en période de stagnation

Corrélation par paires : Corrélation entre l'évolution des dépenses publiques réelles et la croissance du PIB réel

Source : FMI, 2009

Tableau 1 : Afrique subsaharienne: pro-cyclicité de la politique budgétaire entre 1980 et 2008, par groupes de pays et par catégories de dépenses

Groupe	Coefficient de corrélation		
	Dépenses totales	Dépenses courantes	Dépenses en capital
Afrique Sub-saharienne	27.5	20.7	31.4
Très endettes Peu endettés	32.0 21.0	22.2 16.7	32.7 29.6
Financièrement plus avancés Financièrement moins avancés	29.2 24.8	22.1 18.7	30.1 32.6
Plus tributaires à l'aide Moins tributaires à l'aide	28.1 27.2	22.5 19.3	38.6 25.9
Politique économique solide Politique économique fragile	22.8 36.1	15.2 27.1	25.4 38.2
Contrôle politique fort Contrôle politique faible	24.1 29.4	24.7 18.9	23.3 35.6

Source : FMI, 2009

2.3. *L'efficacité des mesures discrétionnaires : la règle des trois T*

Il existe, aujourd'hui, une conjecture que les organisations internationales (Fond Monétaire International, Commission Européenne et Banque Centrale Européenne) ont édifiée dans leurs recommandations aux différents pays pour calibrer leur politique de relance. Cette conjecture, appelée « *règle des trois T* », établie les formes que doit prendre une politique budgétaire pour qu'elle soit réussie. En particulier, toute mesure discrétionnaire doit être « *Timely* » pour Opportun ; « *Temporary* » pour Temporaire et « *Targeted* » pour Ciblé

Timely ou Opportun : Les délais de mise en œuvre de la politique budgétaire de stabilisation doit être réduit au minimum pour éviter que l'impact des mesures prises ne joue trop tard. Il est possible que la mise en œuvre de certaines politiques publiques pourrait être relativement longue et pourrait se traduire par une impulsion budgétaire pro-cyclique et non contra-cyclique. Pris pour relancer l'économie dans une phase de récession, ces politiques pourraient accuser des retards et commencer à être exécuté lorsque l'économie entre déjà dans une phase d'expansion. Cette « *règle du moment opportun* » dépend du cadre institutionnel du pays. Certaines mesures publiques nécessitent un accord, préalable du Parlement, alors que d'autres peuvent être adoptées directement par le gouvernement. Et même si la décision est rapide, une mesure budgétaire peut nécessiter un certain temps pour sa mise en ouvre effective. Ceci pourrait être observé, surtout, dans le cas des grands projets d'investissement publics, qui nécessitent de longue périodes de négociations.

Temporary ou Temporaire : L'action de la politique budgétaire discrétionnaire doit être temporaire. Les mesures pérennes ou qui sont difficilement réversibles sont à éviter car elles entrainent une hausse de la taille du secteur public, qui peut entrainer une persistance des déficits et engendrer une hausse de la dette publique. Ceci a été le cas de la politique de relance budgétaire adoptée en Tunisie, suite à la crise politique de 2011. Des mesures irréversibles ont été prises et qui se sont soldées par une hausse de l'emploi public. Bien sur le gouvernement n'a pas la capacité de réduire les nouvelles dépenses lorsque celles-ci ne sont plus nécessaires pour la stabilisation de l'économie. Ceci a engendré un creusement du déficit public et une explosion de la dette. La « *règle de mesure temporaire* » privilégie, donc, les dépenses publiques ponctuelles ou les baisses d'impôts limitées dans le temps.

Targeted ou Ciblé : L'action discrétionnaire doit être ciblée de manière à maximiser le multiplicateur budgétaire. Ceci pose la question de la nature des mesures qui composent le plan de stabilisation : *(i)* Agir sur les dépenses ou les recettes, *(ii)* Relancer l'investissement ou la consommation,

- Agir sur les dépenses ou les recettes : La plupart des études empiriques montrent que les multiplicateurs associés aux dépenses publiques sont très largement supérieurs à ceux observés sur les impôts. Cette différence est due au fait que l'augmentation des dépenses publiques génère moins de risque de fuite que la baisse des impôts (Alesina et Ardagna, 2012). Ainsi, suite à une réduction de l'impôt une partie de l'augmentation du revenu disponible risque d'être épargné, surtout pour les consommateurs et les entreprises aux revenus élevés et qui n'ont pas de contrainte de crédit, alors que les achats de biens et services par l'administration publique exercent un effet direct, exempte d'effets d'éviction, sur la demande agrégée. Les estimations de la taille des multiplicateurs budgétaires en Zone Euro, aux Etats Unies et au Japon montrent que dans une situation récessive, à 1 an, ils s'échelonnent de 1,6 à 2,6 dans le cas d'un choc sur les dépenses publiques alors qu'ils sont compris entre 0,2 et 0,4 dans le cas d'un choc sur les impôts (Batini, et *alii*, 2012).

- Relancer l'investissement ou la consommation : Une stimulation de l'investissement produit un effet multiplicateur élevé en augmentant le niveau potentiel de la croissance, surtout lorsque le taux d'investissement de l'économie est faible. Toutefois, l'effet n'est pas immédiat et nécessite un certain temps pour le montage financier de ce programme. Une relance par l'augmentation de la consommation produit des effets rapides sur la demande mais les fuites par les importations peuvent être élevées. « Le choix entre les deux composantes de la demande dépend, ainsi, de l'état de l'économie : En théorie, plus celle ci est ouverte sur l'extérieur, plus une stimulation de la consommation risque d'être inefficace » (Bouthevillain et *alii*, 2014)

3. Politique monétaire et cycle economique

Il existe, aujourd'hui, un large consensus dans la littérature économique au sujet des règles de conduite de la politique monétaire : la plupart des économistes reconnaissent qu'à long terme la politique monétaire ne peut agir que sur les variables nominales (les agrégats monétaires, les prix et les taux d'intérêt nominaux), le niveau de la production étant, en effet, donné. Dans ce cas, les banques centrales ne peuvent, au mieux, contribuer à la croissance qu'en assurant un ancrage nominal, à savoir la stabilité des prix. En revanche, dans le court terme, les prix et les salaires ne s'ajustent pas instantanément, du fait de la présence de diverses rigidités, tant nominales que réelles. Les variations de la masse monétaire peuvent, alors, affecter le niveau de la production et dessiner la conjoncture économique. La politique monétaire apparaît, de ce fait, comme un moyen efficace de stabilisation de l'inflation et de la production, même si ces deux objectifs peuvent déboucher sur un conflit fondamental: les banques centrales peuvent poursuivre à court terme des objectifs liés à la stabilisation des fluctuations qui seraient incompatibles avec la stabilité des prix à moyen et long terme (Encadré 7).

Encadré 7 - Stabilisation de la paire inflation-production et règle de Taylor

Soit la situation pour laquelle une économie subit l'effet d'un choc négatif (un hausse des cours de pétrole, par exemple) suffisamment ample et durable pour que celui ci pousse l'inflation au-dessus de sa cible (fixée par les autorités monétaire, par exemple 2 %) et la production en-dessous de son niveau potentiel. Il apparait bien le conflit auquel doit faire face la politique monétaire. Le déséquilibre sur le marché des biens suppose, pour être résorbé, de mettre en œuvre une politique monétaire expansive (baisse du taux d'intérêt directeur, par exemple) alors que le retour de l'inflation à sa cible nécessite une politique monétaire restrictive.

Pour prévenir cette incohérence, la banque centrale doit faire un choix ; en quelque sorte elle doit hiérarchiser ses objectifs et déterminer l'importance relative qu'elle entend donner à chacun d'eux. Pour certaines banques centrales (la banque centrale européenne, par exemple) seul l'objectif de l'inflation est visé : les banques centrales ont pour mandat explicite de s'engager de manière crédible à poursuivre la stabilité des prix. Pour d'autres (comme la Fed aux Etats-Unis et la Banque du Japon) l'objectif de la stabilisation de la production est placé sur un même pied d'égalité que celui de l'inflation. La banque centrale doit donc œuvrer à lisser les fluctuations des prix et de la production.

La règle monétaire la plus populaire qui permet d'expliquer, au moins sur une certaine période, le comportement des banques centrales qui cherchent à concilier les objectifs de stabilisation de l'inflation et de lissage des fluctuations de l'activité économique (stabiliser la production), est celle mise au point par John Taylor (1993 et 1998). Selon cette règle le taux d'intérêt nominal doit être fixé de façon à ce qu'il met en balance les deux objectifs des autorités monétaires : la stabilité de l'inflation et de la production.

La forme générale de la règle de Taylor lie le taux d'intérêt nominal (r) décidé par la banque centrale au taux d'inflation de l'économie et à l'écart entre le PIB et son niveau potentiel. Si r_n désigne le taux d'intérêt considéré comme « neutre » (le taux d'intérêt permettant l'équilibre à long terme), π_t le taux d'inflation courant, π^* la cible d'inflation de la banque centrale, y_t et y^* les niveaux respectifs de la production et de la production potentielle ; la règle de Taylor s'exprime alors comme :

$$r_t = r_n + E_t(\pi_{t+1}) + \beta_\pi(\pi_t - \pi^*) + \beta_y(y_t - y^*)$$

Avec β_π et β_y les poids attribués par les autorités monétaires, respectivement, à la stabilisation des prix et à celle de la production. Cette règle possède les propriétés stabilisatrices à condition de respecter le « principe de Taylor » selon lequel le poids attribué à la stabilisation des prix, β_π, doit être supérieur à l'unité. En effet, en présence de surcroît d'inflation $(\pi_t > \pi^*)$, celui ci est immédiatement compensée par une hausse plus que proportionnelle du taux d'intérêt nominal, qui se traduit par une augmentation du taux d'intérêt réel à court terme, censée assurer à son tour la réduction des tensions inflationnistes. Même raisonnement pour l'écart entre le niveau de production effectif de l'économie et son niveau potentiel. Si la production est supérieure à son niveau potentiel, la banque centrale augmente le taux d'intérêt pour stabiliser l'économie.

3.1. La politique monétaire est elle encore efficace pour lisser le cycle économique?

Les crises auxquelles les économies contemporaines sont confrontées plaident en faveur d'une politique monétaire de stabilisation. Lors d'une contraction de l'activité, la demande agrégée diminue, entraînant une baisse de la production et de l'emploi: les consommateurs diminuent, alors, leurs consommation, les entreprises produisent moins, commencent à licencier et n'investissent plus. Qui plus est, les exportations risquent de ne plus trouver de débouchés. Il se produit donc une compression de la demande globale à laquelle les autorités peuvent réagir en menant une politique monétaire à contrecourant. Un accroissement de l'offre de monnaie de la part des autorités monétaires peut ainsi faire augmenter le volume de la production, pour autant que l'on ne se trouve pas en présence d'une trappe à liquidité liée à des taux d'intérêt très bas.

Cette démarche contra-cyclique vise l'augmentation de la production (et de l'emploi), mais elle entraîne un gonflement de la masse monétaire et, partant, une hausse des prix. Lorsque la production s'approche de la pleine capacité, toute augmentation de la demande renchérit les facteurs de production, dont les salaires. Les travailleurs utilisent alors leur complément de revenu pour acheter plus, d'où des prix et des salaires encore plus élevés, et une poussée généralisée de l'inflation, ce que les autorités monétaires préfèrent en général éviter.

À l'inverse, durant les phases d'essor conjoncturel, la demande globale croit trop fortement, ce qui implique une pression à la hausse sur les prix. Une contraction de la masse monétaire peut ainsi freiner la demande et la production et ralentit le renchérissement des facteurs. Par conséquent, la politique monétaire permet de stimuler l'économie lorsqu'elle entre en contraction et la freiner lorsque la demande et la production croissent trop fortement.

Cependant, si la faisabilité d'une politique monétaire aux vertus stabilisatrices est bien établie, cela ne signifie pas, tant en règle générale qu'en pratique, qu'un tel rôle, parce qu'il peut s'avérer efficace, soit toujours nécessaire ou souhaitable. Les fluctuations cycliques observées dans de nombreux pays sur les vingt dernières années semblent montrer qu'une grande partie, de la variabilité du cycle ne peut être attribuable à des chocs de demande, mais découle de chocs réels d'offre que la politique monétaire n'est pas en mesure de contrebalancer efficacement. En outre, dans certaines circonstances l'évolution conjoncturelle peut faire apparaître des récessions subites après des phases de surchauffe, alors même que les anticipations des agents en matière d'inflation continuent de croître ou demeurent à un niveau élevé. Dans de tels cas, la politique monétaire doit rester restrictive plus longtemps que l'économie réelle ne le demanderait, afin que les anticipations redescendent à un niveau compatible avec la stabilité des prix. De plus, lorsque la banque centrale fait face à des mouvements cycliques de faible volatilité, la poursuite systématique d'une politique contra-cyclique peut se révéler inefficace, voire conduire à une accentuation plutôt qu'à une réduction de la volatilité de la production. Ce risque est la conséquence de la variabilité des délais de transmission de la politique monétaire sur l'activité ainsi que des incertitudes liées à la nature du choc à affronter et la position de l'économie dans le cycle.

3.2. les canaux de transmission de la politique monétaire

Les variations de la politique monétaire ont un effet important sur la demande globale et, partant, sur la production et les prix. Elles se transmettent à l'économie réelle et donc sur le cycle économique à travers différents mécanismes. Les canaux les plus mentionnés dans la littérature économique sont : *(i)* le canal du taux d'intérêt, *(ii)* le canal du crédit et *(iii)* le canal du taux de change (Mishkin, 1996)

(i) *Le canal du taux d'intérêt* : Le niveau du taux d'intérêt réel affecte le comportement des entreprises et des ménages. S'il est bas, il stimule l'octroi de crédits, augmente les dépenses d'investissements et de consommation. Si la banque centrale relâche sa politique, par exemple en injectant des liquidités dans le système en achetant ou en empruntant des titres publics - des bons du Trésor - à des banques commerciales, les coûts d'emprunt, les taux d'intérêt réel, diminuent, les consommateurs sont plus enclins à acheter les produits qu'ils ne seraient normalement disposés à financer et les entreprises désirent investir plus. La demande globale augmente et, par la même, le volume de la production.

Une caractéristique importante du canal du taux d'intérêt est l'accent mis sur le taux d'intérêt réel plutôt que nominal, comme étant celui qui affecte les décisions de consommation et d'investissement. Une politique monétaire expansionniste qui abaisse le taux d'intérêt nominal à court terme réduit aussi le taux d'intérêt réel du fait de la rigidité des prix dans le court terme.

Encadré 8- Les moyens de contrôle du taux d'intérêt par la banque centrale

Il est possible de distinguer quatre taux d'intérêt qui sont, fortement, interdépendants :

- le taux de prêt marginal : C'est le taux avec lequel la banque centrale prête de l'argent (des liquidités) aux autres banques. Ce taux s'appelle aussi le taux d'escompte pour la Fed aux Etats-Unis.
- Le taux directeur : C'est le taux avec lequel la banque centrale rémunère les bons du Trésor émis par l'Etat
- Le taux interbancaire : Il correspond au taux auquel les banques commerciales se font des prêts entre elles.
- Le taux d'intérêt : Il correspond au taux avec lequel les ménages et les entreprises empruntent de l'argent auprès des banques commerciales

La banque centrale agit directement sur le taux directeur avec lequel elle rémunère les titres publics qu'elle émet, ainsi que sur le taux marginal. En jouant sur le taux directeur, la banque centrale conditionne l'ensemble des autres taux d'intérêt.

Pour expliquer comment une banque centrale peut affecter les taux intérêt avec lequel les ménages et les entreprises empruntent de l'argent, supposons les deux situations suivantes :

(i) Banques commerciales ayant un besoin de liquidité : Elles souhaitent alors en acquérir, en vendant les titres publics qu'elles détiennent. La banque centrale peut racheter les titres qu'elle a émis à un taux directeur plus élevé. Ce taux directeur est le taux avec lequel les banques commerciales peuvent acquérir de la liquidité. Plus il est faible, plus grande sera leur demande de liquidité, nécessaire pour pouvoir offrir des crédits à leurs clients. Si la banque centrale décide de faire augmenter le taux directeur, la quantité de monnaie échangée diminue

(ii) Banques commerciales ayant un excédent de liquidités. Elles vont souhaiter se débarrasser de leur monnaie en achetant des titres auprès de la banque centrale. En augmentant l'offre de titres, la banque centrale augmente le taux d'intérêt directeur

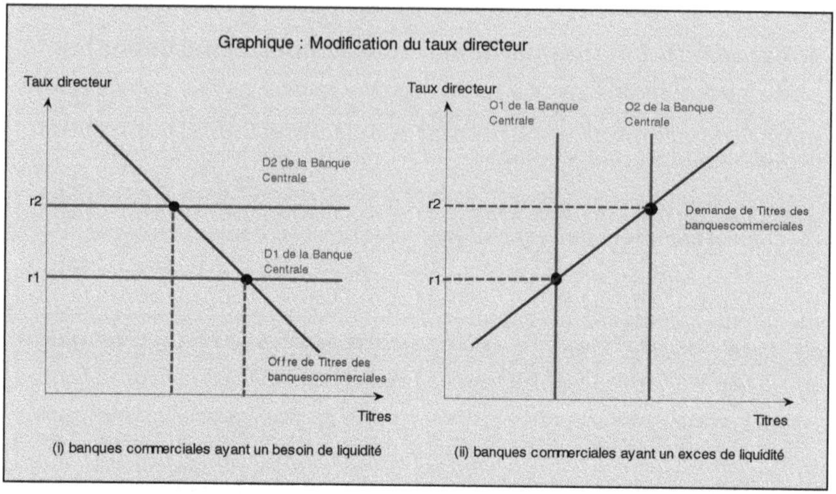

(ii) Le canal de crédit : Le canal du crédit bancaire est fondé sur l'idée que les banques jouent un rôle déterminant dans le financement de l'économie par le biais de l'octroi de crédit. Dans un environnement financier imparfait marqué par l'asymétrie de l'information, seules les banques sont capables de collecter des informations relatives aux emprunteurs et de prendre des décisions de financement sans nuire à leur propre solvabilité. Du fait de ce rôle spécifique des banques, certains emprunteurs n'auront pas accès aux marchés de crédit s'ils n'empruntent pas auprès d'elles. Le canal de crédit suppose qu'un relâchement de la politique monétaire contribue à accroître les réserves et les dépôts bancaires, augmentant ainsi la quantité de prêts bancaires disponibles. Compte tenu du rôle spécifique des banques en tant que prêteurs à certaines catégories de clients seulement (les clients solvables), l'augmentation du volume de prêts conduit à une hausse des dépenses de consommation et d'investissement.

Une conséquence importante du canal du crédit est que la politique monétaire a une incidence plus forte sur les ménages et les petites et moyennes entreprises, qui dépendent davantage des prêts bancaires. Les grandes entreprises ont, généralement, accès aux marchés des capitaux sans avoir à solliciter les crédits des banques.

Le canal du crédit met en avant l'offre de crédit des banques au lieu de la demande de monnaie des consommateurs et des entreprises. La transmission au niveau de production s'opère par les variations de l'offre de crédit. La littérature économique a également développé un canal plus large du crédit *: le canal du bilan*. Ce canal trouve, aussi, son origine dans l'existence de problèmes d'asymétrie d'information sur les marchés de crédit. Quand la situation nette d'une entreprise devient dégradée, les problèmes de sélection adverse et d'aléa moral deviennent plus aigus lorsqu'il s'agit de lui octroyer des prêts. Une diminution de la situation nette signifie que les prêteurs disposent d'une moindre garantie à leurs prêts et les pertes dues à la sélection adverse (des emprunteurs moins solvables parviennent à se financer à des conditions quasi-équivalentes à ceux considérés comme les plus sûrs) sont donc plus importantes. La dégradation de la situation nette, qui aggrave le problème de sélection adverse, aboutit par conséquent à une réduction des prêts destinés à financer les dépenses d'investissement. En outre, elle accentue également le problème d'aléa de moral (un comportement de prise de risque démesurée), car cela signifie que la valeur des participations dans l'entreprise diminue pour les propriétaires, ce qui les incite à s'engager dans des projets d'investissement plus risqués. Comme la probabilité de non-remboursement des prêteurs se trouve par là même renforcée, la dégradation de la situation nette des entreprises aboutit à une diminution des prêts et donc des dépenses d'investissement

La politique monétaire se transmet sur l'activité par le canal du bilan de plusieurs manières, les mécanismes les plus mentionnés dans la littérature sont : les effets sur les cours des actions et ceux sur le niveau général des prix :

Effet sur les cours des actions : Une politique monétaire expansionniste, entraîne une hausse des cours des actions, et renforce, par la même, la situation nette des entreprises. Les problèmes de sélection adverse et d'aléa de moralité peuvent ainsi être affaiblis ce qui aura pour conséquence d'augmenter les dépenses d'investissement et, donc, la demande globale.

Effet sur le niveau général des prix : Étant donné que les versements au titre d'une dette sont fixés par contrat en termes nominaux, une hausse non anticipée du niveau des prix réduit la valeur du passif d'une entreprise en termes réels (elle allège le poids de la dette), mais pas celle de l'actif. L'expansion monétaire, qui aboutit à une hausse non anticipée du niveau des prix, accroît par conséquent la situation nette réelle, ce qui atténue les problèmes de sélection adverse et d'aléa moral et suscite une hausse des dépenses d'investissement et de la production globale

(iii) *Canal du taux de change* : une baisse du taux d'intérêt induite par une politique monétaire expansionniste provoque des sorties de capitaux, car les investisseurs nationaux sont en quête de rendements supérieurs. Sur le marché de change la demande de monnaie nationale, par rapport aux monnaies étrangères, diminue. L'excès d'offre de monnaie nationale conséquent tend à la déprécier. La dépréciation réduit les prix des biens nationaux par rapport aux biens étrangers, ce qui se traduit par une augmentation des exportations nettes et donc du volume de la production.

Encadré 9 - Panorama des politiques monétaires en Afrique Subsaharienne (FMI, 2013)

Le tableau 2 présente les caractéristiques des cadres de politique monétaire de certains pays d'Afrique Sub-saharienne qui diffèrent par les régimes monétaires et de change adoptés, par la dépendance vis-à-vis des ressources naturelles et par les dispositifs institutionnels de leurs banques centrales. Selon ce tableau, l'objectif principal de la politique monétaire dans la plupart des pays est de maintenir un taux d'inflation bas ; le plus souvent, le niveau d'inflation ou l'échéance à tenir ne sont pas préalablement fixés. Certains pays qui pratiquent le ciblage monétaire utilisent aussi un taux directeur à titre de complément (Kenya, Nigéria). Tous les cadres de politique monétaire s'appuient sur une série comparable d'instruments de politique monétaire, même si le recours à chacun de ces instruments varie selon les pays. Dans deux pays seulement (Ghana et Kenya) la politique monétaire a pour objectif de stabiliser les prix et d'assurer la croissance.

Tableau 2 : Principales caractéristiques des cadres de politique monétaire de certains pays de l'Afrique Sub-saharienne

Pays	Principaux Instruments	Objectifs	Régime monétaire de facto	Régime de Change
Afrique du Sud	Taux directeur (pensions) Facilités permanentes; Opérations d'open-market	Réalisation et maintien de la stabilité des prix Cible d'inflation: 3–6 %	Ciblage de l'inflation	Flottement
Angola	Opérations d'open-market Réserves obligatoires Taux directeur	Préservation de la valeur de la monnaie nationale Stabilité des prix Inflation à un chiffre	Arrimage du taux de change au dollar	Régime stabilisé
Ghana	Taux directeur (taux de base) Opérations d'open-market Réserves obligatoires Ventes/achats de devises	Inflation basse Cible n'inflation: 8,5 ± 2 % Emploi Croissance	Ciblage de l'inflation	Flottement
Kenya	Taux directeur (banque centrale) Opérations d'open-market Réserves obligatoires Facilités permanentes Ventes/achats de devises	Inflation basse et stable Cible d'inflation: 5 ± 2,5 % Croissance Emploi Stabilité financière	Régime hybride de ciblage de l'inflation allégé	Flottement
Maurice	Taux directeur (pensions) Opérations d'open-market Facilités permanentes Réserves obligatoires	Stabilité des prix Développement ordonné et Equilibré Taux de change	Régime hybride de ciblage de l'inflation	Flottement

Pays	**Principaux Instruments**	**Objectifs**	**Régime monétaire de facto**	**Régime de Change**
Mozambique	Opérations d'open-market Facilités permanentes Réserves obligatoires Taux directeur	Stabilité des prix Cible d'inflation à moyen terme: 5–6 % Stabilité financière	Ciblage monétaire	Flottement
Nigéria	Opérations d'open-market Facilités permanentes Taux directeur Réserves obligatoires	Monnaie centrale Taux interbancaire	Ciblage monétaire	Autre régime dirigé
Ouganda	Opérations d'open-market Taux directeur (banque centrale) Ventes/achats de devises Facilités permanentes; pensions	Inflation basse et stable Cible d'inflation à moyen terme de 5 %	Régime allégé de ciblage de l'inflation	Flottement
Rwanda	Opérations d'open-market Taux directeur (pensions) Réserves obligatoires Ventes de devises	Monnaie centrale Taux interbancaire	Ciblage monétaire	Régime de type parité mobile

Pays	Principaux Instruments	Objectifs	Régime monétaire de facto	Régime de Change
Tanzanie	Opérations d'open-market Taux directeur (banque centrale) Réserves obligatoires Ventes de devises	Monnaie centrale Taux interbancaire	Ciblage monétaire	Flottement
Zambie	Opérations d'open-market Taux directeur (banque centrale) Ventes/achats de devises Réserves obligatoires	Monnaie centrale Taux interbancaire	Ciblage monétaire	Flottement

Sources: Enquête des services du FMI; Hammond (2012)

4. Conclusion
Sortir des plans de relance

Il existe, aujourd'hui, un grand débat entre les économistes sur le rythme de sortie des mesures de relance budgétaire et les mesures de consolidation des finances publiques. Ce débat part du constat que les niveaux d'endettement dans la plupart des pays, développés et en développement, sont à des niveaux tel qu'il n'existe pas de marge de manœuvre budgétaire pour soutenir la croissance. Deux points de vue s'affrontent à ce niveau : le premier prêche pour une réduction rapide du déficit budgétaire ; le deuxième recommande, plutôt, une réduction progressive.

Pour répondre à ce débat, il convient de souligner que le rythme de la réduction du déficit budgétaire et de l'annulation des mesures de relance adoptées dépend, en premier lieu, du rythme de la reprise conjoncturelle.

Bien sur d'autres facteurs, telle que la soutenabilité de la dette et ses conditions de financement, peuvent aussi jouer un rôle important. Pour les décideurs publics, il est crucial de retarder au maximum la fin des mesures de soutien à l'économie. Ceci conduit à une asymétrie entre le rythme de creusement du déficit en phase de relance et le rythme de la consolidation budgétaire. Le risque est, alors, de voir un retournement cyclique alors même que la résorption du déficit n'est pas encore achevée, nécessitant, ainsi, une nouvelle relance budgétaire, et par conséquent un accroissement continu du déficit structurel.

Le meilleur moyen de se prémunir contre ce risque, serait de faire agir la politique budgétaire discrétionnaire à l'image des stabilisateurs automatiques, c'est à dire de conduire une politique discrétionnaire parfaitement, symétrique. L'instauration d'une *règle budgétaire* serait, à ce niveau, l'instrument privilégié pour obliger les décideurs publics à respecter cette symétrie. Les leçons de l'expérience distinguent plusieurs types de règles. Certaines fixent ce que doit être la politique budgétaire -- par exemple, le déficit structurel doit être nul ou doit être égal à l'investissement public. D'autres, au contraire, fixent une limite – par exemple, le déficit ne doit pas dépasser un certain pourcentage du PIB. La difficulté est que ces règles peuvent toujours être contrariées par une évolution imprévue du cycle, tel que les asymétries entre les phases de ralentissement et les phases de reprises ou les ruptures tendancielles sous l'effet des baisses de la croissance potentielle.

Une autre question, tout aussi importante, porte sur la conduite de la politique monétaire durant la période de consolidation budgétaire. D'un point de vue théorique, la politique monétaire doit être conduite de manière parallèle à la politique budgétaire : relâchement durant le Creux du cycle et durcissement au cours du Pic. Les études empiriques sur la consolidation budgétaire (Alesina et Perotti, 1997) montrent qu'il faudrait, plutôt, laisser un décalage entre le rythme de conduite des deux politiques: la stratégie optimale serait, alors, de commencer par la consolidation budgétaire et ne durcir la politique monétaire que lorsque la réduction du déficit est suffisamment engagée. Pour ne prendre que le canal du taux d'intérêt, le maintien d'une politique monétaire souple durant les premières périodes de la consolidation budgétaire permet, en effet, de maintenir des couts de financement bas et de contrebalancer les effets récessifs produit par les mesures de restriction budgétaire.

On voit bien la difficulté pour les économistes d'apporter des réponses certaines sur les plans de sortie de récession. Et si les économistes sont incapables de fournir des certitudes, il n'est pas étonnant de voir les décideurs politiques adopter des règles contradictoires de politiques économiques. On s'engage, par exemple, à restaurer l'équilibre budgétaire dans les meilleurs délais alors même qu'on adopte de nouvelles politiques de relance. Bien sur de telles règles sont généralement associées à des couts économiques et sociaux, budgétaires et de croissance.

5. BIBLIOGRAPHIE

Alesina, A. et **R. Perroti,** (1997), « Fiscal Adjustments in OECD Countries: Composition and Macroeconomic Effects », *IMF staff Papers,* 44(2), pp 210-248.

Alesina, A. et **S. Ardagna,** (2012), « The Design of Fiscal Adjustments », *NBER Working paper,* N°18423

Akitoby B, Benedict C, Sanjeev G, et **Gabriela I,** (2004), «The Cyclical and Long-Term Behavior of Government Expenditures in Developing Countries», *IMF Working Paper 04/202* (Washington: International Monetary Fund).

Auerbach Alan J. et Y Gorodnichenko (2011), «Fiscal Multipliers in Recession and Expansion», *NBER Working Paper* 17447

Auerbach Alan J. et Y Gorodnichenko (2011), « Measuring the Output Responses to Fiscal Policy», *NBER Working Paper* 16311

Barro, R J. (1974),. «Are government Bonds net Wealth? » *Journal of Political Economy* 82(6): 1095-1117

Batini, Nicoletta B, G Callegari et G Melina (2012), «Successful Austerity in the United States, Europe and Japan», *IMF Working paper,* WP/12/190

Blanchard, O. et **R. Perotti** (2002). « An Empirical Characterization of the Dynamic Effects of Changes in Government Spending and Taxes on Output », *Quarterly Journal of Economics,* 117(4), pp 1329-68.

Bouthevillain C, Dufrénot G, Phillipe F et Paul L, (2014), « les Politiques budgétaires dans la Crise : comprendre les Enjeux Actuels et les Défis futurs », *De Boek Spérieur,* Louvain- la- Neuve, Belgique

Burda M et Ch Wyplosz (2005), « Macroéconomie à l'Echelle Européenne », *De Boek Spérieur,* Louvain- la- Neuve, Belgique

Calderón, C, Roberto D, et **Klaus S,** (2004), «Institutions and Cyclical Properties of Macroeconomic Policies», *Central Bank of Chile Working Paper,* No. 285 (Santiago: Central Bank of Chile)

Chirstiano, L., Martin E et Sergio R (2011), «When Is the Government Spending Multiplier Large?», *Journal of Political Economy,* vol. 119, n° 1.

Cogan J.F., T. Cwik, J.B. Taylor et V. Wieland (2010), « New Keynesian versus old Keynesian government spending multipliers », *Journal of Economic Dynamics and Control,* Vol. 34, n° 3, Mars, pp 281-295.

Corsetti, G., Meier A. et **G.J. Müller** (2011), «What Determines Government Spending Multipliers?», *Mimeo.*

Davoodi, H. R., Stella K, et **Ugochukwu A**, (2010) «Estimating Fiscal Multipliers in Selected African Countries», *IMF Staff Position Note*

Fond Monétaire International, (2009) « Perspectives Economiques Régionales, Afrique Subsaharienne : Surmonter la Tourmente »

Fond Monétaire International, (2010), « Effects of fiscal stimulus in structural models », *IMF Working Paper,* 10/73, Mars.

Fond Monétaire International, (2012), « Are we Underestimating Short-term fiscal Multipliers », *World Economic Outlook,* Box 1-1, Octobre.

Kaminsky, G, Carmen R, et **Carlos A. Végh**, (2004), «When It Rains, It Pours: Procyclical Capital Flows and Macroeconomic Policies », *NBER Macroeconomics Annual 2004,* ed. by Kenneth Rogoff and Mark Gertler (Cambridge, Massachusetts: MIT Press)

Mishkin F.S. (1996), «The Channels of Monetary Transmission: Lessons for Monetary Policy», *NBER Working Paper,* No. 5464

Stefan M et W Semmler, (2012), «Regime dependence of the fiscal multiplier», *Journal of Economic Behavior and Organization*, vol. 83, issue 3, 502-522

OCDE (1999), «l'Ampleur et le Rôle des Stabilisateurs Budgétaires Automatiques», *Perspectives économiques de l'OCDE 66*

R. Perotti (2007): "In Search of the Transmission Mechanism of Fiscal Policy", *NBER Working Paper n°* 13143.

Ramey, V (2011), « Can Government Purchases Stimulate the Economy? », *Journal of Economic Literature,* Vol. 49 n° 3.

Romer, C. et **D. Romer** (2010), « The Macroeconomic Effects of Tax Changes: Estimates Based on a new Measure of Fiscal Shocks », *American Economic Review,* 100, pp763-801.

Sloman J et Alison W (2011), « Principes d'Economie », *Pearson Education France 7e édition*

Solow R. M. (2002) « Peut-on Recourir à la Politique Budgétaire? Est-ce Souhaitable? » *Conférence présidentielle prononcée au XIIIe Congrès mondial de l'Association internationale des sciences économiques, Lisbonne, Portugal, septembre 2002.* Traduction française de Jacques Le Cacheux*Revue de l'OFCE* 83, Octobre 2002

Schmidt-Hebbel, K. (2003): "Macroeconomic Policies and Performance in Latin America," **Journal of International Money and Finance** 22, 895-923.

Talvi, E. et **C. Végh** (2005): « Tax Base Variability and Procyclical Fiscal Policy in Developing Countries », *Journal of Development Economics*, Vol. 78, No. 1, pp 156–90.

Taylor, J (1993), «Discretion versus Policy Rules in Practice», *Carnegie–Rochester Conference Series on Public Policy*, 39, pp. 195–214.

Taylor, J (1998), «Rate Setting by the European Central Bank». *Sveriges Riksbank Working Paper*, No. 58.

PARTIE 2

Repérage, caractérisation et mesures empiriques du cycle économique

4. Décomposition Tendance-Cycle : Méthodes statistiques d'estimation du cycle économique 177
5. Datation des points de retournement du cycle économique : Méthodes paramétrique vs méthodes non paramétrique 225
6. Caractérisation statistique du cycle économique et analyse des co-mouvements 249

CHAPITRE 4

Décomposition Tendance-Cycle : Méthodes statistiques d'estimation du cycle économique

1. Introduction 177
2. Les méthodes non structurelles uni-variées d'extraction de la tendance 181
   2.1. Les méthodes de filtrage 182
   2.2. Les méthodes mixtes ou hybrides 204
3. Les méthodes non structurelles multi-variées d'extraction de la tendance 214
   3.1. Le filtre Hodrick-Prescott multi-varié (HPMV) 215
   3.2. Le modèle multi-varié à composantes inobservables 219
4. Conclusion 221
5. Bibliographie 222

1. Introduction

L'estimation du cycle économique, et plus précisément le cycle de croissance, repose, le plus souvent, sur une décomposition de la série en une composante tendancielle, censée représenter la croissance tendancielle ou la croissance potentielle, et une composante cyclique résiduelle. Plusieurs méthodes de décomposition sont, aujourd'hui disponibles; et le choix d'une méthode particulière se fait, généralement, soit en fonction d'un *a priori* théorique, concernant la définition de la tendance et du cycle, soit en fonction des propriétés statistique de la série (Canova, 1998). Un cadre très complet de la littérature existante dans ce domaine est fourni dans (Chagny et Döpke, 2001). Dans cet article, les méthodes de décomposition sont regroupées en quatre grandes familles : *(i)* les méthodes multi-variées structurelles ; *(ii)* les méthodes uni-variées non structurelles; *(iii)* les mesures directes; et *(iv)* les méthodes multi-variées non structurelles (Graphique 1).

La première famille de méthodes, les méthodes structurelles, repose, le plus souvent, sur une représentation de la fonction de production et une mesure des facteurs de production ainsi qu'une analyse du fonctionnement des marchés des facteurs. Les méthodes utilisées rendent compte des contraintes qui pèsent sur la croissance (absence de tensions sur le marché des biens et du marché du travail) et évaluent les effets des changements structurels (changement du rythme du progrès technique, du rythme d'accumulation du capital). Il est possible de distinguer deux types d'approches: les modèles VAR structurels et les méthodes basés sur l'estimation d'une fonction de production explicite. L'approche basée sur l'estimation d'une fonction de production est, largement, utilisée par les institutions internationales (OCDE, Commission Européenne). Elle lie de manière explicite le niveau de la production aux facteurs de production et fournie une estimation de la croissance potentielle. Cette approche soulève, toutefois, plusieurs limites dont, notamment le choix de la fonction de production (Cobb-Douglass, Translog…) et les mesures des variables inobservables (tendance de la productivité globale des facteurs). Ces mesures nécessitent, le plus souvent, une grande quantité d'information, qui est difficilement disponible, surtout lorsque les données sont mensuelles ou trimestrielles. Dans les modèles de type VAR structurels, on considère plusieurs séries sans toutefois faire intervenir des relations entre les facteurs utilisés et le niveau de la production. Ces modèles sont simples à formuler et sont capables d'intégrer de manière optimale les contraintes dictées par la théorie économique. Dans ces modèles, seule la croissance tendancielle peut être évaluée, qui est, d'ailleurs, assimilée à une croissance potentielle.

Les méthodes uni-variées non structurelles sont des méthodes statistiques de lissage ou de filtrage qui n'utilisent aucun a priori théorique, et qui exploitent l'information que la série contient en elle-même (Cogley, 1997). Ces méthodes permettent de déterminer la tendance sans formuler d'hypothèse économique sur l'évolution de long terme; d'ou l'intérêt de leur application surtout dans les pays où on observe un manque de données au niveau agrégé. Pour ces méthodes, la tendance est considérée comme la croissance "moyenne" sur la période, et est déterminée à partir de techniques purement statistiques. Historiquement, l'approche uni-variée a, été utilisée pour estimer des tendances déterministes linéaires, polynomiales ou même coudées. Des méthodes de filtrage se sont développées et sont devenues populaires, en raison de leur simplicité et en raison, surtout, de leur capacité à estimer des tendances stochastiques. D'abord, le filtre de Hodrick-Prescott (1997), puis le filtre de passe-bande de Baxter et King (1999). Toutefois, ces filtres ont l'inconvénient de faire apparaître des cycles artificiels pour certaines séries non stationnaires .Une autre procédure consiste à modéliser les composantes permanentes (tendance) et transitoire (le cycle) qui sont ensuite estimés. Elle correspond à la décomposition de Beveridge-Nelson (1981) et les modèles à composantes inobservables (Harvey, 1989). Dans l'ensemble, les méthodes uni-variées peuvent fournir des indications utiles à l'analyse du cycle économique, mais l'instabilité des estimations de l'écart de production aux extrémités de la série rendent ces méthodes peu utilisables pour les décisions de politique économique (Orphanides et Van Norden, 1999)

En raison des limites qui entourent les méthodes univariées de décomposition tendance-cycle, diverses approches statistiques multi-variées non-structurelles se sont développées. Ces méthodes introduisent dans les procédures uni-variées une information supplémentaire de nature économique, qui a pour principal objectif de diminuer l'incertitude qui entoure le cycle. Cela consiste à distinguer les chocs d'offre, qui affectent la tendance, des chocs de demande, qui affectent le cycle (Mendez et Palenzuela, 2003). Dans cette famille de méthodes, il existe différents types de procédures: la décomposition Beveridge-Nelson multi-variée (Beveridger et Nelson, 1981), le filtre de Hodrick et Prescott multi-varié (Laxton et Tetlow, 1992), la décomposition SUTS (Harvey et Jaeger, 1993), les modèles à composantes inobservables multi-variés et la décomposition tendance commune et cycle commun (Vahid et Engle, 1993 et 1997). Outre leur plus grande interprétation économique, ces modèles multi-varies réduisent les révisions observées en fin d'échantillon, par rapport aux méthodes uni-variées.

Ce chapitre développe les principales méthodes non structurelles, uni-variées et multi-variées, d'extraction de la tendance. On y trouve un classement des différentes démarches et une présentation claire de chaque méthode, ainsi que ses principaux avantages et inconvénients. On aborde les problèmes liés à l'estimation des points terminaux, propres à certaines méthodes proposées, ainsi que les moyens de les résoudre. Quelques exemples serviront de point de départ à une analyse comparative des résultats obtenus avec différents types de méthodes ou en faisant varier les paramètres d'un filtre donné. La première section expose les méthodes non structurelles uni-variées d'extraction de la tendance. Dans un souci de clarté, cette section distingue les typologies relatives, tout d'abord, aux méthodes de filtrages, ensuite aux méthodes hybrides ou mixtes. La deuxième section analyse les méthodes non-structurelles multi-variées. L'accent sera, essentiellement, mis sur le filtre Hodrick-Prescott multi-varié et le modèle multi-varié à composante inobservable.

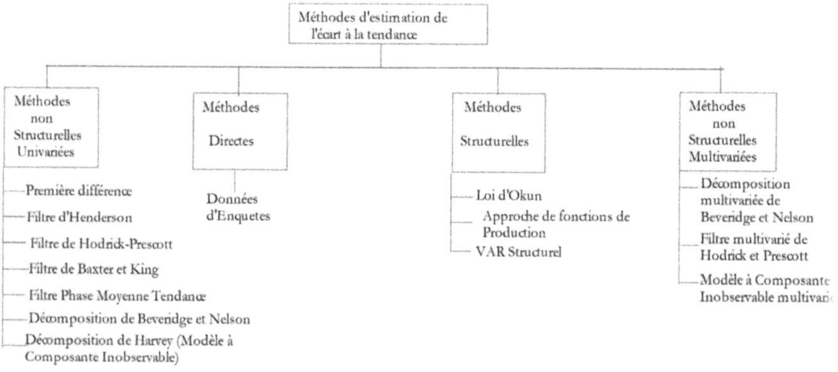

Graphique 1 : Méthode d'estimation du cycle de croissance
Source : Chagny et Döpke, (2001)

Tableau 1 : Méthodes non-structurelle d'extraction de la tendance

Méthodes	Type de méthode	Propriété statistique
Hodrick et Prescott **Baxter et King**	**Univariée/Multivariée** **Univariée**	**Mécanique** **Mécanique**
Filtre Tendance par les Moyenne des Phases **Filtre d'Henderson**	**Univariée** **Univariée**	**Mécanique** **Mécanique**
Décomposition de Stock et Watson **Décomposition SUTS**	**Univariée/Multivariée** **Univariée/Multivariée**	**Mixtes** **Mixtes**
Décomposition de Beveridge et Nelson **Modèles à Composante Inobservables**	**Univariée/Multivariée** **Univariée/Multivariée**	**Mixtes** **Mixtes**

Méthodes	Type de méthode	Propriété statistique
Décomposition Tendance Commune et Cycle Commun	**Multivariée**	**Technique des séries temporelles**

Il est possible d'établir une classification alternative des méthodes d'estimation du cycle économique en mettant en avant la technique d'extraction de la tendance utilisée. Trois familles de méthodes sont à distinguer: *(i)* les méthodes mécaniques simples basées sur les techniques de filtrage (Filtre Hodrick-Prescott, Filtre de Baxter et King...) ; *(ii)* les méthodes basées sur des techniques des séries temporelles (ARIMA, VAR...) ; et *(iii)* les méthodes mixtes basées à la fois sur le filtrage et les techniques d'analyse des séries temporelles (modèles à composantes inobservables).

Source : Ladiary et *alii,* (2003)

2. Les méthodes non-structurelles uni-variées

Pour faire apparaître les faits stylisés d'une série, Y_t , (*: ie* corrigée des variations saisonnières et prise en logarithme ; le PIB par exemple), il serait possible de la décomposer, de manière additive, en une composante structurelle de long terme, la tendance, et une composante résiduelle ou transitoire (*: ie* qui représente l'écart de la série par rapport à la tendance),.

$$Y_t = T_t + R_t$$

Où T_t , la tendance, est considérée comme une composante lisse qui ne réagit pas aux inflexions conjoncturelles ; R_t est la composante transitoire, elle même décomposé, de manière additive, en composante cyclique, C_t, et en composante irrégulière I_t . Ces deux dernières composantes (C_t, et I_t) respectent les proriétés statistiques de stationnarité. La série Y_t peut donc s'écrire sous la forme :

$$Y_t = T_t + C_t + I_t$$

Les méthodes non structurelles uni-variées se décomposent, en fonction des techniques d'extraction de la tendance utilisées, en méthodes mécaniques simples de filtrage et méthodes mixtes ou hybrides. Pour les méthodes de filtrage, cette section analyse, successivement, *(i)* le lissage par moyenne mobile, *(ii)* le filtre de Hodrick-Prescott (HP) et *(iii)* le filtre Passe Bande de Baxter et King (BP). Pour les méthodes mixtes ou hybrides deux approches sont retenus : *(i)* la décomposition de Beveridge et Nelson ; et *(ii)* la décomposition en composantes inobservables de Harvey

2.1. Les méthodes de filtrage

2.1.1. Le lissage par moyenne mobile

L'approche la plus simple considère la tendance comme le profil lissé de la série. La tendance est, alors, déterminée comme une moyenne mobile des observations[26]. Si la série suit une évolution cyclique parfaite autour d'une tendance déterministe polynomiale, alors il est possible de construire une moyenne mobile, dont la durée est égale à celle du cycle. Cette moyenne mobile conserve la tendance réduit au minimum la composante irrégulière et élimine le cycle. Par exemple, une moyenne mobile sur 20 trimestres filtre (*: ie* annule) tout cycle d'une durée de 20 trimestres, pour ne faire apparaître que la tendance.

La moyenne mobile la plus simple est la moyenne mobile arithmétique symétrique (centrée), soit

$$MA(Y_t)=\frac{1}{2m+1}\left[Y_{t-m}+Y_{t-m+1}+\ldots+Y_0+\ldots+Y_{t+m-1}+Y_{t+m}\right]$$

Ce filtre optimal conserve la tendance linéaire et élimine toute les fonctions périodiques de période $2m+1$.

Il est possible d'affecter des coefficients différents aux observations successives de la série Y_t. Dans ce cas, on pourrait construire des moyennes mobiles qui conservent des tendances de formes beaucoup plus complexes.

Cette approche par les moyennes mobiles arithmétiques rencontre des limites incontestables. D'abord, elle repose sur une conception assez pauvre du cycle : *ie* comme une oscillation périodique autour d'une tendance déterministe. Une telle vision ne peut s'appliquer au cycle économique dont les mouvements ne peuvent présenter aucune régularité mécanique. Ensuite, elle suppose connue la durée du cycle, ce qui est déraisonnable. Par ailleurs, appliquée à une série non cyclique, cette méthode peut engendrer un cycle artificiel induit par l'introduction d'autocorrélatons dans la série lissée, résultant mécaniquement du processus de lissage

26 Une moyenne mobile est une moyenne statistique utilisée pour supprimer les fluctuations transitoires d'une série temporelle de façon à ne conserver que la tendance de la série. Elle est qualifiée de mobile parce qu'elle est recalculée de façon continue, en utilisant à chaque calcul un intervalle de temps, glissant, dans lequel la valeur d'une nouvelle observation remplace la plus ancienne.

et non de la structure de la série initiale (effet de Slutsky-Yule). Enfin, l'application d'une moyenne mobile d'ordre $2m+1$ conduit à éliminer m points au début et m points à la fin de la série initiale de sorte que les deux composantes extraites, le cycle et la tendance, sont tronquées aux extrémités (Graphique 2).

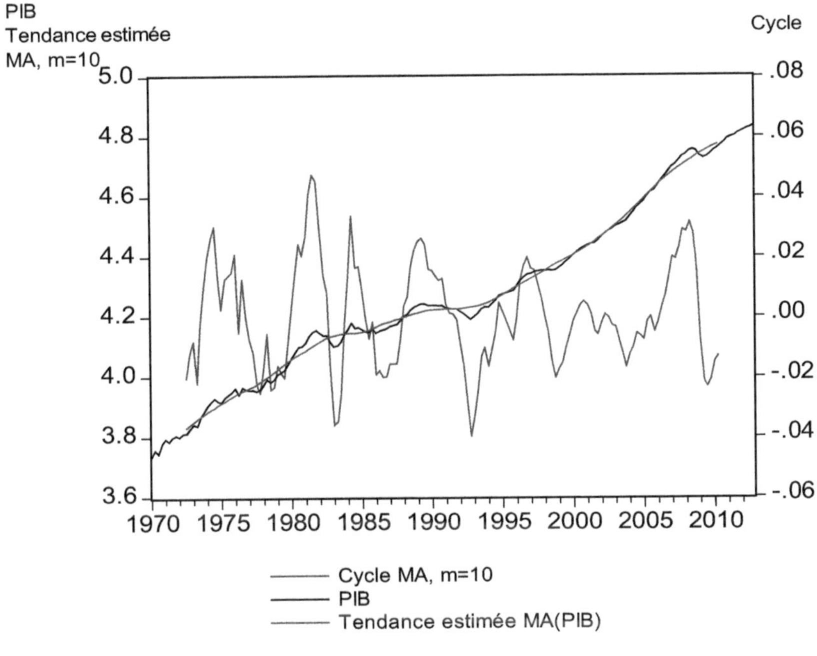

Graphique 2 : Composante tendancielle et composante cyclique du PIB trimestriel de l'Afrique du Sud ; 1970 :1-2012 :4
Notes : Moyenne mobile centrée (m =10 trimestres)

2.1.2. Le filtre de Hodrick-Prescott (HP)

Le filtre proposé par Hodrick-Prescott (1980) connait un grand succès dans les analyses empiriques sur le cycle économique. Son grand mérite est de fournir un langage commun qui permet aux conjoncturistes de comparer leurs résultats (Chateau et Henin, 1994). Ce filtre est largement utilisé dans les travaux scientifiques académique ainsi que dans les études élaborées par les institutions internationales (*: ie* notamment le FMI et l'OCDE).

A. Le filtre Hodrick-Prescott : les principes de base

Formellement, le filtre HP consiste à extraire de la série Y_t la composante tendancielle T_t en minimisant le programme :

$$Min\sum_{t=1}^{T}(Y_t - T_t)^2 + \lambda\sum_{t=2}^{T-1}(\Delta T_{t+1} - \Delta T_t)^2 \qquad (1)$$

Où T_t est la tendance, $Y_t - T_t$ l'écart de la série par rapport à la tendance et $(\Delta T_{t+1} - \Delta T_t)$ l'accélération de la tendance (degré de variation de la tendance). Le filtre de Hodrick-Prescott consiste, donc, à minimiser une pondération de la somme des carrés de la composante cyclique et de la somme des carrés des accélérations de la tendance. $\sum_{t=1}^{T}(Y_t - T_t)^2$, définie la variance de la composante cyclique, et mesure directement la souplesse de la tendance. Le coefficient λ mesure l'importance relative accordée au lissage de la tendance par rapport à l'ampleur de la composante cyclique

Le programme de minimisation (1) peut être réécrit comme :

$$Min\sum_{t=1}^{T}(R_t)^2 + \lambda\sum_{t=2}^{T-1}(\Delta T_{t+1} - \Delta T_t)^2 \qquad (2)$$

La minimisation de ce programme conduit à un système d'équations linéaires donnant la série Y_t en fonction de sa composante permanente[27], soit :

$$Y = MT.\text{avec}\, M\, \text{une matrice carré}\, T \times T \qquad (3)$$

Où Y et T désignent respectivement les séries Y_t et T_t rangées en vecteurs colonnes. Les conditions de premier ordre de ce programme de minimisation donnent :

$$R_1 = Y_1 - T_1 = \lambda(T_1 - 2T_2 + T_3)$$

$$R_2 = Y_2 - T_2 = \lambda(-2T_1 + 5T_2 - 4T_3 + T_4)$$

$$R_t = Y_t - T_t = \lambda(T_{t-2} - 4T_{t-1} + 6T_t - 4T_{t+1} + T_{t+2})\ \text{pour}\ t = 3,\ldots,T-2$$

27 $Y_t\, et\, T_t$ sont arrangés dans des vecteurs colonnes

$$R_{T-1} = Y_{T-1} - T_{T-1} = \lambda\left(T_{t-3} - 4T_{t-2} + 5T_{T-1} - 2T_t\right)$$

$$R_T = Y_T - T_T = \lambda\left(T_{t-2} - 2T_{t-1} + T_t\right)$$

Ecrit sous forme matricielle, ce système d'équation peut être réécrit comme :

$$Y - T = \lambda F T$$

Où :

$$F = \begin{bmatrix} 1 & -2 & 1 & 0 & 0 & 0 & \dots & 0 \\ -2 & 5 & -4 & 1 & 0 & 0 & \dots & 0 \\ 1 & -4 & 6 & -4 & 1 & 0 & \dots & 0 \\ 0 & 1 & -4 & 6 & -4 & 1 & \dots & 0 \\ \dots & \dots & \dots & \dots & \dots & \dots & \dots & \dots \\ 0 & 0 & 0 & 0 & 0 & 0 & \dots & 1 \end{bmatrix}$$

La composante tendancielle permanente est ainsi donnée par :

$$T = M^{-1}Y = \left(\lambda F + I\right)^{-1} Y \tag{4}$$

La matrice M dépend du nombre d'observations et du paramètre λ. En fait, dans le filtre proposé par Hodrick-Prescott, la tendance s'exprime donc comme une moyenne mobile des observations.

$$T_t = \sum_{t=1}^{T} a_i^t Y_t \tag{5}$$

Les coefficients de pondération a_i^t dépendent de l'observation pour laquelle la tendance est filtrée et du paramètre de lissage λ.

Il est facile de remarquer le rôle crucial du paramètre de lissage λ. Plus λ est élevé plus la tendance est lisse et donc plus la composante cyclique est volatile. Deux cas extrêmes se posent

(*i*) $\lambda = \infty$, le problème se résume à minimiser $\sum_{t=2}^{T-1}\left(\Delta T_{t+1} - \Delta T_t\right)^2$ et donc à prendre $\Delta T_t = \Delta T_{t-1} = Cte$, soit un taux de croissance constant pour la tendance. Ceci correspond à une forme affine de la tendance $T_t = a + bt$

(ii) $\lambda = 0$, le problème revient à minimiser $\sum_{t=1}^{T}(Y_t - T_t)^2$, soit $Y_t = T_t$: la tendance est identifiée à la série initiale et la composante cyclique est nulle à tout instant.

Le filtre HP apparaît, ainsi, comme une méthode relativement flexible *: ie* le choix du paramètre λ permet de fixer l'amplitude du cycle. La valeur de λ la plus couramment utilisée pour une fréquence trimestrielle des données est de 1 600. Elle est de 14400 pour des données mensuelles, de 400 pour des données semestrielles et de 100 pour des données annuelles (Danthine et Girardin, 1998). Le graphique 3 retrace les tendances estimées par le filtre HP du PIB trimestriel de l'Afrique du Sud pour trois valeurs : $\lambda = 200, \lambda = 1600\, et\, \lambda = 24000$. Les composantes cycliques sont présentées au graphique 4.

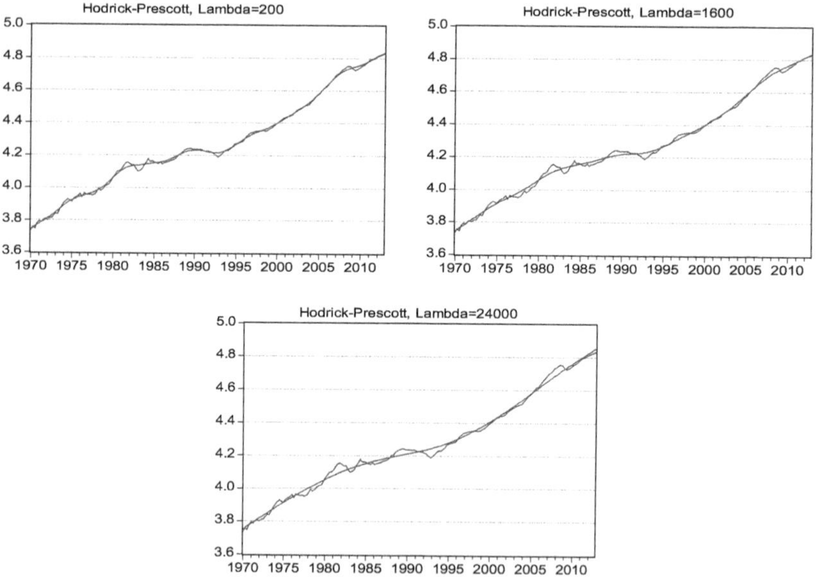

Graphique 3 : Tendance estimée du PIB trimestriel de l'Afrique du Sud pour $\lambda = 200, \lambda = 1600\, et\, \lambda = 24000$

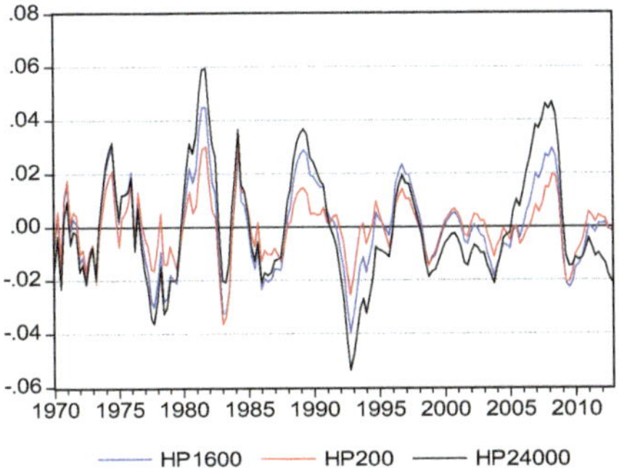

Graphique 4 : Composante cyclique du PIB trimestriel de l'Afrique du Sud pour $\lambda = 200, \lambda = 1600\,\boldsymbol{et}\,\lambda = 24000$

B. Analyse spectrale du filtre Hodrick-Prescott

L'étude du filtre HP dans le domaine des fréquences (Encadré 1) permet de rendre compte de son effet sur les propriétés cycliques de la série filtrée. Le passage dans le domaine des fréquences se fait en écrivant le transformée de Fourier de la série filtrée.

En supposant que la série de référence, Y_t, est infinie, $\{Y_t\}_{-\infty}^{\infty}$ (King et Robelo, 1993), il est possible de réécrire l'expression (3), comme :

$$Y_t = M(L)T_t \text{ avec } M(L) = 1 + \lambda\left(1 - L^2\right)\left(1 - L^{-1}\right)^2$$

Ainsi la composante tendancielle est obtenue en appliquant le filtre linéaire $A_T(L) = M^{-1}(L)$ à la série de référence.

$$T_t = A_T(L)Y_t = \frac{1}{1 + \lambda(1 - L)^2\left(1 - L^{-1}\right)^2} Y_t \qquad (6)$$

La composante cyclique transitoire est, alors, donnée par :

$$R_t = Y_t - T_t = \left(1 - A_T(L)\right)Y_t = A_R(L)Y_t = \frac{\lambda(1 - L)^2\left(1 - L^{-1}\right)^2}{1 + \lambda(1 - L)^2\left(1 - L^{-1}\right)^2} Y_t \quad (7)$$

Un résultat important de l'équation (7) est que $A_C(L)$ pourrait être factorisée comme :

$$A_R(L) = (1 - L)^4 A'_R(L)$$

Ceci signifie que le filtre HP peut rendre stationnaire des séries potentiellement intégrées jusqu'à l'ordre 4.

King et Robelo (1993) montrent que, lorsque la série est infinie, le filtre Hodrick-Prescott est symétrique et n'induit aucun déphasage. La fonction $\Psi(\omega)$, (phase du filtre), est alors nulle (Encadré 1).

La transformée de Fourier du filtre $A_R(L)$ de l'équation (7) est obtenue en remplaçant le retard L par $exp(i\,\omega)$, soit $A_R(\omega)=\frac{4\lambda(1-cos(\omega))^2}{1+4\lambda(1-cos(\omega))^2}$.
où ω est la fréquence et appartient à l'intervalle $[0,\pi]$. Les fréquences élevées sont caractéristiques des fluctuations de court terme et les fréquences basses des évolutions de long terme. La fonction gain[28] est définie par :

$$G(\omega)=\frac{1}{1+4\lambda(1-cos(\omega))^2}$$

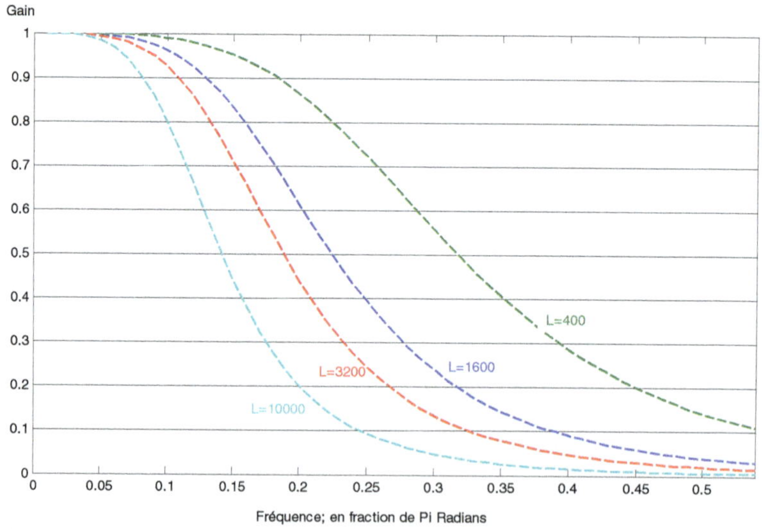

Graphique 5 : Fonction gain pour différentes valeurs de λ

28 Les modifications d'une série filtrée sont caractérisées dans le domaine des fréquences par la fonction gain et la fonction phase. Le gain indique l'amplification (: ie réduction ou augmentation d'amplitude) d'un élément cyclique induite par le filtre. Le déphasage définit le décalage temporel de la série causé par le filtre. Le filtre HP étant symétrique, la fonction phase est nulle.

Cette formulation de la fonction gain permet de souligner plusieurs caractéristiques du filtre HP. Ainsi, lorsque la fréquence est nulle $\omega = 0$, le gain du filtre atteint une valeur maximale de 1, quelque soit la valeur du paramètre λ, et prend des valeurs proches de l'unité pour des basses fréquences non nulles. Le filtre HP conserve bien les mouvements de long terme et permet de conserver dans la tendance filtrée une partie les cycles correspondant à une périodicité de moyen terme (fréquence faible mais non nulle). Pour les hautes fréquences (ω tend vers π) le gain du filtre tend vers zéro. Le filtre HP élimine bien les cycles de très court terme. Entre les basses fréquences et les hautes fréquences, la fonction gain décroit continuellement. Une partie des fluctuations est intégrée dans la tendance filtrée. Pour être efficace le filtre HP doit, donc, être appliqué sur des séries dominées par de hautes fréquences, et admettent un spectre qui présente un pic situé à des fréquences correspondant à celles du cycle d'activité conventionnel.

Lorsqu'ils sont conduits par les mêmes innovations stochastiques, la tendance et le cycle, ne sont plus indépendants. Sur le graphique, il apparaît que la fonction gain réagit aux variations du paramètre de lissage λ. Plus le paramètre λ est faible, plus la fonction gain est décalée à droite et plus les fluctuations de court et moyen terme sont filtrées avec la tendance. Une partie des fluctuations cycliques est donc intégrée dans la tendance filtrée. Dans le cas limite où λ = 0, on retrouve l'identité de la tendance filtrée avec la série initiale.

C. Limites du filtre Hodrick-Prescott

Le filtre HP est simple à mettre en œuvre et constitue une bonne approximation du cycle observé lorsqu'il est appliqué sur des séries stationnaires. Il permet d'extraire des fréquences pertinentes du point de vue du cycle d'activité (les cycles qui ne durent pas plus de trente-deux trimestres - huit ans - et pas moins de six trimestres – un an et demi). Cependant, pour être efficace le filtre HP doit être appliqué sur des séries dominées par de hautes fréquences. Par ailleurs, plus le paramètre de lissage λ est grand plus le gain se rapproche de 0 et la fonction gain se déplace vers le bas. Intuitivement, cela implique que ce filtre a tendance à surestimer les fréquences hautes des données (donc du cycle) et à sous-estimer les fréquences basses (celles du trend), ce qui peut aller jusqu'à créer des pics spectraux fallacieux, qui n'existent pas dans la série originale, par un effet de même type que celui de Slutsky-Yule. Ainsi, les propriétés d'une série filtrée avec la méthode HP ont plus tendance à refléter les propriétés du filtre que celles de la série elle-même.

Une autre limite du filtre HP concerne la valeur choisie pour le paramètre de lissage λ ; paramètre qui détermine dans quelle mesure la variabilité de la série doit être allouée à la tendance ou au cycle. Pour ce filtre, il n'y a aucun fondement théorique qui permet de justifier le choix d'une valeur particulière de λ. Le choix de λ est arbitraire, ce qui rend la décomposition tendance cycle peu robuste. Ainsi, lorsque le paramètre λ est mal choisi, une partie de la tendance peut être incorporée dans la construction du cycle, ou une partie du cycle peut demeurer dans la tendance après filtrage.

Enfin, ce filtre opère différemment aux extrémités de la série qu'en son centre. Sur des séries finies, le filtre HP peut être approximé par une moyenne mobile finie et ne peut fonctionner correctement aux extrémités de la série. En effet, pour les points centraux de la série, le filtre HP est défini par une moyenne mobile à peu près symétrique ; il calcule les points présents de la tendance par une moyenne mobile des valeurs passées, présentes et futures de la série. Par contre, ce filtre devient de plus en plus asymétrique en se rapprochant des extrémités. Par exemple, le filtre correspondant à la dernière date de la série calcule le dernier point de la tendance par une moyenne mobile faisant intervenir les valeurs passées et naturellement aucun avenir. De fait, les dernières données disponibles sont surestimées et la tendance est plus proche des derniers points de la série observée.

Encadré 1 - Analyse spectrale des filtres linéaires

L'analyse spectrale des filtres décrit la manière dont les filtres affectent les fluctuations observées dans la série de référence (originale). On peut définir ces effets par le *gain* et le *déphasage.* Le gain indique l'amplification (: ie réduction ou augmentation d'amplitude) induite par le filtre sur l'élément cyclique de la série originale (de périodicité donnée). Le déphasage définit le décalage temporel causé par le filtre.

Fonction cycliques élémentaires

Soit les fonctions périodiques élémentaires : $Y_t = Sin(\omega t + \varphi)$ et $Y_t = Cos(\omega t + \varphi)$. Ces fonctions se reproduisent à l'identique a des intervalles de temps, successifs, de même durée, appelée période T (la longueur du cycle). Le paramètre ω s'appelle *la fréquence* de la fonction ; il indique à quelle vitesse le cycle se déroule c'est à dire le nombre de cycles (de périodes, T) pour un temps précis. Plus vite une variable effectue un cycle, moins elle met de temps à effectuer ce cycle. La fréquence ω est, donc, inversement proportionnelle à la longueur du cycle (la période T). Les fonctions $Sin(t)$ et $Cos(t)$ sont des fonctions périodiques de périodes 2π: elles mettent 2π unités de temps pour revenir à leur point de départ. Les fonctions $Sin(\omega t)$ et $Cos(\omega t)$ ont des cycles ω fois plus rapides, c'est à dire que leur période T, est ω plus courte, soit :

$$T = \frac{2\pi}{\omega} \text{ ou encore } \omega = \frac{2\pi}{T}$$

Le paramètre $\phi = \omega t + \varphi$ défini la *phase du mouvement*. En particulier, il indique la valeur de la fonction en $t = 0$. Pour illustrer l'effet de ces paramètres sur les mouvements de Y_t on a représenté sur le graphique les fonctions $Y_t = Sin(0.5t + 15)$, $Y_t = Sin(0.5t)$ et $Y_t = Sin(2t)$. Il est clair qu'en augmentant la fréquence ω les cycles deviennent de plus en plus rapides, tandis qu'en augmentant la phase $\phi = \omega t + \varphi$ les cycles deviennent décalé:

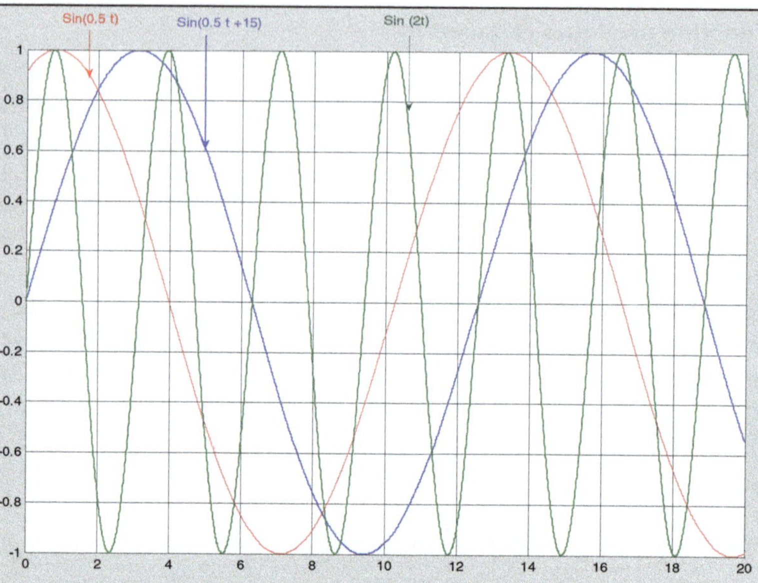

Graphique 6 : Variations de la fréquence ω et de la phase ϕ

Le spectre-population et ses caractéristiques

Soit une série univariée Y_t, stationnaire et d'espérance μ.. L'auto-covariance d'ordre *j* s'écrit:

$$\gamma_j = E\left[(Y_t - \mu)(Y_{t-j} - \mu)\right] \tag{1}$$

En supposant que la fonction d'auto-covariance est absolument sommable $\left(\sum_{j=-\infty}^{+\infty} |\gamma_j| < \infty\right)$, il est possible de définir la *fonction génératrice des autocovariances* comme:

$$g_Y(z) = \sum_{j=-\infty}^{\infty} \gamma_j z^j \tag{2}$$

Où z est un nombre complexe. En divisant $g_Y(z)$ par 2π et en l'évaluant en $z = e^{-i\omega} = \cos(\omega) - i\sin(\omega)$ on obtient la densité spectrale de Y en ω :

$$S_Y(\omega) = \frac{1}{2\pi} g_Y\left(e^{-i\omega}\right) = \frac{1}{2\pi} \sum_{j=-\infty}^{\infty} \gamma_j e^{-i\omega j} \tag{3}$$

Cette expression s'appelle le transformée de Fourrier de la fonction d'autocovariance.

Il est bien connu, en analyse spectrale, qu'une fonction $g(x)$ définie sur une infinité de points discrets $(x = 0, \pm 1, \pm 2 \ldots)$ peut être décomposée en une somme infinie de fonctions cycliques élémentaires ($Sin(\omega t)$ et $Cos(\omega t)$), chacune est associée à une fréquence particulière. On appelle transformée de Fourrier de $g(x)$, la fonction $f(\omega)$ définie par :

$$f(\omega) = \frac{1}{2\pi} \sum_{x=-\infty}^{\infty} g(x) e^{-i\omega x} \quad \omega \in [-\pi, \pi]$$

Une simple manipulation trigonométrique permet d'écrire l'expression (3) comme :

$$S_Y(\omega) = \frac{1}{2\pi}\left[\gamma_0 + 2\sum_{j=1}^{\infty} \gamma_j \cos(\omega j)\right] \qquad (4)$$

De l'expression (4), il apparaît que la fonction de densité spectrale $S_Y(\omega)$ est continue, à valeurs réelles, symétrique autour de $0\left(S_Y(\omega) = S_Y(-\omega)\right)$, non négative quelque soit ω et périodique de période 2π. Puisque la fonction d'autocovariance est définie depuis $-\infty$ jusqu'à ∞, la densité spectrale définie ci-dessus s'appelle le spectre-population.

Effets d'un filtre

Filtrer une série chronologique consiste à effectuer des opérations pour éliminer la tendance. En particulier, lorsqu'on remplace la valeur présente d'un processus Y_t par une somme pondérée des valeurs passées, présentes et futures de Y_t, on dit qu'on applique un filtre linéaire à la série Y_t.

on considèrera un processus Y_t comme série originale. On lui appliquant un filtre, on obtient une série X_t. Si le filtre est linéaire on défini la série filtrée par :

$$X_t = \sum_{j=-\infty}^{\infty} a_j Y_{t-j} \qquad (5)$$

En utilisant l'opérateur de retard L, donné par $L^kY_t = Y_{t-k}$, il est possible d'écrire :

$$X_t = A(L)Y_t \tag{6}$$

Le polynôme de retard $A(L)$ définit un filtre linéaire. X_t est la série filtrée obtenue à partir de la série originale Y_t en appliquant le filtre $A(L)$.

En analyse spectrale, il est bien établi qu'un processus stationnaire peut être décomposée en une somme infinie de processus aléatoire non corrélés ; chacun est associé à une fréquence particulière (*Décomposition de Cramer*). La décomposition de Cramer du processus filtré X_t peut être donnée par :

$$X_t = \int_{-\pi}^{\pi} A(\omega)e^{i\omega j}dz(\omega)$$

Où $A(\omega)$ est la transformée de Fourrier du filtre linéaire $A(L)$, soit :

$$A(\omega) = \sum_{j=-\infty}^{\infty} a_j e^{-i\omega j}$$

Pour une fréquence donnée ω, le nombre complexe $A(\omega)$ peut écrit en coordonnées polaires :

$$A(\omega) = G(\omega)e^{-i\Psi(\omega)}$$

Il apparait que X_t est aussi une fonction sinusoïdale, avec la même fréquence que Y_t, mais avec une amplitude $G(\omega)$ fois plus élevée que celle de Y_t et déphasée de $\Psi(\omega)$ par rapport à Y_t. La fonction $G(\omega)$ est appelé *gain du filtre* ; elle mesure les modifications d'amplitude (augmentation ou réduction), induites par le filtre, sur les composantes de fréquence ω dans la série originale: ie c'est le facteur par lequel l'amplitude de la série filtrée a été modifiée. La fonction $\Psi(\omega)$ est appelée phase du filtre ; elle mesure de combien la série filtrée a été décalé, dans le temps, par rapport aux même composantes. (Graphique 7)

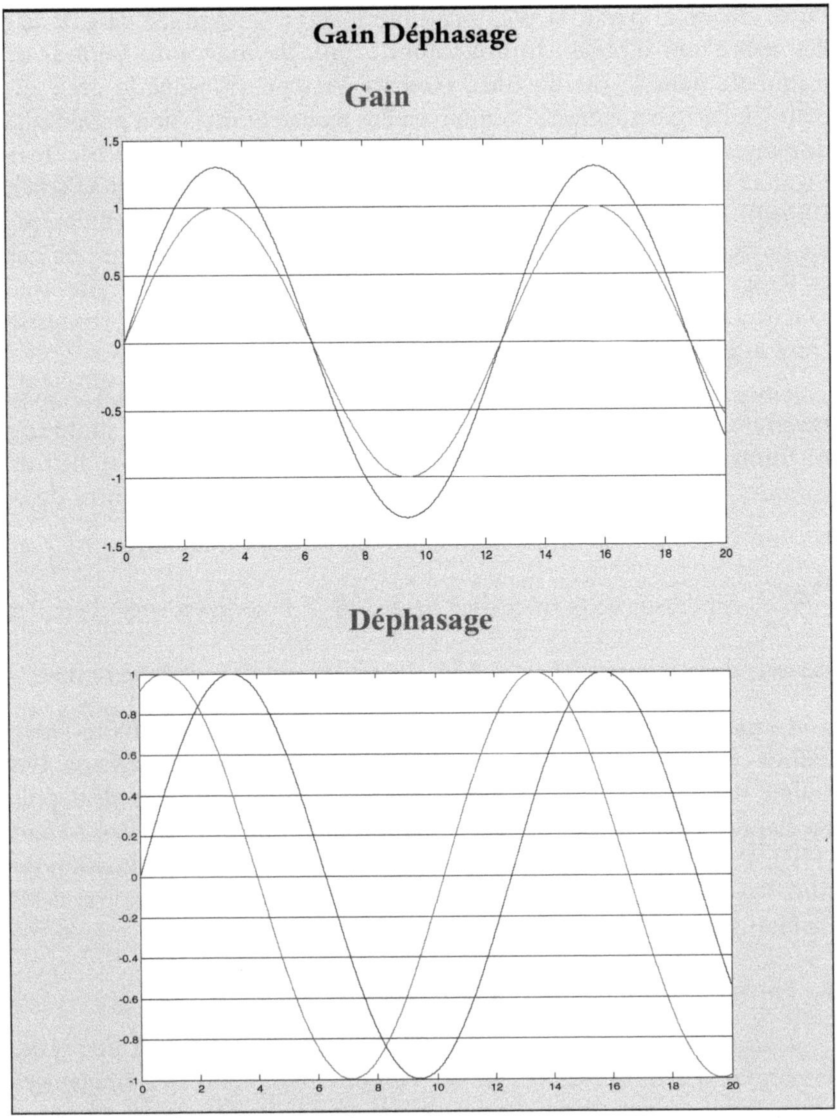

Graphique 7 : Effets du filtrage

2.1.3. Le filtre Passe- Bande de Baxter et King

Parmi les réserves émises à l'encontre des méthodes d'extraction du cycle, présentées dans les paragraphes précédents, celle relative à la durée du cycle paraît la plus plausible: fixe et déterminée dans le cas des moyennes mobiles arithmétiques ; variable mais sans périodicité minimale dans le cas du filtre Hodrick-Prescott. Puisque le cycle est défini, à l'origine, comme un mouvement récurrent mais non périodique de phases d'expansion et de phase de contraction, dont la durée varie entre un an et demi (6 trimestres) et huit ans (32 trimestres) (Burns et Mitchel, [1946]), l'utilisation de filtres de type moyenne mobile arithmétique ou de type Hodrick-Prescott paraît sans fondement théorique. Baxter et King (1995) ont proposé une méthode qui permet d'extraire avec exactitude une composante cyclique, dont la périodicité est comprise entre une durée minimale et une durée maximale.

Pour établir ce filtre, Baxter et King (1995) recourent à l'analyse spectrale. Ils ramènent la décomposition tendance-cycle à un problème de filtrage dans le domaine des fréquences. Le cycle est, ainsi, définie comme la partie de la série dont la période est comprise entre deux bornes, 6 et 32 trimestres, c'est à dire entre deux fréquences $2\pi/6$ et $2\pi/32$. Au dessus de la fréquence haute $2\pi/6$, la série est irrégulière; en dessous de la fréquence basse, $2\pi/32$, c'est la tendance de long terme.

Le filtre de Baxter et King (1995) est un filtre Passe-Bande (Band-Pass), définit comme la différence entre deux filtres Passe-Bas (Low-Pass). On établit, dans ce qui suit, une approximation du filtre Passe-Bas idéal, puis on élargie l'analyse pour obtenir une approximation du filtre Passe-Haut (High-Pass) et du filtre Passe-Bande. En particulier, l'approximation du filtre Passe-Haut permet de comparer le filtre de Baxter et King avec celui de Hodrick et Prescott.

A. Filtre Passe-Bas et filtre Passe-Haut

Il s'agit de construire un filtre $A^*(L)$ tel que, appliqué à une série, il permet d'extraire seulement les composantes dont les fréquences appartiennent (en valeur absolue) à un intervalle Ω^* de $[0,\pi]$. A ce niveau, on définit un filtre idéal comme un filtre dont :

(i) La fonction gain est égale à l'unité pour les fréquences qui devraient êtres extraites (ie : appartiennent à Ω^*) et nulle pour toutes les autres fréquences ;

(ii) Le déphasage est nul quelque soit la fréquence.

Ecrites en termes mathématiques, ces conditions impliquent :

$$G^*(\omega) = 1 \forall \omega \in \Omega^* \tag{1}$$

$$\text{et } G^*(\omega) = 0 \forall \, \omega \notin \Omega^*$$

$$\Psi^*(\omega) = 0 \forall \omega$$

En fonction de l'intervalle Ω^*, il est possible de définir les concepts de filtre idéal Passe-Bas, Passe-Haut et de Passe-Bande. Ainsi :

(i) Si $\Omega^* = [0, \omega^*]$ avec $0 \leq \omega^* \leq \pi$, le filtre $A^*(L)$ qui satisfait les deux conditions ci-dessus est appelé *filtre idéal Passe-Bas.* Ce filtre préserve toutes les composantes de la série originale Y_t dont les fréquences sont basses ($\omega \leq \omega^*$) et élimine celles dont les fréquences sont hautes ;

(ii) Si $\Omega^* = [\omega^*, \pi]$ avec $0 \leq \omega^* \leq \pi$, le filtre $A^*(L)$ est appelé *filtre idéal Passe-Haut* ; il permet d'extraire de la série Y_t seulement les composantes à hautes fréquences ($\omega^* \leq \omega$, le) et élimine celles dont les fréquences sont basses ;

(iii) $\Omega^* = [\omega_1^*, \omega_2^*]$ avec $0 \leq \omega_1^* \leq \omega_2^* \leq \pi$, le filtre $A^*(L)$ est appelé *filtre idéal Passe-Bande.* Ce filtre permet d'extraire de la série originale, Y_t, les composantes dont les fréquences sont comprises entre deux bornes : inférieure ω_1^* et supérieure ω_2^*

La définition d'un filtre idéal dans le domaine du temps (des périodes) est une moyenne mobile infinie, symétrique :

$$A^*(L) = \sum_{j=-\infty}^{\infty} b_j L^j \tag{2}$$

Où $b_j = b_{-j}$. Les coefficients b_j peuvent être obtenus en calculant l'inverse de la Transformée de Fourrier de la fonction (1). Pour un filtre idéal Passe-Bas, ces coefficients sont donnés par :

$$b_j = \int_{-\pi}^{\pi} G_{PB}^*(\omega) e^{i\omega j} d\omega = \int_{-\omega^*}^{\omega^*} e^{i\omega j} d\omega \tag{3}$$

En calculant cette intégrale, il vient que :

$$b_0 = \frac{\omega^*}{\pi} \text{ et } b_j = \frac{\sin(\omega^* j)}{j\pi} \text{ pour } j \neq 0 \tag{4}$$

L'application du filtre (2) requiert de disposer d'une série infinie. Cependant, la mise en œuvre pratique du filtre de Baxter et King nécessite de passer à une moyenne mobile finie de la forme :

$$A_{PB}^k(L) = \sum_{j=-k}^{k} a_j L^j \tag{5}$$

Où $a_j = a_{-j}$; Les coefficients de pondération a_j doivent vérifier, quelque soit l'ordre k, les conditions suivantes :

(i) La fonction gain $G_{PB}^k(\omega)$ évaluée à la fréquence $\omega = 0$ est égale à l'unité (ie $G_{PB}^k(0) = 1$). Ceci signifie que les coefficients a_j vérifient $\sum_{j=-k}^{k} a_j = 1$;

(ii) La fonction gain $G_{PB}^k(\omega)$ est telle que la fonction de perte quadratique $Q = \int_{-\pi}^{+\pi} \left| G_{PB}^*(\omega) - G_{PB}^k(\omega) \right|^2 d\omega$ est minimale. Cette fonction de perte mesure la perte totale causée par le passage du filtre idéal au filtre fini.

Baxter et King (1995) montrent que les a_j qui remplissent ces conditions sont données par :

$$a_j = b_j + \theta \text{ pour } j = -k, \ldots.., k \tag{6}$$

Où b_j est le jième coefficient de la moyenne mobile infinie (2) et θ est une constante tel que $\sum_{j=-k}^{k} a_j = 1$, c'est à dire $\theta = \frac{\left(1 - \sum_{j=-k}^{k} b_j\right)}{2k+1}$. Ainsi la meilleure approximation d'un filtre idéal Passe-Bas est obtenue par simple troncature du filtre infini (2) à l'ordre k (entre $-k$ et k) et de ramener la somme des coefficients a_k à 1.

Un aspect important dans l'application du filtre Baxter et King est le choix de l'ordre k ; celui ci détermine la longueur de la moyenne mobile tronquée. Le filtre tronqué à l'ordre k utilise $2k+1$ valeurs observées (de $t-k$ à $t+k$). La précision du filtre fini croît avec k, mais avec une perte de k points à chaque extrémité de la série. En données trimestrielles, Baxter et King recommandent de tronquer le filtre infini à l'ordre ($k=12$), soit un filtre symétrique de 25 termes, ce qui conduit à perdre 12 trimestres à chaque extrémité de la série.

Dans l'ensemble, dans l'approche de Baxter et King, la composante tendancielle, T_t, de la série Y_t est donnée par :

$$T_t = A_{PB}^{12}(L)Y_t = \sum_{j=-k}^{k} a_j Y_{t-j} \tag{7}$$

Où les coefficients a_j sont définies par l'équation (6) et les fréquences à retenir sont $\leq \omega^* = \dfrac{\pi}{16}$. Un filtre "Passe-Haut" est le complément à 1 du filtre Passe-Bas associé à la même fréquence ω. Si le filtre Passe Bas permet d'extraire la composante tendancielle, le filtre Passe Haut permet d'extraire de Y_t la composante résiduelle, soit :

$$R_t = Y_t - T_t = A_{PH}^{12}(L)Y_t = \left(1 - A_{PB}^{12}(L)\right)Y_t = \sum_{j=-k}^{k} a'_j Y_{t-j} \tag{8}$$

Avec $a'_0 = 1 - a_0 \; et \; a'_j = -a_{j,} \; pour \; j = -k,\ldots,k, j \neq 0$

B. Le filtre Passe-Bande

La contribution de Baxter et King consiste à appliquer à une série originale, Y_t, un filtre Passe-Bande pour estimer directement la composante cyclique, C_t. Par référence à la définition de Burns et Mitchell (1946), le cycle économique correspond à la composante stationnaire d'une série économique dont la période est comprise entre 6 et 32 trimestres, c'est à dire dont la fréquence est comprise entre $\omega_2^* = 2\pi/6$ et $\omega_1^* = 2\pi/32$. Baxter et King développent, alors, un filtre Passe-Bande qui permet d'extraire de la série originale, Y_t, les composantes dont les fréquences appartiennent à un l'intervalle [ω_1^*, ω_2^*]. Par voie de conséquence, la tendance, T_t, qui traduit les évolutions de long terme (ou de basse fréquence), admet une période supérieure à

32 trimestres (ie : $\omega_1^* = 2\pi/32 \geq \omega$). La composante irrégulière, I_t, qui correspond aux évolutions de très court terme (ou de haute fréquence), admet une période inférieure à 6 trimestres (ie : $\omega \geq \omega_2^* = 2\pi/6$).

Le filtre passe-bande est obtenu à partir de la différence de deux filtres Passe-Bas associés respectivement aux fréquences $\omega_1^* = 2\pi/32$ et $\omega_2^* = 2\pi/6$.

$$C_t = A_{PBd}^k(L)Y_t = \sum_{j=-k}^{k} a"_j Y_{t-j}$$

Avec $a_j'' = a_{2j} - a_{1j} + \theta_2 - \theta_1$. a_{1j} et a_{2j} sont les jième coefficients de pondération, donnés par l'équation (6), des filtres Passe-Bas associés respectivement aux fréquences ω_1^* et ω_2^* ; et θ_1 et θ_2 sont les termes de correction correspondants. Il est facile de vérifier que la somme des coefficients a_j'' est égale à zéro (Tableau 2).

Tableau 2 : Coefficients des filtres Passe-Bas associés aux périodes de 6 et 32 trimestres et du filtre Passe-Bande

k	**Filtre Passe Bas (6 trimestres ;** $\omega = 2\pi/6$)	**Filtre Passe Bas (32 trimestres ;** $\omega = 2\pi/32$)	**Filtre Passe-Bande (6-32 trimestres)**
0	0,3351	0,0575	0,2777
1	0,2775	0,0571	0,2204
2	0,1396	0,0559	0,0838
3	0,0018	0,0539	-0,0521
4	-0,0671	0,0513	-0,1184
5	-0,0533	0,0479	-0,1012
6	0,0018	0,0440	-0,0422
7	0,0412	0,0396	0,0016
8	0,0363	0,0348	0,0015
9	0,0018	0,0297	-0,0279
10	-0,0258	0,0244	-0,0501
11	-0,0232	0,0190	-0,0423

k	**Filtre Passe Bas (6 trimestres ;** $\omega = 2\pi/6$)	**Filtre Passe Bas (32 trimestres ;** $\omega = 2\pi/32$)	**Filtre Passe-Bande (6-32 trimestres)**
12	0,0018	0,0137	-0,0119
Somme $-k$ à k	1.0000	1.0000	0.0000

La précision du filtre Passe-bande croît avec k , mais avec une perte de k points à chaque extrémité de la série. En données trimestrielles, Baxter et King recommandent de retenir l'ordre ($k = 12$).

Le graphique 8 présente le gain du filtre idéal associé aux périodes de 6 et 32 trimestres, ainsi que les gains de plusieurs approximations finies, pour k compris entre 4 et 50, sur les données trimestrielles du PIB de l'Afrique du Sud. Sur l'axe des abscisses on reporte les fréquences. Les périodes de 6 et 32 trimestres, retenues comme bornes de l'intervalle définissant le cycle, correspondent aux fréquences de $\pi/3$ et $\pi/16$. Le gain du filtre idéal est égal, par définition, à 1 pour ω compris entre $\pi/16$ et $\pi/3$ et à 0 sinon. Les approximations finies à l'ordre k de ce filtre Passe Bande sont d' autant plus meilleures (leurs gains sont d' autant plus proches du gain idéal) que l'ordre du filtre est élevé. Les valeurs allant de 4 à 50 fournissent un premier cadrage, puisque pour k = 4 le filtre ne constitue qu'une approximation grossière alors qu'avec k = 50, l'approximation est satisfaisante, mais implique la perte de 50 points à chaque extrémité de la série, ce qui n'est évidemment pas envisageable en terme de traitement statistique. k = 12 constituent un bon compromis entre précision et ampleur de la perte de points (Hatanaka, 1995).

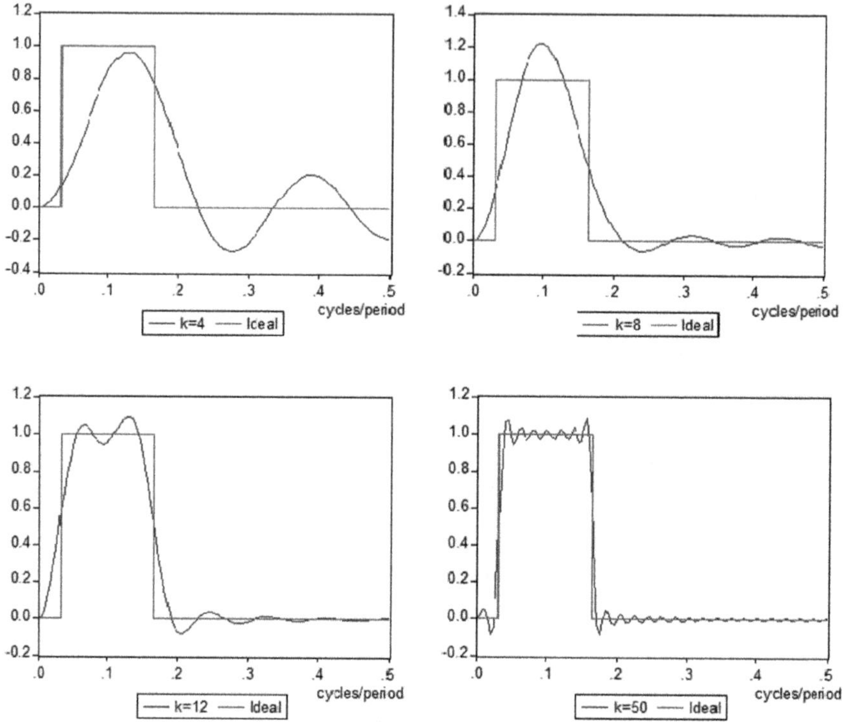

Graphique 8 : Gains du filtre Passe-Bande (6,32 trimestres) pour 4 valeurs de k

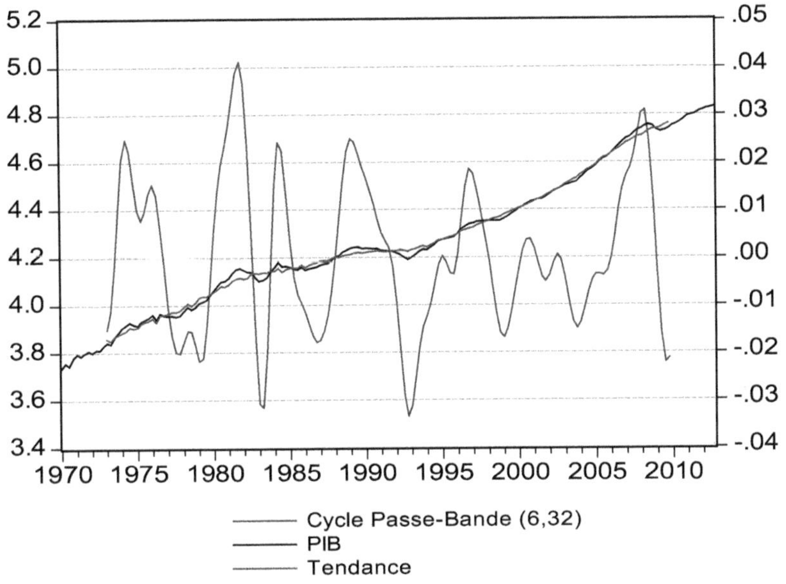

Graphique 9 : Composante tendancielle et composante cyclique du PIB trimestriel de l'Afrique du Sud ; Passe-Bande (6,32 trimestres)

C. Limites du filtre Passe-Bande

Le filtre de Baxter et King est la seule méthode uni-variée explicitement conçue pour estimer le cycle économique. En faisant varier les bornes ω_1^* et ω_2^*, il est, en effet, possible d'extraire des variétés de fluctuations cycliques, notamment des cycle Juglar ou des cycles Kuznets.

Cependant, l'utilisation de ce filtre conduit à une perte de k observations au début et à la fin de la série. Pour des données trimestrielles, par exemple, Baxter et King préconisent de retenir $k = 12$, ce qui conduit à perdre 12 observations à chaque extrémité de la série. Pour remédier à ce problème, il est possible de prolonger la série en incorporant des prévisions et en avant et en arrière avant d'appliquer le filtre. Ce faisant, l'estimation du cycle devient sensible à la qualité des prévisions utilisées pour sa construction

Tableau 3 : Comparaison des propriétés des différents filtres

	Moyennes mobiles Arithmétiques	Filtre Hodrick-Prescott	Filtre Passe-Bande
Composante Cyclique	Durée supposée fixe et connue à priori	Il intègre : • la composante irrégulière • les mouvements longs terme (si λ est élevée)	La composante irrégulière est éliminée ; Il intègre des fluctuations de périodicité variables
Effet Slutsky-Yule	Oui	Oui	Oui
Elimination des points aux extrémités de la série	Oui	Non	Oui
Déphasage	Non	Oui pour les points terminaux	Non
Gain	Non	Oui pour les points terminaux	Non

Source : Hamilton JD (1994).

2.2. *Les méthodes mixtes ou hybrides*

2.2.1. *Les modèles à composantes inobservables*

Les modèles à composantes inobservables, initialement développés par Harvey (1985), partent de l'hypothèse que les séries économiques sont le résultat de l'interaction de certaines composantes, qui sont inobservables : la tendance, le cyclique et la composante irrégulière. Dans ces modèles, toutes les composantes sont stochastiques et sont mutuellement non corrélées entre elles (Harvey, 1985 et 1989). Ainsi, la composante tendancielle et la composante cyclique possèdent chacune une structure dynamique propre et sont supposées indépendantes : *ie* les innovations affectant l'une n'affectent pas l'autre.

La décomposition d'une série en composante tendancielle et composante cyclique nécessite de modéliser, au préalable, la dynamique de chaque composante. L'hypothèse la plus couramment utilisée, est de supposer que toute la partie auto-corrélée de la dynamique de la variable est dans le cycle et que l'ajout de la tendance est indépendant

A. La dynamique de la tendance

Une première classe de modèle (Harvey, 1985 et 1989) suppose que la tendance suit une marche aléatoire avec dérive. Le niveau de la tendance de la période présente est égal au niveau de la tendance de la période précédente plus une pente et un bruit blanc. Cette pente suit une marche aléatoire, soit :

$$T_t = T_{t-1} + \beta_{t-1} + \eta_t$$

$$\beta_t = \beta_{t-1} + \zeta_t$$

Avec η_t et ζ_t deux bruits blancs orthogonaux entre eux et de variances respectives δ_η^2 et δ_ζ^2. η_t représente les chocs sur le niveau de la tendance ; ce choc offre la possibilité à la tendance de fluctuer autour de son niveau déterministe. ζ_t définie les chocs sur la pente de la tendance. Plus la variance des innovations de la pente est grande, moins la tendance est lisse. Harvey dénomme ce modèle général de « *Local Linear Trend* »

Plusieurs cas particuliers de cette modélisation de la tendance peuvent apparaitre :

(i) les variances des chocs sur le niveau et sur la pente de la tendance sont nulles (*: ie* $\delta_\eta^2 = \delta_\zeta^2 = 0$), dans ce cas $\beta_t = \beta$ et $T_t = T_{t-1} + \beta$, à toute date, ou encore, $T_t = T_0 + \beta t$, de sorte que la tendance se réduit à un trend déterministe ;

(ii) seule la variance du choc sur la pente est nulle (*: ie* $\delta_\zeta^2 = 0\, et\, \delta_\eta^2 \neq 0$) , l'équation concernant la pente se réduit à $\beta_t = \beta_{t-1} = \beta$. La pente est constante dans le temps et la tendance devient une marche aléatoire avec dérive : $T_t = T_{t-1} + \beta + \eta_t$;

(iii) seule la variance du choc qui affecte le niveau de la tendance est nulle (ie $\delta_\zeta^2 \neq 0\, et\, \delta_\eta^2 = 0$) , on obtient $\beta_t = \beta_{t-1} + \zeta_t$ et $T_t = T_{t-1} + \beta_{t-1}$, la tendance sera la somme d'une tendance déterministe et d'un processus I(2) (*: ie* intégré d'ordre 2 : $\Delta^2 T_t = \varepsilon_t^T$). Dans ce cas, la tendance évolue en fonction des innovations ε_t^T qui affectent sa pente. Cette représentation est appelée « *Slowly Moving Smooth Trend* » (Tendance Douce). Les tendances estimées apparaissent comme un enchainement souple de tendance segmentées. Les innovations ε_t^T affectent l'orientation de la composante tendancielle.

Il est clair que les hypothèses faites sur les chocs sur le niveau ou sur la pente de la tendance permettent de générer plusieurs types de tendance ; la forme déterministe étant un cas particulier.

B. La dynamique du cycle

La composante cyclique est modélisée sous la forme d'un processus linéaire stationnaire qui fait apparaître une alternance relativement régulière de pics et de creux, et qui permet une certaine persistance des phases et d'éventuelles dissymétries entre elles. La formulation générale du processus linéaire est donnée par :

$$\begin{bmatrix} C_t \\ C_t^* \end{bmatrix} = \varphi \begin{bmatrix} cos\omega & sin\omega \\ -sin\omega & cos\omega \end{bmatrix} \begin{bmatrix} C_{t-1} \\ C_{t-1}^* \end{bmatrix} + \begin{bmatrix} \kappa_t \\ \kappa_t^* \end{bmatrix}$$

Où κ_t et κ_t^* sont des bruits blancs indépendants de même variance δ_κ^2. Le paramètre φ, compris entre 0 et 1, est un paramètre de lissage (facteur d'amortissement du cycle): plus il est proche de 0 plus le cycle est irrégulier ; plus il est proche de 1 plus le cycle est lisse. $\omega \in [0, \Pi]$ définie la fréquence du cycle, elle correspond à une période de $\frac{2\Pi}{\omega}$. C_t^* est une variable technique duale au cycle C_t, qui n'a pas d'interprétation particulière.

Lorsque les perturbations κ_t et κ_t^* sont nulles, le cycle prend la forme d'un cycle déterministe

$$C_t = \varphi^t \left(\alpha cos\lambda t + \beta sin\lambda t \right) \text{avec } \alpha = C_0 \text{ et } \beta = C_0^*$$

L'amplitude de ses phases, avant, amortissement, vaut $\left(\alpha^2 + \beta^2\right)^{1/2}$. Si $\varphi = 1$, le cycle déterministe se reproduit à l'identique (une sinusoïde parfaite dont la période est $\frac{2\Pi}{\omega}$), si φ <1, le cycle s'amortit.

Harvey propose une version stochastique du cycle ; celle ci est définie comme la mutation stochastique d'un cycle, initialement, déterministe. Ce dernier (le cycle déterministe) est donné par la combinaison linéaire de fonctions trigonométriques simples ; une fois les conditions initiales sont fixées, ce cycle se déroule de manière régulière dans le temps (et s'amortie si φ <1). Bien sur un tel déterminisme n'est pas conforme aux mouvements cycliques observés dans la réalité

La présence de perturbations aléatoires κ_t et κ_t^* dans la version stochastique introduit plus de flexibilité et assouplie suffisamment le cycle déterministe pour le rendre plus conforme au cycle d'activité observé. Leur rôle est de redéfinir, à chaque fois qu'elles interviennent, les nouvelles conditions initiales (dans le cycle déterministe, les conditions initiales sont fixées une bonne fois pour toute, à travers les deux coefficients α et β). Dans le modèle stochastique, chaque innovation est à l'origine de son propre cycle. A un instant donné, la valeur du processus cyclique apparaît comme le cumul de cycles élémentaires, chacun est engendré par une séquence d'innovations. Ces cycles élémentaires ont tous les mêmes caractéristiques (période, amplitude, degré d'amortissement), mais diffèrent par la date, le signe et l'amplitude des innovations qui donne naissance à chacun.

C. Estimation du modèle

Pour estimer les paramètres de la tendance et du cycle, ($\delta_\eta^2, \delta_\zeta^2$, δ_κ^2, λ, φ), le modèle à composantes inobservables est reformulé sous forme d'un modèle espace-état (Encadré 2).

L'équation d'observation (ou équation de mesure) est donnée par $Y_t = [1010]X_t + \varepsilon_T$ où X_t le vecteur d'état qui comporte toutes les composantes inobservables, soit $X_t = (T_t, \beta_t, C_t, C_t^*)'$. Ce vecteur suit l'équation d'état (ou équation de transition):

$$X_t = \begin{bmatrix} 1 & 1 & 0 & 0 \\ 0 & 1 & 0 & 0 \\ 0 & 0 & \varphi cons\lambda & \varphi sin\lambda \\ 0 & 0 & -\varphi sin\lambda & \varphi cos\lambda \end{bmatrix} X_{t-1} + \begin{bmatrix} \eta_t \\ \zeta_t \\ \kappa_t \\ \kappa_t^* \end{bmatrix}$$

L'estimateur du Maximum de Vraisemblance (Algorithme EM de Dempster *et al.*,1977) permet de donner des estimations aux paramètres ($\delta_\varepsilon^2, \delta_\eta^2, \delta_\zeta^2$, δ_κ^2, λ, φ). L'extraction des composantes inobservables, tendance et cycle, peut se faire à l'aide du filtre de Kalman. Ce filtre permet de donner une estimation récursive du vecteur d'état X_t, à l'instant t, conditionnellement à l'information disponible jusqu'en t. Ensuite un lissage permet d'obtenir l'espérance du vecteur d'état à l'instant t conditionnellement à toute l'information disponible sur l'ensemble de la période d'observation, de 1 à T. Le lissage permet ainsi d'extraire, à chaque instant, les composantes inobservables de la série considérée (tendance et cycle), ainsi que leurs impulsions respectives.

Encadré 2 - Modèle espace-état et filtre de Kalman

Cet encadré décrit la représentation espace-état et le filtre de Kalman. Les modèles espace-état font la distinction entre deux types de variables : des variables observées (appelées aussi signal) et des variables inobservables ou cachées (appelées aussi état interne). Les modèles de ce type sont, généralement, constituées : (i) d'équations de mesures et (ii) d'équations d'état. Les équations de mesures décrivent comment les variables observées sont générées par les variables inobservables et les résidus. Les équations d'état décrivent la manière dont les variables cachées sont générées à partir de leur retard et des innovations.

Le filtre de Kalman permet d'estimer les variables inobservables à tout instant *t*, conditionnellement aux variables observées jusqu'à la date *t*.

Le modèle espace état

Un modèle espace-état du processus multivarié Y_t peut être représenté par le système d'équations suivant :

$$\begin{cases} Z_{t+1} = AZ_t + \varepsilon_t & (1) \\ Y_t = CZ_t + \eta_t & (2) \end{cases}$$

Avec $Z_0 \sim N(\mu, P)$. L'équation (1) s'appelle l'équation d'état et l'équation (2) définit l'équation de mesure. Y_t définit la variable de mesure à la date t ; Z_t est la variable d'état ; ε_t le vecteur des innovations ; η_t le vecteur des erreurs de mesures. A est la matrice de transition, C la matrice de mesure et CZ_t le signal à l'instant t.

Dans leur version élémentaire, les modèles espace-état reposent sur un certain nombre d'hypothèses: (i) les équations de mesure et les équations d'état sont linéaires et (ii) les erreurs de mesure et les innovations sont des bruits blancs. À ces hypothèses, on ajoute des hypothèses secondaires: (i) l'indépendance entre les erreurs de mesure et les innovations (condition d'inversibilité) et (ii) l'indépendance entre la variable inobservable initiale et ces bruits (condition de causalité), soit :

$$E(\varepsilon_t \eta_s) = E(\varepsilon_t Z_0) = E(\eta_t Z_0) = 0$$

Le filtre de Kalman

Le filtre de Kalman permet d'estimer à chaque instant, *t*, le vecteur d'état conditionnellement à la variable *Y* observée jusqu'à la date *t*, soit $Z^*_{t/t} = E(Z_t / Y_0, Y_1 \ldots Y_t)$, $t = 1, \ldots.. T$. Cet algorithme consiste à faire des itérations, pour $t = 1, \ldots, T$, sur les cinq étapes suivantes:

$$\begin{cases} Z^*_{t/t} = Z^*_{t/t-1} + K_t\left(Y_t - CZ^*_{t/t-1}\right) & (1) \\ \Sigma_{t/t} = \left(I - K_t C\right)\Sigma_{t/t-1} & (2) \\ Z^*_{t+1/t} = AZ^*_{t/t} & (3) \\ \Sigma_{t+1/t} = A\Sigma_{t/t} A' + Q & (4) \\ K_t = C'\left(C\Sigma_{t/t-1} C' + R\right)^{-1} & (5) \end{cases}$$

Avec $Z^*_{t/t} = E(Z_t / Y_0, Y_1 \ldots Y_t)$ le vecteur d'état estimé à l'instantt, $Z^*_{t+1/t} = E(Z_{t+1} / Y_0, Y_1 \ldots Y_t)$ la prévision du vecteur d'état Z faite à la date t. $\sum_{t+1/t} = V\left(Z_t - Z_{t+1/t}\right)$ la variance de l'erreur de prévision.

La matrice K_t s'appelle la « matrice de gain ». Les deux premières équations sont des équations de mises à jour des variables de mesures (actualisation) : l'équation 1 actualise l'estimation de Z_t et l'équation 2 actualise la précision correspondante. Dans l'équation (1), l'estimation courante du vecteur d'état est obtenue à partir de l'estimation faite à la date $t-1$, à laquelle on ajoute un terme prenant en compte l'information nouvelle contenue dans l'observation de Y_t. Ce terme, qui se déduit d'un programme de minimisation de la variance de l'erreur courante, s'exprime en fonction de l'estimation, à la date $t-1$, de Z_t, de la variable de mesure Y_t, et de la matrice de gain K_t, définie par l'équation (5). Les équations (3) et (4) sont des équations de mises à jour du temps (de prévision). Ces équations mettent à jour l'estimation de la variable d'état en $t+1$ à partir de l'équation d'état.

On pose $Z^*_{1/0} = \mu$ et $\sum_{1/0} = P$ pour initialiser l'algorithme. Il faut fixer un apriori sur Z_0 pour que le processus converge.

L'algorithme de lissage

L'algorithme de filtrage permet de chercher la meilleure approximation de l'état Z_t sachant les observations présentes et passées $Y_0, Y_1 \ldots Y_t$. Le lissage consiste, quand à lui, chercher la meilleure approximation de l'état Z_t sachant les observations passées, présentes et futures $Y_0, Y_1 \ldots Y_T$. On itère maintenant, pour $t = T-1$ jusqu'à 1 (itération en arrière), les équations suivantes.

$$\begin{cases} Z^*_{t/T} = Z^*_{t/t} + F_t\left(Z^*_{t+1/T} - Z^*_{t+1/t}\right) \\ \sum_{t/T} = \sum_{t/t} + F_t\left(\sum_{t+1/T} - \sum_{t+1/t}\right)F' \end{cases}$$

Les calculs sont initialisés en T par les produits du filtre. L'ensemble des calculs (filtre et lissage) suppose que les matrices A, C, Q et R sont connues. Si tel n'est pas le cas, la log-vraisemblance du modèle peut être construite au cours des itérations du filtre et l'on pourra estimer les paramètres inconnus par maximum de vraisemblance.

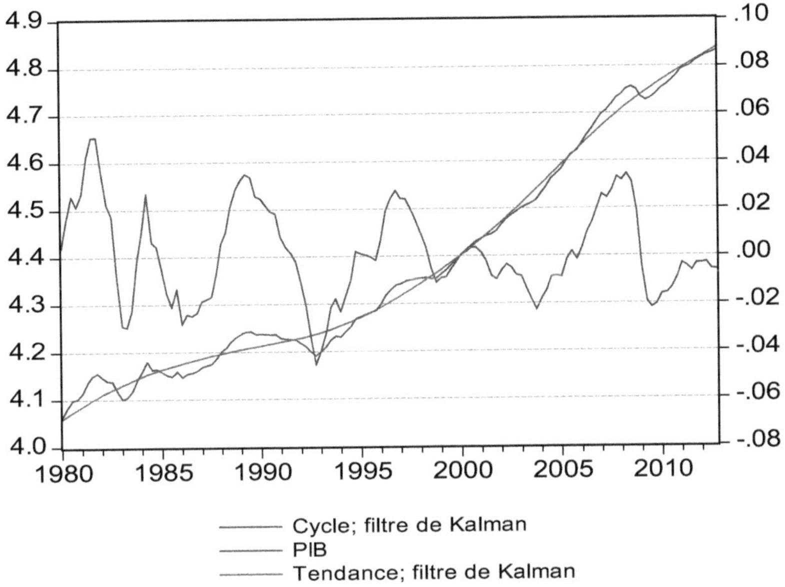

Graphique 10 : Composante tendancielle et composante cyclique du PIB trimestriel de l'Afrique du Sud ; filtre de Kalman

D. Limites des modèles à composantes inobservables

Malgré leur flexibilité, les modèles à composantes inobservables présentent certaines difficultés, en particulier, l'inadaptation de l'hypothèse d'indépendance de la tendance et du cycle. Pour ces modèles, en effet, le cycle et la tendance possèdent chacun une dynamique propre : les innovations affectant l'un n'affectent pas l'autre. Or, dans le court terme, il est généralement admis que la composante tendancielle et la composante cyclique sont corrélées: un choc sur la tendance s'accompagne d'un choc sur le cycle. L'approche de Beveridge et Nelson permet, ainsi, de palier à cette insuffisance

2.2.2. La décomposition de Beveridge-Nelson

La méthode de Beveridge et Nelson (1981) consiste à décomposer une série, intégrée d'ordre 1, en la somme d'une composante permanente et d'une composante transitoire. Beveridge et Nelson (BN) montrent que tout processus $ARIMA(p,1,q)$ peut être représenté par la somme d'une tendance stochastique et d'une composante stationnaire.

La décomposition BN est facilement obtenue à l'aide d'un processus $ARIMA(0,1,1)$. Ainsi, si on suppose que la différence première, ΔY_t, du processus aléatoire Y_t est une moyenne mobile d'ordre 1, $MA(1)$, de sorte que $\Delta Y_t = e_t + be_{t-1}$ (où e_t est un bruit blanc et $|b| < 1$), la variable Y_t pourrait alors être réécrite comme :

$$Y_t = Y_{t-1} + e_t + be_{t-1} \tag{1}$$

En résolvant l'équation (1) de manière récursive et en supposant que $Y_0 = e_0 = 0$, il serait facile d'obtenir :

$$Y_t = \sum_{j=1}^{t} e_j + b\sum_{j=1}^{t-1} e_j$$

c'est à dire :

$$Y_t = (1+b)\sum_{j=1}^{t} e_j - be_t \tag{2}$$

L'équation (2) établit la décomposition de la série Y_t en une composante tendancielle et une composante transitoire résiduelles, données respectivement par :

$$T_t = (1+b)\sum_{j=1}^{t} e_j \qquad \text{et} \qquad R_t = -be_t$$

Une réécriture alternative de la composante tendancielle est donnée par :

$$T_t = T_{t-1t} + (1+b)e_t$$

Formellement, la composante tendancielle, T_t, est une marche aléatoire sans dérive et la composante transitoire, R_t, écart de la série par rapport à la tendance, est un processus stationnaire.

La série est, ainsi, décomposée en la somme d'une marche aléatoire, c'est-à-dire une série non stationnaire dont les différences premières ne sont pas auto-corrélées (la tendance T_t) et d'une série stationnaire (la composante R_t). Ici, la trajectoire du cycle oscille autour d'une tendance de moyenne nulle mais sans comporter a priori, d'aspect périodique.

Le même résultat peut être obtenu par un processus général $ARIMA(p,1,q)$. Un processus $ARIMA(p,1,q)$ peut s'écrire :

$$a(L)\Delta Y_t = f + b(L)e_t \tag{3}$$

Avec f une constante, $a(L) = 1 - \sum_{j=1}^{p} a_j L^j$ et $b(L) = 1 - \sum_{j=1}^{q} b_j L^j$ deux polynômes de retards d'ordre p et q respectivement, dont les racines sont de modules strictement supérieurs à 1.

En inversant par $a(L), \Delta Y_t$ peut être réécrit comme une moyenne mobile *(MA)* infinie (Décomposition de Wold de la série ΔY_t), soit :

$$\Delta Y_t = h + c(L)e_t \tag{4}$$

Avec $h = \frac{f}{\sum_{j=0}^{p} a_j}$ et $c(L) = \frac{b(L)}{a(L)}$. L'équation (4) peut être reformulée comme :

$$\Delta Y_t = h + c(1)e_t + [c(L) - c(1)]e_t$$

Ou de manière équivalente, $\Delta Y_t = h + c(1)e_t + (1-L)c^*(L)e_t$ (5)

Avec $c^*(L)$ estunpolynômederetardtelque $(1-L)c^*(L)_t = c(L) - c(1)$. En multipliant les deux cotés de l'équation (5) par $(1-L)^{-1}$ et en supposant que $Y_0 = e_0 = 0$, il serait facile d'obtenir :

$$Y_t = ht + c(1)\sum_{j=1}^{t} e_j + c^*(L)e_t \tag{6}$$

L'équation (6) donne la décomposition de Beveridge et Nelson de la série Y_t. La composante permanente est donnée par :

$$T_t = ht + c(1)\sum_{j=1}^{t} e_j \tag{7}$$

Elle correspond à la somme d'une tendance déterministe ht et d'une tendance stochastique $c(1)\sum_{j=1}^{t} e_j$.

La composante transitoire est, elle, donnée par :

$$R_t = c^*(L)e_t \tag{8}$$

Comme dans le processus $ARIMA(0,1,1)$, il apparaît que les innovations qui interviennent dans les deux composantes, tendancielle et transitoire, sont proportionnelles, à un facteur multiplicatif près, e_t, et que, par conséquent, ces deux composantes sont parfaitement corrélées.

La méthode de décomposition de Beveridge et Nelson repose, donc, sur l'estimation d'un modèle ARIMA et établie des prévisions à un horizon lointain pour obtenir une estimation de la tendance. Sur le plan théorique, cette méthode est rigoureuse : elle est basée sur la décomposition de Wold du processus stationnaire ΔY_t et aucun à priori, théorique, sur la composante cyclique n'est retenu. Tous les paramètres sont estimés à partir des données disponibles et la décomposition tendance-cycle ne dépend ni du degré de lissage de la tendance (Hodrick et Prescott) ni des fréquences de la composante cyclique (Passe-bande).

Cependant, si l'écriture de la forme ARIMA permet, en théorie, d'obtenir une bonne approximation de la décomposition de Wold, il est bien connu que les modèles ARIMA posent des problèmes pratiques d'identification : l'identification d'un modèle ARIMA est, en effet, une question tout à fait subjective. La décomposition de Beveridge et Nelson est, ainsi, caractérisée par un certain degré d'arbitraire et différentes décompositions peuvent être compatibles avec les mêmes données étudiées.

3. Les méthodes non-structurelles multivariées d'extraction de la tendance

Les méthodes non structurelles uni-variées, développées dans le paragraphe précédent, utilisent l'information disponible dans une variable économique, pour en extraire une composante tendancielle, souvent, assimilée à une croissance potentielle. Ces méthodes offrent des informations utiles pour les périodes sur lesquelles on dispose d'un recul suffisant. Cependant, en fin de période et en présence d'une accélération de la croissance, elles sont incapables d'apprécier les changements de la forme de la tendance notamment, en l'absence de prévisions sur les observations futures ou d'indications explicites sur les tensions sur les marchés des biens et du travail (Chagny et Lemoine, 2014).

Pour mieux rendre compte de ces tensions, une variété de méthodes statistiques multi-variées se sont développées[29]. Ces méthodes introduisent dans les méthodes uni-variées de décomposition tendance-cycle une information supplémentaire (disponible dans d'autres séries économique), qui est capable de rendre compte de contraintes économiques structurelles (: *ie* ces contraintes décrivent l'absence des tensions sur les marchés des biens et du travail, tel que la loi d'Okun, la courbe de Phillips et le NAIRU). Elles sont à la fois statistiques et multi-variées. Statistiques parce qu'elles reposent sur des hypothèses relatives aux processus stochastiques qui engendrent la tendance et le cycle. Multi-variées dans la mesure où elles établissent un lien entre les fluctuations de la production et les mouvements d'autres variables économiques, dont notamment l'inflation et le chômage.

Ce paragraphe expose deux méthodes : le filtre Hodrick-Prescott multi-varié (HPMV) et le modèle à composantes inobservables multi-varié de Harvey

3.1. Le filtre Hodrick-Prescott multi-varié (HPMV)

Le filtre HPMV a été, initialement, développé par Laxton et Tetlow (1992) à la Banque de Canada. Ce filtre est une extension du filtre de Hodrick-Prescott (HP), par l'ajout d'équations structurelles issues de la théorie économique. Ces équations structurelles peuvent être représentées par la courbe de Phillips, la loi d'Okun ou même par des hypothèses relatives au taux de chômage naturel (NAIRU). Elles peuvent, aussi, être représentées par des hypothèses explicites sur la manière de distinguer les chocs d'offre, qui affectent la tendance, des chocs de demande, qui affectent le cycle.

3.1.1. Le filtre HPMV : le programme général

Dans le filtre HP uni-varié, la décomposition entre la composante tendancielle et la composante cyclique dépend de la valeur du paramètre λ. Ainsi, lorsque le paramètre λ est élevé, la tendance est lisse et le cycle est volatile. Au contrario, lorsque le paramètre λ est faible, la tendance

29 le filtre Hodrick-Prescott multivarié (Laxton et Tetlow, 1992), la décomposition multi-variée de Beveridge-Nelson (Evans et Reichlin, 1994), la décomposition tendance commune-cycle commun (Vahid et Engle,1993), le modèle à composantes inobservables multi-varié Harvey (1993)

est plutôt volatile et le cycle est amorti. King et Rebello (1993) montrent que la valeur optimale du paramètre de lissage λ dépend du rapport de la variance des chocs de demande à celle des chocs d'offre. Or, une incertitude entoure la valeur de ce rapport, et donc celle du paramètre λ : il est, en effet, très difficile pour le filtre HP de distinguer les chocs de demande persistants (comme dans le cas des effets d'hystérèse) des chocs d'offre, puisque la seule différence qu'il identifie réside dans le caractère persistant des chocs d'offre et le caractère transitoire des chocs de demande.

A cette incapacité de dissocier les chocs d'offre des chocs de demande s'ajoute une autre difficulté : celle de la perte des propriétés de symétrie lorsqu'on se rapproche des extrémités de la série (fin de période). En l'absence d'informations sur les observations futures, les dernières données disponibles sont surestimées et la tendance est plus proche des derniers points de la série observée. Dans ce cas, le filtre HP ne peut pas discerner les chocs permanents des chocs transitoires.

Pour résoudre ces problèmes, le filtre HPMV introduit trois solutions: *(i)* la première est d'introduire dans le programme de minimisation du filtre des relations économiques (: *ie* des équations structurelles) pour mieux aider le filtre à discerner les chocs d'offre, des chocs de demande (Laxton et Tetlow, 1992). *(ii)* la deuxième, est d'ajouter des contraintes statistiques pour améliorer les propriétés de fin de période du filtre HP (Butler,1996) ; et *(iii)* la troisième est de rendre la décomposition tendance-cycle plus souple en laissant varier, au cours du temps, le paramètre de lissage et les poids associés aux résidus des équations structurelles et des contraintes statistiques additionnelles (Laxton et Tetlow, 1992).

Le programme général de la version multi-variée du filtre HP peut être donné par la représentation suivante:

$$Min\sum_{t=1}^{T}(Y_t - T_t)^2 + \lambda_t\sum_{t=2}^{T-1}(\Delta T_{t+1} - \Delta T_t)^2 + \sum_{i=1}^{n}\sum_{t=1}^{T}\theta_{it}(\varepsilon_{it})^2 + \sum_{j=1}^{m}\sum_{t=1}^{T}\gamma_{jt}(Cte_{jt})^2 \quad (1)$$

Où T_t est la tendance, $Y_t - T_t$ l'écart de la série par rapport à la tendance et $(\Delta T_{t+1} - \Delta T_t)$ l'accélération de la tendance (degré de variation de la tendance). ε_{it} sont les résidus des *n* équations structurelles reliant l'écart par rapport à la tendance à d'autres variables économiques ; θ_{it} désignent les poids associés à ces relations économiques. Cte_{jt} sont les m contraintes statistiques additionnelles et γ_{jt} les poids associés à ces contraintes.

La tendance estimée par ce programme accomplis ainsi trois objectifs :

(i) elle minimise l'écart de production et les variations de son taux de croissance ;
(ii) elle ajuste au mieux les n relations économiques ;
(iii) elle tient compte des m contraintes statistiques supplémentaires.

3.1.2. Les équations structurelles

Dans les études empiriques, plusieurs versions du filtre HPMV ont été développées. Certaines ne contiennent pas de contraintes statistiques ; d'autres considèrent que les poids sont invariants dans le temps. Ce paragraphe retient la version multi-variée de De-Brouwer (1998). Dans cette version, le programme de minimisation ne comprend pas de contraintes statistiques additionnelles et les poids sont considérés comme variables dans le temps. Le filtre HPMV proposé comprend trois relations économiques: la courbe de Phillips, la loi d'Okun et une équation des capacités de production.

(i) La courbe de Phillips : $\pi_t = \pi_t^a + A(L)(Y_t - T_t) + \varepsilon_{\pi t}$ [équation (2)] selon laquelle le taux d'inflation, π_t, serait supérieur à son niveau anticipé, π_t^a, lorsque le niveau de production effectivement réalisé est supérieur à son niveau potentiel
(ii) La loi d'Okun : $u_t = nairu_t + B(L)(Y_t - T_t) + \varepsilon_{ut}$ [(équation (3)] qui lie la composante cyclique du chômage à la composante cyclique de la production. Le taux de chômage effectif, u_t, serait ainsi inférieur au taux de chômage non accélérateur d'inflation, $nairu_t$, lorsque le niveau de production est au dessus de son niveau potentiel.
(iii) Le taux d'utilisation des capacités: $cu_t = cu_t^T + C(L)(Y_t - T_t) + \varepsilon_{cut}$ [équation (4)] qui serait supérieur à son niveau d'équilibre (définie par le niveau tendanciel pour rendre compte des possibilités de changements structurels) lorsque le niveau de production est au dessus de son niveau potentiel.

3.1.3. Procédure d'estimation

Pour estimer la composante tendancielle T_t le programme de minimisation (1) fait intervenir les résidus, ε_{it}, des équations structurelles

(2), (3) et (4) dont les estimations font elles-mêmes intervenir le produit potentiel, T_t, à travers de l'écart de production $(Y_t - T_t)$. Ce problème de circularité est traité par une procédure itérative, qui nécessite de calibrer les poids θ_{it}. Des hypothèses sont, retenues pour définir le mécanisme d'anticipation de l'inflation dans la courbe de Phillips et estimer le taux de chômage non accélérateur d'inflation et le taux d'utilisation des capacités d'équilibre (De Brouwer 1998).

La procédure itérative d'estimation de la composante tendancielle retient trois étapes : à la première, les élasticités des équations structurelles et les variances des résidus $\varepsilon_{it} = (\varepsilon_{\pi t}, \varepsilon_{ut}, \varepsilon_{cut})$ sont initialisées en estimant les équations structurelles (2), (3) et (4) avec un écart de production $Y_t - T_t$ issu d'un filtre HP uni-varié. A la deuxième étape, les résultats de ces estimations sont utilisés dans le filtre multi-varié HPMV pour estimer la composante tendancielle T_t: L'écart de production $Y_t - T_t$ est par conséquent obtenu. Les équations structurelles sont ensuite ré-estimées en utilisant le nouvel écart de production. Cette procédure continue jusqu'à ce que les élasticités répondent à un critère de convergence prédéfini (Conway et Hunt, 1997).

Dans cette procédure, les poids, θ_{it} ,associés aux relations structurelles peuvent être considérés comme fixes ou peuvent varier à chaque itération. Le principe de calibrage revient à supposer que les poids sont inversement proportionnels à la taille des résidus. Ainsi, en utilisant la variance de l'écart de production comme critères de référence, ce principe revient à contraindre les ratios des variances comme:

$$\theta_i = \frac{\sum_{t=1}^{T}(Y_t - T_t)^2}{\sum_{t=1}^{T}(\varepsilon_{it})^2}, \text{ avec } \varepsilon_{it} = (\varepsilon_{\pi t}, \varepsilon_{ut}, \varepsilon_{cut})$$

Qui peuvent être calculé à chaque itération.

3.1.4. Remarques finales

Il est largement admis que les résultats issus de l'application du filtre HPMV sont fortement dépendante des hypothèses théoriques retenues dans la spécification des équations structurelles. Des hypothèses néoclassiques ou keynésiennes peuvent, en effet, conduire des estimations différentes de l'écart de production. En outre, les résultats des estimations sont conditionnés par le choix du critère de convergence et par le fait qu'en règle générale, il n y a rien qui peut garantir que le processus itératif décrit, précédemment, pourrait converger.

3.2. Le modèle multi-varié à composantes inobservables

Le modèle à composante inobservable de Harvey (1989), examiné dans un cadre uni-varié dans le paragraphe précédent, peut faire l'objet d'une généralisation multi-varié, où les composantes propres à plusieurs variables, $Y_{it}, i=1,2,3\ldots,n$, peuvent être estimées simultanément. Dans la version multi-variée, chaque variable Y_{it} est décomposée, selon le schéma conventionnel : $Y_{it}=T_{it}+C_{it}+I_{it}$, en une composante permanente et une composante transitoire, dont les dynamiques sont modélisées à l'image du cadre univarié.

L'intérêt de la dimension multi-variée est de déterminer si les composantes stochastiques propres à chaque variable Y_{it} (la tendance, T_{it}, et le cycle, C_{it},) dépendent de facteurs communs, c'est à dire si les chocs qui donnent naissances à ces composantes stochastiques sont corrélées entre elles.

Pour la tendance, T_{it}, la présence de facteurs communs est assimilable à la présence de relations de cointégration, c'est à dire de relations stationnaires de long terme entre les variables Y_{it}. Pour la composante cyclique, l'existence de facteurs communs peut être interprétée comme l'existence de similarité ou de synchronisation entre les cycles, C_{it}, des différentes variables, Y_{it}. Il serait nécessaire, à ce niveau, de faire la distinction entre cycles similaires et cycles communs. Les cycles similaires sont des cycles qui présentent les mêmes caractéristiques structurelles (périodicité et facteurs d'amortissement) mais ne sont pas synchronisés du moment où ils ne sont pas générés par la même chronique d'innovations. Les composantes cycliques qui en résultent présentent des déphasages sensibles et des différences d'amplitude. Les cycles communs sont, quant à eux, des cycles similaires et engendrés par des innovations constamment corrélés. Ils sont parfaitement synchronisés et ne diffèrent que par leur amplitude.

Il est, généralement, pratique de réduire le nombre de chronique d'innovations, k, -ie : les facteurs communs- qui sont à l'origine des n mouvements cycliques C_{it}. Dans le cas extrême où il serait possible de retenir un seul facteur commun, $k=1$, qui affecte les cycles C_{it} de la même manière ; le cycle similaire devient un cycle commun. Si le nombre de facteurs commun, k, est inférieur à n mais supérieur à 1, le mouvement cyclique de chaque variable Y_{it} est définie comme une combinaison (pondérée) spécifique des k facteurs communs. La réduction du nombre facteurs commun, k, peut être utile pour améliorer et simplifier l'inférence statistique du modèle estimé.

Ce paragraphe retient deux versions de modèles à facteurs communs [Harvey 1989] et Harvey et Koopmans [1997]). Dans la première, une seule chronique d'innovations gouverne trois cycle, C_{it}, (ie : $k=1, n=3$). Dans la deuxième version, deux sources indépendantes d'innovations gouvernent trois cycles $(k=2, n=3)$

Cas n°1 : $k=1, n=3$: Dans ce cas chaque cycle C_{it} serait représenté comme une transformation linéaire de l'unique cycle commun élémentaire C_t^c, qui est généré par une équation de type

$$\begin{bmatrix} C_t^c \\ \\ C_t^{c*} \end{bmatrix} = \varphi \begin{bmatrix} cos\lambda & Lsin\lambda \\ \\ sin\lambda & Lcos\lambda \end{bmatrix} \begin{bmatrix} C_{t-1}^c \\ \\ C_{t-1}^{c*} \end{bmatrix} + \begin{bmatrix} \kappa_t \\ \\ \kappa_t^* \end{bmatrix}$$

Harvey propose, alors, de formuler le modèle comme :

$$Y_{1t} = T_{1t} + C_t^c + \varepsilon_{1t}$$

$$Y_{2t} = T_{2t} + \theta_2 C_t^c + \varepsilon_{2t}$$

$$Y_{3t} = T_{3t} + \theta_3 C_t^c + \varepsilon_{3t}$$

La seule différence entre les trois cycles réside dans leurs amplitudes respectives : chaque cycle est proportionnel aux deux autres.

Cas n°2 : $k=2, n=3$. Dans ce cas, chaque cycle C_{it} serait représenté par une combinaison de deux cycles communs élémentaires C_{1t}^c et C_{2t}^c. Les deux cycles communs sont similaires mais sont engendrés par des chroniques d'innovations différentes et indépendantes.

$$Y_{1t} = T_{1t} + C_{1t}^c + \varepsilon_{1t}$$

$$Y_{2t} = T_{2t} + \theta_{21} C_{1t}^c + C_{2t}^c + \varepsilon_{2t}$$

$$Y_{3t} = T_{3t} + \theta_{31} C_{1t}^c + \theta_{32} C_{2t}^c + \varepsilon_{3t}$$

La synchronisation des cycles est partielle et dépend des valeurs prises par les paramètres θ_{21}, θ_{31} et θ_{32}.

Cette représentation à facteurs communs est très utile ; néanmoins elle est conventionnelle car elle dépend de l'ordre retenu pour les trois équations : la composante cyclique de la première variable, Y_{1t}, est supposée correspondre au premier cycle commun élémentaire C_{1t}^c. La composante cyclique de la deuxième variable, Y_{2t}, est supposée égale à la somme d'un multiple du premier cycle commun et le deuxième cycle commun : $C_{2t} = \theta_{21} C_{1t}^c + C_{2t}^c$. La composante cyclique de la troisième variable, Y_{3t}, est une combinaison linéaire des deux cycles communs élémentaires : $C_{3t} = \theta_{31} C_{1t}^c + \theta_{32} C_{2t}^c$.

Lorsque k facteurs communs déterminent les cycles de n variables, cette représentation n'est pas la seule possible et bien sur n'est pas, toujours, la plus appropriée. Il apparaît clairement que l'identification du nombre k de fateurs communs auxquels sont associées les n chroniques d'innovations $\kappa_{it}, i = 1,\ldots,n$, qui déterminent les mouvements cycliques C_{it}, est une étape cruciale à cette formulation. Dans la pratique, on définie le nombre de facteur commun par le rang de la matrice variance-covariance des innovations κ_{it}.

Comme dans le cas uni-varié, l'estimation des paramètres du modèle est effectuée par la méthode de maximum de vraisemblance, après reformulation sous forme d'une représentation espace-état. L'extraction des composantes inobservables, tendances et cycles, peut se faire, alors, à l'aide du filtre de Kalman.

4. Conclusion

Il apparaît, à l'issue de ce chapitre, qu'il n'existe pas, aujourd'hui, de consensus sur une méthode optimale de décomposition des séries en composantes tendancielles et composantes cycliques. Ainsi, même si certaines méthodes peuvent paraitre peu adaptées, il ne faut pas s'attendre de voir se dégager une méthode plus performante que toutes les autres. Toute méthode de décomposition nécessite des hypothèses spécifiques, qui comportent beaucoup d'arbitraire. Quah (1992) a même montré que, selon la méthode retenue, le partage de la variance entre tendance et cycle peut varier entre 0 et 1.

A titre d'exemple, on a montré, dans ce chapitre, que le filtre de Hodrick et Prescott estime une tendance fluctuante et un cycle stationnaire. Ce filtre requiert le choix d'un paramètre de lissage, qui permet de régler l'importance des fluctuations de la tendance. Le choix de ce paramètre est arbitraire et cette méthode est peu satisfaisante au voisinage des extrémités de la série. De son coté, la méthode de Beveridge et Nelson est caractérisée par un certain degré d'arbitraire et plusieurs décompositions différentes peuvent être compatibles avec les mêmes données analysées. Son application au PIB de l'Afrique du Sud, par exemple, dégage un cycle d'amplitude très faible et de fréquence élevée, l'essentiel des variations de la série étant inclus dans la tendance.

Il ne fait aucun doute que l'utilisation de méthodes structurelles pour l'estimation du cycle économique conduit à des résultats plus robustes. Il reste, cependant, que ces méthodes sont les plus difficiles à mettre en œuvre, notamment, à cause du nombre élevé d'informations exigées. Ceci ne constitue, cependant, pas une raison pour ignorer la portée statistique de ces méthodes.

5. Bibliographie

Baxter, M., and R. King (1995), «Measuring Business Cycles: Approximate Band-Pass Filters for Economic Time Series», *NBER Working paper 5022*. Cambridge

Beveridge, S and Nelson, C.R (1981): « A New Approach to Decomposition of Economic Time Series into Permanent and Transitory Components with Particular Attention to Measurement of the Business Cycle », *Journal of Monetary Economics*,7, pp 151–17

Camba-Mendez G et D. R. Palenzuela, (2003), «Assessment Criteria for Output Gap Estimates», *Economic Modelling*, vol. 20, issue 3, 529–562

Canova, F., (1998), « Detrending and Business Cycle Facts », *Journal of Monetary Economics,* vol. 41.

Chagny O et **J. Dopke**, (2001), «Measures of the Output Gap in the Euro-Zone: An Empirical Assessment of Selected Methods», *Kiel Working Paper*, 1053, Kiel Institute of World Economics.

Chagny O et M. Lemoine (2003), «Écart de Production dans la Zone Euro : une Estimation par le Filtre Hodrick-Prescott Multivarié», *Observations et Diagnostics Economiques : Revue de l'OFCE*, **86**

Conway P. and B. Hunt (1997), «Estimating Potential Output: A Semi-Structural Approach», *Reserve Bank of New Zealand, Discussion Paper*, G97/9.

Evans G. and L. Reichlin (1994), «Information, Forecasts and Measurement of the Business Cycle», *Journal of Monetary Economics*, 33, 233–254.

Cogley, T. (1997), «Evaluating Non-Structural Measures of the Business Cycle», *Federal Reserve Bank of San Francisco Economic Review*, 3–21.

Hamilton J.D (1994): « Times Series Analysis » *Princeton N.J*

Harvey, A. C. (1985), `Trends and cycles in macroeconomic time series', J. Business and Eco-nomic Statist. 3, 216{227.

Harvey, A.C (1989): « Forecasting Structural Time Series Models and the Kalman Filter » *Cambridge University Press*

Harvey, A. C. and A. Jaeger (1993), «Detrending, Stylized Facts and the Business-Cycle», *Journal of Applied Econometrics*, 8, 231–47.

Hatanaka, M. (1995), «Time Series Based Econometrics » *Oxford University Press.*

Hodrick R et E.C. Prescott, (1997), «Postwar U.S. Business Cycles: An Empirical Investigation», *Journal of Money, Credit, and Banking.*

King R.G. and S.T. Rebelo (1993), «Low Frequency Filtering and Real Business Cycles», *Journal of Economic Dynamics and Control*, n°17(1–2), 207–231.

Orphanides, A., and S. Van Noorden (1999), « The Reliability of Output Gap Estimates in Real Time», *Board of Governors of the Federal Reserve System Finance and Economics Discussion Series*, 1999–38.

Laxton D. and R. Tetlow (1992), «A Simple Multivariate Filter for the Measurement of Potential Output», *Technical Report*, 59, Bank of Canada.

Ladiray D, G. L. Mazzi et **F Sartori** (2003), «Statistical Methods for Potential Output Estimation and Cycle Extraction», *Working Paper and Studies*, Luxembourg: Office for Official Publications of the European Communities, 2003

Quah D. (1992), «The Relative Importance of Permanent and Transitory Components: Identification and Some Theoretical Bounds», Econometrica, vol. 60, pp. 107–118.

Vahid F. and R.F. Engle (1993), «Common Trends and Common Cycles», *Journal of Applied Econometrics*, 8, 341–360.

CHAPITRE 5

Datation des points de retournement du cycle économique : Méthodes paramétrique vs méthodes non paramétriques

1. Introduction 225
2. Les méthodes uni-variées de datation du cycle économique 229
   2.1. La procédure non paramétrique de Bry-Boschan 229
   2.2. La méthode paramétrique de changement de régime markovien 237
3. Les méthodes multi-variées de datation du cycle économique 241
4. Conclusion 245
5. Bibliographie 246

1. Introduction

L'identification des moments précis ou le cycle se retourne (Pics et Creux) constitue, sans aucun doute, une étape cruciale dans l'analyse des fluctuations conjoncturelles, aussi bien pour la communauté scientifique que pour les autorités publiques. C'est que, depuis la fin des années quatre-vingt-dix et le début des années deux mille, pour des raisons multiples, les discussions consacrées au repérage, à la caractérisation et à la modélisation des cycles font l'objet d'une abondante littérature.

En premier lieu, ces raisons tiennent à la persistance des déséquilibres et de leurs manifestations, notamment le chômage, l'inflation et les déficits budgétaires, dans plusieurs pays et à la prise en compte du rôle central des fluctuations et de leurs conséquences lors de l'élaboration des politiques économiques. Pour l'orientation de la politique monétaire et budgétaire, la connaissance exacte du profil du cycle économique et son chiffrement sont utiles, voire même indispensables. D'abord, pour anticiper, correctement, l'arrivée d'un point de retournement ; ensuite, pour mieux apprécier les conséquences des périodes de contraction et des périodes d'expansion, en vue de limiter l'impact des récessions et/ou accompagner les phases d'expansion. En second lieu, la datation du cycle économique permet d'établir des analyses comparatives des profils cycliques des différents pays, en particulier de caractériser les périodes de récession et les périodes d'expansion ainsi que de leur synchronisation au niveau international. Dans un contexte international marqué par des interdépendances commerciales et financières, il est tout à fait évident d'étudier la synchronisation des cycles économiques et les mécanismes de propagation des chocs.

C'est aux Etats-Unis qu'on a pu établir, pour la première fois, une chronologie officielle des points de retournement du cycle économique. Le National Bureau of Economic Research *(NBER)* par le biais de son Comité de Datation *(Dating Committee),* composé de sept économistes spécialisés dans le domaine de l'analyse conjoncturelle, a joué un rôle majeur dans la déterminations des dates d'entrée et de sortie des récessions du cycle d'affaires américain. La chronologie des récessions, qui remonte à 1854, sert, aujourd'hui, comme référence à de nombreuses études empiriques, notamment en termes de comparaisons internationales des cycles économiques.

Pour la Zone Euro, la détermination d'une datation de référence est encore nouvelle. *Le Center for Economic Policy Reserach (CEPR)* s'est inspiré de l'expérience américaine et a créé, en 2003, un comité de datation afin de proposer une chronologie des points de retournement du cycle des affaires pour la zone euro (CEPR, 2003). L'OCDE a, quant à lui, établi une datation pour le cycle croissance (BCE, 2001). Encore faut-il signaler qu'au sein de chaque pays de la zone Euro, de nombreuses études académiques ont participé au débat sur la méthodologie à utiliser et sur la chronologie des cycles, et les résultats obtenus ont permis de créer une datation de référence.

A la différence de la Zone Euro ou des Etats-Unis, on ne dispose pas pour les pays en développement de chronologie de référence du cycle économique. Il n'existe pas, à ce jour, de chronique des épisodes conjoncturels qui fasse référence, encore moins de « chronologie officielle », à la manière de celle du NBER. Seule l'Afrique du Sud, dans le cadre des publications de la Banque Fédérale (South Africa Reserve Bank), a réalisé une chronologie des points de retournement du cycle des affaires (qui remontre à 1946). Pour les autres pays, et jusqu'à tout récemment, les caractéristiques temporelles du cycle économique n'ont pas constitué un projet d'étude très mobilisateur. A part quelques contributions académiques, dans le cadre de travaux isolés, le terrain d'investigation sur la datation et la caractérisation des cycles économiques reste encore peu exploité.

Du point de vue méthodologique, les outils utilisés pour établir une datation historique des points de retournement du cycle peuvent être classés en deux grandes familles: les *méthodes paramétriques* et les *méthodes non-paramétriques.* Les *méthodes non-paramétriques* sont des procédures graphiques de recherche d'extrema locaux (: *ie* maxima et des minima) d'une série temporelle sous des contraintes de durée et d'amplitude des phases cycliques. Plusieurs programmes d'identification d'extrema locaux ont été développés ; le plus connu est, sans doute, celui initié par Bry et Boschan (1971). Cet algorithme, dont l'acronyme est BB, a été développé pour reproduire formellement la procédure d'identification du NBER. Dans ce programme les points de retournement sont déterminés en comparant successivement les résultats de plusieurs moyennes mobiles, appliquées spécifiquement à une estimation du cycle.

Harding et Pagan (2002) ont approfondi et enrichi l'algorithme de Bry et Boschan sur des données trimestrielles. Leur programme a, ensuite, été généralisé (Harding et Pagan, 2006) sur plusieurs séries pour en extraire un cycle commun, le cycle de référence selon la terminologie du NBER. L'idée de base est d'établir une caractéristique de proximité pour les clusters (grappes) des points de retournement de plusieurs séries. Bien que calibré sur des données australiennes, le programme qu'ils ont conçu s'est avéré capable de reproduire de près la datation du cycle de référence par le NBER.

Les *méthodes paramétriques* sont des méthodes économétriques basées sur des modèles de séries temporelles non-linéaires. En particulier, les modèles à changement de régime markoviens de Hamilton (1989) ont prouvé leur capacité de découper le cycle économique et de dater ses points de retournement. Pour ces modèles, les points de retournement sont identifiés à des points de changement de régime, lui-même inobservable mais engendré par une dynamique de type chaîne de Markov. Parmi le grand nombre de travaux empirique, qui ont utilisé cette méthode de datation il est possible de citer ceux de Lahiri et Wang (1994), Potter (1995) et Clements et Krolzig (2003)[30].

A partir du début des années 2000, on a pu assister à une extension multi-variée des procédures de datation paramétrique. Chauvet (1998) combine, alors, un modèle factoriel dynamique avec un processus à changement de régime markovien pour édifier une composante commune au cycle américain. Forni et *alii* (2001) s'appuient sur un modèle factoriel dynamique généralisé (GDFM) pour construire un indicateur coïncident pour la Zone-Euro. Du point de vue des conjoncturistes, choisir une méthode parmi ce vaste ensemble de procédures méthodologiques n'est pas une tache aisée. Chaque outil présente un avantage mais fait preuve, en outre, d'un inconvénient particulier : les méthodes paramétriques ont l'inconvénient de fonder l'identification des points de retournements sur des hypothèses spécifiques au modèle retenu ; lesquelles hypothèses peuvent être inappropriées à l'évolution des séries macroéconomiques. Les méthodes non paramétriques utilisent des règles de datation ad-hoc. De façon globale, il ressort de la littérature empirique que la mise en œuvre d'une modélisation de type paramétrique est complémentaire et même, quelquefois, préférable à celle non paramétrique.

Ce chapitre développe les principales méthodes de datation du cycle économique. La première section présente les méthodes uni-variées de datation. Cette section est l'occasion de présenter l'algorithme non paramétrique de Bry-Boshan, et de le comparer avec la méthode paramétrique de changement de régime markovien. La deuxième section étudie les méthodes multi-variées de datation du cycle économique. Le cadre de référence est celui du modèle factoriel dynamique à changement de régime de Chauvet (1998).

30 Parallèlement aux modèles à changement de régime markovien de Hamilton (1989), d'autres méthodes paramétriques ont été développées : on peut citer, par exemple, les modèles autorégressifs à effets de seuil (threshold autoregressive process) de Tsay (1989) ou le modèle autorégressif à transition douce (*Smooth Transition AutoRegressive model*) de Teräsvirta (1994). Pour une synthèse détaillée sur les méthodes paramétriques d'identification des points de retournement voir Camacho et Perez-Quiros (2002)

2. Les méthodes univariées de datation du cycle économique

2.1. *La procédure non paramétrique de Bry-Boschan*

Le programme de Bry-Boschan (BB) est la méthode de détection des points de retournement, la plus connue. Ce programme a été, initialement, utilisé sur des données mensuelles en niveau pour identifier les points de retournement du cycle classique. Dans ce programme, les points de retournement sont déterminés en comparant successivement les résultats de plusieurs moyennes mobiles appliquées spécifiquement à une estimation du cycle. L'objectif est de ne pas troubler l'identification des points de retournement par un effet de phase et d'éliminer le risque de mauvaises datations causées par la présence d'irrégularités (Fayolle, 1994).

La règle générale d'identification retient les extrema locaux (maxima et minima) de la série temporelle sous des contraintes relatives à la longueur et à l'amplitude des phases d'expansion et de récession. Ces contraintes visent à garantir l'alternance des pics et des creux et le respect des caractéristiques de durée et d'amplitude des phases cycliques. En pratique, le programme de Bry-Boschan retient quatre conditions :

(i) Un pic (creux) est atteint en t si la valeur de la série à la date t est supérieure (inférieure) aux k valeurs précédentes et aux k valeurs suivantes. k est un entier naturel qui varie selon la fréquence des données de la série étudiée (Y). Lorsque les données sont mensuelles, $k=5$ ($k=2$ pour des données trimestrielles). Un pic (creux) est donc la valeur la plus élevée (faible) de Y dans les intervalles de plus ou moins cinq mois

$$Pic \quad Y_t > Y_{t\pm k} \quad k=1\ldots5$$

$$Creux \quad Y_t < Y_{t\pm k} \quad k=1\ldots5$$

(ii) Mise en application d'une règle de censure qui force l'alternance des pics et des creux, en sélectionnant le plus haut (bas) des deux pics (creux) consécutifs. Ainsi, lorsque deux pics (creux) se succèdent, seul l'extrema le plus important, en valeur absolue, est retenu ;

(iii) Elimination des cycles dont la durée est inférieure à un temps minimal m, , imposée à priori ($m=15$ si les données sont mensuelles ; $m=5$ pour des données trimestrielles). Elimination des phases (expansion ou récession) dont la durée est inférieure à un temps minimal m' ($m'=6$ si les données sont mensuelles ; $m'=2$ pour des données trimestrielles) ;

(iv) Elimination des points de retournement aberrants par des règles de censure : le premier pic (creux) ne peut pas être plus bas (haut) que le premier point de la série et le dernier pic (creux) ne peut pas être plus bas (haut) que le dernier point de la série.

L'encadré 1 définit les étapes de l'algorithme Bry-Boschan. Dans ce programme, l'identification des points de retournement passe par la comparaison des chroniques des points de retournement propres à différentes moyennes mobiles. L'objet, est d'éviter les décalages artificiels des points de retournement ainsi que les risques de mauvaise datation causés par la présence d'irrégularités.

<u>Etape 1</u>*: Identification et correction des valeurs extrêmes.*

Cette étape permet de repérer et de corriger les valeurs extrêmes. Afin d'éliminer d'éventuels points extrêmes, on applique à la série Y_t la moyenne mobile de Spencer sur 15 mois, composée de moyennes mobiles arithmétiques d'ordre 4 et 5[31]. Cette moyenne mobile de Spencer, notée $SP(Y_t)$, permet d'annuler sur la série Y_t d'éventuels cycles de périodicité infra-annuelle.

Il est possible de calculer, à ce stade, un indicateur de régularité, noté MCD « Months for Cyclical Dominance ». Cet indicateur est défini comme le premier entier n pour lequel la valeur moyenne de la valeur absolue des taux de croissance des composantes cycliques sur n mois $\left(=\frac{1}{T}\sum\left|\frac{SP(Z_t^1)}{SP(Z_{t-n}^1)}-1\right|\right)$ est plus élevée que la moyenne de la valeur absolue des taux de croissance de la composante irrégulière.

31 La moyenne mobile de Spencer d'ordre 15 permet d'atténuer la composante irrégulière de la série tout en conservant le cycle. Elle est obtenue par applications successives de moyennes mobiles simples de coefficients: (¼, ¼, ¼, ¼) puis (¼, ¼, ¼, ¼) puis (1 / 5, ⅓, 1 / 5, ⅓, 1 / 5) puis (-¾, ¾, 1, ¾, -¾) ce qui équivaut à [-3, -6, -5, 3, 21, 46, 67, 74, 67, 46, 21, 3, -5, -6, -3] /320.

La composante irrégulière est assimilée à l'écart $Y_t - SP(Y_t)$. Par convention MCD est borné supérieurement par 6.

Une observation de la série Y_t est considérée comme une valeur extrême si la valeur de sa composante irrégulière ($Y_t - SP(Y_t)$) est à l'extérieur de l'intervalle donné par la moyenne de cet écart plus ou moins un multiple α de son écart type[32].

$$|Y_t - SP(Y_t)| > moy|Y_t - SP(Y_t)| + \alpha\delta|Y_t - SP(Y_t).|$$

La valeur extrême est remplacée par la valeur correspondante de la moyenne mobile de Spencer $SP(Y_t)$ pour l'observation concernée. La série corrigée Y_t^c est de nouveau transformée par la moyenne mobile de Spencer, pour donner une nouvelle série $SP(Y_t^c)$. Elle sera aussi transformée par une moyenne mobile arithmétique sur 12 mois, pour donner la série $MA12(Y_t^c)$.

Au terme de cette étape, on dispose donc de deux évaluations de la série Y_t : les séries $SP(Y_t^c)$. et $MA12(Y_t^c)$, qui vont être, toutes les deux, utilisées pour une première identification des points de retournement

<u>Etape 2</u> : *Identification des points de retournement à partir d'une moyenne mobile sur douze mois (valeurs extrêmes corrigées)*

Une première série de points de retournement potentiel « Potentiel Turning Points (PTP) » est déterminé sur la série $MA12(Y_t^c)$. Un pic (respectivement Creux) est donné par le point le plus haut (respectivement plus bas) dans un intervalle de plus ou moins cinq mois.

<u>Etape 3</u> : *Identification des points de retournement correspondants (Corresponding Turning Point) à partir de la courbe de Spencer (valeurs extrêmes corrigées)*

Connaissant la chronique de PTP, on détermine les points de retournements correspondants « *Corresponding Turning Point* (CTP) » sur la série $SP(Y_t^c)$. On retient comme Pic (Creux) les points extrêmes dans un intervalle de plus ou moins cinq mois autour du Pic (Creux) de

32 L'OCDE retient une valeur α = 3.5

la chronique des PTP. On élimine les points de retournement créant des cycles dont la durée est inférieure à 15 mois.

Etape 4 ***: Identification des "points de retournement correspondants" à partir d'une moyenne mobile de court terme de trois à six mois dépendant du MCD (Month Cyclical Dominance)***

Une nouvelle moyenne mobile arithmétique d'ordre égal à l'indicateur MCD « Months of Cyclical Dominance » (inférieur ou égal à 6 mois) est appliquée à la série Y_t non corrigée. Sur la série résultante, appelée « Moyenne Arithmétique de Court Terme » (Short Term Moving Average) et notée $MAMCD(Y_t)$, on va identifier une seconde version de la chronique des CTP, notée CTP'.

Etape 5 ***: Identification des points de retournement sur la série originale***

Connaissant CTP', on détermine une dernière chronique CTP'' de points de retournement correspondants sur la série originelle Y_t. On retient comme Pic (Creux) le point extrême sur un intervalle de plus ou moins max(MCD,4) mois autour du pic (Creux) de la chronique des CTP'.

On élimine les points de retournement créant des phases inférieures à cinq mois ou des cycles inférieurs à quinze mois. Cette chronique de point de retournement CTP'' est appelée Points de Retournement Provisoires « Tentative Turning Points » (TTP).

Etape 6 ***: Formulation des points de retournement finaux***

En définitive, l'algorithme BB adopte trois familles de moyennes mobiles pour identifier les points de retournement sur une série assez lissée: une moyenne mobile sur douze mois (Etape 2), une moyenne mobile de Spencer sur 15 mois (Etape 3) et moyenne mobile de trois à six mois (Etape 4). Les points de retournement identifiés par une moyenne mobile (la moyenne mobile sur douze mois par exemple) déterminent le voisinage des points de retournements qui seront obtenus par la moyenne mobile suivante (moyenne mobile de Spencer).

Dans ce programme la sélection des points de retournements passe par deux étapes:

(i) On retient le pic (le creux) extrême dans l'intervalle de plus ou moins cinq mois autour du pic (creux) associé à la chronique des points de retournements de la moyenne mobile précédente ;

(ii) On élimine les points de retournement créant des cycles de durée inférieure à 15 mois.

La dernière étape de l'algorithme BB consiste à déterminer les points de retournement sur la série originale. On retient comme Pic (Creux) le point extrême sur un intervalle de plus ou moins max(MCD,4) mois autour du pic (Creux) associé à la chronique des points de retournement de la moyenne mobile de trois à six mois.

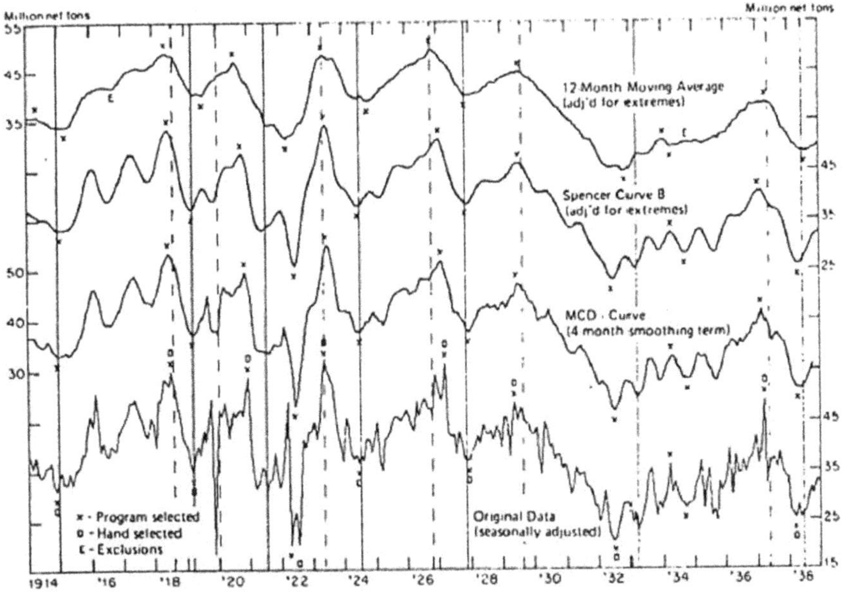

Graphique 1 : Identification des points de retournement d'une série

Source : Bry et Broschan (1971). Les traits pleins désignent les Creux. Les traits pointillés désignent les Pics

Tableau 1 : Datation du cycle économique de l'Afrique du Sud : PIB 1980 Q1-2010 Q4 Algorithme Harding et Pagan (2002) ; Bry-Boschan sur données trimestrielles *(BBQ)* a : Cycle Classique

Phase	]Start	; End]	Duration	LevStart	LevEnd	Amplitude
1 Recession	1981Q4	1983Q1	5	4.156223	4.101320	0.054903
2 Expansion	1983Q1	1984Q2	5	4.101320	4.179451	0.078131
3 Recession	1984Q2	1986Q1	7	4.179451	4.146937	0.032514
4 Expansion	1986Q1	1989Q3	14	4.146937	4.242908	0.095971
5 Recession	1989Q3	1992Q4	13	4.242908	4.191017	0.051891
6 Expansion	1992Q4	2008Q3	23	4.191017	4.755313	0.564296
7 Recession	2008Q3	2009Q2	3	4.755313	4.727565	0.027748

b : Cycle de Croissance

Phase	]Start	; End]	Duration	LevStart	LevEnd	Amplitude
1 Recession	1981Q4	1983Q1	5	0.044918	-0.032550	
2 Expansion	1983Q1	1984Q2	5	-0.032550	0.029158	
3 Recession	1984Q2	1986Q1	7	0.029158	-0.023260	
4 Expansion	1986Q1	1989Q2	13	-0.023260	0.028885	
5 Recession	1989Q2	1992Q4	14	0.028885	-0.039747	
6 Expansion	1992Q4	1994Q4	8	-0.039747	0.053480	
7 Recession	1994Q4	1995Q4	4	0.053480	-0.003169	
8 Expansion	1995Q4	1996Q4	4	-0.003169	0.023547	
9 Recession	1996Q4	1998Q4	8	0.023547	-0.014215	
10 Expansion	1998Q4	2000Q4	8	-0.014215	0.005396	
11 Recession	2000Q4	2003Q4	12	0.005396	-0.018641	
12 Expansion	2003Q4	2008Q2	18	-0.018641	0.029477	
13 Recession	2008Q2	2009Q3	5	0.029477	-0.022869	

Tableau 2 : Datation du cycle économique de la Tunisie : Indice de Production Industrielle 1970 Q1-2002 Q4 Algorithme Harding et Pagan (2002) ; Bry-Boschan sur données trimestrielles *(BBQ)* a : Cycle Classique

Phase	**]Start**	**; End]**	**Duration**	**LevStart**	**LevEnd**	**Amplitude**
1 Recession	1981Q4	1983Q1	5	4.156223	4.101320	0.054903
2 Expansion	1983Q1	1984Q2	5	4.101320	4.179451	0.078131
3 Recession	1984Q2	1986Q1	7	4.179451	4.146937	0.032514
4 Expansion	1986Q1	1989Q3	14	4.146937	4.242908	0.095971
5 Recession	1989Q3	1992Q4	13	4.242908	4.191017	0.051891
6 Expansion	1992Q4	2008Q3	23	4.191017	4.755313	0.564296
7 Recession	2008Q3	2009Q2	3	4.755313	4.727565	0.027748

b : Cycle de Croissance

Phase	**]Start**	**; End]**	**Duration**	**LevStart**	**LevEnd**	**Amplitude**
1 Recession	1981Q4	1983Q1	5	0.044918	-0.032550	
2 Expansion	1983Q1	1984Q2	5	-0.032550	0.029158	
3 Recession	1984Q2	1986Q1	7	0.029158	-0.023260	
4 Expansion	1986Q1	1989Q2	13	-0.023260	0.028885	
5 Recession	1989Q2	1992Q4	14	0.028885	-0.039747	
6 Expansion	1992Q4	1994Q4	8	-0.039747	0.053480	
7 Recession	1994Q4	1995Q4	4	0.053480	-0.003169	
8 Expansion	1995Q4	1996Q4	4	-0.003169	0.023547	
9 Recession	1996Q4	1998Q4	8	0.023547	-0.014215	
10 Expansion	1998Q4	2000Q4	8	-0.014215	0.005396	
11 Recession	2000Q4	2003Q4	12	0.005396	-0.018641	
12 Expansion	2003Q4	2008Q2	18	-0.018641	0.029477	
13 Recession	2008Q2	2009Q3	5	0.029477	-0.022869	

Encadré 1 - le programme de Bry-Boschan d'identification des points de retournement

1- Identification et correction des points extrêmes

2- Identification des points de retournement à partir d'une moyenne mobile sur douze mois (valeurs extrêmes corrigées)

A- Identification des points les plus hauts (plus bas) que tout autre parmi les cinq mois précédents ou suivants ;

B- Application de l'alternance des pics et creux par la sélection du plus haut (bas) des pics (creux) multiples.

3- Identification des « points de retournement correspondants » (corresponding turning point) à partir de la courbe de Spencer (valeurs extrêmes corrigées)

A- Identification des plus hauts (plus bas) points dans les intervalles de plus ou moins cinq mois autour des pics (creux) associés à la moyenne mobile sur douze mois ;

B- Application de la durée minimale du cycle par l'élimination des points de retournement créant des cycles inférieurs à quinze mois.

4- Identification des « points de retournement correspondants» à partir d'une moyenne mobile de court terme de trois à six mois dépendant du MCD (Month Cyclical Dominance)

A- Identification des plus hautes (plus basses) valeurs dans les intervalles de plus ou moins cinq mois autour des points de retournement de la courbe de Spencer ;

5- Identification des points de retournement sur la série originale

A- Identification des plus hautes (plus basses) valeurs à l'intérieur des intervalles de plus ou moins quatre mois, ou l'indicateur MCD à chaque fois qu'il est supérieur, autour des pics (creux) de la moyenne arithmétique de court terme ;

B- Elimination des points de retournement intervenant durant les six mois initiaux ou terminaux ;

C- Elimination du pic (creux) terminal ou initial si ce pic (creux) est plus bas (plus haut) que des points encore plus terminaux ou initiaux ;

D- Elimination des cycles dont la durée est inférieure à quinze mois ;

E- Elimination des phases dont la durée est inférieure à cinq mois.

6- Formulation des points de retournement finaux

2.2. La méthode paramétrique de changement de régime markovien

Les modèles à changements de régimes markoviens ont été introduits dans la littérature statistique durant les années soixante dix. Ils ont été développés par les travaux de Hamilton pour rendre compte de certains types de non stationnarités observées dans les séries macroéconomiques. En observant que les séries présentent des ruptures dans leurs moyennes, Hamilton (1989) propose de modéliser cette non-stationnarité à l'aide d'un processus linéaire par morceaux. En particulier, il suppose que ces séries peuvent être approchées à l'aide d'un processus autorégressif dont les paramètres évoluent au cours du temps. Hamilton (1989) émet, alors, l'hypothèse que l'évolution de ces paramètres est gouvernée par une variable inobservable que l'on peut modéliser à l'aide d'une chaîne de Markov. On parle alors de modèle à changement de régime markovien car la variable inobservable peut admettre plusieurs états de régime possibles, K (*Markov-Switching Models* ou modèles $MS(K)$).

Dans les analyses du cycle économique, la variable inobservable, notée S_t est souvent supposée représenter l'état l'économie. Dans la forme la plus simple, le nombre d'états de régimes est fixé à deux: l'un à dynamique de croissance positive (régime d'expansion) et l'autre à dynamique de croissance négative (régime de récession). Ainsi, pour tout t, la variable S_t prend la valeur 1 lorsque l'économie est en expansion et la valeur 0 lorsque l'économie est en contraction.

2.2.1. Un modèle simple de changement de régime markoviens

Soit une variable Y_t qui suit un processus autorégressif d'ordre $p, AR(p)$, dont la particularité est d'intégrer un changement de régime à deux états $MS(2)$.

$$Y_t = \mu_{S_t} + \phi_1\left(Y_{t-1} - \mu_{S_{t-1}}\right) + \phi_2\left(Y_{t-2} - \mu_{S_{t-2}}\right) + \ldots + \phi_p\left(Y_{t-p} - \mu_{S_{t-p}}\right) + \varepsilon_t \qquad (1)$$

La variable Y_t s'écrit comme la combinaison d'un processus autorégressif d'ordre p et d'une constante μ_{S_t} dont la valeur dépend de l'état de l'économie S_t. μ_{S_t} est la moyenne du processus et peut s'écrire comme $\mu_{S_t} = \mu_0\left(1 - S_t\right) + \mu_1 S_t$.

Lorsque la dynamique de l'économie évolue d'un état $S_t = 0$ à un état $S_{t+1} = 1$, ceci signifie qu'elle passe d'une phase de récession à une phase d'expansion. En conséquence, la variable Y_t passe de μ_0 à μ_1, c'est-à-dire de la moyenne du régime de récession à celle du régime d'expansion.

La probabilité de passer d'un régime à un autre est obtenue par le biais des probabilités de transition. Ces probabilités sont définies par

$$P(S_t = j | S_{t-1} = i, S_{t-2} = i, \ldots) = P(S_t = j | S_{t-1} = i) = p_{ij}$$

Les probabilités de transition $(p_{ij})_{i,j=0,1}$ mesurent la probabilité de rester dans le même régime ou, au contraire, de passer d'un régime à l'autre. Dans un processus à deux régimes, il existe quatre probabilités de transition différentes :

$P(S_t = 1 | S_{t-1} = 1) = p_{11}$: la probabilité de rester en régime d'expansion
$P(S_t = 0 | S_{t-1} = 1) = p_{01}$: la probabilité de passer d'un régime d'expansion à une récession
$P(S_t = 0 | S_{t-1} = 0) = p_{00}$: la probabilité de rester en régime de récession
$P(S_t = 1 | S_{t-1} = 0) = p_{10}$: la probabilité de passer d'un régime de récession à une expansion

On obtient de manière triviale l'égalité : $p_{11} + p_{01} = p_{00} + p_{10} = 1$

La matrice des probabilités de transition d'un état à un autre s'écrit alors comme :

$$P = \left\langle \begin{matrix} \\ s_t = 0 \\ s_t = 1 \end{matrix} \begin{bmatrix} s_{t+1} = 0 & s_{t+1} = 1 \\ p_{00} & p_{10} \\ p_{01} & p_{11} \end{bmatrix} \begin{matrix} \\ 1 \\ 1 \end{matrix} \right\rangle$$

L'estimation du modèle permet de définir les probabilités non conditionnelles de se trouver dans un régime spécifique : récession ou expansion[33]. Ces probabilités constituent une mesure de la persistance

33 Dans Hamilton (1994), on montre que $P(S_t = 0) = \dfrac{1 - P_{11}}{2 - p_{11} - p_{00}}$ et $P(S_t = 1) = \dfrac{1 - P_{00}}{2 - p_{11} - p_{00}}$

et permettent de calculer la durée moyenne d'un régime. Ainsi, la durée moyenne d'un régime de récession, se définit comme l'inverse de la probabilité de persister en récession $\left(\frac{1}{1-p_{00}}\right)$. De manière identique, la durée moyenne d'une période d'expansion se définit comme $\left(\frac{1}{1-p_{11}}\right)$.

2.2.2. *La construction d'une chronologie du cycle économique*

De manière identique au calcul des probabilités non conditionnelles, l'estimation du modèle[34] permet de calculer des probabilités conditionnelles : filtrées et lissées. La probabilité filtrée est la probabilité conditionnelle d'être dans le régime i à l'instant t, sachant le vecteur d'information jusqu'au temps t − 1, $\Pr\left(S_{t,}\Omega_{t-1}\right)$. La probabilité lissée est la probabilité conditionnelle d'être dans le régime i à l'instant t, mais sachant toute l'information jusqu'au temps T, $\Pr\left(S_{t,}\Omega_{t}\right)$. A partir de cette probabilité lissée, il est possible de classer la dynamique de l'économie selon les deux régimes : expansion et récession, c'est à dire établir une chronologie du cycle. La règle empirique est simple ; elle consiste à repérer le régime d'appartenance de chaque état de l'économie selon la probabilité lissée la plus élevée :

$$\hat{S} = argmax \Pr\left(S_{t,}\ \Omega_{t}\right)$$

Où $\hat{S}$ est l'état de l'économie estimé à la période t.

Selon cette règle, on identifie une récession si la probabilité d'appartenir à un état $S_t = 0$ est supérieure à 50 %: $Pr\left(S_t = 0 / \Omega_t\right) > 0,5$. Inversement, une probabilité lissée inférieure à 50 % désigne une période d'expansion : $Pr\left(S_t = 0 / \Omega_t\right) \leq 0,5$.

Le calcul de toutes les probabilités de transition permet alors de dater les points de retournement du cycle économique. Un Pic qui survient à la période *t,* signifie que l'économie est passée d'un état d'expansion en t à un état de récession en $t+1$, c'est à dire :

Pic : $Pr\left(S_t = 0 / \Omega_t\right) \leq 0,5$ en t et $Pr\left(S_{t+1} = 0 / \Omega_t\right) > 0,5$ en $t+1$

34 L'estimation du modèle se fait par la méthode de maximum de vraissemblance

De manière analogue, un Creux qui survient à la période t signifie que l'économie est passée d'un état de récession en t à un état d'expansion en $t+1$, c'est à dire

Creux : $Pr(S_t = 0 / \Omega_t) > 0{,}5$ en t et $Pr(S_{t+1} = 0 / \Omega_t) \leq 0{,}5$ en $t+1$

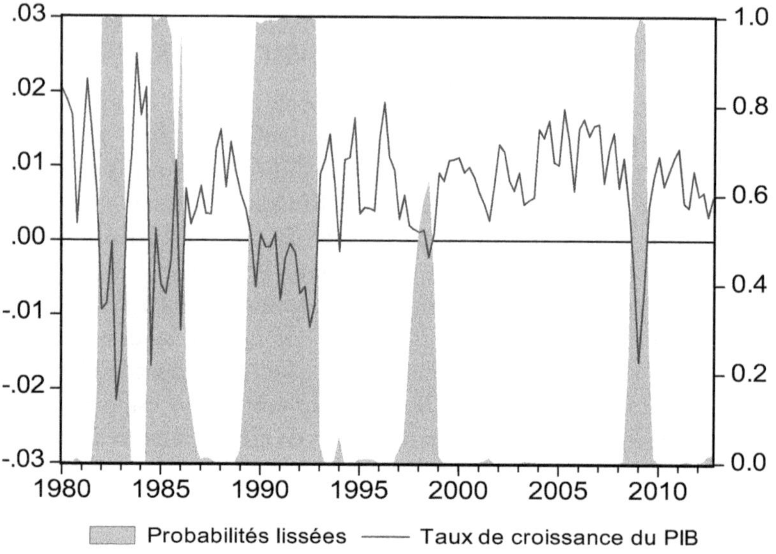

Graphique 2 : Probabilités lissées, PIB Afrique du Sud MS(2)-AR(0)

Le graphique 2 établi l'évolution jointe du taux de croissance du PIB de l'Afrique du Sud et des probabilités lissées du régime de récession, obtenues à partir de l'estimation d'un modèle à changement de régime MS(2)-AR(0). Les valeurs moyennes du taux de croissance du PIB dans les phases d'expansion et de récession sont respectivement estimées à 0.955 % et -0.484 %. La probabilité de rester en récession p_{00} est relativement élevée (0,831) tout comme celle p_{11} de rester en expansion (0,947). A partir de ces deux probabilités, il est également possible de déduire les durées moyennes de persistance dans les régimes correspondants. Ainsi, le régime de récession persiste en moyenne 6 trimestres ($\frac{1}{1-p_{00}}$) tandis que celui d'expansion dure en moyenne durant 19 trimestres ($\frac{1}{1-p_{11}}$). En plus des récessions détectées par l'algorithme de Bry-Boshan trimestriel (BBQ), le modèle de Hamilton MS(2)-AR(0) permet d'identifier une cinquième récession, celle relative à la période 1997Q1-1999Q1.

3. Les méthodes multi-variées de datation du cycle économique

Plusieurs variables macroéconomiques présentent des co-mouvements avec le cycle économique. Dans cette perspective Stock et Watson (1991), puis Kim et Nelson (1999), ont construit, à partir de ces variables, un indice coïncident dans le cadre d'un modèle factoriel dynamique (Encadré 2). Il s'agit d'exprimer chaque variable en fonction d'une composante inobservable commune : le facteur commun (ou l'indice coïncident) ; celui ci résume l'information disponible dans les différentes variables économiques. Chauvet (1998) a lié le facteur commun aux processus à changements de régimes markoviens introduit par Hamilton (1989). Il considère que le facteur commun inobservables possède une dynamique propre gouvernée par une chaîne de Markov à deux régimes, notée (S_t). L'idée est de supposer que le facteur commun représente l'état de l'économie qui, elle-même, évolue de manière cyclique selon deux phases.

Pour N variables stationnaires centrées, le modèle factoriel dynamique à changement de régimes markoviens se défini comme (Chauvet, 1988):

$$X_{it} = \lambda_i F_t + e_{it}$$

$$F_t = \mu(S_t) + f(L) F_{t-1} + \varepsilon_{St}$$

$$e_{it} = \psi_i(L) e_{it-1} + \eta_{it}$$

Avec $i = 1,\ldots,nt = 1,\ldots.,T, \{X_{it}\}_{i=1}^{n}$ les variable observées ; chaque variable est décomposée en un facteur commun, F_t , et une composante idiosyncratique, spécifique e_{it} . Les pondérations λ_i , représentent les contributions du facteur commun F_t à la variable X_{it}. $f(L) = I - \Phi_1 L - \ldots - \Phi_p L^p$.

Contrairement à Stock et Watson (1991), où la variable $\mu(S_t)$ est considérée constante, Chauvet (1998) suppose que la valeur de la variable $\mu(S_t)$ dépend de l'état de l'économie et varie selon que l'économie se situe dans une phase de récession ($S_t = 0$) ou dans une phase d'expansion $S_t = 1$.

$$\mu(S_t) = \mu_0 + \mu_1 S_t$$

S_t suit, alors, une chaîne de Markov du premier ordre à deux régimes : la probabilité pour que S_t appartienne à un régime à la date t dépend seulement du régime suivi à la date $t-1$: $P(S_t|S_{t-1}, S_{t-2}, S_{t-3} \ldots) = P(S_t|S_{t-1})$. Les probabilités de transition $(p_{ij})_{i,j=0,1}$ mesurent la probabilité de rester dans le même régime ou, au contraire, de passer d'un régime à l'autre. Dans ce modèle, les mouvements cycliques sont générés par des chocs communs, au facteur dynamique, ε_{St}. Les mouvements idiosyncrasiques, spécifiques, sont, quant à eux, produits par η_{it}. Les co-mouvements des différentes variables, X_{it} ,sont générés par le facteur dynamique, identifié ici au cycle économique.

En supposant qu'il existe quatre variables macroéconomiques, le modèle factoriel dynamique à changement de régime pourrait être formulé sous une représentation espace-état : les équations de mesure décomposent les variables économiques X_{it} en composante commune (le facteur commun) et composantes idiosyncratiques. Les équations d'état modélisent les dynamiques autorégressives du facteur commun et des composantes idiosyncratiques[35] (Chauvet, 1998), soit :

Equations de mesure :

$$\underset{X_t}{\begin{bmatrix} X_{1t} \\ X_{2t} \\ X_{3t} \\ X_{4t} \end{bmatrix}} = \underset{Z}{\begin{bmatrix} \lambda_1 & 0 & 1 & 0 & 0 & 0 \\ \lambda_2 & 0 & 0 & 1 & 0 & 0 \\ \lambda_3 & 0 & 0 & 0 & 1 & 0 \\ \lambda_4 & 0 & 0 & 0 & 0 & 1 \end{bmatrix}} \underset{\xi_t}{\begin{bmatrix} F_t \\ F_{t-1} \\ e_{1t} \\ e_{2t} \\ e_{3t} \\ e_{4t} \end{bmatrix}}$$

35 On suppose, comme dans Chauvet (1998), que le facteur dynamique suit un processus autorégressif d'ordre 2, (AR(2)), alors que les termes idiosyncratiques ont autorégressifs d'ordre 1, (AR(1)).

Equations d'état :

$$\underbrace{\begin{bmatrix} F_t \\ F_{t-1} \\ e_{1t} \\ e_{2t} \\ e_{3t} \\ e_{4t} \end{bmatrix}}_{\xi_t} = \underbrace{\begin{bmatrix} \mu_0 + \mu_1 S_t \\ 0 \\ 0 \\ 0 \\ 0 \\ 0 \end{bmatrix}}_{\mu_{\xi_{St}}} + \underbrace{\begin{bmatrix} \Phi_1 & \Phi_2 & 0 & 0 & 0 & 0 \\ 1 & 0 & 0 & 0 & 0 & 0 \\ 0 & 0 & \Psi_1 & 0 & 0 & 0 \\ 0 & 0 & 0 & \Psi_2 & 0 & 0 \\ 0 & 0 & 0 & 0 & \Psi_3 & 0 \\ 0 & 0 & 0 & 0 & 0 & \Psi_4 \end{bmatrix}}_{T} * \underbrace{\begin{bmatrix} F_{t-1} \\ F_{t-2} \\ e_{1t-1} \\ e_{2t-1} \\ e_{3t-1} \\ e_{4t-1} \end{bmatrix}}_{\xi_{t-1}} + \underbrace{\begin{bmatrix} \varepsilon_{St} \\ 0 \\ \eta_{1t} \\ \eta_{2t} \\ \eta_{3t} \\ \eta_{4t} \end{bmatrix}}_{u_t}$$

Ou de manière analogue :

$$X_t = Z\ \xi_t$$

$$\xi_t = \mu_{\xi_{St}} + T\ \xi_{t-1} + u_t$$

L'estimation du facteur commun ainsi que des probabilités filtrés et lissés des deux régimes est établie en utilisant l'algorithme de Kim (1994). Cet algorithme combine une version discrète du filtre non linéaire de Kalman avec le filtre non linéaire de Hamilton[36].

Encadré 2 - Les modèles factoriels

Les modèles factoriels connaissent, depuis le début des années 2000, un développement important dans la littérature macro-économétrique. Utilisés sous leur forme statique (Anderson [1984] et Doz et Lenglart [1999]) ou même dynamique (Doz, Giannone et Reichlin [2011] et Altissimo et al. [2010]), ces modèles ont prouvé leur pertinence dans la *(i)* construction d'indicateurs composites conjoncturels ; *(ii)* la prévision macroéconomique de court terme ; et *(iii)* l'évaluation l'efficacité des politiques macroéconomiques.

36 Voir à ce sujet Chauvet (1998)

Dans les modèles factoriels on suppose, généralement, que l'information disponible dans un grand nombre de variables économiques peut être résumée en un petit nombre de facteurs communs. Les variables observées, X_{it}, peuvent, ainsi, être décrites en fonction d'un petit nombre de variables inobservables, appelées facteurs ou facteurs communs (*common factors*). On suppose que les variables observées sont définies comme la somme de deux composantes inobservables: des facteurs communs à l'ensemble des variables, F_{it}, et une composante idiosyncratique e_{it}, qui englobe les chocs spécifiques, et qui représente la part de la variable, X_{it}, qui n'est pas expliquée par les facteurs communs. Plus formellement, un modèle factoriel, de dimension n, peut être décrit de la manière suivante :

$$X_{it} = \lambda_{i1}F_{1t} + \lambda_{i2}F_{2t} + \ldots + \lambda_{ir}F_{rt} + e_{it} \qquad (1)$$

Avec $i = 1,\ldots,nt = 1,\ldots,T, \{X_{it}\}_{i=1}^{n}$ la variable observée ; elle est décomposée en r facteurs communs, $F_t = F_{1t},\ldots,F_{rt}$, et une composante idiosyncratique e_{it}. Les pondérations λ_{ir}, représentent les contributions du facteur commun F_{rt} à la variable X_{it}.

Le modèle donné par l'équation (1) représente un modèle à facteurs statique, dans lequel les facteurs F_t ne possèdent pas de dynamique propre et la relation entre les facteurs et les variables se fait de manière linéaire à travers des pondérations constantes au cours du temps. Lorsqu'on définit la dynamique commune aux variables observées (ou les comouvements des variables observées) le modèle devient dynamique ; on parle alors de modèle à facteurs dynamique. Deux méthodes sont retenues pour rendre dynamique les modèles à facteurs : *(i)* les facteurs communs suivent un processus autorégressif ; *(ii)* les variables observées peuvent être affectées par les valeurs contemporaines des facteurs, mais aussi par les valeurs retardées.

Si l'on considère le premier cas : la dynamique des facteurs est représentée par un processus autorégressif, on peut définir le modèle à facteur dynamique comme :

$$X_t = \lambda F_t + e_t \qquad (2)$$

$$F_t = \sum_{j=1}^{p} \rho_j F_{t-j} + \varepsilon_t$$

avec ε_t un bruit blanc, e_t un processus dont les composantes sont non corrélées et sont non corrélées aux facteurs.

Plusieurs méthodes d'estimation ont été proposées dans la littérature[37]. La méthode couramment utilisée est celle de l'Analyse en Composantes Principales, initialement établie par Stock et Watson (2002). Cette méthode est utilisée dans le cadre de modèles à facteurs statiques. D'autres méthodes d'estimation ont été proposées pour permettre la prise en compte de la dynamique des facteurs. Forni *et al.* (2000) ont fourni une méthode d'estimation fondée sur l'analyse de la densité spectrale des observations. Doz, Giannone et Reichlin (2006, 2011) ont construit deux méthode d'estimation ; la première par pseudo-maximum de vraisemblance, la deuxième par une estimation en deux étapes basée sur le filtre de Kalman.

4. Conclusion

Le découpage, la caractérisation et la modélisation du cycle économique ne peuvent pas être considérées indépendamment l'un de l'autre. Ce constat, presque trivial, va permettre de développer, au début des années 2000, une littérature abondante tant théorique qu'empirique. Ce chapitre a proposé un éclairage méthodologique sur les outils statistiques de découpage du cycle économique et d'identification de ses points de retournement. En particulier deux familles de méthodes ont été identifiées : les méthodes non paramétriques avec notamment l'algorithme de Bry-Boschan et les méthodes paramétriques uni-varié et multi-variées.

En pratique la datation officielle des points de retournement ne saurait être crédible sans que soit vérifié un certain nombre de conditions : certaines portent sur les séries utilisées ; d'autres sur la méthodologie adoptée. Il ne fait aucun doute que l'exercice de datation doit faire appel à des séries chronologiques suffisamment longues pour couvrir plusieurs phases. Ce pré-requis est souvent difficile à remplir, dans la plupart des pays en développement, car les séries disponibles ne sont pas suffisamment longues pour la plupart des agrégats. En outre, l'outil statistique utilisée pour établir la datation officielle doit satisfaire

37 Voir Stock et Watson (2010) pour un survol sur les différentes méthodes

certaines propriétés. En particulier, la méthode doit être transparente, afin de pouvoir être répliquée par les chercheurs et doit être adaptable à différents pays et différentes variables.

5. Bibliographie

Altissimo F., Cristadoro R., Forni M., Lippi M. et **Veronese G.** (2010), « New EuroCOIN: Tracking Economic Growth in Real Time», *The Review of Economics and Statistics*, 92, 4, 1024-1034

Anderson T.W. (1984), «An Introduction to Multivariate Statistical Analysis», *Wiley, New York*

Boschan C, Bry G., (1971), « Programmed Selection of Cyclical Turning Points », dans *Cyclical Analysis of Time Series: Selected Procedures and Computer Programs*, NBER.

Camacho M., Perez-Quoros G., (2002), «This is What the U.S. Leading Indicators Leads», *Journal of Applied Econometrics*, Volume 17, pp. 61-80.

Chauvet M (1998), «An Econometric Characterization of Business Cycle Dynamics with Factor Structure and Regime Switching», *International Economic Review*, 39(4):969–96,November 1998.

Clements, M.P., and Krolzig, H.M. (2003), «Business Cycle Asymmetries: Characterization and Testing Based on Markov-Switching Autoregressions», *Journal of Business and Economic Statistics*, 21, 1, 196-211.

Doz C. et **Lenglart F.** (1999) « Analyse Factorielle Dynamique: Test du nombre de Facteurs, Estimation et Application à l'Enquête de Conjoncture dans l'Industrie », *Annales d'Économie et Statistiques*, 54, 91-127.

Doz C., Giannone D. et Reichlin L. (2011). «A two-step estimator for large approximate dynamic factor models based on Kalman Filtering». *Journal of Econometrics*, 164, 188-205.

Fayolle J. (1994), « Décrire le cycle économique », *Observations et Diagnostics Economiques, Revue de l'OFCE*, 45, juin, pp. 161-197.

Forni M., M. Hallin, M. Lippi et L. Reichlin, (2001), «The Generalized Dynamic-Factor Model: Identification and Estimation», *Review of Economies and Statistics*, 82, pp. 540-554.

Hamilton J.D (1994), «A New Approach to the Economic Analysis of Non-stationary Time Series and the Business Cycle», *Econometrica*, 57, pp. 357-384.

Harding D. et **Pagan A.** (2002): «Dissecting the cycle: a methodological investigation» *Journal of Monetary Economics 49,* pp. 365-381.

Harding D. et Pagan A. (2006), «Synchronization of cycles», *Journal of Econometrics, 132,* pp.59-79.

Kim, 1994. Kim C.-J. Dynamic Linear Models with Markov-Switching. Journal of Econometrics, 60

Kim C.J. et C.R. Nelson (1999), «State-Space Models with Regime Switching: Classical and Gibbs-Sampling Approaches with Applications», *MIT Press.*

Lahiri, K., and Wang, J.G. (1994), «Predicting Cyclical Turning Points with Leading Index in a Markov-Switching Model», *Journal of Forecasting,* 13, 245-263.

Potter, S.M. (1995), «A Nonlinear Approach to US GNP», *Journal of Applied Econometrics,*10, 109-125.

Terasvirta T., (1994), «Specification, Estimation and Evaluation of Smooth Transition Autoregressive Models», *Journal of the American Statistical Association*, Volume 89, pp. 208-218.

Tsay R., (1989), «Testing and Modeling Threshold Autoregressive Processes», *Journal of the American Statistical Association,* Volume 84, pp. 245-292

J. H. Stock, et **M. W. Watson** (1991), «A Probability Model of the Coincident Economic Indicators», *dans* K. Lahiri et G. H. Moore (Eds.), Leading Economic Indicators: New Approaches and Forecasting Records, pp. 63-95, *Cambridge University Press.*

Stock J. et Watson M. (2002), «Macroeconomic Forecasting Using Diffusion Indexes». *Journal of Business and Economic Statistics*, 20, 147-162.

Stock J., Watson M. (2010), «Dynamic Factor Models», Prepared for the Oxford Handbook of Economic Forecasting, M.P. Clements et D.F. Hendry (eds), *Oxford University Press.*

CHAPITRE 6

Caractérisation statistique du cycle économique et analyse des co-mouvements

1. Introduction 249
2. Caractérisation du cycle économique : la règle des 3D 250
   2.1. Durée, amplitude et formes des phases cycliques 251
   2.2. La diffusion 258
3. L'analyse des co-mouvements : la synchronisation cyclique 260
   3.1. Les déterminants de la synchronisation cyclique 261
   3.2. Synchronisation des cycles et unions monétaires en Afrique 271
4. Conclusion 281
5. Bibliographie 282

1. Introduction

L'analyse conjoncturelle a-t-elle besoin d'une caractérisation statistique des mouvements cycliques ? Comme cela a été souligné dans le premier chapitre de ce manuel, la représentation du cycle économique par Burns et Mitchell[38] met l'accent sur deux faits stylisés: la non-linéarité et le co-mouvement. La non-linéarité signifie que le comportement d'une série macroéconomique, lors d'une phase d'expansion, diffère de celui

38 Burns et Mitchelle « fluctuations que l'on retrouve dans l'ensemble de l'activité économique d'un pays, dont le travail s'organise, principalement, dans le cadre d'entreprises : un cycle consiste en expansions qui se produisent à peu près au même moment dans de nombreuses activités économiques, suivies par des récessions, des contractions, puis des reprises qui se fusionnent dans la phase d'expansion du prochain cycle ; cette séquence de changement est récurrente, mais non périodique ; en durée les cycles d'affaires peuvent varier de plus d'une année à dix ou douze ans ; ils ne sont pas divisibles en cycles plus courts de même allure et d'amplitudes similaires »

observé lors d'une phase de contraction. Le co-mouvement indique que la plupart des séries macroéconomiques évoluent ensemble au cours d'un même cycle, avec un retard plus ou moins marqué selon le type de séries considérées. Schématiquement, il existe une différence dans la durée, l'amplitude, le degré de diffusion et la forme des phases (expansion et récession) du cycle, et cette différence conditionne le profil, même, des mouvements cycliques. Une description détaillée de ces caractéristiques constitue un élément essentiel à toute analyse historique fiable des fluctuations ; et aide à détecter (en temps réel) et à prévoir, de manière confirmée, le cycle économique. Par ailleurs, si l'on considère les fluctuations, qui caractérisent certains secteurs ou certains pays, une comparaison détaillée de la convergence et de la synchronisation des mouvements cycliques constitue un complément utile à l'analyse précédente et permet d'identifier les comportements communs et/ou idiosyncratiques. L'objet de ce chapitre est de passer en revue les principaux outils méthodologiques nécessaires à la compréhension des propriétés du cycle économique. Nous examinons, dans un premier temps, les caractéristiques de Durée, d'Amplitude et de Diffusion, qui définissent explicitement la forme des phases du cycle économique ainsi que les aspects cumulatifs dans le comportement global du cycle (la règle des 3D : *Duration, Depth et Diffusion*). Puis, nous étudions la synchronisation des cycles (couplage vs découplage cyclique) ainsi que ses principaux déterminants. Une discussion sur la synchronisation/désynchronisation des cycles en Afrique subsaharienne et de ses liens avec la création d'unions monétaires sera, aussi, présentée.

2. Caractérisation du cycle économique: la règle des 3D

Les travaux originaux menés au NBER sur les méthodes descriptives des cycles économiques ont permis de définir des concepts sur les cycles qui restent encore, aujourd'hui, d'actualité. Le cycle économique est, ainsi, défini comme une succession récurrente mais non périodique de phase d'expansion et de phase de récession, délimitées par des Pics et Creux. Burns et Mitchell (1946) ont mis en évidence trois principales caractéristiques du cycle: la durée, l'amplitude et la diffusion au sein de l'économie. C'est la règle qualifiée des 3D (: *ie Duration, Depth et Diffusion*) par Anas et Ferrara, (2007). D'autres caractéristiques peuvent être mises en évidence, notamment la forme du cycle ou le comportement asymétrique de ses phases.

2.1. Durée, amplitude et formes des phases cycliques

2.1.1. La conjecture théorique

La durée d'une phase d'expansion correspond au temps que dure l'évolution de la série entre deux points de retournements adjacents : le Creux, qui marque la fin de la récession, et le Pic, qui marque la fin de l'expansion. La durée d'une phase de récession se définie inversement, c'est à dire le temps écoulé entre le Pic et le Creux[39]. L'amplitude d'une phase d'expansion correspond à l'écart entre les valeurs de la série (qui peut être prise en logarithmes) évaluée au Creux et au Pic. L'amplitude d'une phase de récession se définit inversement, c'est à dire l'écart entre les valeurs de la série du Pic au Creux

Harding et Pagan (1997, 2002) proposent d'utiliser une combinaison de la durée, D_i , et de l'amplitude, A_i , pour caractériser les mouvements cumulés à l'intérieur d'une phase i du cycle. La sévérité S_i d'une phase est, ainsi, définie comme la valeur $0{,}5\, x\, A_i\, x\, D_i$. Cette valeur est appelée « l'approximation triangulaire des mouvements cumulés » (*triangle approximation to the cumulative movements*). La sévérité d'une récession mesure la perte cumulée en output lorsque l'économie passe du Pic au Creux, en supposant que cette phase est décrite par un triangle rectangle dont la base est donnée par la durée et la hauteur par l'amplitude : la surface du triangle donne une mesure brute de la perte cumulée. En pratique, la perte cumulée effectivement observée, C_i de la phase i, diffère généralement de la sévérité S_i. L'écart entre ces deux valeurs constitue une mesure de la forme de la phase. Harding et Pagan (2002) proposent d'utiliser comme indicateur : l'excès des mouvements cumulés (*excess cumulated movements),* défini par $E_i = \left(S_i - C_i + 0{,}5A_i\right) / D_i$. Cet indicateur constitue une estimation de la différence entre la perte cumulée corrigée et l'approximation triangulaire de cette perte. Il permet, ainsi, d'illustrer la forme des phases du cycle qui peuvent être concaves ou convexes. Dans des expansions convexes et des récessions

39 Plusieurs travaux (Diebold et Rudebush, 1992) se sont posées la question de savoir si la probabilité de sortir d'une phase cyclique augmente avec le temps, c'est-à-dire si le cycle présente la propriété de dépendance à la durée (*duration dependence*). Deux hypothèses ont été retenues. Pour la première, la probabilité de sortir de phase est d'autant plus élevée que la durée de la phase est longue ; on parle alors de dépendance positive. Pour la deuxième hypothèse, la probabilité de changer de phase est d'autant plus faible que la durée de la phase est longue ; on parle de dépendance négative.

concaves, on observe une évolution lente au début, suivie d'une pente plus abrupte, alors que le contraire prévaut dans des expansions concaves et des récessions convexes (Anas et Ferrara, 2007) (Encadré 1).

Encadré 1 - Les mouvements cumulés à l'intérieur des phases cycliques

Pour mesurer les caractéristiques du cycle économique, Pagan (1997) et Harding et Pagan (2002) identifient chaque épisode cyclique à un triangle dont la base est donnée par la durée de la phase et la hauteur par son amplitude. La figure illustre graphiquement un épisode de contraction stylisée définie par un triangle XYZ. Le long de cette phase, l'économie évolue de X à Y, qui désignent respectivement le pic et le creux. La base du triangle, donnée par la distance XZ, définit la durée de la phase, D. La hauteur, donnée par la distance YZ, définit l'amplitude A.

L'impact de la récession peut être mesuré par la perte cumulée en output lorsque l'économie passe du pic au creux. Sur le graphique 1, celle-ci est donnée par la surface située au-dessus de la courbe ξ. La surface du triangle $XYZCT = 0.5DA$, , procure une mesure brute de cette perte et est qualifiée par Harding et Pagan (2002) d' « approximation triangulaire » de la perte cumulée.

En pratique, la perte cumulée réelle C_i, , diffère de CT puisque le sentier de contraction ξ ne s'identifie pas réellement à l'hypoténuse XY. Une meilleure approximation de la perte cumulée est alors donnée par la somme des surfaces des T rectangles $r\ pour\ t = 1 \ldots T\ (T = D)$ où chaque rectangle correspond à un trimestre de la phase. Cette « approximation rectangulaire » est définie par $CR = \sum_{t=1}^{T} r_t$ et est illustrée par la figure b. L'approximation peut être améliorée lorsqu'on soustrait, des rectangles r_t, les triangles de hauteurs s_t pour obtenir la surface colorée du graphique c.

Puisque l'amplitude A est égale à $A=\sum_{t=1}^{T} s_t$ (où s_t définit la variation de l'amplitude durant un trimestre), la surface totale de ces triangles est donnée par . $S=0.5\sum_{t=1}^{T} s_t = 0.5A$. La mesure corrigée de la perte cumulée peut être donnée par $C_{BC}=CR-0.5A$. Harding et Pagan (2002) définissent alors l'excès de la perte cumulée, E_x, comme la différence entre la perte cumulée corrigée et l'approximation triangulaire de cette perte, soit $-E_x=CR-0.5A-0.5DA$.

Un indice d'excès de cette perte cumulée est mesuré par $I_E=\dfrac{0.5DA+0.5A-CR}{D}$

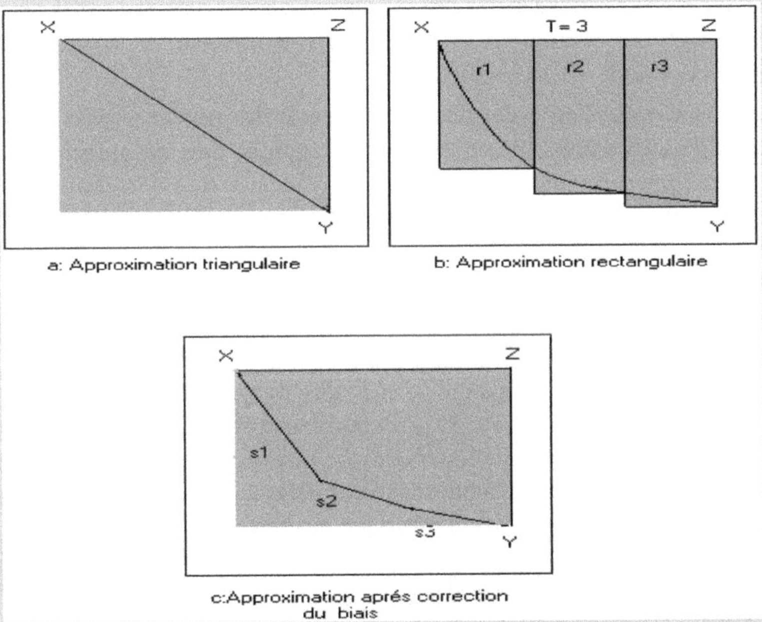

Graphique 1 : Mesure de la perte cumulée

Source : Athanasopoulos, Anderson et Vahid, 2001

2.1.2. Durée, Amplitude et forme des phases cycliques : cas du cycle tunisien

La description statistique des phases du cycle de l'indice de production industrielle (IP) en Tunisie est illustrée dans le Tableau 1; y figurent, en effet, la durée, l'amplitude, les mouvements cumulés et l'indice d'excès des phases d'expansion et de contraction du cycle classique et des phases de croissance accélérée et de croissance ralentie du cycle de croissance. Par construction, il apparaît que les épisodes du cycle classique diffèrent à la fois par leur amplitude et par leur durée, ce qui traduit une nette asymétrie dans l'évolution de l'IP. Les phases de contraction sont considérablement plus courtes que les phases d'expansion; ces dernières durent en moyenne 15,8 trimestres. En revanche, les phases descendantes, au cours desquelles l'IP diminue, sont brèves et durent en moyenne 5,6 trimestres. L'analyse de l'amplitude montre que le déclin moyen (6,5) de l'IP, durant les phases de contraction, est de l'ordre de 1/5 de la relance moyenne (28,5), durant les phases d'expansion. C'est ce différentiel d'amplitude qui explique la nature ascendante du trend de l'IP industriel durant la période 1970Q1-2002Q4.

Contrairement au cycle classique, le cycle de croissance paraît plutôt symétrique. Une phase de ralentissement typique dure en moyenne 8,28 trimestres environ alors qu'une phase d'accélération est d'une durée moyenne d'environ 8,12 trimestres. L'amplitude moyenne est, quant à elle, à peu près égale pour les deux phases. Ces deux résultats impliquent ensemble que la vitesse de variation de l'écart conjoncturel de l'IP, mesurée par l'amplitude trimestrielle, est relativement identique durant les deux épisodes du cycle de croissance.

L'excès négatif des mouvements cumulés du cycle classique (– 0,2 pour les phases de récession et – 1,32 pour les phases d'expansion) signifie que les pertes cumulées durant les phases de récession et les gains cumulés durant les phases d'expansion sont plus élevés que les approximations triangulaires (Encadré 1). Ceci implique que les mouvements de l'IP sont fortement rapides au cours des premières périodes des phases cycliques. Pour le cycle de croissance, les gains cumulés au cours des périodes de reprise conjoncturelle sont moins élevés que les approximations triangulaires (l'excès est de l'ordre de 0,26). Les mouvements de l'écart conjoncturel du cycle de croissance sont donc relativement faibles au cours des premières périodes des phases d'accélération.

Tableau 1 : Durée, amplitude et mouvements cumulés des phases cycliques

Cycle Classique							
Phases de contraction				Phases d'expansion			
Période	**Durée**	**Amplitude**	**Amplitude trimestrielle**	**Période**	**Durée**	**Amplitude**	**Amplitude trimestrielle**
				70 :3-74 :4	17	31.28	1.84
74 :4-76 :2	6	-2.10	-0.35	76 :2-81 :2	20	45.63	2.28
81 :2-82 :3	5	-5.58	-1.11	82 :3-84 :3	8	16.99	2.12
84 :3-87 :1	10	-15.58	-1.55	87 :1-89 :2	9	7.95	0.88
89 :2-90 :3	5	-2.96	-0.59	90 :3-93 :3	12	14.77	1.23
93 :3-94 :1	2	-6.32	-3.16	94 :1-01 :2	29	54.83	1.89
Moyenne	5.60	-6.50	-1.35		15.83	28.57	1.70
Ecart type	2.88	5.36	-1.11		7.93	18.64	0.54
Période	**Perte cumulée**	**Excès**		**Période**	**Gain cumulé**	**Excès**	
				70 :3-74 :4	271.03	-0.30	
74 :4-76 :2	-5.17	-0.18		76 :2-81 :2	519.06	-3.13	
81 :2-82 :3	-10.87	-0.61		82 :3-84 :3	92.58	-3.07	
84 :3-87 :1	-81.89	0.39		87:1-89 :2	39.47	-0.41	
89 :2-90 :3	-5.94	-0.29		90 :3-93 :3	82.25	0.53	
93 :3-94 :1	-5.67	-0.32		94 :1-01 :2	857.47	-2.15	
Moyenne	-21.90	-0.20			310.31	-1.32	
Cycle de Croissance							
Phases de ralentissement				Phases de reprise			
Période	**Durée**	**Amplitude**	**Amplitude trimestrielle**	**Période**	**Durée**	**Amplitude**	**Amplitude trimestrielle**
				70 :3-72 :3	8	6.83	0.85
72 :3-73 :2	3	-3.99	-1.33	73 :2-74 :3	5	7.07	1.41
74 :3-76 :2	7	-12.08	-1.72	76 :2-79 :3	13	10.37	0.79
79 :3-82 :3	12	-13.63	-1.13	82 :3-84 :3	8	16.05	2.02
84 :3-87 :1	10	-11.89	-1.18	87 :1-89 :2	9	7.91	0.87
89 :2-90 :3	5	-4.79	-0.95	90 :3-93 :2	11	6.61	0.60
93 :2-95 :1	7	-10.23	-1.46	95 :1-96 :2	5	11.03	2.20
96 :2-99 :4	14	-8.20	-0.58	99 :4-01 :2	6	6.09	1.01
Moyenne	8.28	-9.25	-1.19		8.12	8.99	1.21
Ecart type	3.90	3.73	0.36		2.85	3.37	0.59

Tableau 1 : **Continued**

Cycle Classique							
Période	**Perte cumulée**	**Excès**		**Période**	**Gain cumulé**	**Excès**	
				70 :3-72 :3	26.91	0.05	
72 :3-73 :2	-7.20	0.40		73 :2-74 :3	9.99	1.53	
74 :3-76 :2	-38.56	-0.53		76 :2-79 :3	73.05	-0.43	
79 :3-82 :3	-54.71	-2.25		82 :3-84 :3	83.90	-2.46	
84 :3-87 :1	-74.88	1.54		87 :1-89 :2	29.00	0.73	
89 :2-90 :3	-10.09	-0.37		90 :3-93 :2	29.08	0.66	
93 :2-95 :1	-35.56	-0.03		95 :1-96 :2	18.57	1.80	
96 :2-99 :4	-59.00			99 :4-01 :2	17.05	0.2	
Moyenne -	40.00	-0.2			35.94	0.26	

Notes : Pour chacun des cycles et pour chacune des phases quatre caractéristiques sont établies : la durée, l'amplitude, l'amplitude trimestrielle, les gains (pertes) cumulés. A l'exception de la durée, toutes les autres variables du tableau sont exprimées en pourcentage (Amplitude, Amplitude trimestrielle, Perte cumulée, Gain cumulé et l'Excès)

Source : Elachhab (2007)

La caractérisation statistique de la durée et de l'amplitude des phases du cycle économique permet, en outre, d'analyser les similitudes entre les phases cycliques. Deux tests peuvent être avancés: le test de dépendance de durée et le test de corrélation de rang.

La dépendance de durée, mise en œuvre par Diebold et Rudebush (1992), apparaît lorsque les phases du cycle économique ont tendance à maintenir des durées fixes. En accord avec Brain et Shapiro (1983), l'hypothèse centrale du test est que la probabilité de sortir d'une phase est indépendante de sa durée; ce qui implique l'absence de toute relation entre la durée d'un épisode cyclique et la probabilité qu'il prenne fin. Deux hypothèses alternatives ont été proposées. Selon la première, la probabilité de changer de phase est d'autant plus élevée que la durée de la phase est longue; on parle ici de dépendance positive. Selon la deuxième hypothèse, la probabilité de changer de phase est d'autant plus faible que la durée de la phase est longue; on parle de dépendance négative.

Le test de corrélation de rang de Spearman fournit un moyen qui permet de détecter les éventuelles relations entre l'amplitude et la durée des phases cycliques. L'hypothèse centrale du test est l'absence de toute corrélation. Au vu de l'identification de Harding et Pagan (2001) d'une phase cyclique à un triangle, dont la base est donnée par la durée et la hauteur par l'amplitude, ce test s'apparente plus à un test de régularité de la forme des phases du cycle économique.

Les résultats relatifs aux tests de dépendance de durée et de corrélation de rang sont regroupés au Tableau 2 où figurent les statistiques de Brain et Shapiro (1983) et de corrélation de Spearman pour les différentes phases du cycle classique et du cycle de croissance. L'hypothèse nulle du test de corrélation de Spearman est l'absence de relation entre la durée d'une phase et son amplitude. Une astérisque signale le rejet de l'hypothèse nulle au seuil de 5 %. La valeur critique du coefficient de corrélation de Spearman au seuil de 5 % est $1,65/N^{0.5}$ où N désigne le nombre de phases durant la période d'analyse. Sur la période 1970:1-2002:2, le nombre de phases d'expansion (E) et de phases de contraction (C) du cycle classique est de E =6 et C =5; le nombre de phases de croissance accélérée (A) et de croissance ralentie (R) est de A =8 et R =7.

Tableau 2 : Tests non paramétriques de dépendance de durée et de corrélation de rang

	Cycle classique		**Cycle de croissance**	
	Contraction	**Expansion**	**Ph accélérée**	**Ph décélérée**
Brain-Shapiro	**-1.620**	**0.096**	**-1.027**	**0.162**
Spearman	**0.075**	**0.700***	**0.952***	**0.212**

Notes : Le test de Brain et Shapiro est statistiquement distribué selon une loi Normale N(0,1). Sa valeur critique au seuil de 5 % est de 1.96. Une Astérisque signale le rejet de l'hypothèse nulle (absence de dépendance de durée) au seuil de 5 %. L'hypothèse nulle du test de corrélation de Spearman est l'absence de relation entre la durée d'une phase et son amplitude. Une Astérisque signale le rejet de l'hypothèse nulle au seuil de 5 %. La valeur critique du coefficient de corrélation de Spearman au seuil de 5 % est $1.65/N^{0.5}$ où N désigne le nombre de phases durant la période d'analyse. Sur la période 1970 :1-2002 :2, le nombre de phases d'expansion (E) et de phases de contraction (C) du cycle classique est de E =6 et C =5 ; le nombre de phases de croissance accélérée (A) et de croissance ralentie (R) est de A =8 et R =7.

Au regard de ce tableau, il semble qu'il n'y ait pas de relation entre la durée d'une phase du cycle de croissance et la probabilité qu'elle prenne fin; ce qui implique l'absence de dépendance de durée. Les spéculations relatives à l'effet de la durée sur la fin d'une phase paraissent donc inutiles et même trompeuses; chaque épisode est, en effet, particulier. Pour le cycle classique, il apparaît au contraire que la probabilité de sortir d'une phase de contraction augmente avec le temps, vu le signe négatif de la statistique de Brain et Shapiro (– 1,62); alors qu'elle reste constante durant les phases d'expansion. Probablement, ce sont les politiques contra-cycliques de stabilisation mises en œuvre qui sont à l'origine de l'augmentation de la dépendance de durée durant les phases de contraction.

L'examen de la statistique de corrélation de Spearman montre une corrélation positive parfaite (0,95) entre l'amplitude et la durée des phases de ralentissement conjoncturel du cycle de croissance. Il y a donc bien des évidences statistiques sur la régularité de la forme de ces épisodes. Un résultat semblable est atteint pour les phases d'expansion du cycle classique. Le coefficient de corrélation est, en effet, de l'ordre de 0,7. Pour les phases de contraction du cycle classique et de reprise conjoncturelle du cycle de croissance, l'amplitude et la durée paraissent complètement indépendantes.

L'indépendance entre la durée et l'amplitude des phases de reprise conjoncturelle du cycle de croissance pourrait s'expliquer probablement par l'hétérogénéité de la chronique des chocs à l'origine des fluctuations. Après coup, il est vrai que la durée et l'amplitude d'une phase cyclique dépendent de la nature du choc et de son ampleur, qu'il s'agisse d'un choc ponctuel de grande taille ou modéré et étalée sur plusieurs trimestres.

2.2. La diffusion

La diffusion d'une phase cyclique illustre, au mieux, la définition même du cycle « des fluctuations qui interviennent à peu près simultanément dans de nombreuses activités économiques ». La mesure de la diffusion (la propagation) permet de voir si l'expansion ou la récession est étalée ou limitée à certains secteurs d'activité, c'est à dire si l'évolution qui s'opère dans un secteur se propage aux autres secteurs.

Un indice de diffusion mesure le degré de propagation ou de généralisation d'un régime cyclique, expansion ou récession, au sein d'un ensemble de secteurs. L'indice de diffusion sectoriel de l'expansion, par exemple, mesure la différence entre le pourcentage des secteurs en expansion et le pourcentage des secteurs en récession. Cet indice aide à analyser les aspects cumulatifs de l'évolution cyclique, toutefois il ne permet pas de détecter les secteurs générateurs du mouvement cyclique, ni leur importance relative ni même la vitesse des transformations observées.

Encadré 2- Mesure de l'Indice de Diffusion

La façon la plus simple pour mesurer l'indice de diffusion est d'identifier chaque série (cycle ou output gap) par une variable binaire $S_{i,t}$, qui représente la phase du cycle du secteur i, et de calculer la moyenne transversale :

$$D_t = \frac{1}{N}\sum_{i=1}^{N} S_{it} \qquad t = 1,\ldots\ldots,T$$

Où $S_{it} = 1$ si le cycle est en récession à la période t ; $S_{it} = 0$ si le cycle est en expansion

Il pourrait être utile de pondérer les séries considérées en fonction de leur pertinence économique et/ou de leur efficacité dans la signalisation des phases cycliques (récessions par exemple). Si un système de pondération w_{it} est disponible, l'indice de diffusion pourrait être calculé comme :

$$D_t = \sum_{i=1}^{N} w_{it} S_{it} t = 1,\ldots\ldots,T \sum_{i} w_{it} = 1$$

Le graphique 2 établie l'évolution jointe du cycle du PIB trimestriel tunisien et de l'indice de diffusion. Le calcul de cet indice suppose que chaque secteur d'activité reçoit une valeur de 1 ou 0 selon qu'il est en reprise conjoncturelle ou en ralentissement. La sommation de ces valeurs est ensuite calculée après division par le nombre de séries. Une valeur de 0.5 indique qu'il y a autant de secteur en expansion qu'en contraction. Avec des valeurs respectives de plus ou de moins de 0.5, l'indice de diffusion indique que, respectivement, plus ou moins de branches sont en croissance qu'en décroissance. Une valeur de 0.7 implique qu'il y a 40 % (70-(100-70) = 40) de plus de secteur qui sont en reprise qu'en ralentissement.

L'observation de l'évolution de l'indicateur de diffusion montre une plage relativement élevée des variations de l'indice ; celui ci varie de 0.12 à 0.68 : A tout moment il y a donc un grand nombre de secteurs qui évoluent dans le même sens. L'indice de diffusion préserve avec avance l'évolution du PIB; le coefficient de corrélation (avancé de trois trimestres) est de 0,6. La corrélation avancée entre le cycle du PIB et la diffusion éclaire sur la dynamique du cycle économique : les mouvements de reprises et de ralentissement se produisent par une impulsion de croissance ou de décroissance qui est répandue dans l'économie et non parce qu'un nombre limité de secteurs présentent des résultats exceptionnels.

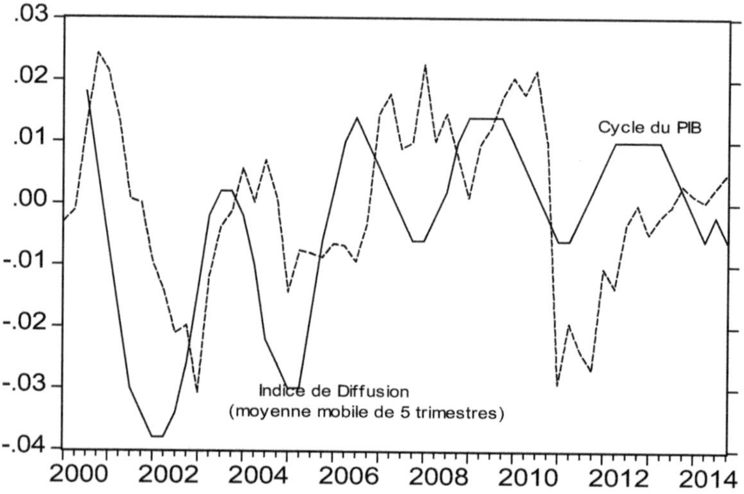

Graphique 2 : Indice de Diffusion et Cycle du PIB tunisien : 2000Q1-2014Q1

3. L'analyse des co-mouvements : la synchronisation cyclique

L'augmentation des relations commerciales et financières, observées au cours des trente dernières années, a relancé l'intérêt des économistes sur la question des liens qui existent entre les fluctuations des différents pays. Le débat porte, alors, sur la possibilité de la synchronisation cyclique, c'est-à-dire la possibilité d'un couplage, d'une évolution dans le même sens des cycles de plusieurs pays.

Dans la littérature économique, les économistes se sont penchés sur l'étude des causes de la synchronisation des cycles. Trois causes sont, généralement, avancées : *(i)* les changements dans la fréquence et l'importance de *chocs communs* subis, simultanément, par différents pays (par exemple, variations brutales et inattendues des cours du pétrole ou fortes fluctuations des cours des actifs sur les principales places financières) ; *(ii)* la transmission de perturbations nées dans d'autres économies, mais qui se transmettent par des liens commerciaux ou financiers ; et *(iii)* les perturbations corrélées attribuables à un certain nombre de causes similaires, comme l'application de politiques économiques analogues, notamment monétaire ou budgétaire.

3a : les points de retournements des deux cycles se produisent aux mêmes points du temps

3 b les écarts entre les points de retournements restent constants à travers le temps

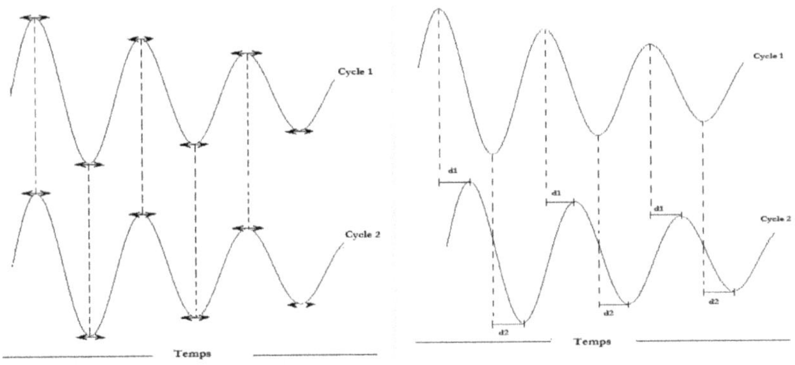

Graphique 3 : la synchronisation cyclique

Deux cycles économiques sont synchronisés si leurs points de retournements respectifs (Pics et Creux) se produisent, à peu près, aux mêmes points du temps ou si les écarts entre ces points de retournements sont, relativement, constants à travers le temps (Harding et Pagan, 2006)

3.1. *Les déterminants de la synchronisation cyclique*

Il est généralement admis que le cycle économique d'une économie ouverte, est déterminé par l'interaction de trois composantes: *(i)* une première composante, dite commune, expliquée par des chocs communs subis simultanément par les différents pays; *(ii)* une deuxième, résulte de la transmission internationale des chocs ; et *(iii)* une troisième composante, dite idiosyncratique, associée à des chocs spécifiques, tels que les variations de la politique économique.

Il est notable que des chocs communs subis par différents pays conduisent à des mouvements synchrones des cycles nationaux. C'est, en effet, un débat ancien que celui de savoir si la synchronisation/ désynchronisation cycliques peut être expliquée par des chocs communs, ou bien alors que, même en présence de ces chocs, des découplages peuvent subsister. On dispose aujourd'hui d'une littérature abondante sur le sujet (Kwark, 1999; Clark et Shin, 2000; Otto *et al.*, 2001). La plupart des travaux s'accorde sur le fait que la réponse des systèmes économiques à des chocs communs, ne peut se produire de façon symétrique que si les structures économiques sont proches, notamment les structures industrielles, les marchés des biens et du travail et les systèmes financiers. Ces travaux montre, aussi, que des chocs idiosyncratiques, essentiellement spécifiques aux pays, peuvent se transmettre d'un pays à un autre et engendrer des mouvements cycliques synchrones, en présence d'interdépendances commerciales et financières (Frankel et Rose,1998 ; Heathcote et Perri, 2002 et Bordo et Hebling, 2003). Ils ne peuvent exclure, toutefois, que même en présence de ces interdépendances, des découplages cycliques peuvent subsister lorsque l'intégration commerciale ou financière affecte les degrés de spécialisation des pays dans les secteurs où ils disposent d'avantages comparatifs (Krugman, 1993).

Savoir lesquels de ces facteurs sont déterminants pour la synchronisation des cycles est une question empirique, mais la présence de phénomènes de compensation, tant pour les chocs communs que pour l'intégration, peut expliquer le manque d'une tendance manifeste à la coévolution des conjonctures économiques.

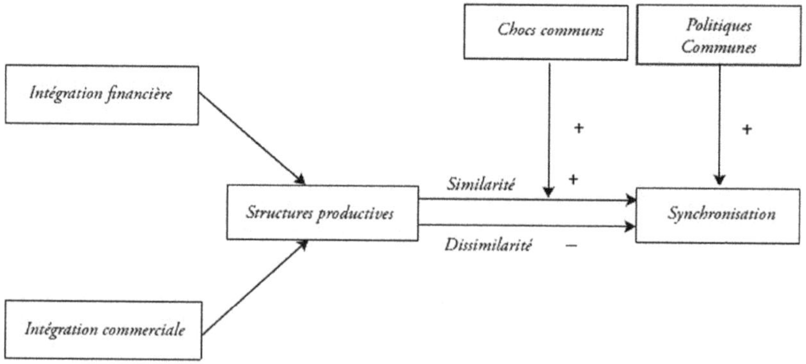

Graphique 4 : Les déterminants de la synchronisation
Source : Imbs (1999, 2004)

3.1.1. *Synchronisation et transmission des chocs idiosyncratiques*

A. L'intégration commerciale

Sur le plan théorique, l'effet de l'ouverture commerciale sur la synchronisation des cycles est ambigu. Frankel et Rose (1998) avancent que l'ouverture commerciale permet de contribuer à la transmission des cycles entre les économies. A ce titre, l'élimination des barrières au commerce externe conduit à une diffusion plus rapide des chocs de demande d'une économie à l'autre, qui serait renforcé par des effets de débordement en termes de technologie et de savoir. Ainsi, une augmentation de la consommation dans un pays conduit à une demande accrue d'importations. Il en résulte une augmentation de la production des partenaires commerciaux, et ce d'autant plus que les économies échangent entre elles, qu'elles-mêmes suscitent un surcroît d'échanges commerciaux (effet d'écho). Une plus grande intégration commerciale devrait renforcer la synchronisation des cyclique.

Pour Krugman (1993), il est possible d'observer le résultat inverse si l'ouverture commerciale s'accompagne d'une spécialisation plus accrue des pays dans les secteurs où ils disposent d'avantages comparatifs. Selon la théorie traditionnelle du commerce international (Modèle Heckscher-Ohlin), l'intégration commerciale, peut favoriser une plus forte spécialisation des pays en fonction de leur avantage comparatif. Dans ce cas, les structures des échanges des pays seraient différentes et chaque pays serait plus susceptible de faire l'objet de chocs sectoriels asymétriques. Ainsi, un choc idiosyncratique dans un secteur ne peut pas se propager aussi facilement à travers les frontières d'un pays en raison de l'absence de cette industrie dans les pays partenaires. Une plus grande intégration commerciale devrait ainsi conduire à des cycles moins synchrones.

L'effet global d'une intégration commerciale sur le cycle économique dépend alors de la nature intra ou inter-sectorielle des échanges. Si les flux commerciaux sont dominés par des échanges intra-sectoriels, comme cela est le cas des échanges entre la majorité des pays développés, l'intégration commerciale devrait s'accompagner d'une plus forte synchronisation cyclique. Dans le cas contraire, où les flux commerciaux sont dominés par des échanges inter-sectoriels, un découplage cyclique s'impose.

Frankel et Rose (1998) remarquent que les échanges bilatéraux résultent, essentiellement, de l'accroissement du commerce intra-sectoriel et montrent que le commerce inter-sectoriel ne joue aucun rôle dans la synchronisation cyclique comparativement au commerce intra-sectoriel ; une conclusion, d'ailleurs, vérifiée par Imbs (2004)[40]. Celui ci montre que les pays dont les structures de production sectorielles sont les plus proches sont aussi ceux dont les cycles sont les plus synchronisés, indépendamment de l'intensité des échanges commerciaux qui les caractérise.

B. L'intégration financière

Tout comme l'intégration commerciale, l'effet de l'intégration financière sur la synchronisation des cycles fait l'objet d'un débat théorique non encore tranché. Une grande partie de la littérature montre que l'augmentation des placements financiers à l'étranger conduit à une plus grande sensibilité de la consommation des ménages et de l'investissement des entreprises, aux variations des prix de ces actifs (de la même façon que les acteurs externes). Cet effet de richesse peut expliquer la corrélation des consommations et des investissements et par la suite la synchronisation des cycles économiques. La crise financière mondiale, de la fin des années 2000, met en évidence de manière claire comment l'interdépendance financière entre les Etats Unis et la Zone Euro permet d'accroitre la vitesse de transmission des chocs. L'augmentation des investissements en portefeuille et des investissements directs, la cotation d'un nombre de plus en plus grand d'entreprises sur les bourses des différents pays et la corrélation croissante de la rentabilité boursière entre les pays ont rendu sensible le cout du capital des entreprises européennes aux variations à la hausse et à la baisse du marché boursier des Etats-Unis. Ensemble, ces interdépendances ont contribué à la transmission de la récession américaine vers la Zone Euro.

Kalemli-Ozcan, Sorensen et Yosha (2001) remarquent que l'intégration financière permet, au contraire, un meilleur partage du risque et conduit les économies à se spécialiser dans les secteurs où elles disposent d'avantages comparatifs (ie : à mesure ou elles disposent d'une meilleure assurance contre les chocs sectoriels spécifiques). Dans ce cas, le degré de synchronisation entre pays serait faible et chaque pays serait plus susceptible de faire l'objet de chocs sectoriels spécifiques. Imbs (2004) estime que même si l'intégration financière tend à augmenter la spécialisation sectorielle, son effet total sur la synchronisation cyclique reste positif.

---

40 Voir aussi Clark et van Wincoop (2001), Baxter et Kouparitsas (2005) et Inklaar et *alii* (2005)

3.1.2. Synchronisation cyclique et importance des chocs communs

En l'absence de transmission internationale de chocs, la synchronisation des cycles nationaux peut résulter de chocs communs qui affectent de manière simultanée les différents pays. C'est le cas, par exemple, d'une variation des cours de pétrole ou des modifications des prix des denrées alimentaires, même si l'effet de ces chocs varie selon les pays.

Les études empiriques (Otto et *alii*, 2001 et Böwer and Guillemineau, 2006) montrent, qu'en réponse à des chocs communs, l'évolution des cycles des économies nationales ne se produit de façon symétrique que si les structures économiques des différents pays sont proches (ie les structures industrielles, les marchés des biens et des services, les marchés du travail et les systèmes financiers). Ces économies tendent, en effet, à subir et à transmettre les chocs communs de manière identique et à véhiculer, par conséquent, des cycles économiques de plus en plus en phase.

La plupart des études indiquent une baisse de la variance des chocs communs depuis le début des années 1990. Blanchard et Simon (2001) et Stock et Watson (2003 et 2005) attribuent une grande partie de la baisse de la volatilité des fluctuations économiques observée dans les pays industrialisés (phénomène connu sous le nom de grande modération, qui désigne la baisse à long terme de la volatilité de la production et de l'inflation) à la diminution de l'ampleur des chocs communs. En particulier, les années 70 ont connu d'importants chocs négatifs d'offre, notamment les hausses consécutives des prix du pétrole en 1973 et 1979. Après la désinflation du début des années 80, la volatilité dans les pays avancés a commencé a diminuer de manière soutenue et aujourd'hui elle ne représente que la moitie du niveau des années 70. Cette baisse est, essentiellement, associée à des évolutions moins marquées et plus faibles des chocs communs et à la priorité donnée, dans la mise en place des politiques monétaires et budgétaires, à des cadres d'action orientés vers la stabilité.

3.1.3. Synchronisation cyclique et similarité des politiques économiques : cas d'une union monétaire

L'influence de la coordination des politiques économiques sur la synchronisation des cycles a reçu beaucoup d'intérêt, notamment dans le cadre des débats des pays de la Zone Euro, sur ce qu'ils gagneraient suite à la création d'une monnaie unique. L'effet de l'intégration monétaire sur la synchronisation des cycles économiques nationaux est, a priori, ambigu. Deux paradigmes s'affrontent : Pour certains (la théorie de l'endogéneité des zones monétaires optimales), l'intégration monétaire accroît les échanges commerciaux et rapproche les cycles (Frankel et Rose, 1998 et McCullum, 1995). Pour d'autres, (théorie de la spécialisation), l'intégration monétaire permet aux pays d'exploiter, au mieux, leurs avantages comparatifs de sorte que les économies deviennent moins diversifiées et auraient en conséquence des cycles moins corrélés (Krugman, 1993).

Selon le premier paradigme, deux pays qui passent en changes fixes ou qui adoptent la même monnaie voient leurs échanges commerciaux s'accroître et leurs cycles se rapprocher. L'idée est que le passage à une monnaie commune constitue, pour les acteurs économiques, un acte fort, un engagement durable (*a serious and durable commitment* [Mc Cullum, 1995]) et empêche toute possibilité de dévaluations, dites compétitives, dans le futur ; elle facilite, de ce fait, les investissements directs étrangers et les contrats de long terme. En outre, une monnaie commune accroît la transparence des prix ; diminue les couts de transaction grâce à la disparition des frais et des risques de change et facilite la circulation des capitaux entre les membres, stimulant ainsi l'investissement et le commerce. Ceci aura pour conséquence d'accroitre la synchronisation des cycles : l'adoption d'une monnaie unique tend, donc, à harmoniser et à synchroniser les fluctuations au sein de l'union monétaire. Cette thèse a été confortée par l'expérience de la Zone Euro puisqu'on a observé une plus forte corrélation des cycles nationaux, durant la période 2000–2020, alors même qu'avant cette période des pays comme l'Espagne ou la Grèce avaient des fluctuations totalement désynchronisées.

Le deuxième paradigme (Krugman, 1993) suppose, au contraire, que l'instauration d'une monnaie unique permet aux pays d'exploiter leurs avantages comparatifs, leurs dotations factorielles, et donc d'organiser leur structure de production selon un processus de spécialisation. Chaque pays réagit aux évolutions spécifiques du secteur dans lequel il se spécialise rendant ainsi les cycles nationaux de moins en moins synchrones. Selon ce paradigme, la disparition du risque de change incite les entreprises à localiser leurs activités là où la dotation factorielle est la plus avantageuse pour leurs activités: les productions de biens sophistiqués à forte valeur ajoutée se regroupent dans les régions les mieux dotées en travail qualifié et en capital, les productions de gamme moyenne ou basse, sont implantés dans les régions où le facteur travail est moins coûteux. Une spécialisation interbranche des pays membre de l'union se développe et leurs structures productives tendent à diverger. Ce processus de spécialisation tend à engendrer, non pas une synchronisation des cycles comme l'affirment Frankel et Rose, mais une désynchronisation, car des économies hétérogènes et spécialisées deviennent plus sensibles à des chocs sectoriels.

Pour appuyer son raisonnement, Krugman reprend l'exemple des Etats-Unis, avec des membres très hétérogènes et fortement spécialisés. Le cas du Massachusetts est typique. Spécialisé dans l'informatique et l'équipement militaire de précision, cet Etat a connu une croissance dynamique jusqu'à la fin des années 1980 grâce aux commandes publiques adressées à l'industrie de l'armement. Cependant, vers la fin de la guerre froide, cette économie a connu un ralentissement sans précédent, en raison notamment de la diminution du budget de la défense et la migration de plusieurs d'entreprises du secteur informatique vers la Silicon Valley, le nouveau berceau de la haute technologie. Ne pouvant dévaluer sa monnaie ou mettre en œuvre une politique monétaire expansionniste pour sortir de cette crise, le Massachusetts a connu un ralentissement de l'activité et une hausse importante du chômage.

Encadré 3 - Les mesures de la synchronisation

La façon la plus simple et la plus immédiate pour mesurer le degré de synchronisation de deux variables est de calculer le coefficient de corrélation linéaire

$$\rho_{x,y} = \frac{Cov(x,y)}{\sigma_x \sigma_y}$$

Avec $Cov(x,y)$ la covariance entre les deux variables et σ_x et σ_y les écarts-types. Le coefficient de corrélation se définit ainsi comme le ratio entre les fluctuations communes aux deux variables (mesurées par la covariance) et leur variation totale (mesurée par le produit des deux écarts-types). La valeur du coefficient de corrélation est comprise entre –1 et 1. Un coefficient égal à 1 correspond à une parfaite synchronisation des deux variables, et une corrélation égale à –1 à une complète désynchronisation. Une corrélation nulle implique que les variables évoluent sans lien entre elles.

Perez Quiros et *alii* (2013) montrent que l'utilisation du coefficient de corrélation simple pour mesurer le degré de synchronisation est contestable du point de vue statistique: lorsque les séries utilisées sont en niveau la composante de long terme (la tendance) domine les co-mouvements. Ceux ci seront dominés par les résidus de court terme lorsque les séries utilisées sont en différence première. Ce qui importe est, donc, de trouver le filtre le plus approprié pour extraire les mouvements de court terme, et par conséquent les co-mouvements entre les deux séries. Plusieurs méthodes de filtrage se sont développées et le choix d'une méthode particulière affecte, on l'a vu, la forme du cycle et donc, incontestablement, l'ampleur des co-mouvements entre les variables. Pour pallier cette faiblesse du coefficient de corrélation simple, deux indicateurs de co-mouvements se sont alors développés : l'indice de concordance de Harding et Pagan (2002) et l'indice de corrélation dynamique dans le domaine des fréquences de Forni et *alii* (2001)

L'indice de concordance de Harding et Pagan (2002)

L'indice de concordance entre les cycles de deux pays x et y, noté C_{xy} , défini le nombre moyen de périodes où le cycle de x et le cycle de y se trouvent simultanément dans la même phase (phase d'expansion ou de récession). Ainsi, si on définie la variable $S_{i,t}\,(i = x, y)$ telle que $S_{i,t}$ vaut 1 si le cycle de i est en expansion en t et 0 sinon, l'indice de concordance correspond à :

$$C_{xy} = \frac{1}{T}\sum_{t=1}^{T}\left[S_{x,t}S_{y,t} + (1 - S_{x,t})(1 - S_{y,t})\right] \tag{1}$$

Cet indice vaut 1 si les cycles de x et de y sont toujours dans la même phase, $S_{x,t} = S_{y,t}$ (parfaite concordance) et vaut 0 si x et y sont toujours dans des phases opposées, $S_{x,t} = 1 - S_{y,t}$ (parfaite anti-concordance).

Dans le cas général, les propriétés de distribution de C_{xy} sont inconnues. Pour calculer le degré de significativité de cet indice, Harding et Pagan (2002), proposent une méthode qui permet de passer de l'indice de concordance C_{xy} à l'indice de corrélation empirique entre $S_{x,t}$ et $S_{y,t}$. Ainsi, si on défini par μ_{S_i} et σ_{S_i} $(i = x, y)$, la moyenne empirique et l'écart type empirique respectives de $S_{i,t}$ et si ρ_S désigne la corrélation empirique entre $S_{x,t}$ et $S_{y,t}$, l'indice de concordance vérifie alors la relation :

$$C_{x,y} = 1 + 2\rho_S \sigma_{S_x} \sigma_{S_y} + 2\mu_{S_x} \mu_{S_y} - \mu_{S_x} - \mu_{S_y} \tag{2}$$

Puisque C_{xy} et ρ_S sont liés par la relation (2), il serait équivalent d'étudier l'une ou l'autre de ces deux statistiques. Pour évaluer ρ_S, Harding et Pagan proposent d'estimer la relation linéaire:

$$\left(\frac{S_{y,t}}{\sigma_{S_y}}\right) = \eta + \rho_S \left(\frac{S_{x,t}}{\sigma_{S_x}}\right) + \mu_t \tag{3}$$

Où η est une constante et μ_t un bruit blanc. Sous l'hypothèse nulle $\rho_S = 0$, les résidus μ_t peuvent hériter les propriétés des corrélations sérielles de $S_{y,t}$ ce qui nuit à la robustesse de l'estimation de la relation (3). Avouyi-Dovi et "Matheron (2003) " proposent d'utiliser la méthode des moindres carrés augmentés d'une procédure HAC (Heteroskedasticity and Autocorrelation Consistent Covariance) de Newey-West (1987) pour estimer l'équation (3) et tester la significativité de l'indice de concordance à partir de la statistique de Student.

L'indice de corrélation dans le domaine des fréquences ("Forni et al, 2001 ")

L'analyse spectrale suppose qu'il est possible de décomposer une série temporelle en une somme infinie de fonctions sinusoïdale (ie composantes cycliques) ayant des fréquences et des amplitudes différentes. Chaque fréquence ω, comprise entre 0 et π, correspond à une période de temps *T*, avec $T = \frac{2\pi}{\omega}$. Ainsi pour une série trimestrielle, une fréquence de $\frac{\pi}{10}$ correspond à une période de 20 trimestres (5 ans). Les analyses du cycle économique retiennent, généralement, des composantes (des cycles) dont la périodicité varie de un an et demi (6 trimestres) à huit ans (32 trimestres). En termes de fréquences, ceci implique des périodicités qui varient de $2\pi/6$ à $2\pi/32$ (ie soit de 0.07 à 0.35 radian).

La composante cyclique, stationnaire d'une série chronologique x_t peut être caractérisée par sa fonction de densité spectrale, ou son spectre $S_x(\omega)$, définie à chaque fréquence $\omega \in [0, \pi]$ par :

$$S_x(\omega) = \frac{1}{2\pi} \sum_{h=-\infty}^{+\infty} e^{-ih\omega} \gamma_x(h) = \frac{\gamma_x\left(e^{-i\omega}\right)}{2\pi}$$

Avec $\gamma_x(h) = Cov(x_t, x_{t-h})$ la fonction d'auto-covariance d'ordre h de la série x_t. $S_x(\omega)$, la densité spectrale, définie la variance de la composante cyclique de x_t à la fréquence ω.

De manière identique, dans le cas bi-varié de deux séries x_t et y_t, la fonction de densité spectrale à une fréquence ω, appelée aussi co-spectre, est définie par :

$$\begin{aligned} S_{x,y}(\omega) &= \frac{1}{2\pi} \sum_{h=-\infty}^{+\infty} e^{-ih\omega} \gamma_{x,y}(h) = \frac{\gamma_{x,y}\left(e^{-i\omega}\right)}{2\pi} \\ &= Real\left(S_{x,y}(\omega)\right) + i\, Ima\left(S_{x,y}(\omega)\right) \end{aligned}$$

Où $Real\left(S_{x,y}(\omega)\right)$ la partie réelle du co-spectre et $Ima\left(S_{x,y}(\omega)\right)$ la partie imaginaire. $\gamma_{x,y}(h) = Cov(x_t, y_{t-h})$ représente la fonction de covariance d'ordre h entre x_t et y_t à chaque fréquence ω.

Sur la base de la fonction de densité co-spectrale, il est possible de calculer les co-mouvements des séries temporelles à diverses fréquences. La mesure de corrélation retenue, appelée corrélation dynamique, définie le degré de synchronisation de deux séries temporelles stationnaire à une fréquence donnée. Formellement, cette mesure est donnée par :

$$\rho_{x,y}(\omega) = \frac{Real\left(S_{x,y}(\omega)\right)}{\sqrt{S_x(\omega) S_y(\omega)}}$$

Où $S_x(\omega)$ et $S_y(\omega)$ représentent respectivement les densités spectrales de x_t et de y_t ; $Real\left(S_{x,y}(\omega)\right)$ la partie réelle du co-spectre.

Tout comme la corrélation statique, la corrélation dynamique est comprise entre –1 et 1. Plus le coefficient de corrélation est grand, plus les séries sont synchrones à cette fréquence ; et plus il se rapproche de -1 plus les deux séries se retrouvent dans des phases opposées de cycle. A la différence de la corrélation statique, la corrélation dynamique varie sur différents horizons temporels. Elle permet de définir de manière continue l'évolution de la corrélation sur différentes bandes de fréquence.

3.2. Synchronisation des cycles et union monétaire en Afrique

3.2.1. La synchronisation des cycles : condition *vs* conséquence de l'intégration monétaire

Dans une union monétaire, les pays membres perdent le contrôle de la politique monétaire ; celle-ci, confiée à la Banque Centrale commune, ne pourrait être utilisée de façon indépendante pour stabiliser les cycles. La difficulté de trouver la règle optimale de conduite de la politique monétaire vient à la fois du caractère asymétrique des chocs et des mouvements asynchrones des cycles des pays membres. Lorsque les cycles des pays membres sont non synchrones ou que les chocs subit sont asymétriques, la stabilisation des cycles nécessite une politique monétaire restrictive dans certains pays, et une politique monétaire expansive dans d'autres. Dans ce contexte, une politique monétaire unique porterait des effets hétérogènes. Elle serait contra-cyclique dans certains pays, en stabilisant l'activité réelle, et pro-cyclique dans d'autres, en augmentant l'instabilité. La persistance d'une non cohérence dans l'évolution des cycles économiques des pays membres d'une zone monétaire peut générer des coûts non négligeables qui peuvent remettre en cause, à terme, la continuité de la zone. La crédibilité d'une zone monétaire est donc tributaire au degré de convergence des économies qui la composent: la cohérence des politiques économiques, la convergence macroéconomique monétaires (taux d'inflation, dette publique, déficit budgétaire) et réelles (niveau de revenu, taux de chômage et productivité) et bien sur la convergence des cycles économiques.

Cette vision de l'intégration monétaire constitue le point de départ de la faisabilité de la théorie des zones monétaires optimales développée par Mundell (1961), McKinnon (1963) et Kenen (1969). « Pour qu'une union monétaire soit économiquement viable et avantageuse, il faut que les chocs subis soient symétriques et que les pays membres se retrouvent, à tout instant, dans la même phase de cycle (expansion ou récession). La condition de symétrie, considérée comme une condition nécessaire pour le succès des unions monétaires, assure que la politique monétaire commune pourrait être stabilisatrice dans tous les pays, et que dans aucun pays la perte de contrôle autonome sur la politique monétaire ne serait synonyme d'aggravation de l'instabilité cyclique » ("Gammadigbe, 2012 ").

La littérature sur l'endogénéité des critères des zones monétaires optimales (Frankel et Rose, 1998) montre, au contraire, qu'un des facteurs qui contribue à rendre les cycles plus symétriques est l'intensification des échanges commerciaux entre pays. Pour cette théorie, la synchronisation des cycles n'est pas statique, elle évolue dans le temps. La formation d'une union monétaire pourrait alors favoriser l'émergence de cycles synchrones du fait d'une meilleure intégration commerciale et financière et d'une coordination des politiques économiques. Dans ce sens, si la synchronisation des cycles n'est pas avérée ex-ante, avant l'unification de la monnaie, il est assez probable qu'elle le devienne ex-post suite aux effets bénéfiques de l'union.

3.2.2. Le découplage des cycles en Afrique : un obstacle à la création d'unions monétaires ?

L'idée de coopération, d'intégration voire même d'union monétaire n'est pas nouvelle en Afrique. Les expériences du Marché Commun de l'Afrique Orientale et Australe (COMESA), de la Communauté Economique des Etats de l'Afrique de l'Ouest (CEDEAO), de la Communauté de Développement de l'Afrique Australe (SADC) et de la Communauté d'Afrique de l'Est (EAC) sont évocateurs de multiples tentatives de coopération régionales qui devraient aboutir, le moment venu, à la création d'unions économiques et monétaires. Ces initiatives d'intégration monétaire répondent au souci de favoriser l'élargissement des marchés, la croissance et la mobilité des facteurs.

Les travaux qui ont cherché à apprécier les enjeux de la création de zones monétaires dans les communautés économiques africaines montrent que les idées classiques sur l'intégration régionale ne sont pas, particulièrement, optimistes quant aux perspectives de ces pays à former des unions monétaires. Globalement, leurs résultats ont fait ressortir le caractère sous-optimal des unions monétaire parce que les critères d'optimalité ne sont pas vérifiés. La littérature classique sur les zones monétaires optimales souligne qu'un groupe de pays n'est susceptible de constituer une union monétaire que si les critères suivants sont vérifiés: *(i)* les pays membres doivent avoir des structures économiques analogues ; *(ii)* la flexibilité des salaires et des prix dans les différents pays ; *(iii)* la mobilité de la main-d'œuvre d'un pays à l'autre ("Mundell, 1961 "). En ce qui concerne le premier critère, il est bien admis que les économies africaines ont des structures productives souvent différentes. Certains pays sont exportateurs de pétrole (Nigéria par exemple) d'autres sont importateurs (Burkina Faso), par conséquent les fluctuations des prix du pétrole ont des conséquences tout à fait opposées sur les économies des deux pays et pourrait compromettre leur intégration régionale. À propos du deuxième critère, la plupart des études constatent que les pays africains affichent un très haut degré de flexibilité, comme en témoignent les fortes réductions de salaires opérées durant les périodes d'ajustement structurels. Pour le troisième critère, à l'exception de quelques rare pays, la mobilité de la main-d'œuvre est très limitée, ce qui dénote les difficultés à amortir les chocs asymétriques.

Kenen (1963) a approfondi les travaux de Mundell et a montré que les pays, dont la production et les exportations sont largement diversifiées et qui ont des structures similaires, peuvent former une zone monétaire optimale. Cependant, comme il est bien connu, les pays africains remplissent rarement cette dernière condition, leurs économies étant généralement non diversifiées et, selon le type de produits qu'ils exportent, leurs structures économiques sont souvent très différentes. McKinnon (196 3) a ajouté un autre critère en soulignant que seuls les pays dont le commerce est très ouvert et qui entretiennent des échanges importants, pourraient constituer une zone monétaire optimale. Là encore, les pays africains dont les échanges réciproques sont limités répondent rarement à ce critère (CEA, 2008).

Des travaux plus récents soutiennent, au contraire que les coûts associés aux unions monétaires en Afrique seront plus faibles que les avantages que les pays peuvent en tirer. Il y a d'abord les avantages économiques : La création d'unions monétaires pourrait promouvoir le commerce régional. La littérature économique indique qu'une union monétaire peut améliorer le commerce régional car elle économise les coûts de transaction liés aux opérations de change, synchronise les cycles économiques, et améliore la stabilité du taux de change et la stabilité macroéconomique. En outre, une monnaie commune accroît la transparence des prix et facilite la circulation des capitaux entre les membres, stimulant ainsi l'investissement et le commerce. Masson et Patillo (2005) estiment que les unions monétaires en Afrique contribuent de manière notable à stimuler le commerce. Pour leur part, Tsangarides et al (2008) montrent qu'en moyenne, les unions monétaires augmentaient le commerce selon un facteur de 1,4. La durée d'appartenance à une union monétaire est également significative pour le commerce africain, en ce sens que plus la durée de participation à une union est longue, plus les avantages obtenus par le pays sont importants.

« S'il est vrai que les unions monétaires peuvent améliorer le commerce régional en Afrique, il convient de noter que les liens entre unions monétaires et commerce peuvent être bidirectionnels. À titre d'exemple, les unions monétaires peuvent créer du commerce, et la promotion du commerce par l'intégration régionale peut aussi créer des conditions plus adaptées à l'intégration monétaire » (CNUCED, 2014). L'expérience de la Communauté Financière Africaine (CFA) confirme bien ces propos. « Depuis sa création, il y a près de 50 ans, la zone du franc CFA a, de manière générale, bien servi ses membres... Ces pays ont bénéficié d'une longue période où l'inflation était remarquablement réduite et, jusqu'au milieu des années 80, leur croissance économique était soutenue » (Clément,1996)

Au-delà des effets sur le commerce et des objectifs classiques de réduction de l'inflation et du renforcement de la croissance, il existe une autre raison supplémentaires qui milite en faveur des unions monétaires en Afrique (Masson et "Patillo, 2004 "; Siddiqi, 2006). Les unions monétaires en Afrique peuvent compenser les faiblesses économiques et politiques des divers pays à l'échelle internationale. Les groupements régionaux pourraient, en effet, aider les pays africains à négocier des accords commerciaux favorables, au niveau mondial ou bilatéral ("CEA, 2008 ").

Encadré 4- Union monétaire et synchronisation: Questions de méthodes

Les avancées théoriques de la macroéconomie moderne fournissent des pistes de réflexion sur l'analyse de la faisabilité et de la viabilité d'une zone monétaire. Les débats portent surtout sur l'homogénéité et la convergence des pays candidats à former une union monétaire. Ces débats font référence à la convergence des cycles et à la convergence macroéconomique d'un ensemble d'indicateurs clés : niveaux des revenus, niveaux de vie, productivité, taux d'inflation, déficit publics et dettes publiques. Sur le plan empirique, les analyses sur la convergence ont développé plusieurs méthodes, permettant chacune de répondre à un type de questionnement posé. Trois méthodes seront exposées dans cet encadré : les modèles à paramètres évolutif, la méthode de cycle stochastique avec décalage de phases et la méthode classification par grappe. La première méthode étudie la dynamique du processus de convergence, la deuxième rend compte de l'ampleur et la vitesse de réaction du pays face à des chocs et la troisième permet de détecter les pôles de convergence

1. Les modèles à paramètres évolutifs

Les outils, développés dans l'encadré 3, pour mesurer la synchronisation des cycles économiques, ne fournissent des preuves de convergence cyclique que dans le cas où celle-ci a, déjà, eu lieu. Ces outils vont du simple coefficient de corrélation à des instruments plus sophistiqués, de corrélation dans le domaine des fréquences. Pour ces outils, si le processus de synchronisation est en cours et est toujours à l'œuvre, il risque de ne pas être détecté. Pour mesurer de façon dynamique la convergence cyclique Haldane et Hall (1991) et Hall, Robertson et Wicken (1997) ont proposé des modèles à paramètres évolutifs qui permettent d'estimer des paramètres variables, au cours du temps, et qui peuvent donner une mesure dynamique de la convergence. Ainsi, pour mesurer l'évolution de la convergence du cycle du pays i vers le cycle du pays j, il serait possible de définir le système d'équation suivant :

$$Y_t^i = a_t + b_t Y_t^j \qquad (1)$$

Avec a_t et b_t sont des coefficients variables dont les évolutions sont données par les équations :

$$a_t = a_{t-1} + \eta_{1t} \qquad \mathbf{(2)}$$

$$b_t = b_{t-1} + \eta_{2t}$$

Les équations (1) et (2) définissent un modèle à composantes inobservables ; l'équation (1) définit l'équation de mesure et l'équation (2) définit l'équation de transition.

Lorsque le coefficient b tend vers zéro, il n y a pas de convergence cyclique : les fluctuations du cycle Y_t^2 ne permettent pas d'expliquer celles de Y_t^1. En revanche lorsque le coefficient b tend vers un, une convergence cyclique s'établit. La dynamique de la convergence s'explique, dans ce cas, par des valeurs de b proches de zéro, au début de la période, qui se rapprochent de la valeur de un à mesure que la convergence cyclique se dessine au cours du temps.

Cette mesure de la convergence est particulière : elle ne permet pas de distinguer un phénomène de convergence qui aurait lieu entre deux pays i et j, d'un phénomène de convergence plus global. Or dans les unions économiques et monétaires, il est particulièrement, intéressant de distinguer la convergence des cycles au sein de la zone économique considérée, d'un mouvement plus global de convergence. Il faut pouvoir comparer les mouvements des cycles entre deux pays par rapport aux mouvements des cycles avec le reste du monde ("Boone, 1997 "). Plus formellement, l'équation de mesure s'écrit alors comme :

$$(Y_t^j - Y_t^i) = a_t + b_t\left(Y_t^j - Y_t^k\right)$$

Où a_t et b_t sont des coefficients variables dont les évolutions sont données par les équations de transition :

$$a_t = a_{t-1} + \eta_{1t}$$

$$b_t = b_{t-1} + \eta_{2t}$$

Lorsque le coefficient b tend vers zéro, les mouvements cycliques du pays i sont expliqués par les fluctuations dans le pays j. En revanche lorsque le coefficient b tend vers un, les écarts des mouvements cycliques entre les pays i et j sont expliqués par l'écart de fluctuations entre le pays j et le pays k : il n'y a donc pas convergence.

2. Les modèles de cycles stochastiques avec décalage de phase

Dans l'analyse de la synchronisation, il peut exister des décalages de phases, entre cycles économiques, et lorsqu'ils sont persistants, ces décalages peuvent changer le diagnostic établi de la corrélation. L'étude de la synchronisation doit, donc, être réexaminée en tenant compte de tels décalages de phase et en mesurant, cette fois ci, les coefficients de corrélation ajustés de la phase (Rünstler, 2004).

Rünstler (2004) propose un modèle à composante inobservable bi-varié où chacun des deux cycles $,Y_{it}, i = 1,2$, peut être décomposée en une composante commune, $\bar{Y}_t^c$; une composante spécifique, $\bar{Y}_t^s$; et une composante irrégulière, ε_{it} :

$$Y_{it} = a_i \left[cos(\lambda\xi_i) \quad sin(\lambda\xi_i) \right] \bar{Y}_t^c + \left[1 \ \ 0 \right] \bar{Y}_{it}^s + \varepsilon_{it}$$

$$\bar{Y}_t^c = \phi T_\lambda \bar{Y}_{t-1}^c + \bar{\kappa}_t^c$$

$$\bar{Y}_{it}^s = \phi T_\lambda \bar{Y}_{it-1}^s + \bar{\kappa}_{it}^s$$

$$\text{Où } \bar{Y}_t^c = \begin{bmatrix} Y_t^c \\ Y_t^{c+} \end{bmatrix} \bar{Y}_{it}^s = \begin{bmatrix} Y_{it}^s \\ Y_{it}^{c+} \end{bmatrix}, \bar{\kappa}_t^c = \begin{bmatrix} \kappa_t^c \\ \kappa_t^{c+} \end{bmatrix},$$

$$\bar{\kappa}_{it}^s = \begin{bmatrix} \kappa_{it}^s \\ \kappa_{it}^{s+} \end{bmatrix} \text{et } T_\lambda = \begin{bmatrix} \cos\lambda & sin\lambda \\ -sin\lambda & cos\lambda \end{bmatrix}$$

Les paramètres λ et ϕ désignent, respectivement, la fréquence et le facteur d'amortissement. Les paramètres a_i et ξ_i correspondent au poids et à la phase associée à la composante cyclique commune. Lorsque $\xi_1 = \xi_2 = 0$, le décalage de phases entre les composantes cycliques disparaît. Ce décalage est mesuré par la différence $\xi_2 - \xi_1$

La corrélation ajustée

La relation entre les dynamiques cycliques des deux séries Y_{1t} et Y_{2t} est caractérisée par leur décalage de phase $\xi_2 - \xi_1$ et par leurs poids respectifs (a_1, a_2). Il est possible, aussi, possible de caractériser cette relation par le décalage de phase et la corrélation ajustée des phases:

$$\rho = \frac{a_1.a_2}{\sqrt{\left(a_1^2 + b_1^2 / \delta_{\kappa,c}^2\right)\left(a_2^2 + b_2^2 / \delta_{\kappa,c}^2\right)}}$$

Avec $\delta^2_{\kappa,c} h_1$ et h_2 les écarts types respectifs de κ^c_t, $\overline{\kappa}^s_{1t}$ et $\overline{\kappa}^s_{2t}$.

Le coefficient de corrélation ρ relie le cycle Y_{1t} au cycle Y_{2t}, corrigé de son décalage de phase. La corrélation contemporaine entre Y_{1t} et Y_{2t} peut alors être définie par $\rho\cos(\xi_2 - \xi_1)$

Identification du modèle

Pour que le modèle soit identifiable, il est possible d'imposer des conditions de normalisation ($a_1 = 0, \xi_1 = 0, h_1 = 0$). Le modèle initial s'écrit alors :

$$Y_{1t} = \overline{Y}^c_t + \varepsilon_{1t}$$

$$Y_{2t} = a_2\left[cos(\lambda\xi_2) \quad sin(\lambda\xi_2)\right]\overline{Y}^c_t + \left[1 \quad 0\right]\overline{Y}^s_{2t} + \varepsilon_{2t}$$

La première série Y_{1t} ne contient pas de composante spécifique et se réduit à la composante commune a laquelle s'ajoute la composante irrégulière ε_{1t}. Cette série peut être identifiée à une série de référence. Les propriétés de la série Y_{2t}, identifiée à une série d'intérêt, peuvent être examinées en comparaison avec la série de référence, Y_{1t}. Ces propriétés sont définies par le décalage de phase ξ_2 (le retard par rapport au cycle de référence) et la corrélation ajustée

$$\rho = \frac{a_2}{\sqrt{\left(a_2^2 + h_2^2 / \delta^2_{\kappa,c}\right)}}$$

3. La méthode de classification par grappe

L'analyse par grappes est une méthode de répartition qui permet d'effectuer des regroupements des pays par plusieurs variables (item) (Kaufman and Rousseuw, 1990 ; Artis and Zhang, 1997). Dans les études sur les unions monétaires, cette méthode présente l'avantage d'intégrer dans l'analyse l'ensemble des critères définis par la théorie des Zones monétaires optimales, sans imposer d'hypothèses particulières sur ces derniers. L'analyse par grappe consiste à regrouper les pays de façon à ce que les composantes d'un groupe (appelé *grappe* ou *cluster)* soient corrélées entre elles, mais ne le soient pas avec les pays des autres grappes. La répartition en groupes permet d'identifier les pays les plus proches et donc les plus qualifiés à former une union monétaire. On obtient ainsi une évaluation du degré d'homogénéité des pays à l'intérieur de la zone. L'intérêt est de saisir le chemin déjà accompli en matière de convergence et les efforts nécessaires pour la poursuivre.

Plus formellement, l'analyse par grappe retient deux étapes : Dans la première étape, le nombre de grappes est déterminé en utilisant la méthode de Classification Hiérarchique (CH). Une fois le nombre de grappe est déterminé, la seconde étape applique un regroupement non hiérarchique et définie la répartition optimale.

Première étape : la classification hiérarchique

Considérons N pays (indicés par $i = 1....N$) pour lesquels il existe p critères distincts de classification $(k = 1.....p)$. Dans la théorie des zones monétaire ces critères peuvent être définis par : le taux d'inflation, les ratios de dette et de déficit rapportés au PIB, le niveau de vie, le degré d'ouverture, la volatilité du taux de change réel... La matrice des distances de dimensions (N,p) peut alors être définie comme:

$$\begin{array}{c} \\ 1 \\ \vdots \\ i \\ \vdots \\ N \end{array} \begin{array}{c} \begin{array}{ccccc} 1 & \cdots & k & \cdots & p \end{array} \\ \begin{bmatrix} X_1^1 & \cdots & X_k^1 & \cdots & X_p^1 \\ \vdots & \cdots & \cdots & \cdots & \vdots \\ X_1^i & \cdots & X_k^i & \cdots & X_p^i \\ \vdots & \cdots & \cdots & \cdots & \vdots \\ X_1^N & \cdots & X_k^N & \cdots & X_p^N \end{bmatrix} \end{array}$$

La classification hiérarchique regroupe les pays en fonction du coefficient de (dis)-similarité entre chaque couple de pays (i, j). Ce coefficient mesure la distance $D\left(X^i, X^j\right)$ qui sépare les deux pays : plus les pays sont similaires (dissimilaire), plus la distance qui les sépare est petite (grande). Généralement, le choix de la distance est dicté par la nature des données. La distance euclidienne (DE) est la mesure la plus utilisée. Celle ci est définie comme:

$$DE\left(X^i, X^j\right) = \sqrt{\sum_{k=1}^{p} \left(X_k^i - X_k^j\right)^2}$$

Dans l'étude de la synchronisation, X_k^i et X_k^j mesure les cycles ou les outputs gap des deux pays i et j.

La deuxième étape de la CHA est l'agglomération des pays les plus proches. Parmi les différentes méthodes d'agglomération, celle de Ward (1963) est la plus utilisée. Cette méthode présente un double avantage : d'une part, elle permet de construire des grappes de taille homogène et maximise, d'autre part, l'éloignement inter-clusters. Selon cette méthode la distance du nouveau cluster par rapport aux autres pays est définie comme :

$$d^{Ward}\left(C_i,C_j\right)=\frac{N_iN_j}{N_i+N_j}D\left(g_i,g_j\right)$$

où N_i et N_j représentent le nombre de pays dans les *clusters* C_i *et* C_j. g_i *et* g_j sont les centres de gravité de chacun des deux clusters.

L'éloignement inter-cluster, est mesuré par la somme des carrées des erreurs (SCE)

$$SCE=\sum_{i=1}^{N}DE\left(X^i,g\right)^2$$

Où g est le centre de gravité de tous les pays présents dans l'échantillon.

Après classification en q clusters, la variance totale est la somme de la variance intra-clusters, notée W, et de la variance inter-clusters, notée B[41] : $SCE=W+B$

Deuxième étape : la classification non-hiérarchique

Cette étape permet de déterminer le nombre de cluster significativement distincts et sans perte d'information concernant la (dis)-similarité des pays. Il existe plusieurs mesures de partition optimale, fondées toutes sur la comparaison entre la variance intra-cluster, W, et la variance inter-clusters, B. L'indicateur le plus utilisé est celui de Calinski et "Harabasz (1974) " défini comme :

---

41 $W=\sum_{j=1}^{q}\sum_{i=1}^{N_j}\left[DE\left(X^i,g_j\right)\right]^2$ et $B=\sum_{j=1}^{q}N_j\left[DE\left(g_j,g\right)\right]^2$ avec q le nombre de *clusters*, N_j le nombre de pays du *cluster* j et g_j son centre de gravité.

$$CH_q = \frac{\frac{trace(B)}{q-1}}{\frac{trace(W)}{N-q}}$$

Où $trace(B)$ et $trace(W)$ définissent respectivement la variance inter-clusters et la variance intra-clusters, q le nombre de clusters. La partition optimale est obtenue par la valeur maximale de CH_q : $q(optimal) = Max\{CH_q, q\ allant\ de\ 2\ \grave{a}\ N\}$

4. Conclusion

La multiplication des expériences communautaires et la diversification des zones monétaires en Afrique ont renforcé l'attention portée à la question de la synchronisation des cycles économiques au niveau régional. Du point de vue empirique, de nombreuses études ont cherché à mesurer le degré de synchronisation des cycles. Aucun consensus n'a, cependant, été établi ni sur la question de savoir si la synchronisation des cycles économiques a atteint un niveau suffisant pour permettre aux pays-membres de bénéficier d'une politique monétaire commune, ni sur la question de savoir si une union monétaire favorise une plus grande synchronisation des cycles.

Ce chapitre a permis de présenter les outils statistiques nécessaires à la caractérisation du cycle économique et à l'étude de la synchronisation. Les méthodes traditionnellement utilisées consistent à calculer des indicateurs de corrélation : *(i)* simple, *(ii)* dans le domaine des fréquences ou *(iii)* ajustés de la phase ainsi que des indices de concordance. D'autres méthodes permettent de mesurer de façon dynamique la convergence cyclique (modèles à paramètres évolutifs) ou de répartir les pays par plusieurs variables en utilisant des analyses par grappe. Des travaux plus récents cherchent à évaluer la synchronisation à partir d'une information multi-variée en utilisant des modèles factoriels dynamiques. Le chapitre 8 de ce manuel propose une présentation claire et une analyse détaillée de ce type de modélisation.

5. Bibliographie

Anas J. et Laurent Ferrara, (2007), « Positionnement Cyclique des Economies », *Coe-Rexecode Diagnostic,*(s) N°5 - Octobre

Athanasopoulos, G., Anderson, H M., Vahid, F., (2001), «Capturing the Shape of Business Cycle with non linear Autoregressive Leading Indicator Models», *Working Paper 7/2005, Monash University*, Australie.

Avouyi-Dovi S. et **Matheron J.**(2003), « Interactions Between Real Cycles, Financial Cycles and Interest Rates:Stylized Facts», *RSF Banque de France*, 3, p. 80–99.

Artis, M. J. and Zhang, W. (1997) «International Business Cycles and the ERM», *International Journal of Finance and Economics* 2(1): 1–16.

Baxter M. et M. A. Kouparitsas, (2005), «Determinants of Business Cycle Co-movement: a robust analysis », *Journal of Monetary Economics*, 52(1), pp. 113–157.

Blanchard, O. J. and Simon, J. (2001), «The Long and Large Decline in U.S. Output Volatility», *Brookings Papers on Economic Activity*, No. 1, 135–164.

Bordo M. D. et T. Helbling, (2003), « Have National Business Cycles Become more Synchronized? », *NBER Working Paper*, n° 10130.

Böwer, *U et* **Guillemineau**, **C**, (2006), «Determinants of Business Cycle Synchronisation across Euro Area Countries», *Working Paper Series 0587*

Brain, C.W., Shapiro, S.S., (1983), «A Regression test for Exponentiality: Censored and Complete Samples», *Technometrics* 25, 69–76.

Clark T. E. et K Shin, (2000), «The Sources of Fluctuations within and across Countries », dans GD Hess and E van Wincoop (eds), *International Macroeconomics*, Cambridge University Press, Cambridge, pp. 187–217

Clark T. E. et E van Wincoop, (2001), « Borders and Business Cycles », *Journal of International Economics*, 55(1), pp. 59–85.

Croux, C., Forni, M. and Reichlin, L. (2001), «A Measure for Co-movement of Economic Variables: Theory and Empirics», *Review of Economics and Statistics* 83: 232–241.

CNUCED, (2014), « Unions Monétaires et Commerce Régional en Afrique », *Note du secrétariat de la CNUCED*, Avril

Diebold, F.X., Rudebush, G.D., (1992), «Have Postwar Economic Fluctuations been Stabilized?, *American Economic Review* 82, 993–1005.

Elachhab F, (2007), « Les cycles économiques en Tunisie: Identification, Caractérisation et Comparaison Internationale », *Économie Internationale,* 110, pp. 31–61.

Frankel J. A. et A. K. Rose, (1998), «The Endogeneity of the Optimum Currency Area Criteria », *Economic Journal,* 108(449), pp. 1009–1025.

Haldane, A. G and S.G. Hall (1991), «Sterling's Relationship with the Dollar and Deutschmark: 1976–89», *The Economic Journal,* 101:436–443.

Hall, S.G., Robertson D. and Wickens M.R. (1997), «Measuring Economic Convergence», *International Journal of Financial Economics,* 2, 131–143.

Harding D. et A. Pagan, (2006), « Synchronization of Cycles », *Journal of Econometrics,* vol. 132, n° 1, pp. 59–79.

Harding D. et Pagan A., (2002), « Dissecting the Cycle: A Methodological Investigation », *Journal of Monetary Economics*, vol. 49, n° 2, pp. 365–381.

Heathcote J. et **F. Perri,** 2002, « Financial Globalization and Real Regionalization », *NBER Working Paper,* n° 9292.

Hedva b; Yafeh, Yishay AND Yosha, Oved, (2001). "**Conflict of interest in universal banking: Bank lending, stock underwriting, and fund management**," Journal of Monetary Economics, Elsevier, vol. 47(1), pages 189–218, February.

Imbs J., (1999), «Co-Fluctuations », *Center for Economic Policy Research Discussion Paper,* n° 2267.

Imbs J., (2004), «The Real Effects of Financial Integration», *London Business School,* mimeo.

Inklaar R., R. Jong-A-Pin et **J. De Haan**, (2005), «Trade and Business Cycle Synchronization in OECD Countries, A Re-examination », *CESifo Working Paper,* 1546.

Kaufman, L., and P.J. Rousseeuw, (1990), «Finding Groups in Data: An Introduction to Cluster Analysis», *New York: John Wiley and Sons.*

Kalemli-Ozcan, S., B. E. Sørensen et O. Yosha, (2001), « Economic integration, Industrial Specialization, and the Asymmetry of Macroeconomic Fluctuations », *Journal of International Economics,* 55, pp. 107–137.

Kenen R.(1969), «The theory of Optimum Currency Areas: An Ecletic View», *Monetary Problems of the International Economy.* Chicago: Chicago University Press.

Kose, M.A., Otrok, C., Whiteman, C.H., (2003). «International Business Cycles: World,Region, and Country-Specific Factors». *The American Economic Review* 93, N°4.

Kose, M.A., Riezman, R. (1999), «Trade Shocks and Macroeconomic Fluctuations in Africa». *CESifo Working Paper* No. 203.

Krugman P, (1993), «Lessons of Massachusetts for EMU», dans F. Torres et F. Giavazzi (eds), *Adjustment and growth in the European Monetary Union*, Cambridge University Press, Cambridge, pp. 241–269.

Kwark N.-S., (1999), «Sources of International Business Fluctuations: Country-Specific Shocks or Worldwide Shocks? », *Journal of International Economics*, 48(2), pp. 367–385.

McCallum, J, (1995), «National Borders Matter: Canada-US Regional Trade Patterns», *American Economic Review*, 85 (3): 615–623.

McKinnon R.(1963), «Optimum Currency Areas», *American Economic Review*, 53, 717–725

P. Masson et C. Patillo, (2005), «The Monetary Geography of Africa», *Brookings Institution Press*, Washington

Mundell R.(1961), «A Theory of Optimal Currency Areas», *American Economic Review*, 51.

Otto G., G. Voss et L. Willard, (2001), « Understanding OECD output correlations», *Reserve Bank of Australia Research Discussion Paper,* n° 2001-05.

Pagan, A., (1997), «Towards an Understanding of some Business Cycle Characteristics», *Australian Economic Review* 30, 1–15.

Perez-Quiros C.M et G. **and Saiz, L**, « (2006) Are European business cycles close enough to be just one? », *Journal of Economics Dynamics and Control* 30: 1687–1706.

Rünstler. G (2004), «Modelling Phase Shifts among Stochastic Cycles», *Econometrics Journal*, vol. 7, issue 1, 232–248

Stock, J. H. and Watson, M. W. (2005), «Understanding Changes in International Business Cycle Dynamics», *Journal of the European Economic Association,* Vol. 3(5), 968–1006.

Siddiqi, M (2006), « A Single African Currency in our Time? », *African Business*, mai, pp. 28–35.

Tsangarides C., P. Ewenczyk, M. Hulej et M. Qureshi, (2008), Are Africa's Currency Unions Good for Trade? », *International Monetary Fund Staff Papers*, 56(4).

UNECA, (2008), « État de l'Intégration Régionale en Afrique III : Vers l'Intégration Monétaire et Financière en Afrique »

PARTIE 3

Macro-Économétrie du Cycle Economique

7. La modélisation VAR : un cadre privilégié pour l'analyse des sources d'impulsion à l'origine des fluctuations 289
8. La prévision des points de retournement du cycle économique 331

CHAPITRE 7

La modélisation VAR : un cadre privilégié pour l'analyse des sources d'impulsion à l'origine des fluctuations

1. Introduction 289
2. La Modélisation VAR 292
   2.1. le cadre méthodologique 292
   2.2. L'identification des chocs 294
   2.3. Analyse structurelle 301
3. La Modèle VAR et les interdépendances internationales : la modélisation VAR Global 305
   3.1. Le cadre méthodologique 306
   3.2. La construction du VAR Global 308
   3.3. Conditions préalables à l'estimation du modèle 312
   3.4. L'analyse dynamique du modèle: les fonctions généralisées de réponses impulsionnelles et la décomposition généralisée de l'erreur de prévision 313
4. Les VAR Bayésiens 317
   4.1. La Statistique Bayésienne 317
   4.2. Statistique Bayésienne et modélisation VAR 322
5. Conclusion 327
6. Bibliographie 328

1. Introduction

La croyance, largement répandue dans les années soixante, en la pertinence des modèles macro-économétrique, de type keynésien, dans la prévision et dans l'évaluation de l'impact des politiques économiques, a été largement démenties à la fois par les faits et par les critiques de Sims (1980). Les modèles macro-économétriques ne sont pas aussi performants, comme le laissait croire la macroéconomie keynésienne.

La première critique a été motivée par l'apparition, du phénomène de *stagflation*, vers le début des années soixante-dix. Cette coexistence jointe d'un chômage et d'une inflation élevés a été, difficilement, réconciliable avec la courbe de Phillips qui suggère l'existence d'un arbitrage entre inflation et chômage à court terme. Il a, donc, fallu admettre que la courbe de Phillips n'était pas stable dans le temps, ce que les modèles macro-économétriques étaient mal conçus pour en rendre compte. La deuxième critique, formulée par Sims (1980), met en cause la pratique largement adoptée dans les modèles macro-économétriques ; celle qui impose des *a priori* théoriques sur les paramètres sans, pour autant, faire aucune justification statistique. L'éxogenéité de certaines variables (la politique économique par exemple) est, ainsi, postulée sans qu'elle soit formellement testée (*: ie* ces variables sont déterminées à l'extérieur du modèle). Cette pratique n'est pas toujours fiable du point de vue théorique et pourrait même apparaître *ad hoc*.

Sims propose, alors, d'utiliser un modèle statistique dynamique et non-contraint: le *modèle vectoriel autoregressif* (VAR). Ce modèle est, explicitement, dynamique puisque les valeurs passées des variables influencent leurs valeurs courantes. Il est non-contraint puisqu'il n'existe aucune contrainte, *a priori*, d'exclusion d'une variable dans les différentes équations du système. Le modèle VAR n'impose, donc, pas l'exogénéité *a priori* de certaines variables et n'impose aucune contraintes inter-équations qui portent sur les paramètres. Sims suppose que la forme réduite des modèles macro-économétriques peut être considérée comme une bonne approximation de la « vraie » forme structurelle (non identifiable) du système économique. Ceci le conduit à estimer directement une forme réduite sans aucune restriction, *à priori*, si ce n'est le choix des variables et la longueur des retards.

Trois utilisations pratiques ont contribué au succès empiriques des modèles VAR[42] : la prévision macroéconomique, la quantification des effets multiplicateurs et l'estimation de l'influence des chocs aléatoires dans la dynamique des variables du système. Les modèles VAR ont été, largement, utilisés dans les exercices de prévision du fait de leur structure récursive. En général, les performances prédictives de ces modèles sont bonnes puisqu'ils n'introduisent pas, ou n'introduisent que très peu, de

42 Ce chapitre passe sous silence certains aspects de la modélisation VAR, notamment la non-stationnarité et la co-intégration des variables ; et les tests de causalité

restrictions[43]. L'horizon de prévision ne doit, toutefois, pas être trop long car la modélisation VAR ne peut fournir des prévisions « informatives » à long terme. Comme le notent Stock et Watson (2001), « les modèles VAR sont devenus, aujourd'hui, une référence pour juger les nouveaux systèmes de prévision », en particulier pour évaluer la qualité prédictive des modèles d'équilibre général inter-temporels stochastiques[44]. Les modèles VAR permettent, aussi, de quantifier les effets multiplicateurs instantanés et dynamiques des chocs structurels qui affectent l'économie (chocs technologiques, chocs fiscaux, chocs monétaires…). Il s'agit la d'un apport avéré des modèles VAR. (D'un point de vue formel, la quantification des effets multiplicateurs suppose de reformuler le modèle sous une forme moyenne mobile). Ces modèles permettent, en outre, d'analyser la manière avec laquelle les chocs se transmettent dans le système économique. Deux outils d'analyse sont, généralement, avancés : la décomposition de la variance de l'erreur de prévision qui mesure la contribution d'un choc structurel à la volatilité de chacune des variable du système et les fonctions de réponse aux chocs qui décrivent les effets d'une variation d'un choc intervenu à un instant t sur la dynamique des variables du système

En dépit de leur cohérence interne et de leurs succès empiriques, de nombreux développements statistiques ont été explorés qui ont permis, à la fois, d'améliorer la performance des modèles VAR et d'étendre leur usage à de nouveaux domaines. Deux avancés ont marqué la littérature empirique des processus VAR : la modélisation VAR Global (*Global VAR ou GVAR)* et la modélisation VAR Bayésienne (*Bayesian VAR ou BVAR*)

On doit à Pesaran et *alii* (2004), et Dees, et *alii* (2007), les premières analyses statistiques en termes de VAR Global (GVAR) : une modélisation globale qui permet de rendre compte, et de traiter de manière cohérente, les interdépendances entre pays. Dans ces modèles, les variables d'intérêt d'un pays sont reliées aux mêmes variables observées dans les autres pays partenaires, ainsi qu'à des variables d'environnement, communes à toutes les économies (cours du pétrole, prix des produits alimentaires…). Chaque pays est modélisé, individuellement, par un modèle autorégressif VAR, appelé modèle-pays ; puis des fonctions de réponses impulsionnelles

43 Pour plus de détail voir le chapitre 8

44 Pour plus de détails sur les modèles d'équilibre général inter-temporels stochastiques voir les chapitres 10 et 11

généralisées (GIRF) et des décompositions généralisées des erreurs de prévision sont générées, afin de prévoir l'influence relative, à différents horizons, des chocs étrangers sur la dynamique des variables domestiques. En cela, les modèle GVAR se prêtent, particulièrement bien, à l'étude des effets de contagion, financière ou commerciale, entre pays et sont, fortement, utilisés par les organismes internationaux, notamment le Fond Monétaire International (FMI) et la Banque Centrale Européenne (BCE)

L'intérêt de l'estimation Bayésienne des modèle VAR est d'accroître la précision de l'estimation en augmentant l'information avec des croyances *a priori* sur les paramètres (c'est-à-dire implicitement la taille de l'échantillon). Généralement, pour augmenter le degré de liberté d'une régression, on réduit le nombre de paramètres. Dans un modèle VAR, cela revient, bien souvent, à réduire le nombre de retards. « L'approche bayésienne apporte une réponse différente au problème en spécifiant des restrictions floues sur les coefficients plutôt qu'une spécification rigide » (Doan, 2010). Ainsi, dans le cadre des modèles BVAR, les paramètres du modèle sont considérés comme des variables aléatoires auxquelles l'analyste affecte des distributions a priori. Ce gain de variance sur les paramètres du modèle permet d'obtenir des estimations plus précises (Litterman, 1986; "Doan, Litterman, and Sims, 1984 "; Sims and Zha, 1998)

L'objet de ce chapitre est de passer en revue les principales contributions des processus VAR à l'amélioration de la modélisation macro-économétrique. Nous examinerons, dans un premier temps, le cadre méthodologique des processus VAR ainsi que les procédures d'identification des chocs structurels (section 1). Puis, nous proposerons un aperçu des prolongements suscités par les travaux de Sims et mettons en évidence deux avancées empiriques : la modélisation *VAR Global* (section 2) et la modélisation *VAR Bayésienne* (section 3).

2. La modélisation VAR

2.1. le cadre méthodologique

Soit un système économique représenté par le comportement dynamique de n variables macroéconomiques (PIB, Investissement, inflation,….). A la date t , ces n variables sont représentées par le vecteur $X_t = (x_{1t}, x_{2t}, \ldots, x_{nt})'$, qui est supposé suivre la représentation stationnaire suivante (Gianni et "Giannini, 1997 ") :

$$X_t = \mu + \sum_{i=1}^{p} f_i X_{t-i} + \varepsilon_t = \mu + f_1 X_{t-1} + f_2 X_{t-2} + \ldots + f_p X_{t-p} + \varepsilon_t \quad (1)$$

Où ε_t est un bruit blanc (: ie $E\varepsilon_t = 0$, $E\varepsilon_t\varepsilon_s = 0$ pout tout $t \neq s$) de matrice variance-covariance $E(\varepsilon_t \varepsilon_t') = \Sigma$. $\Phi_i \,(i = 1\ldots, p)$ est une suite de $n \times n$ matrices et μ un vecteur de $n \times 1$ termes constants.

$$X_t = \begin{bmatrix} x_{1t} \\ . \\ . \\ . \\ x_{nt} \end{bmatrix}, \mu = \begin{bmatrix} \mu_1 \\ . \\ . \\ . \\ \mu_n \end{bmatrix} \Phi_i = \begin{bmatrix} a_1^1 & a_1^2 & . & . & a_1^p \\ . & & & & \\ . & . & & & \\ . & & & & \\ a_n^1 & a_n^2 & . & . & a_n^p \end{bmatrix} \text{et } \varepsilon_t = \begin{bmatrix} \varepsilon_{1t} \\ . \\ . \\ . \\ \varepsilon_{nt} \end{bmatrix}$$

Cette représentation *VAR* est: *(i)* linéaire dans les variables; *(ii)* dynamique *: ie* les valeurs passées des variables influencent directement leurs valeurs courantes; et *(iii)* non contraint*: ie* il n'existe aucune contrainte, a priori, d'exclusion d'une variable dans les différentes équations du système. Dans cette représentation, la théorie économique ne vient guider que le choix des variables entrant dans la composition du vecteur X . Aucune restriction à priori n'est imposée sur la matrice $\Phi(L)$ si ce n'est que la sélection de l'ordre du retard[45]

La représentation *VAR* peut s'écrire

$$\Phi(L) X_t = X_t \left(I - \Phi_1 L_1 - \Phi_2 L_1 - \ldots - \Phi_p L_p\right) = \mu + \varepsilon_t \quad (2)$$

Où I la matrice identité, L l'opérateur de retard et $\Phi(L)$ = $\left(I - \Phi_1 L_1 - \Phi_2 L_1 - \ldots - \Phi_p L_p\right) = I - \sum^{p} \Phi_i L_i$.

En pratique, et en l'absence de restrictions sur les paramètres de la matrice $\Phi(L)$, l'estimation par les moindres carrés ordinaires équation par équation est équivalente à l'estimation par le maximum de vraissemblance sur l'ensemble du système. Ce résultat est, incontestablement, à la base du succès rencontré par cette représentation.

---

45 Le choix du nombre *p* se fait sur la base de critères statistiques, par exemple le critère Akaike (AIC), de Schwarz (BIC)...

2.2. L'identification des chocs

Les modèles VAR sont des formes réduites dont les paramètres ne sont pas interprétables du point de vue économique. Plus que d'estimer les paramètres individuels du modèle, l'objectif de la modélisation VAR consiste à estimer la dynamique générale du système et d'arriver à décrire son comportement par rapport à des chocs sur les termes d'erreurs.

Pour analyser les chocs d'un modèle VAR, il convient, au préalable, de réécrire le processus sous la forme moyenne mobile (*VMA* : *Vector Moving Average*). Le théorème de la représentation de Wold[46] assure que tout processus, de dimension n, stationnaire, peut s'écrire sous la forme moyenne mobile infinie, notée $VMA(\infty)$. Pour un processus VAR stationnaire et centré (pas de constante), la représentation moyenne mobile infinie peut s'écrire

$$X_t = \varepsilon_t + \Psi_1 \varepsilon_{t-1} + \ldots = \sum_{j=0}^{\infty} \Psi_j \varepsilon_{t-j} = \Psi(L)\varepsilon_t \qquad (3)$$

où L l'opérateur de retard, $\Psi(L)$ une matrice de polynôme de dimension $(n \times n)$ dont les racines du déterminant sont à l'extérieur du disque unitaire et telle que $\Psi(0) = I_n$. Les ε_t peuvent s'interpréter comme les innovations du processus. Chaque variable de X_t peut, donc, être représentée comme une réponse à une somme infinie de chocs présents et passés des variables du système.

Puisque les n séries de résidus ε_t sont corrélées entre elles (la matrice variance covariance £ n'est pas diagonale), chaque innovation se diffuse instantanément dans tout le système et sa contribution propre à la dynamique de chaque variable ne peut être facilement isolée. L'orthogonalisation des résidus est, de ce fait, nécessaire à l'interprétation de la représentation VAR. Il serait, en effet, excessif de considérer l'innovation d'une variable comme un choc spécifique alors qu'elle varie de façon conjointe avec d'autres innovations.

Pour pouvoir isoler l'influence respective de chaque type d'innovation sur la dynamique de chaque variable, il faudrait réécrire le système en fonction d'innovations orthogonales, de matrice variance covariance diagonale, qu'on pourra qualifier d'impulsions ou de chocs spécifiques

46 Selon ce théorème, tout processus stationnaire peut s'exprimer comme une somme pondérée de bruits blancs

à l'origine des fluctuations des variables. Ceci signifie qu'il convient de transformer les résidus de la forme réduite en des innovations structurelles orthogonales.

La représentation souhaitée doit être de la forme.

$$X_t = A_0 \eta_t + A_1 \eta_{t-1} + \ldots = \sum_{j=0}^{\infty} A_j \eta_{t-j} = A(L)\eta_t \qquad (4)$$

Où le vecteur η_t contient les impulsions implicites du modèle.

La représentation (4) est cohérente avec l'approche impulsion propagation. Le vecteur η_t contient, en effet, les impulsions ou les forces exogènes à l'origine des fluctuations et $A(L)$ traduit les mécanismes de propagation. De façon inhérente à cette interprétation, les η_t ne peuvent avoir des causes communes donc être corrélés.

Le point de départ est un modèle $VAR(p)$ dont la forme réduite est donnée par:

$$X_t = \Phi_1 X_{t-1} + \Phi_2 X_{t-2} + \ldots + \Phi_p X_{t-p} + \varepsilon_t$$

Il est possible de l'associer, pour les mêmes variables du vecteur X_t, à un modèle structurel dynamique, de la forme :

$$A_0^{-1} X_t = A_1 X_{t-1} + \ldots + A_p X_{t-p} + \eta_t$$

La matrice A_0^{-1} permet de modéliser les liens contemporains entre les variables de X ; η_t représente les chocs structurels orthogonaux non observables.

La représentation (A, η) (représentation 4) doit satisfaire les mêmes conditions que la représentation de Wold (Ψ, ε_t) (représentation 3). Il existe donc entre cette forme structurelle et la forme réduite les relations :

$$\varepsilon_t = A_0 \eta_t \qquad (5)$$

$$\Psi(L) A_0 = A(L) \qquad (6)$$[47]

A_0 représente la matrice des impacts instantanés des chocs η_t sur les variables de X_t. L'équation (5) permet de relier les résidus de la forme

47 $\Psi(L)\varepsilon_t = A(L)\eta_t$, c'est à dire $\Psi(L)A_0\eta_t = A(L)\eta_t$ d'ou d'ou $\Psi(L)A_0 = A(L)$

réduite aux résidus de la forme structurelle. Les matrices des chocs de la forme réduite et de la forme structurelle sont également reliées par (6).

Il est possible de déduire de la relation (6) une infinité de représentations. Cependant, si elles sont équivalentes d'un point de vue statistique, elles impliquent des dynamiques différentes pour les chocs. Les restrictions identifiantes apparaissent à ce stade cruciales.

La représentation (4) sera identifiée si A_0 est déterminée de façon unique. En effet A_0 connu, il est possible de déduire $A(L)$ et η à partir d'une estimation préalable de $\Psi(L)$ et ε.

La matrice A_0 doit être tel que $E(\eta_t \eta'_t) = I_n$. Puisque $\eta_t = A_0^{-1}\varepsilon_t$, il est possible d'en déduire que A_0 doit vérifie l'égalité

$$A_0 \ A_0' = \Sigma$$

En fait le problème de l'identification de A_0 est identique à n'importe quel problème d'identification d'un modèle structurel. Comme la seule condition qui porte sur A_0 est la relation $A_0 \ A_0' = \Sigma$, Les n^2 éléments de A_0 ne peuvent être identifiés. En effet, A_0 contient n^2 éléments alors que Σ ne contient que $n(n+1)/2$ éléments indépendants. Pour pouvoir identifier A_0, il faudrait introduire $n^2 - \frac{n(n+1)}{2} = n(n-1)/2$ contraintes supplémentaires aux $n(n+1)/2$ restrictions impliquées par l'égalité $A_0 A_0' = \Sigma$.

2.2.1. L'identification des chocs par la décomposition de Choleski

Dans la lignée de Sims (1980), il est possible d'appliquer la décomposition de Choleski à la matrice variance covariance Σ du modèle VAR réduit. Ceci revient à opérer une factorisation triangulaire de la matrice variance covariance Σ des résidus, et déterminer par la suite une matrice $A_0 = G$ où G est l'unique matrice (n,n) triangulaire inférieure tel que $G' = \Sigma$. Comme A_0 donne l'impact instantané des impulsions η sur les variables du système, le choix de la matrice triangulaire impose une structure strictement récursive au modèle. L'exemple suivant illustre cette méthode d'identification

$$\begin{pmatrix} x_{1t} \\ x_{2t} \\ x_{3t} \end{pmatrix} = \Psi(L) \begin{pmatrix} G_{11} & & \\ G_{21} & G_{22} & \\ G_{31} & G_{32} & G_{33} \end{pmatrix} \begin{pmatrix} \eta_{1t} \\ \eta_{2t} \\ \eta_{3t} \end{pmatrix}$$

Le premier choc η_1 affecte instantanément les trois variables du système. Le deuxième choc n'affecte que les deux dernières, le troisième choc n'affecte que la dernière variable. Il apparaît aussi que l'identification des chocs structurels n'est pas indépendante de l'ordre d'entrée des variables dans le modèle. Ainsi, en appliquant cette méthode d'orthogonalisation au vecteur (x_1, x_2, x_3), la variable placée en première position, x_1, ne sera affecté que par le choc de sa propre équation, alors que la variable placée en deuxième position répond instantanément aux deux premiers chocs du système. Un simple changement dans l'ordre d'entrée des variables modifie les mécanismes de propagation des impulsions. L'orthogonalisation par la méthode de la décomposition de Choleski correspond donc à un modèle très particulier sans aucune interprétation économique plausible. Ainsi, si le véritable modèle sous jasent aux innovations structurelles n'est pas strictement récursif, les résidus orthogonalisés n'ont pas de sens économique particulier. L'utilisation d'un modèle VAR fondé sur un système d'identification a-théorique est inapproprié du point de vue économique car les résultats obtenus peuvent être fort trompeurs.

2.2.2. Les contraintes identifiantes

Face à ces critiques, d'autres voies de recherche se sont développées, où le schéma d'identification repose sur des restrictions issues de la théorie économique. Deux types de restrictions ont été avancés: des *restrictions de court terme* et des *restrictions de long terme*

A. Les restrictions instantanées

Les restrictions instantanées ont été, initialement, développées par Blanchard et Watson (1986) et Bernanke (1986). L'idée sous jacente consiste à contraindre à zéro certains éléments de la matrice A_0. Ainsi, si l'on note A_{0ij}, le j ème élément de la i ème ligne de A_0,, la contrainte imposant au choc j de ne pas affecter la variable i se traduit par l'identité $A_{0ij} = 0$. Il est alors possible de contraindre à zéro $n(n-1)/2$ éléments de la matrice A_0, sans pour autant imposer au modèle une structure récursive.

B. Les restrictions de long terme

Blanchard et Quah (1989) ont introduit des restrictions sur les réponses de long terme à certains chocs. Dans l'équation (6), La matrice des impacts de long terme des chocs structurels (la somme des coefficient moyenne mobile) est donné par $A(1) = \Psi(1)A_0$; où $A(1)$ représente l'effet cumulé des chocs structurels et $\Psi(1)$ l'effet cumulé des chocs estimés.

La matrice $\Psi(1)$ peut être directement estimée, alors que la matrice $A(1)$ peut être utilisée pour en déduire A_0, puisque $A(1)\Psi(1)^{-1} = A_0$. En imposant des restrictions sur les liens de long terme entre les chocs structurels, il est possible de parvenir à une estimation de A_0.

2.2.3. Perfectionnement de la méthode d'identification

Plusieurs travaux ont introduits de nouvelles méthodes d'identification des chocs structurels. On peut distinguer trois types de méthodes. La première initiée par Gali (1992) combine des contraintes de court et des contraintes de long terme. Cette méthode permet de distinguer entre les chocs de demande suivant qu'ils ont ou non un effet à long terme sur le PIB. La deuxième méthode d'identification pose des restrictions sur les signes des réponses de certaines variables aux chocs structurels. Dans ce cas on contraint, a priori, certains chocs à avoir un effet spécifique sur certaines variable (Faust, 1998; et Uhlig, 2005). Finalement, la troisième méthode, suppose un processus VAR avec hypothèse d'exogénéité ; ce qu'il est convenu d'appeler, dans la littérature empirique, *NEAR-VAR*. Dan ces modèles, il est supposé qu'un (ou plusieurs) choc(s) n'affecte(nt) pas certaines variables à une date t. Ce type de modèle présente deux avantages: il réduit le nombre de coefficients à estimer et améliore le degré de liberté. Cette procédure d'identification se révèle très utile pour étudier l'impact des chocs externes sur une petite économie ouverte, car dans ce cas les variables externes sont, généralement, peu sensibles aux chocs domestiques (Hoffmaister et Roldos, 2001; Elachhab, 2007).

Encadré 1- Un modèle VAR structurel à deux variables

Soit le modèle VAR dans lequel les deux séries $[\Delta Y_t, \Pi_t]$ (le taux de croissance du PIB et le taux d'inflation de l'Afrique du Sud sur la période 1980Q1-2012Q4), sont stationnaires et mus par deux chocs exogènes que l'on cherche à distinguer $(\varepsilon_t^Y \varepsilon_t^\Pi)$. Ces chocs sont de moyenne nulle et mutuellement et temporellement non corrélés à tous les rangs et retards.

Le cadre d'analyse

La forme réduite du modèle VAR peut s'écrire

$$\Phi(L)\begin{pmatrix}\Delta Y_t \\ \\ \Pi_t\end{pmatrix} = \begin{pmatrix}\varepsilon_t^Y \\ \\ \varepsilon_t^\Pi\end{pmatrix} = \varepsilon_t \quad (1)$$

où ε_t est le vecteur des résidus de matrice variance covariance instantanée quelconque $E\left(\varepsilon_t \varepsilon_t'\right) =$. La matrice $\Phi(L)$ des polynômes de retards admet la forme

$$\Delta Y_t - \sum_{i=1}^{p} \Phi_{11i} \Delta Y_{t-p} + \Phi_{12i} \Pi_{t-p} = \varepsilon_t^Y$$

$$\Pi_t - \sum_{i=1}^{p} \Phi_{21i} \Delta Y_{t-p} + \Phi_{22i} \Pi_{t-p} = \varepsilon_t^\Pi$$

Si les racines de $\Phi(L)$ sont à l'extérieur du cercle unité la représentation (1) peut s'écrire sous la forme d'une moyenne mobile d'ordre infini notée VMA(∞).

$$\begin{pmatrix}\Delta Y_t \\ \\ \Pi_t\end{pmatrix} = \Phi(L)^{-1} \begin{pmatrix}\varepsilon_t^Y \\ \\ \varepsilon_t^\Pi\end{pmatrix} = \Psi(L)\varepsilon_t \quad (2)$$

Cette représentation admet une multitude de solutions, on va lui imposer des contraintes pour obtenir une forme unique de type :

$$\begin{pmatrix}\Delta Y_t \\ \\ \Pi_t\end{pmatrix} = A(L) \begin{pmatrix}\eta_t^Y \\ \\ \eta_t^\Pi\end{pmatrix} = A(L)\eta_t \quad (3)$$

où $\eta_t = \left[\eta_t^Y, \eta_t^\Pi\right]$ sont les impulsions structurelles en termes desquelles peuvent s'exprimer les innovations ε_t

$$\varepsilon_t = A_0 \eta_t \quad (5)$$

$$\Psi(L) A_0 = A(L) \quad (6)$$

A_0, la matrice de court terme, décrit l'effet instantané des différents types de chocs sur les variables de X_t.

Les conditions d'hortogonalité de la matrice variance-covariance des chocs permettent de définir la matrice de passage A_0 en fonction de $E(\varepsilon_t \varepsilon_t') = \Sigma$. En effet

$$A_0 A_0' = \Sigma$$

Le modèle (3) sera correctement identifié, si A_0 est déterminée de façon unique. Les MCO fournissent des estimations convergentes de $\Psi(L)$ et $E(\varepsilon_t \varepsilon_t') = \Sigma$. Pour identifier $\Psi(L) A_0 = A(L)$, il suffit de connaître A_0.

L'identification de A_0

La seule condition qui porte sur A_0 est la relation $A_0 A_0' = \Sigma$. Les 4 éléments de A_0 ne peuvent être identifiés. En effet, A_0 contient 4 éléments alors que Σ ne contient que 2(2+1) /2 éléments indépendants. Pour pouvoir identifier A_0, il faudrait introduire 4-2(2+1)/2 = 2(2-1)/2 = 1 contraintes supplémentaires aux 2(2+1) /2 restrictions impliquées par l'égalité $A_0 A_0' = \Sigma$

- ***Identification de Sims***

Sims retient la décomposition de Choleski de la matrice $A_0 A_0' = \Sigma$ ce qui revient à supposer que la matrice A_0 est triangulaire inférieure

$$\begin{pmatrix} \Delta Y_t \\ \\ \Pi_t \end{pmatrix} = \Psi(L) \begin{pmatrix} A_0^{11} & 0 \\ \\ A_0^{21} & A_0^{22} \end{pmatrix} \begin{pmatrix} \eta_t^{Y} \\ \\ \eta_t^{\Pi} \end{pmatrix}$$

Le choix de la matrice triangulaire impose une structure strictement récursive au modèle. Le premier choc η_t^Y affecte instantanément les deux variables du système. Le deuxième choc n'affecte que la deuxième variable (Π_t). Il apparaît également que l'identification des chocs structurels n'est pas indépendante de l'ordre d'entrée des variables dans le modèle. Ainsi, en appliquant cette méthode d'orthogonalisation, la variable placée en première position, ΔY_t, ne sera affecté que par le choc de sa propre équation, alors que la variable placée en deuxième position Π_t répond instantanément aux deux premiers chocs du système.

- ***Restriction de court terme (Blanchard et Watson)***

Ce schéma consiste à contraindre à zéro certains éléments de la matrice A_0 sur la base des enseignements de la théorie économique. Ici, les chocs de demande n'ont aucun effet sur l' ΔY_t . ceci conduit à contraindre à zéro $A_0^{12} = 0$ de la matrice A_0 .

- ***Restriction de long terme (Blanchard et Quah)***

On impose des restrictions, non pas sur A_0 , mais sur A_1 : la matrice de réponses de long terme des variables aux chocs structurels.

$$\begin{pmatrix} A_1^{11} & A_1^{12} \\ & \\ A_1^{21} & A_1^{22} \end{pmatrix} = \begin{pmatrix} \Psi_1^{11} & \Psi_1^{12} \\ & \\ \Psi_1^{21} & \Psi_1^{22} \end{pmatrix} \begin{pmatrix} A_0^{11} & A_0^{12} \\ & \\ A_0^{21} & A_0^{22} \end{pmatrix}$$

On impose par exemple, qu'à long terme les chocs de demande n'ont aucun effet sur, $\Delta Y_t A_1^{12} = 0$, ce qui signifie que $\Psi_1^{11} A_0^{12} + \Psi_1^{12} A_0^{22} = 0.$

2.3. Analyse structurelle

La modélisation VAR permet d'analyser la dynamique interne d'un système de variables, plus précisément elle indique comment un choc sur une variable se transmet au reste du système. Deux outils d'analyse sont, généralement, avancés : la décomposition de la variance de l'erreur de prévision et les fonctions de réponse aux chocs. Ces outils mesurent l'influence relative, à différents horizons, des différents chocs dans la dynamique de chaque variable.

2.3.1. La décomposition de la variance de l'erreur de prévision

La décomposition de la variance procure la proportion de l'erreur de prévision imputable aux différents chocs. En principe, plus l'horizon est lointain, plus faible sera le rôle de l'innovation propre à la variable elle-même et plus forte sera la contribution des autres variables.

A l'horizon h , l'erreur de prévision se note :

$$X_{t+h} - E\left(X_{t+h} / I_t\left(X_t\right)\right) = \sum_{j=0}^{h-1} A_j \eta_{t+h-j}$$

Pour la composante $k = 1\ldots,n$ du vecteur X_t, notée $x_{k,t}$, l'erreur de prévision commise est égale à :

$$x_{k,t+h} - E\left(x_{k,t+h} / I_t\left(X_t\right)\right) = \sum_{i=1}^{n}\sum_{j=0}^{h-1} A_{k,i,j}\,\eta_{i,t+h-j}$$

$A_{k,i,j}$ définit le *jième* coefficient de la représentation moyenne mobile de la variable x_k relatif au choc η_i et $\eta_{i,t+h-j}$ la réalisation du choc η_i à la période $+h-j$. La variance de l'erreur de prévision à l'horizon h sera donc :

$$E\left(x_{k,t+h} - E\left(x_{k,t+h} / I_t\left(X_t\right)\right)\right)^2 = \sum_{i=1}^{n}\sum_{j=0}^{h-1} A_{k,i,j}^2 = \sum_{i=1}^{n} A_{k,i,1}^2 + \ldots + A_{k,i,h-1}^2$$

La somme : $A_{k,i,1}^2 + \ldots + A_{k,i,h-1}^2 = \sum_{j=0}^{h-1} e'_i\, A_j e_k$ (e_j est la jième colonne de la matrice Identité I_n) se définit comme la contribution de l'innovation de la variable x_k à la variance de l'erreur de prévision, à l'horizon h, de la variable x_i.

Il est possible alors de décomposer la variance de l'erreur de prévision pour chaque variable du VAR. Dans le VAR à deux variables de l'encadré 2, la variance de l'erreur de prévision de la variable ΔY_t pourra être due pour 78 % à ses propres innovations et pour 22 % aux innovations de la variable Π_t, pour une prévision à l'ordre 1 (un trimestre). Cette décomposition peut changer quand on la calcule pour une prévision à l'ordre 4, 8 ou à long terme.

2.3.2. Les fonctions de réponse aux chocs

Les fonctions de réponse aux chocs décrivent les effets d'une variation intervenue en t d'un choc η_i sur la variable x_k en $t+h$. Cette réponse est égale $A_{k,i,h}$. Si la variable x_k apparaît en différence dans le système, l'effet sur son niveau correspond à la somme cumulée, soit : $\sum_{j=0}^{h} A_{k,i,j}$

Encadré 2 - Décomposition de la variance de l'erreur de prévision et fonctions de réponse aux chocs du modèle VAR à deux variables

L'estimation du modèle VAR $[\Delta Y_t, \Pi_t]$ à quatre retards conduit à une forme stable. Les inverses des racines du déterminant du polynôme autoregressif caractéristique (Lutkepohl, 1993) ont des modules inférieurs à l'unité et se trouvent tous à l'intérieur du cercle unité

Inverse Roots of AR Characteristic Polynomial

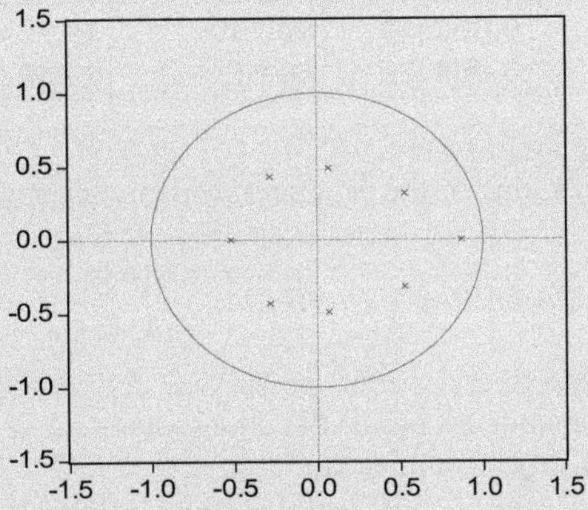

La matrice variance covariance des innovations du modèle VAR (p =4) est donné par

$$E(\varepsilon_t \varepsilon_t') = \begin{pmatrix} 4.41E05 & -3.71E06 \\ -3.71E06 & 8.02E05 \end{pmatrix}$$

Identification de Sims/ restriction de court terme

L'orthogonalisation des résidus selon le schéma récursif de Sims impose à la matrice A_0 une structure triangulaire inférieure, soit :

$$\varepsilon_Y = a_1 \eta_Y$$

$$\varepsilon_\Pi = a_2\, \varepsilon_Y + a_3 \eta_\Pi$$

Le premier choc η_Y affecte instantanément les deux variables du système alors que le deuxième choc η_Π n'affecte que la deuxième variable (Π_t). Dans ce modèle VAR simple à deux variable, ce schéma récursif d'identification est équivalent à un schéma de restrictions de court terme de type Blanchard et Watson où les chocs de demande, η_Π, n'ont aucun effet sur ΔY_t.

Décomposition de la variance :
Identification de Sims/ Restriction de Court terme

Horizon (trimestre)	Variance	Choc d'offre	Choc de demande
1	0.006641	100.00	0.000
4	0.007964	90.633	9.366
8	0.008429	82.974	17.025
12	0.008528	81.335	18.664
16	0.008559	80.730	19.204
20	0.008570	80.617	19.382

Restriction de long- terme

On impose, qu'à long terme, les chocs de demande n'ont aucun effet sur ΔY_t, soit $A_1^{12} = 0$. La matrice des effets de long terme des chocs structurels est alors définie par $A(1) = \begin{pmatrix} 0.016467 & 0 \\ -0.034150 & 0.027775 \end{pmatrix}$

Un choc d'offre admet des effets positifs sur ΔY_t et négatif sur Π_t. Un choc de demande n'a pas d'effet à long terme sur la production mais se répercute positivement sur les prix.

La matrice des effets de court terme est quand à elle donnée par

$$A(0) = \begin{pmatrix} 0.003129 & 0.005858 \\ -0.008147 & 0.003720 \end{pmatrix}$$

Un choc d'offre interne admet un effet instantané positif sur ΔY_t et négatif sur Π_t. Un choc de demande interne se répercute positivement sur ΔY_t et Π_t.

Décomposition de la variance : Restriction de Long terme

Horizon (trimestre)	Variance	Choc d'offre	Choc de demande
1	0.006641	77.795	22.204
4	0.007964	65.411	34.588
8	0.008429	65.378	34.621
12	0.008528	65.146	34.853
16	0.008559	65.016	34.983
20	0.008570	64.980	35.019

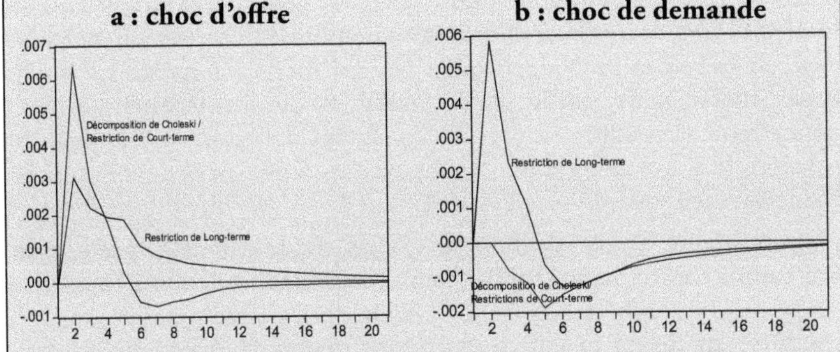

Graphique 1 : Fonctions de Réponse aux chocs du PIB

3. La modélisation VAR et les interdépendances internationales : les modèles VAR global

La modélisation VAR Global (GVAR), présentée par Pesaran et *alii* (2004a), puis développée par Dees, Di-Mauro, Pesaran and Smith (2007), est une modélisation macro-économétrique globale qui permet de rendre compte, de manière explicite, et d'analyser, de manière cohérente, les interdépendances macroéconomiques entre pays. Cette modélisation est construite pour mettre en évidence, pour un pays donné (ou une région), aussi bien les effets directs que les effets indirects des mouvements intervenus dans les autres pays (régions). Tel que précisé par Galesi et Sgherri (2009), la modélisation VAR Global se prête, particulièrement bien, à l'étude de la contagion financière ou commerciale, et offre un éclairage sur les relations dynamiques entre les variables réelles et nominale d'un pays (une région) et à l'échelle internationale.

Les modèles de type VAR Global connaissent depuis quelques années un développement important dans la littérature économique (Pesaran *et al.*, 2004b; Smith et Galesi, 2011 et Mauro et Pesaran, 2013) et sont de plus en plus utilisés par les organismes internationaux, notamment le Fond Monétaire International (FMI, 2011 et 2014) et la Banque Centrale Européenne (BCE), dans l'analyse des interdépendances macroéconomiques entre les pays[48]. En règle générale, la structure d'un modèle GVAR se compose d'un certain nombre de pays (région) ; chaque pays est modélisé individuellement par un modèle autorégressif VAR, appelé modèle-pays, qui inclue des variables, dites, extérieurs. Celles ci permettent de rendre compte de la manière dont un modèle-pays est susceptible d'être affectée par les mouvements qui surviennent dans les économies partenaires.

L'originalité de la modélisation GVAR réside dans la procédure de son estimation : Chaque modèle-pays est estimé, individuellement, en supposant l'hypothèse d'exogénéité faible des variables étrangères. Ceci conduit à modéliser chaque pays comme une petite économie ouverte. Une fois les modèles-pays sont estimés, ils seront liés par une « matrice de lien », construite sur la base des poids des différents pays dans le total des flux commerciaux ou financier, puis empilés ensemble pour construire un modèle GVAR. L'analyse de la dynamique interne des variables s'appuie, désormais, sur les fonctions généralisées de réponses impulsionnelles et la décomposition généralisée de l'erreur de prévision développées (Koop, Pesaran et Potter,1996 ; et Pesaran et Shin,1998).

3.1. Le cadre méthodologique

Dans sa version la plus simple, le modèle VAR Global admet N pays, indicés par $i = 0,1,2,\ldots,N$. Chaque pays i est représenté par un modèle vectoriel autorégressif dans lequel les variables domestiques sont liées aux variables étrangères, supposées faiblement exogènes, par le système $VARX^*(p_i, q_i)$ suivant :

$$\Phi_i(L, p_i)x_{it} = a_{i0} + a_{i1}t + \Lambda_i(L, q_i)x_{it}^* + \varepsilon_{it} \tag{1}$$

Où x_{it} est un vecteur de dimension $(k_i, 1)$ qui regroupe l'ensemble des variables domestiques spécifiques à chaque pays et $\Phi_i(L, p_i) = I - \sum_{i=1}^{p_i} \Phi_i L^i$ une matrice de polynômes de retards des

48 L'ouvrage "The GVAR Handbook: Structure and Applications of a Macro Model of the Global Economy for Policy Analysis" (Mauro et Pesaran, 2013) offre une vue d'ensemble sur la modélisation GVAR avec des applications empiriques sur (i) la transmission internationale des chocs (chapitres 3-9) ; (ii) les stress financiers (chapitres 10-12) (iii) les zones d'intégration régionales (chapitres 13-17)

coefficients associés. a_{i0} un vecteur, $k_i \times 1$, de constantes et a_{i1} est un vecteur, $k_i \times 1$, des coefficients associés à la tendance déterministe. x_{it}^* est un vecteur de dimension $(k_i^*, 1)$ composé par les variables étrangères au pays i et $\Lambda_i(L, q_i) = \sum_{i=1}^{q_i} \Lambda_i L^i$ une matrice de polynômes de retards des coefficients associés à ces variables étrangères. ε_{it} est un vecteur, $k_i \times 1$, de chocs spécifiques idiosyncratiques: les éléments de ε_{it} ne sont pas auto-corrélés, ils sont de moyenne nulle et de matrice variance covariance non singulière, soit : $\varepsilon_{it} \sim iid(0, \Sigma_{ii})$. Par ailleurs, ces chocs spécifiques, ε_{it}, sont considérés comme étant corrélés, autrement dit :

$$E\left(\varepsilon_{it}\varepsilon_{jt'}^{'}\right) = \begin{cases} \Sigma_{ij} \ pour \ \ t = t' \\ 0 \ \ pour \ t \neq t' \end{cases} \tag{2}$$

Les variables étrangères, x_{it}^*, sont spécifiques à chaque pays i et mesurent l'ampleur de l'influence des pays partenaires $j \neq i$ sur l'économie i. Elles sont mesurées par les moyennes pondérées de leurs contreparties dans les pays tiers, c'est à dire que : $x_{it}^* = \sum_{j=0}^{N} w_{ij} x_{jt}$. Les coefficients de pondération $w_{ij}\,(w_{ii} = 0)$ définissent le poids relatif de chaque pays partenaire ; ils sont, généralement, mesurés par la part respective du pays j dans le total des flux, commerciaux ou financier, du pays i.

Par construction, la modélisation GVAR rend compte des interactions entre les différents pays par deux canaux essentiels : (i) l'interaction entre les variables domestiques x_{it}, , et les variables étrangères spécifiques, x_{it}^*, ainsi qu'avec leurs valeurs retardées ; (ii) la dépendance contemporaine des chocs du pays i aux chocs du pays j, telle que définie par la matrice variances-covariances, Σ_{ij} (avec $\Sigma_{ij} = E\left(\varepsilon_{it}\varepsilon_{jt}^{'}\right)$ pour $i \neq j$).

Chaque modèle-pays $VARX^*(p_i, q_i)$ est estimé de manière individuelle, en supposant que le pays i est une petite économie ouverte. Cette hypothèse impose, dans la modélisation $VARX^*(p_i, q_i)$, que le bloc de variables externes est faiblement exogène.

3.2. La construction du VAR Global

Pour montrer comment le modèle VAR Global peut être construit à partir des modèles-pays $VARX^*(p_i, q_i)$, on se place dans le cas simple d'une spécification où l'ordre du retard des variables domestiques et étrangères est égal à 2 $(p_i = q_i = 2)$. Le modèle $VARX^*(p_i, q_i)$ relatif au pays i définie par l'équation (1) peut, alors, être écrit comme :

$$x_{it} = a_{i0} + a_{i1}t + \Phi_{i1}x_{it-1} + f_{i2}x_{it-2} + \Lambda_{i0}x_{it}^* + \Lambda_{i1}x_{it-1}^* + \Lambda_{i12}x_{it-2}^* + \varepsilon_{it} \quad (3)$$

Après estimation des différents modèles-pays $VARX^*(2,2)$, les variables domestiques et les variables étrangères du pays i sont regroupées dans un vecteur pays : $z_{it} = \begin{pmatrix} x_{it} \\ x_{it}^* \end{pmatrix}$. Le modèle-pays $VARX^*(2,2)$ de la spécification (3) se réécrit alors:

$$A_i z_{it} = a_{i0} + a_{i1}t + B_{i1}z_{it-1} + B_{i2}z_{it-2} + \varepsilon_{it} \quad (4)$$

Avec $A_i = (I_{ki}, -\Lambda_{i0})$; $B_{i1} = (\Phi_{i1}, \Lambda_{i1})$; $B_{i2} = (\Phi_{i2}, \Lambda_{i2})$

Dans une seconde étape, un vecteur Global, x_t, est crée en regroupant, ensemble, toutes les variables domestiques (endogènes). Le vecteur x_t est de dimension $k \times 1$, avec $k = \sum_{i=0}^{N} k_i$.

$$x_t = \begin{pmatrix} x_{0t} \\ x_{1t} \\ \vdots \\ x_{Nt} \end{pmatrix} \quad (5)$$

Il est facile de vérifier que le vecteur pays z_{it} est lié au vecteur global par la relation :

$$z_{it} = W_i x_t, \ \forall\, i = 0,1,2,\ldots,N \quad (6)$$

Où W_i est une matrice de dimension $(k_i + k_i^*) \times k$ construite sur la base des poids relatifs des échanges, commerciaux ou financiers, tel que définis précédemment. La matrice W_i permet d'exprimer chaque modèle-pays en fonction du vecteur Global, x_t ; et définie le lien avec lequel les $i = 0,1,2,\ldots,N$ économies sont reliées dans le modèle GVAR.

Ainsi, en substituant l'identité (6) dans chaque modèle-pays *VARX* * (définie par la spécification (4)), il vient que :

$$A_i W_i z_{it} = a_{i0} + a_{i1}t + B_{i1}W_i z_{it-1} + B_{i2}W_i z_{it-2} + \varepsilon_{it}\, pour\, i = 0,1,2,\ldots,N \qquad (7)$$

Finalement, les modèles-pays définies par la spécification (7) sont empilés les uns après les autres pour donner le modèle VAR Global, GVAR (2), soit :

$$Gx_t = a_0 + a_1 t + H_1 x_{t-1} + H_2 x_{t-2} + \varepsilon_t \qquad (8)$$

Avec :

$$G = \begin{pmatrix} A_0 W_0 \\ A_1 W_1 \\ \vdots \\ A_N W_N \end{pmatrix}; H_1 = \begin{pmatrix} B_{01} W_0 \\ B_{11} W_1 \\ \vdots \\ B_{N1} W_N \end{pmatrix}; H_2 = \begin{pmatrix} B_{02} W_0 \\ B_{12} W_1 \\ \vdots \\ B_{N2} W_N \end{pmatrix}; a_0 = \begin{pmatrix} a_{00} \\ a_{10} \\ \vdots \\ a_{N0} \end{pmatrix};$$

$$a_1 = \begin{pmatrix} a_{01} \\ a_{11} \\ \vdots \\ a_{N1} \end{pmatrix} \text{et}\, \varepsilon_t = \begin{pmatrix} \varepsilon_{0t} \\ \varepsilon_{1t} \\ \vdots \\ \varepsilon_{Nt} \end{pmatrix}$$

Si la matrice G est non singulière, son inversion permet de définir la forme réduite du modèle GVAR (2), soit :

$$x_t = b_0 + ba_1 t + F_1 x_{t-1} + F_2 x_{t-2} + u_t \qquad (9)$$

Où $b_0 = G^{-1}a_0, b_1 = G^{-1}a_1, F_1 = G^{-1}H_1, F_2 = G^{-1}H_2 \text{ et } u_t = G^{-1}\varepsilon_t$

Encadré 3- Un modèle GVAR à trois pays et trois variables

Soit un modèle GVAR simple à 3 pays, indicés par $i = 0,1,2$. Chaque pays i est représenté par un modèle vectoriel autorégressif dans lequel les variables domestiques sont liées aux variables étrangères par le système $VARX^*$ (1,1) :

$$x_{it} = a_{i0} + \Phi_{i1}x_{it-1} + \Lambda_{i0}x^*_{it} + \Lambda_{i1}x^*_{it-1} + \varepsilon_{it} \qquad (1)$$

x_{it}, le vecteur de variables domestique, est de dimension $(k_i = 3\times 1)$ et est composé du PIB réel, y_{it}, de l'indice des prix à la consommation, p_{it} et du taux de change, e_{it} : $x_{it} = (y_{it}, p_{it}, e_{it})'$.

Le vecteur de variables étrangères, noté x^*_{it}, est un vecteur de dimension $(k^*_i = 3\times 1) : x^*_{it} = (y^*_{it}, p^*_{it}, e^*_{it})'$. Chaque variable étrangère est mesurée par la moyenne pondérée de ses contreparties dans les pays tiers: $x^*_{it} = \sum_{j=0}^{2} w_{ij} x_{jt}$, ce qui signifie que:

$$y^*_{it} = \sum_{j=0}^{2} w^y_{ij} y_{jt} ; p^*_{it} = \sum_{j=0}^{2} w^p_{ij} p_{jt} ; e^*_{it} = \sum_{j=0}^{2} w^e_{ij} e_{jt} \tag{2}$$

avec $w^y_{ii} = w^p_{ii} = w^e_{ii} = 0$ et $\sum_{j=0}^{2} w^y_{ij} = \sum_{j=0}^{2} w^p_{ij} = \sum_{j=0}^{2} w^e_{ij} = 1$.

Les trois modèles pays, $VARX^*(1,1)$, ainsi que les équations de lien (2) permettent de définir un système GVAR complet de 9 (3*3) variables endogènes. Chaque modèle-pays, $VARX^*(1,1)$, est estimé individuellement en supposant que les x^*_{it} sont faiblement exogènes. Après estimation des différents modèles-pays $VARX^*(1,1)$, les variables domestiques et les variables étrangères du pays i sont regroupées dans un vecteur : $z_{it} = \begin{pmatrix} x_{it} \\ x^*_{it} \end{pmatrix} = \begin{pmatrix} y_{it} \\ p_{it} \\ e_{it} \\ y^*_{it} \\ p^*_{it} \\ e^*_{it} \end{pmatrix} i = 0,1,2$

Le modèle-pays $VARX^*(1,1)$ de la spécification (1) se réécrit, alors, comme:

$$A_i z_{it} = a_{i0} + B_i z_{it-1} + \varepsilon_{it}$$

En regroupant, ensemble, toutes les variables domestiques (endogènes), il est possible de créer un vecteur Global, x_t. Ce vecteur x_t est de dimension $k = 9\times 1$, avec $k = \sum_{i=0}^{N} k_i$, ($k_i = 3$)

$$x_t = \begin{pmatrix} y_t \\ p_t \\ e_t \end{pmatrix} = \begin{pmatrix} y_{0t} \\ y_{1t} \\ y_{2t} \\ p_{0t} \\ p_{1t} \\ p_{2t} \\ e_{0t} \\ e_{1t} \\ e_{2t} \end{pmatrix}$$

Il est facile de vérifier que le vecteur pays, $z_{it,}$ est lié au vecteur global, x_t, par la relation :

$$z_{it} = W_i x_t, \quad \forall i = 0,1,2,\ldots,N$$

Avec W_i est une matrice de dimension $(3+3)\times 9$ construite sur la base des poids relatifs w_{ij}^y, w_{ij}^p et w_{ij}^e.

En identifiant les poids w_{ij}^y, w_{ij}^p et w_{ij}^e par la part du pays j dans le total des flux commerciaux du pays, il vient que

$y_{it}^* = \sum_{j=0}^{2} w_{ij} y_{jt}$, ou de manière équivalente :

$$y_{0t}^* = \sum_{j=0}^{2} w_{0j} y_{jt} = w_{01} y_{1t} + w_{02} y_{2t}$$

$$y_{1t}^* = \sum_{j=0}^{2} w_{1j} y_{jt} = w_{10} y_{0t} + w_{12} y_{2t}$$

$$y_{2t}^* = \sum_{j=0}^{2} w_{2j} y_{jt} = w_{20} y_{0t} + w_{21} y_{1t}$$

Les matrices de liens pour les trois pays peuvent être définies par :

$$W_0 = \begin{pmatrix} 1 & 0 & 0 & 0 & 0 & 0 & 0 & 0 & 0 \\ 0 & 0 & 0 & 1 & 0 & 0 & 0 & 0 & 0 \\ 0 & 0 & 0 & 0 & 0 & 0 & 1 & 0 & 0 \\ 0 & w_{01} & w_{02} & 0 & 0 & 0 & 0 & 0 & 0 \\ 0 & 0 & 0 & 0 & w_{01} & w_{02} & 0 & 0 & 0 \\ 0 & 0 & 0 & 0 & 0 & 0 & 0 & w_{01} & w_{02} \end{pmatrix}$$

$$W_1 = \begin{pmatrix} 0 & 1 & 0 & 0 & 0 & 0 & 0 & 0 & 0 \\ 0 & 0 & 0 & 0 & 1 & 0 & 0 & 0 & 0 \\ 0 & 0 & 0 & 0 & 0 & 0 & 0 & 1 & 0 \\ w_{10} & 0 & w_{12} & 0 & 0 & 0 & 0 & 0 & 0 \\ 0 & 0 & 0 & w_{10} & 0 & w_{12} & 0 & 0 & 0 \\ 0 & 0 & 0 & 0 & 0 & 0 & w_{10} & 0 & w_{12} \end{pmatrix}$$

$$W_2 = \begin{pmatrix} 0 & 0 & 1 & 0 & 0 & 0 & 0 & 0 & 0 \\ 0 & 0 & 0 & 0 & 0 & 1 & 0 & 0 & 0 \\ 0 & 0 & 0 & 0 & 0 & 0 & 0 & 1 & 0 \\ w_{20} & w_{21} & 0 & 0 & 0 & 0 & 0 & 0 & 0 \\ 0 & 0 & 0 & w_{20} & w_{21} & 0 & 0 & 0 & 0 \\ 0 & 0 & 0 & 0 & 0 & 0 & w_{20} & w_{21} & 0 \end{pmatrix}$$

3.3. Conditions préalables à l'estimation du modèle

L'estimation directe de la représentation GVAR (2) donnée par l'équation (8) est difficile à mettre en œuvre, en particulier en raison du nombre élevé de paramètres, souvent supérieur au nombre d'observations disponibles. Afin de contourner cette difficulté, Pesaran et *al.* (2004) proposent de procéder par une estimation individuelle de chacun des modèles-pays $VARX^*(2,2)$. Dans cette procédure d'estimation individuelle, les poids w_{ij}, utilisés pour construire les variables étrangères, sont calculés plutôt qu'estimés, ce qui réduit considérablement le nombre de paramètre non contraints à estimer. Toutefois, l'application de cette procédure d'estimation individuelle nécessite que certaines conditions doivent être vérifiées, notamment :

(i) La stabilité dynamique du modèle VAR Global : ceci revient à vérifier que les valeurs propres des polynômes autorégressifs caractéristiques, donné par les matrices F_1 et F_2 de la représentation (9), ont des modules inférieurs à l'unité et se trouvent, tous, à l'intérieur du cercle unité

(ii) Le poids w_{ij} utilisés dans la construction des variables externes sont relativement faibles, soit : $\sum_{j=0}^{N} w_{ij} \to 0; lorque \;\; N \to \infty$

(iii) L'interdépendance entre les chocs idiosyncratique spécifiques est suffisamment faible, soit : $\frac{\sum_{j=0}^{N} \delta_{ij,ls}}{N} \to 0 lorque \;\; N \to \infty$ avec $\delta_{ij,ls} = cov\left(\varepsilon_{ilt}, \varepsilon_{jst}\right)$ la covariance entre la *lième* variable dans le pays i et la *sième* variable dans le pays j.

3.4. L'analyse dynamique du modèle: les fonctions généralisées de réponses impulsionnelles et la décomposition généralisée de l'erreur de prévision

Dans la modélisation VAR, l'analyse de la dynamique du système par les fonctions de réponse aux chocs et la décomposition de la variance de l'erreur de prévision nécessite de transformer, au préalable, les résidus de la forme réduite en des innovations structurelles orthogonales. L'orthogonalisation des résidus par la méthode de décomposition de Choleski est fortement sensible à l'ordonnancement des variables : un simple changement dans l'ordre d'entrée des variables modifie les mécanismes de propagation des impulsions structurelles. L'application des contraintes identifiantes (restrictions de court terme ou de long terme) requiert, quant à elle, la formulation d'un certain nombre de restrictions issues de la théorie économique, ce qui paraît, particulièrement, difficile à réaliser dans le cadre d'un modèle GVAR. En effet, tel que précisé par Pesaran, et *al* (2004), un modèle GVAR composée par $N+1$ pays et

k_i variables domestiques nécessite $\sum_{i=0}^{N} k_i\left(k_i-1\right)$ restrictions pour que les chocs structurels soient identifiés.

Les fonctions de réponse impulsionnelles généralisées proposée à l'origine par Koop, Pesaran et Potter (1996) et développées par Pesaran et Shin (1998) permettent de lever les objections à *(i)* la sensibilité des résultats à l'ordonnancement des variables qui caractérise la méthode de décomposition de Choleski ; et *(ii)* la nécessité d'un a priori théorique pour définir les contraintes identifiantes. Ces fonctions ne nécessitent, pour être définies, aucune orthogonalisation des résidus.

3.4.1. Les fonctions généralisées de réponses impulsionnelles (GIRF)

Les fonctions de réponses impulsionnelles généralisées ne requièrent, pour être appliquées, que la distribution historique des corrélations entre les résidus du système GVAR, définie par la matrice variance-covariance estimée. Aucune orthogonalisation n'est réclamée. Pour ces fonctions de réponses impulsionnelles l'impact d'un choc sur la *l ième* variable du *i ièm* modèle-pays est définie par :

$$GI_{x,\varepsilon_{il}}\left(n,\sqrt{\sigma_{ii,ll}},I_{t-1}\right)=E\left(x_{t+n}\middle|\varepsilon_{ilt}=\sqrt{\sigma_{ii,ll}},I_{t-1}\right)-E\left(x_{t+n}\middle|,I_{t-1}\right)$$

Où $I_t\left(x_t,x_{t-1},\ldots\right)$ désigne l'ensemble de l'information disponible en $t-1$ et $\sigma_{ii,ll}$ la variance du résidu $\varepsilon_{ii,ll}$

Sous l'hypothèse que ε_t suit une loi normale, Pesaran, Schuermann etWeiner (2004) montrent que l'impact d'un choc d'une valeur égale à l'écart-type sur la *jième* équation (correspondant à la *l ième* variable du *i ièm* modèle-pays) au temps t sur les valeurs espérées de x au temps $(t+n)$ peut etre définie par : $\Psi_j^g(n)=\frac{1}{\sqrt{\sigma_{ii,ll}}}F^nG^{-1}\sum s_j$; $n=0,1,2,\ldots$

où s_j désigne un vecteur de dimension $k\times 1$ dont le *jième* élément est égal à l'unité et tous les autres éléments sont nuls.

3.4.2. Décomposition généralisée de la variance de l'erreur de prévision

La décomposition généralisée détermine, la proportion de la variance de l'erreur de prévision à l'horizon n expliquée par des chocs intervenus sur le *Jième* élément du vecteur x_t . Ces chocs sont non orthogonaux de matrice variance covariance, Σ_{ij}, non diagonale. A l'instar des fonctions impulsionnelles généralisées, la décomposition généralisée est insensible à l'ordonnancement des variables. Son expression est donnée par :

$$GFEVD\left(x_{1t}, \varepsilon_{jt}, n\right) = \frac{\sigma_{ii}^{-1} \sum_{l=0}^{n} \left(s'_j F^n G^{-1} \sum s_i\right)^2}{\sum_{l=0}^{n} s'_j F_n G^{-1} \sum G'^{-1} F'^n s_i}$$

Avec $n = 0,1,2,\ldots$ et $l = 1,2,\ldots$

Encadré 4 - Impact de la dégradation de la situation financière mondiale sur la conjoncture africaine : application d'un modèle GVAR (FMI, 2012)

Dans ses Perspectives Economique Régionale : Afrique Sub-saharienne ("Avril, 2012 "), le FMI a analysé les effets potentiel des chocs liés à l'aversion pour le risque à l'échelle mondiale et aux conditions de crédit en Europe sur la conjoncture des pays de l'Afrique Sub-saharienne en utilisant un Modèle Mondial d'Autoregression Vectorielle (GVAR). Les données trimestrielles utilisées couvrent la période 1991Q1-2011Q1. Compte tenu des différences de niveau de développement financier au sein de la région, l'Afrique subsaharienne a été subdivisée en quatre groupes: Afrique du Sud, marchés pionniers (Kenya, Maurice et Ouganda) pays en développement financier (Bénin, le Burkina Faso, la Gambie, le Malawi, le Mali, le Niger et le Sénégal) et pays exportateurs de produits de base (Cameroun, la République du Congo, le Gabon, la Guinée équatoriale, le Nigéria et le Tchad)

Les résultats des fonctions impulsionnelles généralisées montrent qu'une augmentation de l'indice de l'aversion mondiale pour le risque (approximé par l'indice VIX ou indice de la volatilité des marchés boursiers américains) entraine une diminution de la demande extérieure, un repli des cours des produits de base (graphique a) et un durcissement des conditions financières à l'échelle mondiale. Ces facteurs entraineront une contraction de l'activité économique en Afrique subsaharienne, encore que cette contraction présente des variations au sein de la région. Elle serait marquée en Afrique du Sud et modeste dans les pays pionniers et en développement financier (graphique b).

Les résultats montrent aussi qu'une restriction sur les crédits octroyés en Europe (identique à celle qui se produirait durant des épisodes de tensions bancaires) aurait tendance à provoquer une contraction de l'activité économique chez les principaux partenaires commerciaux en Afrique subsaharienne. Les restrictions de crédit en Europe auraient des retombées négatives sur les conditions de crédit, surtout, en Afrique du Sud, et dans les pays en développement financier. Bien que modeste, l'effet ne serait pas pour autant négligeable (graphique c).

Graphique (a)

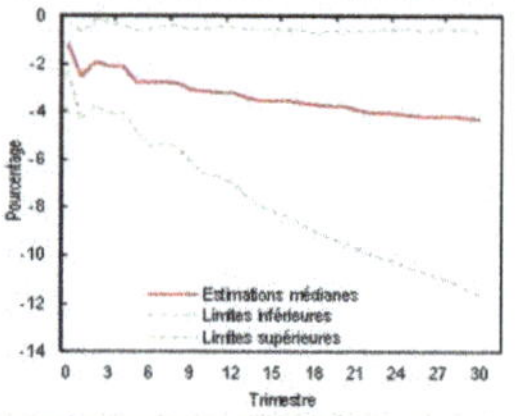

Source : estimations des services du FMI.
'Fonction de réaction à une impulsion généralisée des prix du pétrole à un choc positif d'un écart-type à l'indice VIX.

Graphique (b)

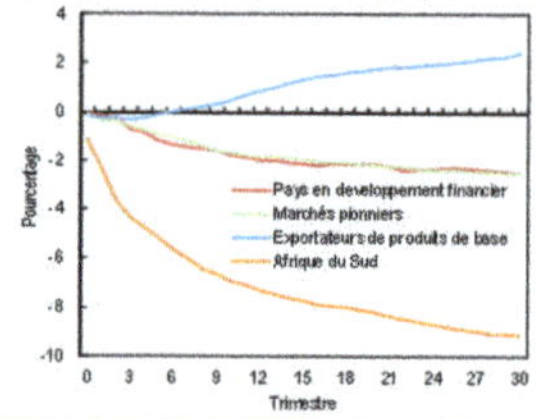

Source : estimations des services du FMI.
'Effets sur la production régionale à un horizon de 30 trimestres d'un sursaut de l'indice de volatilité imputable à une faillite de type Lehman.

Graphique (c)

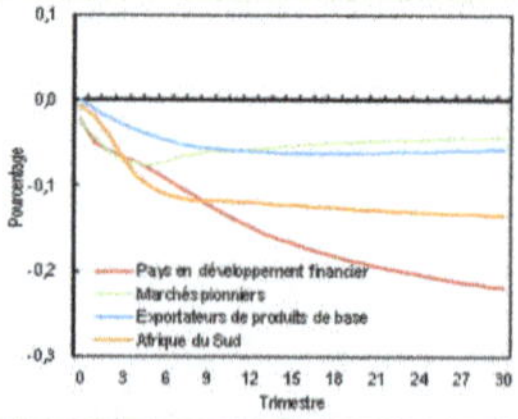

Source : estimations des services du FMI.
'Fonction de réaction à une impulsion généralisée de la production à un choc négatif au crédit privé en Europe.

Sources : Perspectives Economique Régionale : "Afrique Sub-saharienne FMI (2012) ",

4. Les VAR Bayésiens

4.1. La Statistique Bayésienne

4.1.1. Généralité sur la statistique Bayésienne

La formalisation d'une approche statistique suppose, généralement, un ensemble d'observation qui peut être modélisé, mathématiquement, par le quadruplet $(\mathcal{H}, \mathcal{B}, P_\theta, \theta)$, où $\mathcal{H}$ désigne toutes les réalisations possibles d'une grandeur observable aléatoire X ; $\mathcal{B}$ l'ensemble des événements possibles, P_θ une distribution de probabilité attribuant une probabilité à chaque événement et θ un paramètre inconnu[49].

Dans l'analyse statistique classique, si $x = (x_1, x_2, \ldots, x_n)$ est un échantillon de la variable aléatoire X, le paramètre θ sera déterminé en maximisant la probabilité d'observer l'échantillon x dans l'ensemble des distributions possibles P_θ. Dans ce cas, la densité de l'échantillon $x = (x_1, x_2, \ldots, x_n)$, désignée par $f(x_i|\theta)$, dépend de θ et est égale à

$$f(x|\theta) = \prod_i f(x_i|\theta)$$

Cette densité s'appelle fonction de vraisemblance de θ en x. Elle considère que ce qui a été observé, c'est à dire les valeurs prises par les observations $(x_1, x_2, \ldots, x_n)$, rend compte de manière exhaustive de l'estimation du paramètre θ. Le paramètre θ est, donc, une valeur certaine mais inconnue; dont l'estimation dépend uniquement des valeurs prises par les observations $(x_1, x_2, \ldots, x_n)$

Encadré 5- Un exemple simple

Supposons qu'on veut connaître la probabilité θ de tomber sur face d'un jeu de pièce de monnaie. On procède à 10 lancers et on obtient l'échantillon $x = \{F, F, P, F, P, F, F, F, P, F\}$, soit 7 faces et 3 piles. La probabilité d'obtenir ce résultat se fait par maximisation de la fonction de vraisemblance ; celle ci est égale à $C_{10}^7 \theta^7 (1-\theta)^3$

---

49 Par exemple, si la variable aléatoire X suit une loi normale, ses paramètres seront définies par sa moyenne u et sa variance δ^2. L'inconnue θ correspond alors au couple $\theta = (u, \delta^2)$

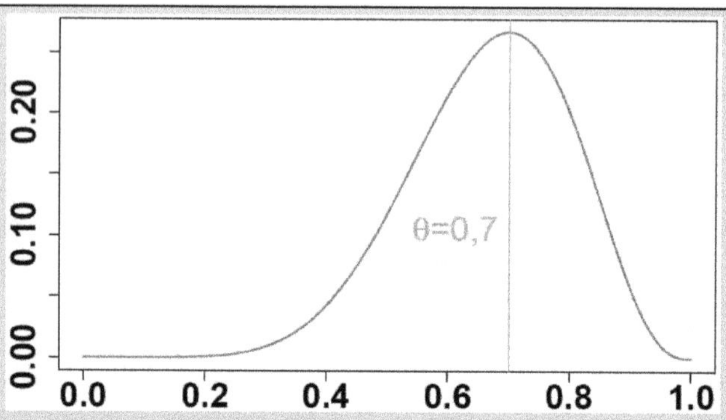

Sources: Lionel Riou frança (2009)

Cette fonction de vraisemblance est maximale pour une valeur $\theta = 0.7$

L'approche bayésienne se différencie de l'approche classique dans le sens où le paramètre θ n'est plus considéré comme étant, totalement, inconnu. Il est, maintenant, une variable aléatoire dont le comportement est supposé connu. L'estimation de ce paramètre moyennant l'information apportée par les seules observations $(x_1, x_2, \ldots, x_n)$ peut, ainsi, conduire à des résultats non significatifs. Il est, donc suggérer d'acquérir d'autres informations, sur ce paramètre, qui peuvent provenir des observations antérieures, des résultats d'autres études, des expériences réalisables... Ces informations, ces connaissances constituent ce qu'il est convenu d'appeler *information a priori*

L'information a priori sur θ est entachée d'incertitude. Il est donc naturel de modéliser cette information a priori au travers une loi de probabilité, appelée *loi a priori*. Sa densité est notée $\pi(\theta)$. La statistique bayésienne consiste, alors, en la donnée d'une loi a priori, qui admet une densité de probabilité $\pi(\theta)$, et d'une loi des observations (l'information contenue dans les observation *ie:* la loi conditionnel de x sachant θ) de densité $f(x|\theta) = \prod f(x_i|\theta)$ pour déterminer la distribution de θ, après observation de x. Cette distribution s'appelle la *loi a posteriori* et peut être interprétée comme la probabilité d'être dans un état θ, après l'observation du résultat x. Elle représente l'actualisation de l'information a priori contenue dans la loi du paramètre θ, sachant l'information contenue dans x. Sa densité de probabilité, notée $\pi(\theta|x)$, est déterminée à partir du théorème de Bayes (Encadré 3) et est définie :

$$\pi(\theta|x)=\frac{f(x|\theta)\pi(\theta)}{\int_{\Theta} f(x|\theta)\pi(\theta)d\theta}$$

avec $\int_{\Theta} f(x|\theta)\pi(\theta)d\theta$ la densité marginale et $f(x|\theta)\pi(\theta)$ la densité jointe

La distribution de probabilité à posteriori peut avoir plusieurs utilisations. Elle peut être utilisée en tant que telle, pour représenter graphiquement les densité postérieure marginale de chaque paramètre θ. Elle peut fournir une estimation des moments de θ (moyenne, médiane ou mode). Comme elle peut servir pour, construire des intervalles de crédibilité contenant $\alpha\%$ de la distribution postérieure

L'estimation bayésienne du paramètre θ passe par la minimisation de l'espérance postérieure d'une fonction de perte :

$$\breve{\theta}=\underset{a}{\text{argmin}}\int_{\Theta}\pi(\theta|x)L(a,\theta)d\theta$$

Où $L(a,\theta)$ est une fonction associant une perte au choix *a* si la vraie valeur du paramètre est θ. Zellner (1971) montre que l'estimation de θ correspond à la moyenne de la loi à posteriori $E(\theta|x)$. Le plus souvent, les estimateurs de Bayes des θ ne peuvent pas être calculés de façon explicite (ceci nécessite de calculer des intégrations parfois compliquées et difficilement chiffrable analytiquement pour obtenir les distributions a posteriori) ; il faut alors faire appel aux méthodes de simulation de Monte Carlo.

Encadré 6 - Le théorème de Bayes

Soit A et B deux événements aléatoires (par exemple le fait d'être rouge et carré pour un objet tiré au hasard). Le théorème de Bayes exprime la probabilité conditionnelle d'un événement A en termes de la probabilité conditionnelle inverse de l'événement B, selon la formule suivante :

$$P(A|B)=\frac{P(B|A)P(A)}{P(B)}$$

L'idée du théorème est de souligner la différence entre « la probabilité que l'objet est rouge sachant qu'il est carré », notée $P(A|B)$ et « la probabilité que l'objet est carré sachant qu'il est rouge », notée $P(B|A)$. Dans cette formule, il est possible de distinguer l'hypothèse : « l'objet est rouge » de l'observation :« l'objet est carré ». En cherchant à connaitre « la probabilité que l'objet est rouge sachant qu'il est carré », on est en train de chercher la probabilité que l'hypothèse soit vraie étant donnée l'observation. En considérant une hypothèse H et une observation O, il est possible de réécrire la formule de Bayes comme

$$P(H|O) = \frac{P(O|H)P(H)}{P(O)}$$

$P(H)$ peut être interpréter comme le degré de confiance vis-à-vis de l'hypothèse H avant de prendre en compte les observations, soit la probabilité a priori. $P(H \mid O)$ peut être interprété comme le degré de confiance après la prise en compte des observations, c'est la probabilité a posteriori. Le terme $P(O \mid H)$ s'identifie à la vraisemblance, et quantifie le degré de compatibilité de l'hypothèse H et des observations O. La formule de Bayes consiste alors à relier la probabilité a posteriori, à la probabilité a priori.

4.1.2. Le choix de l'information a priori

Le choix de l'information *a priori* est essentiel dans la statistique bayésienne : il permet de déterminer les résultats et garantit une appréciation quantitative du paramètre θ. Il existe deux sortes d'informations a priori: la première suppose que l'information est fondée sur des données antérieures, définies par les résultats d'expériences aléatoires, conduites par une suite de variables aléatoires suivant une distribution $f(x|\theta)$ dont θ est le paramètre. Dans le cas contraire, c'est à dire lorsqu'il n y a pas de données antérieures, il serait possible de déterminer en partie la distribution a priori $\pi(\theta)$ à l'aide d'information subjective qui résulte d'expériences professionnelles ou d'intuitions raisonnables. L'information est, dans ce cas, dite subjective. Il peut arriver qu'aucune information a priori n'est disponible, il serait, alors, possible d'utiliser des lois a priori non-informatives qui ne donnent aucune information sur θ.

A. L'information est fondée sur des données antérieures

Lorsque l'information disponible porte sur les observations $(x_1, x_2, \ldots, x_n)$ d'une variable aléatoire x ayant une distribution de probabilité dont la forme est supposée connue $P(x \mid \theta)$, il est possible d'approcher les valeurs caractéristiques de $\pi(\theta)$ à partir de la distribution marginale $P(x)$.

$$P(x) = \sum_{i=1}^{N} \pi(\theta_i) P(x \mid \theta_i)$$

La connaisse de $P(x)$, permet de déterminer les valeurs $\pi(\theta_i)$

En terme de densité, il est possible d'écrire $p(x) = \int_{\Theta} f(x|\theta)\, \pi(\theta)\, d\theta$.

Ainsi, la connaissance des moments ou des quantiles de la loi de distribution $p(x)$ peut déterminer la distribution à priori $\pi(\theta)$.

B. L'information est subjective

Lorsqu'il n y a pas d''information qui porte sur les observations $(x_1, x_2, \ldots, x_n)$, il est possible de déterminer en partie la distribution a priori $\pi(\theta)$ à l'aide d'information subjective qui résulte soit d'expériences professionnelles, d'intuitions raisonnables .... Le problème est relativement simple: un expert compare les vraisemblances intuitives des éléments de θ, il peut dire selon son intuition que : θ_i a k fois plus de chances d'être réalisée que θ_j. Il est possible, alors, de prendre la définition $\pi(\theta_i) = k\,\pi(\theta_j)$. Ensuite l'expert cherche à obtenir le maximum de relations indépendantes et non-contradictoires.

Lorsque le nombre des éléments θ_i est n et le nombre de relations est $n-1$, la distribution a priori $\pi(\theta)$ sera déterminée en tenant compte de la relation: $\sum_{i=1}^{n} \pi(\theta_i) = 1$. Cette méthode s'appelle la méthode des vraisemblances relatives.

C. Lois a priori non informatives

Lorsque aucune information a priori n'est disponible et lorsque l'expert ne dispose pas d'une information subjective, il est possible de faire une convention appeler lois non informatives. Laplace (1812) propose d'utiliser une loi uniforme sur θ, dans toute situation non informative. Celle ci donne une probabilité égale $\pi(\theta_i)=\frac{1}{q}$ avec q la taille de l'ensemble Θ. Une alternative est proposée par Jefferey (1961) qui utilise l'information de Fisher, $I(\theta)$, apportée par les observations x sur θ. Selon la règle de Jeffery, plus l'onformation $I(\theta)$ est grande, plus l'observation x apporte de l'information. Il semble, alors, naturel de favoriser les valeurs de θ pour lesquels $I(\theta)$ est grande; ce qui minimise l'influence de la loi a priori au profit de l'observation. Dans le cas unidimensionnel la distribution associée est de la forme

$$\pi(\theta)=I(\theta)^{1/2} \text{ Avec } I(\theta)=E\left[-\frac{\partial^2}{\partial\theta^2}\log f(x|\theta)\right]$$

4.2. Statistique Bayésienne et modélisation VAR

L'estimation d'un modèle VAR pose souvent des problèmes de précision. En laissant la structure des retards sans restriction la modélisation VAR peut être apprêtée à un problème de sur-identification : Un modèle avec six variables et quatre retards, par exemple, nécessite l'estimation de vingt quatre paramètres alors que les échantillons sont habituellement de l'ordre d'une centaine d'observations. Ceci engendre une perte du degré de liberté et un manque d'efficience dans les estimations des paramètres. La modélisation VAR Bayésienne (BVAR) contourne ce problème en ajoutant de l'information à l'aide d'une distribution a priori sur les paramètres. Ce gain de variance sur les paramètres du modèle permet d'obtenir des estimations plus précises (Litterman, 1986; "Doan, Litterman, and Sims, 1984 "; Sims and Zha, 1998)

4.2.1. La modélisation VAR Bayesienne comme réponse au problème de sur-identification

Soit le modèle $VAR(p)$ canonique:

$$y_t=\sum_{i=1}^{p}A_iy_{t-i}+Dz_t+\varepsilon_t=A_1y_{t-1}+A_2y_{t-2}+\ldots+A_Py_{t-P}+Dz_t+\varepsilon_t$$

Où y_t est un vecteur à n variables endogènes, $A_ik=1,\ldots,p$ une suite de matrice à $n\times n$ paramètres, D une matrice de dimension à $n\times d$,

z_t un vecteur à d variables exogènes et ε_t un bruit blanc d'espérance nulle et de variance-covariance $E\left(\varepsilon_t \varepsilon_t^{'}\right) = £$.

Dans ce modèle VAR le nombre de paramètres à estimer, $n(np + d)$, croit de manière géométrique avec le nombre de variables, n, et proportionnellement avec le nombre de retard, p . Lorsque le nombre de variable est relativement élevé alors que le nombre d'observation sur les variables (l'information disponible) est relativement faible, l'estimation devient moins précisc. Les méthodes classiques imposent des restrictions (des contraintes identifiantes) pour réduire la dimension de l'espace des paramètres. La question est donc de trouver des contraintes qui soient le plus proche possible de la théorie économique.

L'approche Bayésienne est plus souple dans le sens où elle peut résoudre le problème de la sur-identification, sans contraindre à zéro certains des paramètres. Elle ajoute, plutôt, de l'information à l'aide d'une distribution a priori sur les paramètres. La formalisation de l'information à priori se fait, dans la plupart des cas, sur la base de trois régularités statistiques concernant les variables macroéconomiques utilisées (Litterman, 1986) : *(i)* les séries macroéconomiques sont des marches aléatoires indépendantes *(ii)* les valeurs courantes d'une variable contiennent plus d'informations sur son état actuel que les valeurs passées *(iii)* les valeurs passées d'une variable contiennent plus d'informations sur son état actuel que les valeurs passées des autres variables. Ces régularités empiriques peuvent être permises par l'attribution aux paramètres d'une distribution, a priori, caractérisée par : *(i)* une moyenne nulle des coefficients attribués à tous les retards, autres que le premier, c'est à dire $E(A_1) = I_n$ et $E(A_i) = 0_n \, pour \; i = 2,\ldots,n.$ *(ii)* une variance des coefficients qui décroît lorsque le retard k augmente, ce qui traduit l'idée que plus le retard est important plus on croit que la matrice A_k est nulle *(iii)* une variance à priori associé aux coefficients de la variable j dans l'équation i plus faible que celle de la variable i .

Ces trois conditions sur la distribution à priori peuvent être définies formellement par l'introduction d'un vecteur de paramètres, appelés hyperparamètres, $\pi_h, h = 1,\ldots,H$. Par exemple, l'hyperparamètre π_1 peut contrôler la valeur de la moyenne des coefficients attribués au premier retard ; π_2 contrôle la variance des coefficients de la variable j aux différents retards dans l'équation j ; π_3 contrôle la variance des coefficients de la variable j aux différents retards dans l'équation

$i.\pi_4$ contrôle la vitesse de la décroissance de la variance des coefficients lorsque le retard k augmente ; π_5 contrôle la variance des coefficients des variables exogènes. Le problème original de l'estimation des $n(np+d)$ paramètres peut, ainsi, être converti en un problème d'estimation des cinq hyper-paramètres.

4.2.2. Principe d'estimation Bayésienne

Soit, X_t la concaténation[50] horizontale des vecteurs lignes $y_{t-1}, y_{t-2}, \ldots, y_{t-p}, z_t$., il est possible d'obtenir la représentation matricielle du modèle $VAR(p)$ (1) par la forme :

$$Y = X_t A + \varepsilon_t \tag{2}$$

Où $X_t = (I_n \otimes W_{t-1})$ est une matrices de dimension $n \times nk$; $W_{t-1} = (y_{t-1}, y_{t-2}, \ldots, y_{t-p}, z_t)$ un vecteur de dimension $k \times 1$ et $A = (A_1, A_2, \ldots, A_p, D)$ un vecteur de dimension $nk \times 1$. Les paramètres à estimer sont définis par A et Σ .

L'estimation Bayésienne des paramètres de A et Σ est simple et se fait de la manière suivante : Se donnant une densité de probabilité (l'information contenue dans les données sous forme de fonction de vraisemblance[51])

$$L(Y|A,\Sigma) \propto |\Sigma|^{\frac{-T}{2}} e^{-\frac{1}{2}\sum_t \{(Y-XA)\Sigma^{-1}(Y-XA)'\}} \tag{3}$$

et une distribution a priori sur les paramètres A et, $\Sigma p(A,\Sigma)$, la distribution jointe postérieure des paramètres conditionnelle à l'information apportée par les données est obtenue par l'application du théorème de Bayes, soit :

---

50 L'opération de concaténation des variables consiste à regrouper ces variables dans une seul vecteur ou matrice. Soit, par exemple, $X = \begin{bmatrix} 2 & 3 \\ 1 & 0 \end{bmatrix}$ et $Y = \begin{bmatrix} 9 & 6 \\ 5 & 4 \end{bmatrix}$, la concaténation des lignes donne $\begin{bmatrix} 2 & 3 & 9 & 6 \\ 1 & 0 & 5 & 4 \end{bmatrix}$ et la concaténation des colonnes donne $\begin{bmatrix} 2 & 3 \\ 1 & 0 \\ 9 & 6 \\ 5 & 4 \end{bmatrix}$

51 $\propto$ désigne proportionnel à

$$p(A,\Sigma|Y)=\frac{p(A,\Sigma)L(Y_t|A,\Sigma)}{p(Y)}\propto p(A,\Sigma)L(Y_t|A,\Sigma)$$

Il est à noter que la densité de probabilité jointe sur les données et sur les paramètres $p(A,\Sigma,Y)$ peut être exprimée par :

$$p(A,\Sigma,Y)=L(Y|A,\Sigma)p(A,\Sigma)=p(A,\Sigma|Y)p(Y)$$

Se donnant la densité postérieure marginale conditionnelle au données, $p(A,\Sigma|Y)$, il est possible de déterminer les distributions $p(A|Y)$ et $p(\Sigma|Y)$ en intégrant $p(A,\Sigma|Y)$ par rapport à A et Σ respectivement.

4.2.3. Simulation de Monte Carlo et intégration numérique de la densité postérieure: l'échantillonnage de Gibbs

Dans la plupart des applications il est difficile, voir même impossible, de disposer d'une écriture analytique simple de la vraisemblance, ce qui rend difficile d'obtenir une expression analytique de la distribution postérieure et donc d'établir une intégration *de* $p(A,\Sigma|Y)$. Pour remédier à cette difficulté, il est nécessaire de recourir à des méthodes de simulation. Les algorithmes les plus couramment utilisés appartiennent à la famille des algorithmes de Monte Carlo par chaîne de Markov (MCMC). Une forme particulière de ces algorithmes de simulation, fréquemment utilisée dans la littérature, pour résoudre numériquement ce problème d'intégration (du fait de son efficacité) est l'échantillonnage de Gibbs

L'algorithme de Gibbs est une méthode de simulation récursive qui nécessite, seulement, la connaissance de la distribution postérieure conditionnelle des paramètres d'intérêt : $p(A|\Sigma,Y)$ et $p(\Sigma|A,Y)$. On suppose ici que Σ et A sont des scalaires et que les distributions postérieures conditionnelles sont disponibles. L'échantillonnage de Gibbs part de valeurs initiales arbitraires de A^0 et Σ^0 et génère ce qu'on appelle une séquence de Gibbs à partir de la valeur de chacun des éléments du vecteur de paramètre, conditionnellement aux valeurs de l'autres élément déterminé à partir de l'itération précédente et des données. Cette séquence de Gibbs est générée de la manière suivante :

- fixer A^0 et Σ^0 ;
- Générer A^1 à partir de $p(A|\Sigma^0,Y)$;

- Générer Σ^1 à partir de $p\left(\Sigma|A^1,Y\right)$;

- Générer A^2 à partir de $p\left(A|\Sigma^1,Y\right)$;

- Générer Σ^2 à partir de $p\left(\Sigma|A^2,Y\right)$;

...

- Générer A^m à partir de $p\left(A|\Sigma^{m-1},Y\right)$;

- Générer Σ^m à partir de $p\left(\Sigma|A^m,Y\right)$;

Les itérations successives de cet algorithme génèrent successivement les états d'une chaîne de Markov. Pour un nombre d'itérations suffisamment grand, le vecteur (A^m,Σ^m) obtenu peut donc être considéré comme étant une réalisation de la distribution postérieure.

4.2.4. *Distribution à priori pour les paramètres*

Quatre type de distribution à priori se sont montrées, particulièrement, efficaces dans la modélisation BVAR : (i) le *prior de Litterman/Minnesota, (ii)* le *prior normal-Wishart, (iii) le prior Sims-Zha normal-Wishart* et (iv) le *prior Sims-Zha normal-flat.* Dans ce paragraphe seuls les *prior Litterman/ Minnesota et Normal-Wishart* seront discutés.

A. Le prior de *Litterman/Minnesota*

La famille de *prior de Minnesota* retient l'hypothèse que la matrice des variance-covariance des innovation du modèle VAR, $E\left(\varepsilon_t\varepsilon_t^{'}\right)=\Sigma$, est connue, ce qui conduit à remplacer la matrice Σ par son estimateur $\breve{\Sigma}$ $(\Sigma=\breve{\Sigma})$. Il s'agit, alors, de spécifier, seulement des *prior* pour les coefficients de la matrice $A=\left(A_1,A_2,\ldots,A_p\right)$. Litterman considère la croyance *a priori* que les séries observées sont des marches aléatoires indépendantes, ce qui conduit à supposer que la matrice A suit une distribution normale : $A \sim N\left(E(A),V(A)\right)$, avec :

$E\left(A_1\right)=I_m;E\left(A_i\right)=0_m$ pour $i=2,\ldots,p$

$V(A)$ est une matrice diagonale dont les éléments, v_{ij}^k : *ie* la variance associée au paramètre correspondant à la variable j dans l'équation i au retard $k=1,\ldots,p$, sont donnés par :

$$v_{ij}^{k} = \begin{cases} \left(\dfrac{\pi_1}{k^{\pi_3}}\right)^2 & pour\ i = j \\ \left(\dfrac{\pi_1 \pi_2\ \sigma_i}{k^{\pi_3} \sigma_j}\right)^2 & pour\ i \neq j \end{cases}$$

Où σ_i est le *ième* élément de la matrice diagonale Σ et $\pi_h, h = 1,2,3$ les hyperparamètres. Le *prior de Minnesota* simplifie la détermination compliquée des paramètres de $V(A)$, au seul choix des trois hyper-paramètres π_h. L'hyper-paramètre π_1 contrôle la variance des coefficients de la variable j aux différents retards dans l'équation j ; π_2 contrôle la variance des coefficients de la variable j aux différents retards dans l'équation i et π_3 contrôle la vitesse de la décroissance de la variance des coefficients lorsque le retard k augmente, il indique à quelle vitesse la variance *a priori* tend vers zéro.

B. Le prior *Normal/Wishart*

La famille de *prior Normal/Wishart* considère la croyance *a priori* que la matrice A suit une loi normale et que la matrice Σ est distribué selon une loi Wishart :

$$A \sim N\left(E(A), £ \otimes V(A)\right)$$

Où $E(A)\left\{E(A_1) = I_m ; E(A_i) = 0_m\right\}$ et $\Sigma \otimes V(A) = \pi_1\ I_m$ définissent, respectivement, la moyenne et la variance des coefficients. Σ est distribuée selon une loi inverse Wishart[52] : $\Sigma^{-1} = \mathrm{W}\left(m, I_m^{-1}\right)$. Avec m est le degré de liberté et I_m la matrice identité

5. Conclusion

La littérature sur la modélisation VAR a donné lieu à de nombreuses extensions qui ont permis d'améliorer les performances des modèles et d'étendre leur usage à de nouveaux domaines. Dès la fin des années quatre-vingt dix, la statistique Bayésienne a été généralisée au cadre d'analyse multi-varié avec le développement des modèles VAR Bayésien.

52 La loi deWishart est une version multivariée de la loi X^2

Cette modélisation a permis d'ajouter de l'information aux modèles VAR conventionnels à l'aide d'une distribution a priori sur les paramètres, ce qui a permis d'obtenir des estimations plus précises. De leur coté, les modèle GVAR (*Global VAR*) combinent les modèles VAR de plusieurs pays en reliant les variables domestiques à des variables externes. Ces modèles se prêtent, particulièrement, bien à l'étude de la transmission des chocs internationaux, commerciaux et financiers et offrent un éclairage sur les relations dynamiques entre les variables réelles et nominale d'un pays (ou d'une région) avec ses partenaires étrangers.

Un plan tout aussi important de la littérature sur la modélisation VAR a été complètement évincé de cette présentation. Il s'intéresse à des modèles VAR dans lesquels il est possible d'augmenter le nombre de variables étudiées sans perdre en qualité d'estimation. Les travaux précurseur de Bernanke *et alii* (2005), proposent le premier modèle FAVAR (*Factor Augmented VAR*), et montrent qu'il est possible de modéliser un grand nombre de variables, sans perdre en nombre de degrés de liberté, grâce à une décomposition du modèle VAR en une composante commune et une composante spécifique/ idiosyncratique. Un autre pan de la littérature sur les modèles VAR concerne l'évolution dans le temps des paramètres estimés. Cogley et Sargent (2003) et Sims et Zha (2004) ont développé une approche TVP-VAR (*Time Varying Parameters VAR*) permettant de tenir compte de l'évolution de la variance des paramètres estimés et d'établir, ainsi, une meilleure analyse de la taille, des sources et de la transmission des chocs étudiés.

Très récemment, l'accent a été mis sur ce qu'il est convenu d'appeler « Mélange vectoriel autorégressif (*Mixture VAR* – MVAR) : des modèles capables de capturer l'effet des événements hautement improbables à l'aide d'un mélange de distributions (Fong *et alii*, 2007). Ces modèles se révèlent particulièrement utiles pour étudier le risque de contrepartie lors des *Stress-tests* et mesurent le risque de manière plus précise en mieux intégrant les événements extrêmes.

6. Bibliographie

Amisano, G ET **C Giannini** (1997). «Topics in Structural VAR Econometrics», *2nd ed, Berlin: Springer-Verlag.*

Blanchard, O.J. et D. Quah (1989), «The Dynamic Effects of Aggregate Demand and Supply Disturbances», *American Economic Review*, 79(4), pp. 655–673.

Blanchard OJ. et **Watson M. W.** (1986). «Are Business Cycles All Alike? », dans R. Gordon, éd., The American Business Cycle: Continuity and Change, NBER et University of Chicago Press, pp. 123–56.

Bernanke, Ben S.,(1986), «Alternative Explanations of the Money-Income Correlation», *Carnegie-Rochester Conference Series on Public Policy*, pp 49–100.

Bernanke B. S., Boivin J. et **Eliasz P.** (2005), «Measuring the Effects of Monetary Policy: A Factor-Augmented Vector Autoregressive (FAVAR) Approach», *Quarterly Journal of Economics*, 120, pp 387–422

Cogley T. et **T.J. Sargent** (2003), «Drifts and Volatilities: Monetary Policies and Outcomes in the Post WWII U.S. », New York University, mimeo

Dees S., F. di Mauro, M. H. Pesaran et **L. V. Smith**, (2007), «Exploring the International Linkages of the Euro -Area: a global VAR analysis», *Journal of Applied Econometrics*, Vol.22 (1), pp 1–38

Di Mauro F. et M Pesaran (2013), «The GVAR Handbook Structure and Applications of a Macro-Model of the Global Economy for Policy Analysis», *Oxford University Press*

Doan, T., (2010), RATS User's Guide, *Version 8, Estima, Evanston, IL*

Doan T., R.B. Litterman et Sims C. A. (1983), «Forecasting and Conditional Projection Using Realistic Prior Distributions», *NBER Working Paper,* No. 1202

Elachhab F. (2007). « Une analyse Historiographique des Causes du Cycle Économique en Tunisie », *L'Actualité Économique, Revue d'Analyse Économique*, vol. 83, n°3.

Faust, J. (1998), «The Robustness of Identified VAR Conclusions about Money », *Carnegie-Rochester Conference Series on Public Policy*, 49(1): 207–244.

Fong, P.W., Li, W.K., Yau, C.W., et **Wong, C.S.** (2007), «On a Mixture Vector Autoregressive Model», *The Canadian Journal of Statistics*, 35,1, pp. 135–150.

FMI (2012), Perspectives de l'économie mondiale. — (Études économiques et financières, 1020–1343)

Galí, J. (1992), « How Well Does the IS-LM Model Fit Postwar U.S. Data? », *Quarterly Journal of Economics*, 107(2): 709–735.

Hoffmaister, A. W. et **J. E. Roldos** (2001), « The Sources of Macroeconomic Fluctuations in Developing Countries: Brazil and Korea », *Journal of Macroeconomics*, 23(2): 213–239.

Litterman R. B. (1986). «Forecasting with Bayesian Vector Autoregressions. Five Years of Experience», *Journal of Business & Economic Statistics*, 4(1), pp. 25–38.

Lutkepohl, H. (1993), «Introduction to Multiple Time Series Analysis», *Berlin Springer-Verlag.*

Koop G., Pesaran M. H. et **S. M. Potter**, (1996), «Impulse Response Analysis in Nonlinear Multivariate Models», *Journal of Econometrics* 74(1), pp 119–147

Pesaran M. H., T. Schuermann et S. M. Weiner, (2004), «Modeling Regional Interdependencies Using a Global Error Correcting Macro-econometric Model», *Journal of Business and Economics Statistics*, Vol.22 (2), pp 129–62

Pesaran, M. H., Schuermann, T. et **Weiner, S. M.** (2004b), «Rejoinder to Comments on Modeling Regional Interdependencies using a Global Error-Correcting macro-econometric model». *Journal of Business and Economic Statistics*, 22, pp. 175–181.

Pesaran M. H. et Y. Shin (1998), «Generalized Impulse Response Analysis in Linear Multivariate Models», *Economics Letters*, vol. 58, issue 1, 17–29

Smith, L.V et Galesi, A., (2010), «GVAR Toolbox 1. 0 User Guide»

Sims, C. (1980), «Macroeconomics and Reality", *Econometrica*, 48(1), pp. 1–48.

Sims C. et T. Zha (1998), «Bayesian Methods for Dynamic Multivariate Models», *International Economic Review*, 1998, vol. 39, issue 4, 949–68

Sims C. A. et **T. Zha** (2004), «Were There Regime Switches in USMonetary Policy? », *Princeton University*, mimeo

Stock, J. H. et **M. W. Watson** (2001), « Vector Autoregressions », *Journal of Economic Perspectives*, 15(4), pp 101–115.

Uhli g, H. (2005), « What Are the Effects of Monetary Policy on Output? Results from an Agnostic Identification Procedure », *Journal of Monetary Economics*, 52(2): 381–419.

CHAPITRE 8

La prévision des points de retournement du cycle économique

1. Introduction 331
2. Le système d'indicateurs composites avancés de l'OCDE 333
   2.1. Méthode de construction de l'indicateur composite avancé 335
   2.2. CACIS : un programme pour construire les indicateurs composites 344
3. Les modèles probabilistes de prévision du cycle économique 350
   3.1. Le modèle de probabilité séquentielle de Neftçi 350
   3.2. Les modèles à variables qualitatives de type probit 352
   3.3. Les modèles qualitatifs à chaîne de Markov cachée 356
4. Les modèles économétriques de prévision du cycle économique 362
   4.1. La Modélisation VAR et prévision du cycle économique 363
   4.2. Les Modèles à facteurs et prévision 366
   4.3. L'indice de probabilité de récession de Stock et Watson 368
5. Conclusion 371
6. Bibliographie 371

1. Introduction

L'exercice de prévision des points de retournement du cycle économique revêt une importance capitale. Il est, considéré, comme l'activité la plus difficile pour les conjoncturistes et celle qui a le plus de valeur pour les décideurs politiques. Il est, particulièrement, difficile parce que les principales relations qui lient les variables économiques changent, continuellement, au cours du temps. Les conjoncturistes peuvent, au mieux, prévoir les inflexions du cycle économique qu'à très court terme et ne peuvent reconnaître un point de retournement que dès son apparition, ou peu de temps après (Hamilton, 2011).

L'exercice de prévision est, également, déterminant pour les instances publiques chargées de la politique économique. Indispensable dans le cadre de la préparation du Budget (afin de prévoir les recettes publiques), une prévision trop optimiste peut entrainer une dégradation de la balance budgétaire ; au contrario une prévision trop pessimiste impliquerait une allocation non-optimale des ressources de l'Etat. Une bonne prévision conjoncturelle est, donc, un préalable à toute gestion efficace de la politique fiscale. L'importance de la prévision des points d'inflexion du cycle économique est aussi cruciale pour la conduite de la politique monétaire. De nombreuses Banques Centrales orientent, aujourd'hui, leurs politiques vers le ciblage de l'inflation. Une bonne prévision des mouvements cyclique est, désormais, indispensable à toute anticipation crédible des tendances inflationnistes et fournit un guide fiable pour la décision.

Sur le plan méthodologique, plusieurs techniques de prévision du cycle économique se sont développées. On peut les regrouper en deux grandes familles: *(i)* la construction d'indicateurs composites avancés (*composite leading indicators*) ; et *(ii)* le recours aux modèles économétriques de prévision. La première famille s'appuie sur la construction d'indicateurs d'alerte capables de détecter avec une certaine avance les inflexions des mouvements du cycle d'une série référence, généralement le PIB ou l'indice de production industrielle. Deux types d'indicateurs composites avancés sont, actuellement, disponibles : les indicateurs avancés de la *Conference Board* et les indicateurs avancés de l'*OCDE*. Si les indicateurs avancés de la *Conference Board* sont conçu pour prévoir les risques de récessions, les indicateurs avancés de l'*OCDE* sont construit pour signaler à l'avance les phases du cycle de croissance, fluctuation de l'activité autour de son niveau potentiel.

Lorsqu'on cherche à prévoir le cycle économique à un horizon h par des modèles économétriques, deux types d'approche coexistent : la première est basée sur des modèles dynamiques multi-variés capables de prédire les valeurs futures des variables économiques, notamment le PIB. Les points de retournement sont, désormais, des sous-produits automatiques de l'exercice de prévision en lui même. Les applications pratiques se présentent, le plus souvent, sous la forme de modèles VAR et, dans une large mesure, de modèles factoriels dynamiques. La deuxième approche est fondée sur la prévision directe des points de retournement. Initiée, au départ, par Neftci (1982) puis développée par Estrella et Mishkin (1997, 1998), Grégoir et Lenglart (1998) et Moneta

(2005), cette approche utilise des modèles à variables qualitatives pour estimer directement les probabilités des récessions. On trouve dans cette approche le modèle de probabilité séquentielle (Neftci, 1982) ; les modèles à variables qualitatives de types Logit ou Probit (Estrella et Hardouvelis, 1991 et Estrella et Mishkin, 1997) ; et les modèles qualitatifs à chaine de Markov cachée (Grégoir et Lenglart, 1998).

L'objet de ce chapitre est de passer en revue les principales méthodes de prévision du cycle économique. Nous examinerons, dans une première section, la méthode d'indicateurs composites avancés de l'OCDE, cette méthode permet, sur la base de l'information conjoncturelle disponible, de prévoir avec une avance régulière le cycle de croissance. La deuxième section présente les modèles probabilistes de prévision. Diverses méthodologies seront exposées; la plus ancienne, basée sur la méthode de probabilité séquentielle de Neftci (1982); la plus récente, basée sur les modèles à changement de régime de "Hamilton (1990) " et utilisée par Grégoir et Lenglart (1998). C'est dans la troisième section que les méthodes économétriques de prévision seront exposées. Un accent particulier sera mis sur les travaux de Stock et Watson (1991, 1993), qui utilisent l'analyse factorielle dynamique dans le cadre des modèles VAR.

2. Le système d'indicateurs composites avancés de l'OCDE

Le système des indicateurs Composite Avancés de l'OCDE a été développé des le début des années 1980 et a été conçu pour signaler à l'avance les points de retournement du cycle économique ; définie comme les fluctuations de l'activité économique autour de sa tendance de long terme (ie : son niveau potentiel de long-terme). Il s'agit d'une procédure formelle qui permet de fournir des informations qualitatives sur les évolutions économiques à court terme et qui aide à reconnaître à l'avance l'avènement d'un point de retournement du cycle économique. Dans ce système, le cycle est identifié à partir du mode d'évolution d'une série de référence.

Jusqu'à une date récente, le système de l'OCDE utilise l'indice de la production industrielle comme série de référence; indice disponible sur une base mensuelle et qui montre, pour la plupart des pays, une forte coïncidence avec les mouvements du PIB. Par rapport aux mouvements de la série de référence ; le système de l'OCDE identifie un ensemble de variables (appelées indicateurs avancés), qui possèdent un lien économique avec cette série de référence et dont les mouvements cycliques se produisent, généralement, en avance (*par rapport à ceux de la série de référence*). L'indicateur composite avancé est, alors, calculé à partir de l'agrégation (*ie :* la combinaison) de ces variables avancées en un indicateur unique. L'information contenue dans cet indicateur composite peut, ainsi, être utilisée pour fournir une prévision des points de retournement de la série de référence.

La raison derrière la construction d'un indicateur composite avancé tient aux caractéristiques et aux causes du cycle économique. « Chaque cycle a ses caractéristiques propres mais a, aussi, certains traits communs avec d'autres cycles. En revanche, aucune cause ne peut expliquer à elle seule les fluctuations cycliques de l'activité totale au cours d'une période donnée. La validité de chaque indicateur (variable) dépend donc des causes du cycle considéré. Certaines variables sont plus fiables dans un type de cycle, et d'autres dans un type de cycle différent. II est donc nécessaire de disposer de signaux correspondant aux nombreuses causes possibles des fluctuations cycliques - c'est-à-dire, d'utiliser tous les indicateurs (variables) potentiels simultanément » (OCDE, 2012).

« En plus de détecter les points de retournement, les indicateurs avancés ont la particularité d'avoir des mouvements allant dans la même direction que ceux du cycle économique. Néanmoins, si l'indicateur composite avancé permet l'identification des points de retournement, il ne permet pas d'estimer ni la vitesse ni l'amplitude de la reprise ou du fléchissement du cycle économique. Autrement dit, un indicateur composite avancé faible ou élevé ne doit pas être interprété comme étant une estimation d'un niveau faible ou élevé de l'activité ou de la croissance économique. Il fournit simplement un signal fort de la phase dans laquelle le cycle économique d'un pays va se trouver dans un futur proche » (OCDE, 2009).

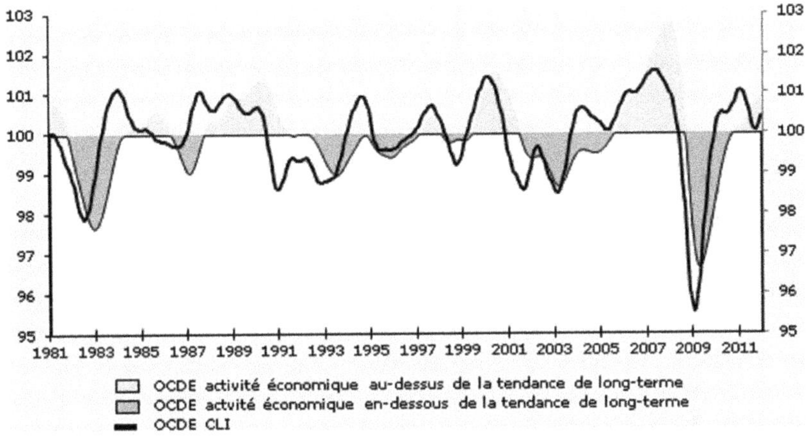

Graphique 1 : Indicateur composite avancé (CLI) et activité économique de la zone OCDE

Source: OECD System of Composite Leading Indicators, 2012

2.1. Méthode de construction de l'indicateur composite avancé

La méthode construction de l'indicateur composite avancé de l'OCDE passe par quatre étapes : la présélection des séries, le traitement des séries de données (dessaisonalisation et lissage, filtrage et extraction de la tendance, normalisation), l'évaluation et l'agrégation (OCDE, 2010)

Encadré 1- Méthode de construction de l'indicateur composite avancé

1. Présélection des séries
   - A. Identifier le comportement cyclique passé de la série de référence, mesurée par l'indice de la production industrielle (ou le PIB)
   - B. Sélection des séries-indicateurs dont les points de retournement se produisent en avance par rapport à ceux de la série de référence

2. Traitement des données (séries-indicateurs et série de référence) : dessaisonalisation, lissage, extraction de la tendance et normalisation
   - A. Conversion des séries non-mensuelles en séries mensuelles par interpolation linéaire
   - B. Estimation de la tendance par la méthode Tendance des Moyennes de Phase (Phase-Average Trend : PAT)
   - C. Lissage uniforme des séries mensuelles filtrées par une moyenne arithmétique d'ordre égal à l'indicateur MCD (Month Cyclical Dominance) et avec extrapolation par régression sur la fin de la période
   - B'. Estimation de la tendance et des composantes cycliques par le Filtre de Hodrick-Prescott ("Après 2008 ")
   - D. Identification des dates des points de retournement par le programme de Bry-Boschan
   - E. Normalisation des amplitudes des cycles des différentes séries
3. L'évaluation
   - A. Timing
   - B. Corrélation
   - C. Exhaustivité
4. Construction de l'indicateur composite
   - A. Synchronisation des indicateurs, si nécessaire, en décalant le groupe d'indicateurs les plus avancés
   - B. Combinaison des séries en un indicateur composite unique en associant le même poids aux différentes séries élémentaires
   - C. Alignement de l'amplitude de l'indicateur composite sur celle du cycle de référence et alignement de son trend sur le trend de référence

2.1.1. *La présélection des séries*

La série de référence

L'indicateur Composite Avancé de l'OCDE est construit sur la base d'un certain nombre de séries dont les mouvements cycliques sont similaires à ceux du cycle économique mais qui se produisent, habituellement, en avance par rapport à ce dernier. Généralement, le cycle économique est représenté par les mouvements d'une série de référence. Jusqu'à Mars 2012, le système d'indicateurs composites avancés de l'OCDE utilise l'indice de production industrielle comme série de référence. Cet indice est disponible à une fréquence mensuelle pour tous les pays et représente la composante la plus cyclique de l'activité économique. Aussi, les profils cycliques de la production industrielle et du produit intérieur présentent de forts co-mouvements, si bien que les indicateurs avancés de la production industrielle peuvent parfaitement servir d'indicateurs avancés du cycle du PIB.

A partir du mois d'Avril 2012, et en développant des méthodes quantitatives capables de générer des estimations fiables du PIB à une fréquence mensuelle, l'OCDE a commencé à utiliser le PIB comme série de référence

Les séries-indicateurs

Cette étape consiste à présélectionner, pour la série de référence, un ensemble de séries pouvant servir d'indicateurs avancés. Ces séries doivent satisfaire deux types de critères: des critères de pertinence et des critères de comportement cyclique

Critères de pertinence : il doit exister un certain lien économique entre l'indicateur avancé et la série de référence. Aussi la série-indicateur doit avoir une large couverture, c'est à dire doit avoir une plus grande représentativité de l'activité économique

Critères de comportement cyclique : quatre critères sont retenus :

- La longueur et la régularité de l'avance, de la série-indicateur par rapport au cycle de la série de référence, aux points de retournement
- La conformité cyclique entre la série-indicateur et la série de référence
- L'absence de cycles *en plus* ou *en moins* par comparaison avec la série de référence;

- Le degré de lissage, qui traduit la facilité avec laquelle les points de retournements de la série-indicateur peuvent être distingués de ses mouvements irréguliers

D'autres critères, plutôt pratiques, peuvent, toutefois, aussi être pris en compte. Ces critères se rapportent à la fréquence des publications (les séries mensuelles sont préférables aux séries trimestrielles) ; à la facilité d'accès aux données et à la disponibilité de séries chronologiques longues et sans ruptures. L'idée est de faire en sorte que l'indicateur composite puisse être calculé facilement et, autant que possible, automatiquement

Le tableau 1 retrace les différents domaines de l'activité économique dans lesquels les séries avancées sont choisies

Tableau 1 : Variables avancés utilisés dans le système de l'OCDE

1. **Production, stocks et commandes** Production industrielle dans certaines branches Commandes Stocks - matières premières - produits finis - produits importés Ratios: stocks/livraisons 2. **Construction, ventes et commerce** Permis de construire Mises en chantier Ventes ou immatriculations de véhicules à moteurs Ventes de détail 3. **Population active** Ratio emplois nouveaux/emploi Licenciements/demandes initiales Assurances chômage Offres d'emplois Durée du travail 4. **Prix, coûts et profits** Salaires et traitements par unité produite Indices de prix Profits, mouvements de capitaux, acquisition nette d'actifs financiers	5. **Situation monétaire et financière** Réserves de change Dépôts Crédit Ratios: prêts/dépôts Masse monétaire Taux d'intérêt Cours des valeurs mobilières Création de sociétés 6. **Echanges extérieurs** Exportations totales Composantes des exportations Solde commercial Termes de l'échange 7. **Enquêtes de conjoncture** Situation générale Production Entrées en carnets de Commandes/nouvelles commandes Carnets de commandes/ventes Stocks de matières premières Stocks de produits finis Utilisation des capacités Goulets d'étranglement Emploi Prix 8. **Activité économique a l'étranger**

Source: OECD Leading Indicators (Nilsson, 1987)

2.1.2. *Traitement des données : dessaisonalisation, lissage, filtrage, extraction de la tendance et normalisation*

Afin de mettre en évidence le lien statistique éventuel entre la composante cyclique de la série de référence et les séries-indicateurs avancés, il est nécessaire d'éliminer, au préalable, la composante saisonnière et la composante tendancielle des séries. Tout d'abord, les séries, disponibles en fréquence trimestrielles, sont converties en séries mensuelles par interpolation linéaire. Pour éliminer les composantes saisonnières, les séries mensuelles sont filtrées soit à l'aide de la méthode Census X-12 soit par la méthode TRAMO/SEATS.

Les séries désaisonnalisées sont, par la suite, filtrées pour en estimer les composantes cycliques. Celles ci sont obtenues par extraction des composantes tendancielles et des mouvements de hautes fréquences. Jusqu'à 2008, le système d'indicateur avancés de l'OCDE utilise la méthode Tendance des Moyennes de Phase (Phase-Average Trend : PAT) pour estimer la tendance. Le lissage des séries filtrées de la tendance est, quand à lui, déterminé par application d'une moyenne arithmétique d'ordre égal à l'indicateur MCD (Month Cyclical Dominance). Cette méthode assure un lissage, à peu près, uniforme de toutes les séries, de sorte que les variations de chacune d'entre elles, d'un mois à un autre, ont plus de chance d'être dues à des mouvements cycliques qu'à des mouvements irréguliers. A partir de 2008, l'OCDE a remplacé la combinaison PAT/MCD par le filtre Hodrick-Presscott. Ce filtre a permis d'améliorer la stabilité des composantes cycliques estimées et a rendu la construction des indicateurs composites avancés plus transparente et plus fiable.

Dans un deuxième temps, les dates des points de retournement des différentes séries sont identifiées par application du programme non paramétrique de Bry-Boschan. Ce programme établie une série de tests sur les écarts par rapport à la tendance, de manière à éliminer les valeurs extrêmes et les points de retournement qui semblent trop proches les uns des autres. Le programme Bry-Boschan spécifie une durée minimale de cinq mois pour une phase et de quinze mois pour un cycle. Ces tests sont exécutés à diverses courbes lissées (par application de trois familles de moyenne mobile) dans le but d'identifier les points de retournement qui coïncident de plus en plus avec les variations observées dans la série d'origine.

Enfin, les séries filtrées sont normalisées de manière à ce que leurs mouvements cycliques soient de même amplitude (*ie :* les séries qui ont des amplitudes cycliques particulièrement marquées auront, certainement, des poids beaucoup plus importants lors de la construction de l'indicateur composite). La méthode utilisée consiste à soustraire, de chaque série élémentaire, la moyenne et à diviser le chiffre obtenu par la moyenne des valeurs absolues des écarts par rapport à la moyenne. A ces séries normalisées on ajoute 100 pour les exprimer sous forme d'indice.

2.1.3. L'évaluation

La performance cyclique des séries-indicateurs candidates présélectionnées doit, maintenant, être évaluée à l'aide d'un ensemble de caractéristiques statistiques, regroupées en trois grandes catégories : le Timing, la Corrélation des profils cycliques et l'Exhaustivité

- Le Timing : désigne le caractère avancé de la série-indicateur retenue par rapport au cycle de référence ainsi que le degré de stabilité de cette avance. Ce Timing se résume par une série de caractéristiques centrées sur l'analyse des points de retournement (Pics et Creux) : l'avance moyenne et l'avance médiane sont utilisées pour évaluer la longueur de l'avance. L'écart moyen par rapport à la médiane[53] est saisie pour estimer la stabilité de l'avance;
- La corrélation des profils cycliques : sert à compléter l'analyse des points de retournement et permet de déterminer le décalage qui maximise le coefficient de corrélation entre le cycle de la série-indicateur et le cycle de la série de référence ;
- L'Exhaustivité : sert à détecter si le cycle de la série-indicateur présente des cycles *de plus* ou *de moins* par rapport au cycle de référence

2.1.4. L'agrégation des séries-indicateurs

Avant de faire l'agrégation des différentes séries-indicateurs il est parfois utile de faire avancer ou de retarder, au préalable, certains indicateurs. Dans le cas ou les séries-indicateurs candidates sont

53 Si d_i désigne la série des écarts pour une suite de n points de retournement, i , et d le décalage médian, la déviation moyenne correspond à $\sum_i \frac{|d_i - d|}{n}$

subdivisés en deux groupes distincts de séries-indicateurs plus avancés et moins avancés, l'agrégation de ces deux types d'indicateurs peut donner des résultats peu satisfaisants en raison de l'interaction entre les cycles des deux groupes. Une meilleure synchronisation peut alors être obtenue en retardant le groupe d'indicateurs les plus avancés.

Maintenant, les séries-indicateurs peuvent être agrégées en un indicateur composite unique. A ce stade, il serait possible d'assigner des poids aux séries-indicateurs. Dans le système de l'OCDE, le même poids est presque toujours assigné aux différentes séries pour obtenir l'indice composite avancé. Cela ne signifie pas qu'il n'y a pas une règle de pondération dans le système de l'OCDE. Il est important de noter que la règle de normalisation retenue introduit une pondération implicite aux séries-indicateurs : la série étant pondérée par l'inverse de la moyenne des valeurs absolues des écarts par rapport à la moyenne.

2.1.5. Le pouvoir prédictif de l'indicateur composite avancé

L'analyse de la validité passé de l'indicateur composite peut s'appuyer sur différentes caractéristiques : (i) son comportement cyclique par rapport aux points de retournement du cycle de référence ; (ii) le pourcentage de points de retournement qu'il a permis de détecter à l'avance au vu de l'évolution historique du cycle de référence ; et (iii) la concordance générale entre l'indicateur composite et le cycle de référence à tous les stades du cycle. Cependant, pour pouvoir anticiper les points de retournement de la série de référence des indicateurs dérivés (de l'indicateur composite) doivent être calculés et des règles « prudentielles » doivent être adoptées.

Quatre indicateurs dérivés de l'indicateur composite avancé (IC) sont utilisés :

- Le pourcentage de variation sur un mois, en taux annuel, de l'indice composite avancé;

$$\left[\left(\frac{IC}{IC_{-1}}\right)^{12} - 1\right] * 100$$

- Le pourcentage de variation sur six mois, en taux annuel, de l'indicateur composite avancé ($\Delta^6 IC$)

$$\Delta^6 IC = \left[\left(\frac{IC}{IC_{-6}} \right)^2 - 1 \right] * 100$$

Ces pourcentages de variation permettent de détecter les points de retournement environ six mois à l'avance si la série de référence comporte des cycles symétriques et réguliers

- L''indicateur de pression simple (normal pressor ratio), qui est le rapport de l'indicateur composite avancé à la série de référence (C_t) : $\frac{IC}{C_t}$. Cet indicateur accroît d'environ 50 pour cent l'avance de l'indicateur composite, et permet de voir dans quelle mesure celui-ci surestime le cycle de référence.
- L'indicateur de pression des pourcentages de variation sur six mois :

$$\left(\left(\Delta^6 IC + 100\right) / 100\right) / \left(\left(\Delta^6 C_t + 100\right) / 100\right)$$

En principe ces indicateurs dérivés sont plus irréguliers que l'indicateur composite lui même. Si on les considère à eux seuls, ils vont manquer ou générer des points de retournements. Afin d'atténuer autant que possible ces problèmes, des règles prudentielles sont adoptées. Pour la série de pourcentages de variation sur six mois, de même que pour les indicateurs de pression (simple et des pourcentages des variations sur six mois), un Pic est annoncé lorsque la variation ou l'indicateur chute en dessous de -1 %, tandis qu'un Creux est mentionné lorsque la variation ou l'indicateur dépasse $+1\%$. Pour la série de pourcentages de variation sur un mois, un Pic (creux) est annoncé si la variation est inférieure (supérieure) à zéro pendant trois mois consécutifs.

Les règles qui suivent expliquent comment l'OCDE utilise les différents indicateurs pour détecter les points de retournement. « En principe, les signaux apparaissent les uns après les autres, selon l'ordre suivant: le premier se manifeste dans l'indicateur de pression des pourcentages de variation, et le second dans les variations de l'indicateur avancé sur six mois et/ou dans celles de l'indicateur avancé sur un mois. Le troisième signal apparaît ensuite dans l'indicateur de pression simple et enfin, le point de retournement est confirmé par un signal dans la série de référence (variations sur six mois).

Si un premier, signal est détecté dans l'indicateur de pression des pourcentages de variation, il convient toutefois de ne pas le considérer comme un signal définitif tant qu'il n'est pas suivi par un second signal dans les variations de l'indicateur avancé sur six mois.

La même règle doit être appliquée pour le deuxième signal, si celui-ci apparaît d'abord dans l'indicateur avancé sur un mois. Ce signal ne doit pas être considéré comme définitif à moins qu'il ne soit suivi de près, dans un délai d'un ou deux mois, par un signal de l'indicateur avancé sur six mois.

Si le second signal, apparu dans l'indicateur avancé sur six mois, est suivi d'un troisième signal dans l'indicateur de pression simple, il est à peu près certain qu'un point de retournement important va se produire » (Nilsson, 1987).

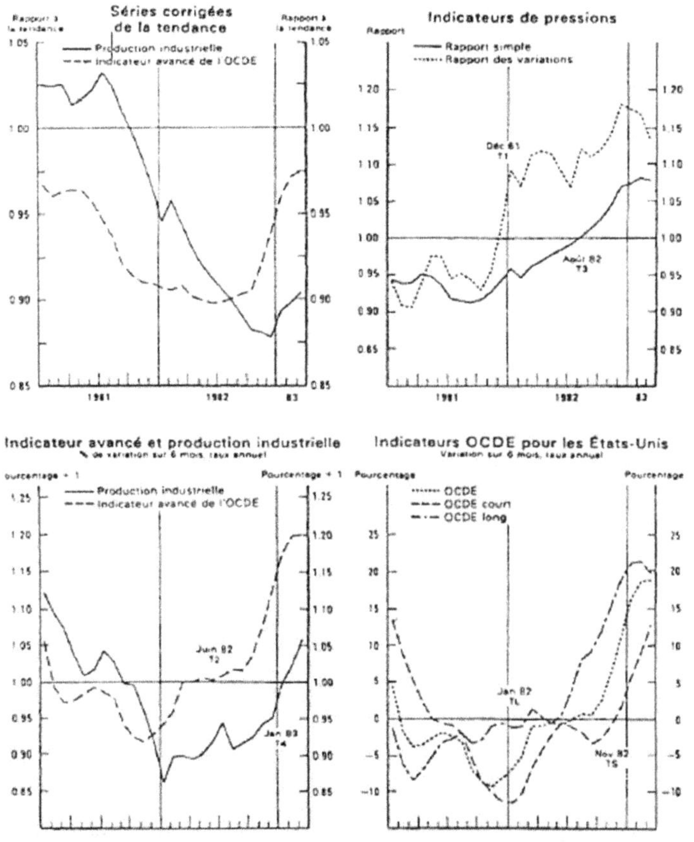

Graphique 2 : Signaux annonçant le creux de 1982 aux Etats Unis
Source : Nilsson R. (1987)

2.2. CACIS : un programme pour construire les indicateurs composites

L'OCDE a développé un programme qui permet d'analyser le cycle économique et de construire les indicateurs composites. Ce programme dont l'acronyme est CACIS (pour *Cyclical Analysis and Composite Indicators System*) constitue une procédure mathématique qui permet de reproduire, avec vigueur, les différentes étapes suivies dans la construction des indicateurs avancés. L'interface de ce programme met en évidence cinq blocs, représenté chacun par un onglet : Configuration du projet (*Project Setup*), Conversion des séries (*Conversion*), Extraction de la tendance (*Detrending*), Agrégation (*Aggregation*), Détection des points de retournements (*Turning-point Detection).*

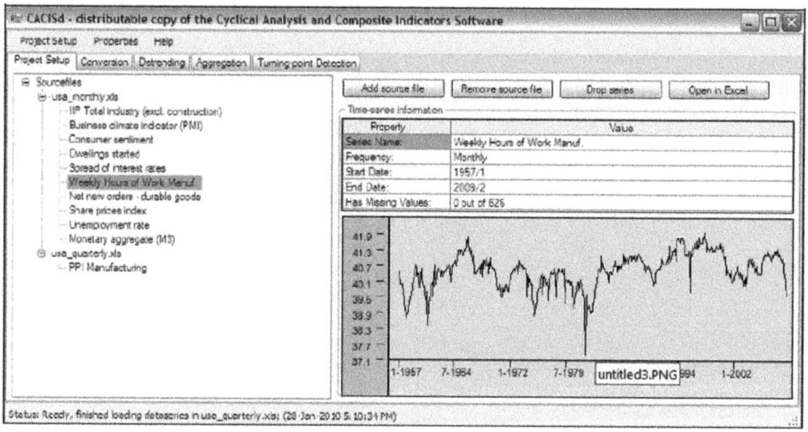

Graphique 3 : L'interface du programme CACIS

2.2.1. *Conversion des séries* (Conversion)

Cet onglet, permet aux utilisateurs d'affiner les séries utilisées pour construire l'indicateur composite. Les séries disponibles en fréquence trimestrielles sont converties en séries mensuelles par interpolation linéaire. Pour éliminer les composantes saisonnières, les séries mensuelles sont filtrées soit à l'aide de la méthode TRAMO/SEATS, en spécifiant si la forme du modèle est additive ou multiplicative.

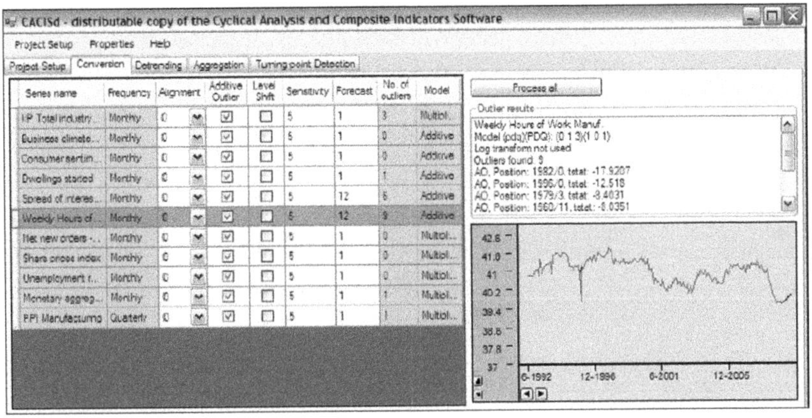

Graphique 4 : Conversion des séries

Les détails de la détection des valeurs extrêmes et de la spécification du modèle retenu sont signalés dans la zone des résultats aberrants (*Outlier results*), sur le côté droit de la fenêtre. Pour chaque série-indicateur on identifie le modèle ARIMA utilisé, si elle est transformée en logarithme ou non et le nombre et les positions des valeurs aberrantes détectées.

Le graphique 4 montre une courbe représentée en noir, elle correspond à la série corrigée des valeurs extrêmes ainsi que ses prévisions fournies par le modèle ARIMA. La série corrigée des valeurs extrêmes est positionné de telle sorte que sa dernière valeur coïncide avec la dernière valeur de la série originale

*2.2.2. Extraction de la tendance (*Detrending*)*

L'onglet « Detrending » sert à extraire, des séries étudiées, les composantes tendancielles et à estimer les composantes cycliques. Deux méthodes sont retenues : le filtre "Hodrick-Prescott (1981) " et le filtre de "Christiano-Fitzgerald (1999)"

Dans la phase de conversion, le logiciel (TRAMO) sélectionne, automatiquement, un modèle additif ou multiplicatif pour les séries. Les séries modélisées comme multiplicatives sont transformées en logarithme avant l'estimation de la tendance. Certaines statistiques sont aussi calculées pour la série filtrée et la série originale. Ce sont la moyenne, l'écart type, le Skewness et le Kurtosis.

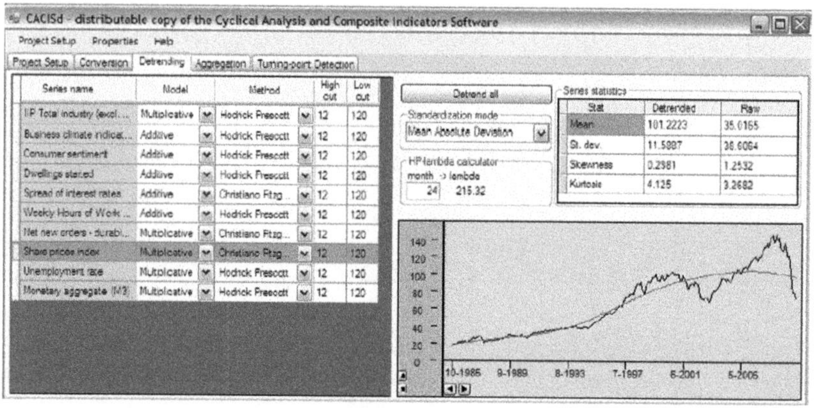

Graphique 5 : Extraction de la Tendance

*2.2.3. L'agrégation des séries (*Aggregation*)*

L'onglet Agrégation contient les composantes cycliques normalisées des différentes séries-indicateurs. Ces composantes cycliques peuvent être agrégées de différentes manières pour former l'indicateur composite. Dans le coté gauche de l'interface, il est possible de sélectionner les séries utilisées pour construire l'indicateur composite, d'identifier leurs poids respectifs, de les décaler ou de les inverser si c'est nécessaire.

La série de référence peut être identifiée en cochant la colonne IsRef. Dans l'exemple retenu la série de référence est l'indice de production industrielle. En cliquant sur « Calculate aggregate », l'indicateur composite est calculé et est affiché sur le graphique d'en haut ; sur le graphique d'en bas sont illustrées les séries utilisées.

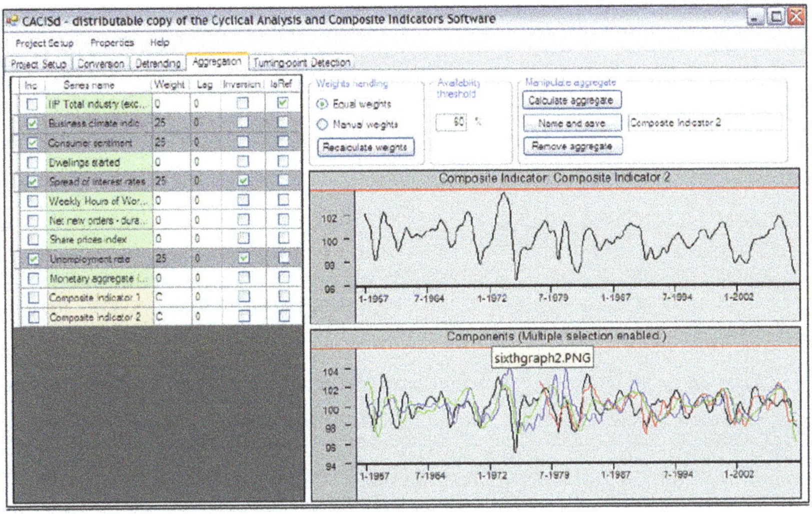

Graphique 6 : Agrégation des séries

*2.2.4. La détection des points de retournement (*Turning-point Detection*)*

Dans le dernier onglet (Turning-point Detection), CACIS établi la datation des points de retournement de la série de référence, des séries-indicateurs et de(s) l'indicateur(s) composite(s). Ce faisant, il permet d'analyser les propriétés des cycles des séries-indicateurs et du cycle de l'indicateur composite par rapport à celui de la série de référence.

Sur le coté droit de l'interface, apparaît la version simplifiée du programme de datation de Bry-Boschan. Ce programme permet d'identifier les extrema locaux (maxima et minima) sur les séries lissées. Des règles sont conduites pour garantir l'alternance des Pics et des Creux et le respect des caractéristiques de durée des phases cycliques. Lorsque les données sont mensuelles, CACIS définie, par défaut, un Pic (Creux) comme la valeur la plus élevée (faible) de la série dans les intervalles de plus ou moins cinq mois. La durée minimale d'une phase est de 9 mois ; celle d'un cycle complet est de 24 mois.

Outre la datation des points de retournements, le programme CACIS établie les caractéristiques statistiques sur l'avancement des séries-indicateurs par rapport à la série de référence (Turning point summary list). Le graphique d'en haut illustre le corrélogramme entre une série-indicateur sélectionnée et la série de référence ; celui d'en bas illustre l'évolution conjointe de la série-indicateur (courbe en bleu) et de la série de référence (courbe en noir) ainsi que des traits rouge établissant les points de retournement de la série de la série de référence.

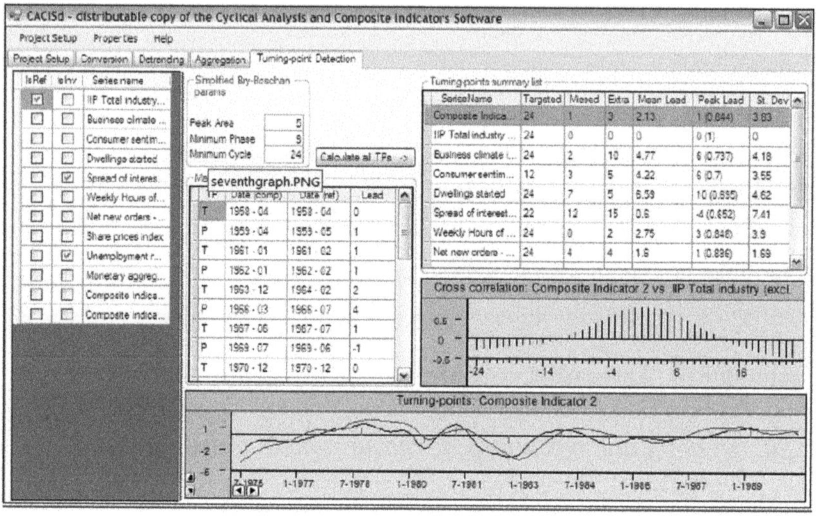

Graphique 7 : Détection des points de retournement

2.2.5. Etude de cas : Un indicateur composite avancé pour l'Afrique du Sud

L'OCDE a développé un système d'indicateurs composites avancés pour six pays non membres de l'organisation que sont : l'Afrique du Sud, le Brésil, la Chine, l'Inde, l'Indonésie et la Russie. Ces indicateurs composites avancés sont construits à partir de séries économiques, qui ont des fluctuations cycliques identiques à celles du cycle économique, tout en le précédant. Pour les six pays, les mouvements de l'indice de production industrielle sont utilisés pour approximer ceux du cycle économique ; la production industrielle est, ainsi, considérée comme série de référence.

Pour le cas de l'Afrique du Sud, l'indicateur composite avancé est calculé sur la base de six séries-indicateurs avancées : les permis de construire, la confiance dans le climat des affaires (secteur industriel), l'écart des taux d'intérêt, la vente de véhicule à moteurs, les commandes dans le secteur industriel, l'indice des prix (Tableau 2). Le graphique 8 retrace l'évolution jointe de l'indicateur composite avancé et du cycle de croissance de la série de référence. Au regard de ce graphique, il apparaît que l'indicateur composite avancé reproduit les mouvements du cycle de référence et montre une avance moyenne, de cinq mois, à tous les points de retournement du cycle de l'indice de production industrielle. Le long de la période d'analyse, aucune omission ni ajout de point de retournement n'est enregistrée sur les six cycles de la production industrielle.

Tableau 2 : Caractéristique de l'Indicateur Composite Avancé et des séries-indicateurs

Indicateur	Date initiale	Lissage MCD/ QCD	Moyenne des avances aux points de retournement			Médiane des avances aux points de retournement			Corrélation	
			Pic	Creux	Pic et Creux	Pic	Creux	Pic et Creux	Avance	Coefficient
Indicateur Composite Avancé	1975	1	8	9	9	4	6	5	5	0.73
Permis de construire	1975	6	10	7	8	11	3	8	-1	0.43
Confiance dans le climat des affaires (secteur industriel)	1975	1Q	5	4	4	3	3	3	6	0.86
Ecart des taux d'intérêt	1996	2	31	9	16	31	9	10	12	0.48
Vente de véhicule à moteurs	1975	5	6	9	8	1	9	7	2	0.56
Commandes dans le secteur industriel	1970	1Q	7	8	5	4	4	5	8	0.62
Indice des prix	1978	2	12	10	11	14	7	9	11	0.40

Source: Composite Leading Indicators for Major OECD non Members economies (Nilson R. et O. Brunet, 2006)

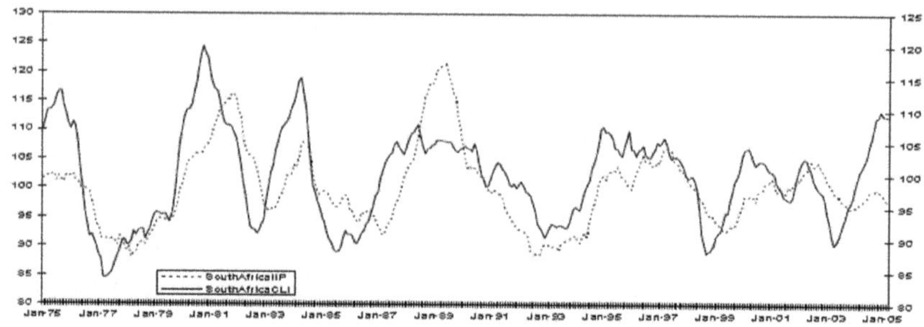

Graphique 8 : Indicateur composite avancé et cycle de l'indice de production industrielle de l'Afrique du Sud : 1975M1-2005M1
Source: Composite Leading Indicators for Major OECD non Members economies (Nilson R. et O. Brunet, 2006)

3. Les modèles probabilistes de prévision cyclique

Les modèles probabilistes de prévision sont des modèles qui permettent de prévoir directement les points de retournement du cycle économique. Trois types d'approches sont généralement avancées : la méthode de probabilité séquentielle de Neftci (1982), les modèles à variables qualitatives de types Logit ou probit (Estrella et Hardouvelis, 1991 et Estrella et Mishkin, 1997), et les modèles qualitatifs à chaine de Markov cachée de Grégoir et Lenglart (1998)

3.1. Le modèle de probabilité séquentielle de Neftçi

Le modèle de probabilité séquentielle de Neftci est un modèle non linéaire, généralement, utilisé pour calculer la probabilité de l'occurrence d'un point de retournement. Dans ce modèle la probabilité est calculée de manière séquentielle en utilisant l'information disponible dans les mouvements de la série des indicateurs avancés, à un instant donné, ainsi que la probabilité postérieure de la période précédente. Contrairement aux règles classiques de prévision de l'indice composite, ce modèle offre l'avantage de fournir des indications supplémentaires sur la vigueur du signal concernant les mouvements prospectifs de la série des indicateurs avancés et fournit une possibilité plus importante de détecter les faux signaux (Niemira,1991).

De manière plus formelle, on suppose dans ce modèle qu'il existe deux séries : la série C_t ou la série de référence et la série IC ou l'indicateur composite avancé. L'information contenue dans IC peut, alors, être utilisée pour identifier les probabilités de changement de régime, et donc de l'occurrence de point de retournement, de la série de référence C_t. On suppose qu'il existe deux régimes pour la série C_t : un régime descendant, D, et un régime ascendant, A. Les observations appartenant aux deux régimes sont supposées être normalement distribuées. On définit par $F(IC_t|IC, E \in D)$ la densité de probabilité normale de la série IC en régime descendant et par $F(IC_t|IC, E \in A)$ la densité de probabilité normale de la série IC en régime ascendant. Il est possible d'établir un classement de chaque nouvelle observation de IC. La règle de classement implique d'associer à IC le régime descendant si $F(IC_t|IC, E \in D) \geq F(IC_t|IC, E \in A)$ et le régime ascendant si $F(IC_t|IC, E \in D) < F(IC_t|IC, E \in A)$. La population des régimes descendant et ascendant est, à chaque fois, mise à jour afin de classer la prochaine observation de IC.

La probabilité d'un point de retournement est calculée de manière séquentielle en associant les informations courantes, IC_t, à la probabilité postérieure estimée auparavant. Pour un Pic, la probabilité de son avènement peut être calculée comme :

$$P_t = \frac{\left[P_{t-1} + (1 - P_{t-1})\right]\Gamma^A_{t-1} F(IC_t|IC_t \in D_{t-1})}{\left[P_{t-1} + (1 - P_{t-1})\right]\Gamma^A_{t-1} F(IC_t|IC_t \in D_{t-1}) + (1 - P_{t-1})(1 - \Gamma^A_{t-1}) F(IC_t|IC_t \in A_{t-1})}$$

Où $F(IC_t|IC_t \in D_{t-1})$ et $F(IC_t|IC_t \in A_{t-1})$ désignent les densités de probabilité de la dernière observation IC_t parvenant d'un régime descendant, respectivement, ascendant. Γ^A_{t-1} définit la probabilité de transition que l'économie entre en régime descendant à la date t si l'économie est en régime ascendant. Cette probabilité de transition décrit le degré de persistance du système. De manière parallèle, pour calculer la probabilité de l'avènement d'un Creux, il suffit de remplacer $F(IC_t|IC_t \in D_{t-1})$ par $F(IC_t|IC_t \in A_{t-1})$ et Γ^A_{t-1} par Γ^D_{t-1}.

La règle de décision pour dire qu'un un point de retournement est franchi, est appliquée dès lors qu'on a évalué tous les éléments nécessaires au calcul de la probabilité de ce point de retournement. Selon cette règle décisionnelle, la valeur de P, est fixée, d'abord, à zéro lors du démarrage de la prévision ; un signal annonçant un point de retournement est émis des lors que la probabilité cumulée P franchira le seuil de 95%. La probabilité P est, ensuite, remise à zéro pour chercher le point de retournement suivant.

3.2. Les modèles à variables qualitatives de type probit

Les modèles probit sont des modèles non linéaires qui transforment l'information contenue dans les principaux indicateurs avancés du cycle économique en probabilités de récession (Estrella et Mishkin, 1998). Dans ces modèles, on suppose, généralement, une variable binaire R_t qui prend la valeur 1 lorsque l'économie est en phase de contraction et 0 au cours des phases d'expansion. On estime, alors, la probabilité pour que R_{t+h} prend la valeur 1, ($R_{t+h}=1$), à un certain horizon de prévision h. Lorsque la probabilité de R_{t+h} est supérieure à 50 %, l'économie serait plus susceptible d'entrer dans une phase récessive ; un point de retournement du cycle économique est donc signalé.

Soit la variable binaire R_t, qui prend la valeur 1 durant les phases de récessions et 0 au cours des phases d'expansion, et X_t un vecteur de variables explicatives (ou prédictives) avec $t=1,\ldots,T$. La probabilité de récession à la date t est donnée par :

$$Pr\left(R_t=1|I_{t-1}\right)=F\left(z_t\right) \quad (1)$$

Où $I_{t-1}=\left\{R_{t-1},\ldots,R_1,X_{t-1},\ldots,X_1\right\}$ l'information disponible en $t-1$, et F la fonction de répartition de la loi normale.

$$z_t=\sum_{j=1}^{p}\gamma_j R_{t-j}+\beta X_{t-k} \quad (2)$$

X_{t-k} représente un vecteur de variables explicatives disponibles k périodes d'avance. Ce modèle est un modèle probit dynamique : les valeurs décalées de la variables indicatrice R_t interviennent comme variable explicatives dans l'équation (2).

La prévision de la variable R_t, sur un horizon de h trimestres, compte tenu de l'information disponible en $t-h$, est donnée par l'espérance conditionnelle de R_t, soit

$$E\left(R_t|I_{t-h}\right)=E_{t-h}\left[Pr\left(R_t=1|I_{t-1}\right)\right] \quad (3)$$

où E_{t-h} désigne l'espérance conditionnelle par rapport à I_{t-h}.

En reprenant la formulation dynamique du modèle probit, donnée par (1) et (2), la prévision optimale de R_t s'écrit alors :

$$E_{t-h}\left(R_t\right)=E_{t-h}\left(f\left(z_t\right)\right)=E_{t-h}\left(F\left(\sum_{j=1}^{p}\gamma_j R_{t-j}+\beta X'_{t-1}\right)\right) \quad (4)$$

Avec F la fonction de répartition de la loi normale.

La prévision de R_t peut être conduite, soit de manière directe soit de manière itérative. La méthode directe cherche à prévoir la valeur de R à l'horizon h sans s'intéresser aux prévisions aux périodes précédentes. On établie directement le lien entre des observations séparées par un intervalle de h périodes et on l'utilise pour la prévision. L'approche itérative utilise, quand à elle, pour un période donné, les prévisions effectuées aux périodes précédentes. Il s'agit d'itérer les prévisions sur h périodes.

A titre d'exemple, on applique, pour le cas de l'Afrique du Sud, une version très simple d'un modèle de prévision de probabilité d'entrer en récession, utilisant comme variable explicative la structure des taux d'intérêt (Estrella et Mishkin, 1997) (Encadré 2). Le graphique 9 donne les probabilités d'entrer en récession dans un trimestre, obtenues par l'estimation de l'équation (1), compte tenue du niveau de l'écart entre le taux d'intérêt de long terme et le taux d'intérêt de cout terme (Structure des taux d'intérêt ou Yield Curve Spread en Anglais). Sur la période d'estimation, 1980 :1-2012 :4 les résultats sont assez probants : les probabilités estimées se redressent très visiblement durant les phases de récessions, telle que identifiées par la chronologie officielle du South African Reserve Bank SARB.

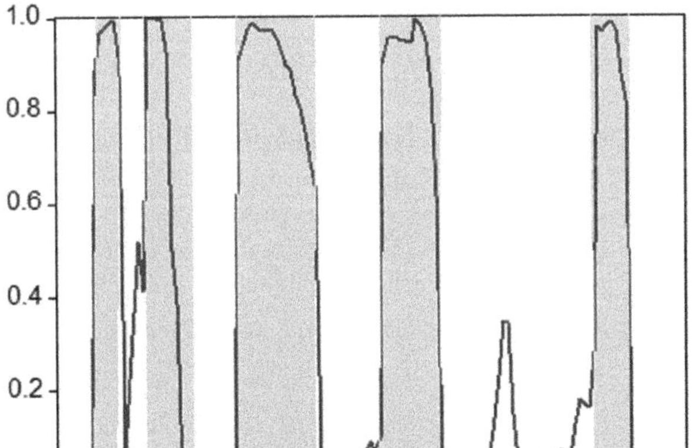

Graphique 9 : Probabilité d'une récession à un trimestre d'avance : Afrique du Sud 1980 : Q1-2012 : Q4

Notes : Les surfaces représentées en gris définissent les phases de récession selon la datation officielle de la Banque Centrale Sud-Africaine (South African Reserve Bank SARB)

Il est possible de se placer, maintenant, hors échantillon. On estime alors l'équation (1) sur un échantillon d'observation allant de 1980 :1 à 2000 :4. On calcule, ensuite, les probabilités de récession sur la période 2001:1-2012 :4, période qui inclut la contraction de 2008:1 à 2009:3. On apprécie la qualité de l'ajustement en comparant les valeurs des probabilités prédites et celles réalisées. Ce qui ressort du graphique, c'est que quelques trimestres avant la récession 2008 les probabilités prédites tournent autour de 20 % ; elles s'accroissent progressivement dès le troisième trimestre de 2007 et atteignent 80 % lorsque la récession commence réellement au premier trimestre de 2008.

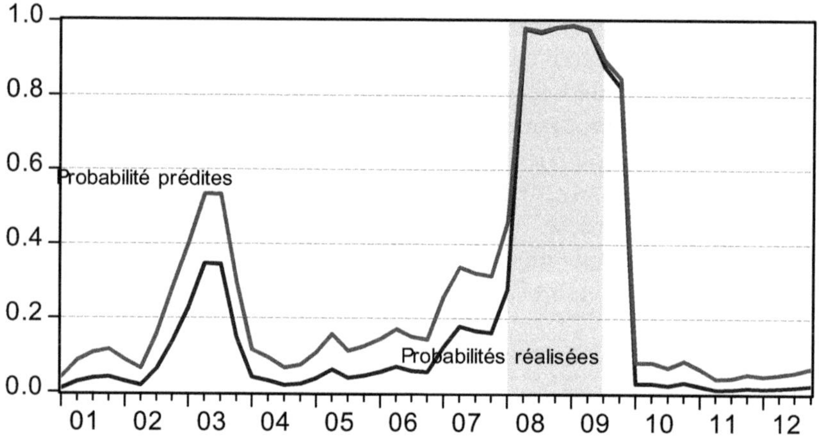

Graphique 10 : Probabilités estimées : en échantillon vs hors échantillon 2001 :1-2012 :4

Notes : La surface représentée en gris définissent la phase de récession 2008:1- 2009:3 selon la datation officielle de la Banque Centrale Sud-Africaine (South African Reserve Bank SARB)

Encadré 2- Structure des taux d'intérêt et prévision du cycle économique :

Quelques éléments théoriques

Il est bien connu, depuis les travaux de Friedman et Kuttner (1993) et de Bernard et "Guerlach (1997) ", que la structure des taux d'intérêt, ou encore la pente des taux (Yield Curve Spread en Anglais), contient des informations sur l'évolution future de l'activité économique. Deux explications théoriques peuvent être avancées : la première a trait aux anticipations formulées par les agents au sujet de l'orientation de la politique monétaire ; la deuxième aux effets direct du degré de restriction ou de relâchement de la politique monétaire sur le niveau de l'activité économique.

- Les anticipations de la politique monétaire : Selon cette théorie le taux d'intérêt de long terme, pour une échéance donnée, se définit comme une moyenne pondérée des taux courts futurs anticipés. Ainsi, si la politique monétaire courante est jugée trop restrictive par les agents, ils anticipent un ralentissement de l'activité et donc une baisse des taux court. Une anticipation de ralentissement de l'activité correspond donc à une structure inversée telle que les taux longs, qui intègrent déjà les baisses futures de taux courts, sont inférieurs au niveau courant des taux courts. L'amplitude et le sentier de la baisse des taux dépendront de la sévérité et de la durée de la récession anticipée par les agents. La formation des taux longs résulte ainsi de l'anticipation rationnelle de l'évolution de la politique monétaire.
- -Les effets directs de la politique monétaire : Dans une situation de politique monétaire restrictive les taux d'intérêt de court terme sont bien supérieurs au taux d'intérêt de long terme. Si la banque centrale augmente les taux d'intérêt de court terme, les agents économiques interprètent cette mesure comme une contraction des conditions monétaires. Ils anticiperont alors une hausse moins marquée des taux d'intérêt pour des échéances plus élevées. Ainsi, les taux longs augmenteront moins fortement que les taux courts et la structure des taux se contracte. Puis, comme des taux d'intérêt élevés réduisent les dépenses des secteurs sensibles aux conditions de crédit, cette politique conduit à une baisse de l'activité.

Par conséquent, étant donnés les délais de réaction de l'activité suite à un changement d'orientation de la politique monétaire, un resserrement (relâchement) monétaire se traduit par une contraction (à la croissance) de la structure des taux, puis par un ralentissement (accélération) de l'activité

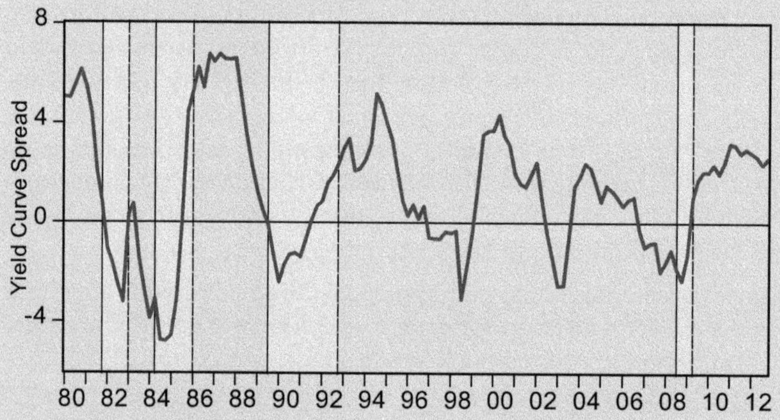

Graphique 11 : Structure des taux d'intérêt et phases de récession du PIB : Afrique du Sud 1980 : Q1-2012 : Q4

Notes : La structure des taux d'intérêt est définie comme l'écart entre le taux d'intérêt de long terme
(taux de rendement des obligations à dix ans du gouvernement) et le taux d'intérêt de court terme
(taux des bons de trésor à trois mois)

3.3. *Les modèles qualitatifs à chaîne de Markov cachée*

Dans la plupart des pays développés, les instituts de statistiques interrogent les chefs d'entreprise, dans le cadre d'enquêtes de conjoncture[54], sur les tendances passées et les tendances futures de la

54 Dans le cadre des enquêtes de conjoncture on interroge, généralement, un échantillon d'entreprises en leur demandant de répondre, de façon qualitative (augmentation, même niveau ou diminution), à un ensemble de questions. Par exemple, quelle est la tendance récente de votre production ? La répartition des trois réponses (augmentation, même niveau ou diminution) est calculée en pourcentage et l'information relative à chaque question est ensuite présentée sous la forme d'un

conjoncture. Les réponses à ces enquêtes sont, ensuite, résumées en des soldes d'opinion et présentées à chaque mois. L'observation successive de ces soldes permet, ainsi, de suivre l'évolution de l'opinion des industriels sur chacun des sujets abordés[55].

Une grande partie des indicateurs issus de ces enquêtes de conjoncture peut être relié au cycle économique et dans la majorité des cas, le diagnostic issu de l'évolution de ces indicateurs qualitatifs est suffisant au suivi et à la prévision de la situation économique.

Il est possible, alors, d'obtenir a partir des enquêtes de conjoncture un signal sur l'état dans lequel l'économie pourrait se trouver. Ce signal est de type qualitatif et est déterminé a partir d'un modele Hamiltonien à changement de régime (Stéphane Gregoir et Lenglart, 1998).

3.3.1. *L'état de la conjoncture : une variable cachée déduite des soldes d'opinions*

Soit Y^i un solde d'opinion tirés d'une enquête mensuelle de conjoncture $(i=1,\ldots\ldots,n)$ et Y_t^i la valeur prise par le *ième* solde d'opinion à la date t. Chaque solde d'opinion, Y^i, est définie comme la somme d'une moyenne de long terme, $m_{t,}$ et d'une composante cyclique, C_t. La moyenne de long terme, m_t, est modélisée comme une marche aléatoire et la composante cyclique est supposée stationnaire, soit :

$$Y_t^i = m_t^i + C_t^i \quad (1)$$

$$m_t^i = m_{t-1}^i + \zeta_t^i \quad (2)$$

solde d'opinion (pourcentage des firmes qui jugent qu'il y a une amélioration, moins pourcentage de celles qui jugent qu'il y a une détérioration).

55 Dans les enquêtes européennes de conjoncture dans l'industrie manufacturière on retient, généralement, cinq soldes d'opinion qui sont en rapport direct avec l'évolution future de l'activité. Ces soldes servent d'indicateurs nécessaires pour construire un indice synthétique : ce sont les réponses des entreprises concernant la tendance passée de leur production personnelle, la tendance future de leur production personnelle, l'état de la demande et leurs carnets de commande globaux, celui de la demande et de leurs carnets en provenance de l'étranger et enfin le niveau de leurs stocks.

$$C_t^i = \varphi_1 C_{t-1}^i + \varphi_2 C_{t-2} + \varepsilon_t^i - \theta\varepsilon_{t-1}^i \tag{3}$$

Avec ζ_t et ε_t des bruits blancs de moyennes nulles et de variances constantes. A chaque date, seule la variable Y_t^i est observée. Il s'agit alors déterminer, à partir de cette variable, le comportement dynamique de la moyenne de long terme, m_t^i, et de la composante cyclique, C_t^i. Le modèle, ainsi définie, peut être écrit comme un modèle à composantes inobservables. L'application du filtre de Kalman permet de déterminer une estimation des composantes, m_t et C_t, ainsi que des perturbations ζ_t et ε_t.

A. Le codage

Cette étape de codage consiste à transformer les variables qualitatives en variables quantitatives, plus précisément à qualifier, date après date, l'évolution de soldes d'opinions de favorable (code = + 1) ou de défavorable (code = - 1). On s'intéresse, alors, au signes des surprises conjoncturelles, ε_t : Ces signes définissent la nature, positive ou négative, de l'effet de la surprise sur le solde d'opinion correspondant, Y_t^i. On note x_t^i le signe de l'innovation estimée à la date t sur le *ième* solde:

$$x_t^i = +1 \text{ si } \varepsilon_t^i > 0$$

$$\text{et } x_t^i = -1 \text{si } \varepsilon_t^i < 0.$$

Un creux est identifié lorsque les signes négatifs, initialement minoritaires face aux signaux positifs, deviennent majoritaires. De même, un pic est détecté lorsque les signes positifs deviennent les plus nombreux.

B. La phase de synthèse

La phase de synthèse permet de déterminer la nature de la phase conjoncturelle en cours à partir de l'ensemble des signaux conjoncturels rassemblés dans le vecteur des variables codées, x_t^i, des soldes d'opinion Y^i. Dans le modèle de Gregoir et Lenglart (1998) on suppose qu'il existe une variable qualitative cachée (non directement observable) qui résume l'information commune contenue dans les x_t^i. Cette variable cachée, Z_t, peut prendre deux états, correspondant chacun à une phase conjoncturelle possible : phase favorable et phase défavorable. On se propose, alors, d'estimer la probabilité pour que la variable cachée,

Z_t, occupe un état donné ($Z_t = 1$ phase favorable, $Z_t = -1$ phase défavorable) à la période *t*.

Le lien entre cette variable cachée, Z_t, et l'ensemble des signaux, x_t^i, que l'on observe, date après date, se formalise comme suit :

D'une part, on considère que les signaux sont conditionnels à l'état de la conjoncture. Autrement dit, on suppose qu'il serait plus probable d'observer des variations positives des soldes d'opinion (ie des signes des surprises conjoncturelles, x_t^i) en période d'activité favorable et négatives en période d'activité défavorable. On suppose, aussi, que les probabilités conditionnelles (car attachées à la phase conjoncturelle où l'économie se trouve), dépendent de la variable observé, x_t^i , de façon à rendre compte des disparités d'intensité des liens entre la variable cachée ,Z_t, et chacune des variables observées x_t^i : plus l'indicateur suit les évolutions du cycle conjoncturel, plus ce lien sera intense. D'autre part, on suppose que la persistance des phases conjoncturelles est définie de manière probabiliste: si on connaît l'état, favorable ou défavorable, de la conjoncture économique, à une date donnée ; cet état peut, toujours, basculer vers l'autre état, à la date suivante, mais avec une probabilité faible. On définit par probabilités de transition, ces probabilités de passage d'une phase conjoncturelle à l'autre. Ainsi, plus grande est la certitude sur l'état de l'activité économique à un moment donné, plus sont majoritaires les signaux considérés comme contraires à cet état.

Le lien entre la variable cachée, Z_t, et l'ensemble des signaux, x_t^i, étant précisé, il serait alors possible de calculer, à chaque date, et en ne tenant compte que des signaux observés jusqu'à cette date, la probabilité que la variable cachée prend l'un ou l'autre des deux états, c'est-à-dire la probabilité que la phase conjoncturelle soit favorable ou défavorable.

3.3.2. L'estimation du modèle

En notant Z_t la chaine de Markov et p_{ij} la probabilité de transition d'un état i vers l'état j, il est possible d'écrire :

$$P\left(Z_t = j \middle| Z_{t-1} = i\right) = p_{ij} \forall i, j = 1,2$$

La matrice de transition de la chaine de Markov Z_t peut alors être donnée par :

$$P = \begin{bmatrix} p_{11} & p_{21} \\ p_{12} & p_{22} \end{bmatrix}$$

Puisque les valeurs prises par Z_t ne sont pas observées, il est possible de déterminer la nature de la phase conjoncturelle à partir des signaux conjoncturels rassemblés dans le vecteur des variables codées, x_t, des soldes d'opinion considérés. Dans le modèle de Gregoir et Lenglart (1998), on suppose qu'il existe six soldes d'opinion: (i) les réponses des entreprises concernant la tendance passée de leur production personnelle, (ii) la tendance future de leur production personnelle, (iii) l'état de la demande et leurs carnets de commande globaux, (iv) celui de la demande et de leurs carnets en provenance de l'étranger, (v) le niveau de leurs stocks, (vi) et les perspectives générales d'activité dans l'industrie.

Ces signaux sont conditionnels à l'état de la conjoncture Z_t : il est plus probable d'observer des variations des soldes d'opinion positives en période d'activité favorable et négatives en période défavorable. On définit, alors, les probabilités conditionnelles d'observer une classe de variation des soldes d'opinion (négative ou positive) sachant l'état de la conjoncture (défavorable ou favorable):

$$\pi_j^i(k) = P\left(x_t = x_t^i | Z_t = j\right) \forall x_t^i,$$
$$j = 1,2 \; i = 1,2,3,4,5,6 \, et \, k : x_t^i = +1 \, ou \, x_t^i = -1$$

Avec $\sum_{k=1}^{2} \pi_j^i = 1$

La matrice des probabilités conditionnelles est donnée par :

$$\pi = \begin{bmatrix} \pi_1^1(1) & \pi_2^1(1) \\ \pi_1^1(2) & \pi_2^1(2) \\ \pi_1^2(1) & \pi_2^2(1) \\ \pi_1^2(2) & \pi_2^2(2) \\ \vdots & \vdots \\ \pi_1^i(1) & \pi_2^i(1) \\ \pi_1^i(2) & \pi_2^i(2) \\ & \\ \pi_1^6(2) & \pi_2^6(2) \end{bmatrix}$$

La variable cachée Z_t résume l'information commune à toutes les variables codées x_t^i. Ces six variables sont indépendantes entre elles conditionnellement à la variable Z_t, soit :

$$P(x_t) = \left(x_t^1, x_t^2, \ldots, x_t^6 | Z_t = j\right) = \prod_{i=1}^{6} P\left(x_t = x_t^i | Z_t = j\right)$$

La vraisemblance du modèle s'écrit selon la formule de Bayes comme :

$$P\left(x_T, x_{T-1}, \ldots, x_1\right) = \prod_{t=2}^{T} P\left(x_t | I_{t-1}\right).P\left(x_1\right)$$

Avec I_t l'information disponible jusqu'à la date t, c'est à dire l'ensemble des signes jusqu'alors observés, $I_t = \left\{x_1, x_2, \ldots, x_t\right\}$.

Puisqu'on ne peut pas observer les réalisations de la varible cachée Z_t mais seulement celles de x_t, l'obtention de la vraisemblance ne se fait pas de manière directe. Elle se fait à l'aide d'un algorithme récursif de filtrage. Les étapes de cet algorithme sont les suivantes :

Etape 1 : Calcul de la probabilité $P\left(Z_t = j | I_t\right)$

$$P\left(Z_t = j | I_t\right) = P\left(Z_t = j | x_t, I_{t-1}\right) = \frac{P\left(Z_t = j, x_t | I_{t-1}\right)}{P\left(x_t | I_{t-1}\right)}$$
$$= \frac{P\left(Z_t = j | I_{t-1}\right) \prod_{i=1}^{6} P\left(x_t = x_t^i | Z_t = j, I_{t-1}\right)}{P\left(x_t | I_{t-1}\right)}$$

Etape 2 : Calcul des probabilités $P\left(Z_{t+1} = k | I_t\right)$, $k = 1,2$

$$P\left(Z_{t+1} = k | I_t\right) = \sum_{j=1}^{2} P\left(Z_{t+1} = k, Z_t = j | I_t\right) = \sum_{j=1}^{2} P\left(Z_t = j | I_t\right) p_{jk}$$

Etape 3 : Calcul des probabilités $P\left(x_{t+1} | I_t\right)$

$$P\left(x_{t+1} | I_t\right) = \sum_{j=1}^{2} P\left(x_{t+1}, Z_{t+1} = k | I_t\right) = \sum_{j=1}^{2} P\left(Z_{t+1} = k | I_t\right) \prod_{i=1}^{6} \pi_k^i \left(x_{t+1}^i\right)$$

L'itération de ces trois étapes pour $t = 1, \ldots, T$ permet de calculer la vraisemblance de l'échantillon et d'estimer les paramètres du modèle en utilisant la méthode du maximum de vraisemblance. On obtient alors les probabilités filtrées, c'est-à-dire les probabilités $P(Z_t|I_t)$ lorsque l'ensemble de l'information utilisé pour réaliser une inférence sur Z_t ne contient que les observations courantes et passées $I_t = \{x_1, x_2, \ldots, x_t\}$. Il est également possible d'obtenir les probabilités lissées, c'est-à-dire les probabilités $P(Z_t|I_T)$ lorsque cette inférence est conditionnelle à toute l'information contenue dans l'échantillon.

4. Les modèles économétriques de prévision du cycle économique

La littérature relative aux prévisions du cycle économique par des modèles économétriques s'est largement développée au cours de ces vingt dernières années. On y trouve deux types d'approches : les modèles partiels et les modèles conjoints. Les modèles partiels s'appuient sur des spécifications à une seule équation : celle ci vise à estimer la croissance *trimestrielle* du PIB à l'aide d'un ensemble d'indicateurs *mensuels* quantitatifs et qualitatifs (indicateurs réels, financiers, soldes d'enquêtes). Dans ces modèles les variables explicatives sont, le plus souvent, disponibles de manière fragmentaire et les observations manquantes sont estimées au moyen de modèles auxiliaires. Ces modèles partiel sont, largement, utilisées par les Banques Centrales et les organisations internationales et sont généralement connues sous le nom de modèles d'étalonnage ou de « *modèles bridge* » (Rünstler et Sédillot, 2003; Baffigi *et alii*, 2004 ou Diron, 2006).

Les modèles conjoints sont des modèles dynamiques multivariés, dans lesquels le PIB et ses prédicteurs (les variables explicatives utilisées) sont estimés conjointement. On y trouve les modèles VAR et les modèles factoriel dynamique. Le mérite principal des modèles factoriels est leur capacité de prendre en compte l'information apportée par un grand nombre de variables, celle-ci étant résumée par un petit nombre de facteurs, qui seront, ensuite, utilisés comme variables explicatives dans un modèle de régression classique. La prévision du PIB peut se faire, dans ces modèles, à l'aide d'une équation de régression univariée de type ARDL (*Autoregressive Distributed Lags*) ou à l'aide d'un processus multivarié de type VAR (stock et Watson (1989, 1991, 1993).

Ce paragraphe se limite à l'exposé des modèles conjoints. Les modèles partiel d'étalonnage sont, généralement, utilisé pour la prévision à très court terme ; à des brefs délais. Dans la plupart des cas, les statistiques officielles, notamment le PIB trimestriel, sont publiées avec retard par les comptes nationaux, plusieurs semaines après la fin du trimestre. Par exemple en Tunisie, le délai de publication du PIB trimestriel par l'Institut National de la Statistique est de 40 jours et on ne dispose d'une vision complète de l'évolution du PIB d'une période donnée qu'un certain temps après qu'elle s'est écoulée. Les modèles d'étalonnage permettent de produire tous les mois une évaluation, aussi précise que possible, du PIB pour les trimestres coïncident et futur ; bien avant la publication des résultats des comptes nationaux.

4.1. Modélisation VAR et prévision du cycle économique

Comment le modèle *VAR(p)* du chapitre précédent peut il être utilisé pour prévoir le cycle économique ? Soit la forme vectorielle autorégressive suivante :

$$X_t = \mu + \sum_{i=1}^{p} \Phi_i X_{t-i} + \varepsilon_t = \mu + \Phi_1 X_{t-1} + \Phi_2 X_{t-2} + \ldots + \Phi_p X_{t-p} + \varepsilon_t \quad (1)$$

Où ε_t est un bruit blanc (*ie :* $E(\varepsilon_t) = 0$, $E(\varepsilon_t \varepsilon_s) = 0$ pout tout $t \neq s$) de matrice variance-covariance $E(\varepsilon_t \varepsilon_t') = \Sigma$. $\Phi_i \ (i = 1\ldots, p)$ est une suite de $n \times n$ matrices et μ un vecteur de $n \times 1$ termes constants.

L'estimation de la forme réduite (1) permet de déterminer les estimateurs des coefficients des matrices Φ_i, des résidus $\breve{\varepsilon}_t$ et de leur matrice variance-covariance $\breve{\Sigma}$. La prévision optimale du vecteur X_t à l'horizon h est égale à l'espérance conditionnelle à l'information disponible en t.

$$\breve{X}_{t+h} = E\left(X_{t+h} / I_t\right) \quad (2)$$

La linéarité du modèle VAR permet d'obtenir les prévisions de façon récursive, soit :

$$\breve{X}_{t+h} = \breve{\mu} + \sum_{i=1}^{p} \breve{\Phi}_i \breve{X}_{t+h-i} + E(\varepsilon_{t+h} / I_t) \quad (3)$$

Lorsque $E(\varepsilon_{t+h} / I_t) = 0$, il serait possible de déterminer la prévision à l'horizon h connaissant les prévisions jusqu'à l'horizon $h-1$. Pour simplifier, considérons l'exemple simple d'un $VAR(1)$ à un seul retard, estimé à partir de T observations

$$X_t = \mu + \Phi_1 X_{t-1} + \varepsilon_t$$

La prévision à l'horizon 1 faite en T est alors :

$$\breve{X}_{T+1} = \breve{\mu} + \breve{\Phi}_1 \breve{X}_T$$

La prévision à l'horizon 2 faite en T est :

$$\breve{X}_{T+2} = \breve{\mu} + \breve{\Phi}_1 \breve{X}_{T+1} = \breve{\mu} + \breve{\Phi}_1 \left(\breve{\mu} + \breve{\Phi}_1 \breve{X}_T\right) = \breve{\mu} + \breve{\mu}\breve{\Phi}_1 + \breve{\Phi}_1^2 \breve{X}_T$$

La prévision à l'horizon h faite en T est finalement[56] :

$$\breve{X}_{T+h} = \breve{\mu} + \breve{\Phi}_1 \breve{X}_{T+h-1} = \left(I_n + \breve{\Phi}_1 + \ldots + \breve{\Phi}_1^{h-1}\right)\breve{\mu} + \breve{\Phi}_1^h \breve{X}_T$$

Le graphiques 12a et 12b reproduisent une illustration des performances comparées de prévision du modèle VAR : $\begin{pmatrix} \Delta Y_t \\ \Pi_t \end{pmatrix}$ de l'encadré 2, estimé sur des données trimestrielles de l'Afrique du Sud[57]. ΔY_t définit le taux de croissance du PIB et Π_t le taux d'inflation. La période d'observation 1980Q1-2012Q4 est subdivisée en deux sous périodes : 1980Q1-2008Q4 et 1999Q1-2012Q4. La période 1980Q1-2008Q4 est l'échantillon d'apprentissage ou d'estimation sur lequel le modèle VAR est estimé. La période 1999Q1-2012Q4 est la

---

56 l'intervalle de confiance de la prévision au niveau $1-\frac{\alpha}{2}$ est donnée par $\breve{X}^i_{T+h} = \pm t_{\frac{\alpha}{2}} \sqrt{\Sigma^{i,i}_h}$ où $t_{\frac{\alpha}{2}}$ est le fractile de la loi normale et $\Sigma^{i,i}_h$ la variance de l'erreur de prévision à l'horizon h de la variable i

57 Il s'agit d'un exercice illustratif. Pour faire la prévision du PIB de manière fiable, il faudrait introduire dans le modèle VAR des prédicteurs pertinents qui disposent d'une bonne capacité prévisionnelle. On pourrait introduire comme variables réelles, la consommation des ménages en produits manufacturés, les immatriculations de véhicules neufs, les mises en chantier et les permis de construire, l'indice de production industrielle et ses composantes, ainsi que des variables portant sur le marché du travail. Pour les variables monétaires et financières, on pourrait introduire les taux d'intérêt, la pente des taux, plusieurs indices boursiers, un indice de volatilité du marché, les agrégats monétaires et l'indice de prix

période de prévision sur laquelle la capacité prédictive du modèle VAR sera évaluée. Le graphique 12a illustre une prévision récursive qui utilise pour un pas donné les prévisions faites aux pas précédents. Celui de 12b reproduit une prévision directe qui cherche à prévoir les valeurs de ΔY_t à l'horizon $T+h$ sans s'intéresser aux prévisions aux pas précédents. L'output immédiat de la formule de prévision est alors $\Delta \breve{Y}_{T+h}$.

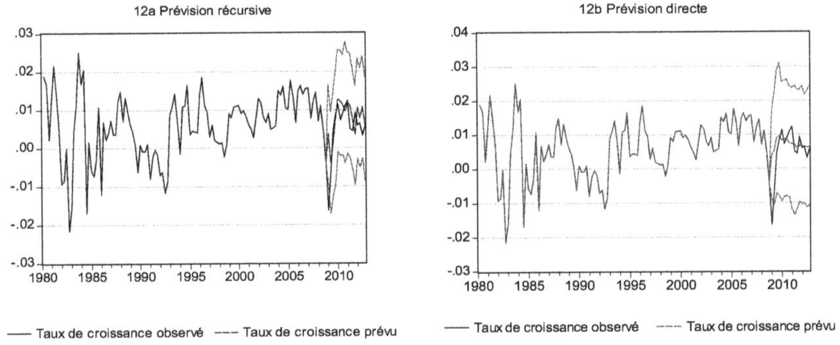

Graphique 12 - Capacité prédictive d'un Modèle VAR

Encadré 3 - Mesure de la qualité statistique des prévisions

Plusieurs indicateurs statistiques ont été développés pour mesurer et analyser les erreurs de prévisions. On note l'erreur absolue moyenne (MAE pour, Mean absolute error), l'erreur quadratique moyenne (MSE pour Mean squared error), la racine de l'erreur quadratique moyenne (RMSE pour) le coefficient d'inégalité, et le diagramme de Theil ... cet encadré expose trois métrique, généralement, utilisés pour mesurer la qualité statistique des prévisions : l'erreur absolue moyenne (MAE), l'erreur quadratique moyenne (MSE), la racine de l'erreur quadratique moyenne (RMSE)

Soit Y_t la valeur prise par une variable Y pour la période $t=1,2,\ldots,T$ et $\breve{Y}_t$ sa prévision. l'erreur de prévision est alors :

$$e_t = \breve{Y}_t - Y_t$$

On définit l'erreur absolue moyenne (MAE pour Mean absolute error) par:

$$MAE = \frac{1}{T}\sum|e_t|$$

et l'erreur quadratique moyenne, (MSE pour Mean squared error) par :

$$MSE = \frac{1}{T}\sum e_t^2$$

Cette dernière valeur est reliée à la moyenne, $m = \frac{1}{T}\sum e_t$, et à la variance observées, $\sigma^2 = \frac{1}{T}\sum(e_t - m)^2$, par

$$MSE = m^2 + \sigma^2$$

Une erreur quadratique moyenne faible indique à la fois une faible variance de l'erreur et une erreur moyenne réduite. On utilise généralement la racine de cette erreur quadratique moyenne notée $RMSE$. Celle ci est égale à

$$RMSE^{1/2} = \sqrt{\frac{1}{T}\sum e_t^2}$$

4.2. *Les Modèles à facteurs et prévision*

Les modèles factoriels dynamiques sont de plus en plus utilisés pour la prévision du cycle économique par les Banques Centrales et les organismes internationaux (Banque Centrale Européenne, la Federal Reserve Américaine, l'Organisation de Coopération et de développement Economiques). Ces modèles utilisent l'information observée dans un ensemble de n variables corrélés, X_t, et supposent que l'influence de ces variables sur le cycle économique peut être approchée par l'effet de k variables latentes, inobservables, appelés facteurs communs (censés représenter les fluctuations des variables X_t). Deux étapes sont saisies lors de la prévision: D'abord, les facteurs inobservables (communs) sont estimés à partir de données, qui sont utilisées pour suivre la conjoncture économique, tel que *(i)* les soldes d'opinion auprès des industriels et des ménages, *(ii)* les variables réelles, notamment les indices de production industrielle, la consommation des ménages, les ventes au détail ou les immatriculations de véhicules neufs.. ; et *(iii)* les variables nominales, monétaires et financières (les prix des actions, le taux d'intérêt ...). Une fois les facteurs inobservables sont estimés, la prévision du cycle économique Y_t à un horizon h peut se faire, à l'aide d'une équation de régression uni-variée ARDL (Autoregressive Distributed Lags) (Stock et Watson, 2002 et Boivin et Ng, 2006) ou à l'aide d'un processus multi-varié de type VAR (Stock et Watson, 1989, 1991, 1993).

***Etape 1* : Extraction des facteurs communs**

Soit un modèle factoriel dynamique où les n variables observées du vecteur X_t, peuvent être décrites par k variables inobservables, ou facteurs communs.

$$X_t = \lambda F_t + e_t$$

$$F_t = \sum_{j=1}^{p} \rho_j F_{t-j} + \varepsilon_t \qquad (1)$$

λ est une matrice de dimension (n,k) qui définie les contributions du facteur commun, $F_{rt} r = 1 \ldots k$, à la variable $X_{it}, i = 1 \ldots . n$. ε_t un bruit blanc ; e_{it} est la composante idiosyncratique, c'est la part de la variable X_{it} qui n'est pas expliquée par les facteurs communs. les e_{it} sont deux à deux non corrélés et non corrélées aux facteurs.

Le système d'équations (1) a une forme qui relève de la notion générale des modèles espace-état ou modèles état-mesure. La première équation, appelée équation de mesure, décrit la relation entre les variables observées, les variables de mesure X_{it}, et les variable inobservée, les variables d'état F_{rt}. La deuxième équation, appelée équation d'état, décrit comment les variables latentes sont générées à partir de leurs valeurs retardées et d'innovations. L'application au système (1) du filtre de Kalman permet d'extraire le vecteur de facteurs communs F_{rt}

***Etape 2* : prévision de la variable d'intérêt Y_t**

La prévision du cycle économique, Y_t, à un horizon h peut se faire selon deux méthodes : la première utilise une équation de régression uni-variée de type ARDL (ie : modèle autoregressif à retard échelonné ou ARDL pour *Autoregressive Distributed Lags*) (Stock et Watson, 2002 et Boivin et Ng, 2006) ; la deuxième utilise une modélisation multi-varié de type VAR (Stock et Watson, 1989, 1991, 1993)

- La prévision par équation de régression uni-variée ARDL : Cette méthode consiste à estimer l'équation partir de T observations:

$$Y_{t+h} = \alpha_h + \sum_{j=1}^{m} \beta_{hj} F_{t-j+1} + \sum_{j=1}^{p} \phi_{hj} Y_{t-j+1} + v_{t+h}$$

et de calculer ensuite la prévision à l'horizon h faite en T, Y_{T+h}, en utilisant la formule :

$$\breve{Y}_{T+h} = \breve{\alpha}_h + \sum_{j=1}^{m} \breve{\beta}_{hj} \breve{F}_{t-j+1} + \sum_{j=1}^{p} \breve{\phi}_{hj} Y_{t-j+1}$$

$\breve{F}$ est le vecteur de dimension r des facteurs estimés, m et p les ordres autorégressifs et $\breve{\beta}_{hj}$ un vecteur de coefficients estimés de dimension r. Deux méthodes de prévision de $\breve{Y}_{T+h}$ sont disponibles lorsque l'horizon de prévision h est supérieur à 1 : la méthode itérative et la méthode directe. La méthode itérative, ou récursive, utilise pour un pas donné les prévisions effectuées aux pas précédents. Pour cette méthode, il est, nécessaire d'utiliser $\breve{Y}_{T+1}$ pour prédire $\breve{Y}_{T+2}$ et ainsi de suite jusqu'à obtenir $\widehat{Y}_{T+h}$. La méthode directe cherche, quand à elle, à prévoir la valeur de Y l'horizon $T+h$ sans s'intéresser aux prévisions aux pas précédents. Pour cette méthode, l'output immédiat de la formule de prévision est $\breve{Y}_{T+h}$.

- La prévision par modélisation multi-variée de type VAR : Les r facteurs F_t extraits de l'étape 1 sont maintenant incorporés dans un modèle VAR pour prévoir la variables Y_t, soit:

$$\begin{bmatrix} F_t \\ Y_t \end{bmatrix} = \Phi(L) \begin{bmatrix} F_{t-1} \\ Y_{t-1} \end{bmatrix} + v_t$$

L'estimation de cette forme réduite permet de déterminer les estimateurs des coefficients des matrices $\Phi(L)$. La linéarité du modèle VAR suffit pour obtenir les prévisions de façon récursive.

4.3. L'indice de probabilité de récession de Stock et Watson

Stock et Watson (1989, 1991, 1993) ont développé un modèle VAR augmenté de facteur pour construire un indicateur coïncident et calculer les probabilités de retournement du cycle économique. Trois étapes ont été proposées : A la première, un indicateur composite est calculé, sur la base d'un modèle factoriel dynamique, en combinant quatre variables : l'indice de la production industrielle, le revenu nominal avant transferts, les ventes industrielles et commerciales et l'emploi salarié non agricole. A la deuxième étape, l'indicateur coïncident est modélisé conjointement avec des séries-indicateurs avancées dans le cadre d'une représentation vectorielle autorégressive : l'objet est de faire des prévisions, sur six mois, de l'évolution de l'indicateur coïncident. Les séries-indicateurs avancées utilisés sont : les stocks de produits finis, les mises en chantier, les carnets de commandes/ventes des biens industriels, le taux de rendement des obligations à dix ans du gouvernement, l'écart des taux d'intérêt. A la troisième étape, une mesure de probabilité de récession, appelé indice de récession expérimentale (*Experimental Recession Index*) est calculé en utilisant un modèle Logit binaire.

4.3.1. Un modèle factoriel pour construire l'indicateur coïncident

Pour Stock et Watson certaines variables macroéconomiques présentent des co-mouvements avec le cycle économique. Dans cette perspective, il serait utile de construire un indice coïncident à partir de ces variables. Il s'agit alors d'exprimer chaque variable en fonction d'une composante inobservable commune : l'indice coïncident, censée représenter les fluctuations communes des différentes séries.

Quatre variables sont retenues : l'indice de la production industrielle, le revenu nominal avant transferts, les ventes industrielles et commerciales et l'emploi salarié non agricole. Ces variables sont modélisées dans le cadre d'une représentation espace-état où les équations de mesure décomposent les variables retenues en une composante commune et des composantes idiosyncratiques. Les équations d'état modélisent les dynamiques autorégressives des différentes composantes, commune et idiosyncratiques.

$$\Delta X_t = \beta + \gamma \Delta C_t + u_t \tag{1}$$

$$D(L) u_t = \varepsilon_t \tag{2}$$

$$\phi(L) \Delta C_t = \delta + \eta_t \tag{3}$$

Avec ΔX_t les différences premières des logarithmes des quatre variables retenues, ΔC_t le facteur commun caché (ie : la différence première du logarithme de l'indicateur coïncident) et u_t les facteurs spécifiques des différentes séries. $D(L)$ et $\phi(L)$ sont des opérateurs de retards. Les facteurs spécifiques et le facteur commun sont non corrélés entre eux. Le modèle, définie par les équations (1) (2) et (3), admet une représentation espace-état, ce qui permet d'utiliser du filtre de Kalman pour réaliser l'extraction de composante commune : l'indicateur coïncident

4.3.2. Un modèle VAR pour prévoir l'indicateur coïncident

L'indicateur coïncident est, maintenant, modélisé avec cinq séries avancées dans le cadre d'une représentation vectorielle autorégressive. Les séries avancées utilisées sont : les stocks de produits finis, les mises en chantier, les carnets de commandes/ventes des biens industriels, le taux de rendement des obligations à dix ans du gouvernement, l'écart des taux d'intérêt. Le modèle VAR retenu prend la forme :

$$\Delta C_t = \mu_C + \lambda_{CC}(L)\Delta C_{t-1} + \lambda_{CY}(L)Y_{t-1} + \upsilon_{Ct} \tag{4}$$

$$Y_t = \mu_Y + \lambda_{YC}(L)\Delta C_{t-1} + \lambda_{YY}(L)Y_{t-1} + \upsilon_{Yt} \tag{5}$$

Où Y_t définie les séries-indicateurs avancées utilisées. L'estimation de cette représentation vectorielle permet de faire des prévisions, sur six mois, de l'indicateur coïncident et de calculer un indicateur composite avancé. Celui-ci est défini comme le taux de croissance, sur six mois, de l'indicateur coïncident, soit $A_t(6) = C_{t+6} - C_t$

4.3.3. Un modèle Logit binaire pour prévoir les récessions

Un modèle Logit est utilisé pour déterminer la probabilité d'entrer en récession à un horizon de six mois. La variable dépendante est définie par R_{t+6}, avec

$R_t = 1$ si l'économie est en récession à la date (selon la datation officielle du NBER)

$R_t = 0$ si l'économie en expansion

Les variables explicatives prédictives sont définies par les prévisions de l'indicateur coïncident aux horizons de 1 à 6 mois, soit $A_t(1),\ldots,A_t(6)$; l'indicateur coïncident C_t et les séries-indicateurs avancées utilisées

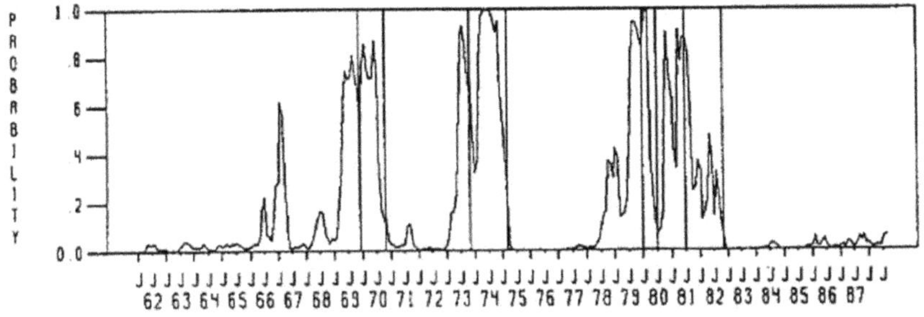

Graphique 13 : Datation officielle des récessions aux Etats-Unis et prévision de la probabilité d'entrer en récession à un horizon de 6 mois
Source : Stock et Watson (1989,1991)

5. Conclusion

Les outils méthodologiques présentés ont illustré comment il est possible de prévoir les points de retournement du cycle économique. Dans ce chapitre, nous avons choisi de présenter le noyau dur de ces outils, en laissant de côté quelques méthodes. Parmi les instruments non abordés dans le présent chapitre, on peut citer :

- Le système d'indicateur avancé de la *Conférence Board*
- Les modèles à variables qualitatives de type Logit
- Les modèles d'étalonnage ou *Modèles Bridge*

On trouvera dans la bibliographie indicative les références nécessaires

6. Bibliographie

Baffigi A., Golinelli R. et **Parigi G.**, (2004), «Bridge Model to Forecast the Euro Area GDP», *International Journal of Forecasting*, n° 20, pp. 447–460

Bernard H. et S. Gerlach, (1998), « Does the Term Structure Predict Recession? The International Evidence?», *CEPR Discussion Paper*, n° 1892, Mai.

Boivin J., Ng S., (2006). «Are more Data always Better for Factor Analysis», *Journal of Econometrics*, 132, pp. 169–194.

Diron M. (2006), «Short-term Forecasts of Euro Area real GDP Growth: an Assessment of Real-Time Performance Based on Vintage Data», *Banque Centrale Européenne, Working Paper*, n° 622

Estrella, A., Hardouvelis, G., (1991), « the Term Structure as a Predictor of Real Economic Activity», *Journal of Finance*, vol. 46, pp. 555–576.

Estrella, A, Mishkin, F., (1997), «The Predictive Power of Term Structure on Interest Rates in Europe and United-States: Implication for the European Central Bank», *European Economic Review*, vol. 41, pp. 1375–1401.

Estrella, A., Mishkin, F., (1998), «Predicting U.S. Recessions: Financial Variables as Leading Indicators», *Review of Economics and Statistics*, vol. 80, pp. 45–61

Friedman, Benjamin M. et K. N. Kuttner. (1993), «Why Does the Paper-Bill Spread Pre-dict Real Economic Activity? » dans Business Cycles, Indicators, and Forecast-ing, edité par James H. Stock and Mark W. Watson. *Chicago: University of Chicago Press.*

Grégoir S., F. Lenglart, (1998),«Un Nouvel Indicateur pour Saisir les Retournements de Conjoncture», *Économie et Statistique*, n° 314

Gerlach, Stefan & Smets, Frank, (1997). "The term structure of Euro-rates: some evidence in support of the expectations hypothesis," Journal of International Money and Finance, Elsevier, vol. 16(2), pages 305–321, April.

Hamilton. J.D. (2011), «Calling Recessions in Real Time». *International Journal of Fore-casting*, 27(4), pp 1006–1026

Neftci, S.,(1982), « Optimal Prediction of Cyclical Downturns», *Journal of Economic Dynamics and Control*, vol. 4, 225–241.

Moneta, F., (2005), «Does the Yield Spread Predict Recessions in the Euro Area?», *International Finance*, vol. 8, pp. 263–301.

Nilsson R, (1987), «OECD Leading Indicators», *OECD Economic Studies*, No. 9, 1987

Nilsson R, (2000), «Confidence Indicators and Composite Indicators», *papier présenté à la 25ième Conférence du CIRET*, Paris;

Nilson R. et **O. Brunet**, (2006), «Composite Leading Indicators for Major OECD non Members economies», *OECD Statistics Working Papers*, 2006/01,

Niemira M. P. (1991), «An international Application of the Neftci's Probability Approach for Signaling Growth Recessions and Recoveries using Turning Point Indicators», dans: Leading Economic Indicators, K. Lahiri and G. Moore (eds.), *Cambridge University Press*, pp. 91–108

OCDE (2009), «Interpréter les Indicateurs Composites Avancés de l'OCDE»

OCDE (2010), «OECD Cyclical Analysis and Composite Indicators System (CACIS) User's Guide», unclassified document

OCDE (2012), «OECD System of Composite Leading Indicators», unclassified document

Rünstler G. et Sédillot F., (2003), « Short-term Estimates of GDP by Means of Monthly Data», *Banque Centrale Européenne*, *Working Paper*, n° 176

Stock J. H. et **Watson M. W.**, (1989), «New Indexes of coincident and Leading Economic indicators» *dans* Blancherd et Fisher, *NBER Macroeconomics annual*, *Ed. MIT press*, Cambridge.

Stock J. H. et Watson M. W., (1991), «A Probability Model of Coincident Economic Indicators» *dans* Lahiri and Moore (sous la dir. de), *Leading economic indicators: new approaches and forecasting methods*, Ed. Cambridge University Press.

Stock J. H. et Watson M. W., (1993), «A Procedure for Predicting Recessions with Leading Indicators: Econometric Issues and Recent Experience », *dans Business Cycles, Indicators and Forecasting*, Stock and Watson Ed., University of Chicago Press.

Stock J. H. et **Watson** M. W., (2002), «Macroeconomic Forecasting using Diffusion Indexes», *Journal of Business and Economic Statistics*, n° 20, p. 147–162

PARTIE 4

Les modèles d'Equilibre Général Dynamique et Stochastique (DSGE): Fondements Théoriques, Résolution Approchée et Utilisations Pratiques

9. Les Modèles d'Equilibre Général Dynamique et Stochastique (DSGE): de la modélisation RBC aux nouveaux paradigmes keynésiens 377
10. Les méthodes de résolution approchée : Méthodes linéaires vs méthodes non linéaires 411
11. Détermination des paramètres structurels des modèles DSGE : Estimation vs calibrage 489
12. Les Modèles d'Equilibre Général Dynamique et Stochastique (DSGE): les Utilisations pratiques 511

CHAPITRE 9

Les Modèles d'Equilibre Général Dynamique et Stochastique (DSGE): de la modélisation RBC aux nouveaux paradigmes keynésiens

1. Introduction 377
2. Un modèle DSGE-RBC canonique 382
   2.1. L'exposé du modèle DSGE-RBC canonique 382
   2.2. Détermination des conditions d'optimalité 384
   2.3. Les approfondissements du modèle canonique 394
3. Modèles DSGE et nouveau paradigme keynésien : rigidités des prix et imperfections des marchés 396
   3.1. Prise en compte des rigidités et des imperfections des marchés 396
   3.2. Un modèle DSGE canonique avec rigidités et imperfections des marchés 398
4. Conclusion 407
5. Bibliographie 408

1. Introduction

Les modèles d'équilibre général dynamiques et stochastiques (DSGE) se sont imposés dans le domaine de la modélisation macroéconomique suite aux critiques adressées par Lucas aux modèles macro-économétriques de type keynésien. Ces modèles reposent sur des formes réduites où les équations de comportement (fonction de consommation, fonction d'investissement) relient certaines variables d'intérêt à des facteurs explicatifs, dont les variables de politique économique. L'une des utilisations pratiques de ces modèles était d'évaluer l'effet de la variation de la politique économique sur les variables d'intérêt. « Lucas critique cette utilisation car si les agents privés ont des comportements dynamiques d'optimisation et exploitent rationnellement l'information disponible, ils devraient, suite à l'annonce d'une décision de la politique économique, modifier leur comportement pourtant supposé invariant» (Avouyi-Dovi et *alii*, 2007). Dans les modèles macro-économétriques, en effet, les équations de comportement ne varient pas en fonction du régime de la politique économique. Ces équations sont stables et le comportement des agents économiques ne changent pas lorsque la conjoncture, actuelle ou anticipée, à laquelle ces derniers sont confrontés, est modifiée. Pour Lucas, les paramètres estimés des modèles macro-économétriques n'ont aucune raison d'être constants dans le temps ; bien au contraire, ils ont toutes les raisons de changer, modifiant, par voie de conséquence, les réactions des agents aux variations de la politique économique (Encadré 1).

Pour répondre à cette critique, la modélisation macroéconomique a développé des modèles économiques, dits « structurels », c'est-à-dire des modèles dont les paramètres dépendent des réactions rationnelles des agents. Ainsi, une variation de la politique économique peut modifier les décisions des agents (*ie :* suite aux variations des contraintes auxquelles ils sont soumis) et par voie de conséquence, les paramètres du modèle. Les premières tentatives, ont été initiées par Kydland et Prescott (1982), Long et Plosser (1983) et King, Plosser et Rebelo (1988) dans le cadre de la théorie des cycles réels (RBC pour *Real Business Cycle*). Cette voie de recherche s'est basée sur des modèles d'équilibre général inter-temporels stochastiques, sans rigidités et fonctionnant sur un mode de concurrence parfaite avec flexibilité des prix. Dans ces modèles, chaque agent (rationnel) possède un programme d'optimisation qui permet de dériver des relations de comportement de manière explicite. Les modèles les plus simples retiennent deux types d'agents, les ménages et les entreprises et un seul type de choc, essentiellement technologique. Les ménages déterminent, à chaque période leur offre de travail et leur niveau de consommation en maximisant leur utilité. Ils parviennent à ces choix en tenant compte du fait que leur épargne a un effet sur leur consommation future et que celle-ci dépend des taux d'intérêt futurs, faisant ainsi intervenir leurs anticipations, qui sont rationnelles. Les entreprises, cherchent à maximiser leurs profits ; elles décident de la quantité de travail à embaucher et du volume d'investissements à effectuer, compte tenu de salaires et du taux de rendement du capital. Les chocs qui affectent l'économie sont des chocs d'offre technologique qui affectent la productivité globale des facteurs. Dans ces modèles du cycle réel à une seule impulsion, « les fluctuations économiques sont des réponses optimales aux taux de croissance aléatoires du progrès technique et les politiques de stabilisation sont coûteuses en termes de bien-être » (Prescott, 1986).

Il s'agit là d'une remise en cause totale des idées reçues sur les fluctuations économiques. D'abord, si les fluctuations sont le produit d'une réponse optimale aux chocs réels affectant la fonction de production, les facteurs monétaires ne sont, alors, plus en mesure d'expliquer l'instabilité. Dans ces conditions, la politique monétaire ne peut pas avoir d'effets réels. D'autre part, puisque les travailleurs peuvent décider du volume de leur effort de travail, l'emploi est le fruit de choix volontaires. En fait, les fluctuations ne sont rien d'autre qu'un équilibre inter-temporel de plein emploi en mouvement constant puisqu'il est perturbé par des chocs externes. Dans ces condition, l'affirmation par le gouvernement d'un objectif de plein emploi ne peut avoir de sens puisque l'économie l'a d'emblée atteint

Durant les années 1990, des économistes de sensibilité keynésienne ont pris conscience que les modèles RBC et la critique de Lucas pouvaient constituer les bases d'une modélisation plus riche, qui intègre une variété de mécanismes considérés comme caractéristiques du fonctionnement du monde réel. D'abord, par l'admission de chocs monétaires comme source d'impulsion à l'origine des fluctuations, ensuite par l'introduction des imperfections de marchés et des ajustements progressifs, fortement négligés par l'approche des modèles RBC. Les nouveaux modèles ont ainsi réhabilité les mécanismes des modèles macroéconomiques néo-keynésiens en introduisant les imperfections des marchés (*ie :* marché des biens et éventuellement marché du travail) que sont la concurrence monopolistique, les défauts de coordination et les rigidités nominales et réelles. Le résultat en est, ainsi, des modèles où les prix sont peu flexibles et ou les fonctions stabilisatrices des politiques monétaires et budgétaire ont retrouvé leur plein rôle.

Ce sont ces enrichissements qui ont amené la modélisation macroéconomique à délaisser l'expression de modèles de cycles réels au profit de modèles d'équilibre général inter-temporel stochastique (DSGE). Le rapprochement entre les fondements microéconomiques de l'équilibre général dynamique des modèles RBC et les développements de la nouvelle économie keynésienne a constitué, ainsi, la base d'une nouvelle synthèse néoclassique, comme l'ont exprimé Goodfriend et King (1997) :

"The New Neoclassical Synthesis was advertised as an engine of analysis which offered a Keynesian view of the determination of national income - business cycles arising from changes in aggregate demand because of wage and price stickiness - and neoclasssical principles to guide microeconomics analysis"

Avec cette nouvelle synthèse néoclassique, l'analyse macroéconomique s'est appropriée de toute la richesse de la théorie microéconomique. En particulier, le comportement individuel est dorénavant au centre de l'analyse par l'intermédiaire de la maximisation explicite de la fonction d'utilité (individu) ou de la fonction de profit (entreprise). Les agents individuels élaborent ainsi des règles de décision (consommation, offre de travail demande de facteur, offre de bien…), dans un environnement imparfait de concurrence monopolistique et de rigidité des prix et des salaires. Ces règles de décision individuelles sont, ensuite, agrégées et ce sont ces agrégations qui déterminent, une fois que l'on s'est assuré de l'équilibre des différents marchés, les dynamiques des variables macroéconomiques.

"The New Keynesian paradigm arose in the 1980s as an attempt to provide microfoundations for key Keynesian concepts such as the inefficiency of aggregate fluctuations,nominal price stickiness, and the non-neutrality of money. The models of this literature, however, were typically static and designed mainly for qualitative as opposed to quantitative analysis. By contrast, real business cycle theory […] demonstrated how it was possible to build quantitative macroeconomic models exclusively from the 'bottom up'—that is, from explicit optimizing behavior at the individual level. These models, however, abstracted from monetary and financial factors and thus could not address the issues that we just described. […] The new frameworks reflect a natural synthesis of the New Keynesian and real business cycle approaches." (Goodfriend et King, 1997).

Encadré 1 - La critique de Lucas

Lucas (1976) montre que les équations de comportement (fonction de consommation et fonction d'investissement, par exemple) des modèles macro-économétriques de type keynésien sont des formes réduites dont les paramètres ne sont pas invariants par rapport aux règles de politique économique. Toute modification substantielle du cadre de la politique économique modifie, alors, la valeur de ces paramètres et donc la structure du modèle. Pour Lucas, il serait incorrect d'utiliser les modèles macro-économétriques pour évaluer les effets des variations de la politique économique. Une illustration de la critique de Lucas est basée sur la représentation linéaire simple suivante :

$$Y_t = aY_{t-1} + bx_t + \varepsilon_t$$

La variable endogène, Y_t, est une fonction linéaire de sa valeur retardée et de la variable exogène de politique économique, x_t,. ε_t est une perturbation aléatoire.

L'estimation de cette équation permet de déterminer les valeurs des paramètres structurels a et b. Les économètres keynésiens pensent disposer d'une maquette qui permet de faire des simulations pour évaluer l'impact des variations de la politique économique. La critique de Lucas établit que ces simulations n'ont de sens que si les paramètres structurels a et b sont constants au fil du temps et ne dépendent pas de façon systématique de la séquence de la politique économique. Selon Lucas, les paramètres structurels a et b décrivent le comportement des agents économiques et dépendent de leurs anticipations, lesquelles anticipations dépendent des politiques mises en œuvre. Préjuger de la stabilité des paramètres, c'est supposer que les anticipations des agents ne changent pas au regard de la modification du régime de la politique économique ; ce qui est incohérent.

Pour Lucas, les agents privés ont des comportements dynamiques d'optimisation et exploitent rationnellement l'information disponible. Lorsque les agents privés anticipent un changement dans les règles de la politique économique, ils adoptent un comportement différent du passé et modifient forcément leurs décisions ; ie les comportements d'investissement des agents, par exemple, ne seront pas les même en environnement budgétaire non contraint, que lorsque le déficit public est limité par une règle.

Ainsi toute modification du cadre de la politique économique va en fait modifier les comportements des individus et donc la structure même du modèle. Pour Lucas, l'étude de l'impact des changements de régime de la politique économique ne peut s'effectuer qu'en adoptant une modélisation structurelle qui part des choix microéconomiques des individus et qui permet de rendre compte des effets des modifications des règles de politiques économiques sur les règles de décision privées des agents.

Il est possible de résumer les origines des modèles DSGE par un cheminement théorique en quatre étapes (Epaulard et *alii.*, 2008) : *(i)* la critique de Lucas (1976) des modèles macro-économétriques d'inspiration keynésienne ; *(ii)* la formulation des modèles de cycle réel (RBC), puis leur développement durant les années quatre vingt dix ; *(iii)* le développement des modèles des nouveaux keynésiens, traitant des rigidités, des imperfections de marché et de la conduite des politiques économiques ; et *(iv)* l'intégration, dans l'esprit de la « nouvelle synthèse néoclassique » (Goodfriend et King, 1997), les éléments des nouveaux keynésiens dans les modèles du cycle réel, ce qui donne origine aux modèles DSGE actuels.

Dans ce chapitre nous nous contenterons de présenter deux modèles canoniques des DSGE : le premier est un modèle DSGE-RBC qui retient un cadre de concurrence parfaite et de flexibilité des prix (section 1). Le deuxième est un modèle de la nouvelle synthèse néoclassique qui tient compte des rigidités des prix et des imperfections des marchés (section 2). Nous donnons en conclusion les références de quelques travaux qui incorporent les développements de la nouvelle économie keynésienne et qui ont fait preuve d'une adéquation acceptable avec les données

2. Un modèle DSGE-RBC

Les modèles RBC se sont développés, pour la première fois, en 1982 avec les travaux de Kydland et Prescott. Leur projet est de montrer que les réponses optimales des agents à des chocs de nature réelle peuvent engendrer des caractéristiques cycliques semblables à celles observées ; la prise en compte des chocs monétaires n'étant pas jugée nécessaire. Il faut insister sur la nature réelle des chocs qui se résument, au départ, par des chocs qui affectent la productivité globale des facteurs.

Les propriétés et les caractéristiques des modèles RBC ont été bien établies au chapitre 3 de cet ouvrage. Cette section se limite à discuter les outils mathématiques nécessaires pour dériver les conditions d'optimalité et déterminer les règles de décisions. Deux méthodes sont, généralement, avancées : la méthode de Lagrange et la méthode de programmation dynamique (ou l'équation de Bellman)

2.1. L'exposé du modèle DSGE-RBC canonique

Le modèle canonique du cycle réel suppose l'existence d'un grand nombre de consommateurs, tous identiques, qui possèdent les entreprises ; ce qui permet de raisonner sur le cas d'agent représentatif. Le fonctionnement de l'économie est résumé par les décisions de cet agent représentatif dont les choix optimaux correspondent aux quantités par tête, qui émergent du calcul de nombreux agents interagissant sur des marchés de concurrence pure et parfaite avec flexibilité totale des prix (Prescott et Lucas, 1972). Le ménage représentatif alloue, de façon optimale, ses ressources (temps et bien) dans le temps. Il peut substituer inter-temporellement sa consommation en fonction du rendement du capital, présent et future. Il peut allouer, aussi, la quantité totale de temps qu'il dispose entre temps de travail et temps de loisir. L'entreprise représentative évolue dans un environnement concurrentiel et produit un bien unique en utilisant les services du travail et du capital qu'elle achète au ménage. Elle décide du volume d'heures de travail nécessaire et des investissements à effectuer, compte tenu de la trajectoire anticipée des salaires et du taux de rendement du capital. Les seuls chocs stochastiques qui affectent l'économie sont des chocs technologiques sur la productivité globale des facteurs. Ces chocs se répercutent sur les agrégats économiques sous l'effet des interdépendances des comportements et des marchés

Le ménage représentatif décide du profil de sa consommation, C_t, et de son offre de travail, N_t, de manière à maximiser l'espérance de son utilité sur un horizon infini

$$\max E_0 \sum_{t=0}^{\infty} \beta^t U(C_t, L_t)$$

Avec L_t, le temps de loisir, différence entre la dotation temporelle et le temps de travail N_t. E_0 est un opérateur d'espérance mathématique conditionnelle à l'information disponible à la période 0. β représente le facteur d'escompte psychologique qui reflète le degré d'impatience de l'individu.

A chaque période, le ménage est confronté a deux types de contraintes: la première concerne l'allocation de sa disponibilité temporelle (normalisée à1), entre temps de loisir L_t et temps de travail N_t. la seconde définie le partage du produit entre investissement I_t et consommation C_t

$$L_t + N_t = 1$$

$$C_t + I_t = Y_t$$

Le ménage représentatif accumule le capital qu'il loue à l'entreprise représentative. La règle d'accumulation du capital, détenu par le ménage, suppose un taux de dépréciation du capital δ et est définie par

$$K_{t+1} = (1-\delta)K_t + I_t$$

A chaque période, l'entreprise représentative assure la production du bien unique, en quantité Y_t, et selon une technologie décrite par une fonction de production F :

$$Y_t = A_t F(K_t, X_{Nt} N_t)$$

où K_t représente le stock de capital et N_t la quantité de travail nécessaire. A_t représente un choc aléatoire sur la productivité globale des facteurs et X_t le progrès technique déterministe incorporé au travail qui croit au taux constant γ_{XN}. La productivité globale des facteurs (le progrès technique), A_t, est supposé suivre un processus autorégressif persistant stationnaire, dont l'innovation ε est un bruit blanc.

$$logA_t = \varphi \log A_{t-1} - (1-\varphi) logA + \varepsilon_t$$

$logA$ est la moyenne du processus et $|\varphi| < 1$;

Les hypothèses de flexibilité des prix, de complétude des marchés et d'absence d'externalités impliquent l'équivalence entre l'équilibre général concurrentiel et l'optimum de Paréto. Les deux théorèmes de l'économie du bien-être sont vérifiés, et il existe toujours un vecteur prix qui permet de décentraliser l'optimum social.

2.2. Détermination des conditions d'optimalité

Deux méthodes d'optimisation dynamiques peuvent être utilisées pour résoudre le modèle et déterminer les règles de décisions du planificateur central : la méthode de Lagrange et la méthode de programmation dynamique (Equation de Bellman).

2.2.1. Détermination des conditions d'optimalité par la méthode de Lagrange

Le problème du planificateur central consiste à choisir les sentiers de C_t L_t. , et K_t, pour t $[1,+\infty[$. en maximisant la fonction objective sujet à la suite de contraintes budgétaires (contraintes ressource-emploi) pour chaque période et les valeurs initiales K_0, A_0, X_0

$$\max E_0 \sum_{t=0}^{\infty} \beta^t U(C_t, 1-N_t)$$

Sous contrainte $C_t + K_{t+1} - (1-\delta)K_t \leq \; A_t F(K_t, X_{Nt} N_t)$

En définissant $\beta^{t+1}\lambda_{t+1}$ comme étant le multiplicateur de Lagrange associé à la contrainte budgétaire de la période t, il est possible de poser le problème du Lagrangien :

$$\mathcal{L} = E_0 \sum_{t=0}^{\infty} \beta^t U(C_t, 1-N_t) + E_t \sum_{t=0}^{\infty} \beta^{t+1} \lambda_{t+1}$$
$$\{A_t F(K_t, X_{Nt} N_t) - C_t - K_{t+1} + (1-\delta)K_t\}$$

Les conditions d'optimalité qui solutionnent le problème du planificateur central par rapport à C_t . N_t ., et respectivement, sont alors données par :

$$\frac{\partial U}{\partial C_t} - \beta E_t \; \lambda_{t+1} = 0 \qquad (1)$$

$$\frac{\partial U}{\partial N_t} + \beta E_t \; \lambda_{t+1} A_t \frac{\partial F(K_t, X_{Nt} N_t)}{\partial N_t} = 0 \qquad (2)$$

$$\beta E_t \; \lambda_{t+1}\left[(1-\delta) + \frac{\partial F(K_t, X_{Nt} N_t)}{\partial K_t}\right] = \lambda_t \qquad (3)$$

$$A_t F(K_t, X_{Nt} N_t) - C_t + (1-\delta)K_t = K_{t+1} \qquad (4)$$

$$\lim_{t \to \infty} E_0(\beta^{t+1} \; \lambda_{t+1} K_{t+1}) = 0 \qquad (5)$$

Les deux premières équations déterminent la consommation et l'offre de travail de la période t. La troisième caractérise la trajectoire optimale du stock de capital. Sachant que le taux d'intérêt r_{t+1} est égal à la productivité marginale du capital nette de dépréciation, l'équation d'Euler inter-temporelle (3) se réécrit :

$$1 + r_{t+1} = \frac{\lambda_t}{\beta E_t \; \lambda_{t+1}} \qquad (6)$$

La condition de transversalité (5) (*ie :* l'équivalent de la condition de *non Ponzi Game* en cas d'horizon fini) signifie qu'à l'infini, la valeur actualisée du capital en termes d'utilité marginale de la consommation est nulle. Ceci peut être retrouvé en reprenant les équations (1) et (5), qui donnent la condition sur le stock de capital optimal ("Weitzman, 1973 "):

$$\lim_{t \to \infty} E_0 \beta^t \frac{\partial U}{\partial C_t} K_{t+1} = 0 \tag{7}$$

2.2.2. Fonction Valeur et équation de Bellman

Telle que démontré dans (Stokey, Lucas et Prescott, 1989), le modèle canonique admet une structure récursive (voir Encadré 2). *Les variables d'état,* K_t *et* A_t décrivent de manière complète la position présente du système. En revanche, le choix de l'agent des *variables de contrôles* (C_t et N_t) influe son niveau d'utilité présente et future. La solution du problème d'optimisation vérifie, alors, l'équation de *Bellman* pour une trajectoire optimale du stock du capital et du progrès technique

$$V(K_t, X_{Nt}) = \max_{C_t, N_t} \left\{ U(C_t, 1 - N_t) + \beta V(K_{t+1}, X_{Nt+1}) \right\}$$

Sous contrainte

$$K_{t+1} = A_t F(K_t, X_{Nt} N_t) + (1 - \delta) K_t - C_t$$

Les conditions de premier ordre qui maximisent le coté droit de l'équation de *Bellman* sont données par les deux équations d'Euler, l'équation de Benveniste-Scheinkman, la règle d'évolution du capital et la condition de transversalité, soit :

$$\frac{\partial U}{\partial C_t} + \beta E \left[\frac{\partial V(K_{t+1}, X_{Nt+1})}{\partial K_{t+1}} \frac{\partial K_{t+1}}{\partial C_t} \right] = 0 \tag{8}$$

$$\frac{\partial U}{\partial N_t} + \beta E \left[\frac{\partial V(K_{t+1}, X_{Nt+1})}{\partial K_{t+1}} \frac{\partial K_{t+1}}{\partial N_t} \right] = 0 \tag{9}$$

$$\frac{\partial V(K_t, X_{Nt})}{\partial K_{t+1}} - \beta \left[\left(1 - \delta + \frac{\partial F(K_t, X_{Nt} N_t)}{\partial K_t} \right) E(\frac{\partial V(K_{t+1}, X_{Nt+1})}{\partial K_{t+1}} \right] = 0 \tag{10}$$

$$K_{t+1} = A_t F(K_t, X_{Nt} N_t) + (1 - \delta) K_t - C_t \tag{11}$$

$$\lim_{t\to\infty} E_0\beta^t \frac{\partial V\left(K_t, X_{Nt}\right)}{\partial K_t} K_t = 0 \qquad (12)$$

Si on pose $\Lambda_t = \dfrac{\partial V\left(K_t, X_{Nt}\right)}{\partial K_t}$, la valeur marginale de une unité supplémentaire de capital à la période t, les conditions d'optimalité deviennent :

$$\frac{\partial U}{\partial C_t} + \beta E\left[\Lambda_{t+1} \frac{\partial K_{t+1}}{\partial C_t}\right] = 0 \qquad (13)$$

$$\frac{\partial U}{\partial N_t} + \beta E\left[\Lambda_{t+1} \frac{\partial K_{t+1}}{\partial N_t}\right] = 0 \qquad (14)$$

$$\Lambda_t - \beta\left[\left(1 - \delta + \frac{\partial F\left(K_t, X_{Nt}N_t\right)}{\partial K_t}\right) E\left(\Lambda_{t+1}\right)\right] = 0 \qquad (15)$$

$$K_{t+1} = A_t F\left(K_t, X_{Nt}N_t\right) + (1-\delta)K_t - C_t \qquad (16)$$

$$\lim_{t\to\infty} E_0\beta^t \Lambda_t K_t = 0 \qquad (17)$$

On retrouve ainsi les conditions d'optimalité du programme précédent (méthode de Lagrange) : Les conditions (13) et(14) déterminent L'arbitrage intra-temporel consommation-loisir ; la condition (15) définit l'arbitrage inter-temporel consommation présente-consommation future (loisir présent- loisir futur).

Encadré 2 - Principe de résolution de l'équation de Bellman

Soit le problème de contrôle optimal, défini par :

$$\max_{\{u_t\}_{t=0}^{\infty}} E_0\left[\sum_{t=0}^{\infty} \beta^t U\left(x_t, u_t\right)\right]$$

Sous contrainte

$$x_{t+1} = F\left(x_t, u_t, z_t\right) \quad (1)$$

La fonction $U(.)$ représente la fonction gain, Cette fonction dépend de l'état du système, décrit par le vecteur de variables d'état x_t ; et des décisions prises à chaque période données par le vecteur de variables de contrôle u_t. z_t est un vecteur de variables exogènes dont la dynamique ne dépend ni de x_t ni de u_t. L'état du système à la période suivante, x_{t+1}, dépend de l'état du système à la période courante, x_t, des décisions prises à cette période, u_t, et des chocs aléatoires z_t ; soit $x_{t+1} = F(x_t, u_t, z_t)$.

1. Formulation récursive du problème du planificateur central

Pour résoudre le programme d'optimisation (1), il est aussi possible de définir la fonction valeur V (Evans, 2008 et Walti, 2002):

$$V(x_0, z_0) \equiv \max_{\{u_t\}_{t=0}^{\infty}} E_0\left[\sum_{t=0}^{\infty} \beta^t U(x_t, u_t)\right] \quad \textbf{(4)}$$

Cette fonction donne l'utilité globale après T période ($T = \infty$), partant de l'état initial x_0 et arrivant à l'état x_t après ($T = \infty$) périodes.

L'expression (4) peut être transformée en l'écrivant sous sa forme récursive

$$\begin{aligned} V(x_0, z_0) &= \max_{\{u_t\}_{t=0}^{\infty}}\left\{U(x_0, u_0) + E_0\left[\sum_{t=1}^{\infty} \beta^t U(x_t, u_t)\right]\right\} \\ &= \max_{\{u_t\}_{t=0}^{\infty}}\left\{U(x_0, u_0) + \beta E_0\left[\sum_{t=0}^{\infty} \beta^t U(x_{t+1}, u_{t+1})\right]\right\} \end{aligned} \quad (5)$$

Il est facile de constater que le deuxième terme de (5) peut être exprimée comme étant β multipliée par la valeur de V, telle que définie dans (4), avec des conditions initiales données par (x_1, z_1). Par conséquent, il est possible de réécrire le problème (4) comme :

$$V(x_0, z_0) = \max_{\{u_t\}_{t=0}^{\infty}}\left\{U(x_0, u_0) + \beta V(x_1, z_1)\right\} \quad (6)$$

La formulation de l'équation (6) représente un problème de programmation dynamique qui met en évidence une structure récursive du problème de décision : A chaque période t, le planificateur choisit le vecteur de variables de contrôle u_t qui maximise le rendement courant plus la valeur actualisée des plans optimaux survenus des la date $t+1$ (de $t+1$ jusqu'à l'infini).

Du moment où le problème se répète à chaque période, les indices de temps n'ont plus d'importance et on pourrait réécrire le problème (6) comme :

$$V(x,z) = \max_u \{U(x,u) + \beta V(\tilde{x},\tilde{z})\} \quad (7)$$

Ou l'indice $(\sim)$ au dessus de $x, et\ z$ dénote les valeurs consécutives de la prochaine période. L'équation (7) est connue, dans la littérature, sous le nom d'équation de Bellman. Le programme du planificateur central revient alors à maximiser (7) sachant les contraintes (1) et (2)

2. la méthode Backward induction

La maximisation du coté droit de l'équation (7) satisfait le principe d'optimalité de Bellman (ie une solution optimale pour le problème contient les solutions optimales pour tous les sous-problèmes). Ainsi, La stratégie optimale en $(T=\infty)$, étapes arrivant à x_T à l'instant T et passant par x_{T-1} à l'instant $T-1$ contient la stratégie optimale arrivant à x_{T-1} en $T-1$ étapes.

Dans ce problème récursif la politique optimale $(u_0, u_1, \ldots)$ est obtenue en partant de la fin puis en procédant par rétroaction arrière (backward induction). Il s'agit de résoudre le problème d'optimisation intertemporel période par période, en débutant par la dernière période (T) -en considérant les solutions des périodes précédentes comme donnée- et ensuite, en substituant la solution obtenue en T dans le problème de la période T – 1. Et on reprend la même démarche de manière séquentielle jusqu'à la première période. D'un point de vue formel, ceci signifie qu'on doit calculer :

$$V(x_{T-1}, z_{T-1}) = \max\{U(x_{T-1}, u_{T-1}) + \beta V(x_T, z_T)\},$$

$$\text{puis } V(x_{T-2}, z_{T-2}) = \max\{U(x_{T-2}, u_{T-2}) + \beta V(x_{T-1}, z_{T-1})\}$$

et ainsi de suite jusqu'à $V(x_0, z_0)$.

Si maintenant, on connaît $V\left(x_0, z_0\right) \ldots V\left(x_{T-1}, z_{T-1}\right)$, il serait alors possible de calculer les suites, ou les politiques, optimales

3. Equation de Bellman et principe de résolution : Les conditions d'Euler

Les conditions de premier ordre de la maximisation du coté droit de l'équation de Bellman peuvent être données par :

$$\frac{\partial U(x,u)}{\partial u} + \beta E\left[\frac{\partial F(x,u,z)}{\partial u}\,\frac{\partial V(\tilde{x},\tilde{z})}{\partial \tilde{x}}\right] = 0 \quad (8)$$

L'objectif étant de déterminer $\frac{\partial V}{\partial x}$. On suppose que V est différentiable et, à partir de (4), elle vérifie

$$\frac{\partial V(x,z)}{\partial x} = \frac{\partial U\left(x, G(x,z)\right)}{\partial x} + \beta E\left[\frac{\partial F\left(x, G(x,z), z\right)}{\partial x}\,\frac{\partial V(\tilde{x},\tilde{z})}{\partial F}\right] \quad (9)$$

Cette équation est généralement connue sous le nom de formule de Benveniste-Scheinkman. Supposons que $\frac{\partial F}{\partial x} = 0$. L'équation (9) devient :

$$\frac{\partial V(x,z)}{\partial x} = \frac{\partial U\left(x, G(x,z)\right)}{\partial x} \quad (10)$$

la substitution de (10) dans (8), conduit déterminer l'expression de l'équation d'Euler :

$$\frac{\partial U(x,u)}{\partial u} + \beta E\left[\frac{\partial F(x,u,z)}{\partial u}\,\frac{\partial U(\tilde{x},\tilde{u})}{\partial \tilde{x}}\right] = 0 \quad (11)$$

2.2.3. Equivalence entre les équations d'Euler et les conditions de premier ordre du Lagrangien

Pour vérifier l'équivalence entre les équations d'Euler (équations 13-14-15) et les conditions de premier ordre du programme de maximisation du lagrangien (les équations 1-2-3-4), il est nécessaire de définir, au préalable, les formes fonctionnelles des fonctions objectives : la fonction d'utilité et la fonction de production. On suppose, alors, que la fonction d'utilité est additivement séparable : $U(C_t, 1-N_t) = logC_t + \theta log(1-N_t)$ et la fonction de production est de type Cobb-Douglass $Y_t = A_t K_t^{1-\alpha}\left(N_t X_{Nt}\right)^{\alpha}$

En déflatant toutes les variables du modèle par X_{Nt}, le progrès technique augmentant le travail, il est possible de se ramener à un modèle où les variables transformées sont constantes à l'état stationnaire. En définissant ces variables "intensives" par : $c_t = \frac{C_t}{X_{Nt}}$; $k_t = \frac{K_t}{X_{Nt}}$; $y_t = \frac{Y_t}{X_{Nt}}$

Le programme du planificateur central consiste alors à maximiser

$$\max E_0 \sum_{t=0}^{\infty} \beta^t \left[logc_t + \theta log(1-n_t)\right] \tag{17}$$

Sous contrainte de la règle d'accumulation du capital

$$k_{t+1} = \frac{1}{1+\gamma_{XN}}\left[(1-\delta)k_t + A_t k_t^{1-\alpha}\left(n_t\right)^{\alpha} - c_t\right] \tag{18}$$

Les équations d'Euler : A partir de cette contrainte, il est possible de déterminer la variable de contrôle c_t en fonction de k_{t+1}, k_t et n_t. En substituant, dans la fonction objective (17), c_t par sa valeur, déduite de la contrainte d'accumulation, le programme de maximisation devient : $\max E_0 \sum_{t=0}^{\infty} \beta^t U\left(k_{t+1}, k_t, n_t, A_t\right)$

Où

$$U\left(k_{t+1}, k_t, n_t, A_t\right) = \log\left[(1-\delta)k_t + y_t - \left(1+\gamma_{XN}\right)k_{t+1}\right] + \theta log(1-n_t) \tag{19}$$

Avec $y_t = A_t k_t^{1-\alpha}\left(n_t\right)^{\alpha}$

L'équation de Bellman prend alors la forme :

$$V\left(k_t, A_t\right) = \max_{k_{t+1}, n_t} U\left(k_{t+1}, k_t, n_t, A_t\right) + \beta V\left(k_{t+1}, A_{t+1}\right) \tag{20}$$

Les conditions de premier ordre qui maximisent le côté droit de l'équation de Bellman sont données par :

$$\frac{\partial U\left(k_{t+1}, k_t, n_t, A_t\right)}{\partial k_{t+1}} + \beta E\left[\frac{\partial V\left(k_{t+1}, A_{t+1}\right)}{\partial k_{t+1}}\right] = 0 \tag{21}$$

$$\frac{\partial U\left(k_{t+1},k_t,n_t,A_t\right)}{\partial n_t}=0 \tag{22}$$

A partir de la formule de Benveniste-Scheinkman il est possible de déduire :

$$\frac{\partial V\left(k_t,A_t\right)}{\partial k_t}=\frac{\partial U\left(k_{t+1},k_t,n_t,A_t\right)}{\partial k_t} \tag{23}$$

En remplaçant $\frac{\partial V\left(k_t,A_t\right)}{\partial k_t}$ par sa valeur, dans l'équation (21), on obtient :

$$\frac{\partial U\left(k_{t+1},k_t,n_t,A_t\right)}{\partial k_{t+1}}+\beta E\left[\frac{\partial U\left(k_{t+2},k_{t+1},n_{t+1},A_{t+1}\right)}{\partial k_{t+1}}\right]=0 \tag{24}$$

Des équations (18) et (19), il est possible de déduire :

$$\frac{\partial U\left(k_{t+1},k_t,n_t,A_t\right)}{\partial k_{t+1}}=-\frac{1+\gamma_{XN}}{c_t} \tag{25}$$

$$\frac{\partial U\left(k_{t+2},k_{t+1},n_{t+1},A_{t+1}\right)}{\partial k_{t+1}}=\frac{(1-\delta)k_{t+1}+(1-\alpha)\,y_{t+1}}{k_{t+1}c_{t+1}} \tag{26}$$

$$\frac{\partial U\left(k_{t+1},k_t,n_t,A_t\right)}{\partial n_t}=\frac{\alpha y_t}{n_t c_t}-\frac{\theta}{1-n_t} \tag{27}$$

En substituant ces équations dans (24) et (22), on pourrait déduire les équations d'Euler :

$$-\frac{1+\gamma_{XN}}{c_t}+\beta E\left[\frac{(1-\delta)k_{t+1}+(1-\alpha)\,y_{t+1}}{k_{t+1}c_{t+1}}\right]=0 \tag{28}$$

$$\frac{\alpha\, y_t}{n_t c_t}-\frac{\theta}{1-n_t}=0 \tag{29}$$

Les conditions de premier ordre du problème du lagrangien : La fonction Lagrangienne de ce problème de maximisation peut être définie comme :

$$\mathcal{L} = E_0 \sum_{t=0}^{\infty} \beta^t \left[\log c_t + \theta log(1-n_t)\right] + E_t \sum_{t=0}^{\infty} \beta^{t+1} \lambda_{t+1}$$
$$\left\{ k_{t+1} - \frac{1}{1+\gamma_{XN}} \left[(1-\delta) k_t - A_t k_t^{1-\alpha} (n_t)^{\alpha} + c_t \right] \right\}$$

Les conditions de premier ordre qui solutionnent ce problème de maximisation par rapport à c_t n_t, k_t et λ_{t+1} respectivement, sont alors données par :

$$\frac{1}{c_t} - \frac{\beta}{1+\gamma_{XN}} E_t \ \lambda_{t+1} = 0 \tag{30}$$

$$-\frac{\theta}{1-n_t} + \frac{\alpha\beta y_t}{(1+\gamma_{XN}) n_t} E_t \ \lambda_{t+1} = 0 \tag{31}$$

$$\frac{\beta}{(1+\gamma_{XN})} E_t \lambda_{t+1} \left[(1-\delta) + \frac{(1-\alpha y_t)}{k_t} \right] = \lambda_t \tag{32}$$

$$k_{t+1} = \frac{1}{1+\gamma_{XN}} \left[(1-\delta) k_t + y_t - c_t \right] \tag{33}$$

Il est possible de vérifier, que les équations d'Euler (28) et (29) et les conditions de premier ordre (30), (31), (32) et (33) sont équivalente. En effet, de l'équation (30), il est possible de déterminer la valeur de $\frac{\beta}{1+\gamma_{XN}} E_t \ \lambda_{t+1}$; celle ci est égale $\frac{1}{c_t}$. En remplaçant, dans l'équation (32), $\frac{\beta}{1+\gamma_{XN}} E_t \ \lambda_{t+1}$ par $\frac{1}{c_t}$ il serait possible de déterminer la valeur de λ_t

$$\lambda_\mathrm{t} = \frac{(1-\delta)\mathrm{k_t} + (1-\alpha \mathrm{y_t})}{\mathrm{k_t c_t}}$$

Ce qui implique que

$$E_t \ \lambda_{t+1} = \frac{(1-\delta) k_{t+1} + (1-\alpha y_{t+1})}{k_{t+1} c_{t+1}} \tag{34}$$

En substituant (34) dans l'équation (30), on obtient la première équation d'Euler (28). De manière analogue, en remplaçant

$\frac{\beta}{1+\gamma_{XN}} E_t \lambda_{t+1}$ par $\frac{1}{c_t}$ dans l'équation (32), on obtient la deuxième équation d'Euler (29).

2.3. Les approfondissements du modèle canonique

Différentes extensions ont été proposées, durant les années quatre-vingt dix, pour tenter de dépasser certaines limites du modèle canonique de cycle réel. Le lecteur trouvera une synthèse détaillée dans (Hairault, 1999) des travaux qui s'écartent fondamentalement du message du cycle réel tout en s'inscrivant dans le cadre des modèles DSGE. Deux voies ont été particulièrement investies : *(i)* l'introduction de chocs budgétaires, monétaires et financiers dans le cadre méthodologique des cycles réels et *(ii)* l'abandon du paradigme *walrasien* dans la description du fonctionnement de l'économie par la prise en compte d'hypothèses théoriques mises en avant par le courant des nouveaux keynésien : concurrence imparfaite, information imparfaite, rigidité nominale,etc. Cette section présente une seule extension qui, tout en étant proche du modèle canonique, est représentative des questions laissées ouvertes par les premiers modèles du cycle réel. Il s'agit d'introduire des chocs de dépenses publiques en plus des chocs sur la productivité globale des facteurs (Christiano et Eichenbaum, 1992).

Pour simplifier, on suppose que l'Etat prélève un impôt forfaitaire pour financer ses dépenses publiques. La chronique des dépenses publiques est supposée suivre un processus stochastique exogène dont l'innovation constitue une source d'impulsion complémentaire aux chocs technologiques

$$G_t = G_{t-1}^{\rho} G^{1-\rho} \varepsilon_{G,t}$$

Avec $\varepsilon_{G,t}$ le choc sur les dépenses publiques. Le financement de ces dépenses est assuré par un impôt forfaitaire, qui absorbe une partie des ressources des agents :

$$C_t - (1-\delta) K_t + K_{t+1} = Y_t - T_t$$

La consommation effective, C_t, est formée des dépenses de consommation privées, C_t^p, et d'une fraction des dépenses publiques αG_t: $C_t = C_t^p + \alpha G_t$. Cette variable composite suppose que les dépenses publiques et les dépenses de consommation privées constituent des substituts parfaits. Le paramètre de distribution, α, détermine comment les dépenses de consommation privées sont similaires à la marge aux dépenses publiques du point de vue de l'individu représentatif. Ainsi, suite à une augmentation de une unité de G_t, l'individu réduit sa consommation privée de α unités. « Par exemple, si le gouvernement décide de fournir le lait pour les élèves de l'école primaire le midi, les ménages auront, alors, tendance à réduire leurs dépenses privées de lait pour le midi. Si ce programme gouvernemental compensait complètement à la marge les dépenses du secteur privé, α serait égal à un. Par contre, les dépenses gouvernementales relatives au développement du bras canadien pour les navettes spatiales américaines, par exemple, n'ont vraisemblablement que peu d'effets sur les dépenses de consommation privées des ménages, d'où α serait plutôt nul dans ce cas » (Barro, 1987).

Une augmentation des dépenses publiques aura deux effets sur les choix de l'individu représentatif : un *effet direct* et un *effet indirect*. L'effet direct se traduit par une réduction de la consommation privée de α unités. Il y a, en effet, une substitution parfaite entre la dépense privée de consommation et la dépense publique. Typiquement une hausse transitoire des dépenses publiques a peu d'effet sur le revenu permanent de l'individu et occasionne, donc, un effet de richesse négligeable sur la consommation et le loisir. L'effet direct net sur la demande globale sera de $1-\alpha$. L'effet indirect résulte, quant à lui, de la modification de l'arbitrage intra-temporel consommation-loisir. A l'équilibre, le taux marginal de substitution entre la consommation privée et le loisir est égal à la productivité marginale du travail de la même période. « Une modification, même transitoire, des dépenses publiques va altérer l'arbitrage intra-temporel consommation-loisir, puisque l'individu représentatif considère les dépenses publiques comme étant différentes à la marge des dépenses de consommation privée ($0<\alpha<1$). Pour des niveaux donnés de production d'investissement et d'emploi, l'équilibre global implique, $\Delta C=-\Delta G=-1$. Ainsi, pour respecter cette identité, l'effet direct cause une réduction de la consommation privé de $\Delta C=-1$, si rien d'autre ne se produit. Mais puisque l'utilité marginale de la consommation est décroissante, la baisse de la consommation privée entraîne une baisse du taux marginal de substitution entre la consommation et le loisir en deçà du salaire réel. La rareté relative de la consommation par rapport au loisir rend ce dernier moins désirable en comparaison avec le rendement marginal du travail. En conséquence, pour rétablir l'équilibre, l'agent a intérêt à substituer intra-temporellement la consommation au loisir. L'offre de travail va alors augmenter, augmentant ainsi la production, par exemple, de γ^s et la consommation privée de γ^d » (Paquet, 1995).

L'augmentation transitoire de une unité de la dépense publique permet d'augmenter la demande globale de $1-\alpha+\gamma^d$ et l'offre globale de γ^s. Etant donné que α semble être faible en pratique, il est vraisemblable que ces nouvelles offres et demandes occasionnent une demande excédentaire, au taux d'intérêt réel d'équilibre initial. Cette demande excédentaire est estimée à $1-\alpha+\gamma^d-\gamma^s$. Conséquemment, une hausse du taux d'intérêt réel serait ici nécessaire pour rétablir les équilibres simultanés sur tous les marchés. Cette hausse réduira la consommation agrégée et augmentera l'offre de travail et donc la quantité produite via des effets de substitution inter-temporelle. En définitive, le mécanisme de transmission des chocs de dépenses publiques est différent des modèles keynésiens : il ne s'agit pas à proprement parler d'un choc de demande globale.

3. Modèles DSGE et nouveau paradigme keynésien: rigidités et imperfections des marchés

Les modèles DSGE utilisés, aujourd'hui, incorporent les principaux éléments théoriques du courant des cycles réels (agent maximisateur, anticipation rationnelle, équilibre général inter-temporel, chocs stochastiques) et de manière plus générale les développements et les principes de base de la nouvelle économie keynésienne (rigidités nominales et réelles, imperfections des marchés des biens et du travail). Ce rapprochement implique une pluralité des chocs (technologiques, des préférences, monétaires) et un rôle actif des politiques économiques

3.1. Prise en compte des rigidités et des imperfections des marchés

3.1.1. Prise en compte des rigidités réelles

Trois types de rigidités réelles sont, généralement, introduits dans les modèles DSGE. Une première rigidité est introduite au niveau de l'évolution de la consommation du ménage représentatif. Dans ces modèles, on suppose que le ménage dispose d'habitudes, externes et/ou internes, dans les choix de consommation. L'habitude externe est une référence sociale (le niveau de consommation moyen par exemple) qui a des effets sur les comportements de consommation. L'habitude interne correspond, quant à elle, au niveau de consommation individuelle passée. L'individu peut, alors, tirer de l'utilité à partir de sa consommation courante qui dépend, elle même, de ses consommations passées Il s'agit ici d'introduire l'idée d'un ménage habitué à un certain standard de vie, ce qui l'amène à ajuster lentement sa consommation à la hausse (ou à la baisse) lorsque son revenu augmente (ou diminue) de façon permanente.

La deuxième rigidité réelle porte sur le taux d'utilisation du capital. On suppose, dans ces modèles, que le taux d'utilisation du capital est associé à un coût par unité de capital. Ainsi, une augmentation du taux d'utilisation du capital génère un coût, qui peut être compensé par l'augmentation induite des revenus du capital. Cette seconde rigidité réelle découle du fait qu'un changement de rythme de l'investissement relativement au capital installé est coûteux, ce qui incite les entreprises à ajuster assez lentement leurs capacités de production à un changement, même permanent, de l'environnement économique.

La troisième rigidité est liée aux coûts d'ajustement sur l'investissement. Celui-ci induit une persistance dans les décisions d'épargne du ménage, puisque les variations du niveau d'investissement sont coûteuses.

3.1.2. Prise en compte des rigidités nominales

Dans les modèles DSGE, les rigidités nominales sur les prix et sur les salaires sont introduites par l'hypothèse dite de Calvo (1983). Cette hypothèse suppose que les ménages et les entreprises ne sont pas certains de pouvoir ajuster, à chaque période, leurs salaires ou leurs prix de façon optimale. Quand ils échouent dans leur ajustement, les salaires ou les prix évoluent de façon conforme à l'inflation passée ou à l'inflation tendancielle de l'économie. A chaque période les ménages (les syndicats) par exemple ne peuvent choisir librement le salaire nominal mais doivent attendre un signal, qui apparaît avec une probabilité constante ; celle-ci est indépendante du temps écoulé depuis leur dernière révision de salaire. La durée moyenne de fixation des salaires, autrement dit le temps moyen entre deux révisions, dépend de l'inverse de la probabilité de modification des salaires. De la même manière, la firme n'a la possibilité de choisir son prix à une période donnée que si elle reçoit un signal ; celui-ci apparaît avec une certaine probabilité constante. L'introduction de la viscosité des prix et des salaires permet ainsi de créer des salaires réels rigides, ce qui rend les firmes moins sensibles aux chocs externes.

3.1.3. Prise en compte des imperfections des marchés

Deux types d'imperfections sont introduits dans les modèles DSGE. La première imperfection a trait à ce que les ménages ont un comportement monopolistique sur leur offre de travail. Les offres individuelles sont agrégées par une sorte « d'agence ». Celle-ci minimise le coût de production d'un indice du travail agrégé en prenant pour donnée le salaire. Elle vend, ensuite, le travail agrégé au secteur productif à un indice de salaire agrégé.

La deuxième imperfection suppose que les entreprises qui produisent les biens intermédiaires agissent également en concurrence monopolistique. Dans les modèles DSGE on suppose généralement deux types de biens : un bien final et des biens intermédiaires. Les entreprises qui produisent les biens intermédiaires agissent en concurrence monopolistique. Elles utilisent le capital et le travail et offrent un substitut imparfait aux biens intermédiaires présents sur le marché. Les entreprises qui produisent le bien final évoluent sur un marché concurrentiel. Ce bien final est la combinaison d'un continuum de biens intermédiaires qui sont imparfaitement substituables.

3.2. Un modèle DSGE canonique avec rigidités et imperfection des marchés

L'exposé canonique du modèle DSGE avec rigidités des prix et imperfection des marchés dérive des modèles de Christiano, Eichenbaum et d'"Evans (2005) " et Smet et Wouters (2003). Dans ce modèle, les ménages achètent, aux entreprises du secteur de production, une certaine quantité d'un bien final homogène, pour consommer et accumuler du capital. Pour financer leurs dépenses, ils bénéficient des revenus grâce à la location du capital aux firmes du secteur de production des biens intermédiaires et obtiennent un revenu du travail.

Les firmes du secteur de production des biens intermédiaires agissent dans un environnement imparfaitement concurrentiel. Elles transforment le capital, loué par les ménages, et le travail, en biens intermédiaires. Les ménages sont propriétaires des firmes ; ainsi, les profits réalisés leur sont versés. Les biens intermédiaires étant imparfaitement substituables, chaque firme du secteur dispose d'une marge de manœuvre dans le choix du prix du bien intermédiaire. Les firmes du secteur de bien final agissent dans un environnement parfaitement concurrentiel. Elles achètent des biens intermédiaires et les agrègent afin de produire un bien final homogène qui alimentera la consommation et l'investissement des ménages

Dans ce modèle, les imperfections des marchés sont introduites en supposant que les ménages et les entreprises agissent en concurrence monopolistique sur le marché du travail et sur le marché des biens intermédiaires. Les ménages disposent d'un pouvoir monopolistique sur leurs offres de travail et offrent un type de travail différencié. Les entreprises qui produisent les biens intermédiaires (entreprises intermédiaires) utilisent le capital et le travail pour offrir un substitut imparfait aux autres biens intermédiaires présents sur le marché

Les rigidités sont de deux types : réelles et nominales. Les rigidités réelles découlent de ce que les ménages ont une formation d'habitudes dans leurs choix de consommation : Ils sont habitués à un certain standard de vie, ce qui les amène à ajuster lentement leurs consommations aux variations de leurs revenus. Une seconde rigidité réelle découle de ce qu'un changement du rythme de l'investissement relativement au capital installé est coûteux, ce qui incite les entreprises à ajuster lentement leurs capacités de production à un changement dans leur environnement économique. Les rigidités nominales sont formalisées par l'hypothèse, dite de Calvo (1983): les ménages et les entreprises ne sont pas certains de pouvoir ajuster à chaque période leurs salaires ou leurs prix de façon optimale. Quand ils échouent dans leur ajustement, le salaire ou le prix qui les concerne évolue de façon conforme à l'inflation passée ou tendancielle de l'économie.

3.2.1. Le comportement des ménages dynastiques

Il existe un continuum de ménages indexés par h. Ces ménages organisent leurs décisions dans un monde ou le temps s'écoule de manière séquentielle. L'offre de travail est différenciée : chaque ménage dispose d'un pouvoir monopolistique sur son offre de travail et offre un type de travail différencié.

Les préférences inter-temporelles sont définies sur l'ensemble des trajectoires de consommation, de loisir et d'encaisses réelles. L'utilité inter-temporelle d'un ménage h s'écrit comme une somme de ses utilités instantanées $U_t^h(.)$, soit :

$$E_0 \sum_{t=0}^{8} \beta^t U_t^h \qquad (1)$$

Avec β le facteur d'escompte. L'utilité instantanée est une fonction séparable en la consommation, le loisir (le travail) et les encaisses réelles

$$U_t^h = \varepsilon_t^B \left\{ \frac{1}{1-\sigma_c}\left(C_t^h - H_t\right)^{1-\sigma_c} - \frac{\varepsilon_t^l}{1+\sigma_l}\left(l_t^h\right)^{1+\sigma_l} + -\frac{\varepsilon_t^M}{1-\sigma_m}\left(\frac{M_t^h}{P_t}\right)^{1-\sigma_m} \right\} \quad (1)$$

Où C_t^h la demande de consommation, H_t une variable d'habitude dans les choix de consommation. La formation d'habitude peut être externe ou interne : L'habitude externe est une référence sociale (le niveau de consommation moyen par exemple) qui a des effets sur les comportements de consommation du ménage ; l'habitude interne correspond, quand à elle, au niveau de consommation individuelle passée. Dans ce modèle, seule l'habitude externe est retenue. Celle-ci est considérée comme proportionnelle à la consommation agrégée passée, soit : $H_t = \alpha C_{t-1}$.

$\frac{M_t^h}{P_t}$ représente les encaisses réelles et l_t^h l'offre de travail. σ_c représente le degrés d'aversion au risque du ménage ou l'inverse de l'élasticité de substitution inter-temporelle de la consommation, σ_l l'inverse de l'élasticité de l'offre de travail par rapport au salaire réel et σ_m l'inverse de l'élasticité des avoirs monétaires par rapport au taux d'intérêt. Par ailleurs, ε_t^B définie un choc sur les préférences qui affecte la substitution inter-temporelle des ménages, ε_t^l un choc d'offre de travail et ε_t^M un choc sur la demande de monnaie.

Le ménage h maximise sa fonction d'utilité inter-temporelle sous une séquence de contraintes de ressources

$$\frac{M_t^h}{P_t} + b_t \frac{B_t^h}{P_t} + C_t^h + I_t^h = \frac{M_{t-1}^h}{P_t} + \frac{B_{t-1}^h}{P_t} + Y_t^h \quad (2)$$

Le ménage détient un patrimoine financier sous forme d'encaisse réelle $\frac{M_{t-1}^h}{P_t}$ et de titres B_{t-1}^h, dont le prix de marché est donné par b_t.

Ce patrimoine financier est utilisé, conjointement, avec le revenu Y_t^h pour financer la demande de consommation et l'investissement en capital physique. Le revenu Y_t^h est composé par le revenu du travail (auquel s'ajoutent la rémunération nette des titres contingents constitués par les ménages pour se prémunir contre le risque des variations de leurs revenus : A_t^h), le revenu du capital (auquel se soustrait les couts associés aux variations dans le degrés d'utilisation du capital : $\Psi(z_t^h)K_{t-1}^h$) et les dividendes qui émanent des entreprises intermédiaires : Div_t^h , soit :

$$Y_t^h = \left(w_t^h l_t^h + A_t^h\right) + \left(r_t z_t^h K_{t-1}^h - \Psi\left(z_t^h\right) K_{t-1}^h\right) + Div_t^h$$

Dans ce modèle, une deuxième rigidité réelle, en plus de celle qui a trait à la structure des préférences, est introduite. Celle-ci porte sur le taux d'utilisation du capital, z_t^h . Il est supposé que celui-ci est associé à un coût par unité de capital, $\Psi\left(z_t^h\right)$. Cette rigidité réelle découle du fait qu'un changement de rythme de l'investissement relativement au capital installé est coûteux, ce qui incite les entreprises à ajuster assez lentement leurs capacités de production à un changement de leur environnement.

A. Le comportement de consommation et d'épargne

En notant λ_t le multiplicateur de Lagrange, la maximisation de la fonction objective (1) sous la contrainte budgétaire (2) conduit aux conditions de premier ordre sur la consommation, la demande de titre et la demande d'encaisses réelles, soit :

$$E\left[\beta \frac{\lambda_{t+1}}{\lambda_t} \frac{R_t P_t}{P_{t+1}}\right] = 1, \text{avec } R_t = 1 + i_t = \frac{1}{b_t} \tag{3}$$

$$\lambda_t = \varepsilon_t^B \left(C_t - H_t\right)^{-\sigma_c} \tag{4}$$

$$\varepsilon_t^M \left(\frac{M_t^h}{P_t}\right)^{-\sigma_m} = \left(C_t - H_t\right)^{-\sigma_c} - \frac{1}{1 + i_t} \tag{5}$$

R_t est le taux de rendement des titres. La dimension inter-temporelle du problème implique que les choix de consommation dépendent de la valeur marginale anticipé et actualisée des rendements des titres. La demande d'encaisse dépend positivement de la consommation et négativement du taux d'intérêt

B. La décision d'offre du travail et fixation des salaires

Les ménages ne sont pas certains de pouvoir ajuster à chaque période leurs salaires de façon optimale. Quand ils échouent dans leur ajustement, le salaire est indexé sur les niveaux de l'inflation passé et de l'inflation tendancielle. A chaque période les ménages ne peuvent modifier leurs salaires qu'avec une probabilité donnée $(1-\xi_w)$, indépendante du temps écoulé depuis leur dernière révision de salaire. La durée moyenne de fixation des salaires, autrement dit le temps moyen entre deux révisions, est alors $\frac{1}{1-\xi_w}$.

Sur le marché du travail, on suppose qu'il existe une agence pour l'emploi qui agrège le travail en combinant le travail offert par les ménages l_t^h. La demande agrégée pour chaque offre de travail correspond ainsi à la somme des demandes de l'ensemble des entreprises. La demande de travail agrégé L_t prend la forme Dixit-Stiglitz suivante :

$$L_t = \left[\int_0^1 \left(l_t^h \right)^{\frac{1}{1+\lambda_{wt}}} dh \right]^{1+\lambda_{wt}} \tag{6}$$

L'agence minimise le coût de production de la demande de travail agrégé en prenant pour donnée le salaire des ménages w_t^h. Cette agence vend ensuite des unités du travail agrégé au secteur productif moyennant un salaire agrégé w_t.

$$w_t = \left[\int_0^1 \left(w_t^h \right)^{\frac{-1}{\lambda_{wt}}} dh \right]^{-\lambda_{wt}} \tag{7}$$

La demande de l'agence pour le travail du ménage h, (c'est à dire la demande totale pour le travail de ce ménage par toutes les entreprises) est donnée par

$$l_t^h = \left(\frac{w_t^h}{w_t} \right)^{-\frac{1+\lambda_{wt}}{\lambda_{wt}}} L_t \tag{8}$$

Avec $\frac{1+\lambda_{wt}}{\lambda_{wt}}$ l'élasticité de substitution entre les différents types de travail.

Le ménage h choisit, donc, de fixer son salaire $\breve{w}_t^h$ en maximisant sa fonction objective sous sa contrainte budgétaire et la contrainte de demande de travail (8). Cette maximisation implique une règle d'évolution de l'indice de salaire agrégé

$$\left(w_t\right)^{-\frac{1}{\lambda_{wt}}} = \xi_w \left(w_{t-1} \left(\frac{P_{t-1}}{P_{t-2}} \right)^{\lambda_{wt}} \right)^{-\frac{1}{\lambda_{wt}}} + \left(1-\xi_w\right)\left(\breve{w}_t^h\right)^{-\frac{1}{\lambda_{wt}}}$$

C. Décision d'investissement et accumulation du capital

Le stock de capital est détenu par les ménages qui le louent aux entreprises intermédiaires au taux r_t^k. Ces ménages choisissent le stock de capital, le montant d'investissement ainsi que le taux d'utilisation du capital qui maximisent leur fonction d'utilité inter-temporelle (1) sous la contrainte budgétaire (2) et l'équation d'accumulation du capital donnée par :

$$K_t = K_{t-1}\left(1-\delta\right) + \left(1 - S\left(\varepsilon_t^I \frac{I_t}{I_{t-1}}\right)\right) I_t \qquad (9)$$

Avec δ le taux de dépréciation du capital, I_t le taux d'investissement brut et S une fonction positive de variation de l'investissement. Cette fonction $S(.)$ définie le cout d'ajustement, elle est égale à zéro à l'état stationnaire déterministe où l'investissement est constant. Ceci signifie que $S(1)=0$. ε_t^I est un choc sur le prix relatif de l'investissement, il suit un processus autorégressif d'ordre un, de termes d'erreur gaussien *iid :* $\varepsilon_t^I = \varphi_I \varepsilon_{t-1}^I + \eta_t^I$.

En définissant par Q_t le multiplicateur de Lagrange associé à la contrainte (9), il serait possible de dériver les conditions d'optimalité qui solutionnent le programme précédent par rapport au capital, à l'investissement et au taux d'utilisation du capital, soit:

$$Q_t = E_t \left\{ \beta \frac{\lambda_{t+1}}{\lambda_t} \left(Q_{t+1}\left(1-\delta\right) + z_{t+1} r_{t+1}^k - \Psi\left(z_{t+1}\right) \right) \right\} \qquad (10)$$

$$Q_t S'\left(\varepsilon_t^I \frac{I_t}{I_{t-1}}\right) \varepsilon_t^I \frac{I_t}{I_{t-1}} + \beta E_t Q_{t+1} \frac{\lambda_{t+1}}{\lambda_t} S'\left(\varepsilon_{t+1}^I \frac{I_{t+1}}{I_t}\right)\left(\varepsilon_{t+1}^I \frac{I_{t+1}}{I_t}\right) \frac{I_{t+1}}{I_t} = 1 \quad (11)$$

$$r_t^k = \Psi'\left(z_t\right) \qquad (12)$$

L'équation (10) donne la valeur réelle du capital, l'équation (11) donne le montant d'investissement et l'équation (12) égalise le coût d'augmenter le taux d'utilisation du capital au prix de location de celui-ci. À mesure que le prix de location augmente, il devient plus rentable d'utiliser plus intensivement le capital jusqu'à ce que les gains supplémentaires correspondent aux coûts de production supplémentaires

3.2.2. *Le comportement des entreprises*

L'économie produit un seul bien final et un continuum de biens intermédiaires indexé par , $j \in [0,1]$. Le marché du bien final est parfaitement concurrentiel. Ce bien final est utilisé pour la consommation finale et l'investissement des ménages. Les marchés des biens intermédiaires sont imparfaitement concurrentiels et monopolistiques : Chaque bien intermédiaire est produit par une seule entreprise.

A. le secteur de bien final

Le bien final, Y_t, est produit par une entreprise représentative qui agit sur un marché parfaitement concurrentiel. Ce bien final est produit en utilisant un continuum de biens intermédiaires, y_t^j, selon la technologie :

$$Y_t = \left[\int_0^1 \left(y_t^j \right)^{\frac{1}{1+\lambda_{p,t}}} dj \right]^{1+\lambda_{p,t}} \tag{13}$$

Où y_t^j la quantité de bien intermédiaire j utilisée pour produire le bien final et $\lambda_{p,t}$ est un paramètre stochastique qui détermine les variations dans le temps du mark-up sur les prix. $\lambda_{p,t}$ suit le processus $\lambda_{p,t} = \lambda_p + \eta_t^p$, de termes d'erreur, η_t^p, gaussien *iid*.

L'entreprise prend comme donné son propre prix P_t ainsi que celui des biens intermédiaires p_t^j. La minimisation de la fonction coût dans le secteur du bien final implique alors:

$$y_t^j = \left(\frac{p_t^j}{P_t} \right)^{-\frac{1+\lambda_{p,t}}{\lambda_{p,t}}} Y_t \tag{14}$$

En intégrant (14) sous la condition (13), il serait possible de déterminer la relation qui lie le prix du bien final et les prix des biens intermédiaires, soit :

$$P_t = \left[\int_0^1 \left(p_t^j\right)^{-\frac{1}{\lambda_{p,t}}} dj \right]^{-\lambda_{p,t}}$$

B. Les biens intermédiaires

Chaque entreprise j produit un bien intermédiaire, y_t^j, à l'aide d'une fonction de production de type Cobb-Douglas :

$$y_t^j = \varepsilon_t^a \tilde{K}_{j,t}^{\alpha} L_{j,t}^{1-\alpha} - f \tag{15}$$

Où ε_t^a est un choc de productivité commun à toutes les entreprises ; $\tilde{K}_{j,t}$, l'utilisation effective du stock du capital, donnée par $\tilde{K}_{j,t} = z_t \tilde{K}_{j,t-1}$; $\tilde{L}_{j,t}$ un indice agrégé des différents types de travail utilisés par la firme, donné par la condition (6) et f un cout fixe de production.

L'entreprise j décide de la combinaison optimale de capital physique et de travail de façon à minimiser ses couts sous la contrainte technologique. La minimisation des coûts implique que le ratio capital-travail est identique entre les entreprises intermédiaires et égalise le ratio capital-travail agrégé :

$$\frac{w_t L_{j,t}}{r_t^k \tilde{K}_{j,t}} = \frac{1-\alpha}{\alpha}$$

Les coûts marginaux des entreprises sont donnés par :

$$MC_t = \frac{1}{\varepsilon_t^a} w_t^{1-\alpha} r_t^{k\alpha} \left(\alpha^{-\alpha} (1-\alpha)^{-(1-\alpha)} \right)$$

Et les profits nominaux pour une entreprise j par :

$$\pi_t^j = \left(p_t^j - MC_t\right) \left(\frac{p_t^j}{P_t} \right)^{-\frac{1+\lambda_{p,t}}{\lambda_{p,t}}} Y_t - MC_t f$$

La firme j dispose d'un pouvoir de marché mais elle ne peut décider de façon optimale du prix p_t^j à toutes les dates. Ses décisions de fixation des prix sont modélisées à travers une version modifiée des contrats à la Calvo (1983). Ainsi, l'entreprise, qui ne peut pas fixer son prix de façon optimale, peut, néanmoins, l'ajuster sur les niveaux de l'inflation passée. À chaque date, la firme reçoit un signal lui signifiant si elle peut ou non réviser son prix de façon optimale. Pour chaque période t, chaque entreprise fait face à une probabilité constante $1-\xi_p$ de pouvoir ré-optimiser son prix $\tilde{p}_t^j$. La durée moyenne de fixité des prix est ainsi de $1/1-\xi_p$.

L'entreprise j choisit $\tilde{p}_t^j$ en maximisant son profit inter-temporel. La condition du premier-ordre associée au programme de maximisation du profit implique, alors, que les entreprises fixent leur prix en fonction du flux escompté des coûts marginaux futurs espérés, soit :

$$E_t \sum_{i=0}^{\infty} \beta^i \xi_p^i \lambda_{t+i} y_{t+i}^j \left(\frac{\tilde{p}_t^j}{P_t} \left[\frac{P_{t-1+i}/P_{t-1}}{P_{t+i}/P_t} \right]^{\gamma_p} - \left(1+\lambda_{p,t+i}\right) MC_{t+i} \right) = 0$$

Le prix est alors majoré par rapport au cout marginal. Si les prix étaient parfaitement flexibles ($\xi_p = 0$), le mark up de la période t sera égal à $1+\lambda_{p,t}$. Avec des prix visqueux, le mark-up devient variable au fil du temps sous l'impulsion de chocs exogènes.

La présence de prix visqueux avec indexation partielle entraine un indice de prix donné par :

$$P_t^{-1/\lambda_{p,t}} = \xi_p \left(P_{t-1} \left(\frac{P_{t-1}}{P_{t-2}} \right)^{\lambda_p} \right)^{-1/\lambda_{p,t}} + \left(1-\xi_p\right)\left(\tilde{p}_t^j\right)^{-1/\lambda_{p,t}}$$

3.2.3. *L'Equilibre général*

À chaque période, les marchés des facteurs de production, capital et travail, et des titres émis par l'État sont équilibrés. L'équilibre sur le marché des biens se traduit par

$$Y_t = C_t + G_t + I_t + \text{¤}(z_t)K_{t-1}$$

On suppose, en outre, que le taux d'intérêt, est l'instrument privilégié du gouvernement. Les autorités monétaires adoptent une règle de taux d'intérêt de type Taylor. Le taux d'intérêt répond graduellement aux écarts de l'inflation retardée par rapport a la cible d'inflation et de la production retardée par rapport à sa valeur naturelle (le niveau d'équilibre de la production lorsque les prix et les salaires sont flexibles), ainsi qu'aux variations de l'inflation et de l'écart de production

3.3. Résolution du modèle

Le modèle présenté ci dessus peut se résumer sous la forme d'un système d'équations non linéaires récurrentes et stochastiques, qui fait intervenir des variables endogènes passées, contemporaines et anticipées

$$E_t\left[\mathcal{F}\left(y_{t-1}, y_t, y_{t+1}, \varepsilon\right)\right] = 0$$

Où y_t est un vecteur de variables endogènes, ε est un vecteur de chocs aléatoires qui affectent l'économie et $\mathcal{F}$ une fonction non linéaire. La résolution de ce système est très complexe ; à de rares exceptions près. Généralement, on ne dispose pas de solutions analytiques à ce type de problème et on devrait recourir à des méthodes de résolution approchées (voir Chapitre 10).

4. Conclusion

Nous avons montré, dans ce chapitre, comment les modèles DSGE ont concilié les fondements microéconomiques des modèles des cycles réels (agents maximisateurs, anticipations rationnelles, équilibre général intertemporel, chocs stochastiques) avec les développements de la nouvelle économie keynésienne (rigidités nominales et réelles ; imperfections des marchés et importance des chocs nominaux). Il est, désormais, possible de comprendre, théoriquement, comment les fluctuations peuvent se produire en dehors de l'équilibre walrasien et comment lorsque les prix et les salaires, sont rigides, peuvent être à l'origine d'une plus grande persistance de la production en réponse à des chocs externes.

Le projet des modèles DSGE consiste en un enrichissement de la lecture des fluctuations par les modèles des cycles réels. Ils se situent, d'abord, dans la continuité du projet de "Lucas (1976) " et reposent sur des fondements microéconomiques explicites. Les agents maximisent, sous contraintes, leurs fonctions-objectives (utilité et profit) et forment des anticipations rationnelles au sens de Muth (1961). En outre, la dynamique de ces modèles est engendrée par des composantes stochastiques, qui affectent l'évolution des variables réelles et monétaires; celles-ci fournissent les impulsions, selon la célèbre parabole de cheval à bascule énoncée par Wicksell. Finalement, dans ces modèles, les prix et les salaires sont partiellement rigides, autrement dit leur variation est coûteuse et non-immédiate. Ces rigidités sont expliquées, principalement, à travers le principe de concurrence monopolistique et l'hypothèse dite de Calvo (1983). Somme toute, les modèles DSGE décrivent une économie d'échange monétaire, où la monnaie et la politique monétaire jouent un rôle actif dans la détermination de l'équilibre et des fluctuations. Le comportement de l'autorité monétaire est micro-fondé et suit la *règle de Taylor*

5. Bibliographie

Avouyi-Dovi S., Mathéron J. et **P. Fève,** (2007), «Les Modèles DSGE : Leur Intérêt pour les Banques Centrales», Bulletin *de la Banque de France*, n° 161.

Barro R. J. (1987), « Macroeconomics », *Wiley ed*, New York.

Calvo G (1983), «Staggered Prices in a Utility-Maximizing Framework», *Journal of Monetary Economics*, 12 (3):383–398.

Christiano L.J et Eichenbaum M. (1992), «Current Real-Business-Cycle Theories and Aggregate Labor-Market Fluctuations», *The American Economie Review,* Volume 82, Issue 3, pp 430–450.

Christiano L., Eichenbaum M. et **Evans** C. (2005), «Nominal Rigidities and the Dynamic Effects of a Shock to Monetary Policy», *Journal of Political Economy*, 113, 1–45.

Evans L. (2008), «An Introduction to Mathematical Optimal Control Theory, Version 0.2» http://math.berkeley.edu/˜evans/

Epaulard, A., Laffargue, J.-P. et Malgrange, P. (2008). Présentation générale. Economie & prévision, 2(183–184):1–13.

Goodfriend M. et King R. (1997), «The New Neoclassical Synthesis and the Role of Monetary Policy», *NBER Macroeconomic Annual*, 231–283.

Hairault, J.O. (1999), «Vers une Nouvelle Synthèse Néoclassique? La théorie des Cycles Réels n'est pas ce que l'on Croit», *Revue d'Economie Politique*, vol. 109, pp 613–670.

Kydland F. et **Prescott E.C.**, (1982, «Time to Build and Aggregate Fluctuations», *Econometrica*, 50, p. 1345–1370

King R., Plosser C. et Sergio R. (1988), «Production, Growth and Business Cycles: I. The Basic Neoclassical Model», *Journal of Monetary Economics*, vol. 21, issue 2–3, pp 195–232

Long J.B. et Plosser C.I., (1983), «Real Business Cycles», *Journal of Political Economy*, 91, p. 39–69

Lucas R.E., (1976), «Econometric Policy Evaluation: a Critique», *Carnegie-Rochester, Conference Series on Public Policy*, 1, p. 19–46

Muth, J. F. (1961), «Rational Expectations and the Theory of Price Movements», *Econometrica*, 29(3), pp 315–335.

Paquet A (1995), « Dépenses Publiques et Taxation Proportionnelle dans les Modèles des Cycles Réels », *L'Actualité Économique : Revue d'Analyse Économique*, Vol 71, n°2, Juin, pp 122–161.

Prescott E.C., (1986), «Theory Ahead of Business Cycle Measurement», *Federal Reserve Bank of Minneapolis Quarterly Review*, 10

Smets, F. et **R. Wouters** (2003), «An Estimated Stochastic Dynamic General Equilibrium Model of the Euro-Area", *Journal of European Economic Association*, 1(5), pp 1123–1175.

Stockey, N. L., R. E. Lucas and E. C. Prescott (1989), «Recursive Methods in Economics», *Cambridge: Harvard University Press.*

Walti M (2002), «Dynamic optimization: A tool kit», http://www.harrisdel las.net/teaching/advmacro/download/dynamicop.pdf

CHAPITRE 10

Les méthodes de résolution approchée : Méthodes linéaires vs méthodes non linéaires

1. Introduction 411
2. Un problème de contrôle optimal 414
3. Les méthodes non linéaires 416
   3.1. La méthode d'Itération sur la fonction valeur 416
   3.2. La méthode de projection 428
   3.3. La méthode de perturbation 453
4. Les méthodes linéaires 471
   4.1. La méthode de linéarisation (log-linéarisation) 471
   4.2. La méthode d'approximation linéaire quadratique 473
5. Conclusion 485
6. Bibliographie 485

1. Introduction

La résolution des équations d'équilibre des modèles DSGE (*ie :* les équations d'Euler et les équations de premier ordre du programme de Lagrange) permet de déterminer les trajectoires des variables endogènes ; étant donné les processus stochastiques des chocs exogènes. Or, dans ces équations d'équilibre figurent des anticipations de fonctions, qui incluent les valeurs futures des variables. Par exemple, la condition d'équilibre de la consommation d'un modèle DSGE-RBC canonique suppose que l'individu fixe sa consommation actuelle en référence à l'espérance (*ie :* l'anticipation) d'une fonction qui dépend la consommation future. Puisque ces modèles sont construits autour de chocs aléatoires, les valeurs futures des variables ne peuvent être connues avec exactitude. Dans ces modèles, on suppose que les anticipations sont formées de manière rationnelle : les valeurs futures des variables correspondent, alors, aux valeurs de leurs espérances conditionnelles (Juillard et Ocaktan, 2008)

A cette difficulté de formation des anticipations est associée une difficulté d'ordre mathématique. Les décisions que les agents prennent aujourd'hui (par exemple les décisions de consommation et d'offre de travail) affectent la distribution des variables dans le futur ; et cette distribution future influence les décisions d'aujourd'hui. Cette circularité pose le problème de la détermination de règles de décisions qui soient telle que les valeurs futures des variables qu'elles engendrent soient cohérentes avec celles qui sont anticipées lors de la prise de décision. L'existence et l'unicité de telles règles de décisions ne sont pas toujours assurée. Long et Plosser (1983) et McCallum (1989) montrent, dans les modèles DSGE-RBC, que les règles de décisions ne peuvent exister de manière unique, que dans des conditions très restrictives qui portent sur la technologie et les préférences[58].

D'une manière générale, la résolution analytique des modèles DSGE n'est pas toujours garantie. Plusieurs méthodes de résolution approchée se sont, alors, développées. On peut les regrouper en deux grandes familles : les méthodes non-linéaires et les méthodes linéaires (DeJong et Dave, 2010 ; et Aruoba et *alii*, 2006). Les méthodes non linéaires regroupent, essentiellement, trois techniques : *(i)* la méthode *d'itération sur la fonction valeur*, *(ii)* la méthode *de projection*; et la méthode *de perturbation*. La méthode d'itération sur la fonction valeur exploite la forme récursive du problème de contrôle optimal et établie une approximation, par itération successives, de la fonction valeur et par conséquent de la fonction de décision (Christiano, 1990 ; Lucas et "Stockey, 1989" ; Ljungqvist et Sargent, 2004 ; et Heer et Maußner, 2008). La méthode de projection cherche à résoudre une équation fonctionnelle dont l'inconnue est la fonction de décision. Elle projette la règle de décision dans un espace engendré par une base de fonctions élémentaires, des polynômes par exemple (Judd, 1992, "1998a" et "1998"b ; et "Miranda, 1998 "). Contrairement à la méthode d'itération sur la fonction valeur et à la méthode de projection, qui sont des méthodes globales, la méthode de perturbation est une méthode locale qui cherche à établir une approximation locale de la fonction de décision, au voisinage d'un point spécifique, le plus souvent l'état stationnaire déterministe du

58 Long et Plosser (1983) retiennent le cas irréaliste d'une dépréciation totale du capital

modèle. Pour cette méthode, la pratique usuelle consiste à approximer la règle de décision en faisant un développement, en série, de Taylor des conditions d'équilibre au voisinage de l'état stationnaire déterministe (Judd, 1998 ; Jin et Judd, 2002 et Judd et Guu, 1993).

Les méthodes linéaires offrent, surtout, deux techniques : la méthode *de linéarisation (éventuellement log-linéarisation)* et la méthode *d'approximation linéaire quadratique.* La méthode de linéarisation (log-linéarisation) a été largement utilisée, à l'origine, pour simuler les modèles de cycles réels. Elle correspond, en fait, à la solution obtenue par l'approximation à l'ordre 1 de la méthode de perturbations (Christiano 2002 et King et Watson, 2002 et "Uhling, 1999 "). La méthode d'approximation linéaire quadratique remplace, quant à elle, le problème de contrôle optimal par un problème dans lequel la fonction objective est quadratique et les contraintes sont linéaires. Pour cette méthode, la première étape consiste à substituer les contraintes non linéaires du programme d'optimisation dans la fonction objective, puis à prendre une approximation linéaire quadratique de cette fonction au voisinage de l'équilibre stationnaire. L'écriture de la forme récursive du modèle (où la fonction valeur est désormais linéaire quadratique) permet, alors, de déterminer les règles de décisions par itérations sur la fonction valeur ((Diaz-Gimenez, 1999 et Kydland and Prescott, 1982).

Ce chapitre se propose de présenter, de manière détaillée, les méthodes de résolution approchées des modèles DSGE. La présentation s'appuiera sur une version simplifiée d'un problème de contrôle optimal dans lequel l'équilibre est récursif (section 1). La section 2 traite des méthodes non linéaires d'approximation : méthode d'*itération sur la fonction valeur,* méthode *de projection* et méthode *de perturbation).* La section 3 expose les méthodes linéaires : méthode *de linéatisation vs log linéarisation* et méthode *d'approximation linéaire quadratique.* Pour chacune des méthodes une application à un modèle DSGE-RBC canonique (sous sa version *déterministe* et *stochastique*) est réalisée et un programme code sur Matlab et édifié.

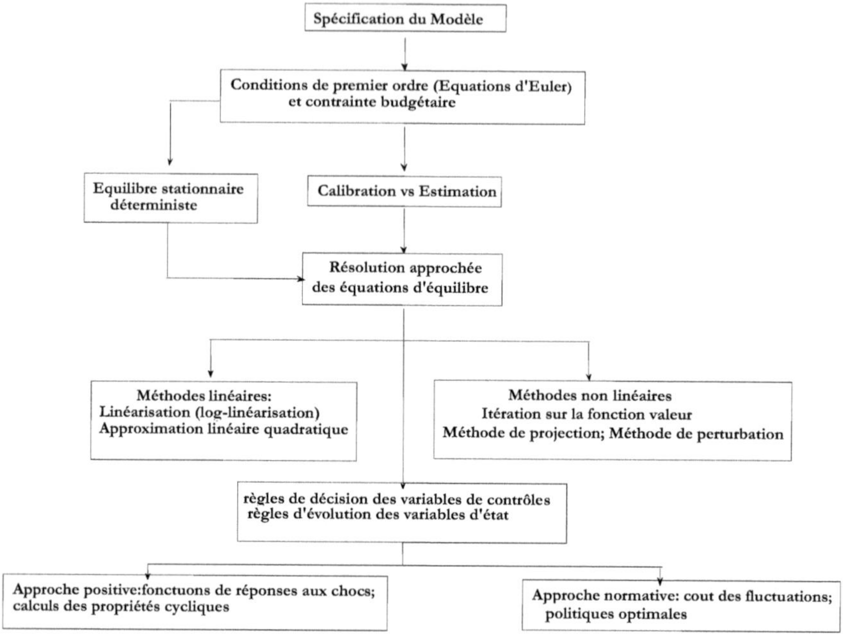

Graphique 1 : Les principes de la modélisation DSGE

2. Un problème de contrôle optimal

Le problème d'optimisation dans les modèles DSGE peut être représenté par le problème de contrôle optimal, défini par :

$$\max_{\{u_t\}_{t=0}^{\infty}} E_0\left[\sum_{t=0}^{\infty}\beta^t U\left(x_t, u_t\right)\right]$$

Sous contrainte

$$x_{t+1} = F\left(x_t, u_t, z_t\right) \tag{1}$$

La fonction $U(.)$ représente la fonction gain, soit la fonction d'utilité de l'individu représentatif dans le modèle DSGE-RBC canonique. Cette fonction dépend de l'état du système, décrit par le vecteur de m variables d'état x_t ; et des décisions prises à chaque période données par le vecteur à n variables de contrôle u_t. z_t est un vecteur de s variables exogènes dont la dynamique ne dépend ni de x_t ni de u_t. Le vecteur de variables de contrôle u_t est un ensemble d'instruments sous le contrôle de l'individu optimisateur. Si l'individu choisit le vecteur de variable de contrôle u_t (: *ie* il choisit l'action u_t), à la date t, le système passe, $ent+1$, à l'état $x_{t+1} = F(x_t, u_t, z_t)$. L'état du système à la période suivante (la date $+1$), x_{t+1}, dépend, alors, de l'état du système à la période courante (la date t), x_t, des décisions prises à cette période, u_t, et des chocs aléatoires z_t

Dans le modèle DSGE-RBC canonique les variables d'état, sont données par le capital, le progrès technique déterministe (variables d'état endogènes) ; et la composante aléatoire du progrès technique (variable d'état exogène). Les variables de contrôle sont, quand à elles, données par la consommation et l'offre de travail.

E_0 est un opérateur d'espérance mathématique conditionnelle à l'information disponible à la période 0 et β le facteur d'escompte psychologique. Dans ce programme, les conditions initiales sont définies par les valeurs des vecteurs x_0 *et* z_0. L'incertitude dans ce modèle résulte de la variable exogène z_t. L'hypothèse, généralement, retenue à propos de la dynamique de z_t est de supposer que celle ci suit un processus autorégressif d'ordre 1 stationnaire

$$z_{t+1} = Pz_t + p + \varepsilon_{t+1} \tag{2}$$

Puisque les chocs aléatoires futurs, ε_{t+1}, ne sont pas connus au moment de la prise de décision, il serait impossible de calculer numériquement la trajectoire future de l'économie. La stratégie possible pour résoudre ce problème consiste à trouver une règle de décision

$$u_t = h(x_t) \tag{3}$$

qui décrit comment il faut fixer les variables de contrôle, u_t, en fonction de l'état du système, de manière à optimiser l'espérance de la valeur actuelle des gains futurs.

D'une manière générale, les règles de décision, $h(x)$, n'ont pas d'expressions analytiques ; La solution est, donc, d'utiliser une méthode numérique pour lui déterminer une approximation : *ie* une représentation approchée[59].

---

59 On considère deux fonction f et g continument différentiables sur un intervalle I. On dit que f est une approximation, à l'ordre n, de la fonction g en $x = x_0$ et seulement si $\lim_{x \to x_0} \frac{f(x) - g(x)}{x - x_0^{\;2}} = 0$

3. Les méthodes non-linéaires

3.1. *La méthode d'Itération sur la fonction valeur*

La méthode d'itération sur la fonction valeur pose de front le problème de control optimal : elle exploite la forme récursive du problème de contrôle optimal et établie une approximation des fonctions de décision par itération successives sur la fonction valeur.

3.1.1. La méthode d'itération sur la fonction valeur : l'algorithme général

L'écriture récursive du problème de contrôle optimal :

$$\max_{\{u_t\}_{t=0}^{\infty}} E_0\left[\sum_{t=0}^{\infty}\beta^t U\left(x_t,u_t\right)\right]$$

Sous contrainte

$$x_{t+1}=F\left(x_t,u_t,z_t\right) \qquad \text{(C1)}$$

$$z_{t+1}=Pz_t+\varepsilon_{t+1} \qquad \text{(C2)}$$

conduit à :

$$V\left(x_0,z_0\right)=\max_{\{x_t\}_{t=0}^{\infty}}\left\{U\left(x_0,u_0\right)+\beta E_0 V\left(x_1,z_1\right)\right\} \qquad (3)$$

Sous contrainte

$$z_{t+1}=Pz_t+\varepsilon_{t+1}$$

Cette formulation est une version simple de l'équation de Bellman et précise la forme récursive du problème du planificateur central : A chaque période t, le planificateur choisit le vecteur de variables d'état x_t qui maximise le rendement courant plus la valeur actualisée des plans optimaux survenus dès la date $t+1$ (de $t+1$ jusqu'à l'infini).

Si la fonction valeur $V(.)$ est connue, il serait possible d'utiliser l'expression (3) pour déterminer la fonction de décision pour les variables de contrôle. Celle est égale à

$$u_t=h\left(x_t\right)=\max_{\{x_t\}_{t=0}^{\infty}}\left\{U\left(x_t,u_t\right)+\beta\, E_0 V\left(F\left(x_t,u_t,\varepsilon_{t+1}\right)\right)\right\}$$

Or, à ce stade, la fonction $V(.)$ n'est pas connue. Pour approcher la fonction valeur $V(.)$, et donc la règle de décision, la méthode d'itération sur la fonction valeur pourrait être utilisée.

L'algorithme général de cette méthode consiste à choisir, initialement, une fonction valeur, $V(.)^0$, différentiable et concave. Puis, à calculer, en utilisant l'équation de Bellman une itération de la fonction valeur : $T\left[V(.)^0\right]$. On établit ainsi plusieurs itérations consécutives jusqu'à ce que la séquence de fonctions converge.

La mise en application de cette méthode consiste d'abord à définir un domaine de valeurs admissibles des variables d'état, puis de choisir dans ce domaine de définition une grille de points équidistants (On supposera dans ce qui suit que les variables d'état sont définies par les variables d'état endogènes, x) . L'algorithme général peut être résumé de la manière suivante (Heer et Maußner, 2008):

Etape 1 : Choisir une grille de points, des variables d'état $\left\{x_1, x_2, .., x_{n_k}\right\}$, où $x_i \in [\underline{x}, \overline{x}]$ sur lesquels la fonction valeur sera approximée. Initialiser la fonction valeur $V(x)^0 = \left\{V_i^0\right\}_{i=0}^{n_k}$; $V(x)^0$ est un vecteur de dimension n_k, où $V_i^0 = V^0(x_i)$

Etape 2 : Utiliser l'équation de Bellman pour calculer l'itération de la fonction valeur $V(x)^1 = \left\{V_i^1\right\}_{i=0}^{n_k} = T\left[V(x)^0\right]$, où $T\left[V(x)^0\right] = \max\limits_{x_1}\left\{U(x_0, u_0) + \beta V(x_1)\right\}$ sous contrainte (C2) ;

Etape 3 : Etablir des itérations successives sur la fonction valeur:

3-1- A l'itération r la fonction valeur a pour valeur $V(x)^r$. Fixer x aux premières valeurs sur la grille. Fixer $u = h(x)$ à une valeur admissible. Calculer $EV^r\left(F(x,u,z)\right)$. Et conjointement $U(x,u) + EV^r\left(F(x,u,z)\right)$

3-1- calculer pour toutes les valeurs de la grille de x la fonction valeur de la $r+1$ *ième* itération $V(x)^{r+1}$

Etape 4 : Contrôler la convergence en calculant $\Gamma^{r+1} = max_i \left|V_i^{r+1} - V_i^r\right|$, la distance entre deux fonctions valeur successives. Si $\Gamma^{r+1} < Toler$; où *Toler* représente le niveau de tolérance en dessous duquel la variation de la fonction de valeur peut être considérée comme étant négligeable, on arrête l'algorithme et on retient la fonction de décision de la *rième* itération au point x : $h^r(x)$. sinon on fait augmenter r de 1 et on revient à l'étape 3

Encadré 1- La méthode d'itération sur la fonction valeur : une illustration (Gormley, 2005)

Soit l'équation de Bellman suivante :

$$V(k) = \max_{k'} \{U(c) + \beta V(k')\}$$

$$\text{Sc } c + k' = f(k)$$

Ou l'indice $(')$ associé à la variable k dénote la valeur consécutive de k à la prochaine période. Cette équation peut être réécrite simplement :

$$V(k) = \max_{k' < f(k)} \{U(f(k) - k') + \beta V(k')\}$$

Posant, à titre d'exemple, $U(c) = \log(c)$ et $f(k) = k^\alpha$; le programme précédent devient :

$$V(k) = \max_{k' < f(k)} \{Log(k^\alpha - k') + \beta V(k')\}$$

Cette équation de Bellman définie une application contractante et admet un point fixe unique. Soit B un ensemble de fonctions continues $V : [0, f(k)] \to R$ et T l'application de : $B \to B$ définie par :

$$TV(k) = \max_{k' < f(k)} \{U(c) + \beta V(k')\}$$

$$\text{Sc } c + k' = f(k)$$

Du moment où la fonction T est une contraction et admet point fixe unique $TV^* = V^*$, il serait possible d'utiliser l'itération sur la fonction valeur pour déterminer la valeur de $V(k)$ et la règles de décision $c(k)$. Plus précisément, il est possible d'utiliser la règle

$$V^{r+1}(k) = \max_{k'} \{U(c) + \beta V^r(k')\}$$

et suivre les séquences suivantes :

1. Initialiser la fonction valeur $V(k)$, soit $V^0(k)$ cette fonction
2. Utiliser l'équation de Bellman pour calculer l'itération de la fonction valeur $V^1(k)=T\left[V^0(k)\right]$
3. Remplacer $V^0(k)$ par $V^1(k)$ et refaire l'étape 2
4. Faire des itérations successives de la fonction valeur jusqu'à ce qu'elle converge vers le point fixe V^*

Pour résoudre numériquement cet algorithme, il faut passer par les étapes suivantes :

1. Choisir une grille de points de la variable d'état, k, sur lesquels la fonction valeur sera approximée. Cette grille peut être définie par un vecteur de valeurs discrètes et équidistantes du domaine de définition de k. A titre illustratif soit : $A =$ [1 2 3 4 5]' ce vecteur

2. Pour chacune des valeurs de la variable d'état, k, définies par le vecteur A, calculer l'utilité potentielle qui résulte de chacun des choix des valeurs possibles de k

A. Par exemple, en utilisant les cinq états possibles de la variable $k=1,2,3,4,5$

(i) Calculer la consommation et l'utilité de l'agent, lorsque $k=1$ et lorsqu'il choisit $k'=1$. Supposons que l'utilité dégagée est $U(.)=2.4$

.

(ii) Maintenant, calculer la consommation et l'utilité de l'agent, lorsque $k=1$ et lorsqu'il choisit $k'=2$. Supposons que l'utilité dégagée est $U(.)=2.7$

(iii) Dans cet exemple, On a cinq niveaux de satisfaction pour chacune des valeurs de la variable d'état, k ; chaque niveau de satisfaction dépend d'un choix de k' possible. Au total, on a 25 niveaux d'utilité

(iv) Certains choix de k' conduisent à des consommations négatives ($c<0$) ; ce qui viole la contrainte ressource-emploi. On doit s'assurer que ces valeurs de k' ne constituent pas des choix viables pour l'individu

B. Définir tous les niveaux d'utilité dans une matrice M (les colonnes représentent les choix de k et les lignes les choix de k'):

$$M = \begin{pmatrix} 2.4 & 1 & 3 & 2.6 & 0 \\ 2.7 & 2.1 & 4.1 & 1.0 & 1.0 \\ 1 & 1 & 1 & 1 & 1 \\ 2 & 1 & 3 & 1 & 2 \\ 1 & 1 & 0 & 1 & 3.3 \end{pmatrix}$$

3. Initialiser la fonction valeur. Soit $V_{old}(k)$ cette fonction. Une manière de procéder est de considérer que pour chaque valeur de la variable d'état, k, la fonction valeur prend la valeur 0 : $V_{old}(k)=0$, $\forall k$, soit :

$$V_{old}(k)=[00000]'$$

4. Faire des itérations successives de la fonction valeur jusqu'à la convergence : On utilise pour cela la valeur initiale de la fonction valeur $V_{old}(k)$ pour calculer la nouvelle fonction $V_{new}(k)$

A. Reprendre l'équation de Bellman et définir

$$V_{new}(k)=\max_{k'<f(k)}\{U(c)+\beta V_{old}(k')\}$$

B.Calculer $U(c)+\beta V_{old}(k')$ pour chaque couple de variables d'état, k et k', et choisir la valeur maximale. Celle ci constituera la valeur de $V_{new}(k)$.

(i) Dans l'exemple illustratif, pour $k=1$, l'utilité maximale est de 2.7 Cette utilité correspond au choix de $k'=2$.

(ii) En utilisant $U(c)=2.7$ et $\beta V_{old}(2)=0$, il serait possible de calculer $V_{new}(1)=2.7$

C. Poser les différentes valeurs de $V_{new}(k)$, des valeurs possibles de la variables d'état $k=1,2,3,4,5$, dans un vecteur, soit $V_{new}(k)=[2.7\ 2.1\ 4.1\ 2.6\ 3.3]$

D. Analyser la convergence et tester si $V_{new}(k)$ est arbitrairement égale à $V_{old}(k)$

(i) Si $V_{new}(k)$ est différente de $V_{old}(k)$, remplacer $V_{old}(k)$ par $V_{new}(k)$ ($V_{old}(k)=V_{new}$) et reprendre l'étape 4A

(ii) Faire des itérations successives jusqu'à ce que $V_{old}(k) = V_{new}$. Lorsque la convergence est établie, définir la règle d'évolution de $k; k'(k)$, et la règle de décision de la variable de contrôle $c(k)$.

(iii) Dans l'exemple illustratif lorsque $k=1$, le choix optimal de k' était $k'=2$. Supposons que ceci reste vrai après convergence, il est possible d'écrire alors $k'(1)=2$. De la même manière pour $k=2$, le choix optimal de k' etait de 2, il est possible d'écrire de nouveaux $k'(2)=2$. Pour $k=3$, le choix optimal de k' est de 2 aussi, ce qui peut s'écrire $k'(3)=2$ etc...

(iv) On peut faire la même chose pour définir la règle de décision $c(k)$

3.1.2. Application au modèle DSGE-RBC canonique

A. Le modèle déterministe

Considérons la version déterministe du modèle DSGE-RBC canonique où les fonctions d'utilité et de la production sont données, respectivement, par : $U(c_t) = \frac{c_t^{1-\sigma} - 1}{1-\sigma}$ et $f(k_t) = k_t^{\alpha}$. Le capital suit la règle d'évolution $k_{t+1} = k_t^{\alpha} - c_t - (1-\delta)k_t$, avec δ le taux de dépréciation.

L'écriture récursive du problème d'optimisation associée à ce modèle peut être écrite sous la forme d'équation de Bellman :

$$V(k) = \max_{k'} \left\{ \frac{c_t^{1-\sigma} - 1}{1-\sigma} + \beta V(k') \right\}$$

$$\text{Sc } k_{t+1} = k_t^{\alpha} - c_t - (1-\delta)k_t$$

Où de manière équivalente :

$$V(k) = \max_{k'} \left\{ \frac{\left(k^{\alpha} + (1-\delta)k - k'\right)^{1-\sigma} - 1}{1-\sigma} + \beta V(k') \right\}$$

La mise en application de la méthode d'itération sur la fonction valeur consiste d'abord à choisir, dans le domaine de définition de la variable d'état, k, une grille de N points équidistants, $\{k_1, k_2, .., k_N\}$, sur lesquels la fonction valeur sera approximée. Par la suite, il s'agit d'initialiser, la fonction valeur $V^0(k)=\{V^0(k_i)\}_{i=0}^{N}$; où $V^0(k)$ est un vecteur de dimension N, dont les éléments représentent les fonctions valeurs associées aux différents points de la grille k_i.

Connaissant, la fonction valeur initiale $V^0(k)$, utiliser l'équation de Bellman pour calculer l'itération $V^1(k)$:

$$V^1(k)=\max_{k'}\left\{\frac{\left(k^{\alpha}+(1-\delta)k-k'\right)^{1-\sigma}-1}{1-\sigma}+\beta V^0(k')\right\}$$

Comparer $V^1(k)$ et $V^0(k)$. Si ces deux fonctions valeurs sont différentes remplacer $V^0(k)$ par $V^1(k)$ et faire une nouvelle itération. A la r *ième* itération on aura $V^r(k)$ et $V^{r-1}(k)$. lorsque r est assez élevé, les deux fonctions valeurs coïncident et on pourra stopper l'algorithme.

Pour les valeurs des paramètres structurels $\alpha=0.33$, $\beta=0.95$, $\delta=0.1$ et $\sigma=2$; l'équation d'Euler de ce programme de maximisation peut être définie par :

$$c_t^{-\sigma}=\beta c_{t+1}^{\sigma}\left(\alpha k_{t+1}^{\alpha-1}+(1-\delta)\right)$$

A l'état stationnaire $c_t=c_{t+1}=c^*$, et $k_t=k_{t+1}=k^*$, avec

$$k^*=\left(\frac{\alpha}{\frac{1}{\beta}-(1-\delta)}\right)^{\frac{1}{1-\alpha}}=3.169$$

On définit, maintenant, la grille de points de la variable d'état, k ; cette grille est composée de $N=100$ éléments équidistants répartis dans l'intervalle $[k_{min},k_{max}]$ avec $k_{min}=0.25k^*$ et $k_{max}=1.75k^*$. Pour contrôler la convergence des itérations consécutive, on calcule

$$\Gamma^{r+1}=\sqrt{\sum_{i=1}^{N}\left(V_i^{r+1}(k_i)-V_i^{r}(k_i)\right)^2}.$$

Si Γ^{r+1} est inférieure au niveau de tolérance ($=0.01$), on arrête l'algorithme et on retient la fonction de décision, $c(k)$, de la *rième* itération. On pourrait fixer à 300 le nombre maximum d'itérations.

L'encadré 2 reproduit un programme Matlab nécessaire pour déterminer le point fixe de la fonction valeur : $V^r(k) = V^{r-1}(k) = V^*(k)$ et la règle d'évolution du capital, pour toutes les hypothèses retenues ci dessus :

Encadré 2 - Matlab code pour le calcul de la fonction valeur optimale V^* et la règle d'évolution du capital du modèle déterministe (Eric Sims, 2011)

```
clear all;
close all;
tic

global v0 beta Δ alpha kmat k0 s kgrid

% set parameters
alpha = 0.33; % capital's share
beta = 0.95;
Δ = 0.1; % depreciation rate (annual)
s = 2;

tol = 0.01;
maxits = 300;
dif = tol+1000;
its = 0;
kgrid = 99; % grid points + 1

% first solve for steady state
kstar = (alpha/(1/beta - (1-Δ)))^(1/(1-alpha)); % steady state k
cstar = kstar^(alpha) - Δ*kstar;
istar = Δ*kstar;
```

```
ystar = kstar^(alpha);

kmin = 0.25*kstar; % minimum
kmax = 1.75*kstar; % maximum
kgrid = 99; % grid points + 1
grid = (kmax-kmin)/kgrid; % grid

kmat = kmin: grid: kmax;
kmat = kmat';

[N,n] = size(kmat);

v0 = zeros(N,1);

while dif>tol & its < maxits
for i = 1: N
k0 = kmat(i,1);
k1 = fminbnd(@valfun2,kmin,kmax);
v1(i,1) = -valfun(k1);
k11(i,1) = k1;
end
dif = norm(v1- v0)
v0 = v1;
its = its+1
end


toc
function val =valfun2(k)
```

```
% This program gets the value function for a neoclassical growth model with
% no uncertainty and CRRA utility
global v0 beta Δ alpha kmat k0 s kgrid
klo = max(sum(k>kmat),1); % identify the gridpoint that falls just below . .
% . . the choice for k
khi = klo+1;
% do the interpolation
gg = v0(klo) + (k-kmat(klo))*(v0(khi) - v0(klo))/(kmat(khi) - kmat(klo));
c = k0^alpha - k + (1-Δ)*k0; % consumption
if c ≤ 0
val = -9999999 - 999*abs(c);
else
val = (1/(1-s))*(c^(1-s)-1) + beta*gg;
end
al = -val; % make it negative since we're maximizing and code is to minimize.
```

B. Le modèle stochastique

Le problème de l'itération de la fonction valeur dans le modèle stochastique est identique à celui du modèle déterministe, avec quelques différences près. Il existe, maintenant, deux variables d'état : le stock de capital (variable d'état endogène) et le progrès technique stochastique (variable d'état exogène). Il est donc nécessaire de rendre compte des anticipations de l'agent représentatif et des probabilités associées aux différents états possibles.

Le problème d'optimisation peut être réécrit, dans ce modèle stochastique, comme :

$$V(k) = \max_{k'} \left\{ \frac{c_t^{1-\sigma} - 1}{1-\sigma} + \beta EV(k', z') \right\}$$

$$\text{Sc } k_{t+1} = z_t k_t^{\alpha} - c_t - (1-\delta) k_t$$

Où de manière équivalente :

$$V(k) = \max_{k'} \left\{ \frac{\left(z_t k^{\alpha} + (1-\delta)k - k'\right)^{1-\sigma} - 1}{1-\sigma} + \beta\, EV(k', z') \right\}$$

Dans cet exemple, z_t est un processus stochastique qui suit une chaine de Markov : l'information utile pour la prédiction de la valeur future, z', est entièrement contenue dans l'état présent du processus et n'est pas dépendante des états antérieurs. Soit $\hat{z}$ un vecteur, de dimension $(q \times 1)$, qui définie les réalisations possible de z et P la matrice de transition, de dimension $(q \times q)$. Un élément (i, j) de cette matrice définie la probabilité pour que la variable z soit à l'état j dans le futur si elle est à l'état i dans le présent. A titre illustratif, on suppose que z prend, seulement, trois valeurs possibles :

$$\hat{z} = \begin{pmatrix} 0.9 \\ 1 \\ 1.1 \end{pmatrix}$$

La matrice de transition P est donnée par des éléments équiprobables :

$$P = \begin{pmatrix} \frac{1}{3} & \frac{1}{3} & \frac{1}{3} \\ \frac{1}{3} & \frac{1}{3} & \frac{1}{3} \\ \frac{1}{3} & \frac{1}{3} & \frac{1}{3} \end{pmatrix}$$

La mise en application de la méthode d'itération sur la fonction valeur consiste, d'abord, à choisir, dans le domaine de définition des variables d'état, k et z, une grille de $N \times q$ points. La fonction valeur doit donc être évaluée aux différentes combinaisons possibles : capital-productivité

L'itération sur la fonction valeur est similaire au cas précédent du modèle déterministe. Ainsi, partant d'une fonction valeur initiale $V^0(k,z)$, l'équation de Bellman conduit à :

$$V^1(k,z) = \max_{k'} \left\{ \frac{\left(zk^\alpha + (1-\delta)k - k'\right)^{1-\sigma} - 1}{1-\sigma} + \beta E V^0(k',z') \right\}$$

Dans ce problème, l'incertitude résulte des valeurs futures du progrès technique, z' : le choix des valeurs futures du capital, k', est basé sur les valeurs anticipées de z'

Le nouvel programme Matlab est identique à celui de l'encadré 2 ; à une différence près qu'il existe, maintenant, deux boucles : une pour chaque variable d'état

Encadré 3 - Matlab code pour le calcul de la fonction valeur optimale V* du capital du modèle stochastique (Eric Sims, 2011)

```
while dif>tol & its < maxits
for j = 1:3
for i = 1: N
k0 = kmat(i,1);
a0 = amat(j,1);
k1 = fminbnd(@valfun stoch,kmin,kmax);
v1(i,j) = -valfun _ stoch(k1);
k11(i,j) = k1;
end
end
ggg = v1 - v0;
gg = vec(ggg);
```

```
dif = norm(v1 - v0)
v0 = v1;
its = its+1
end

klo = max(sum(k>kmat),1); % identify the gridpoint that falls just below . .
% . . the choice for k
khi = klo+1;

% do the interpolation
g = v0(klo,:) + (k-kmat(klo))*(v0(khi,:) - v0(klo,:))/(kmat(khi) - kmat(klo));
gg = interp1(kmat,v0,k,'linear');

c = amat(j,1)*k0^alpha - k + (1-Δ)*k0; % consumption
if c ≤ 0
val = -8888888888888888-800*abs(c);
else
val = (1/(1-s))*(c^(1-s)-1) + beta*(gg*prob(j,:)');
end
val = -val; % make it negative since we're maximizing and code is to minimize.
```

3.2. *La méthode de projection*

La méthode de projection, appelée aussi méthode des résidus pondérés, cherche à approximer les fonctions de décision par une combinaison linéaire de fonctions simples et connues, ordinairement polynomiales. L'algorithme général consiste à définir une équation fonctionnelle $\mathcal{N}(h)=0$, dont l'inconnue est la règle de décision $h(.)$, et à approximer, ensuite, $h(.)$ par une combinaison linéaire de fonctions, dont les coefficients de pondération doivent être calculés. Dans le modèle DSGE-RBC canonique, $h(.)$ représente les règles de consommation et d'offre de travail et $\mathcal{N}(h)$ les équations d'Euler.

L'objectif de la méthode de projection consiste, alors, à déterminer la valeur des coefficients de pondération associés à la fonction de décision. L'algorithme général est composé de trois étapes : *(i)* Dans la première étape, la fonction de décision $h(.)$ est approximée par une combinaison linéaire d'un nombre fini de fonctions connues, qui constituent une base d'un espace vectoriel. Selon la nature de ces fonctions, deux méthodes d'approximation sont avancées : la méthode spectrale qui utilise des fonctions non nulle globalement sur tout le domaine de définition des variables d'état (Judd, 1992); et la méthode d'éléments finis (McGrattan, 1996 et 1999 et Hughes, 2000), qui utilise des fonctions non nulles, seulement, sur un sous domaine de cet espace. Dans la seconde étape, la valeur de $\mathcal{N}(h)$ est calculée en un nombre fini de points de l'espace des états. On obtient en chacun de ces points une erreur (l'écart de la valeur de $\mathcal{N}(h)$ à zéro) qui dépend du choix des coefficients de pondération. Finalement en utilisant un critère de minimisation d'une fonction de ces erreurs on obtient, par calcul itératif, les valeurs de ces paramètres.

3.2.1. La méthode de projection : l'algorithme général

Les conditions d'optimalité qui solutionnent le programme de maximisation du problème de contrôle optimal du paragraphe précédent peuvent être données par le système d'équations non linéaire :

$$E_t\mathcal{N}\left(u_t,u_{t+1},x_t,x_{t+1},\varepsilon_{t+1}\right)=0 \tag{1}$$

La solution de ce système d'équation d'équilibre est composée par un ensemble de règles de décision, pour les variables de contrôle $u_t=h(x_t)$, qui dépendent des variables d'état. Puisque les variables d'état du système évoluent selon la règle :

$$x_{t+1}=F\left(x_t,u_t,\varepsilon_{t+1}\right)=F\left(x_t,h(x_t),\varepsilon_{t+1}\right)$$

Le système d'équation d'équilibre (1) peut alors être reformulé comme :

$$E_t\mathcal{N}\left(h(.),x_t,\varepsilon_{t+1}\right)=0$$

Où $h : D \subset R^N \to R^M$; $\mathcal{N} : B_1 \to B_2$ et $B_j\, i = 1,2$ sont des espaces de fonctions. Dans le modèle DSGE-RBC canonique, D définie le domaine de définition des variables d'état (le capital, le progrès technique déterministe et sa composante aléatoire). h représente la fonction de décision (la consommation et l'offre de travail) et $\mathcal{N}$ les équations d'Euler.

La méthode de projection approxime la fonction $h(x)$ par une combinaison linéaire de fonctions simples, $\hat{h}(x,a) \equiv \sum_{i=1}^{n} a_i \varphi_i(x)$, dont les paramètres a_i, $i = 1 \ldots n$ doivent être déterminés. Ces fonctions peuvent être des polynômes simples ($\varphi_i(x) = x^i$), des polynômes orthogonaux (par exemple les polynômes de Chebyshev) ou même des fonctions linéaires par morceaux.

La mise en application cette méthode passe par cinq étapes :

Etape 1 : la première étape, établie comment la fonction $h(x)$ doit être approximée. Les méthodes les plus usuelles définissent, $h(x)$ comme une combinaison linéaire de fonctions simples. Il s'agit alors de choisir une base de fonctions $\Phi_j = \{\varphi_i\}_{i=1}^{\infty}$ et un concept approprié de produit scalaire, $\langle .,. \rangle$, dans l'espace de fonctions $B_j\ j = 1,2$.

Etape 2 : la deuxième étape choisit un ordre d'approximation n pour $h(x)$. La solution approximée, $\hat{h}(k,a)$, prend la forme $\hat{h}(k,a) \equiv \sum_{i=1}^{n} a_i \varphi_i(x)$. Le meilleur choix de n ne peut pas être déterminé *à priori*. Généralement, le seul choix correct de n est l'infini. Plus n est élevé, meilleure sera l'approximation. Dans les travaux empiriques il est, généralement, admis de retenir la valeur la plus faible de n qui donne l'approximation la plus fiable de $\hat{h}(x,a)$.

Etape 3 : Pour un vecteur de paramètre, $\vec{a}$, donné, on calcule l'approximation $\hat{h}(x,a) \equiv \sum_{i=1}^{n} a_i \varphi_i(x)$ ainsi que la fonction résiduelle $\mathfrak{R}(x,\vec{a}) = \widehat{\mathcal{N}}(\hat{h})(x)$

Etape 4 : Au cours de cette étape, on choisit n fonction de l'ensemble B_2 : $p_i : D \to R^M\ i = 1 \ldots n$. Pour chaque vecteur de paramètre $\vec{a}$, on calcule les n projections :

$$P_i(\vec{a}) \equiv \langle \Re(x,\vec{a}), p_i \rangle \quad i = 1, \ldots\ldots, n$$

Les p_i définissent, alors, les directions utilisées, lors de la projection, pour déterminer les coefficients a_i

Etape 5 : En prenant une série de vecteur $\vec{a}$ et en itérant sur les étapes *(3)* et *(4),* on retient le vecteur $\vec{a}$ qui égalise les n projections à zéro.

En reprenant les cinq étapes de la méthode de projection, il est trivial de voir que la précision de cette méthode dépend du choix de l'ordre de l'approximation n, ainsi que du choix des fonctions de la base $\Phi_j = \{\varphi_i\}_{i=1}^{\infty}$.

A. Choix de la base et du produit scalaire

Le choix de la base

Dans les méthodes de projection, le choix de la base est crucial : les fonctions φ_i doivent être simples à calculer. Elles doivent, aussi, avoir les mêmes formes que les solutions à approximer. En particulier, elles doivent être lisses lorsque les fonctions à approximer sont lisses et de type Spline lorsque ces fonctions sont coudées où présentent n'importe quel autre type de comportement local extrême.

Généralement, les méthodes de projection se décomposent, en fonction de la base choisie, $\Phi_j = \{\varphi_i\}_{i=1}^{\infty}$, en *méthodes spectrales* et *méthodes d'éléments finis.* Les *méthodes spectrales* utilisent des fonctions φ_i qui sont non nulles sur tout le domaine de définition D, tel que les polynômes de Tchebychev (Encadré 4); et qui sont C^{∞} (lisses) continument différentiables, assurant, ainsi, un lissage approprié aux solutions approximées. Les *méthodes d'éléments finis* utilisent des fonctions φ_i qui sont non nulles, seulement, sur certaines parties (intervalles) du domaine D. Il s'agit de *(i)* décomposer le le domaine de définition des variables d'état, D, en plusieurs intervalles disjoints, appelés éléments ; *(ii)* faire une approximation locale sur chaque intervalle et *(iii)* rassembler, à la fin, les différentes approximations locales de la fonction de décision pour obtenir une approximation globale sur l'ensemble de l'intervalle D (Encadré 5). Formellement, les fonctions, φ_i ,qui peuvent être utilisées pour construire une approximation linéaire par morceaux (*Piecewise linear approximation*) de la fonction de décision, $h(x)$, dans le domaine de définition D peuvent être définies par :

$$\varphi_i(x) = \begin{cases} \dfrac{x - x_{i-1}}{x_i - x_{i-1}} & si\, x \in [x_{i-1}, x_i] \\ \dfrac{x_{i+1} - x}{x_{i+1} - x_i} & si\, x \in [x_i, x_{i+1}] \\ 0 & sinon \end{cases}$$

Les points $x_i \quad i = 1\ldots, n$ ne sont pas obligatoirement équidistants.

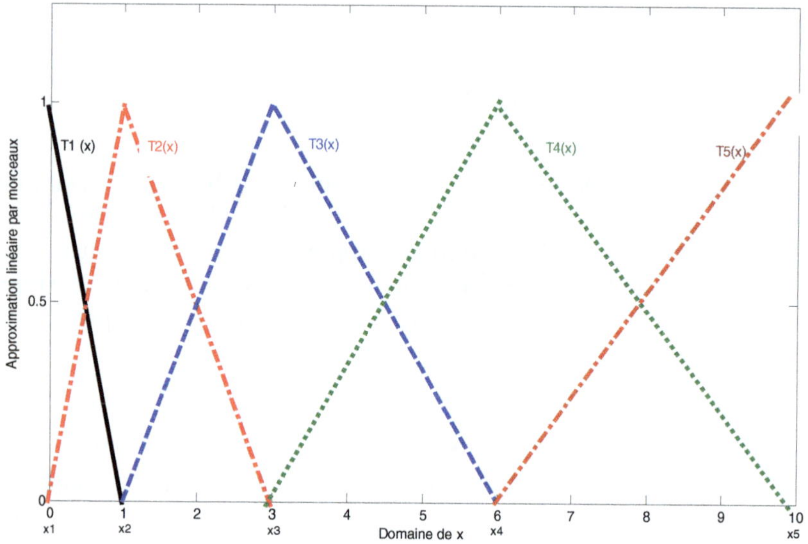

Graphique 2 - Méthode d'éléments finis : Cinq fonctions linéaires par morceaux

Le choix du produit scalaire

Les méthodes de projection utilisent, généralement, un produit scalaire de la forme :

$$h(x), g(x) = \int_D h(x) g(x) w(x) dx \tag{2}$$

où D définie le domaine de définition de la variable d'état x et $w(x)$ une fonction de pondération.

Encadré 4 - Les polynômes de Tchebychev

Les polynômes de Tchebychev sont définis dans l'intervalle $[-1,1]$, soit

$$p_n(x) \equiv cos[n \arccos(x)]$$

Ils sont générés par la règle récursive

$$p_{n+1}(x) = 2xp_n(x) - p_{n-1}(x)$$

Avec $p_0(x) = 1$ et $p_1(x) = x$.

La restriction sur le domaine $[-1,1]$ n'est pas obligatoire dans la mesure où on peut définir les polynômes de Tchebychev sur n'importe quel intervalle fermé, moyennant une transformation linéaire[60].

Les polynômes de Tchebychev obéissent à la règle d'orthogonalité[61] :

$$\int_{-1}^{1} p_i(x)\, p_j(x)(1-x^2)^{-\frac{1}{2}} dx = 0$$

Ceci signifie qu'on pourrait utiliser la fonction de pondération $w(x) = (1-x^2)^{-\frac{1}{2}}$ pour définir le produit scalaire donné par (2).

Polynômes de Tchebychev $p_n(x), n = 1,2,3,4,5$

---

60 Si le domaine de définition est $D = [a,b]$, on peut alors utiliser des polynômes de la forme $p_i(x) = p_{i-1}\left[2\frac{x-a}{b-1} - 1\right]$

61 Une famille de polynômes $p_n(x)$ est dite mutuellement orthogonale, moyennant la fonction de pondération $w(x)$, si est seulement si, $\langle p_n(x), p_m(x) \rangle = \int_a^b p_n(x)\, p_m(x) w(x) dx = 0$. Il existe plusieurs exemples de famille de polynômes orthogonaux, chacune d'elle est définie sur un intervalle bien déterminé et par une fonction de pondération spécifique. Les plus connue en macro-dynamique sont : les polynômes de Legendre, de Tchebychev, de Laguerre et d'Hermite (Judd, 1996)

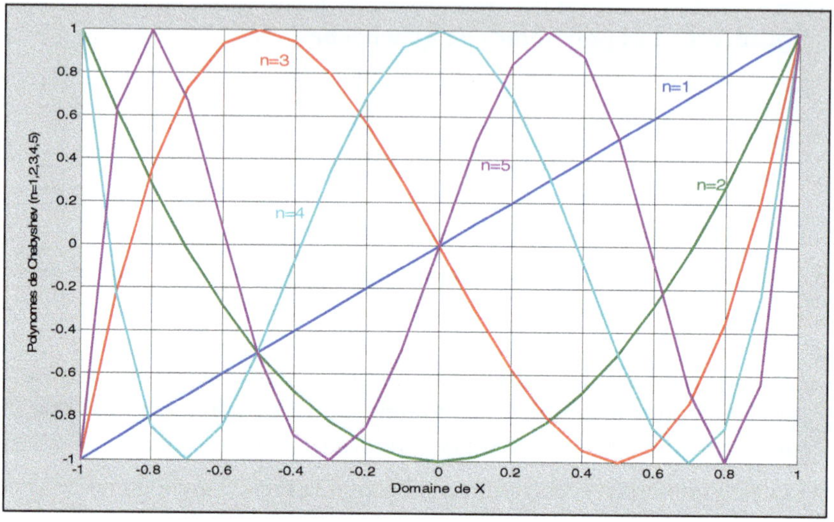

B. Le choix de la technique de projection

La stratégie générale de la méthode de projection consiste à déterminer un vecteur $\vec{a}$ qui minimise la fonction résidu $\mathfrak{R}(x,\vec{a})$; celle ci correspond à l'équation fonctionnelle, $\widehat{\mathcal{N}}\left(\hat{h}\right)(x)$, évaluée en la solution approximée de la fonction de décision ,$\hat{h}(x)$. Cette méthode commence par définir des résidus pondérés, $w_i(x)\ \mathfrak{R}(x,\vec{a})$ (d'ou l'appellation de méthode des résidus pondérés) et choisit le vecteur de paramètres $\vec{a}$ qui rend nulle le système d'équation

$$\int_D \mathfrak{R}(x,\vec{a})\, w_i(x)\, dx = 0 \quad i = 1\ldots,n$$

Ainsi, au lieu d'annuler la fonction $\mathfrak{R}(x,\vec{a})$, pour tout $x \in D$, pour déterminer le vecteur de paramètres $\vec{a}$, la méthode de projection annule une somme pondérée des résidus.

En définitive, en approximant la fonction de décision $\hat{h}(k,a)$ par une combinaison linéaire de fonction $\varphi_i(x)$ et en définissant des fonctions de pondération $w_i(x)$, la méthode de projection transforme le problème de recherche de l'équation fonctionnelle $\widehat{\mathcal{N}}\left(\hat{h}\right)(x)$ en un système standard d'équations non linéaire dont la résolution permet de déterminer le vecteur de paramètre $\vec{a}$. Dans ses applications pratiques, trois types de fonction de pondération, et par conséquent trois méthodes de détermination des paramètres $\vec{a}$, ont été développées : la méthode des moindres carrés, la méthode de Galerkin et la méthode de collocation.

La méthode des moindres carrés

Pour cette méthode, les fonctions de pondération sont données par les dérivées de la fonction résiduelle par rapport à a_i, soit : $w_i(x) = \frac{\partial \Re(x,\vec{a})}{\partial a_i}$. Ce choix est motivé par le problème de calcul des variations $\min_a \int_D \Re^2(x,\vec{a})dx$ dont les conditions de premier ordre sont définies par :

$$\int_D \frac{\partial \Re(x,\vec{a})}{\partial a_i} \Re(x,\vec{a})\, dx = 0 \; pour\, i = 1,\ldots,n$$

Si la méthode des moindres carrés minimise directement la somme des carrés des résidus $\Re^2(x,\vec{a})$, les autres techniques de projection déterminent l'approximation de la fonction $h(x)$ en fixant n directions (projections) et en choisissant le vecteur $\vec{a}$ de façon à ce que la projection de la fonction résidu dans chacune des directions soit nulle. Plus formellement, ces techniques déterminent le vecteur $\vec{a}$ de façon à ce que $\Re(x,\vec{a}), p_i(x)_2 = 0$, où p_i est une suite de fonctions prédéfinies. Le choix de la suite de fonctions p_i définie, ainsi, la technique de projection.

La méthode de Galerkin

Cette technique utilise les n premiers éléments de la base $\Phi_j = \{\varphi_i\}_{i=1}^{\infty}$ comme directions. Les fonctions $\varphi_i(x)$ correspondent alors aux fonctions de pondération, $w_i(x)$, soit : $\varphi_i(x) = w_i(x)$. Cette méthode force, donc, la fonction résidu $\Re(x,\vec{a})$ à être orthogonale à chacune des fonctions $\varphi_i(x)$; et choisit le vecteur $\vec{a}$ qui permet de résoudre les équations :

$$P_i(\vec{a}) \equiv \Re\{(x,\vec{a}),\varphi_i(x)\}_2 = 0, \; i = 1,\ldots n$$

Le problème de la détermination d'une équation fonctionnelle est ainsi réduit à un problème de résolution d'un système fini d'équations non-linéaires.

La méthode de collocation

La méthode de collocation utilise la fonction de Dirac pour approximer les fonctions de pondération : $w_i(x) = \delta(x - x_i) = \begin{Bmatrix} 1\, si\ x = x_i \\ 0\, si\ x \neq x_i \end{Bmatrix}$. Ces fonctions de pondération impliquent que la fonction résidu doit être nulle pour les n points de collocation (appelés aussi points nodaux) $x_1, \ldots, x_n$

$$\Re(x_i, \vec{a}) = 0,\ i = 1, \ldots n$$

Ce qui signifie que l'approximation est exacte en ces points de collocation. Si les fonctions $\varphi_i(x)$ sont des polynômes orthogonaux avec des points de collocation $\{x_i\}_{i=1}^n$ donnés par les racines du *nième* polynôme (polynôme ayant l'ordre le plus élevé), la méthode est appelé méthode de *collocation orthogonale.*

Encadré 5 - La méthode de projection : Une illustration (Mc Grattan, 1999)

Soit la condition de premier ordre suivante :

$$d'(x) + d(x) = 0 \quad (1)$$

Avec $d(0) = 1$ et $x \in [0, \bar{x}]$

Par analogie à la terminologie et les notations utilisées dans le support théorique, x définit la variable d'état k, $d(x)$ la fonction de décision $h(k)$ et $d'(x) + d(x)$ l'opérateur $\mathcal{N}$ (l'équation d'Euler). Supposons qu'on veut approximer $d(x)$ par une combinaison linéaire de fonctions $\varphi_i(x)$:

$$d^n(x, a) \equiv \sum_{i=1}^{n} a_i \varphi_i(x) = 1 + a_1\varphi_1(x) + \ldots + a_n\varphi_n(x) \quad (2)$$

La fonction résiduelle $\Re(x, \vec{a})$ peut, alors, être déterminée en remplaçant (2) dans (1)

Cas 1 : les fonctions φ_i sont des polynômes simples ; $\varphi_i = x^i, i = 1, \ldots, n$

L'approximation de $d^n(x, a)$ prend la forme

$$d^n(x, a) = 1 + a_1 x + a_1 x^2 + a_3 x^3 \ldots + a_n x^n \quad (3)$$

Pour déterminer les valeurs des éléments du vecteur $\vec{a} = [a_1, a_2, \ldots, a_n]'$, on applique la méthode des résidus pondérés en utilisant les trois méthodes : la méthodes des moindres carrés, la méthode de Galerkin et la méthode de collocation

Méthode des moindres carrés : Il s'agit de déterminer le vecteur $\vec{a} = [a_1, a_2, \ldots, a_n]'$ qui minimise l'intégrale du carré des résidus. La condition de premier ordre du programme de minimisation implique alors :

$$\int_0^{\bar{x}} \frac{\partial \mathfrak{R}(x,\vec{a})}{\partial a_i} \mathfrak{R}(x,\vec{a})dx = 0, \ i = 1,\ldots,n$$

Où la fonction résiduelle et ses dérivées sont données par :

$$\mathfrak{R}(x,\vec{a}) = 1 + \sum_{i=1}^{n} a_i \left(ix^{i-1} + x^i\right)$$

$$\frac{\partial \mathfrak{R}(x,\vec{a})}{\partial a_i} = ix^{i-1} + x^i$$

Supposons que $n = 3$ et $\bar{x} = 6$, le vecteur $\vec{a} = [a_1, a_2, a_3]'$ est déterminé en résolvant le système d'équations :

$$\left\{\int_0^6 \begin{bmatrix} 1+x \\ 2x+x^2 \\ 3x+x^3 \end{bmatrix} \begin{bmatrix} 1+x & 2x+x^2 & 3x+x^3 \end{bmatrix} dx\right\} \begin{bmatrix} a_1 \\ a_2 \\ a_3 \end{bmatrix} = -\int_0^6 \begin{bmatrix} 1+x \\ 2x+x^2 \\ 3x+x^3 \end{bmatrix} dx$$

Ou de manière plus simple

$$\begin{bmatrix} 114 & 576 & 3067.2 \\ 576 & 3139.2 & 17496 \\ 3067.2 & 17496 & 100643.7 \end{bmatrix} \begin{bmatrix} a_1 \\ a_2 \\ a_3 \end{bmatrix} = \begin{bmatrix} -24 \\ -108 \\ -540 \end{bmatrix}$$

Méthode de Galerkin : Il s'agit de déterminer le vecteur $\vec{a} = [a_1, a_2, \ldots, a_n]'$ qui satisfait les conditions :

$$\int_0^{\bar{x}} x^i \mathfrak{R}(x,\vec{a})dx = 0, \ i = 1,\ldots,n \quad (4)$$

Pour $n=3$ et $\bar{x}=6$, le système d'équation (4) sera donné par :

$$\left\{\int_0^6 \begin{bmatrix} x \\ x^2 \\ x^3 \end{bmatrix} \begin{bmatrix} 1+x & 2x+x^2 & 3x+x^3 \end{bmatrix} dx \right\} \begin{bmatrix} a_1 \\ a_2 \\ a_3 \end{bmatrix} = -\int_0^6 \begin{bmatrix} x \\ x^2 \\ x^3 \end{bmatrix} dx$$

Ce qui signifie que :

$$\begin{bmatrix} 90 & 468 & 2527.2 \\ 396 & 32203.2 & 12441.6 \\ 1879.2 & 10886.4 & 63318.9 \end{bmatrix} \begin{bmatrix} a_1 \\ a_2 \\ a_3 \end{bmatrix} = \begin{bmatrix} -18 \\ -72 \\ -324 \end{bmatrix}$$

Méthode de Collocation : dans ce cas, il s'agit de déterminer le vecteur $\vec{a}=\left[a_1,a_2,\ldots,a_n\right]'$ tel que la fonction résiduelle est nulle pour les n points de collocation appartenant à l'intervalle $\left[0,\bar{x}\right]$. Supposons de nouveau que $n=3$ et que les points de collocation sont définies par $x_1=0, x_2=3, x_3=6$. Le vecteur $\vec{a}$ satisfait, alors, au système d'équation :

$$\begin{bmatrix} 1 & 0 & 0 \\ 4 & 15 & 54 \\ 7 & 48 & 324 \end{bmatrix} \begin{bmatrix} a_1 \\ a_2 \\ a_3 \end{bmatrix} = \begin{bmatrix} -1 \\ -1 \\ -1 \end{bmatrix}$$

Cas 2 : les fonctions φ_i sont des polynômes de Tchebychev $\varphi_i(x)=xp_{i-1}\left[\dfrac{2x}{\bar{x}-1}\right]$

L'approximation de $d^n(x,a)$ prend la forme

$$d^n(x,a)=1+x\sum_{i=1}^{n} a_i p_{i-1}\left[\frac{2x}{\bar{x}-1}\right] \quad (5)$$

Où p_{i-1} est le ième polynôme de Tchebychev défini sur l'intervalle $[-1,1]$ et $\varphi_i(x)=xp_{i-1}\left[\dfrac{2x}{\bar{x}-1}\right]$ est la ième fonction définie sur l'intervalle $\left[0,\bar{x}\right]$. Dans cet exemple, les polynômes de Tchebychev sont définis sur l'intervalle $\left[0,\bar{x}\right]$ moyennant la transformation linéaire $\dfrac{2x}{\bar{x}-1}$.

Pour appliquer la méthode de Collocation, on doit choisir, au préalable, des points de collocation $x_i, i = 1,\dots,n$, pour les quelles la fonction résiduelle $\Re(x,\vec{a})$ est mise à zéro (annulée). Ces points de colocation sont les racines des $\varphi_i(x) = 0$.

Si $n = 3$ et $\bar{x} = 6$, les points de collocation seront les racines du polynôme $p_3\left[\frac{2x}{\bar{x}-1}\right] = 4\left(\frac{1}{3}x-1\right)^3 - 3\left(\frac{1}{3}x-1\right)$. Ces racines sont données par les valeurs 0.4 ; 3 et 5.6 et le système d'équation qui permet de déterminer le vecteur $\vec{a}$ est donné par :

$$\begin{bmatrix} 1.4 & -1.1 & 0.2 \\ 4 & 1 & -4 \\ 6.6 & 7.6 & 9.8 \end{bmatrix} \begin{bmatrix} a_1 \\ a_2 \\ a_3 \end{bmatrix} = \begin{bmatrix} -1 \\ -1 \\ -1 \end{bmatrix}$$

3.2.2. Application de la méthode de projection au modèle DSGE-RBC canonique

Il s'agit de déterminer une solution approchée de la fonction de décision $c_t = h(k_t)$ dans le cadre d'une version simple du modèle de croissance optimale. Dans ce modèle, la fonction d'utilité et la fonction de production sont définies par :

$$U(c_t) = (c_t)^{-\sigma} \text{ et } f(k_t) = e^{z_t} k_t^{\alpha}$$

z_t suit un processus autoregressif d'ordre 1, soit $z_t = \rho z_{t-1} + \sigma\varepsilon_t;\ \ \varepsilon_t \sim \mathcal{N}(0,1)$

Deux techniques de projection seront utilisées : la méthode de collocation et la méthode de Galerkin. Pour ces deux techniques, la base de fonctions avec laquelle $c_t = h(k_t)$ sera approximée est définie par des polynômes de Tchebychev

A. Méthode de collocation

Ce paragraphe commence par exposer l'algorithme général de la méthode de collocation, dans sa version la plus simple. Une application de cet algorithme au modèle de croissance optimale est ensuite présentée.

Méthode de collocation : l'algorithme général

Soit le système d'équation d'équilibre non linéaire qui solutionne le programme d'optimisation du problème de contrôle optimal, défini dans le paragraphe précédent :

$$E_t\mathcal{N}\left(x_t, h(x), \varepsilon_{t+1}\right) = 0 \tag{1}$$

Il est question de déterminer une approximation de la fonction $h(x)$ dans le domaine de définition des variables d'état $D = [\underline{x}, \overline{x}]$. La fonction $h(x)$ est approximée par une combinaison linéaire de fonctions simples, $\hat{h}(x,a) \equiv \sum_{i=1}^{n} a_i \varphi_i(x)$. $\varphi_i(x)$ est ici définie par un polynôme de Tchebychev à l'ordre $i = 0 \ldots n$.

Le problème de l'approximation de $h(x)$ consiste, alors, à déterminer le vecteur de paramètres a_i, tel que $E_t\mathcal{N}\left(x_i, h, \varepsilon_{t+1}, a_i\right) = 0$ pour $i = 0 \ldots n$. L'algorithme général de la méthode de collocation suppose les trois étapes suivantes :

Etape 1 : Choisir un ordre d'approximation n et calculer les $n+1$ racines du polynôme de Tchebychev à l'ordre $n+1$. Ces racines sont égales à $r_i = cos\left(\frac{(2i-1)\pi}{2(n+1)}\right)$ pour $i = 1 \ldots n+1$. Formuler des valeurs initiales au vecteur de paramètres $\vec{a} = \{a_i\}_{i=0}^{n}$

Etape 2 : Calculer les points de collocation x_i. Ces points nodaux sont égaux à $x_i = \underline{x} + (r_i + 1)\frac{(\overline{x} - \underline{x})}{2}$ pour $i = 1 \ldots n+1$. Le domaine de définition des polynômes de Tchebychev est ainsi transformé de [-1,1] à $= [\underline{x}, \overline{x}]$

Etape 3 : Calculer $E_t\mathcal{N}\left(x_i, h, \varepsilon_{t+1}, a_i\right)$ pour $i = 1 \ldots n+1$

Etape 3 : Si $E_t\mathcal{N}\left(x_i, h, \varepsilon_{t+1}, a_i\right)$ est assez proche de zéro, retenir les paramètres a_i et approximer $h(x)$ par $\hat{h}(x,a) \equiv \sum_{i=1}^{n} a_i \varphi_i(x)$. Sinon mettre à jour les paramètres a_i et retourner à l'étape 3.

Application au modèle de croissance stochastique

Sous les hypothèses retenues de fonctions d'utilité et de production, les équations d'équilibre solutions du programme de maximisation sous contraintes s'écrivent:

$\left(c_t\right)^{-\sigma} = \beta E_t \left(c_{t+1}\right)^{-\sigma} \left(1 + -e^{z_{t+1}} k_{t+1}^{\alpha-1} - \delta\right)$ (Equation d'Euler)

$k_{t+1} = e^{z_t} k_t^{\alpha} + \left(1-\delta\right) k_t - c_t$ (Règle d'évolution du capital)

$z_{t+1} = \rho z_t + \varepsilon_{t+1}$ (z_t est un processus autorégressif d'ordre 1 stationnaire)

A l'aide de la règle d'évolution du progrès technique (*ie :* un processus autorégressif d'ordre 1), les trois équations d'équilibre précédents se réécrivent simplement :

$$\left(c_t\right)^{-\sigma} - \frac{\beta}{\sqrt{2\pi\sigma_\varepsilon^2}} \int_{-\infty}^{\infty} \left(c_{t+1}\right)^{-\sigma} \left(1 + \alpha e^{\rho z_t + \varepsilon_{t+1}} k_{t+1}^{\alpha-1} - \delta\right) e^{\frac{-\varepsilon_{t+1}^2}{2\sigma_\varepsilon^2}} d\varepsilon_{t+1} = 0$$

$$k_{t+1} - e^{z_t} k_t^{\alpha} + \left(1-\delta\right) k_t - c_t = 0$$

Dans l'équation d'Euler apparaît une intégrale qui nécessite d'être calculée numériquement. En analyse numérique, les méthodes de quadrature[62] sont, généralement, avancées pour calculer de telles intégrales. La forme de la fonction de pondération permet, alors, de définir la nature de la quadrature à utiliser. Dans cet exemple, les chocs, ε_t, suivent une loi normale gaussienne dont la densité de probabilité est donnée par $\frac{1}{\sqrt{2\pi\sigma_\varepsilon^2}} e^{\frac{-\varepsilon_{t+1}^2}{2\sigma_\varepsilon^2}}$. Il serait, alors, judicieux d'utiliser la quadrature de Gauss-Hermite[63]. On pose pour cela $\theta = \frac{\varepsilon}{\sqrt{2\sigma_\varepsilon}}$, l'équation d'Euler se réécrit comme :

---

62 En analyse numérique, les méthodes de quadrature permettent d'approximer la valeur numérique d'une intégrale multidimensionnelle par une somme pondérée évaluée en un certain nombre de points du domaine d'intégration. Soit f définit sur l'intervalle $[a,b]$, on cherche à approcher $\int_a^b f(x)\overline{w}(x)dx$ ($\overline{w}(x)$ est une fonction de densité tel que $\int_a^b \overline{w}(x)dx = 1$) par le nombre $Q(f) = \sum_1^n f(x_i)w_i$, où les x_i sont des points (nœuds) de $[a,b]$ et w_i des poids réels distincts, normalisés par $\sum_1^n w_i = 1$.

63 La formule de Gauss-Hermite est caractérisée par la pondération $\overline{w}(x) = e^{-x^2}$. Pour une formule à n points, les x_i sont calculés comme les n racines du n-ième polynôme d'Hermite H_n ; quant aux pondérations, elles sont égales à

$$\left(c_t\right)^{-\sigma} - \frac{\beta}{\sqrt{\pi}} \int_{-\infty}^{\infty} \left(c_{t+1}\right)^{-\sigma} \left(1 + -e^{(\rho z_t + \theta\sqrt{2\sigma_\varepsilon})} k_{t+1}^{\alpha-1} - \delta\right) e^{-\theta^2} d\theta = 0$$

Il reste, maintenant, à calculer les points nœuds et les pondérations de la quadrature, de sorte que l'équation d'Euler devient :

$$\left(c_t\right)^{-\sigma} - \frac{\beta}{\sqrt{\pi}} \sum_{j=1}^{q} w_j \left[\left(c_{t+1}\right)^{-\sigma} \left(1 + \alpha e^{(\rho z_t + \theta_j \sqrt{2\sigma_\varepsilon})} k_{t+1}^{\alpha-1} - \delta\right)\right] = 0$$

A ce stade, on définit une approximation de la fonction de décision $c_t = h\left(k_t, z_t, \vec{a}\right)$. Du fait de la présence de chocs aléatoires sur la technologie, cette approximation doit être exprimée en termes du produit tensoriel de deux séquences de polynômes : le premier relatif au stock de capital, le second à la technologie, soit :

$$c_t \cong h\left(k_t, z_t, \vec{a}\right) \equiv exp\left(\sum_{j_k=0}^{n_k} \sum_{j_z=0}^{n_z} a_{j_k j_z} \varphi_{jk}\left(logk_t\right) \varphi_{jz}\left(z_t\right)\right)$$

L'approximation de la fonction de décision de la consommation par la méthode de collocation nécessite que le nombre de points nœud, $n_k n_z$, doit être égal au nombre de coefficients, $a_{j_k j_z}$, à déterminer. L'algorithme, généralement, utilisé pour calculer les coefficients $a_{j_k j_z}$, suit les cinq étapes suivantes :

Etape 1 **:** *(i)* Choisir les ordres d'approximation n_k et n_z ; *(ii)* calculer les $n_k + 1$ et les $n_z + 1$ racines des polynômes de Chebychev à l'ordre $n_k + 1$ et $n_z + 1$ respectivement. Ces racines sont égles à :

$$r_k^i = cos\left(\frac{(2i-1)\pi}{2(n+1)}\right) \text{pour } i = 1, \ldots, n_k + 1$$

$w_i = \dfrac{2^{n+1} n! \sqrt{\pi}}{\left[H_n'\left(x_i\right)\right]^2}$. Concernant l'intégrale de f sur $\mathbb{R}$, il suffit d'appliquer la formule de quadrature à la fonction $f\left(x\right) e^{x^2}$.

$$r_z^i = cos\left(\frac{(2i-1)\pi}{2(n+1)}\right) \text{pour } i=1,\ldots,n_z+1$$

(iii) et formuler des valeurs initiales au vecteur de paramètre $\vec{a}=\left\{a_{j_k j_z}\right\}; j_k=0,\ldots n_k \; et \; j_z=0,..,n_z$

Etape 2 : Calculer les points de collocation k_i et z_i. Ces points nodaux sont égaux à :

$$k_i = exp\left(log\underline{k} + (r_k^i+1)\frac{log(\overline{k}) - \log\underline{k}}{2}\right) \quad \text{pour} \quad i=1\ldots n_k+1.$$

L'intervalle [-1,1], domaine de définition des polynômes de Tchebychev, est ainsi transformé en $\left[\underline{k},\overline{k}\right]$

$$z_i = exp\left(log\underline{z} + (r_z^i+1)\frac{\overline{z}-\underline{z}}{2}\right)$$ pour $i=1\ldots n_z+1$. L'intervalle [-1,1] est transformé en $\left[\underline{z},\overline{z}\right]$

Etape 3 : Calculer

$$c_t \cong h(k_t,z_t,\vec{a}) \equiv exp\left(\sum_{j_k=0}^{n_k}\sum_{j_z=0}^{n_z} a_{j_k j_z}\varphi_{jk}(logk_t)\varphi_{jz}(z_t)\right)$$

$$\text{et } k_{t+1}(k_i,z_j) = e^{z_j}k_i^{\alpha} + (1-\delta)k_i - h(k_t,z_t,\vec{a})$$

en chacun des points de collocation (nœuds) (k_i,z_j) pour $i=1\ldots n_k+1$ et $j=1\ldots n_z+1$

Etape 4 : pour chaque état (k_i,z_j) calculer les niveaux de consommation future possible :

$$\begin{aligned} c_{t+1} &\cong h\left(k_{t+1}(k_i,z_j),\rho z_j + \theta_l\sqrt{2\sigma_\varepsilon}),\vec{a}\right) \\ &\equiv exp\left(\sum_{j_k=0}^{n_k}\sum_{j_z=0}^{n_z} a_{j_k j_z}\varphi_{jk}\left(\log\left(k_{t+1}(k_i,z_j)\right)\right)\varphi_{jz}\left(\rho z_j + \theta_l\sqrt{2\sigma_\varepsilon)}\right)\right) \end{aligned}$$

Pour $l = 1,\ldots q$

Etape 5 **:** Déterminer la fonction résiduelle

$$\mathfrak{R}\left(k_i, z_j, \vec{a}\right) = h\left(k_i, z_j, \vec{a}\right)^{-\sigma} - -\frac{\beta}{\sqrt{\pi}}\sum_{l=1}^{q} w_l \Psi\left(k_i, z_j, \theta_l, \vec{a}\right)$$

$$\text{Où } \Psi\left(k_i, z_j, \theta_l, \vec{a}\right) = \begin{bmatrix} \left(h\left(k_{t+1}\left(k_i, z_j\right), \rho z_j + \theta_l\sqrt{2\sigma_\varepsilon}\right), \vec{a}\right)\right)^{-\sigma} \\ \left(1 + \alpha e^{(\rho z_j + \theta_l\sqrt{2\sigma_\varepsilon})} k_{t+1}^{\alpha-1} - \delta\right) \end{bmatrix}$$

Etape 6 **:** Si la fonction résidu est assez proche de zéro, retenir le vecteur de paramètres $\vec{a} = \left\{a_{j_k j_z}\right\}$. Sinon ajuster les paramètres $a_{j_k j_z}$ et retourner à l'étape 3.

Encadré 6 - Matlab code ; méthode de collocation (Fabrice Collard, 2015)

```
clear all
global nbk kmin ksup XK kt;          % parameters    that
                                       will be common to
global nba amin asup XA at;          %          several
subfunctions
global nstate nodea nodek wmat wgrid; %
nbk =4;             % Degree of polynomials (capital)
nba =2;             % Degree of polynomials (technology shock)
nodek = nbk+1;      % # of nodes for capital stock
nodea = nba+1;      % # of nodes for technology shock
nstate =12;         % # of nodes for Gauss-Hermite quadrature
delta = 0.1;        % depreciation rate
beta = 0.95;        % discount factor
alpha = 0.3;        % capital elasticity
sigma = 1.5;        % parameter of utility
rho = 0.8;          % persistence of AR(1)
se = 0.2;           % standard deviation of innovation
ma = 0;             % average of the process
%
% deterministic steady state
```

```
%
ysk =(1-beta*(1-delta))/(alpha*beta);
ksy = 1/ysk;
ys = ksy^(alpha/(1-alpha));
ks = ys^(1/alpha);
is = delta*ks;
cs = ys-is;
ab = 0;
%
% grid for the technology shocks
%
[wgrid,wmat]= hernodes(nstate);        % weights and nodes for
                                         quadrature
wgrid = wgrid*sqrt(2)*se;
amin = (ma+wgrid(nstate));
asup = (ma+wgrid(1));
ra = rcheb(nodea);                      % roots
at = itransfo(ra,amin,asup);            % grid
XA = cheb(ra,[0: nba]);                 % Polynomials
%
% grid for the capital stock
%
kmin = log(.1);
ksup = log(6);
rk = rcheb(nodek);                      % roots
kt = exp(itransfo(rk,kmin,ksup));       % grid
XK = cheb(rk,[0: nbk]);                 % Polynomials
%
% Initial Conditions
%
a0 = [
-0.23759592487257
0.60814488103911
0.03677400318790
0.69025680170443
-0.21654209984197
```

```
0.00551243342828
0.03499834613714
-0.00341171507904
-0.00449139656933
0.00085302605779
0.00285737302122
-0.00002348542016
-0.00011606672164
-0.00003323351559
0.00018045618825];
a0 = a0(:);
%
% main part!
%
param = [alpha beta delta sigma ma rho]';
th = fcsolve('residuals',a0,[],param);
```

Matlab code Fonction Résiduelle

```
function res = residuals(theta,param);
global nbk kmin ksup XK kt;
global nba amin asup XA at;
global nstate nodea nodek wmat wgrid;
alpha = param(1);
beta = param(2);
delta = param(3);
sigma = param(4);
ma = param(5);
rho = param(6);
RHS =[];
LHS =[];
XX =[];
for i = 1: nodek;
for j =1: nodea;
XX0 = makepoly(XA(j,:),XK(i,:));
ct = exp(XX0*theta);                        % consumption
XX = [XX; XX0];
```

```
k1 = exp(at(j))*kt(i).^alpha+(1-delta)
*kt(i)-ct;                                    % k(t+1)
rk1 = transfo(log(k1),kmin,ksup);             % log(k1) to [-1;1]
xk1 = cheb(rk1,[0: nbk]);                     % Cheb. polynomials
a1 = rho*at(j)+(1-rho)*ma+wgrid;              % next period shock
ra1 = transfo(a1,amin,asup);                  % a(t+1) to [-1;1]
XA1 = cheb(ra1,[0: nba]);                     % Cheb. Polynomials
XX1 = makepoly(XA1,xk1);
c1 = exp(XX1*theta);    % c(t+1)
%
% computes the integral
%
tmp = beta*(alpha*exp(a1)*k1.^(alpha-1)+1-delta).*c1.^(-sigma);
aux = wmat'*tmp/sqrt(pi);
RHS = [RHS; log(aux)];
LHS = [LHS; log(ct.^(-sigma))];
end
end;
res = LHS-RHS;
res = res(:);
```

En fixant les valeurs des paramètres structurels à $\alpha = 0.3$, $\beta = 0.95$, $\delta = 0.1$, $\rho = 0.8$, $\sigma = 1.5$ et $\sigma_\varepsilon = 0.2$ et en définissant un polynôme de Tchebychev d'ordre 4 pour le capital et un polynôme de Tchebychev d'ordre 2 pour le choc technologique, la simulation du programme permet de déterminer une règle de décision pour la variable de consommation dont les paramètres $\vec{a} = \left\{a_{j_k j_z}\right\}$ sont données par :

$$\boldsymbol{a}_{j_k j_z}\ \boldsymbol{j_k} = 0,\ldots 4\ \boldsymbol{et}\ \boldsymbol{j_z} = 0,..,2$$

$a_{00} = -0.3609$ $a_{10} = 0.7992$ $a_{20} = 0.0487$ $a_{30} = 0.0019$ $a_{40} = -0.0003$
$a_{01} = 0.6474$ $a_{11} = -0.2512$ $a_{21} = -0.0096$ $a_{31} = 0.0048$ $a_{41} = 0.0001$
$a_{02} = 0.0338$ $a_{12} = 0.0103$ $a_{22} = -0.0058$ $a_{32} = -0.0004$ $a_{42} = 0.0004$

B. Méthode de Galerkin

L'algorithme général

Soit le système d'équations non linéaires, solution du programme du problème de contrôle optimal, défini dans le paragraphe précédent :

$$E_t \mathcal{N}\left(x_t, h(x), \varepsilon_{t+1}, \vec{a}\right) = 0 \quad (1)$$

Il est question de déterminer une approximation de la fonction de décision $h(x)$ dans le domaine de définition des variables d'état $D = [\underline{x}, \overline{x}]$. Supposons que la fonction $h(x)$ est approximée par une combinaison linéaire de fonctions simples, $\hat{h}(x,a) \equiv \sum_{i=0}^{n} a_i T_i(\varphi_i(x))$. $T_i(.)$ est ici définie par un polynôme de Tchebychev à l'ordre $i = 0 \ldots . n$. Le problème est, donc, de trouver le vecteur de paramètre $\vec{a} = \{a_i\}_{i=0}^{n}$ tel que :

$$\int_{-1}^{1} E_t \mathcal{N}\left(x_t, h(x), \varepsilon_{t+1}, \{a_i\}_{i=0}^{n}\right) w_i \varphi(x) d\varphi(x) = 0$$

Où

$$w_i = \frac{T_i(\varphi(x))}{\sqrt{1-\varphi(x)^2}}$$

Cette intégrale peut être évaluée en utilisant la quadrature de Gauss-Tchebychev. Puisque les poids w_i sont constants, l'équation d'Euler se réécrit:

$$\sum_{j=1}^{M} E_t \mathcal{N}\left(x_j, h(x), \varepsilon_{t+1}, \{a_i\}_{i=0}^{n}\right) T_i\left(\varphi\left(x_j\right)\right) \text{ pour } i = 0, \ldots, n$$

Qui pourrait être exprimée comme :

$$\mathcal{T}(\varphi(x)) \mathcal{N}\left(x, h(x), \varepsilon_{t+1}, \{a_i\}_{i=0}^{n}\right) = 0$$

Avec

$$\mathcal{T}(x)=\begin{pmatrix} T_0(\varphi(x_1)) & \dots & T_0(\varphi(x_m)) \\ . & . & . \\ T_n(\varphi(x_1)) & . & T_n(\varphi(x_m)) \end{pmatrix}$$

L'algorithme nécessaire pour déterminer le vecteur de paramètres $\vec{a}=\{a_i\}_{i=0}^{n}$ passe par les étapes suivantes :

Etape 1 **:** Choisir un ordre d'approximation n; calculer les $m>n$ racines du polynôme de Tchebychev à l'ordre $>n$. Ces racines sont égales à $r_i = cos\left(\frac{(2i-1)\pi}{2(m)}\right)$ pour $i=1\ldots.m$. Formuler des valeurs initiales au vecteur de paramètres $\vec{a}=\{a_i\}_{i=0}^{n}$

Etape 2 **:** Calculer les valeurs des éléments de la matrice $\mathcal{T}(x)$

$$\mathcal{T}(x)=\mathcal{T}(x)=\begin{pmatrix} T_0(r_1) & \dots & T_0(r_m) \\ . & . & . \\ . & & \\ T_n(r_1) & . & T_n(r_m) \end{pmatrix}$$

Etape 3 **:** Calculer les points noeud x_i. Ces points nodaux sont égaux à $x_i=\underline{x}+(r_i+1)\frac{(\overline{x}-\underline{x})}{2}$ pour $i=1\ldots.n+1$. Le domaine de définition des polynômes de Tchebychev est ainsi transformé de [-1,1] à $=[\underline{x},\overline{x}]$

Etape 3 **:** Calculer $E_t\mathcal{N}(x_i,h,\varepsilon_{t+1},a_i)$ pour $i=1\ldots.n+1$ et évaluer

$$\mathcal{T}(\varphi(x))\mathcal{N}\left(x,h(x),\varepsilon_{t+1},\{a_i\}_{i=0}^{n}\right)$$

Etape 3 **:** Si $\mathcal{T}(\varphi(x))\mathcal{N}\left(x,h(x),\varepsilon_{t+1},\{a_i\}_{i=0}^{n}\right)$ est assez proche de zéro, retenir les paramètres a_i et approximer $h(x)$ par $\breve{h}(x,a)\equiv\sum_{i=0}^{n}a_iT_i(\varphi_i(x))$. Sinon ajuster les paramètres a_i et retourner à l'étape 3.

Application au modèle de croissance stochastique

Le programme code, utilisé pour approximer la fonction décision de la consommation, associé à la méthode de Galerkin est, entièrement, identique à celui de la méthode de Collocation, sous réserve de certaines différences mineures. Les résidus sont, maintenant, projetés sur la matrice de Tchebychev ; le code pour les résidus est, en conséquence, modifié : la ligne res = LHS-RHS est, alors, remplacée par : res = XX'*(LHS-RHS)

Encadré 7 - La méthode d'éléments finis : une illustration

Pour approximer une solution, la méthode d'éléments finis *(i)* subdivise le domaine de définition de la variable d'état x en sous domaine (ou sous intervalles) ; *(ii)* établit une approximation locale de la solution sur chaque sous domaine, en utilisant des polynômes d'un ordre faible, et *(iii)* rassemble l'ensemble des approximations locales pour obtenir, finalement, une approximation globale. Il s'agit d'une application par intervalle de la méthode des résidus pondérés ("Mc Gratten, 1999 ").

Reprenons l'exemple de l'encadré 4 et supposons que nous voulons approximer $d^n(x,a)$ par la méthode d'éléments finis.

$$d^n(x,a) \equiv \sum_{i=1}^{n} a_i \varphi_i(x) = 1 + a_1\varphi_1(x) + \ldots + a_n\varphi_n(x) \quad (1)$$

La première étape, consiste à subdiviser le domaine de définition de x, en sous domaine (sous intervalle). Chaque sous intervalle $[x_i, x_{i+1}]$ est appelé élément. Supposons, pour simplifier, que la fonction $d(x)$ est approximé par une fonction linéaire par morceaux, ce qui signifie que, sur chaque élément $[x_i, x_{i+1}]$, la fonction $d(x)$ est définie par une fonction de la forme $a+bx$.

On spécifie, sur chaque élément, des points, appelés points nodaux[14] (ou points nœuds). Ces points nodaux définissent, de manière unique, l'ordre du polynôme à utiliser pour approximer la solution sur l'élément $[x_i, x_{i+1}]$. Puisqu'un élément est défini par sous intervalle $[x_i, x_{i+1}]$, et puisque une fonction linéaire (de la forme $a+bx$) peut être définie, géométriquement, par deux points de son domaine de définition, les points noeuds d'un élément $[x_i, x_{i+1}]$, correspondent à ses bornes x_i et x_{i+1}.

(14)Points nodaux ou nœuds traduction du mot anglais « nodes »

La deuxième étape, pour construire l'approximation de $d^n(x,a)$, est de supposer que les coefficients a_i sont égaux à la solution approximée $d_i^n(x,a)$ en ces points nœuds. Ainsi pour le sous intervalle $[x_i, x_{i+1}]$ on a $d_i^n(x_i) = a_i$ et $d_i^n(x_{i+1}) = a_{i+1}$.

L'approximation de d sur l'élément i, $d_i^n(x,a)$, prend alors l'unique forme suivante :

$$d_i^n(x,a) = a_i\varphi_i(x) + a_{i+1}\varphi_{i+1}(x),\ x \in [x_i, x_{i+1}] \quad (2)$$

$$\text{Où } \varphi_i(x) = \begin{cases} \dfrac{x - x_{i-1}}{x_i - x_{i-1}} & si\ \ x \in [x_{i-1}, x_i] \\ \dfrac{x_{i+1} - x}{x_{i+1} - x_i} & si\ x \in [x_i, x_{i+1}] \\ 0 & sinon \end{cases} \quad (3)$$

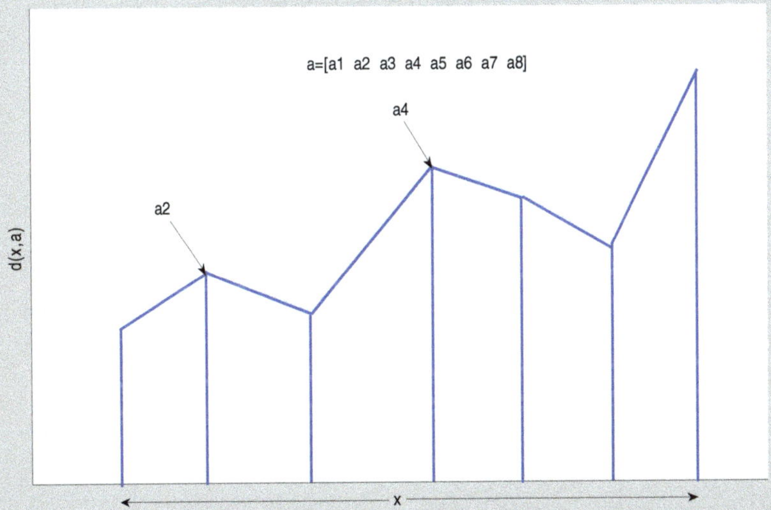

Puisque les éléments (les sous intervalles) $[x_i, x_{i+1}]$ sont connectés les uns aux autres aux différents points nodaux, la forme linéaire de $d_i^n(x,a)$ garantit la continuité de $d^n(x,a)$ sur l'ensemble des éléments (intervalles).

Supposons dans ce qui suit, que dans le domaine de définition de $x, est\left[0, \bar{x}=6\right]$ et qu'il existe trois sous intervalles, avec des points nœuds 0,1,3,6. La fonction résiduelle peut alors s'écrire :

$$\Re(x,\vec{a})=\sum_{i=1}^{4}a_i\left(\varphi'_i(x)+\varphi_i(x)\right)=\begin{cases} a_1(-x)+a_2(1+x) \quad si\ x\in[0,1] \\ a_2\left(1-\frac{1}{2}x\right)+a_3\left(\frac{1}{2}x\right) si\ x\in[1,3] \\ a_3\left(\frac{5}{3}-\frac{1}{3}x\right)+a_4\left(-\frac{2}{3}+\frac{1}{3}x\right) si\ x\in[3,6] \end{cases} \quad (5)$$

Pour déterminer le vecteur $\vec{a}=\left[a_1,a_2,a_3,a_4\right]'$ solution des conditions :

$$\int_0^6 \varphi_i(x)\ \Re(x,\vec{a})dx=0, \quad i=1,\ldots,6 \ (6)$$

la méthode de Galerkin est utilisée. La fonction résiduelle (5) est alors substituée dans (6) ; ceci permet d'obtenir le système d'équations

$$\left\{\int_0^1\begin{bmatrix}1-x\\x\\0\\0\end{bmatrix}\begin{bmatrix}-x & 1+x & 0 & 0\end{bmatrix}dx+\int_1^3\begin{bmatrix}0\\ \frac{3}{2}-\frac{1}{2}x\\ -\frac{1}{2}+\frac{1}{2}x\\0\end{bmatrix}\begin{bmatrix}0 & -\frac{1}{2}x & \frac{1}{2}x & 0\end{bmatrix}dx \right.$$
$$\left.+\int_3^6\begin{bmatrix}0\\0\\2-\frac{1}{3}x\\-1+\frac{1}{3}x\end{bmatrix}\begin{bmatrix}0 & 0 & \frac{5}{3}-\frac{1}{3}x & -\frac{2}{3}+\frac{1}{3}x\end{bmatrix}dx\right\}\begin{bmatrix}1\\a_2\\a_3\\a_4\end{bmatrix}=\begin{bmatrix}0\\0\\0\\0\end{bmatrix}$$

Ce qui signifie :

$$\begin{bmatrix}-1/6 & 2/3 & 0 & 0\\ -1/3 & 1 & 5/6 & 0\\ 0 & -1/6 & 5/3 & 1\\ 0 & 0 & 0 & 3/2\end{bmatrix}\begin{bmatrix}1\\a_2\\a_3\\a_4\end{bmatrix}=\begin{bmatrix}0\\0\\0\\0\end{bmatrix}$$

3.3. La méthode de perturbation

Contrairement aux méthodes de projection et de l'itération sur la fonction valeur, qui sont des méthodes d'approximation globales, la méthode de perturbation cherche à établir une approximation locale de la fonction de décision, $h(x)$, au voisinage d'un point spécifique, le plus souvent l'état stationnaire déterministe du modèle. L'avantage de cette méthode est de permettre de simuler des modèles de grande taille, où le nombre de variables endogènes et de chocs est de l'ordre de quelques centaines. Le principe de la méthode de perturbation consiste à extraire, d'un problème complexe original, un problème idéal soluble (dont on peut calculer la solution) et d'approximer ensuite la solution du problème original au voisinage de la solution du problème soluble. Dans les modèles DSGE le problème soluble correspond, généralement, à l'équilibre stationnaire déterministe. La méthode de perturbation cherche, donc, à approximer, localement, la solution du modèle au voisinage de l'équilibre stationnaire déterministe. La pratique usuelle consiste à approximer la règle de décision en faisant un développement en série de Taylor des conditions d'équilibre, au voisinage de l'état stationnaire. Développée, au départ, dans le domaine de la physique quantique, la méthode de perturbations a trouvé ses applications en économie avec les travaux de (Judd et Guu, 1993 et Gaspar et Judd, 1997)

Encadré 8 - La méthode de perturbation : le principe général ("Flotho, 2009 ")

La théorie des perturbations a été, initialement, développée en sciences physique et plus précisément dans le domaine de la mécanique quantique. Elle traite des situations où des systèmes réels peuvent être décrits par des petites déviations de systèmes idéals solubles (qui admettent des solutions). Selon cette théorie, un système réel peut prendre la forme

$$H = H_0 + H_p$$

Avec H_0 le système soluble et H_p la perturbation. Il est clair que $H \text{ et } H_0$ diffèrent de peu,.

H est complexe et difficile à résoudre, mais dispose d'un système H_0 facilement soluble. La théorie de la perturbation montre qu'il est, toujours, possible d'utiliser le système soluble H_0 comme moyen pour trouver une solution générale au système réel H.

Pour illustrer cette théorie soit les deux exemples simples suivants :

Exemple 1 :

Supposons qu'on cherche à déterminer la valeur de $H = \sqrt{26}$, et qu'on ne dispose pas de calculatrice pour le faire

Il est possible d'écrire $H = \sqrt{26} = \sqrt{25(1+0.04)} = 5\sqrt{(1+0.04)} = 5*1.02 = 5.1$ (la solution exacte est 5.099)

La valeur 5.1 constitue une approximation du problème qu'on a chercher à résoudre $H = \sqrt{26}$. Ainsi pour déterminer $H = \sqrt{26}$, on a résolu un problème simple $H_0 = \sqrt{25}$ qu'on a pondéré par un coefficient de perturbation faible $\sqrt{(1+0.04)}$. l'erreur numérique entre la solution exacte 5.099 et l'approximation 5.1 est égale à $e = \dfrac{5.1-5.099}{5.099} = 0.00019$

Cette idée d'approximation peut être facilement généralisée ; la racine carré d'un nombre quelconque, y, peut être écrit comme $\sqrt{y} = \sqrt{x^2(1+\varepsilon)} = x*\left(1+\sqrt{\varepsilon}\right)$ avec ε un paramètre de perturbation

Cet exemple, simple qu'il soit, illustre deux conclusions importantes : *(i)* Il est toujours possible de trouver une solution approchée à un problème complexe, avec un degré élevé d'exactitude *(ii)* Cette solution est locale et son degré d'exactitude diminue à mesure qu'on s'éloigne du point auquel la solution se situe exactement.

Exemple 2 :

Supposons qu'on cherche à déterminer les solutions négatives du polynôme suivant :

$$x^3 - 4.1x + 0.2 = 0 \quad (1)$$

L'idée de base de la méthode de perturbation passe par les trois étapes suivantes :

- Transformer le problème en le réécrivant en termes de paramètre de perturbation ;
- Résoudre le problème pour une valeur particulière du paramètre de perturbation ;
- Utiliser la solution trouvée pour approximer la solution du problème originel

Etape 1 :

La première étape consiste à transformer le problème, en le réécrivant en termes d'un paramètre de perturbation, ε, très faible. Il existe plusieurs manières de procéder. Une façon adéquate, pour ce cas, est de réécrire l'équation (1) comme :

$$x^3 - (4+\varepsilon)x + 2\varepsilon = 0 \quad (2)$$

Avec $\varepsilon \equiv 0.1$

Etape 2 :

La deuxième étape, consiste à résoudre le nouveau problème (ie l'équation (2)) pour une valeur particulière du paramètre de perturbation ε. On suppose alors que la solution x, du problème original, peut être écrite comme une fonction du paramètre de perturbation ε; $x = g(\varepsilon)$.

$$g(\varepsilon)^3 - (4+\varepsilon)g(\varepsilon) + 2\varepsilon = 0 \quad (3)$$

La solution pour une valeur particulière du paramètre ε , par exemple $\varepsilon = 0$, est simple à calculer. L'équation (2) implique $x^3 - 4x = 0$, dont les solutions sont -2, 0 et 2. Puisqu'on cherche les solutions négatives, on retient $x = g(0) = -2$.

Etape 3 :

La troisième étape, utilise la solution trouvée $x = -2$ pour approximer la solution du problème d'origine. Le théorème de Taylor implique que :

$$x = g(\varepsilon)\big/_{\varepsilon=0} = g(0) + \sum_{n=1}^{\infty} \frac{g^{(n)}(0)}{n!}\varepsilon^n$$

Il s'agit alors de calculer les coefficients $g(0)$ et $\frac{g^{(n)}(0)}{n!}$ pour n =1,.... de façon itérative (en commençant par $g(0) = -2$).

Approximation de Taylor à l'ordre 1 :

Prenons la dérivée de $g(\varepsilon)^3-(4+\varepsilon)g(\varepsilon)+2\varepsilon=0$ par rapport à ε , soit

$$3g(\varepsilon)^2 g'(\varepsilon)-(4+\varepsilon)g^{'(\varepsilon)}-g(\varepsilon)+2=0$$

Pour $\varepsilon=0$ et $g(0)=-2$, $g'(0)=-\frac{1}{2}$. Ceci signifie que

$$x=g(\varepsilon)/_{\varepsilon=0}=g(0)+\frac{g^{(1)}(0)}{1!}\varepsilon^1=-2-\frac{1}{2}\varepsilon$$

Dans le cas ou $\varepsilon\equiv 0.1$, $x=-2-\frac{1}{2}0.1=-2.05$

Approximation de Taylor à l'ordre 2

Prenons la dérivée de $3g(\varepsilon)^2 g'(\varepsilon)-(4+\varepsilon)g^{'(\varepsilon)}-g(\varepsilon)+2=0$ par rapport ε , soit :

$$6g'(\varepsilon)^2 g(\varepsilon)+3g(\varepsilon)^2 g''(\varepsilon)-(4+\varepsilon)g^{''(\varepsilon)}-2g'(\varepsilon)=0$$

Pour $\varepsilon=0$ et $g(0)=-2$, $g''(0)=\frac{1}{4}$. Ceci signifie que

$$x=g(\varepsilon)/_{\varepsilon=0}=g(0)+\frac{g^{(1)}(0)}{1!}\varepsilon^1+\frac{g^{(2)}(0)}{2!}\varepsilon^2$$

Dans le cas ou $\varepsilon\equiv 0.1$, $x=-2-\frac{1}{2}0.1+\frac{1}{8}0.01=-2.04875$

Pour récapituler : la valeur exacte de la solution x est -2.04880884817015. les approximations de Taylor aux différents ordres donnent :

Ordre	Approximation de Taylor	$\varepsilon\equiv 0.1$	$x^3-4.1x+0.2$
0	$x\cong -2$	$x=-2$	0.4
1	$x\cong -2-\frac{1}{2}\varepsilon$	$x=-2.5$	-0.0101225
2	$x\cong -2-\frac{1}{2}\varepsilon+\frac{1}{8}\varepsilon^2$	$x=-2.04875$	0.0004997

Il apparaît que l'approximation de Taylor à l'ordre 2 est la plus proche de la solution exacte.

3.3.1. *La méthode de perturbation : formulation générale*

Reprenons le problème de contrôle optimal donné par (Schmitt-Grohe, et Uribe, 2009) :

$$\max_{\{u_t\}_{t=0}^{\infty}} E_0\left[\sum_{t=0}^{\infty}\beta^t U\left(x_t^1, u_t\right)\right]$$

Sous contrainte

$$x_{t+1}^1 = F\left(x_t^1, u_t, z_t\right)$$

Où x_t^1 est un vecteur de m variables d'état, u_t un vecteur à n variables de contrôle et z_t un vecteur de s variables stochastique exogènes dont la dynamique ne dépend ni de x_t ni de u_t.

Les conditions d'optimalité qui solutionnent ce programme de maximisation par rapport à x_t et u_t peuvent etre données par le système d'équations non linéaire :

$$E_t f\left(u_t, u_{t+1}, x_t^1, x_{t+1}^1, z_t, z_{t+1}\right) = 0 \qquad (1)$$

Où E_t définie un opérateur d'espérance mathématique conditionnelle à l'information disponible à la période t. L'incertitude résulte des variables stochastiques exogènes z_t (choc technologique, choc sur les préférence ...). z_t est supposée suivre un processus autorégressif d'ordre 1 stationnaire : $z_{t+1} = Pz_t + \eta\sigma\varepsilon_{t+1}$.

Le choc aléatoire ε_t est indépendant et identiquement distribué, de moyenne nulle et de variance égale à l'unité. σ est un facteur d'échelle du choc stochastique ε_t. Il représente l'écart type de la perturbation ε_t et détermine la nature déterministe ou stochastique du modèle. Lorsque $\sigma = 0$, le modèle est déterministe et pour toute valeur $\sigma > 0$, le modèle est stochastique. η définit la matrice variance covariance des innovations.

On définit, dans ce qui suit, par $x_t = \left[x_t^1, z_t\right]'$ le vecteur de variables d'état endogènes prédéterminées, x_t, et de variable d'état exogènes, z_t. Les conditions d'optimalité, (1), qui solutionnent le programme de maximisation deviennent :

$$E_t f\left(u_t, u_{t+1}, x_t, x_{t+1}\right) = 0 \qquad (1')$$

La solution des modèles DSGE, dont les conditions d'équilibres sont définies par (1'), peut être donnée par des règles de décision pour les variables de contrôle, u_t, et pour les variables d'état x_t, soit:

$$u_t = h(x_t) \tag{2}$$

avec

$$x_{t+1} = g(x_t) + \eta\sigma\varepsilon_{t+1} \tag{3}$$

Généralement, les formes des fonctions h et g dépendent du degré d'incertitude du modèle. L'idée de base de la méthode de perturbation est de définir la solution du modèle comme une fonction du vecteur de variables d'état x_t et du paramètre de perturbation σ; celui-ci définit le niveau d'incertitude dans l'économie ; soit :

$$u_t = h(x_t, \sigma) \tag{2'}$$

avec

$$x_{t+1} = g(x_t, \sigma) + \eta\sigma\varepsilon_{t+1} \tag{3'}$$

Se donnant ces règles, la méthode de perturbation établit une approximation locale des fonctions h et g au voisinage de l'équilibre stationnaire déterministe $(\bar{x}, \bar{\sigma})$. Plus précisément, il s'agit de faire un développement en série de Taylor (Encadré 6) des fonctions h et g au voisinage du point $(\bar{x}, \bar{\sigma})$:

$$\begin{aligned} h(x_t, \sigma) = {} & h(\bar{x}, \bar{\sigma}) + h_x(\bar{x}, \bar{\sigma})(x - \bar{x}) + h_\sigma(\bar{x}, \bar{\sigma})(\sigma - \bar{\sigma}) \\ & + \frac{1}{2} h_{xx}(\bar{x}, \bar{\sigma})(x - \bar{x})^2 + \frac{1}{2} h_{x\sigma}(\bar{x}, \bar{\sigma})(x - \bar{x})(\sigma - \bar{\sigma}) \\ & + \frac{1}{2} h_{\sigma\sigma}(\bar{x}, \bar{\sigma})(\sigma - \bar{\sigma})^2 + \ldots \end{aligned}$$

$$\begin{aligned} g(x_t, \sigma) = {} & g(\bar{x}, \bar{\sigma}) + g_x(\bar{x}, \bar{\sigma})(x - \bar{x}) + g_\sigma(\bar{x}, \bar{\sigma})(\sigma - \bar{\sigma}) \\ & + \frac{1}{2} g_{xx}(\bar{x}, \bar{\sigma})(x - \bar{x})^2 + \frac{1}{2} g_{x\sigma}(\bar{x}, \bar{\sigma})(x - \bar{x})(\sigma - \bar{\sigma}) \\ & + \frac{1}{2} g_{\sigma\sigma}(\bar{x}, \bar{\sigma})(\sigma - \bar{\sigma})^2 + \ldots \end{aligned}$$

Les n-ièmes dérivées des fonctions h et g, par rapport à x et σ, évaluées au point $(\bar{x}, \bar{\sigma})$ sont inconnues à ce stade. Pour déterminer les valeurs de ces dérivées, il suffit de substituer dans la condition d'optimalité

(1'), u_{t+1} et x_{t+1} par leurs expressions, données respectivement par les conditions (2') et (3'), soit :

$$H(x,\sigma)=E_t f\left(h\left(g(x,\sigma)+\eta\sigma\varepsilon'\right),h(x,\sigma),g(x,\sigma)+\eta\sigma\varepsilon',x\right)=0 \tag{4}$$

L'indice (') désigne la valeur de la variable à la date $t+1$, en particulier $\varepsilon'=\varepsilon_{t+1}$.

Pour que l'égalité $H(x,\sigma)=0$ soit satisfaite il faudrait que les dérivées du second membre de la condition (4) soient égales à zéro :

$$H_{x^i\sigma^j}(x,\sigma)=0 \;\; \forall i,j \tag{5}$$

Avec $H_{x^i\sigma^j}(x,\sigma)$ la dérivée de H par rapport x à l'ordre i et par rapport à σ à l'ordre j.

Les paragraphes qui suivent expliquent, comment il est possible d'utiliser la condition (5) pour déterminer les valeurs des dérivées des fonctions h et g par rapport à x et σ. On se limite à une approximation linéaire des fonctions h et g à l'ordre 1.

Encadré 9 - Le développement en série de Taylor

Le développement en série de Taylor établit qu'une fonction définie sur un intervalle réel I et dérivable, au voisinage d'un point a, jusqu'à l'ordre n peut être approximée par une fonction polynôme dont les coefficients dépendent uniquement des dérivées de la fonction en ce point.

pour tout nombre réel x appartenant à I, on a :

$$f(x)=f(a)+\frac{f^{(1)}(a)}{1!}(x-a)+\frac{f^{(2)}(a)}{2!}(x-a)^2+\ldots+\frac{f^{(n)}(a)}{n!}(x-a)^n+R_n(x)$$

$R_n(x)$, est une fonction négligeable par rapport à $(x-a)^n$ au voisinage de a. Si la fonction f est dérivable sur I jusqu'à l'ordre $n+1$, alors il existe un nombre réel ξ compris entre a et x tel que $R_n(x)=\frac{f^{(n+1)}(\xi)}{n!}(x-a)^n$.

Le graphiques, qui suivent, illustrent comment dans un voisinage, très petit, du point a le développment en série de Taylor procure des approximations exactes pour la fonction f. Mais en dehors de ce voisinage, la qualité de l'approximation se détériore à mesure que l'ordre de l'approximation augmente.

Cas n°1 : $a=0$ et $f(x)=\dfrac{1}{1+x^2}$

L'augmentation de l'ordre n du développement de Taylor Améliore la précision de l'approximation au voisinage de zéro

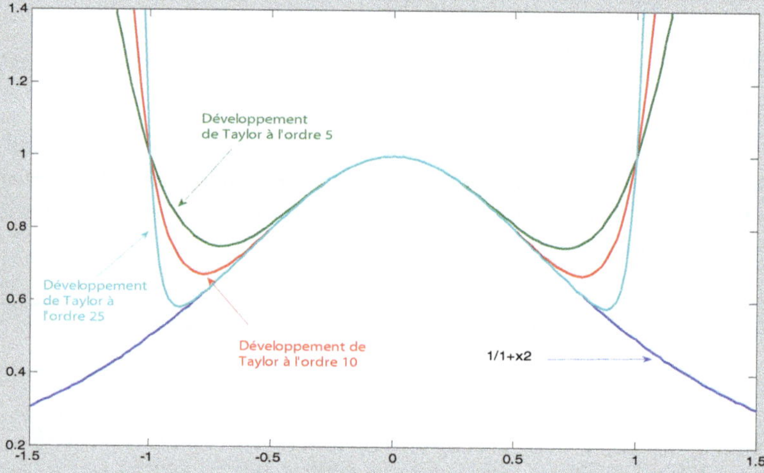

Cas n°2 : $a=1$ et $f(x)=log(x)$

l'approximation de la fonction $log(x)$ diminue à mesure que l'ordre n augmente.

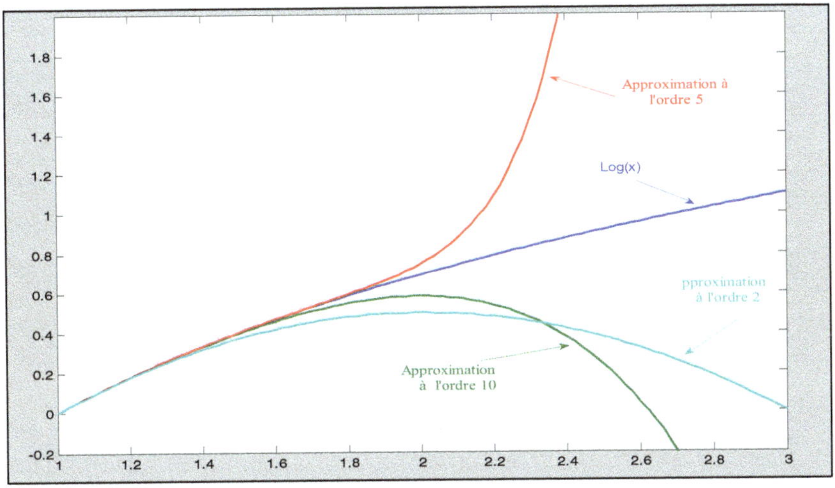

A. L'équilibre stationnaire déterministe

l'approximation des fonctions h et g se fait au voisinage de l'équilibre stationnaire de la version déterministe du modèle,(*ie* : $u_t = \bar{u}$, $x_t = \bar{x}$ et $\sigma = 0$). Cet équilibre stationnaire non stochastique est obtenu en substituant, dans les conditions d'optimalité (1) les chocs aléatoires par leurs moyennes inconditionnelles. L'équilibre stationnaire $(\bar{u}, \bar{x})$ vérifie ainsi les conditions :

$$f(\bar{u}, \bar{u}, \bar{x}, \bar{x}) = 0$$

où $\bar{u} = h(\bar{x}, 0)$ et $\bar{x} = g(\bar{x}, 0)$.

B. Approximation à l'ordre 1

Il s'agit de faire une approximation locale des fonctions h et g au voisinage de l'équilibre stationnaire déterministe $(\bar{x}, \bar{\sigma}) = (\bar{x}, 0)$:

$$h(x_t, \sigma) = h(\bar{x}, 0) + h_x(\bar{x}, 0)(x - \bar{x}) + h_\sigma(\bar{x}, 0)\sigma$$

$$g(x_t, \sigma) = g(\bar{x}, 0) + g_x(\bar{x}, 0)(x - \bar{x}) + g_\sigma(\bar{x}, 0)\sigma$$

Les dérivées des fonctions h et g par rapport à x et σ (évaluées à l'état stationnaire) sont déterminées en utilisant la condition (5), soit

$$H_\sigma(\overline{x},0)=0$$

$$H_x(\overline{x},0)=0$$

Pour identifier ces dérivées reprenons la condition (4)

$$H(x,\sigma)=E_t f\left(h\left(g(x,\sigma)+\eta\sigma\varepsilon'\right),h(x,\sigma),g(x,\sigma)+\eta\sigma\varepsilon',x\right)=0 \quad (4)$$

En dérivant $H(x,\sigma)$ par rapport à σ, il est possible de trouver :

$$H_\sigma(\overline{x},0)=E_t f_{u'}\left[h_x\left(g_\sigma+\eta\varepsilon'\right)+h_\sigma\right)]+f_u h_\sigma+f_{x'}(g_\sigma+\eta\varepsilon')$$

$$=f_{u'}\left[h_x g_\sigma+h_\sigma\right)]+f_u h_\sigma+f_{x'}g_\sigma$$

En imposant la condition $H_\sigma(x,0)=0$ il serait possible d'identifier h_σ et g_σ:

$$\left[f_{u'}h_x+f_{x'}\quad f_{u'}+f_u\right]\begin{bmatrix}g_\sigma\\ h_\sigma\end{bmatrix}=0 \quad (6)$$

Cette condition définie un système de n_u+m_x équations, qui sont linéaires et homogènes en h_σ et g_σ. S'il existe une seule solution, h_σ et g_σ devraient être égales à zéro. Ce résultat est d'une importance théorique cruciale : *ie*, dans une approximation à l'ordre 1, les valeurs anticipées de u_t et x_t coïncident avec leurs valeurs d'équilibre stationnaire non stochastique $\overline{u}$ et $\overline{x}$, ce qui permet d'invoquer le principe d'équivalent certain. L'approximation à l'ordre 1 rend, ainsi, les règles de décisions indépendantes de la matrice variance covariance de ε_t.

Pour déterminer h_x et g_x, il suffit de dériver la condition (4) par rapport à x. Ceci conduit au système d'équations :

$$H_x(\overline{x},0)=f_{u'}h_x g_x+f_u h_x+f_{x'}g_x+f_x$$

Notons que les dérivées de f évaluée à l'équilibre stationnaire $(u',u,x',x)=(\overline{u},\overline{u},\overline{x},\overline{x})$ sont connues. La condition $H_x(\overline{x},0)=0$ définie un système de $(n_u+m_x)m_x$ équations quadratiques à $(n_u+m_x)m_x$ inconnues en h_x et g_x. Cette condition peut être exprimée comme :

$$\left[f_{x'}\quad f_{u'}\right]\begin{bmatrix}I\\ h_x\end{bmatrix}g_x=-\left[f_x\quad f_u\right]\begin{bmatrix}I\\ h_x\end{bmatrix} \quad (7)$$

Posons $A=\left[f_{x'}\quad f_{u'}\right]$ et $B=-\left[f_x\quad f_u\right]$, la condition (7) devient :

$$A\begin{bmatrix} I \\ h_x \end{bmatrix} g_x = B\begin{bmatrix} I \\ h_x \end{bmatrix} \tag{7'}$$

Le système d'équations quadratiques (7) peut être résolu de plusieurs manières[64] (Anderson et *alii*, 1996). Les développements qui suivent utilisent *la décomposition aux valeurs propres généralisée*[65].

Soit P la matrice des vecteurs propres de la matrice g_x :

$$g_x P = P\Lambda$$

Où Λ est une matrice diagonale ; et soit $Z \equiv \begin{bmatrix} I \\ h_x \end{bmatrix} P$. la condition (7') peut alors être écrite comme :

$$AZ\Lambda = BZ$$

Il est, alors, possible de transformer le problème la détermination de h_x et g_x en un problème de valeurs propres généralisé. Ainsi, se donnant les matrices A et B, il existe une matrice V et une matrice diagonale D, tel que :

$$A\begin{bmatrix} V_1 & V_2 \end{bmatrix}\begin{bmatrix} D_{11} & 0 \\ 0 & D_{22} \end{bmatrix} = B\begin{bmatrix} V_1 & V_2 \end{bmatrix}$$

On aura $\Lambda = D_{11}$ et $\begin{bmatrix} I \\ h_x \end{bmatrix} P = V_1 = \begin{bmatrix} \mathrm{V}_{11} \\ \mathrm{V}_{12} \end{bmatrix}$;

ce qui signifie que : $g_x = \mathrm{V}_{11} D_{11} V_{11}^{-1}$ et $h_x = V_{12} V_{11}^{-1}$

3.3.2. Application de la méthode de perturbation au modèle DSGE-RBC canonique

Soit le modèle DSGE-RBC suivant:

$$\max_{\{c_t\}_{t=0}^{\infty}} E\sum_{t=0}^{\infty} \beta^t Log(c_t)$$

---

64 On dispose de plusieurs méthodes pour résoudre ces système d'équations quadratiques. Parmi ces méthodes on distingue la méthode de la décomposition des valeurs propres généralisée (Blanchard and Kahn, 1980; King et al.,2002), la décomposition de généralisée de Schur (Klein, 2000), la décomposition QZ (Sims, 2002) et la méthode des coefficients indéterminés (Uhling, 1999)

65 Voir chapitre 11 pour un développement détaillé de la méthode

Sou contrainte

$$c_t + k_{t+1} = e^{z_t} k_t^{\alpha} + (1-\delta) k_t$$

$$z_t = \rho z_{t-1} + \sigma \varepsilon_t ;\ \varepsilon_t \sim \mathcal{N}(0,1)$$

Les conditions d'équilibre qui solutionnent ce programme de maximisation par rapport à c_t et k_t peuvent être données par :

$$\frac{1}{c_t} = \beta E_t \frac{1}{c_{t+1}} \left(1 + -e^{z_{t+1}} k_{t+1}^{\alpha-1} - \delta\right) \tag{1}$$

$$c_t + k_{t+1} = e^{z_t} k_t^{\alpha} + (1-\delta) k_t \tag{2}$$

$$z_t = \rho z_{t-1} + \sigma \varepsilon_t \tag{3}$$

Ces conditions d'équilibre n'ont pas de solutions particulières pour, c_t et k_t, sauf pour le cas irréaliste d'une dépréciation totale du capital, $\delta = 1$. Dans ce cas, en effet, il est facile de vérifier que :

$$c_t = (1 - \alpha\beta) e^{z_t} k_t^{\alpha}$$

$$k_{t+1} = \alpha\beta e^{z_t} k_t^{\alpha}$$

Dans le cas où $\delta \neq 1$, il s'agit d'établir une approximation de la fonction de décision de consommation, $c_t = h(k_t, z_t)$, et de la règle d'évolution du capital $k_{t+1} = g(k_t, z_t)$. Il est possible de substituer dans les conditions d'équilibres (1)-(2), c_t et k_{t+1} par $h(k_t, z_t)$ et (k_t, z_t). Les conditions d'équilibre s'écrivent alors[66] :

$$\frac{1}{h(k_t, z_t)} = \beta E_t \frac{\left(-e^{\rho z_t + \sigma\varepsilon_{t+1}}\right) g(k_t, z_t)^{\alpha}}{h\left(g(k_t, z_t), \rho z_t + \sigma\varepsilon_{t+1}\right)} \tag{4}$$

$$h(k_t, z_t) + g(k_t, z_t) = e^{z_t} k_t^{\alpha} \tag{5}$$

Pour appliquer la méthode de perturbation, il est nécessaire de transformer, au préalable, le problème en le réécrivant en termes d'un facteur de perturbation. Le facteur de perturbation retenu correspond à l'écart-type du choc technologique σ. Lorsque $\sigma = 0$, le modèle

66 Pour simplifier les calculs on suppose que $\delta = 1$

admet un équilibre stationnaire déterministe où $z_t \to 0$ et $e^{z_t} = 1$. On cherche alors à déterminer des règles de décision de la consommation et d'évolution du capital de la forme

$$c_t = h(k_t, z_t, \sigma)$$

$$k_{t+1} = g(k_t, z_t, \sigma)$$

Les conditions d'équilibre se réécrivent alors comme :

$$E_t \left\{ \frac{1}{h(k_t, z_t, \sigma)} - \beta \frac{\left(-e^{\rho z_t + \sigma \varepsilon_{t+1}} g(k_t, z_t, \sigma)^{\alpha - 1}\right)}{h(g(k_t, z_t, \sigma), \rho z_t + \sigma \varepsilon_{t+1})} \right\} = 0 \qquad (4')$$

$$h(k_t, z_t, \sigma) + g(k_t, z_t, \sigma) - e^{z_t} k_t^{\alpha} = 0 \qquad (5')$$

La deuxième étape de la méthode de perturbation consiste à résoudre les conditions d'équilibre pour une valeur particulière du paramètre de perturbation, soit $= 0$, valeur pour laquelle le modèle atteint son équilibre stationnaire déterministe :

$$\frac{1}{\bar{c}} = \beta \frac{1}{\bar{c}} \left(-\bar{k}^{\alpha - 1}\right) \qquad (6)$$

$$\bar{c} + \bar{k} = \bar{k}^{\alpha} \qquad (7)$$

Ce qui signifie que : $\bar{k} = g(\bar{k}, 0, 0) = (\alpha\beta)^{\frac{1}{1-\alpha}}$ et $\bar{c} = h(\bar{k}, 0, 0) = (\alpha\beta)^{\frac{\alpha}{1-\alpha}} - (\alpha\beta)^{\frac{1}{1-\alpha}}$

La troisième étape, utilise la solution de l'équilibre stationnaire déterministe, $\bar{k} = (\alpha\beta)^{\frac{1}{1-\alpha}}$ et $\bar{c} = (\alpha\beta)^{\frac{\alpha}{1-\alpha}} - (\alpha\beta)^{\frac{1}{1-\alpha}}$, pour approximer la solution du problème d'origine, $c_t = h(k_t, z_t, \sigma)$ et $k_{t+1} = g(k_t, z_t, \sigma)$. Il s'agit de faire une approximation locale des fonctions c_t et k_{t+1} au voisinage de la solution d'équilibre stationnaire, $\sigma = 0$. Le développement en série de Taylor implique que c_t et k_{t+1} peuvent être approximée par des fonctions polynôme dont les coefficients dépendent uniquement des dérivées de c_t et k_{t+1}, évaluées à l'équilibre stationnaire, soit :

$$c_t = \bar{c} + h_k(\bar{k},0,0)(k_t - \bar{k}) + h_z(\bar{k},0,0)(z_t - 0) + h_\sigma(\bar{k},0,0)(\sigma - 0)$$
$$+\frac{1}{2}h_{kk}(\bar{k},0,0)(k_t - \bar{k})^2 + \frac{1}{2}h_{kz}(\bar{k},0,0)(k_t - \bar{k})z_t + \frac{1}{2}h_{k\sigma}(\bar{k},0,0)(k_t - \bar{k})\sigma$$
$$+\frac{1}{2}h_{zk}(\bar{k},0,0)z_t(k_t - \bar{k}) + \frac{1}{2}h_{zz}(\bar{k},0,0)z_t^2 + \frac{1}{2}h_{z\sigma}(\bar{k},0,0)z_t\sigma$$
$$+\frac{1}{2}h_{\sigma k}(\bar{k},0,0)\sigma(k_t - \bar{k}) + \frac{1}{2}h_{\sigma z}(\bar{k},0,0)\sigma z_t + \frac{1}{2}h_{\sigma^2}(\bar{k},0,0)\sigma^2 + \cdots$$

et

$$k_{t+1} = k + g_k(\bar{k},0,0)(k_t - \bar{k}) + g_z(\bar{k},0,0)(z_t - 0) + g_\sigma(\bar{k},0,0)(\sigma - 0)$$
$$+\frac{1}{2}g_{kk}(\bar{k},0,0)(k_t - \bar{k})^2 + \frac{1}{2}g_{kz}(\bar{k},0,0)(k_t - \bar{k})z_t$$
$$+\frac{1}{2}g_{k\sigma}(\bar{k},0,0)(k_t - \bar{k})\sigma + \frac{1}{2}g_{zk}(\bar{k},0,0)z_t(k_t - \bar{k})$$
$$+\frac{1}{2}g_{zz}(\bar{k},0,0)z_t^2 + \frac{1}{2}g_{z\sigma}(\bar{k},0,0)z_t\sigma + \frac{1}{2}g_{\sigma k}(\bar{k},0,0)\sigma(k_t - \bar{k})$$
$$+\frac{1}{2}g_{\sigma z}(\bar{k},0,0)\sigma z_t + \frac{1}{2}g_{\sigma^2}(\bar{k},0,0)\sigma^2 + \cdots$$

Les dérivées , $h_z(\bar{k},0,0)$, $h_\sigma(\bar{k},0,0)$, $h_{kk}(\bar{k},0,0)$... et $g_k(\bar{k},0,0)$, $g_z(\bar{k},0,0)$, $g_\sigma(\bar{k},0,0)$, $g_{kk}(\bar{k},0,0)$... sont à ce stade du raisonnement inconnues. il faudrait, alors, les déterminer. Pour cela, supposons que l'approximation de c_t et k_{t+1} est à l'ordre 1 et redéfinissons les conditions d'équilibre (4')-(5') par :

$$F(k_t, z_t, \sigma) = E_t \begin{bmatrix} \dfrac{1}{h(k_t, z_t, \sigma)} - \beta \dfrac{\left(-e^{\rho z_t + \sigma\varepsilon_{t+1}} g(k_t, z_t, \sigma)^{\alpha-1}\right)}{h(g(k_t, z_t, \sigma), \rho z_t + \sigma\varepsilon_{t+1})} \\ h(k_t, z_t, \sigma) + g(k_t, z_t, \sigma) - e^{z_t} k_t^\alpha \end{bmatrix} = \begin{bmatrix} 0 \\ 0 \end{bmatrix}$$

Notons que $F(k_t, z_t, \sigma) = \mathcal{H}(h(k_t, z_t, \sigma); h(g(k_t, z_t, \sigma), z_{t+1}, \sigma); k_t; g(k_t, z_t, \sigma); z_t; \sigma) = 0$. On définit par $\mathcal{H}_i$ la dérivée de $\mathcal{H}$ par rapport à la *ième* composante.

Puisque $F(k_t, z_t, \sigma)$ est nulle pour n'importe quelle valeur de k_t, z_t *et* σ, ses dérivées par rapport à k_t, z_t *et* σ, doivent, aussi, être nulles, notamment au voisinage de l'état stationnaire $(\bar{k},0,0)$, soit :

$$F_k(\bar{k},0,0) = \mathcal{H}_1 h_k + \mathcal{H}_2 h_k g_k + \mathcal{H}_3 g_k + \mathcal{H}_4 = 0$$

$$F_z\left(\bar{k},0,0\right) = \mathcal{H}_1 h_z + \mathcal{H}_2\left(h_k g_z + h_k \rho\right) + \mathcal{H}_3 g_z + \mathcal{H}_5 = 0$$

$$F_\sigma\left(\bar{k},0,0\right) = \mathcal{H}_1 h_\sigma + \mathcal{H}_2\left(h_k g_\sigma + c_\sigma\right) + \mathcal{H}_3 g_\sigma + \mathcal{H}_6 = 0$$

Encadré 10 - Un exemple numérique

Soit les paramètres calibrés : $\beta = 0.99$, $\alpha = 0.33$, $\rho = 0.95$ et $\sigma = 0.01$.

L'équilibre stationnaire est donné par $\bar{k} = (\alpha\beta)^{\frac{1}{1-\alpha}} = 0.1883$ et $\bar{c} = (\alpha\beta)^{\frac{\alpha}{1-\alpha}} - (\alpha\beta)^{\frac{1}{1-\alpha}} = 0.388069$

Les composantes de l'approximation à l'ordre 1, $h_i\left(\bar{k},0,0\right)$ et $g_i\left(\bar{k},0,0\right), avec\, i = k, z, \sigma$, sont données par :

$$h_k\left(\bar{k},0,0\right) = 0.680101\,;\; h_Z\left(\bar{k},0,0\right) = 0.388069\,;\; h_\sigma\left(\bar{k},0,0\right) = 0\,;$$

$$g_k\left(\bar{k},0,0\right) = 0.33\,;\; g_z\left(\bar{k},0,0\right) = 0.1883\,;\; g_\sigma\left(\bar{k},0,0\right) = 0\,.$$

pour, $\delta = 1$ (dépréciation totale du capital)

$$c_t = (1-\alpha\beta)e^{z_t}k_t^\alpha = 0.6733e^{z_t}k_t^{0.33}$$

$$k_{t+1} = \alpha\beta e^{z_t}k_t^\alpha + 0.3267e^{z_t}k_t^{0.33}$$

L'approximation de c_t et k_{t+1} (à l'ordre 1) par la méthode de perturbation conduit à :

$$c_t = 0.388069 + 0.680101\left(k_t - 0.1883\right) + 0.388069z_t$$

$$k_{t+1} = 0.1833 + 0.1883\left(k_t - 0.1883\right) + 0.33z_t$$

Résolution du système I :

Le système donné par

$$F_k\left(\bar{k},0,0\right) = \mathcal{H}_1 h_k + \mathcal{H}_2 h_k g k_k + \mathcal{H}_3 g_k + \mathcal{H}_4 = 0$$

$$F_z\left(\bar{k},0,0\right) = \mathcal{H}_1 h_z + \mathcal{H}_2\left(h_k g_z + h_k \rho\right) + \mathcal{H}_3 g_z + \mathcal{H}_5 = 0$$

définit un système de 4 équations quadratique à 4 inconnues. La résolution de ce système permet de déterminer les valeurs de : h_k, h_z, g_k et g_z.

Résolution du système II :

L'équation donnée par

$$F_\sigma(\bar{k},0,0) = \mathcal{H}_1 h_\sigma + \mathcal{H}_2 (h_k g_\sigma + h_\sigma) + \mathcal{H}_3 g_\sigma + \mathcal{H}_6 = 0$$

définit un système linéaire et homogène en h_σ et g_σ. L'approximation à l'ordre 1 conduit à $h_\sigma = g_\sigma = 0$ (principe d'équivalent certain).

Encadré 11- Matlab code pour l'approximation des fonctions h_x et g_x

(Stephanie Schmitt-Grohe and Martin Uribe, 2009)

```
function [gx,hx,exitflag]=gx _ hx(fy,fx,fyp,fxp,
stake);
%[gx,hx,exitflag]=gx _ hx(fy,fx,fyp,fxp,stake);
%computes the matrices gx and hx that define
the first-order approximation to the solution
%of a dynamic stochastic general equilibrium
model.
%Following the notation in Schmitt-Grohe and
Uribe ("JEDC, 2004 "), the model's equilibrium
conditions
%take the form
%E _ t[f(yp,y,xp,x)= 0.
%The solution is of the form
%xp = h(x,sigma) + sigma * eta * ep
%y = g(x,sigma).
%The first-order approximations to the functions
g and h around the point (x,sigma)=(xbar,0),
where xbar = h(xbar,0), are:
%h(x,sigma) = xbar + hx (x-xbar)
%and
```

```
%g(x,sigma) = ybar + gx * (x-xbar),
%where ybar = g(xbar,0).
%The variable exitflag takes the values
0 (no solution), 1 (unique solution), 2
(indeterminacy), or 3 (z11 is not invertible).
%Inputs: fy fyp fx fxp stake
%The parameter stake ensures that all
eigenvalues of hx are less than stake in
modulus (the default is stake =1).
%Outputs: gx hx exitflag
%This program is a modified version of solab.m
by Paul Klein  ("JEDC, 2000").
%Modified on August 30 2009 by Ryan Chahrour
(rc2374@columbia.edu) to replace qzdiv.m by
ordqz.m to increase speed.
%(c) Stephanie Schmitt-Grohe and Martin Uribe
%Date July 17, 2001, May 11 2006, November 19,
2009

if nargin<5
    stake =1;
end
exitflag = 1;

%Create system matrices A,B
A = [-fxp -fyp];
B = [fx fy];
NK = size(fx,2);

%Complex Schur Decomposition
[s,t,q,z] = qz(A,B);

%Pick non-explosive (stable) eigenvalues
slt = (abs(diag(t))<stake*abs(diag(s)));
```

```
nk = sum(slt);

%Reorder the system with stable eigs in upper-
left
[s,t,q,z] = ordqz(s,t,q,z,slt);

%Split up the results appropriately
z21 = z(nk+1: end,1: nk);
z11 = z(1: nk,1: nk);

s11 = s(1: nk,1: nk);
t11 = t(1: nk,1: nk);

%Identify cases with no/multiple solutions
if nk>NK
    warning('The Equilibrium is Locally
    Indeterminate')
    exitflag =2;
elseif nk<NK
    warning('No Local Equilibrium Exists')
    exitflag = 0;
end

if rank(z11)<nk;
   warning('Invertibility condition violated')
    exitflag = 3;
end

%Compute the Solution
z11i = z11\eye(nk);
gx = real(z21*z11i);
hx = real(z11*(s11\t11)*z11i);
```

4. Les méthodes linéaires

4.1. La méthode de linéarisation (log-linéarisation)

L'approximation à l'ordre 1 de la méthode de perturbations correspond, en fait, à la solution obtenue par la méthode standard de linéarisation (ou log-linéarisation) des conditions de premier ordre, qui a été largement utilisée, à l'origine, pour simuler les modèles de cycles réels (Christiano 2002 et King et Watson, 2002 et "Uhling, 1999 "). Pour cette méthode de linéarisation, la première étape consiste à déterminer l'équilibre stationnaire déterministe. A la deuxième étape, il s'agit de linéariser (alternativement log-linéariser) les équations d'équilibre du modèle, par application du développement du Taylor à l'ordre 1 au voisinage de l'état stationnaire. Enfin, la troisième étape résout le système d'équations linéaires récursives à anticipation rationnelle et détermine les règles de décision des variables de contrôle et les règles d'évolution des variables d'état

4.1.1. Linéarisation (log-linéarisation) des conditions d'optimalité

Pour illustrer la méthode de linéarisation, considérons l'exemple simple d'une fonction non linéaire qui lie les deux variables x et y

$$y = f(x) \tag{1}$$

L'équilibre stationnaire déterministe est définie par le couple $(\bar{x}, \bar{y})$. L'approximation en série de Taylor, à l'ordre 1, de la fonction f au voisinage de l'équilibre stationnaire conduit à :

$$y \approx f(\bar{x}) + f_{x=\bar{x}}(x - \bar{x}) + O^2$$

Où $f_{x=\bar{x}}$ définie la dérivée de la fonction f par rapport à x évaluée à l'état stationnaire et O^2 l'erreur commise sur l'approximation. Cette équation peut être réarrangée pour donner une approximation linéaire en niveau, soit :

$$\frac{y - \bar{y}}{\bar{y}} \approx \frac{f_{x=\bar{x}}\bar{x}}{\bar{y}} \frac{(x - \bar{x})}{\bar{x}}$$

Où $\frac{y - \bar{y}}{\bar{y}}$ défini la déviation, en pourcentage de y par rapport à sa valeur d'équilibre stationnaire ; $\frac{(x - \bar{x})}{\bar{x}}$ l'écart, en pourcentage, de x par rapport à sa valeur d'équilibre stationnaire et $\frac{f_{x=\bar{x}}\bar{x}}{\bar{y}}$ un coefficient.

La méthode de log-linéarisation suppose la transformation des variables x et y en logarithme, ce qui conduit à réécrire l'équation (1) comme :

$$y = e^{Logy} = f\left(e^{Logx}\right) \tag{2}$$

En posant $Y = Logy$ et $X = Logx$, l'équation (2) se réécrit simplement :

$$Y = Logf\left(e^{X}\right)$$

L'approximation en série de Taylor, à l'ordre 1, de la fonction f au voisinage de l'équilibre stationnaire et le réarrangement du résultat trouvé, conduit à :

$$Log\frac{y}{\overline{y}} = \frac{f_{x=\overline{x}}\,\overline{x}}{\overline{y}}\,Log\frac{x}{\overline{x}}$$

Où $\frac{y-\overline{y}}{\overline{y}}$ définit la déviation logarithmique, en pourcentage, de y par rapport à sa valeur d'équilibre stationnaire ; $\frac{\left(x-\overline{x}\right)}{\overline{x}}$ l'écart logarithmique, en pourcentage, de par rapport à sa valeur d'équilibre stationnaire et un coefficient.

Généralement, ces deux méthodes de linéarisation et de log-linéarisation conduisent aux mêmes résultats.

4.1.2. Un système d'équations récurrentes linéaires à anticipations rationnelles

Reprenons les conditions d'optimalité du problème de contrôle optimal du paragraphe précédent. Ces conditions d'optimalité peuvent être écrites sous la forme d'un système d'équations non-linéaires :

$$E_t f\left(u_t, u_{t+1}, x_t^1, x_{t+1}^1, z_t, z_{t+1}\right) = 0 \tag{1}$$

La linéarisation de ce système d'équations, au voisinage de l'état stationnaire, conduit à un système d'équations linéaires récurrentes, à l'ordre 1, et stochastique, qui peuvent être écrite sous une forme état-mesure :

$$A_0 E\, X_{t+1} = A_1 X_t + B_0 \varepsilon_{t+1}$$

Où A_0, A_1 et B_0 sont des matrices de coefficients du système linéarisé ; X_t est un vecteur qui regroupe toutes les variables endogènes et ε_{t+1} un vecteur de chocs exogènes. La résolution de ce système permet de déterminer les trajectoires-solutions (*ie :* le profil temporel) des variables du modèle. Dans la littérature économique, plusieurs méthodes de résolution des modèles dynamiques avec anticipation rationnelles ont été développées. Les méthodes les plus connues et, peut être, celles qui sont les plus utilisées sont: la méthode de la décomposition des valeurs propres généralisée de Blanchard and Kahn (1980) et la méthode des coefficients indéterminés de "Uhling (1999) ". Nous reviendrons à ces deux méthodes, de manière détaillée, au chapitre 12 de cet ouvrage

4.2. La méthode d'approximation linéaire quadratique

Les méthodes d'approximation linéaire quadratique (LQ) sont faciles à mettre en ouvre dans les modèles DSGE. Néanmoins, leurs applications requièrent des conditions très restrictives: (i) la première, est que la version déterministe du modèle doit converger vers un équilibre stationnaire, autour duquel l'approximation pourrait être faite. Bien qu'il soit anodin de réclamer une telle condition, il convient de noter que dans certains modèles d'équilibre général avec anticipations rationnelles, l'équilibre stationnaire déterministe peut ne pas exister et que dans d'autres modèles l'équilibre stationnaire pourrait être indéterminé (ii) la seconde, est que les dynamiques locales des variables réelles au voisinage de l'équilibre stationnaire devraient être approximées par des règles d'évolution linéaires. L'idée derrière cette condition restrictive est que les règles de décision obtenue par l'application de la méthode d'approximation LQ, sont linéaires ; et par conséquent, cette méthode ne devrait être utilisée en présence de non linéarités observées dans les données réelles des variables économiques (Dıaz-Gimenez, 1999).

Il est important de noter que l'application de la méthode d'approximation LQ au programme de contrôle optimal (I), requiert que les conditions (C1) et (C2) soient linéaires. Par conséquent, toute contrainte non linéaire du programme original, doit être substituée, initialement, dans la fonction gain. Cette restriction limite la classe des problèmes, qui peuvent être résolus par la méthode d'approximation LQ, à ceux qui ont au plus autant de contraintes non linéaires que d'argument dans la fonction gain.

4.2.1. La méthode d'approximation linéaire quadratique : l'algorithme général

L'algorithme général pour résoudre le programme de contrôle optimal I par la méthode d'approximation LQ peut être résumé de la manière suivante :

> ***Etape 1 :*** Choisir un point au voisinage duquel la fonction gain $U(x,u,z)$ doit être approximée. Dans la plupart des cas, ce point correspond à l'état stationnaire de la version déterministe du modèle ;
>
> ***Etape 2 :*** Construire une approximation quadratique de la fonction gain $U(x,u,z)$ au voisinage de l'équilibre stationnaire ;
>
> ***Etape 3 :*** Calculer la fonction valeur optimale $V^*(x,z)$ par itération successives sur l'opérateur de Bellman valeur $V^{n+1}(x,z)=T\left[V^n(x,z)\right]=\max_u\left\{U(x,u,z)+\beta V(x',z')\right\}$ sous contrainte (C1) et (C2)

A. Etape 1 : détermination de l'équilibre stationnaire déterministe

Pour déterminer l'équilibre stationnaire déterministe, on commence par substituer, dans les conditions de premier ordre du programme du planificateur central, les chocs aléatoires par leurs moyennes inconditionnelles. Ensuite, on applique aux variables de contrôle et aux variables d'état les conditions appropriées à l'état stationnaire, notamment que les valeurs de ces variables ne changent pas à travers le temps.

B. Etape 2 : construction de l'approximation quadratique de $U(x,u,z)$

La seconde étape consiste à établir une approximation de la fonction gain $U(x,u,z)$ au voisinage de l'équilibre stationnaire. Ecrit sous forme matricielle, le développent de Taylor à l'ordre 2 de la fonction gain

$U(x,u,z)$, au voisinage de l'équilibre stationnaire, peut être définie par[67] :

$$U(x,z,u) \simeq U(\bar{x},\bar{u},\bar{z}) + (W-\bar{W})^T \bar{J} + \frac{1}{2}(W-\bar{W})^T \bar{H}(W-\bar{W}) \quad (5)$$

Où $U(\bar{x},\bar{u},\bar{z})$est la fonction gain évaluée à l'état stationnaire, $W=[x,z,u]$ est le vecteur de variables de contrôle, u, et de variables d'état (x,z). L'indicateur supérieur (T) indique qu'il s'agit du transposé de la matrice. $\bar{W}$ est le vecteur W évalué à l'état stationnaire. $\bar{J}=\left[\bar{J}_x \; \bar{J}_z \; \bar{J}_u\right]^T$ est le vecteur jacobien évalué à l'état stationnaire et $\bar{H}$ la matrice Hessienne évaluée à l'état stationnaire.

$$\bar{H}=\begin{bmatrix} \bar{H}_{xx} & \bar{H}_{xz} & \bar{H}_{xu} \\ \bar{H}_{zx} & \bar{H}_{zz} & \bar{H}_{zu} \\ \bar{H}_{ux} & \bar{H}_{uz} & \bar{H}_{uu} \end{bmatrix}$$

En regroupant les termes constants, les termes linéaires et les termes quadratiques de l''expression (5), il serait possible d'obtenir :

$$\begin{aligned} U(x,z,u) \simeq & \left\{U(\bar{x},\bar{u},\bar{z}) - \bar{W}^T\bar{J} + \frac{1}{2}\bar{W}^T\bar{H}\bar{W}\right\} + \left\{\bar{W}^T\left(\bar{J}-\bar{H}W\right)\right\} \\ & + \frac{1}{2}\bar{W}^T\bar{H}W \end{aligned} \quad (6)$$

Ou de manière équivalente :

$$U(x,z,u) \simeq \begin{bmatrix} 1 & \bar{W}^T \end{bmatrix} Q \begin{bmatrix} 1 \\ W \end{bmatrix}$$

Avec Q une matrice carrée symétrique

67 On utilisé, dans ce paragraphe, une écriture matricielle de l'approximation du fait de sa concision et du fait qu'elle soit mieux adaptée à la suite de la résolution du problème.

$$Q = \begin{bmatrix} U(\bar{x},\bar{u},\bar{z}) - \bar{W}^T \bar{J} + \frac{1}{2}\bar{W}^T \bar{H}\bar{W} & \left[\frac{1}{2}(\bar{J} - \bar{H}\bar{W})\right]^T \\ \frac{1}{2}(\bar{J} - \bar{H}\bar{W}) & \frac{1}{2}\bar{H} \end{bmatrix} \quad (6')$$

C. Etape 3 : calcul de la fonction valeur et détermination des règles de décision optimales

La troisième étape consiste à calculer la fonction valeur optimale $V^*(x,z)$ par itération successives sur l'opérateur de Bellman $V^{n+1}(x,z) = T\left[V^n(x,z)\right]$. En utilisant la notation matricielle, l'opérateur de Bellman peut être réécrit comme :

$$V^{n+1}(x,z) = T\left[V^n(x,z)\right] = \max_u \left\{\left[1 \ \bar{W}^T\right] Q \begin{bmatrix} 1 \\ W \end{bmatrix} + \beta E\left[V^n(x',z')\right]\right\} \quad (7)$$

Sous contraintes C1 et C2.

Puisque la fonction de gain est quadratique la fonction valeur, solution de l'opérateur de Bellman, sera elle aussi quadratique. Supposons que la forme initiale de la fonction valeur prend la forme quadratique:

$$V^n(x,z) = \left[1 \ x \ z\right] P_n \begin{bmatrix} 1 \\ x \\ z \end{bmatrix} = F^T P_n F$$

Où $F = \left[1 \ x \ z\right]^T$ et P_n une matrice symétrique semi-définie négative. En substituant l'expression $V^n(x,z)$ par sa valeur dans l'équation de Bellman (7), il devient :

$$V^{n+1}(x,z) = \max_u \left\{\left[1 \ \bar{W}^T\right] Q \begin{bmatrix} 1 \\ W \end{bmatrix} + \beta E\left[F'^T P_n F'\right]\right\} \quad (8)$$

Sous les contraintes C1 et C2.

Il s'agit maintenant de calculer les règles de décision $u^n = h^n(x,z)$ associée à la fonction valeur $V^n(x,z)$ et l'élément de l'ordre $n+1$ de la séquence de fonctions valeurs , V^{n+1} . Pour cela, on suppose que le principe d'équivalent certain est vérifié. Il serait, alors, possible de renoncer, dans l'expression (8), à l'opérateur d'espérance conditionnel et de remplacer le vecteur de variable aléatoire par sa moyenne inconditionnelle, $\mu(\varepsilon)=0$. L'équation de Bellman (8), devient:

$$V^{n+1}(x,z)=\max_u\left\{\begin{bmatrix}1 & \bar{W}^T\end{bmatrix}Q\begin{bmatrix}1\\ W\end{bmatrix}+\beta F'^T P_n F\right\} \quad (9)$$

Sous contrainte C(1).

Il est possible, désormais, de transformer l'expression (9) en une forme quadratique en $\begin{bmatrix}1 & \bar{W}^T\end{bmatrix}$. Pour cela, il faudrait trouver, au préalable, une matrice rectangulaire B, qui satisfait $F'=B\begin{bmatrix}1 & \bar{W}^T\end{bmatrix}$. Une fois B est déterminé, il s'agit de substituer, ensuite, $F'=B\begin{bmatrix}1 & \bar{W}^T\end{bmatrix}$ dans l'expression (9)

On obtient alors :

$$V^{n+1}(x,z)=\max_u\left\{\begin{bmatrix}1 & \bar{W}^T\end{bmatrix}Q\begin{bmatrix}1\\ W\end{bmatrix}+\beta\begin{bmatrix}1 & \bar{W}^T\end{bmatrix} B^T P_n B\begin{bmatrix}1\\ W\end{bmatrix}\right\} \quad (10)$$

Ou de manière équivalente :

$$V^{n+1}(x,z)=\max_u\left\{\begin{bmatrix}1 & \bar{W}^T\end{bmatrix}\begin{bmatrix}Q+\beta B^T P_n B\end{bmatrix}\begin{bmatrix}1\\ W\end{bmatrix}\right\} \quad (10')$$

Finalement, la dérivation l'expression (10') conduit à déterminer le vecteur des règles de décision des variables de contrôle : $u_n(x,z)$. Pour cela, posons $M=B^T P_n B$ et faisons la partition des matrices Q et M de façon à séparer les variables d'état des variables de contrôle. Plus précisément, posons $Q=\begin{bmatrix}Q_{FF} & Q^T{}_{Fu}\\ Q_{Fu} & Q_{uu}\end{bmatrix}$ et $M=\begin{bmatrix}M_{FF} & M^T{}_{Fu}\\ M_{Fu} & M_{uu}\end{bmatrix}$

En substituant les matrices partitionnées Q et M dans l'expression (10'), il vient que:

$$V^{n+1}(x,z)=\max_u\left\{\begin{bmatrix}F^T & h^T\end{bmatrix}\left\{\begin{bmatrix}Q_{FF} & Q^T{}_{Fu}\\ Q_{Fu} & Q_{uu}\end{bmatrix}+\beta\begin{bmatrix}M_{FF} & M^T{}_{Fu}\\ M_{Fu} & M_{uu}\end{bmatrix}\right\}\begin{bmatrix}F\\ u\end{bmatrix}\right\}$$

$$=\max_u\left\{F^T\left(Q_{FF}+\beta M_{FF}\right)F+2u^T\left(Q_{Fu}+\beta M_{Fu}\right)F+u^T\left(Q_{uu}+\beta M_{uu}\right)u\right\} \quad (11)$$

En dérivant cette expression par rapport à u, il est possible d'obtenir les condition de premier ordre, soit :

$$2(Q_{Fu} + \beta M_{Fu})F + 2(Q_{uu} + \beta M_{uu})h = 0$$

A partir de ces conditions de premier ordre, les fonctions de décision des variables de contrôle u^n, associé à la fonction valeur $V^n(x,z)$, peuvent alors être déterminées:

$$u^n(x,z) = -(Q_{uu} + \beta M_{uu})^{-1}(Q_{Fu} + \beta M_{Fu})F = J_n^T F \quad (12)$$

Où J_n^T est un vecteur de coefficient des règles de décision associées à la fonction valeur $V^n(x,z)$ $J_n^T = -(Q_{uu} + \beta M_{uu})^{-1}(Q_{Fu} + \beta M_{Fu})$. En substituant les règles de décision optimales (12) dans l'équation de Bellman (11), il serait possible d'obtenir

$$V^{n+1}(x,z) = F'\left\{(Q_{FF} + \beta M_{FF}) - (Q_{Fu} + \beta M_{Fu})^T (Q_{uu} + \beta M_{uu})^{-1}(Q_{Fu} + \beta M_{Fu})\right\}F$$

Qui est la forme quadratique que l'algorithme cherche à déterminer : $V^{n+1}(x,z) = F' P_{n+1} F$. Dans cette forme, P_{n+1} est la matrice symétrique que l'algorithme a utilisée pour définir la fonction valeur $V^{n+1}(x,z)$

$$P_{n+1} = (Q_{FF} + \beta M_{FF}) - (Q_{Fh} + \beta M_{Fh})'(Q_{hh} + \beta M_{hh})^{-1}(Q_{Fh} + \beta M_{Fh}) \quad (13)$$

Connaissant P_{n+1} il est possible de mettre a jour la fonction valeur

D. Itérations sur la fonction valeur

L'algorithme de l'itération sur la fonction valeur peut se résumer de la manière suivante :

1. Initialiser P_0 : Du moment où la fonction valeur est quadratique, la matrice P_0 pourrait être définie par une matrice symétrique semi-définie négative. Le choix le plus simple est de retenir $P_0 = -I_0$;
2. Calculer une nouvelle matrice P_{n+1}, où $n+1$ est l'itération :
   a. A l'itération n, la fonction valeur vaut $V^n(x,z) = F'P_n F$
   b. Calculer la fonction valeur de la $n+1$ ième itération en utilisant l'équation (13) et déterminer P_{n+1}. Q est la matrice définie par (6'). M est la matrice défine par (10)

3. Contrôler la convergence :

a. Comparer P_n et P_{n+1} : calculer la distance $\max_{i,j}\left|P_{n+1}-P_n\right| \leq toler$;

où $toler$ représente le niveau en dessous duquel la variation de P peut être considérée comme négligeable

b. Si la condition précédente est satisfaite, pour plusieurs itérations successives, on arrête l'algorithme et on retient P^*. Sinon on retourne et on ajuste l'étape (2)

4. Calcul de la fonction de décision : P^* étant déterminé, il serait possible de calculer la règle de décision, en utilisant l'équation (12).

4.2.2. Application au modèle DSGE-RBC canonique

Soit le modèle DSGE-RBC simple suivant :

$$\max_{\{c_t\}_{t=0}^{\infty}} E\sum_{t=0}^{\infty}\beta^t Log\left(c_t\right)$$

Sou contrainte

$$c_t + k_{t+1} = e^{z_t}k_t^{\alpha} + \left(1-\delta\right)k_t$$

$$z_{t+1} = \rho z_t + \varepsilon_{t+1};\ \varepsilon_t \sim \mathcal{N}\left(0,1\right)$$

L'équation de Bellman associée au programme de maximisation du planificateur central peut être donnée par :

$$V\left(c,k'\right) = \max_{k}\left\{\log\left(c\right) + \beta V\left(k',z'\right)\right\}$$

Sous contrainte

$$c + i = e^{z_t}k_t^{\alpha}$$

$$k' = \left(1-\delta\right)k_t + i$$

$$z' = \rho z + \varepsilon'$$

En substituant les contraintes non linéaires dans la fonction d'utilité (fonction gain), l'équation de Bellman devient :

$$V(k,z) = \max_{x}\left\{log\left(e^{z_t}k_t^{\alpha} - i\right) + \beta V(k',z')\right\}$$

Sous contrainte

$$k' = (1-\delta)k + i$$

$$z' = \rho z + \varepsilon'$$

A. Calcul de l'équilibre stationnaire

L'équation d'Euler de ce programme de maximisation peut être donnée par :

$$c_{t+1} = \beta c_t\left(1 + -e^{z_{t+1}}k_{t+1}^{\alpha-1} - \delta\right)$$

A l'équilibre stationnaire $c_{t+1} = c_t = \overline{c}$, ce qui convient d'écrire $1 = \beta\left(1 + -e^{\overline{z}}\overline{k}^{\alpha-1} - \delta\right)$

Puisque $\overline{z} = 0$, $\overline{k} = \left(\dfrac{\alpha\beta}{1-\beta+\beta\delta}\right)^{\frac{1}{1-\alpha}}$ et $\overline{i} = \delta\overline{k}$

B. Approximation quadratique de la fonction d'utilité $log\left(e^{z_t}k_t^{\pm} - i\right)$ au voisinage de l'équilibre stationnaire :

Le développement de Taylor à l'ordre 2 de la fonction d'utilité au voisinage de l'équilibre stationnaire est définie, en écriture matricielle, par :

$$U(k,z,i) \simeq U\left(\overline{k},\overline{i},\overline{z}\right) + \left(W - \overline{W}\right)'\overline{J} + \frac{1}{2}\left(W - \overline{W}\right)'\overline{H}\left(W - \overline{W}\right)$$

Où

$$U\left(\overline{k},\overline{i},\overline{z}\right) = log\left(e^{\overline{z}}\overline{k}^{\alpha} - \overline{i}\right) = log\left(\left(\frac{\alpha\beta}{1-\beta+\beta\delta}\right)^{\frac{\alpha}{1-\alpha}} - \delta\left(\frac{\alpha\beta}{1-\beta+\beta\delta}\right)^{\frac{1}{1-\alpha}}\right)$$

$$W = [z,k,i] \text{ et } \overline{W} = \left[\overline{z},\overline{k},\overline{i}\right]$$

Le vecteur $\bar{J} = \left[\bar{J}_k \ \bar{J}_z \ \bar{J}_i\right]'$ évalué à l'état stationnaire est défini par :

$$\bar{J}_z = \frac{e^{\bar{z}}\bar{k}^{\alpha}}{e^{\bar{z}}\bar{k}^{\alpha} - \bar{i}};\ \bar{J}_k = \frac{\alpha e^{\bar{z}}\bar{k}^{\alpha-1}}{e^{\bar{z}}\bar{k}^{\alpha} - \bar{i}} \text{ et } \bar{J}_i = \frac{-1}{e^{\bar{z}}\bar{k}^{\alpha} - \bar{i}}$$

Et la matrice $\bar{H}$ est la matrice Hessienne évaluée à l'état stationnaire :

$$\bar{H} = \begin{bmatrix} \bar{H}_{zz} & \bar{H}_{zk} & \bar{H}_{zi} \\ \bar{H}_{kz} & \bar{H}_{kk} & \bar{H}_{ki} \\ \bar{H}_{iz} & \bar{H}_{ik} & \bar{H}_{ii} \end{bmatrix}$$

Avec

$$\bar{H}_{zz} = \frac{\left(\left(e^{\bar{z}}\bar{k}^{\alpha}\right)\left(e^{\bar{z}}\bar{k}^{\alpha} - \bar{i}\right)\right) - \left(e^{\bar{z}}\bar{k}^{\alpha}\right)^2}{\left(e^{\bar{z}}\bar{k}^{\alpha} - \bar{i}\right)^2};$$

$$\bar{H}_{kk} = \frac{\left(\left(e^{\bar{z}}\alpha(\alpha-1)\bar{k}^{\alpha-2}\right)\left(e^{\bar{z}}\bar{k}^{\alpha} - \bar{i}\right)\right) - \ldots\left(\alpha e^{\bar{z}}\bar{k}^{\alpha-1}\right)^2}{\left(e^{\bar{z}}\bar{k}^{\alpha} - \bar{i}\right)^2};\ \bar{H}_{ii} = \frac{-1}{\left(e^{\bar{z}}\bar{k}^{\alpha} - \bar{i}\right)^2};$$

$$\bar{H}_{zk} = \frac{\left(\left(e^{\bar{z}}\alpha\bar{k}^{\alpha-1}\right)\left(e^{\bar{z}}\bar{k}^{\alpha} - \bar{i}\right)\right) - \left(e^{\bar{z}}\bar{k}^{\alpha}\right)\left(\alpha e^{\bar{z}}\bar{k}^{\alpha-1}\right)}{\ldots\left(e^{\bar{z}}\bar{k}^{\alpha} - \bar{i}\right)^2};\ \bar{H}_{zi} = \frac{\left(e^{\bar{z}}\bar{k}^{\alpha}\right)}{\left(e^{\bar{z}}\bar{k}^{\alpha} - \bar{i}\right)^2};$$

$$\bar{H}_{ki} = \frac{\left(e^{\bar{z}}\alpha\bar{k}^{\alpha-1}\right)}{\left(e^{\bar{z}}\bar{k}^{\alpha} - \bar{i}\right)^2};\ \bar{H}_{zi} = \bar{H}_{iz};\ \bar{H}_{ki} = \bar{H}_{ik}$$

C. Matlab code pour le calcul de la fonction valeur optimale V^* et la règle de décision c* (Diaz-Gimenez, Javier, 1999)

Ce programme suppose les valeurs suivates des paramètres structurels

$$\alpha = 0.33,\ \beta = 0.96,\ \delta = 0.1 \text{ et } \rho = 0.95$$

Encadré 12- Matlab code pour la determination de la règle de décision par l a méthode d'approximation linéaire quadratique (Diaz-Gimenez, Javier, 1999)

```
This program computes the value function and the
optimal
% decision rules of the linear-quadratic
approximation
% Author: Jorge Duran
% e-mail: xurxo@eco.uc3m.es
% This message is for the loop below
disp(' The program is iterating on Bellman's equation.
Please wait. . .')
% Step 0: Input the parameter values
a = 0.33;        % alpha
b = 0.96;        % beta
p = 0.95;        % rho
d = 0.10;        % delta
e = exp(1);      % Number e (transcendent but necessary)

% Step 1: Compute the steady state
K = ((a*b)/(1-b*(1-d)))^(1/(1-a) ) ;
X = d*K;
Z = 0;
% Step 2: Construct the quadratic expansion of the
utility function
% Step 2.1: Evaluate all the first and second order
% derivatives of the utility function at the steady
state:
R = log(e^Z*K^a - X);
Jz = (e^Z*K^a) / (e^Z*K^a - X) ;
Jk = (e^Z*a*K^(a-1)) / (e^Z*K^a - X) ;
Jx = (-1) / (e^Z*K^a - X);
Hzz = ( ( (e^Z*K^a) * (e^Z*K^a - X) ) - (e^Z*K^a) ^2) /
( (e^Z*K- X)*2);
Hkk = (((e^z*a*(a-1)*K^(a-2))*(e^Z*K^a -X)) - ...
(e^Z*a*K^(a-1))^2 )/((e^z* K^a - X)^2);
```

```
Hxx = (-1) / ( (e^Z*K^a - X) ^2);
Hzk = ( ( (e^Z*a*K^(a-1) ) * (e^Z*K^a - X) ) -
(e^Z*K^a*e^Z*a*K^
(a-1) ))/...( (e^Z*K^a - X)^2) ;
Hzx = (e^Z*K^a) / ((e^Z*K^a - X)^2);
Hkx = (e^Z*a*K^(a-1))/ ( (e^Z*K^a - X) ^2);
% Step 2.2: Define the Jacobian vector and the Hessian
% matrix evaluated
% at the steady state
DJ = [Jz Jk Jx ]';
D2H = [Hzz Hzk Hzx
Hzk Hkk Hkx
Hzx Hkx Hxx];
% Step 2.3: Define matrix Q
W = [Z K X]';
Q11 = R - W'*DJ + 0.5*W'*D2H*W;
Q12 = 0.5*(DJ-D2H*W);
Q22 = 0.5*D2H;
Q=[ Q11 Q12'
Q12 Q22];
% Step 3: Compute the optimal value function.
% Step 3.1: Partition matrix Q to separate the state
and
% control variables
Qff = Q(1:3,1:3);
Qfd = Q(4,1:3) ;
Qdd = Q(4 , 4 ) ;
% Step 3.2: Input matrix B
B = [ 1 0 0 0
0 p 0 0
0 0 1-d 1];
% Step 3.3: Input matrix PO
P = [-0.1 0 0
0 -0.1 0
```

```
0 0 -0.1 ],-
% Step 3.4: Initialize auxiliary matrix A
A=ones(3);
% Step 3.5: Iterate on Bellman's equation until
convergence
% while (norm(A-P)/norm(A))>0.0000001
A = P;
M=B'*P*B ;
Mff = M(1:3,1:3);
Mf d = M (4 , 1: 3 ) ;
Mdd = M (4 , 4 ) ;
P=Qff + (b*Mff) - (Qfd'+(b*Mfd)')*inv(Qdd + (b*Mdd) )
*(Qfd+(b*Mfd));
end
% Step 4: Output the results
clispC ')
disp(' The linear policy for investment is d*=j'F,
where
vector J is:')
J=-(inv(Qdd+(b*Mdd))*(Qfd+(b*Mfd)))';
J
dispC ')
disp(' The optimal value function is V*=F'PF, where
matrix P is:')
P
% END OF MATLAB FILE
The output of this program should be the following:
J =
0.4983
0.8607
-0.0411
P =
-0.4025 8.0839 0.7369
8.0839 1.0029 -0.1915
0.7369 -0.1915 -0.0819
```

5. Conclusion

Ce chapitre offre une présentation détaillée des méthodes de résolutions approchées des modèles DSGE. En prenant appui sur une formulation de base d'un problème de contrôle optimal, les méthodes de résolution linéaire (*méthode de linéarisation* et *méthode d'approximation linéaire quadratique*) et non linéaire (*itération sur la fonction valeur, méthode de projection* et *méthode de perturbation*.) ont été développées. L'intérêt porté pour une méthode particulière n'est pas tant sa structure théorique mais plutôt la fiabilité des résultats fournis par les exercices quantitatifs. Il est important de souligner que le passage d'une méthode à une autre pourrait faire changer les propriétés quantitatives de l'équilibre calculé. Le choix d'une méthode particulière se fait, généralement, sur la base de deux critères : *(i)* la méthode n'introduit pas de biais dans les calculs ; et *(ii)* la méthode est assez rapide pour rendre l'exercice possible.

La méthode d'itération sur la fonction valeur et la méthode de projection sont des méthodes globales qui peuvent être utilisées facilement pour les modèles où l'espace d'état est de petite dimension. La méthode de perturbations, qui est une méthode locale, offre l'avantage de simuler des modèles de grande taille, où le nombre de variables endogènes et de chocs est de l'ordre de quelques centaines. En général, l'approximation au premier ordre suffit pour un modèle de DSGE-RBC canonique. Pour les DSGE avec imperfection ou les modèles DSGE qui cherchent à décrire l'attitude face au risque, l'approximation au premier ordre devient inappropriée. « Si l'on veut utiliser la méthode de perturbations il faut considérer des ordres d'approximation supérieurs à 1. Si l'objectif est d'étudier l'effet de changements de politiques importants, ou plus généralement de modifications structurelles radicales de l'environnement économique, il convient de considérer si ces changements entrainent un déplacement important de l'équilibre stationnaire du système et de s'interroger sur la validité d'une méthode d'approximation locale dans ce cadre » (Juillard et Ocaktan, 2008)

6. Bibliographie

Anderson E W, L. P. Hansen, E. R. McGrattan, et **T. J. Sargent** (1996), «Mechanics of Forming and Estimating Dynamic Linear Economies», d*ans* Handbook of Computational Economics. Edité par K.J. Arrow et M.D. *Intriligator*, 171–252,

Aruoba, S.B., J. Fernandez-Villaverde, et **J.F. Rubrio-Ramrez**, (2006), «Comparing Solution Methods for Dynamic Equilibrium Economies», *Journal of Economic Dynamics and Control.* Vol. 30. pp. 2477–2508.

Blanchard O., et **M. Kahn**, (1980), «The Solution of Linear Difference Models under Rational Expectations», *Econometrica*, 48 :1305–1313.

Christiano, L.J. (1990), «Linear-Quadratic Approximation and Value-Function Iteration: A Comparison»,. *Journal of Business Economics and Statistics* 8, 99–113.

Christiano L.J. (2002), «Solving Dynamic Equilibrium Models by a Method of Undetermined Coefficients», *Computational Economics*, 20 :21–55, 2002.

Collard F. (2015), «Lecture Notes 9 Minimum Weighted Residual Methods», disponible à l'adresse: http://fabcol.free.fr/notes.html

DeJong D.N. et Chetan D (2010), «Structural Macro-econometrics», Deuxième Edition, *Princeton University Press*

Diaz-Gimenez J(1999), «Linear Quadratic Approximations: An Introduction», dans R. Marimón and A. Scott (eds) Computational Methods for the Study of Dynamic Economies. *Oxford University Press*

Gaspar J. et **K.L. Judd** (1997), «Solving Large-scale Rational-Expectations Models», Macroeconomic Dynamics, 1 :45–75, 1997.

Gormley T (2005), «Dynamic Programming Handout, *MIT*, disponible à l'adresse http://web.mit.edu/14.451/www/Dynamic_Programming.pdf

Heer B **et** A **Maußner** (2008), « Value Function Iteration as a Solution Method for the Ramsey Model», Cesifo Working Paper n. 2278

Hughes, T.R.J., 2000, «The Finite Element Method: Linear Static and Dynamic Finite Element Analysis», *Dover Publications, Mineola*

Juillard M. et T Ocaktan (2008), «Méthodes de Simulation des Modèles Stochastiques d'Equilibre Général, *Economie et prévision*, vol 2, n° 183–184.

Jin, H., Judd, K.L., (2002), «Perturbation Methods for General Dynamic Stochastic Models», *Stanford University. Manuscript.*

Judd, K.L. (1992). «Projection Methods for Solving Aggregate Growth Models», *Journal of Economic Theory,* 58, 410–452.

Judd, K. L. (1998), «Numerical Methods in Economics. *MIT Press, Cambridge, MA.*

Judd K. L. (1996), «Approximation, Perturbation, and Projection Methods in Economic Analysis», dans Handbook of Computational Economics. Edité par K.J. Arrow et M.D. *Intriligator*, 509–585.

Judd, K., et **S** Guu, (1993), «Perturbation Solution Methods for Economic Growth Models», dans:Varian, H. (Ed.), Economic and Financial Modeling with Mathematica, *SpringerVerlag*, pp. 80–103.

King R et M.W.**Watson** (2002), «System Reduction and Solution Algorithms for Singular Linear Difference Systems under Rational Expectations», *Computational Economics*, 20 :57–86, 2002.

Klein P (2000), «Using the Generalized Schur form to Solve a Multivariate Linear Rational Expectations Model», *Journal of Economic Dynamics and Control*, 24 :1405–1423,

Kydland, F. E. and Prescott, E. C. (1982), «Time to Build and Aggregate fluctuations», *Econometrica, 6,* 1345–1370

Long, J. B. and C. I. Plosser (1983), «Real Business Cycles», *Journal of Political Economy*, vol. 91, 39–69.

Ljungqvist, L. and T. Sargent (2004), «Recursive Macroeconomic Theory», *(2nd ed.). MIT Press.*

Lucas, R. E. and N. L. Stokey (1989), «Recursive Methods in Economic Dynamics», *Harvard University Press.*

Miranda M.J. (1998), «Numerical Strategies for Solving the nonlinear Rational Expectations Commodity Market Model», *Computational Economics*, 11 :71–87, 1998.

McCallum B (1989), «Real Business Cycle Models», dans Modern business cycle theory. Ed.: Robert J. Barro. *Oxford: Basil Blackwell*, pp. 16–50.

McGrattan, E.R. (1999), «Solving the Stochastic Growth Model with a Finite Element Method», *Journal of Economic Dynamics and Control*, 20.

McGrattan, E.R. (1999), «Application of Weigthed Residuals Methods to Dynamic Economic Models», dans R. Marimon and A. Scott (eds), Computational Methods for the Study of Dynamic Economies. *Oxford University Press.*

Sims Christopher.A. (2002), «Solving Linear Rational Expectations Models»,. *Computational Economics*, 20 :1–20, 2001

Sims E (2011), «Graduate Macro Theory II: Notes on Value Function Iteration», disponible à l'adresse: http://www3.nd.edu/~esims1/val_fun_iter.pdf

Schmitt-Grohe, S. and M. Uribe (2009), «Perturbation Methods for the Numerical Analysis of DSGE Models: Lecture Notes», disponible à l'adresse http://www.columbia.edu/~mu2166/1st_order/Perturbation MethodsLectureNotes.pdf

Uhlig, H. (1999), «A Toolkit for Analyzing Nonlinear Dynamic StochasticModels Easily», dans R. Marimón and A. Scott (eds) Computational Methods for the Study of Dynamic Economies. *Oxford University Press.*

CHAPITRE 11

Détermination des paramètres structurels des modèles DSGE: Estimation vs calibrage

1. Introduction 489
2. L'étalonnage ou calibration 490
   2.1. Le principe de l'étalonnage 490
   2.2. Etalonnage d'un modèle DSGE-RBC : une illustration 493
3. Estimation des paramètres structurels : moments généralisés, moments simulés et inférence indirecte 494
   3.1. Méthode des moments généralisés 495
   3.2. Méthode des moments simulés et inférence indirecte 498
4. L'estimation Bayésienne 501
   4.1. Forme réduite du modèle et représentation espace-état 501
   4.2. Les distributions à priori 503
   4.3. Distribution à posteriori et inférence Bayésienne 504
   4.4. Estimation d'un modèle DSGE-RBC par la méthode Bayésienne 505
5. Conclusion 506
6. Bibliographie 508

1. Introduction

La simulation d'un modèle DSGE nécessite, au préalable, une spécification de ses paramètres structurels: c'est la phase de *l'étalonnage*. Dans les conditions d'optimalité et, donc, dans les règles de décisions, interviennent des paramètres structurels (paramètres relatifs à la fonction d'utilité, la technologie...) auxquels il faut donner des valeurs numériques. Les propriétés cycliques du modèle leur sont conditionnelles. Il s'agit de fixer de la façon la moins arbitraire possible ces valeurs.

Dans la pratique usuelle des modèles DSGE-RBC, l'étalonnage s'effectue sur la base d'un ensemble d'informations exogène déterminé en dehors des modèles. La fixation des paramètres structurels se fait, généralement, sur la base de résultats des études microéconomiques et sur des contraintes de cohérence de long terme. Ces contraintes renvoient au fait que le modèle, à l'état stationnaire, doit être capable de reproduire certaines parts moyennes observées ; telles que la part de la consommation dans le PIB, la part du revenu du travail dans le PIB, le coefficient du capital,etc. En plus, cette pratique repose sur l'utilisation d'information contenue dans des données microéconomiques pour fixer les valeurs de certains paramètres, dont notamment l'élasticité de substitution intertemporelle. Cette pratique, initiée par Lucas (1987), et reprise par Kydland et Prescott (1991), refuse tout exercice économétrique et ne permet aucune inférence ni sur les paramètres ni sur les implications du modèle, en ce sens aucune fonction objective n'est spécifiée pour juger de la validité du modèle théorique

Afin de pallier à cette insuffisance, une démarche, plutôt, économétrique a été développée pour estimer les paramètres des modèles DSGE. Cette démarche a donné lieu à un vaste programme de recherche allant des méthodes de *maximum de vraisemblance* (Christiano, 1988 et Anderson et *alii* (1996) aux méthodes de *moments généralisés* (Christiano et Eichenbaum, 1992 et Fève et Langot 1994, "1996 ") ou *simulés* (Hairault, Langot et Portier,1997 et Collard et *alii* , 2002) et partant aux méthodes *d'estimation Bayésienne* (Smets et Wouters, 2003 et 2004 ; Fernández-Villaverde, 2010 et Jondeau et Sahuc (2004).

Dans une première section, nous exposons le principe de *l'étalonnage* dans les modèles DSGE. A la lumière des méthodes économétriques, nous nous livrons, dans la deuxième section, à un examen critique des méthodes des *moments généralisés*, des *moments simulés* et de *l'inférence indirecte.* La section 3 est consacrée à l'estimation des paramètres structurels par la méthode Bayésienne.

2. L'étalonnage ou la calibration

2.1. Le principe de l'étalonnage

Bien qu'elle a été utilisée, dès le début des années 1980, par Blanchard et Taylor pour étudier les effets des rigidités nominales sur les fluctuations, la méthode de l'étalonnage a été, généralement, associée au modèles DSDE-RBC (De Jong et "Chetan, 2010 "). Pour ces modèles, l'analyse quantitative en macroéconomie doit, nécessairement, procéder par les étapes suivantes (Kydland et Prescott, 1991 et 1996):

i) Se poser une question

ii) Dériver un modèle théorique formel ayant les propriétés appropriées au regard de la question, initialement, posée

iii) Spécifier les formes fonctionnelles des fonctions objectives et résoudre le modèle, c'est à dire déterminer sa forme réduite (déterminer les sentiers des variables endogènes en fonction des variables exogènes et des variables prédéterminées)

iv) Fixer les valeurs des paramètres, indépendamment de la question posée

v) Etablir différents exercices quantitatifs afin d'évaluer ses qualités prédictives (fonctions de réponses aux chocs, simulation…) ou de mener des évaluations de bien être (coût des fluctuations, politiques optimales…)

Le débat sur l'étalonnage ne concerne que les étapes iv) et v). Kydland et Prescott (1991, 1996) se réclament des sciences de la nature pour initier le principe d'étalonnage, mais ils ne suivent pas la même démarche méthodologique. Dans les sciences de la nature, le principe de l'étalonnage suppose que les paramètres structurels doivent être fixés de manière à ce que les prédictions du modèle soient conformes aux faits observés. Trois phases sont, généralement, avancées : *(i)* choisir un ensemble de moments que le modélisateur cherche à expliquer (moments d'intérêt) ; *(ii)* choisir des valeurs pour les paramètres du modèle sur la base d'autres moments ; et *(iii)* comparer les moments d'intérêt artificiels obtenus par simulations du modèle et les moments d'intérêt historiques. Si les moments d'intérêt coïncident avec les moments artificiels, cet ensemble de moments est considéré comme étant bien reproduit par le modèle.

Dans les modèles DSGE-RBC, la pratique de l'étalonnage ne considère pas les mêmes principes que ceux entrepris dans les sciences de la nature. La pratique des modèles DSGE-RBC n'effectue, en effet, aucune inférence ni sur les paramètres structurels ni sur les implications du modèle[68]. Dans ces modèles, l'étalonnage s'effectue sur la base d'études microéconomiques et de contraintes de cohérence de long terme du modèle, souvent dans sa version déterministe. Ces contraintes de cohérence renvoient au fait que le modèle à l'état stationnaire doit

68 Les valeurs des paramètres retenues ne sont pas celles qui fournissent le meilleur ajustement statistique (Kydland et Prescott,1996)

être capable de reproduire certaines parts moyennes observées, tel que la part de la consommation dans le PIB, la part des rémunérations des facteurs…Seules les grandeurs moyennes sont utilisées et l'information contenue dans les co-variations des agrégats est négligée. « De plus, cette pratique ignore l'incertitude portant sur la mesure de ces parts moyennes. En supplément, la pratique repose sur l'utilisation de l'information contenue dans les données microéconomiques » ("Fève, 1997 "). Ainsi les paramètres qui figurent dans la fonction d'utilité, en particulier les élasticités de substitution inter-temporelle de la consommation et du loisir, sont basées sur des estimations sur des données individuelles. Les coefficients du travail et du capital découlent du calcul des parts des rémunérations des facteurs (part des salaires dans le PIB et part de l'excédent brut d'exploitation dans le PIB). Les variables exogènes (tel que les chocs exogènes) repose sur des estimations auxiliaires.

Encadré 1 - Le principe d'étalonnage dans les modèles DSGE-RBC: Un exemple simple (Fève P., 2005)

Soit un modèle simple avec anticipations rationnelles composée de deux équations et deux variables : y et x. La variable endogène, y, suit la règle d'évolution :

$$y_t = a\,Ey_{t+1} + bx_t \tag{1}$$

La variable exogène x est régie par la dynamique

$$x_t = \rho x_{t-1} + \sigma\varepsilon_t \tag{2}$$

Avec $\sigma > 0$, $E(\varepsilon_t) = 0$. Dans la pratique de l'étalonnage des modèles DSGE-RBC, le paramètre a, par exemple, est obtenu à partir d'autres études : $a = \overline{a}$. Le paramètre b est fixé de façon à ce qu'il permet de reproduire la valeur de $\frac{y}{x}$ à l'état stationnaire. Dans la version déterministe du modèle, on a :

$$\frac{y}{x} = \frac{b}{1-\overline{a}}$$

Ce qui signifie que b est fixé à $\overline{b} = (1-a)\frac{y}{x}$. Quant aux paramètres σ et ρ, ceux ci sont obtenus à partir d'une estimation simple de l'équation (2).

2.2. Etalonnage d'un modèle DSGE-RBC : une illustration

Pour expliquer la pratique de l'étalonnage dans les modèles DSGE-RBC, ce paragraphe reprend le modèle canonique du cycle réel, du chapitre précédent, en modifiant la fonction d'utilité et la fonction de production, à des fins illustratives (Fève, 2005). Ce modèle suppose que le ménage représentatif maximise la fonction d'utilité

$$E_0 \sum_{t=0}^{\infty} \beta^t \left(Log(c_t) - \left(\frac{h_t}{1+\gamma} \right)^{1+\gamma} \right)$$

Avec β le taux d'escompte psychologique et h_t les heures offertes. La technologie est représentée par une fonction de production Cobb-Douglass

$$Y_t = k_t^{\alpha} \left(X_{ht} h_t \right)^{1-\alpha}$$

X_{ht} le progrès technique déterministe incorporé au travail qui croit au taux constant γ_{Xh}. Ce progrès technique suit un processus autorégressif persistant stationnaire : $\Delta logX_{ht} = \gamma_{Xh} + \sigma_{Xh}\varepsilon_t$. Où σ_{Xh} défini l'écart type du choc technologique.

La règle d'accumulation du capital suppose un taux de dépréciation du capital δ et est définie par : $k_{t+1} = (1-\delta)k_t + I_t$. Le produit est partagé entre investissement i_t et consommation $c_t : c_t + i_t = Y_t$

Les conditions qui solutionnent le programme de maximisation du ménage sont données par :

$$\frac{1}{c_t} = \beta E_t \frac{1}{c_{t+1}} \left(1 + -\frac{Y_{t+1}}{k_{t+1}} - \delta \right)$$

$$h_t^{1+\gamma} = (1 - -)\frac{Y_t}{c_t}$$

$$k_{t+1} = (1-\delta)k_t + Y_t - c_t$$

$$Y_t = k_t^{\alpha} \left(X_{ht} h_t \right)^{1-\alpha}$$

$$\Delta logX_{ht} = \gamma_{Xh} + \sigma_{Xh}\varepsilon_t$$

Le paramètre γ, qui mesure l'inverse de l'élasticité de l'offre de travail, est obtenu en se référant à différents travaux économétriques sur données microéconomiques. Les paramètres α et (1- α) peuvent être déterminés à partir du calcul des parts des rémunérations des facteurs. La part de la rémunération du capital se situe généralement entre 0.3 et 0.4 ; celle du travail entre 0.6 et 0.7. Connaissant α, et à partir d'une mesure de Y, k et h, il est possible de déterminer le progrès technique $X_{h_t} = \left(\frac{Y_t}{X_{h_t} h_t} \right)^{\frac{1}{1-\alpha}}$.
Le taux de croissance et l'écart type du progrès technique, γ_{Xh} et σ_{Xh_t}, peuvent être calculés comme la moyenne et l'écart type de $\Delta log X_{h_t}$.

A l'équilibre stationnaire, l'équation d'Euler de la consommation et l'équation d'accumulation du capital peuvent être réécrites comme :

$$\left(1+\gamma_{Xh}\right) = \beta E_t \left(1 + -\frac{Y}{k} - \delta \right)$$

$$\left(1+\gamma_{Xh}\right) = \left(1-\delta\right) + \left(Y-c\right)/k$$

En calculant la part moyenne de la consommation dans le PIB $\left(\frac{c}{Y}\right)$ et le coefficient du capital $\left(\frac{k}{Y}\right)$, il est possible, alors, de déterminer à partir de ces deux condition les paramètres β et δ.

3. Estimation des paramètres structurels, moments généralisés, moments simulés et inférence indirecte

Les équations d'équilibre (*ie :* ou d'optimalité) issue des programmes d'optimisation inter-temporelle à anticipation rationnelles des modèles DSGE peuvent être écrites sous la forme :

$$E\left(g\left(y_t, \theta\right)\right) = 0$$

Avec y_t le vecteur de variables endogènes et exogène du modèle et θ le vecteur de paramètres structurels. En notant $E\left(g\left(y_t, \theta\right)\right) = g\left(y_t, \theta\right) - \varepsilon_t$, (*ie :* où ε_t est un terme d'erreur sur les anticipations), il est possible d'estimer le vecteur des paramètres θ en utilisant la méthode des moindres carrés non linéaire (MCNL). De manière alternative, il serait, aussi, possible d'utiliser la méthode de Maximum de Vraisemblance (MV), lorsque *(i)* la matrice variance-covariance des variables endogènes est identifiée et *(ii)* une forme réduite explicite - exprimant les variables endogènes en fonction des variables exogènes et des paramètres structurels- est spécifiée. Dans certain cas, lorsque le modèle est non linéaire ou lorsqu'il est de grande taille et admet un grand nombre d'équations, ces méthodes de MV et de MCNL seraient trop lourdes, voir même impossible, à exécuter.

Les méthodes de moments, généralisés et simulés, qui vont être développées dans ce paragraphe permettent d'estimer le vecteur des paramètres structurel, θ, en ne réclamant ni des hypothèses sur la distribution ni une forme réduite explicite pour les variables endogènes. Ces méthodes peuvent être utilisées dans les cas des spécifications linéaires ou non linéaires, à une équation unique ou d'un ensemble d'équation composées de termes d'anticipations.

3.1. Méthode des moments généralisés

La méthode des moments généralisés (GMM) a été initié par Hansen (1982) dès le début des années quatre vingt. Cette méthode a trouvé un vaste champ d'application, surtout dans le cadre des modèles non linéaires à anticipations rationnelles. Parmi ses applications on trouve les travaux de Hansen et Singleton (1982) en macroéconomie financière ; de Clarida, Gali et Gertler (2000), Collard, Fève et Langot (2002), pour la conduite de la politique monétaire et de Christiano et Eichenbaum (1992), Burnside, Eichenbaum et Rebelo (1993) et Burnside et Eichenbaum (1996) en modélisation DSGE.

3.1.1. Principe général

Pour décrire le principe général de la méthode des moments généralisées, on suppose un vecteur, w_t ,de variables aléatoire de dimension s, observé à la date t et on se propose d'estimer un vecteur θ de paramètre inconnue de dimension K, dont la vraie valeur est donnée par θ_0. Soit $h(w_t,\theta)$ un vecteur de fonctions valeur de dimension R qui lie les variables aléatoires et $E\left[h(w_t,\theta)\right]$: les moments théoriques. Ces moments existent et sont définis pour tout t et pour tous les paramètres θ (voir encadré 2)

Les restrictions sur les moments, appelées conditions d'orthogonalité (Hansen, 1982), sont définies par le système à R conditions

$$E\left[h\left(w_t,\theta_0\right)\right]=0$$

Connaissant les observations des w variables du système, il serait possible de déterminer le vecteur de dimension R des moments empiriques correspondant, soit $g\left(w,\theta\right)=\frac{1}{T}\sum_{t=1}^{T}h\left(w_t,\theta_0\right)$

L'idée de base de la méthode GMM consiste à déterminer une valeur de θ telle que les R moments empiriques $g(w,\theta)$ soient aussi proches que possible de zéro : $g\left(w,\theta\right)\cong 0$, pour $\theta=\theta$.

Cet estimateur est alors la valeur de θ qui minimise la fonction critère (ou la fonction perte)

$$\breve{\theta}=Argmin\left[g\left(w,\theta\right)\right]'W_T\left[g\left(w,\theta\right)\right]$$

Avec W_T est la matrice des poids associés aux conditions d'orthogonalité. Dans le cas où le nombre de paramètres à estimer, K, est égal au nombre de conditions d'orthogonalité R $(K=R)$ (le système est juste identifié), La méthode GMM se ramène déterminer le vecteur $\breve{\theta}$ qui permet de résoudre le système à R équations à $K=R$ inconnues

$$g\left(w,\breve{\theta}\right)=0$$

Le choix de la matrice de poids W_T est totalement neutre, ce qui explique qu'elle ne soit pas spécifiée:

Lorsqu' il existe plus de conditions d'orthogonalité que de paramètres $(R>K)$ (le système est sur-identifié). L'estimateur GMM dépend alors du choix de la matrice de poids W_T . L'écart par rapport à zéro du *ième* élément de $g\left(w,\breve{\theta}\right)$ dépend du poids donné à cette condition d'orthogonalité par la matrice de poids W_T . Dans ce cas, se pose le problème crucial du choix de la matrice de poids optimale.

Encadré 2- La méthode des moments : une illustration

Soit $y_t, t = 1.....T$ une variable aléatoire. On appelle moment d'ordre k de y_t, l'espérance mathématique de y_t élevée à la puissance k, soit $E\left(y_t^k\right)$. Supposons que y_t est stationnaire et centrée sur une certaine valeur u, tel que $E\left(y_t\right) = u$. Cette expression définie un moment théorique d'ordre 1. Son estimateur empirique est la moyenne arithmétique $\hat{u} = \frac{1}{T}\sum_{t=1}^{T} y_t$. La relation $E\left(y_t\right) = u$ peut s'écrire comme $E\left[\left(y_t\right) - u\right] = 0$.

D'une manière générale, un moment théorique est une expression tel que $E\left[h\left(w_t, \theta\right)\right] = 0$ où θ est un vecteur de paramètre de dimension K et θ_0 sa vraie valeur ; $h\left(w_t, \theta\right)$ un vecteur de fonctions de dimension R et w_t un vecteur de variables aléatoire. $u = h\left(w_t, \theta\right)$ défini le terme d'erreur associé aux conditions sur les moments.

La méthode des moments détermine les paramètres θ en égalisant les moments théoriques avec les moments empiriques. L'égalisation se justifie par le fait qu'on peut approcher une espérance mathématique par une moyenne empirique. Le vecteur de paramètres θ est donc solution d'un système de R équations. A titre d'illustration supposons l'exemple particulier d'une fonction $h\left(y_t, \theta\right) = y_t^2 - \frac{\theta}{\theta - 2}$; $\left(R = K = 1\right)$ telle que, pour la vraie valeur θ_0, $E\left[h\left(y_t, \theta_0\right)\right] = y_t^2 - \frac{\theta_0}{\theta_0 - 2} = 0$.

L'équivalent empirique de cette condition est donnée par :

$$\frac{1}{T}\sum_{t=1}^{T} y_t^2 - \frac{\theta}{\theta - 2}$$

En calcultant $\frac{1}{T}\sum_{t=1}^{T} y_t^2 = \breve{m}$, il advient que $\theta_0 = \frac{2\breve{m}}{\breve{m} - 1}$

3.1.2. Estimation d'un modèle DSGE-RBC par la méthode des moments

Reprenons le modèle du paragraphe précédent. Les équations d'équilibre inter-temporel peuvent être réécrites sous la forme (Fève et Langot, 1994):

$$\varepsilon_t^1 = \beta \frac{c_t}{c_{t+1}} \left(1 + -\frac{Y_{t+1}}{k_{t+1}} - \delta \right) - 1$$

$$\varepsilon_t^2 = (1+\gamma) logh_t - log(1 - -) - \log\left(\frac{Y_t}{c_t}\right)$$

$$\varepsilon_t^3 = \Delta logY_t - \alpha \Delta logk_t - (1-\alpha)\Delta logh_t - (1-\alpha)\Delta h_t - (1-\alpha)\gamma_{Xh}$$

$$\varepsilon_t^4 = \delta - \frac{i_t}{k_t} + \frac{k_{t+1}}{k_t}$$

Ces conditions définissent un système de quatre équations à six inconnues $(\beta, -, \delta, \gamma, \gamma_{Xh}, \sigma_{Xh})$. Il est possible de fixer d'abord β sur la base des résultats trouvées dans la littérature. On introduit ensuite, cinq conditions d'orthogonalité. $E(\varepsilon_t^1) = E(\varepsilon_t^2) = E(\varepsilon_t^3) = E(\varepsilon_t^3)^2 = E(\varepsilon_t^4) = 0$

Ces moments théoriques peuvent être remplacés par leurs contreparties empiriques:

$$g_{1,T} = \frac{1}{T}\sum_{t=1}^{T}\varepsilon_t^1,\ g_{2,T} = \frac{1}{T}\sum_{t=1}^{T}\varepsilon_t^2,\ g_{3,T} = \frac{1}{T}\sum_{t=1}^{T}\varepsilon_t^3,$$
$$g_{4,T} = \frac{1}{T}\sum_{t=1}^{T}(\varepsilon_t^3)^2,\ g_{5,T} = \frac{1}{T}\sum_{t=1}^{T}\varepsilon_t^4,$$

Le modèle est, ainsi, juste identifié et le nombre de restrictions est égale au nombre d'inconnue. Les cinq inconnues seront obtenues en résolvant un système de cinq équations à cinq inconnues:

$$g_{i,T} = 0, i = 1\ldots5$$

3.2. Méthode des moments simulés et inférence indirecte

Lorsque le modèle DSGE incorpore des variables d'état totalement inobservables, dans les équations d'équilibre ou lorsque des chocs inobservables interviennent directement dans les équations d'Euler, il devient impossible d'utiliser la méthode des moments généralisés (MMG) pour estimer les paramètres structurels. Deux méthodes sont généralement avancées : la méthode des moments simulés (MMS) et l'inférence indirecte (IInd). La méthode MMS cherche à minimiser la distance entre un ensemble de moments obtenus par simulations du modèle théorique, et ceux issus des données empiriques. La méthode IInd cherche, quand à elle, à minimiser la distance entre les paramètres estimés d'un modèle auxiliaire (par exemple un modèle VAR), et les paramètres estimés de ce modèle auxiliaire sur la base des simulations du modèle théorique

3.2.1. La méthode des moments simulés (MMS)

Soit $x_t(\theta)$ un vecteur de trajectoires simulées de m variables (se donnant le vecteur de paramètres structurels θ) et soit y_t sa contrepartie empirique. Supposons qu'il existe un vecteur θ_0 tel que les T_S simulations $\left[x_t(\theta_0)\right]_{t=1}^{T_S}$ et le vecteur $\left[y_t\right]_{t=1}^{T}$ admettent la même distribution. Soit h un vecteur de fonctions de dimension R qui lie les m variables et soit $H_T(y)=\frac{1}{T}\sum_{t=1}^{T}h(y_t)$ les moments empiriques correspondants. On note Ajouter $H_{T_S}(x,\theta)=\frac{1}{T_S}\sum_{t=1}^{T_S}h(x_t(\theta))$ On note $H_{T_S}(x,\theta)=\frac{1}{T_S}\sum_{t=1}^{T_S}h(x_t(\theta))$ les moments obtenus par simulation du modèle théorique. Dans le cas où $H_T(y)\rightarrow E(h(y_t))$ et $H_{T_S}(x,\theta)\rightarrow E(h(x_t(\theta)))$, un estimateur θ_{T,T_S} de θ est obtenu en minimisant la fonction perte :

$$\theta_{T,T_S}=Argmin\left[H_T(y)-H_{T_S}(x,\theta)\right]'W_{T,T_S}\left[H_T(y)-H_{T_S}(x,\theta)\right]$$

Un estimateur θ_{T,T_S} est donc un vecteur θ qui minimise la distance entre les moments obtenus par simulations du modèle théorique, et ceux issus des données empiriques.

Dans le cadre de l'exemple précédent du modèle DSGE-RBC, il serait plausible de déterminer les inconnus du vecteur des paramètres structurels $(\beta,-,\delta,\gamma,\gamma_{Xh},\sigma_{Xh})$ en suivant l'algorithme suivant :

1- Choisir des valeurs arbitraires pour le vecteur des paramètres structurels $\theta=(\beta,-,\delta,\gamma,\gamma_{Xh},\sigma_{Xh})$ et établir des simulations du modèle une fois qu'une solution (approximative) est obtenue;

2- Soit $S=(S_1,S_2)$ les moments d'intérêts, où S_1 définie les conditions déterminées par le modèles (les équations d'équilibre inter-temporel, l'équation d'Euler) et S_2 les moments sélectionnés par le chercheur-investigateur (variances, covariances, auto-corrélations). Pour les valeurs définies de θ, calculer $S_T - S_{T_S}$.

3- Faire une mise à jour du vecteur θ et répéter l'étape 1 et 2 ; choisir le vecteur θ qui rend minimum la distance $S_\theta - S_T$

3.2.2. *L'inférence indirecte*

Selon cette méthode il est possible remplacer le modèle DSGE par un modèle auxiliaire, approché plus facile à estimer (par exemple un modèle VAR). Un estimateur des paramètres structurels sera le résultat du programme de minimisation de la distance entre les paramètres estimés du modèle auxiliaire, et les paramètres estimés de ce modèle auxiliaire sur la base des simulations du modèle DSGE initial. Les étapes de cette méthode sont comme suit :

- Estimer un modèle auxiliaire sur les données observées (un modèle VAR par exemple). soit $\breve{\Psi}_T$ les paramètres estimés (par exemple on calcule, sur la base du modèle VAR estimé, les réponses de l'emploi au choc technologique $\breve{\Psi}_T$ et sa variance $V(\psi_{\mathrm{T}})$)
- Simuler le modèle DSGE. Pour une valeur donnée des paramètres structurels, θ, du modèle DSGE, un modèle VAR (incluant les mêmes variables, même spécification, même nombre de retard) est estimé pour chaque simulation. Soit $\tilde{\Psi}_{T,j}(\theta), j = 1,\ldots,S$ les paramètres estimé sur la simulation j ;
- Calculer la moyenne sur les S simulations, soit $\tilde{\Psi}_{T,S} = \frac{1}{S}\sum_{j=1}^{S}\tilde{\Psi}_{T,j}(\theta)$
- Un estimateur des paramètres structurels, θ, est la solution du programme de minimisation de la fonction perte :

$$\theta_{T,S} = Argmin\left[\breve{\Psi}_T - \tilde{\Psi}_{T,j}(\theta)\right]' W_{T,S}\left[\breve{\Psi}_T - \tilde{\Psi}_{T,j}(\theta)\right]$$

Avec $W_{T,S} = V(\breve{\Psi}_{\mathrm{T}})^{-1}$

Le vecteur de paramètres structurels, θ, est, donc, estimé sous la condition que les paramètres (les fonctions de réponses) identifies par un VAR sous le modèle DSGE soient le plus proche possible de celles identifiées par un VAR sur les données observées

4. L'approche bayesienne

L'estimation des paramètres structurels d'un modèle DSGE par la méthode Bayésienne retient cinq étapes. Dans la première, le modèle DSGE est résolu afin de déterminer sa forme réduite, donnée par les règles de décision et les règles d'évolution des variables d'état. Ce modèle est, ensuite, écrit sous une forme espace-état, en ajoutant une équation de mesure reliant les variables observables au vecteur des variables d'état. La deuxième étape, spécifie la distribution a priori des paramètres structurels. Dans la troisième étape, la fonction de vraisemblance est déterminée numériquement par le filtre de Kalman. Dans la quatrième étape, cette fonction de vraisemblance est combinée avec la distribution a priori (selon de théorème de Bayes) pour déterminer la distribution a posteriori. A partir de la distribution à posteriori, il est possible de calculer la valeur des paramètres (mode, médiane…)

4.1. Forme réduite du modèle et représentation espace-état

Les conditions d'équilibre d'un modèle DSGE canonique peuvent être données par le système d'équations non linéaire suivant :

$$E_t f_\theta\left(y_{t+1}, y_t, y_{t-1}, \varepsilon_t\right) = 0 \tag{1}$$

Avec y_t un vecteur de variables endogènes, données par les variables d'état et les variables de contrôle ; ε_t une vecteur de chocs structurels et f_θ un ensemble de fonctions qui définit les équations d'équilibre ; ces fonctions sont paramétrées par le vecteur de paramètres structurels θ. La solution de ce système d'équation peut être donnée par :

$$y_t = h_\theta\left(y_{t-1}, \varepsilon_t\right) \tag{2}$$

Cette expression définie la forme réduite du modèle ; elle lie les variables endogènes à leurs valeurs passées et aux chocs structurels contemporains. La fonction h_θ regroupe les règles de décision et les équations de transition, soit les règles d'évolution des variables d'état.

Pour estimer le vecteur des paramètres structurels θ, il est nécessaire d'évaluer la fonction de vraisemblance associée au modèle (2). Cette évaluation ne peut être directe. La forme réduite (2) décrit, en effet, le comportement d'un ensemble de variables qui ne sont pas toutes observables (le progrès technique déterministe, par exemple). Afin d'amener le modèle aux données, il est possible de l'écrire sous une forme espace-état, soit :

$$y_t^* = g_\theta y_t + \eta_t \tag{3}$$

$$y_t = h_\theta\left(y_{t-1}, \varepsilon_t\right) \tag{4}$$

Où y_t^* représente le vecteur de variables observées. Si $Y_T^* = \left\{y_t^*\right\}_{t=1}^T$ définit l'échantillon disponible et Ψ le vecteur des paramètres du modèle espace-état (soit le vecteur de paramètres structurels θ, la matrice variance covariance des chocs structurels et la matrice variance covariance de η_t), la fonction de vraisemblance sera donnée par :

$$\begin{aligned} L\left(\Psi | Y_T^*\right) &= \pi\left(Y_T^* | \Psi\right) = \prod_i \pi\left(y_t^* | Y_{t-1}^*, \Psi\right) \\ &= \pi\left(y_1^* | \Psi\right)\, \pi\left(y_2^* | Y_1^*, \Psi\right) \ldots \pi\left(y_T^* | Y_1^*, Y_2^*, \ldots Y_{T-1}^*, \Psi\right) \end{aligned} \tag{5}$$

Soit le produit des densités conditionnelles. Il est difficile de calculer la vraisemblance de y_t^* , du moment où cette variable (y_t^*) dépend de variables latentes non-observables, y_t . D'où la nécessité d'un filtre pour déterminer les variables inobservable. Il serait, alors, possible d'utiliser la relation :

$$\pi\left(y_t^* | Y_{t-1}^*, \Psi\right) = \int \left(y_t^* | y_t, \Psi\right) \pi\left(y_t | Y_{t-1}^*, \Psi\right) dy_t \tag{6}$$

Cette relation exprime le fait que la densité de y_t^*, conditionnellement à Y_{t-1}^*, n'est autre que la moyenne de la densité de y_t^* sachant y_t , pondérée par la densité de y_t sachant Y_{t-1}^*. La densité $\left(y_t^* | y_t, \Psi\right)$ est définie par l'équation (3). La détermination de la densité des variables inobservables, conditionnellement à l'information disponible en *t*-1, nécessite l'utilisation du filtre de Kalman. Ce filtre peut être interprété comme une estimation récursive Bayésienne des variables inobservables. À chaque date (entre 1 et T) on forme une prévision des variables latentes (y_t sachant Y_{t-1}^*), en utilisant l'équation d'état (y_t sachant y_{t-1} équation 4) et une estimation initiale des variables latentes (y_{t-1} sachant Y_{t-1}^*), puis on corrige cette prévision quand une nouvelle observation (y_t^*) augmente l'ensemble d'information

4.2. Les distributions à priori

L'estimation des paramètres structurels par la méthode Bayésienne exige de spécifier les distributions a priori, pour tous ou la plupart des paramètres inconnus. Ces distributions résument ce que le modélisateur sait à propos des paramètres avant que les données ne soient disponibles (études antérieurs, point de vue subjectif...). Deux types de distribution a priori doivent être identifiées. (i) les distributions a priori des paramètres structurels qui apparaissent dans la forme espace-état du modèle (les paramètres qui décrivent les préférences, le processus technologique, la règle d'accumulation du capital...) (ii) les distributions a priori des termes résiduels qui peuvent intervenir dans le modèle lorsque les variables sont mesurées avec erreur (les variables observables incluses dans la forme espace-état : le PIB, heures travaillées, consommation...).

Pour les distributions a priori des paramètres structurels, il est naturel que certains paramètres soient contraints à appartenir à l'intervalle $[0,1]$ (par exemple, le taux de préférence pour le présent, la part factorielle du travail, le taux de dépréciation du capital, ...) alors que d'autres (l'élasticité de l'offre de travail, le taux de croissance du progrès technique déterministes...) soient contraints à être, juste, positifs. Il existe plusieurs façons de définir une variable aléatoire à valeurs dans l'intervalle $[0,1]$. On pourrait citer, la loi normale tronquée, la loi uniforme, la loi Beta ou même la loi Gamma inverse. A titre illustratif, pour le paramètre de l'élasticité de la production par rapport au travail il est bien connu que sa valeur est incluse dans l'intervalle $[0,1]$; le modélisateur croit, en plus, que ce paramètre se trouve probablement au voisinage de 2/3. Il est possible, alors, de formuler cette croyance a priori sous la forme d'une fonction de distribution centrée sur 2/3 avec une certaine variance de plus en plus faible a mesure que la croyance sur la proximité de ce paramètre à 2/3 est forte. Maintenant, pour les distributions a priori des paramètres contraints à être positifs, il est possible de retenir une loi log-normale.

En ce qui concerne les distributions *a priori* des termes résiduels η_t (les résidus représentent toutes les causes pour lesquelles l'égalité de deux membres de l'équation de mesure (3) n'est pas assurée de façon stricte : erreurs de mesure des variables, erreurs d'approximation des règles de décisions, action des autres types de chocs sur les variables), il est nécessaire de s'assurer que ces résiduels η_t, ne comptent pas dans la variation des données plus que les chocs structurelles ε_t. Il est possible de fixer des a priori forts sur la matrice variance-covariance des termes résiduels η_t pour que leur contribution aux fluctuations des variables soit petite en valeur absolue. Par exemple, on pourrait faire l'hypothèse que moins de 1 % de la variation des variables observables est imputable aux termes résiduels.

4.3. Distribution à posteriori et inférence Bayésienne

Tel qu'il a été précisé dans le chapitre 8, l'approche Bayésienne repose sur l'utilisation de la distribution a posteriori. Celle-ci est égale, à une constante près, au produit de la vraisemblance et de la densité de la distribution a priori. On a vu dans le paragraphe précédent que la vraisemblance de y_t^* ne peut pas être calculée directement du moment où y_t^* dépend de variables latentes non-observables, y_t. Un filtre de Kalman peut, alors, être utilisé pour déterminer la distribution des variables latentes inobservables. Ce filtre peut être interprété comme une estimation récursive Bayésienne des variables inobservables. En fixant les valeurs initiales des variables inobservables, l'estimation récursive est définie par l'équation de Chapman-Kolmogorov, soit :

$$\pi\left(y_t | Y_{t-1}^*, \Psi\right) = \int \left(y_t | y_{t-1}, \Psi\right) \ \pi\left(y_{t-1} | Y_{t-1}^*, \Psi\right) dy_{t-1} \qquad (7)$$

Où

$$\pi\left(y_t | Y_t^*, \Psi\right) = \frac{\pi\left(y_t^* | y_t, \Psi\right) \ \pi\left(y_t | Y_{t-1}^*, \Psi\right)}{\int \pi\left(y_t^* | y_t, \Psi\right) \ \pi\left(y_t | Y_{t-1}^*, \Psi\right) dy_t} \qquad (8)$$

L'équation (7) de Chapman-Kolmogorov signifie que la densité de la prévision des variables inobservables en t est égale à la moyenne de la densité de y_t sachant y_{t-1}, pondérée par la densité de y_{t-1} sachant Y_{t-1}^*. Cette équation de Chapman-Kolmogorov est donc une simple règle de prévision des variables latentes. La densité de y_{t-1} sachant Y_{t-1}^*, définie par l'équation (8), est une application directe du théorème de Bayes. Le terme $\pi\left(y_t | Y_{t-1}^*, \Psi\right)$, est la densité a priori du vecteur des variables inobservables. Le terme, $\pi\left(y_t^* | y_t, \Psi\right)$, la densité des variables observables sachant l'état obtenu moyennant l'équation de mesure (4), est la vraisemblance. Le dénominateur est la densité marginale de la nouvelle observation. Le théorème de Bayes établie, ainsi, une mise a jour de la distribution a priori des variables latentes $\pi\left(y_t | Y_{t-1}^*, \Psi\right)$ lorsqu'une nouvelle observation est disponible avec la probabilité $\pi\left(y_t^* | y_t, \Psi\right)$. Une application récursive de prévision et de mise à jour permet de déterminer la séquence complète de $\pi\left(y_t | Y_{t-1}^*, \Psi\right)$

Dans la mesure où il est convenable du point de vue théorique d'évaluer la vraisemblance inconditionnelle du modèle DSGE, il serait possible d'estimer ses paramètres. Or les équations (7) et (8) nécessitent le calcul d'intégrales dans l'espace des variables inobservable, ce qui n'est pas toujours réalisable analytiquement. Lorsque les équations du modèle espace-état (les équations 3 et 4) sont linéaires, l'évaluation des intégrales devient simple car les variables inobservables et observées sont normalement distribuées. Mais si ces équations sont non linaires, il devient nécessaire d'utiliser des techniques numériques de simulation de Monte Carlo pour évaluer la vraisemblance (Femândez-Villaverde et Rubio-Ramirez, 2004)

4.4. Estimation d'un modèle DSGE-RBC par la méthode Bayésienne

Soit le modèle canonique DSGE-RBC réel, du paragraphe précédent et supposons, pour simplifier, que le loisir n'intervient pas dans la fonction d'utilité (celle-ci est logarithmique en la consommation), et le capital se déprécie totalement à l'intérieur de la période ($\delta = 1$). Les équations d'équilibre se réécrivent alors :

$$k_{t+1} = \alpha\beta k_t^{\alpha}\zeta_t + v_{1,t} \quad (1)$$

$$Y_t = k_t^{\alpha}\zeta_t + v_{2,t} \quad (2)$$

$$c_t = (1 - -)\beta Y_t + v_{3,t} \quad (3)$$

$$r_t = \left(-\frac{Y_t}{k_t}\right) + v_{4,t} \quad (4)$$

$v_{i,t}; i = 1, \ldots, 4$ définit les erreurs de mesures sur les variables observables du modèles ; β le taux d'escompte psychologique ; α la part du capital dans le revenu et σ_ζ la variance du logarithme du choc technologique. σ_ζ est supposée fixe. A titre illustratif, le vecteur de paramètre structurel est définit par $\theta = (\alpha, \beta)$. On suppose que les distributions a priori de ces paramètres sont données par des loi Beta : $\alpha \sim Beta(4,9)$ et

$\sim Beta(99,2)$. Du moment où une loi $Beta(a,b)$ admet une moyenne égale à $\frac{a}{a+b}$ est une variance égale à $\frac{ab}{(a+b)^2(a+b+1)}$ la moyenne de la distribution à priori de α est d'environ 0.31 ; celle de β est de 0.99. Les variances sont respectivement de l'ordre de 0.011 et 0.0002.

On choisit arbitrairement les équations (3) et (4) pour estimer les valeurs des paramètres structurels $\theta = (\alpha, \beta)$. On établit des simulations par la méthode de Monte Carlo pour calculer numériquement la distribution a posteriori de $\theta = (\alpha, \beta)$. Pour les besoins des simulations, on fixe les valeurs initiales de α_0 et β_0 à 0.55 et 0.97 respectivement. Le graphique qui suit établit les histogrammes des paramètres $\alpha et \beta$

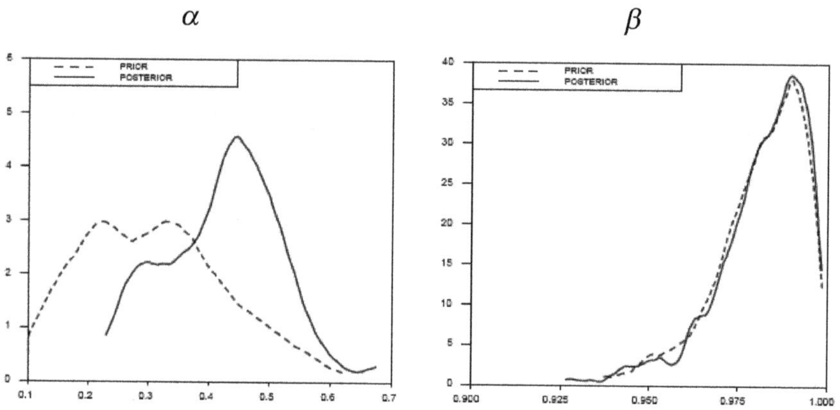

Graphique 1 : Distributions a priori et distributions à posteriori de ± *et* ^{2}

Source : Canova (2007)

5. Conclusion

Ce chapitre dresse un bilan de méthodes macro-économétriques utilisées pour déterminer les paramètres structurels des modèles DSGE. Après avoir exposé la logique du principe du calibrage, ce chapitre a développé les principales méthodes économétriques d'estimation. En partant de ces méthodes, nous avons présenté les différents enjeux économétriques, tout en soulignant leurs apports et limites respectifs.

Le tableau 1 synthétise les mérites et les inconvénients des différentes méthodes

Tableau 1 : Avantages et Inconvénients des méthodes de calibration vs estimation

Méthode	Avantages	Inconvénients
calibration	i) simple à appliquer ii) la forme réduite du modèle n'a pas besoin d'être nécessairement spécifiée	i) Les paramètres structurels sont considérés comme connus avec certitude. Certaines relations de long terme ne sont pas stables et il serait peu crédible de faire le calibrage en ignorant l'incertitude qui peut porter sur certains ratios ii) Aucune métrique explicite n'est adoptée pour évaluer l'adéquation du modèle aux données historiques
Méthode des Moments Généralisés	i) les paramètres structurels peuvent être estimés à partir des conditions d'optimalité ii) l'estimation des paramètres n'exige pas la résolution du modèle	i) Les résultats des estimations dépendent du calcul de la matrice de poids ii) cette méthode rencontre les limites des méthodes à information limitée
Méthode des Moments Simulés	i) Simple à appliquer ii) Elle offre la possibilité d'estimer de façon convergente les paramètres structurels, même lorsque le modèle structurel est compliqué	i) Moins efficace que la méthode des moments généralisés ii) Nécessite de résoudre l'ensemble du modèle
Inférence Indirecte	i) Simple à appliquer ii) Offre la possibilité d'estimer de façon convergente les paramètres structurels, même lorsque le modèle structurel est compliqué iii) Englobe de nombreux estimateurs	i) Le choix du modèle auxiliaire est arbitraire ii) Nécessite de résoudre l'ensemble du modèle

(suite)

Tableau 1 : Continued

Méthode	Avantages	Inconvénients
Approche Bayésienne	i) Adaptée à des modèles compliqués et de grande taille ii) Permet d'estimer les paramètres structurels de certains modèles alors même que d'autres méthodes échouent	i) Le choix de la distribution a priori des paramètres structurels est quelque peu arbitraire

6. BIBLIOGRAPHIE

Anderson, E., Mc Grattan, E., Hansen, L. et **T. Sargent** (1996), « Mechanics of Forming and Estimating Dynamic Linear Economies», *Handbook of Computational Economics*, vol. 1, chap. 4, H. Amman, D. *Kendrick et J. Rust eds, North–Holland.*

Burnside, C., Eichenbaum, M. et **S. Rebelo** (1993), «Labor Hoarding and the Business Cycle», *Journal of Political Economy*, 101, pp. 245–273.

Burnside, C. et **M. Eichenbaum** (1996), «Factor Hoarding and the Propagation of Business Cycle Shocks», *American Economic Review*, 86, pp. 1154–1174.

Canova, F. (2007), «Methods for Applied Macroeconomics Research», *Princeton University Press.*

Christiano L. (1988), «Why Does Inventory Investment Fluctuate So Much? », *Journal of Monetary Economics*, 21(2–3), p. 247–280

Christiano L. et M. Eichenbaum (1992), «Current Real Business Cycle Theories and Aggregate Labor Market Fluctuations», *American Economic Review*, 82(3), pp. 430–450.

Collard, F., F`eve P. et **F. Langot** (2002), «Structural Inference and the Lucas Critique», *Annales d'Economie et de Statistique*, 67/68, pp. 183–206.

Clarida, R., Gal'ı, J. et M. Gertler (2000), «Monetary Policy Rules and Macroeconomic Stability : Evidence and some Theory», *Quarterly Journal of Economics*, 115(1), pp. 147–180

Fernández-Villaverde J. (2010), « The Econometrics of DSGE Models», *Journal of the Spanish Economic Association*, 1:pp 3–49

Fernández-Villaverde J, Rubio-Ramírez J (2004), «Comparing Dynamic Equilibrium Models to Data: a Bayesian Approach», *Journal of Economics*, 123:153–187

FÈVE P (2005),, «la Modélisation Macro-économétrique», Notes d'Études et de Recherche E # 129, *Banque de France.*

Fève P., Langot F. (1994), « The R.B.C. Models Through Statistical Inference», *Journal of Applied Econometrics*, 9, pp 11-36.

Fève P., Langot F. (1995) « La méthode des Moments Généralisés et ses Extensions. Théorie et Applications en Macroéconomie », *Économie et prévision*, 119 (3), octobre, pp 139-170.

Hansen, L. (1982), « Large Sample Properties of Generalized Method of Moments Estimators», *Econometrica*, 50(5), pp. 1269–1286.

Hairault, J.O., Langot, F. et **F. Portier** (1997), «Time to implement and aggregate fluctuations», *Journal of Economic Dynamics and Control*, 22, pp. 109–121.

Hansen, L. et **K. Singleton** (1982), « Generalized Instrumental Variables Estimation of Nonlinear Rational Expectations Models», *Econometrica*, 50(5), pp. 1269–1286.

Jondeau, E. et **J.G. Sahuc** (2004), «Should the ECB be Concerned about Heterogeneity ? An Estimated Multi-Country Model Analysis», *mimeo, Banque de France*

Kydland F, Prescott E. (1991), «The Econometrics of the General Equilibrium Approach to Business Cycles », *Scandinavian Journal of Economics*, 93 (3), p. 111-178.

Kydland F., Prescott E. (1996), « The Computational Experiment : An Econometric Tool », *Journal of Economic Perspectives*, 10 (1), p. 69-85.

Lucas R. (1987), «Models of Business Cycles», *Oxford, Blackwell*

Smets, F. et **R. Wouters** (2003), «An Estimated Stochastic Dynamic General Equilibrium Model of the Euro-Area», *Journal of European Economic Association*, 1(5), pp 1123–1175.

Smets, F. et R.Wouters (2007), «Shocks and Frictions in US Business Cycles : a Bayesian DSGE Approach», *European central Bank, Working paper Series, n 722*

CHAPITRE 12

Les modèles d'Equilibre Général Dynamique et Stochastique : Les Utilisations Pratiques

1. Introduction 511
2. DSGE et fonctions de réponses aux chocs aléatoires 515
   2.1. Méthode de décomposition des valeurs propres généralisée 516
   2.2. Les fonctions de réponses aux chocs 530
3. Cout en bien-être des fluctuations et évaluation des règles de politiques économiques 532
   3.1. Une présentation générale du calcul de la perte en bien-être 532
4. Dynare : Plateforme de programmation des modèles DSGE 537
   4.1. Simulation stochastique des fonctions de réponse aux chocs 539
   4.2. Règles de politiques optimales 550
5. Conclusion 561
6. Bibliographie 562

1. Introduction

On peut repérer quatre applications importantes des modèles DSGE, qui ont orienté les recherches des macro-économistes dans le milieu académique et, dans une large mesure, dans les institutions et organismes spécialisés. Tout d'abord, certains modèles ont été estimés sur données observées et ont été utilisés pour vérifier si les rigidités, réelles ou nominales, sont nécessaires pour reproduire les faits stylisés. Les premiers travaux montrent, sur des données américaines, que seules les rigidités nominales sur les salaires sont importantes ; les rigidités sur les prix et les rigidités réelles ne sont pas, toujours, nécessaires (Christiano et *alii*, 2005). Des études sur données européennes suggèrent qu'en plus des rigidités nominales sur les prix et les salaires, les rigidités réelles, définies par les habitudes de consommation et les coûts d'ajustement sur l'investissement, semblent être nécessaires pour reproduire les faits observées (Moyen et Sahuc, 2008)

Les modèles DSGE ont prouvé, aussi, leur intérêt dans l'identification des sources d'impulsion à l'origine des fluctuations et dans la détermination de l'importance relative des chocs externes (*ie :* chocs monétaire, chocs réels, chocs sur les termes de l'échange, ...). L'opposition entre les modèles des cycles réels, qui privilégient les chocs réels et les monétaristes, qui avantagent les chocs monétaires, a poussé à développer des modèles DSGE pour identifier l'importance relative des différents chocs dans l'explication du cycle économique. L'utilisation de modèles DSGE avec rigidités nominale montre que les chocs technologiques jouent un faible rôle lorsque les prix sont visqueux (Ireland, 2004). Des modèles DSGE en économie ouverte ont, aussi, prouvé que les chocs d'offre monétaire participent faiblement aux variations de la production et aux fluctuations du compte courant. Ces chocs monétaires semblent, par contre, jouer un rôle important dans l'évolution des taux de change nominal et réel (Bergin, 2003)

Il existe, actuellement, une littérature abondante sur l'utilisation des modèles DSGE pour l'évaluation des règles de politiques économiques, monétaires et budgétaires, ainsi que pour l'appréciation des réformes économique (du marché du travail et de biens). Dans leurs formes structurelles, les modèles DSGE incorporent un critère d'évaluation des politiques économique : le critère du bien-être, qui découle de la forme que prennent les préférences des agents. Les individus maximisent leurs préférences et sont supposés être capable de classer les différentes trajectoires de consommation et d'offre de travail. Ces trajectoires sont susceptibles d'être affectées par les changements de politique économique. En utilisant ce critère, il devient donc possible de classer les différents régimes de politique économique et, éventuellement, de déterminer celui qui serait préférée par les agents.

Aujourd'hui, plusieurs institutions utilisent les modèles DSGE comme outil d'analyse de la politique économique : le FMI, par exemple, établit certaines de ses recommandations sur la base du modèle économique global *(Global Economy Model, GEM* -- qui est le premier modèle DSGE multinational -- et du modèle fiscal global (*Global Fiscal Model*, GFM). Les utilisations pratiques du modèle GEM sont résumées dans Bayoumi (2004), et vont *(i)* des évaluations des effets nationaux des politiques de réforme structurelle et de leurs transmissions aux économies des pays tiers ; *(ii)* aux évaluations de l'efficacité de règles alternatives de politique monétaire, dans les pays émergents et industrialisés ; et partant *(iii)* aux calculs des effets des hausses de prix du pétrole. De leur coté, la Banque Centrale Européenne dispose d'un modèle DSGE pour la Zone Euro : le New Area-Wide Model (NAWM) et la Réserve Fédérale utilise le modèle SIGMA en économie ouverte (Voir tableau 1).

Finalement, le besoin de prolonger l'utilisation des modèles DSGE à la prévision macroéconomique apparaît, tout aussi bien, évident. Disposant d'une structure théorique cohérente avec les mécanismes économiques réels, les modèles DSGE ont pu afficher des performances prédictives, bien supérieures aux outils de prévision conventionnels : à savoir les modèles VAR et les modèles macro-économétriques. Les modèles de type VAR sont réputés performants, mais ne permettent pas de construire un discours économique convaincant pour soutenir les prévisions obtenues et alimenter les discussions qui les entourent. Les modèles macro-économétriques ont, quant à eux, l'avantage de coller précisément avec le cadre de la comptabilité nationale, mais souffrent, souvent, de l'absence d'une structure cohérente avec la théorie économique et négligent les effets des anticipations. « Les projections obtenues avec ces modèles et leur cohérence d'ensemble reposent en partie sur l'information apportée au modèle par les prévisionnistes lors de la simulation. Ce recours au «*jugement d'experts*», matérialisé par le calage des variables exogènes ou des résidus des équations économétriques, permet d'enrichir la simulation en utilisant des sources et des expertises sectorielles diverses, mais dégrade la lisibilité des mécanismes économiques qui sous-tendent la prévision » (Adejmian et "Devulder, 2011 ").

Tableau 1 : Exemples de modèles DSGE élaborés par des institutions et organismes chargés de la politique économique

Institution	**modèle**	**Année d'élaboration**	**Références**
Fonds Monétaire International	Global Economy Model	2003	Bayoumi, T. (2004).
Fonds Monétaire International	Global Fiscal Model	2006	Botman, D. P., Laxton, D., Muir, D. et Romanov, A. (2006).
Réserve Fédérale Américaine	SIGMA	2005	Erceg, C. J., Guerrieri, L. et Gust, C. (2005).

(*suite*)

Tableau 1 : Continued

Institution	modèle	Année d'élaboration	Références
Réserve Fédérale Américaine	EDO	2010	Chung, H. T., Kiley, M. T. et Laforte, J.-P.
Banque Centrale Européenne	New Area-Wide Model	2003	Smets, F. et Wouters, R. (2003). Christoffel, K., Coenen, G. etWarne, A. (2008).
Banque Centrale Européenne	EAGLE	2010	Gomes, S., Jacquinot, P. et Pisani, M. (2010).
Commission Européenne	QUEST	2005	Ratto, M., Roeger, W. et Veld, J. (2009). Ratto, M. et Röger, W. (2005).
DGTPE (France)	Omega3	2007	Carton, B. et Guyon, T. (2007).
Banque de Canada	ToTEM	2006	Murchison, S. et Rennison, A. (2006).
Banque d'Angleterre	BEQM	2005	Harrison, R., Nikolov, K., Quinn, M., Ramsay, G., Scott, A. et Thomas, R. (2005).

Ce chapitre présente deux utilisations pratiques des modèles DSGE. La première concerne la détermination des fonctions de réponses des variables macroéconomiques à des chocs externes. Elle permet, notamment, de comprendre et d'analyser, du point de vue formel, comment une variable macroéconomique peut s'écarter de sa valeur d'équilibre stationnaire sous l'impulsion de chocs aléatoires (section 1). La deuxième cherche à déterminer le coût en bien être des fluctuations et d'évaluer les règles de politique économique, monétaire budgétaire ou structurelle. Elle s'attache, en particulier, à montrer comment ces modèles peuvent être utilisés pour simuler, dans une approche prospective, les changements d'orientation des politiques publiques et de pouvoir choisir entre les différentes options sur la base de critères bien précis, notamment le bien-être des ménages (section 2). Les derniers développements de ce chapitre présentent les caractéristiques essentielles de la plateforme informatique *Dynare*[69] : un préprocesseur et une collection de routine

69 La Plateforme informatique Dynare a été conçue et développée par le Centre pour la Recherche Économique et ses Applications (CEPREMAP). Pour plus de détails voir le site www.dynare.org

Matlab qui permet de résoudre, d'estimer et de simuler une grande variété de modèles macroéconomiques avec anticipation rationnelle, notamment les modèles DSGE (section 3).

Tableau 2 : Quelques applications des modèles DSGE en Afrique

Auteur (s)	Pays	
Chocs sur les termes de l'échange		
Mendoza (1995)	Afrique Sub-Saharienne	
Batté et al (2009)	UEMOA et Nigéria	
Chocs internationaux sur les prix relatifs et le taux d'intérêt		
Kose et Reizman (2001)	Afrique Sub-Saharienne	
Kose (2002)	Afrique Sub-Saharienne	
Chocs sur l'aide au développement		
Arellano et al (2009)	Cote d'Ivoire	
Accès limité aux marchés financiers internationaux		
Ozbilgin (2010)		
Règle de politique monétaire		
Houssa et al (2010)	Ghana	
Peiris et Saxegaard (2010)	Mozambique	
Elif et al (2011)	Egypte	
Mordi et al (2013)	Nigeria	
Politique économique face aux flux d'aide		
Adam et al (2009)	Afrique Sub-saharienne	
Mwabutwa et al (2013)	Malawi	
Politique économique face aux variations des revenus pétroliers		
Dagher et al (2010)	Ghana	
Allegert et Belkhodja (2011)	Algérie	
Effets macroéconomiques des recettes tirées des ressources naturelles		
Berg et al (2013)	CEMAC et l'Angola	
Samake et al (2013)	Cameroun	
Prévision macroéconomique		
Guangling et Gupta (2007)	Afrique du Sud	
Andrle et al (2013)	Kenya	

2. DSGE et fonctions de réponses aux chocs

Tel que précisé dans le chapitre 9, les conditions d'optimalité qui solutionnent le programme de maximisation du problème de contrôle optimal peuvent être définies par un système d'équations récurrentes non-linéaires. L'une des méthodes de résolution d'un tel système (*ie :* pour déterminer les règles de décision des variables de contrôle et les règles d'évolution des variables d'état) est la méthode de linéarisation (alternativement log linéarisation) au voisinage de l'état stationnaire. Pour cette méthode, le système non linéaire est transformé en un système d'équations linéaires stochastiques et récurrentes à l'ordre 1, qui peuvent être écrite sous la forme:

$$A_0 E\, X_{t+1} = A_1 X_t + B_0 \varepsilon_{t+1} \tag{1}$$

Où A_0, A_1 et B_0 sont des matrices de coefficients du système linéarisé ; X_t est un vecteur qui regroupe toutes les variables endogènes et ε_{t+1} est un vecteur de chocs exogènes. La résolution du système (1) permet de déterminer les trajectoires-solutions (*ie :* le profil temporel) des variables du modèle. Dans la littérature économique, plusieurs méthodes de résolution des modèles dynamiques avec anticipation rationnelles sont développées. On distingue la méthode de la décomposition des valeurs propres généralisée de Blanchard and Kahn (1980), la décomposition de généralisée de Schur (Klein, 2000), la décomposition QZ de "Sims (2002) " et la méthode des coefficients indéterminés de "Uhling (1999"). Parce qu'elle est considérée comme la plus connue et, peut être, celle qui est la plus utilisée[70], la méthode de la décomposition des valeurs propres de Blanchard and Kahn (1980) sera discutée, de manière détaillé, dans le paragraphe qui suit.

2.1. Méthode de décomposition des valeurs propres généralisée et résolution des modèles linéaires avec anticipations rationnelles

Soit X_t un vecteur de $(n+m)$ variables, exprimées sous la forme des déviations en pourcentage par rapport à leurs valeurs d'équilibre stationnaire. n désigne le nombre de variables de contrôle ou variables non-prédéterminés et m le nombre de variables d'état ou variables prédéterminés. Dans le modèle DSGE-RBC canonique les variables de

70 Par rapport à toutes les autres méthodes, il existe deux principaux avantages de la méthode de décomposition des valeurs propres généralisée de Blanchard et Kahn (1980) : (i) elle permet de définir les conditions sur l'existence et l'unicité de la solution ; (ii) elle est moins couteuse en temps dans la détermination de la solution (Anderson, 2000 et King et Watson, 2002)

contrôle non prédéterminés sont définies par la consommation et l'offre de travail ; et les variables d'état prédéterminées sont définies par le capital et le progrès technique.

$$A_0 E X_{t+1} = A_1 X_t + B_0 \varepsilon_{t+1}$$

En multipliant les deux cotés du système (1) par A_0^{-1}, celui-ci peut être réécrit comme :

$$E_t X_{t+1} = D X_t + F \varepsilon_{t+1} \qquad (2)$$

Où $D = A_0^{-1} A_1$ et $F = A_0^{-1} B_0$. Pour caractériser les solutions du système linéaire (2), il faut déterminer les valeurs propres et les vecteurs propres de la matrice D (Blanchard et Kahn, 1980) (Encadré 1). De façon générale, les solutions des modèles dynamiques avec anticipations rationnelles dépendent du nombre de valeurs propres dont le module est strictement supérieur à l'unité (valeurs propres instables). Blanchard et Kahn (1980) montrent que si le nombre de valeur propre de module supérieur à 1 est égal au nombre de variable de contrôle non-prédéterminés du modèle, alors il existe une seule trajectoire qui converge vers l'équilibre stationnaire (trajectoire selle). Si le nombre de valeur propre dont le module est supérieur à l'unité est plus faible que le nombre de variables de contrôle, il existe une infinité de trajectoires convergentes et l'équilibre sera indéterminé. Dans le cas contraire, il n'existe aucune trajectoire convergente.

Encadré 1 - Vecteurs propres, valeurs propres et décomposition de Jordan

On appelle vecteur propre d'une application, f, tout vecteur , non nul, qui vérifie la relation : $f(X) = \lambda X$. Les vecteurs propres sont, donc, des vecteurs dont la direction reste inchangée par l'application f. Cette application se comporte, ainsi, comme une dilatation, en multipliant les vecteurs par une même constante. Le rapport de dilatation, λ, s'appelle valeur propre associé au vecteur X.

Si $D=\left(d_{ij}\right)$ est la matrice de l'application f et $X=\begin{pmatrix} x_1 \\ x_2 \\ . \\ . \\ x_n \end{pmatrix}$, alors $f(X)=\lambda X$ ce qui implique que $DX=\lambda X$, ou de manière équivalente $\left(D-\lambda I\right)X=0$. I est la matrice identité d'ordre n

Le système homogène obtenu peut être définit comme :

$$\begin{cases} (d_{11}-\lambda)x_1+d_{12}x_2+\ldots+d_{1n}x_n=0 \\ d_{21}x_1+(d_{22}-\lambda)x_2+\ldots+d_{2n}x_n=0 \\ \ldots \\ d_{n1}x_1+d_{n2}x_1+\ldots+(d_{nn}-\lambda)x_n=0 \end{cases}$$

Les valeurs propres de f sont des scalaires λ tels que

$$det\left|D-\lambda I\right|=\begin{vmatrix} d_{11}-\lambda & d_{12} & \ldots & d_{1n} \\ d_{21} & d_{22}-\lambda & \ldots & d_{2n} \\ \ldots & \ldots & \ldots & \ldots \\ d_{n1} & d_{n2} & \ldots & d_{nn}-\lambda \end{vmatrix}=0$$

Un vecteur propre X_i associé à la valeur propre λ_i, doit vérifier la relation $\left(DX_i=\lambda_i X_i\right)\Leftrightarrow\left(D-\lambda_i\, I\right)X_i=0$.

Dans le système homogène, il y a autant de vecteurs propres (alternativement de valeurs propres) distincts que de colonnes/lignes de la matrice carré D. Indicions ces valeurs propres (alternativement vecteurs propres) par $k=1,2,\ldots,n$. On a alors :

$$DX_1=\lambda_1 X_1\text{ ; } DX_2=\lambda_2 X_2\text{ ; }\ldots\text{; } DX_n=\lambda_n X_n\text{ ; où } X_i=\begin{pmatrix} x_{i1} \\ x_{i2} \\ . \\ . \\ x_{in} \end{pmatrix} avec\, i=1,2\ldots,n$$

Il est possible alors d'empiler ces différentes identités comme :

$$D\begin{bmatrix} x_{11} & x_{21} & \cdots & x_{n1} \\ x_{12} & x_{22} & \cdots & x_{n2} \\ \cdots & \cdots & \cdots & \cdots \\ x_{1n} & x_{2n} & \cdots & x_{nn} \end{bmatrix} = \begin{bmatrix} x_{11} & x_{21} & \cdots & x_{n1} \\ x_{12} & x_{22} & \cdots & x_{n2} \\ \cdots & \cdots & \cdots & \cdots \\ x_{1n} & x_{2n} & \cdots & x_{nn} \end{bmatrix}\begin{bmatrix} \lambda_1 & 0 & \cdots & 0 \\ 0 & \lambda_2 & \cdots & 0 \\ \cdots & \cdots & \cdots & \cdots \\ 0 & 0 & \cdots & \lambda_n \end{bmatrix}$$

Posons :

$$\Lambda = \begin{bmatrix} \lambda_1 & 0 & \cdots & 0 \\ 0 & \lambda_2 & \cdots & 0 \\ \cdots & \cdots & \cdots & \cdots \\ 0 & 0 & \cdots & \lambda_n \end{bmatrix} \text{ et } P = \begin{bmatrix} x_{11} & x_{21} & \cdots & x_{n1} \\ x_{12} & x_{22} & \cdots & x_{n2} \\ \cdots & \cdots & \cdots & \cdots \\ x_{1n} & x_{2n} & \cdots & x_{nn} \end{bmatrix}$$

Il est possible d'écrire $DP = P\Lambda$ ou de manière équivalente $D = P\Lambda P^{-1}$

Il est possible de réorganiser les valeurs propres et les vecteurs propres dans n'importe quel ordre qu'on veut aussi longtemps que la *kième* colonne de P (le *kième* vecteur propre) correspond à la *kième* valeur propre qui occupe la (k,k) position dans Λ.

En utilisant la décomposition valeurs propres/vecteurs propres de la matrice D (la décomposition de Jordan), le système (2) peut être réécrit comme :

$$E_t X_{t+1} = P\Lambda P^{-1} X_t + F\varepsilon_{t+1} \tag{3}$$

Où Λ est la matrice diagonale des valeurs propres de D et P la matrice des vecteurs propres (Encadré 1). De manière équivalente le système (3) pourrait être réarrangé :

$$E_t P^{-1} X_{t+1} = \Lambda P^{-1} X_t + G\varepsilon_{t+1} \tag{4}$$

La matrice des valeurs propres Λ, peut, à son tour, être décomposée en Λ_1, matrice diagonale $(Q \times Q)$ contenant les valeurs propres stable ; et Λ_2, matrice diagonale $(B \times B)$ contenant les valeurs propres instables (Bien sur $Q + B = n + m$).

$$\Lambda = \begin{bmatrix} \Lambda_{1Q\times Q} & 0 \\ 0 & \Lambda_{2B\times B} \end{bmatrix}$$

On suppose que le nombre de valeurs propres stables , Q, est égal au nombre de variables prédéterminés m; et le nombre de valeurs propres instables, B, est égal au nombre de variables de contrôle non-prédéterminés n (dans le cas général Q et B ne sont pas necessairement égaux à m et n respectivement).

En posant $P^{-1} = \begin{bmatrix} P_{11} & P_{12} \\ P_{21} & P_{22} \end{bmatrix}$

Le système (4) peut alors être réécrit sous la forme :

$$E_t \begin{bmatrix} P_{11} & P_{12} \\ P_{21} & P_{22} \end{bmatrix} \begin{bmatrix} w_{t+1} \\ y_{t+1} \end{bmatrix} = \begin{bmatrix} \Lambda_{1Q\times Q} & 0 \\ 0 & \Lambda_{2B\times B} \end{bmatrix} \begin{bmatrix} P_{11} & P_{12} \\ P_{21} & P_{22} \end{bmatrix} \begin{bmatrix} w_t \\ y_t \end{bmatrix} + Gv_t \qquad (5)$$

Avec w_t vecteur de variables prédéterminés et y_t vecteur de variables de contrôle non-prédéterminés. De manière équivalente le système se réécrit :

$$E_t \begin{bmatrix} \tilde{w}_{t+1} \\ \tilde{y}_{t+1} \end{bmatrix} = \begin{bmatrix} \Lambda_1 & 0 \\ 0 & \Lambda_2 \end{bmatrix} \begin{bmatrix} \tilde{w}_t \\ \tilde{y}_t \end{bmatrix} + Gv_t \qquad (6)$$

Avec $\begin{bmatrix} \tilde{w}_t \\ \tilde{y}_t \end{bmatrix} = P^{-1} \begin{bmatrix} w_t \\ y_t \end{bmatrix} = \begin{bmatrix} P_{11} & P_{12} \\ P_{21} & P_{22} \end{bmatrix} \begin{bmatrix} w_t \\ y_t \end{bmatrix}$

La matrice des coefficients du système (6) est diagonale $\tilde{w}_t$: et $\tilde{y}_t$ évoluent, alors, de manière indépendante l'une de l'autre. Ce système peut, donc, être découplé en deux équations:

$$E_t \tilde{w}_{t+1} = \Lambda_1 \tilde{w}_t + G_1 v_t \qquad (7)$$

$$E_t \tilde{y}_{t+1} = \Lambda_2 \tilde{y}_t + G_2 v_t \qquad (8)$$

Puisque les valeurs propres de la matrice diagonale Λ_1 sont stables (*ie :* module inférieure à l'unité), l'équation (7) est une équation stable. Ceux de la matrice Λ_2 sont instable (*ie :* module supérieur à l'unité), l'équation (8) est alors instable. Ces deux équations peuvent être résolues de manière séparée.

En résolvant l'équation (8) vers le futur (date $t + j$), il serait possible d'écrire :

$$E_t \tilde{y}_{t+j} = (\Lambda_2)^j \tilde{y}_t$$

Puisque Λ_2 contient les valeurs propres instables (module supérieur à l'unité), la dynamique est explosive. Dans ce cas, la seule solution stable qui soit compatible avec la condition de transversalité est $\tilde{y}_t = 0$. En substituant cette expression dans le système original, il serait possible de déduire $P_{21} w_t + P_{22} y_t = \tilde{y}_t = 0$ et, ainsi, de déterminer les règle de décision des variables de contrôle, y_t :

$$y_t = -P_{22}^{-1} P_{21} w_t \tag{9}$$

Pour déterminer la règle d'évolution des variables prédéterminés, il suffit de reprendre l'équation (7) du système dynamique transformé.

Puisque Λ_1 contient des valeurs propres stables (module inférieur à l'unité), la dynamique est stable. En résolvant l'équation (7) vers le futur, il serait possible d'écrire :

$$E_t \tilde{k}_{t+j} = (\Lambda_1)^j \tilde{k}_t$$

En substituant $y_t = -P_{22}^{-1} P_{21} w_t$ dans $\tilde{w} = P_{11} w_t + P_{12} y_t$, il est, alors, possible d'exprimer $\tilde{w}$ comme :

$$\tilde{w} = \left(P_{11} - P_{12} P_{22}^{-1} P_{21}\right) w_t$$

En substituant $\tilde{w}$ par sa valeur (qui dépend seulement de w_t) dans les deux cotés de l'équation (7), il serait facile d'en déduire la règle d'évolution des variables prédéterminées, soit:

$$\begin{aligned} E_t w_{t+1} = &\left(P_{11} - P_{12} P_{22}^{-1} P_{21}\right)^{-1} \Lambda_1 \left(P_{11} - P_{12} P_{22}^{-1} P_{21}\right) w_t \\ &+ \left(P_{11} - P_{12} P_{22}^{-1} P_{21}\right)^{-1} G_1 v_t \end{aligned} \tag{10}$$

Les équations (9)-(10) représentent la solution du modèle sous sa forme état-mesure. Ce sont ces deux équations qui permettent le calcul des réponses des variables du système aux chocs externes.

2.1.1. Application au modèle de croissance stochastique

La présentation s'appuie sur une version modifiée du modèle DSGE-RBC étudié dans le chapitre précédent. Le propos étant de conduire une analyse simplifiée des outils mathématiques, généralement, utilisés pour formuler la dynamique d'un système à anticipation rationnelle face à un choc exogènes. Ce cadre suppose une fonction d'utilité quasi-linéaire $U(c_t,1-h_t)=\frac{c_t^{1-\sigma}}{1-\sigma}+\chi h_t$ où σ un coefficient d'aversion au risque et χ la désutilité du travail. Dans cette économie, l'équilibre concurrentiel correspond à la situation où un planificateur central se charge de l'allocation optimale des ressources dans un univers aléatoire. Le problème du planificateur consiste, alors, à résoudre le programme de maximisation :

$$E_0\sum_{t=0}^{\infty}\beta^t\left(\frac{c_t^{1-\sigma}}{1-\sigma}+\chi h_t\right)$$

Sc

$$c_t+k_{t+1}=(1-\delta)k_t+z_t\,k_t^{\alpha}h_t^{1-\alpha}$$

$$logz_{t+1}=\rho logz_t+\varepsilon_t$$

Les conditions de premier ordre de ce programme d'optimalité sont données par :

$$c_t^{-\sigma}=\beta E_t c_{t+1}^{-\sigma}\left(1+-z_{t+1}\,k_{t+1}^{\alpha-1}h_{t-1}^{1-\alpha}-\delta\right) \quad (1)$$

$$\chi=c_t^{-\sigma}(1-\alpha)z_t\,k_t^{\alpha}h_t^{-\alpha} \quad (2)$$

La méthode adoptée pour résoudre ce problème consiste à déterminer, d'abord, l'état stationnaire du système déterministe puis à étudier la dynamique en procédant à une approximation linéaire autour de cet équilibre stationnaire

A. L'état stationnaire déterministe

A l'état stationnaire la production, la consommation, le capital et l'offre de travail sont tous constants. Le logarithme du facteur technologique est nul, ce qui signifie que $\overline{z}=1$. En définissant par $\overline{c},\overline{h}$ et $\overline{k}$ les valeurs de la consommation, de l'offre de travail et du stock de capital à l'équilibre stationnaire, la contrainte budgétaire et les conditions de premier ordre se réécrivent :

$$\overline{c} + \overline{k} = (1-\delta)\overline{k} + \overline{k}^{\alpha}\,\overline{h}^{1-\alpha}$$

$$1 = \beta\left(1 + -\overline{k}^{\alpha-1}\,\overline{h}^{1-\alpha} - \delta\right)$$

$$\chi = \overline{c}^{-\sigma}(1-\alpha)\overline{k}^{\alpha}\,\overline{h}^{-\alpha}$$

Il s'en suit que les valeurs de $\overline{c}, \overline{h}, \overline{k}$ et $\overline{y}$ sont, respectivement, données par :

$$\frac{\overline{k}}{\overline{h}} = \left(\frac{1-(1-\delta)\beta}{\alpha\beta}\right)^{\frac{1}{1-\alpha}}$$

$$\overline{c} = \left(\frac{1-\alpha}{\alpha\beta}\right)^{\frac{1}{\sigma}}\left(\frac{\overline{k}}{\overline{h}}\right)^{\frac{\alpha}{\sigma}}$$

$$\overline{k} = \overline{c}\left(\left(\frac{\overline{k}}{\overline{h}}\right)^{\alpha-1} - \delta\right)^{-1}$$

$$\overline{h} = \overline{k}\left(\frac{\overline{k}}{\overline{h}}\right)^{-1}$$

$$\overline{y} = \overline{k}^{\alpha}\,\overline{h}^{1-\alpha}$$

B. La log-linéarisation autour de l'équilibre stationnaire

Pour résoudre le système d'équilibre, une approximation log-linéaire autour de l'équilibre stationnaire est adoptée. De façon générale, il s'agit d'écrire les conditions d'équilibre en termes de grandeurs, $\breve{x}$, qui définissent de combien les variables du système, $x = c, k, h, y$, s'écartent de leurs valeurs d'équilibre stationnaire, $\overline{x} = \overline{c}, \overline{k}, \overline{h}, \overline{y}$,

soit $\breve{x} = \dfrac{x - \overline{x}}{\overline{x}} \approx logx - \log \overline{x}$[71].

71 Au lieu de dire, par exemple, que $x = 15$ et $\overline{x} = 10$, il suffit de dire que $\breve{x} = 0.5$ ce qui signifie que x est au dessus de sa valeur d'équilibre stationnaire de 50 %

La dynamique du système est décrite par les conditions de premier ordre (1) et (2) ainsi que la contrainte budgétaire. La transformation logarithmique de l'équation d'Euler (1), s'écrit comme :

$$-\sigma \log c_t = \log \beta + E_t\left[-\sigma \log c_{t+1} + \log\left(\alpha z_{t+1}\, k_{t+1}^{\alpha-1} h_{t-1}{}^{1-\alpha} + 1 - \delta\right)\right] \quad (3)$$

Dans cette expression (3), le terme $\log\left(\alpha z_{t+1}\, k_{t+1}^{\alpha-1} h_{t-1}{}^{1-\alpha} + 1 - \delta\right)$ est une fonction complexe de trois variables z_t, k_t *et* h_t. Pour la simplifier, il convient de lui appliquer un développement en série de Taylor à l'ordre 1. De façon générale, pour une fonction $logf(x,y,z)$. quelconque, il sgit de faire l'approximation :

$$logf(x,y,z) \approx \log f(\bar{x},\bar{y},\bar{z}) + \frac{f_x(x,y,z)_{\bar{x},\bar{y},\bar{z}}}{f(\bar{x},\bar{y},\bar{z})}(x-\bar{x})$$
$$+\frac{f_y(x,y,z)_{\bar{x},\bar{y},\bar{z}}}{f(\bar{x},\bar{y},\bar{z})}(y-\bar{y}) + \frac{f_z(x,y,z)_{\bar{x},\bar{y},\bar{z}}}{f(\bar{x},\bar{y},\bar{z})}(z-\bar{z})$$

L'approximation de Taylor à l'ordre 1 du terme $\log\left(\alpha z_{t+1}\, k_{t+1}^{\alpha-1} h_{t-1}{}^{1-\alpha} + 1 - \delta\right)$ conduit à :

$$log\left(\alpha Z_{t+1}\, k_{t+1}^{\alpha-1} h_{t-1}{}^{1-\alpha} + 1 - \delta\right) \approx log\left(1 + \alpha \bar{k}^{\alpha-1}\, \bar{h}^{1-\alpha} - \delta\right)$$
$$+\frac{\alpha \bar{k}^{\alpha-1}\, \bar{h}^{1-\alpha}}{1+\alpha \bar{k}^{\alpha-1}\, \bar{h}^{1-\alpha} - \delta}\left(Z_{t+1} - \bar{z}\right) + \frac{\alpha(\alpha-1)\, \bar{k}^{\alpha-2}\, \bar{h}^{1-\alpha}}{1+\alpha \bar{k}^{\alpha-1}\, \bar{h}^{1-\alpha} - \delta}\left(k_{t+1} - \bar{k}\right)$$
$$+\frac{\alpha(-\alpha+1)\, \bar{k}^{\alpha-1}\, \bar{h}^{1-\alpha}}{1+\alpha \bar{k}^{\alpha-1}\, \bar{h}^{1-\alpha} - \delta}\left(h_{t+1} - \bar{h}\right)$$

Cette expression peut être simplifiée, puisque à l'état stationnaire :

$-\bar{k}^{\alpha-1}\bar{h}^{1-\alpha} = \dfrac{1}{\beta} - 1 + \delta$ et $\bar{A} = 1$ d'où

$$\log\left(\alpha z_{t+1}\, k_{t+1}^{\alpha-1} h_{t-1}{}^{1-\alpha} + 1 - \delta\right) \approx -\log\beta + \left(1-(1-\delta)\beta\right)\breve{z}_{t+1}$$
$$+(\alpha-1)\left(1-(1-\delta)\beta\right)\breve{k}_{t+1} + (1-\alpha)\left(1-(1-\delta)\beta\right)\breve{h}_{t+1}$$

La condition (3) se réécrit alors :

$$-\sigma\log c_t = E_t\begin{bmatrix}-\sigma\log c_{t+1} + \left(1-(1-\delta)\beta\right)\breve{z}_{t+1} + (\alpha-1)\left(1-(1-\delta)\beta\right)\breve{k}_{t+1} \\ +(1-\alpha)\left(1-(1-\delta)\beta\right)\breve{h}_{t+1}\end{bmatrix}$$

En ajoutant des deux côtés de l'égalité le terme $\sigma \log \bar{c}$, et en supposant que $\breve{c} =\approx logc - \log \bar{c}$, on obtient l'expression finale :

$$-\sigma \breve{c}_t = E_t \begin{bmatrix} -\sigma \breve{c}_{t+1} + (1-(1-\delta)\beta)\breve{z}_{t+1} + (\alpha-1)(1-(1-\delta)\beta)\breve{k}_{t+1} \\ +(1-\alpha)(1-(1-\delta)\beta)\breve{h}_{t+1} \end{bmatrix} \quad (4)$$

Le même raisonnement peut être appliqué pour log-linéariser la deuxième condition de premier ordre (l'équation 2), la contrainte budgétaire et la règle d'évolution de la technologie. Il est possible d'obtenir le système linéaire suivant :

$$\sigma \hat{c}_t = \hat{A}_t + \alpha \hat{k}_t - \alpha \hat{h}_t \quad (5)$$

$$\bar{c}\,\hat{c}_t + \bar{k}\,\hat{k}_{t+1} = \left(\alpha \bar{y} + (1-\delta)\bar{k}\right)\hat{k}_t + (1-\alpha)\bar{y}\,\hat{h}_t + \bar{y}\,\hat{z}_t \quad (6)$$

$$\breve{z}_{t+1} = \rho \breve{z}_t + \varepsilon_t \quad (7)$$

2.1.2. *Matlab code pour l'écriture du modèle sous forme Etat-Mesure*

Le système donné par les équations (4)-(5)-(6) et (7) peut être écrit sous forme sous forme matricielle, soit :

$$E_t \begin{bmatrix} (1-(1-\delta)\beta) & (\alpha-1)(1-(1-\delta)\beta) & (1-\alpha)(1-(1-\delta)\beta) & -\sigma \\ 0 & \bar{k} & 0 & 0 \\ 1 & 0 & 0 & 0 \\ 0 & 0 & 0 & 0 \end{bmatrix} \begin{bmatrix} \breve{z}_{t+1} \\ \breve{k}_{t+1} \\ \breve{h}_{t+1} \\ \breve{c}_{t+1} \end{bmatrix}$$

$$\begin{bmatrix} 0 & 0 & 0 & -\sigma \\ \bar{y} & \left(\alpha\bar{y} + (1-\delta)\bar{k}\right) & (1-\alpha)\bar{y} & -\bar{c} \\ \rho & 0 & 0 & 0 \\ 1 & \alpha & -\alpha & -\sigma \end{bmatrix} \begin{bmatrix} \breve{z}_t \\ \breve{k}_t \\ \breve{h}_t \\ \breve{c}_t \end{bmatrix} + C \begin{bmatrix} 0 \\ 0 \\ \varepsilon_t \\ 0 \end{bmatrix}$$

Que l'on peut écrire de la façon suivante : $E_t AX_{t+1} = BX_t + Cv_t$. Si B est inversible il serait possible d'écrire la forme : $E_t DX_{t+1} = X_t + Fv_t$.

Le programme Matlab de l'encadré 2, constitue une illustration numérique de la manière avec laquelle on peut déterminer les règles de décisions des variables de contrôle, c_t et h_t, et les lois d'évolution des variables d'état, k_t et z_t, en utilisant la méthode de la décomposition « valeurs propres-vecteur propres » de Blanchard et "Khan (1980) ". Il suppose, à titre illustratif, des valeurs calibrés des paramètres structurels données par $\beta = 0.95$, $\sigma = 1$, $\chi = 2$, $\alpha = 0.4$, $\rho = 0.95$ et $\delta = 0.1$. Six étapes sont retenues :

Encadré 2 - La décomposition « valeurs propres-vecteurs propres » de Blanchard et Kahn :

un exemple numérique (Martin Ellisson, 2015)

Etape 1 : Définir les paramètres structurels calibrés :

```
beta =0.95;
chi =2;
alpha =0.4;
sigma =1;
delta =0.1;
rho =0.95;
```

Etape 2 : Détermination de l'équilibre stationnaire

```
k _ hbar=((1-(1-delta)*beta)/(alpha*beta))^(1/(alpha-1));
cbar =((1-alpha)/chi)^(1/sigma)*k _ hbar^(alpha/sigma);
kbar = cbar*(k _ hbar^(alpha-1)-delta)^-1;
hbar = kbar*k _ hbar^-1;
ybar = kbar^alpha*hbar^(1-alpha);
```

Les valeurs d'équilibre stationnaire des variables sont définies par : $\bar{k}$ = 2.03, $\bar{h}$ = 0.41, $\bar{c}$ = 0.57 et $\bar{y}$ = 0.77.

Etape 3 : Ecriture du modèle sous forme Etat-Mesure :

définir les matrices A et B dans la forme $E_t AX_{t+1} = BX_t + Cv_t$

```
A = zeros(4,4);
B = zeros(4,4);
A(1,1)= 1-(1-delta)*beta;
A(1,2)=(alpha-1)*(1-(1-delta)*beta);
A(1,3)=(1-alpha)*(1-(1-delta)*beta);
A(1,4)=-sigma;
A(2,2)= kbar;
A(3,1)= 1;
B(1,4)=-sigma;
B(2,1)= ybar;
B(2,2)= alpha*ybar+(1-delta)*kbar;
B(2,3)=(1-alpha)*ybar;
B(2,4)=-cbar;
B(3,1)= rho;
B(4,1)= 1;
B(4,2)= alpha;
B(4,3)=-alpha;
B(4,4)=-sigma;
```

L'expression numérique de la forme Etat-Mesure est :

$$E_t \begin{bmatrix} 1.145 & -0.087 & 0.087 & -1 \\ 1 & 2.052 & 0 & 0 \\ 1 & 0 & 0 & 0 \\ 0 & 0 & 0 & 0 \end{bmatrix} \begin{bmatrix} \breve{A}_{t+1} \\ \breve{k}_{t+1} \\ \breve{h}_{t+1} \\ \breve{c}_{t+1} \end{bmatrix}$$

$$= \begin{bmatrix} 0 & 0 & 0 & -1 \\ 0.773 & 2.132 & 0.464 & -0.570 \\ 0.95 & 0 & 0 & 0 \\ 1 & 0.4 & -0.4 & -1 \end{bmatrix} \begin{bmatrix} \breve{A}_t \\ \breve{k}_t \\ \breve{h}_t \\ \breve{c}_t \end{bmatrix} + C \begin{bmatrix} 0 \\ 0 \\ \varepsilon_t \\ 0 \end{bmatrix}.$$

Inversion de B et détermination de la matrice $D = B^{-1}A$

```
D = inv(B)*A;
```

$$E_t \begin{bmatrix} 1.053 & 0 & 0 & 0 \\ -0.88 & 0.838 & -0.058 & 0.666 \\ 2.114 & 0.621 & 0.160 & -1.834 \\ -0.145 & 0.087 & -0.087 & 1 \end{bmatrix} \begin{bmatrix} \breve{A}_{t+1} \\ \breve{k}_{t+1} \\ \breve{h}_{t+1} \\ \breve{c}_{t+1} \end{bmatrix} = \begin{bmatrix} \breve{A}_t \\ \breve{k}_t \\ \breve{h}_t \\ \breve{c}_t \end{bmatrix} + F \begin{bmatrix} 0 \\ 0 \\ \varepsilon_t \\ 0 \end{bmatrix}$$

Etape 4 : Décomposition de Jordan de la matrice D en valeur propres et vecteurs propres:

Les valeurs propres sont définies par la matrice $\Lambda = MU$, avec des vecteurs propres normalisés donnés par la matrice *ve*

```
[ve,MU]= eig(D);
```

$$\Lambda = MU = \begin{bmatrix} 1.053 & 0 & 0 & 0 \\ 0 & 0 & 0 & 0 \\ 0 & 0 & 1.218 & 0 \\ 0 & 0 & 0 & 0.78 \end{bmatrix}$$

On a deux valeurs propres stables (0.78 et 0) et deux valeurs propres instables (1.053 et 1.218). La condition de Blanchard et Kahn est satisfaite ; il existe une unique trajectoire qui converge vers l'équilibre stationnaire. Elle correspond à des valeurs initiales de la consommation et de l'offre de travail respectivement, $\breve{c}_0$ et $\breve{h}_0$

Etape 5 : Classement des valeurs propres

Avant de faire la partition des matrices MU et P, il est nécessaire de classer les valeurs propres de sorte que les deux valeurs propres stables soient placées dans les deux premières rangées (celles qui correspondent aux variables exogènes et prédéterminées) et les deux valeurs propres instables dans les dernières rangées (celles qui correspondent aux variables de contrôle)

```
t = flipud(sortrows([diag(MU)  ve']));
MU = diag(t(:,1));
ve = t(:,2:5);
```

```
P = inv(ve);
if MU(2,2)<1|MU(3,3)>1
error('No saddle path stability');
end
```

Etape 6: partition de $\Lambda = MU$ et P

```
MU1= MU(1:2,1:2);
MU2= MU(3:4,3:4);
P11= P(1:2,1:2);
P12= P(1:2,3:4);
P21= P(3:4,1:2);
P22= P(3:4,3:4);
```

La forme générale du modèle est :

$$E_t \begin{bmatrix} \Lambda_1 & 0 \\ 0 & \Lambda_2 \end{bmatrix} \begin{bmatrix} P_{11} & P_{12} \\ P_{21} & P_{22} \end{bmatrix} \begin{bmatrix} w_{t+1} \\ y_{t+1} \end{bmatrix} = \begin{bmatrix} P_{11} & P_{12} \\ P_{21} & P_{22} \end{bmatrix} \begin{bmatrix} w_t \\ y_t \end{bmatrix}$$

Avec $\Lambda_1 = \begin{bmatrix} 1.218 & 0 \\ 0 & 1.053 \end{bmatrix}$, $\Lambda_2 = \begin{bmatrix} 0.78 & 0 \\ 0 & 0 \end{bmatrix}$,

$P_{11} = \begin{bmatrix} -4.453 & 0.158 \\ 3.693 & 0 \end{bmatrix}$, $P_{12} = \begin{bmatrix} -0.158 & 1.810 \\ 0 & 0 \end{bmatrix}$,

$P_{21} = \begin{bmatrix} -1.361 & -1.227 \\ -2.061 & -0.825 \end{bmatrix}$, $P_{22} = \begin{bmatrix} -0.188 & 2.155 \\ 0.845 & 2.061 \end{bmatrix}$

Les règles de décisions (dynamiques de la consommation et de l'offre de travail) sont déterminées à partir de l'équation de mesure $y_t = -P_{22}^{-1} P_{21} w_t$

L'évolution anticipée des variables prédéterminés (le capital et la technologie) est donnée par l'équation d'état

$$E_t w_{t+1} = \left(P_{11} - P_{12} P_{22}^{-1} P_{21}\right)^{-1} \Lambda^{-1} \left(P_{11} - P_{12} P_{22}^{-1} P_{21}\right) w_t + \left(P_{11} - P_{12} P_{22}^{-1} P_{21}\right)^{-1} G_1 v_t$$

```
-inv(P22)*P21
```

```
inv(P11-P12*inv(P22)*P21)*inv(MU1)*(P11-
P12*inv(P22)*P21)
```

La solution générale est alors :

$$\breve{c}_t = 0.698\breve{A}_t + 0.539\breve{k}_t$$

$$\breve{h}_t = 0.756\,\breve{A}_t - 0.347\breve{k}_t$$

$$E_t\breve{A}_{t+1} = 0.95\breve{A}_t$$

$$E_t\breve{k}_{t+1} = 0.358\breve{A}_t + 0.821\breve{k}_t$$

2.2. *Les fonctions de réponses aux chocs*

Les équations (9)-(10), de la représentation Etat-Mesure, permettent le calcul des réactions optimales des agents aux chocs exogènes. En notant $v_t = \begin{bmatrix} 1 \\ 0 \end{bmatrix}$ le vecteur correspondant à un choc technologique à la période t, la réponse des variables d'états à la période $+j$, $w_{t+j} = (z_{t+j}, \breve{k}_{t+j})$ est donnée de manière récursive par la forme :

$$w_{t+1} = \left(P_{11} - P_{12}P_{22}{}^{-1}P_{21}\right)^{-1}\Lambda_1\left(P_{11} - P_{12}P_{22}{}^{-1}P_{21}\right)w_t$$
$$+\left(P_{11} - P_{12}P_{22}{}^{-1}P_{21}\right)^{-1}G_1v_t$$

Si l'on définie par M la matrice $\left(P_{11} - P_{12}P_{22}{}^{-1}P_{21}\right)^{-1}\Lambda_1\left(P_{11} - P_{12}P_{22}{}^{-1}P_{21}\right)$, la réponse des variables d'états à la période $t+j$ correspond à :

$$w_{t+j} = M^j\left(P_{11} - P_{12}P_{22}{}^{-1}P_{21}\right)^{-1}G_1v_t$$

Les réponses des variables de contrôles non prédéterminé, $y_t = (\breve{c}_t, \breve{h}_t)$, à la période $t+j$ seront alors données par :

$$y_{t+j} = -P_{22}{}^{-1}P_{21}M^j\left(P_{11} - P_{12}P_{22}{}^{-1}P_{21}\right)^{-1}G_1v_t$$

Encadré 3 - Fonctions de réponse aux chocs : un exemple numérique (Martin Ellisson, 2015)

On présente, dans cet encadré, les fonctions de réponse à un choc technologique du modèle DSGE-RBC précédent. Les fonctions dé réponse des variables ($\check{z}_t, \check{k}_t, \check{c}_t, \check{h}_t$) sont placées dans la variable *irf_u.*

irf_u est une matrice (4 × 25) qui définie les réponses des différentes variables du modèle à un choc technologique ε_t sur un horizon de 1 à 25

```
R = P*B;
h =25;
irf _ v= zeros(4,h);
irf _ u= zeros(4,h);
irf _ v(1:2,1)= inv(P11-P12*inv(P22)*P21)*R(1:2,:)*
[1;0];
irf _ u(1:2,1)= inv(P11-P12*inv(P22)*P21)*R(1:2,:)*
[0;1]);
i =1;
for i =1:(h-1);
irf _ v(1:2,i+1)= inv(-inv(P22)*P21
inv(P11-P12*inv(P22)*P21)*inv(MU1)*(P11-
P12*inv(P22)*P21)
)*irf _ v(1:2,i);
irf _ u(1:2,i+1)= inv(-inv(P22)*P21
inv(P11-P12*inv(P22)*P21)*inv(MU1)*(P11-
P12*inv(P22)*P21)
)*irf _ u(1:2,i);
end;
irf _ u(3:4,:)=-inv(P22)*P21*irf _ u(1:2,:);
irf _ v(3:4,:)=-inv(P22)*P21*irf _ v(1:2,:);
irf _ v= real(irf _ v);
irf _ u= real(irf _ u);
```

3. Coût en bien-être des fluctuations et évaluation des règles de politiques économiques

Les usages concrets des modèles DSGE dans l'évaluation des règles de politiques économiques offrent un large éventail de maquettes qui témoigne de la diversité des questions abordées. Il est possible de regrouper les différentes applications en deux grandes catégories. Les premières visent à développer des analyses historiques positives et contrefactuelles. Ainsi, après ajustement des maquettes théoriques aux données, il est question d'analyser ce qui aurait pu se passer si la politique économique avait été différente. Les deuxièmes, traitent du rôle (dé) stabilisateurs de la politique économique.

Par rapport aux instruments existants d'évaluation des politiques économiques, les modèles DSGE présentent l'avantage d'offrir une mesure micro-économiquement fondée des conséquences des règles de politiques mises en œuvre : la métrique naturelle des modèles DSGE est, en effet, le niveau de bien-être maximisé par chaque individu, c'est à dire de son utilité sur toute sa durée de vie. L'agrégation des utilités individuelles peut, alors, être retenue comme critère d'évaluation des interventions publiques et la comparaison des utilités fournit une mesure du caractère Pareto-améliorant des politiques publiques et des réformes économiques[72].

3.1. *Une présentation générale du calcul de la perte en bien-être*

Une présentation simple (et relativement générale) du calcul du bien-être associé à différents régimes de politique monétaire est proposée par Schmitt-Grohé et Uribe (2004a). Contrairement aux méthodes traditionnelles, basées sur des règles de politiques économiques déduites de fonctions quadratiques de pertes (voir encadré 2), Schmitt-Grohé et Uribe (2004a) montrent que le cout en bien-être peut être approximé à l'aide de la correction sur la constante de la forme réduite d'une

72 Dans ces modèles, les trajectoires de consommation et d'offre de travail des individus, et donc leurs niveaux de satisfaction, sont susceptibles d'être affectées par les changements de politique économique. Il devient donc possible de classer les différents régimes de politique économique et de déterminer, éventuellement, ceux qui sont préférés par les individus

approximation de second ordre de modèles non linéaires. Ce cadre semble particulièrement adapté en ce qu'il ramène l'évaluation des règles la politique économique au calcul de l'équilibre stochastique pour différentes valeurs des paramètres de la politique monétaire.

Soit V_0 la mesure de bien-être. Formellement, V_0 peut etre donnée par :

$$V_0 = E_0 \sum_{t=0}^{\infty} \beta^t U\left(c_t - bc_{t-1}, m_t, h_t\right)$$

Où b est un paramètre qui représente la formation d'habitude dans les choix des consommateurs et traduit l'effet de la consommation passée sur l'utilité courante ; h_t l'offre de travail et m_t^h la demande de monnaie : le ménage valorise les encaisses réelles dans sa fonction d'utilité, par exemple parce que celles-ci lui rendent des services de transaction.

Le calcul du coût en bien-être d'un régime monétaire particulier par rapport à une règle de référence suppose l'évaluation de l'espérance non conditionnelle de l'utilité des consommateurs dans les deux régimes. Soit deux règles de politique monétaire : une règle de référence, m_t^r, et un régime alternatif noté m_t^a. Soit $V_0^r = E_0 \sum_{t=0}^{\infty} \beta^t U\left(c_t^r - bc_{t-1}^r, m_t^r, h_t^r\right)$ et $V_0^a = E_0 \sum_{t=0}^{\infty} \beta^t U\left(c_t^a - bc_{t-1}^a, m_t^a, h_t^a\right)$ les niveaux de bien- être respectifs de l'individu associés aux deux régimes. Soit λ le cout en bien-être supporté par l'individu, résultat de l'adoption du régime m_t^a plutôt que le régime, m_t^r. Il est d'usage d'exprimer la perte en bien-être en son équivalent en consommation. On cherche, alors, à déterminer la quantité de consommation qu'un individu est prêt à sacrifier dans le régime m_t^r en échange d'un niveau d'utilité identique dans les deux régimes (après sacrifice), soit :

$$V_0^a = U\left(c_0^r(1-\lambda) - bc_{-1}, m_0^r, h_0^r\right) + E_0 \sum_{t=1}^{\infty} \beta^t U\left(\left(c_t^r - bc_{t-1}^r\right)(1-\lambda), m_t^r, h_t^r\right) \quad (1)$$

En retenant la forme particulière de la fonction d'utilité du modèle de Christiano, Eichenbaum et "Evans (2003) " :

$$U = \log(c_t - bc_{t-1}) - \frac{\phi_0}{2} h_t^2 + \frac{\phi_1}{1-\sigma_m} m_t^{1-\sigma_m}$$

L'expression (1) se réécrit :

$$V_0^a - V_0^r = \log\left(c_0^r(1-\lambda) - bc_{-1}\right) + \frac{\beta}{1-\beta} log(1-\lambda) - \log\left(c_0^r - bc_{-1}\right) \quad (2)$$

En définissant $V_0^a \underset{\text{def}}{=} g^{va}(x_0,\sigma)$, $V_0^r \underset{\text{def}}{=} g^{vr}(x_0,\sigma)$ et $logc_0 = g^{cr}(x_0,\sigma)$, où x_0 correspond au vecteur de variables d'état et σ l'écart type du choc exogène, l'équation (2) se ramène à :

$$\begin{aligned} g^{va}(x_0,\sigma) - g^{vr}(x_0,\sigma) &= \log\left((1-\lambda)e^{g^{cr}(x_0,\sigma)} - bc_{-1}\right) \\ &+ \frac{\beta}{1-\beta} log(1-\lambda) - \log\left(e^{g^{cr}(x_0,\sigma)} - bc_{-1}\right) \end{aligned} \quad (3)$$

La détermination formelle de la perte de bien- être s'établie en se souvenant de ce que dans l'étude de la méthode de perturbation, développée dans le chapitre 9, on identifie les règles de décisions par des fonctions qui dépendent du vecteur des variables d'état, x_0, et du paramètre de perturbation σ. Les fonctions V_0^a, V_0^r et $logc_0$, dépendent de x_0 et de σ, il s'en peut, finalement, inférer une expression synthétique et commode du cout en bien- être, soit la fonction $\lambda = \Lambda(x_0,\sigma)$. L'approximation locale, à l'ordre deux, de la fonction Λ au voisinage de l'équilibre stationnaire déterministe $(x, \overline{\sigma} = 0)$ donne :

$$\lambda \approx \Lambda(x,0) + \Lambda_\sigma(x,0)\sigma + \frac{\Lambda_{\sigma\sigma}(x,0)}{2}\sigma^2$$

Il s'avère judicieux de préciser un caractère marquant des modèles DSGE : Dans leurs applications à l'évaluation des politiques et des réformes économiques les modèles DSGE, et notamment ce modèle, sont souvent, mais pas toujours, utilisés dans leur version déterministe. Cette particularité correspond, ici, à l'ajout de l'hypothèse que l'évaluation du bien-être est conditionnée à ce que l'économie soit à l'équilibre stationnaire déterministe. Ainsi, dans l'approximation locale de la fonction Λ, seules les dérivées (première et seconde) par rapport à σ sont considérées.

La différenciation de la règle (3) par rapport à σ et son évaluation à l'équilibre stationnaire déterministe $(x, \overline{\sigma} = 0)$ conduit :

$$g_\sigma^{va}(x,0)-g_\sigma^{vr}(x,0)=\frac{1}{1-b}\left[g_\sigma^{cr}(x,0)-\Lambda_\sigma(x,0)\right]+\frac{\beta}{1-\beta}\Lambda_\sigma(x,0)$$
$$-\frac{1}{1-b}g_\sigma^{cr}(x,0) \quad (4)$$

Il est bon de souligner que les dérivées par rapport à σ des fonctions g^{va}, g^{vr} et g_σ^{cr}, évaluées à l'état stationnaire $(x,\bar{\sigma}=0)$, sont toutes nulles (Schmitt-Grohé et Uribe, 2004 b). Il se déduit que $\Lambda_\sigma(x,0)=0$. De la même façon la différenciation à l'ordre 2 de la règle (3) par rapport à σ et son évaluation à l'équilibre stationnaire déterministe $(x,\bar{\sigma}=0)$ donne : $\Lambda_{\sigma\sigma}(x,0)=-\dfrac{g_\sigma^{va}(x,0)-g_\sigma^{vr}(x,0)}{\dfrac{\beta}{1-\beta}+\dfrac{1}{1-b}}$

En reportant les valeurs de $\Lambda_\sigma(x,0)$ et de $\Lambda_{\sigma\sigma}(x,0)$ dans l'approximation locale de la fonction λ, il se déduit la valeur du coût en bien-être exprimé en pourcentage :

$$\text{Cout en bien-être} = -\frac{g_\sigma^{va}(x,0)-g_\sigma^{vr}(x,0)}{\dfrac{\beta}{1-\beta}+\dfrac{1}{1-b}}\frac{\sigma^2}{2}\times 100$$

Encadré 4 - Méthodes d'évaluation des règles de la politique monétaire : Entre la minimisation de la fonction quadratique de perte et l'approximation de second ordre du bien-être social

Depuis longtemps, l'évaluation des règles monétaires a été basée sur des versions linéarisées de modèles, où la politique monétaire devrait minimiser une fonction quadratique de perte. Cette fonction de perte est occasionnée par les déviations du niveau de l'inflation et du volume de la production par rapport à leurs cibles respectifs, soit :

$$S(y_t,\pi_t)=\sum_{t=0}^{\infty}\beta^t\left[(y_t-y^*)^2+\aleph(\pi_t-\pi^*)^2\right] \quad (1)$$

$\aleph$ représente le poids que le décideur public accorde à la variabilité de l''inflation, relativement à celui accordé à la variabilité de la production.

Plus récemment, un courant de la littérature représentée par Rotemberg et Woodford (1998), Giannoni et "Woodford (2002) " et Gali et *alii* (2003) a montré, dans le cadre de modèles monétaire fondé micro-économiquement, que la banque centrale peut jouer le rôle d'un planificateur bienveillant qui cherche à optimiser le bien-être social. La fonction objective de la banque centrale, une combinaison linéaire des variances de l'inflation et de l'écart de production, peut alors être définie comme une fonction de perte qui sera minimisée sous certaines contraintes. Cette fonction de perte est déterminée, sous certaines conditions, par une approximation au second ordre du bien-être social.

En supposant une fonction d'utilité de la forme :

$$W = E\left\{u(c_t) - \int_0^1 v(y_t(z))dz\right\}$$

Avec $\int_0^1 v(y_t(z))dz$ la désutilité de l'offre du travail nécessaire pour produire le bien y à chaque état de la nature z

L'approximation de Taylor, au second ordre, de cette fonction conduit à la forme objective :

$$W = -\Omega\left(S + \pi^{*2}\right)$$

Avec $S = var(\pi_t) + \psi^{-1} var(\pi_t - E_{t-2}(\pi_t)) + \Lambda var\left\{E_{t-1}\left(\left(\hat{y}_t - y_t^s\right)\right)\right\}$ (2)

La fonction *ad hoc* de perte (1) est, en apparence, similaire à la forme (2). Elle n'a, cependant, pas la même signification : si la banque centrale doit minimiser la perte sociale (1), il n y a aucune garantie que le bien être des individus soit maximisé. Pour Rotemberg et Woodford (1998), la minimisation de la fonction de perte (2) sous les contraintes de la courbe IS et de la courbe de Phillips conduit à la détermination de la politique monétaire optimale.

4. Dynare : plateforme de programmation des modèles DSGE

Dynare est une plateforme informatique qui permet de résoudre, d'estimer et de simuler une grande variété de modèles macroéconomiques avec anticipation rationnelle, notamment les modèles DSGE et les modèles à générations imbriquées (OLG)[73]. Il peut aussi être utilisé pour résoudre des modèles avec anticipations parfaites ou même des situations où les agents ont une rationalité limitée ; ou une connaissance imparfaite de l'état de futur de l'économie et forment leurs anticipations avec un processus d'apprentissage. Son exécution se fait, généralement, sous le Logiciel Matlab pour Windows, Mac OS X ou Linux. Dynare fonctionne, aussi, sous le Logiciel GNU Octave.

Encadré 5- Ressources, Installation et démarrage de la plateforme Dynare

1- L'apprentissage de Dynare

L'apprentissage de la plateforme Dynare peut se faire moyennant quatre principales sources, disponibles à l'adresse (http://www.dynare.org/documentation-and-support):

Le Manuel de référence (Manual) : qui dresse un recueil des différentes commandes et options

Le guide d'utilisateur (User Guide) : qui propose une initiation avancée à la manipulation de Dynare

Le démarrage (Quick start) : qui explique les étapes d'installation et de configuration de la plateforme

Tutorat (Tutorial) : qui offre, à l'aide d'un petit modèle, un apprentissage rapide des techniques de simulations stochastiques[74]

---

73 La construction et le développement de Dynare ont été élaborée au Centre pour la « Recherche Economique et ses Applications » (CEPREMAP). Voir à ce sujet le site http://www.dynare.org/

74 On peut trouver dans l'adresse « http:www.dynare.org/documentation-and-supp ort/examples » plusieurs exemple de codes sources Dynare

2- Installation et configuration

Pour exécuter Dynare l'utilisateur doit s'assurer qu'il dispose du logiciel Matlab ou d'une version GNU Octave. Les passages qui suivent décrivent l'installation et la configuration de Dynare sous Matlab.

Installation de Dynare : Il faut commencer d'abord par télécharger une version stable de Dynare à l'adresse : (http://www.dynare.org/download/dynare-stable). Une fois Dynare est téléchargé, on procède à son installation sous Windows en cliquant (deux fois) sur dynare-4.x.y-win.exe (4.x.y indique le numéro de la version). Après installation le répertoire Dynare contient plusieurs sous répertoires : **doc, dynare++, examples, matlab, mex**.

Configuration de Dynare pour Matlab : il faut ajouter le sous répertoire « **matlab** » de Dynare à « **Matlab Path** ». Il existe deux procédures pour le faire :

1- utiliser la commande **addpath** dans la fenêtre de commande Matlab ; en tapant

« **addpath c \ : dynare \ 4 .x.y \ matlab** »

Avec cette procédure, à chaque nouveau lancement, l'utilisateur doit reprendre le même exercice, dans le cas contraire Matlab perdra les paramètres saisis précédemment.

2- Suivre les étapes suivantes :

- selectionner « **St Path** » dans le menu **file** de l'interface Matlab ;
- cliquer sur : « **Add Folder** » ;
- selectionner le sous répertoire « **matlab** » de Dynare ;
- sauvegarder les paramètres en cliquant sur « **save** »

A chaque nouveau lancement, Matlab se rappellera de ce paramétrage

3- Création et exécution d'un programme sous Dynare

On commence, d'abord, par créer un fichier qui a pour extension « **.mod** ». On aura un fichier de type « **exemple.mod** », où « exemple » est le nom du fichier. Ce fichier contient un programme qui décrit le modèle et les taches de calcul que Dynare doit faire. Pour exécuter le programme sur Dynare, il suffit de passer à la commande « **dynare** » suivi du nom du fichier « **exemple.mod** ». On aura « **dynare exemple.mod** ». Cette commande lance le logiciel Dynare et autorise l'exécution des instructions contenues dans le fichier « **exemple.mod** »

4.1. Simulation stochastique des fonctions de réponse aux chocs

L'exercice de simulation stochastique des fonctions de réponse aux chocs, présenté dans ce paragraphe, consiste à conduire un exemple simplifié d'un programme Dynare/Matlab qui décrit la dynamique d'un système avec anticipation rationnelle face à un choc exogène. L'algorithme principal (généralement retenu par Dynare) pour résoudre ce modèle repose sur une approximation de Taylor (qui va jusqu'à l'ordre 3) des règles de décisions des variables de contrôles et des règles d'évolution des variables d'état. La présentation s'appuie sur une version élémentaire du modèle DSGE-RBC étudié dans la première section.

4.1.1. Présentation du Modèle DSGE-RBC

Soit le modèle DSGE-RBC simple avec offre de travail fixe. Le problème du planificateur consiste à résoudre le programme de maximisation :

$$E_0 \sum_{t=0}^{\infty} \beta^t \left(\frac{c_t^{\ 1-\sigma} - 1}{1-\sigma} \right)$$

Sc

$$c_t + k_{t+1} = (1-\delta)k_t + z_t\, k_t^{\alpha}$$

$$z_{t+1} = \rho z_t + \varepsilon_t$$

Les conditions de premier ordre de ce programme d'optimalité peuvent être données par les équations récurrentes non linéaires suivantes:

$$c_t^{-\sigma} = \beta E_t c_{t+1}^{-\sigma}\left(1 + -z_{t+1}\, k_{t+1}^{\alpha-1} - \delta\right)$$

$$c_t + k_{t+1} = (1-\delta)k_t + z_t\, k_t^{\alpha}$$

$$z_t = \rho z_{t-1} + \varepsilon_t$$

Dans cette formulation, il existe, entre autre, deux variables statiques ; le volume de production et le niveau de l'investissement, définies respectivement par : $y_t = z_t\, k_t^{\alpha}$; $i_t = y_t - c_t$

Les paramètres structurels du modèle à calibrer sont :

- σ : le coefficient d'aversion au risque ;
- α : la part du capital ;
- δ : le taux de dépréciation du capital ;
- β : le taux d'escompte psychologique ;
- ρ : la persistance du choc technologique ;
- σ_{ε} : l'écart type du choc technologique.

On pose à titre illustratif $\sigma = 2$; $\alpha = 1/3$; $\delta = 0.025$; $\beta = 0.99$; $\rho = 0.95$; $\sigma_{\varepsilon} = 0.01$

Il existe une convention de « cohérence » dans la plateforme Dynare qui exige que les variables prédéterminés (le capital) soient datés en $t-1$ dans les équations de la date t ; et en t dans les équations de la date $t+1$. les conditions d'optimalité se réécrivent alors :

$$c_t^{-\sigma} = \beta E_t c_{t+1}^{-\sigma}\left(1 + -z_{t+1}\, k_t^{\alpha-1} - \delta\right)$$

$$c_t + k_t = (1-\delta)k_{t-1} + z_t\, k_{t-1}^{\alpha}$$

$$z_t = \rho z_{t-1} + \varepsilon_t$$

4.1.2. L'écriture du code source Dynare

L'écriture d'un programme source à exécuter sous Dynare/Matlab passe par quatre étapes : *(i)* le Préambule, où l'on définie les variables et les paramètres du modèle; *(ii)* la déclaration du modèle, ou l'on précise les différentes équations ; *(iii)* l'initialisation du modèle, où l'on spécifie les valeurs initiales des variables et la matrice variance covariance des chocs; et *(vi)* la résolution et la simulation du modèle.

Préambule : Au cours de cette étape, il est question de déclarer l'ensemble des variables endogènes et exogènes du modèle, les paramètres structurels ainsi que les valeurs numériques de ces paramètres. Au moment de la déclaration des variables endogènes, Dynare classe, de manière automatique, les variables dans l'ordre suivant : *(i)* les variables statiques qui apparaissent dans les conditions d'optimalité (CO), seulement à la date t (la production) ; *(ii)* les variables prédéterminées, qui apparaissent dans les CO en temps t et $t-1$ (le capital) ; *(iii)* les variables qui sont à la fois prédéterminées et tournées vers l'avant (ceux qui apparaissent dans les CO en $t-1$, t et $t+1$, la technologie) ; et (iv) les variables qui sont purement orientées vers l'avant, c'est à dire ceux qui apparaissent dans les CO en t et $t+1$ (la consommation)

```
%Déclaration des variables du modèle
    var y i k z c;
%Déclaration des variables exogènes (l'innovation
des chocs ; dans ce modèle il y a un seul choc)
    varexo e;
%Déclaration des paramètres du modèle
parameters alpha beta delta rho sigma sigmae ;

%Calibrage   et   spécification   des   valeurs   des
paramètres
alpha = 0.33;
beta = 0.99;
delta = 0.025;
rho = 0.95;
sigma = 2;
sigmae = 0.01;
```

Déclaration du modèle : Cette étape est simple à effectuer. Elle commence par l'instruction « **model** » et se termine par l'instruction « **end** ». Entre ces deux instructions, les équations d'équilibre sont écrites comme si elles sont conduites à la main. Il existe, toutefois, une règle simple à respecter : Une variable, x , de la date t doit être simplement écrite, x. Si cette variable est définie à la date $t-1$, tel que le stock de capital, elle doit être codée comme $x(-1)$. De manière analogue lorsque la variable x est définie en temps $t+1$, elle doit etre codée comme $x(+1)$

```
%Déclaration du modèle
model;
c^(-sigma)=   beta*(c(+1)^(-   sigma))*(alpha*z(+1)*
(k)^(alpha-1) + (1-delta));
y=z*k(-1)^(alpha);
k=z*k(-1)^(alpha)-c+ (1-delta)*k(-1);
z = rho*z(-1) + e;
i = y - c;

end
```

Usuellement, la plateforme Dynare établie des approximations linéaires (développement en série de Taylor) des variables en niveau. Pour établir une approximation linéaire des variables en logarithme, il suffit, tout simplement, de remplacer la variable x par $exp(x)$. Dans ce cas, x sera interprétée comme le logarithme de la variable d'intérêt et $exp(x)$ le niveau de la variable. Le modèle précédent se réécrit alors :

```
model;
exp(c)^(-sigma)= beta*(exp(c(+1))^(- sigma))*(alpha*
exp(z(+1))
*(exp(k))^(alpha-1) + (1-delta));
exp(y)=exp(z)*exp(k(-1))^(alpha);
exp(k)=exp(z)*exp(k(-1))^(alpha)-exp(c)+
(1-delta)*exp(k(-1));
z = rho*z(-1) + e;
exp(i) = exp(y) - exp(c);

end;
```

Initialisation du modèle : Il s'agit de préciser numériquement les conditions initiales *(ie :* les valeurs initiales des variables du modèle et de la variance des chocs), nécessaires au calcul de l'équilibre stationnaire déterministe. Le code d'initialisation des variables du modèle commence par l'instruction « **initval** » et se termine par l'instruction « **end** ». L'initialisation des chocs et de leur matrice variance-covariance se situe entre l'instruction « **shocks** » et l'instruction « **end** ». L'équilibre stationnaire déterministe est calculé en tapant l'instruction « **steady** ».

```
%Spécification de valeurs initiales des variables
initval;
k=log(29);
y=log(3);
z=0;
c=log(2.5);
i=log(1.5);
end;

%Spécification de la variance de chocs
shocks;
var e=sigmae^2
end;

%Calcul de l'équilibre stationnaire déterministe
Steady ;
```

Résolution et simulation du modèle : le modèle est résolu et simulé en tapant, simplement, l'instruction « **stoch_ simul** ». Cette instruction *(i)* résout le modèle ; *(ii)* détermine les règles de décision des variables de contrôle et la loi d'évolution des variables d'état et *(iii)* simule les fonctions de réponse impulsionnelles ainsi que les moments théoriques d'ordre 2. En tapant l'instruction « **stoch_ simul** », Dynare fournit par défaut : *(i)* les valeurs des variables endogènes à l'état stationnaire ; *(ii)* un résumé des variables par type (nombre de variables, nombre de variables statiques, nombre de variables d'état…) ; *(iii)* la matrice des covariances des chocs exogènes ; *(iv)* les règles de décision des variables de contrôle et les règle d'évolution des variables d'état ; *(v)* les moments théoriques d'ordre 1 et 2 (moyenne, écart type, variance); *(vi)* la matrice des corrélations théoriques ; *(vii)* les auto-corrélations théoriques jusqu'à l'ordre 5 ; *(viii)* les fonctions de réponse aux chocs.

Il est possible d'associer d'autres options à la fonction « **stoch_ simul** », dont notamment :

- **hp_filter = integer**: cette instruction permet de déterminer les moments théoriques (variances, covariances, auto-corrélations) après filtrage des données par le filtre HP. **Integer** est un nombre, il correspond à 1600 si les données sont trimestrielles. Par exemple, en tapant **stoch_ simul (hp_filter = 1600)**, ceci produit les moments théoriques des données filtrées par le filtre HP(1600). Cette instruction ne permet pas, en revanche, de conduire un filtrage HP des données simulées.
- **irf = integer** : cette instruction définit la période sur laquelle les fonctions de réponses aux chocs seront simulées (par défaut Dynare calcule les fonctions de réponse aux chocs sur une période de 40). Par exemple, l'instruction **stoch_ simul (irf = integer)** calcule les fonctions de réponse aux chocs sur une période de 20.
- **nocorr :** cette instruction apprête de ne pas imprimer la matrice des corrélations
- **order = [1,2,3]**: définie l'ordre de l'approximation par le développement en série de Taylor. Par défaut l'ordre est de 2, c'est à dire un développement de taylor à l'ordre 2. En tapant **order =1,** Dynare conduit une approximation linéaire.

Dynare dispose d'un style singulier pour stocker les résultats des exercices élaborés. Les fonctions de réponse aux chocs sont stockées dans des résultats de la forme **x_e** : la réponse de la variable x au choc e. Les matrices Ψ et Ω de la représentation état-mesure du modèle linéarisé ($x_t = \Psi s_{t-1} + \Omega e_t$; où x est le vecteur de toutes les variables : les variables d'état et les variables de contrôle ; et s est le vecteur des variables d'état) sont entreposées respectivement dans les commandes «**oo_.dr.ghx** » et « **oo_.dr.ghu** ». On pourrait aussi taper « **psi =oo_.dr.ghx** » **et « omega =oo_.dr.ghu** » pour avoir ces matrices.

Encadré 6-Code source Dynare du modèle en Log "Sims (2010)"

```
var y i k z c;
varexo e;
parameters alpha beta delta rho sigma
sigmae;
alpha = 0.33;
```

```
beta = 0.99;
delta = 0.025;
rho = 0.95;
sigma = 2;
sigmae = 0.01;
model;
exp(c)^(-sigma) = beta*(exp(c(+1))^(-
sigma))*(alpha*exp(z(+1))
*(exp(k))^(alpha-1) + (1-delta));
exp(y) = exp(z)*exp(k(-1))^(alpha);
exp(k) = exp(z)*exp(k(-1))^(alpha) - exp(c) +
(1-delta)*exp(k(-1));
z = rho*z(-1) + e;
exp(i) = exp(y) - exp(c);
end;
initval;
k = log(29);
y = log(3);
z = 0;
c = log(2.5);
i = log(1.5);
end;
shocks;
var e = sigmae^2;
end;
steady;
stoch_simul(hp_filter = 1600, order = 1,
irf = 40);
```

Encadré 7- Output du programme Dynare du modèle

STEADY-STATE RESULTS:

y	1.10371
i	-0.344308
k	3.34457
z	0
c	0.835782

MODEL SUMMARY

Number of variables: 5

Number of stochastic shocks: 1

Number of state variables: 2

Number of jumpers: 2

Number of static variables: 2

MATRIX OF COVARIANCE OF EXOGENOUS SHOCKS

Variables	e
e	0.000100

POLICY AND TRANSITION FUNCTIONS

	y	i	k	z	c
Constant	1.103709	-0.344308	3.344571	0	0.835782
k(-1)	0.330000	-0.029780	0.974256	0	0.440543
z(-1)	0.950000	2.916523	0.072913	0.950000	0.345784
e	1.000000	3.070024	0.076751	1.000000	0.363983

THEORETICAL MOMENTS (HP filter, lambda = 1600)

VARIABLE	MEAN	STD. DEV.	VARIANCE
y	1.1037	0.0130	0.0002
i	-0.3443	0.0400	0.0016
k	3.3446	0.0036	0.0000
z	0.0000	0.0130	0.0002
c	0.8358	0.0049	0.0000

MATRIX OF CORRELATIONS (HP filter, lambda = 1600)

Variables	y	i	k	z	c
y	1.0000	0.9956	0.3178	0.9959	0.9725
i	0.9956	1.0000	0.2281	1.0000	0.9466
k	0.3178	0.2281	1.0000	0.2307	0.5298
z	0.9959	1.0000	0.2307	1.0000	0.9475
c	0.9725	0.9466	0.5298	0.9475	1.0000

COEFFICIENTS OF AUTOCORRELATION (HP filter, lambda = 1600)

Order	1	2	3	4	5
y	0.7195	0.4810	0.2826	0.1216	-0.0055
i	0.7131	0.4710	0.2709	0.1096	-0.0165
k	0.9603	0.8640	0.7306	0.5759	0.4128
z	0.7133	0.4711	0.2711	0.1098	-0.0163
c	0.7528	0.5341	0.3447	0.1845	0.0524

Total computing time : 0h00m04s

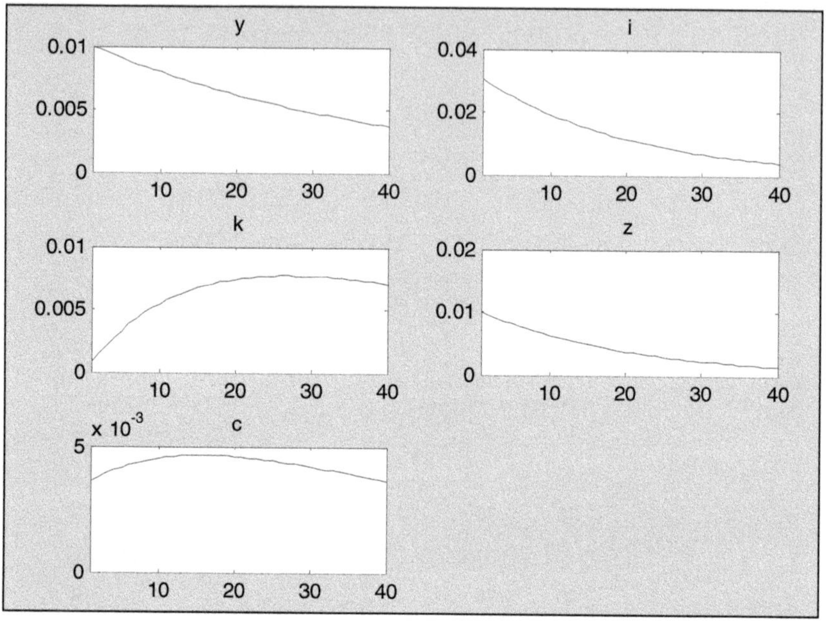

Il est possible d'utiliser les matrices Ψ et Ω de la représentation état-mesure pour faire des simulations des variables du modèle sur une période, d'une durée T. Bien sur il est nécessaire de définir au préalable la distribution des chocs. Le code source Dynare qui suit, établie une simulation des variables du modèle précédent, sur une période $T = 200$ en supposant que les chocs technologiques suivent une distribution normale

```
m = 2; % number of states
n = 3; % number of controls

psi = oo_.dr.ghx;
omega = oo_.dr.ghu;
ss = oo_.dr.ys;

T = 200; % number of periods to simulate

es = sigmae*randn(T,1);
Xsim = zeros(n+m,T);
```

```
Xsim(:,1) = omega*es(1,1);

for j = 2:T
Xsim(:,j) = psi*Xsim(3:4,j-1) + omega*es(j,1);
end

% add back in steady state values so that these
are expressed as log
% levels, not log deviations
for j = 1:T
Xsim(:,j) = Xsim(:,j) + ss;
end
```

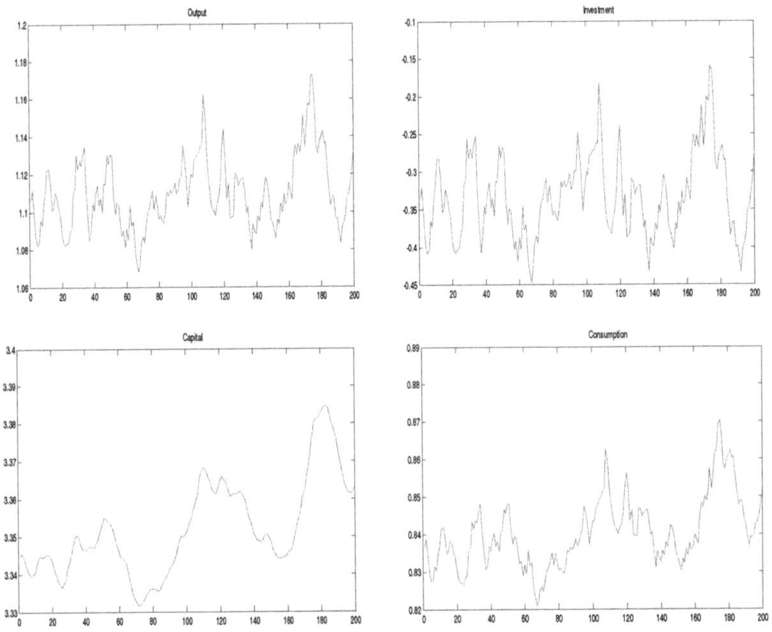

4.2. Règles de politiques optimales

La plateforme Dynare, permet de calculer la règle optimale de la politique publique lorsque les autorités poursuivent trois types d'objectifs : *(i)* une politique optimale simple ; *(ii)* une règle de politique optimale ; et *(iii)* une politique optimale discrétionnaire

4.2.1. Règle de politique optimale simple

Le problème du calcul de la règle de politique optimale simple consiste à minimiser une fonction quadratique de perte de la forme :

$$\min_{\gamma} E\left(y_t^{'} W y_t\right)$$

$$\text{S/c } A_1 E_t y_{t+1} + A_2 y_t + A_{13} y_{t-1} + C e_t = 0$$

Où γ sont des paramètres à optimiser, composantes des matrices A_1, A_2 et A_3. W est une matrice semi-définie positive ; y_t est un vecteur de variables endogènes et e_t un vecteur de chocs exogènes.

Il s'agit ici de déterminer les paramètres γ qui minimisent une somme pondérée des variances-covariances des variables endogènes sous contrainte des conditions de premier ordre du modèle

Sous la plateforme Dynare le calcul de la règle optimale se fait à l'aide de la commande principale « **osr** » et des commandes auxiliaires « **osr _params** » et « **optim_weights** » L'instruction « **osr _params** » déclare les paramètres à optimiser γ ; la commande « **optim_weights** » énumère, quand à elle, les éléments de la matrice de la forme quadratique W

- **La commande « osr _params »** : la syntaxe de cette commande est : **osr –params[PARAMETER_NAME],** où **PARAMETER_NAME** définie les noms des paramètres à optimiser. Ces paramètres doivent être déclarés, au préalable, par la commande « **parameters ».**

  Exemple : osr_params gamma1 gamma2

  La commande « **osr** » calcule, alors, les valeurs optimales des paramètres gamma1 et gamma2.

- **Le bloc « optim_weights »** : ce bloc est utilisé pour déclarer les éléments de la forme quadratique W . La syntaxe de ce bloc est :

```
optim_weights ;
[VARIABLE_NAME EXPRESSION];
[VARIABLE_NAME, VARIABLE_NAME EXPRESSION];
end;
```

VARIABLE_NAME déclare le nom d'une variable endogène ; **EXPRESSION** renvoie à un scalaire. **VARIABLE_ NAME EXPRESSION** définie les éléments de la diagonale de la matrice de pondération, soit les variances des variables endogènes. **VARIABLE_NAME, VARIABLE_ NAME EXPRESSION** déclare les covariances entre les variables endogènes.

Exemple : le bloc

```
optim_weights;
 pie lambda;
 y 1;
 end;
```

définie la fonction perte comme : $\lambda var(pie) + var(y)$

- **La commande** « **osr** » : la syntaxe de cette commande est : **osr (OPTION…) [VARIABLE_NAME..];** où **VARIABLE_NAME** définie le nom d'une variable endogène. **OPTION**… l'instruction **osr** accepte toute les commandes de **stoch_simul**

Exemple : osr(irf =10) pie, y, r;

La commande « **osr** » a le même output que la commande « **stoch-simul** », mais produit en plus la valeur optimale des paramètres et la valeur de la fonction perte à l'optimum.

Encadré 8 - Code source Dynare d'une règle de politique optimale simple

Julliad M (2011)

Soit le système dynamique définie par les quatre équations suivantes :

$$y_t = \delta y_{t-1} + (1-\delta) E_t y_{t+1} + \sigma (r_t - E_t \pi_{t+1}) + e_{yt}$$

$$\pi_t = \alpha\pi_{t-1} + (1-\alpha)E_t\pi_{t+1} + \kappa y_t + e_{\pi t}$$

$$dr_t = r_t - r_{t-1}$$

$$r_t = \gamma_1\pi_t + \gamma_2 y_t$$

Où y_t définie l'écart de production de son niveau potentiel, π_t le taux d'inflation et r_t le taux d'intérêt nominal. Le problème etant de déterminer les valeurs optimales de γ_1 et γ_2 qui minimisent la somme pondérée des variances de l'inflation, de l'output gap et de la variation du taux d'intérêt, soit :

$$Min\, var(y) + \lambda_1 var(\pi) + \lambda_2 var(dr)$$

Le code source Dynare pour déterminer γ_1 et γ_2 s'écrit comme suit :

```
var y pie r dr;
varexo e _ y e _ pie;

parameters delta sigma alpha kappa gamma1
gamma2 lambda1 lambda2;
delta = 0.44;
kappa = 0.18;
alpha = 0.48;
sigma = -0.06;

model(linear);
y = delta*y(-1)+(1-delta)*y(+1)+sigma
*(r-pie(+1))+e _ y;
pie = alpha*pie(-1)+(1-
alpha)*pie(+1)+kappa*y+e _ pie;
dr = r - r(-1);
r = gamma1*pie+gamma2*y;
end;
```

```
shocks;
var e_y;
stderr 0.63;
var e_pie;
stderr 0.4;
end;

lambda1 = 2;
lambda2 = 0.1;

optim_weights;
pie lambda1;
y 1;
dr lambda2;
end;

gamma1 = 1.1;
gamma2 = 0;

osr_params gamma1 gamma2;
osr;
```

Output du Code source Dynare

Improvement on iteration 17 = 0.000000003
improvement < crit termination
OPTIMAL VALUE OF THE PARAMETERS:

gamma1 4.1324
gamma2 0.610569

Objective function : 2.56037

MODEL SUMMARY

Number of variables: 4

Number of stochastic shocks: 2

Number of state variables: 3

Number of jumpers: 2

Number of static variables: 1

MATRIX OF COVARIANCE OF EXOGENOUS SHOCKS

Variables	e_y	e_pie
e_y	0.396900	0.000000
e_pie	0.000000	0.160000

POLICY AND TRANSITION FUNCTIONS

	y	pie	r	dr
r(-1)	0	0	0	-1.000000
y(-1)	0.489075	0.195742	1.107498	1.107498
pie(-1)	-0.281455	0.569112	2.179948	2.179948
e_y	1.111534	0.444868	2.517041	2.517041
e_pie	-0.586365	1.185650	4.541558	4.541558

THEORETICAL MOMENTS

VARIABLE	MEAN	STD. DEV.	VARIANCE
y	0.0000	0.8588	0.7375
pie	0.0000	0.7220	0.5212
r	0.0000	3.1056	9.6448
dr	0.0000	2.7935	7.8036

VARIANCE DECOMPOSITION (in percent)

	e_y	e_pie
y	77.33	22.67
pie	45.79	54.21
r	58.79	41.21
dr	38.88	61.12

MATRIX OF CORRELATIONS

Variables	y	pie	r	dr
y	1.0000	0.1498	0.3127	0.4370
pie	0.1498	1.0000	0.9860	0.3914
r	0.3127	0.9860	1.0000	0.4498
dr	0.4370	0.3914	0.4498	1.0000

COEFFICIENTS OF AUTOCORRELATION

Order	1	2	3	4	5
y	0.4536	0.1466	0.0039	-0.0448	-0.0487
pie	0.6040	0.3057	0.1221	0.0273	-0.0119
r	0.5954	0.2967	0.1154	0.0232	-0.0139
dr	-0.1307	-0.1452	-0.1101	-0.0681	-0.0353

Total computing time : 0h00m13s

4.2.2. Politique optimale avec règle ou politique optimale de Ramsey

La politique optimale de Ramsey résout le problème de contrôle optimal suivant :

$$\max_{y_t} E_t \sum_{t=\tau}^{\infty} \beta^{t-\tau} U(y_t)$$

$$\text{Sc } E_t f\left(y_{t+1}, y_t, y_{t-1}, \varepsilon_t\right) = 0$$

Où y_t est un vecteur de n variables endogènes ; $U(y_t)$ est la fonction objective du planificateur central et $E_t f\left(y_{t+1}, y_t, y_{t-1}, \varepsilon_t\right) = 0$ sont les conditions de premier ordre des programmes de maximisation des agents privés.

Le calcul de la règle optimale de Ramsey, sous Dynare, se fait à l'aide de la commande principale «**ramsey_policy**» et des commandes auxiliaires: «**planner_objective**» et «**mult_elimination**».

la commande « **planner_objective** » déclare la fonction objective du planificateur central ; la commande « **ramsey_policy** » contrôle le calcul de la politique optimale de Ramsey et la commande « **mult_elimination** » enlève, de la solution trouvée, les multiplicateurs de Lagrange.

- **La commande** « **planner_objective** » : cette commande a pour syntaxe

« **planner_objective MODEL EXPRESSION** ». **MODEL EXPRESSION** est la fonction objective du planificateur pour une période donnée. Elle ne désigne pas la fonction objective actualisée, sur toute la durée de vie. La valeur dufacteur d'escompte psychologique est donnée par l'option « **planner_discount** » de la commande «**ramsey_policy**».

Exemple : planner_objective ln(c)-phi*n^(1+gamma)/(1+gamma);

- **La commande** « **ramsey_policy**» : cette commande a pour syntaxe :
  ramsey policy [VARIABLE NAME.. .];

  ramsey policy (OPTION…) [VARIABLE NAME…];

  VARIABLE_NAME déclare le nom d'une variable endogène. L'instruction **OPTION**… définie les options acceptées par la commande « **ramsey policy**». En plus des options de la commande «**stoch_simul**», « **ramsey policy**» admet les options :

  planner_discount = EXPRESSION qui déclare le facteur d'escompte du planificateur central, β. Exemple planner_discount = DOUBLE

  order = INTEGER qui définie l'ordre de l'approximation utilisé dans la résolutions des conditions de premier ordre du programme du planificateur central. Exemple : order = 1

- **Les outputs de la commande « ramsey_policy».** La commande « **ramsey_policy»** génère les mêmes outputs que la commande «**stoch_simul**», et fournit, en plus, deux approximation de la valeur de la fonction objective sous la règle de la politique optimale de Ramsey. Ces évaluations sont calculées sur la base d'une approximation de second ordre de la fonction de bien-être social. La première évaluation est calculée en posant les valeurs initiales des multiplicateurs de Lagrange à zéro. La deuxième évaluation est calculée en posant les valeurs initiales des multiplicateurs de Lagrange à leurs valeurs d'équilibre stationnaire
- **La détermination de l'équilibre stationnaire** : la détermination de l'équilibre stationnaire, sous la règle de politique optimale, peut être difficile à effectuer. Dynare offre alors trois alternatives : *(i)* la première alternative, fournit une solution analytique récursive de l'équilibre stationnaire. Pour cette méthode, il n'est pas nécessaire de connaître les valeurs exactes des variables endogènes et des multiplicateurs de Lagrange à l'état stationnaire. Les valeurs d'équilibre stationnaire des multiplicateurs de Lagrange peuvent être déterminées facilement à partir des valeurs d'équilibre stationnaires des variables endogènes. Il est alors nécessaire de fournir, au préalable, les valeurs d'équilibre stationnaire des variables endogènes dans le bloc « **steady_state_model** ». *(ii)* La deuxième alternative fournit des valeurs approximatives pour les variables endogènes dans le bloc « **initval** ». Dynare résout alors un système d'équation non linéaire avec autant de paramètres que de variables endogènes. *(iii)* La troisième alternative suppose d'écrire un programme à part dans un fichier « …**_steadystate.m** » ;
- **La suppression des multiplicateurs de Lagrange :** Lorsqu'on calcule la politique optimale dans une perspective inter-temporelle, il est d'usage de remplacer, dans la solution trouvée, les valeurs décalées des multiplicateurs de Lagrange par les valeurs décalées des variables endogènes et des chocs. Dynare établie cette substitution par la commande « **eliminate_lagrange_multipliers**», celle ci doit être installée juste après la commande «**ramsey policy**».

  Exemple :

  ramsey_policy(planner_discount= 0.99,order =1);

  eliminare_lagrange_multipliers;

Encadré 9- Code source Dynare pour une politique optimale de Ramsey

Julliard M (2011)

Soit ou une économie où la fonction d'utilité sociale est donnée par : $U_t = LogC_t - \phi \frac{N_t^{1+\gamma}}{1+\gamma}$. Les conditions d'équilibre des agents privés se réécrivent :

$$\frac{1}{C_t} = \beta E_t \left\{ \frac{1}{C_{t+1}} \frac{R_t}{\pi_{t+1}} \right\}$$

$$\frac{\pi_t}{C_t}(\pi_t - 1) = \beta E_t \left\{ \frac{\pi_{t+1}}{C_{t+1}}(\pi_{t+1} - 1) \right\} + \varepsilon \frac{A_t}{w} \frac{N_t}{C_t} \left(\frac{\phi C_t N_t^\gamma}{A_t} - \frac{\varepsilon - 1}{\varepsilon} \right)$$

$$A_t N_t = C_t + \frac{w}{2}(\pi_t - 1)^2$$

$$LogA_t = \rho LogA_{t-1} + \varepsilon_t$$

Le problème de Ramsey consiste alors à maximiser la fonction d'utilité sociale sous la contrainte des conditions de premier ordre des agents privés. A chaque contrainte on associe un multiplicateur de Lagrange donné par : $\lambda_{i,t}\beta^t$.

Le code source Dynare qui permet de résoudre ce problème et de déterminer la politique optimale de Ramsey s'écrit :

```
var pai, c, n, r, a;
varexo u;
parameters beta, rho, epsilon, omega, phi,
gamma;
beta =0.99;
gamma =3;
omega =17;
epsilon =8;
phi =1;
rho =0.95;
```

```
model;
a = rho*a(-1)+u;
1/c = beta*r/(c(+1)*pai(+1));
pai*(pai-1)/c = beta*pai(+1)*(pai(+1)-1)/c(+1)
+epsilon*phi*n^(gamma+1)/omega
-exp(a)*n*(epsilon-1)/(omega*c);
exp(a)*n = c+(omega/2)*(pai-1)^2;
end;

initval;
pai =1;
r =1/beta;
c =0.96717;
n =0.96717;
a =0;
end;

shocks;
var u; stderr 0.008;
end;

planner_objective(ln(c)
-phi*((n^(1+gamma))/(1+gamma)));
ramsey_policy(planner_discount= 0.99,order
=1);
```

MODEL SUMMARY

Number of variables: 10
Number of stochastic shocks: 1
Number of state variables: 3
Number of jumpers: 3
Number of static variables: 4

MATRIX OF COVARIANCE OF EXOGENOUS SHOCKS

Variables	u
u	0.000064

POLICY AND TRANSITION FUNCTIONS

	Pai	c	n	r	a	u	mult_1	mult_2	mult_3	mult_4
Constant	1.000000	0.967170	0.967170	1.010101	0	0	-16.806723	0	0.075888	1.001636
a(-1)	0	0.918811	0	-0.047980	0.950000	0	0	0	0	-0.951554
mult_2(-1)	0.089223	0.069615	0.06961	-0.113684	0	0	-1.04438	0	0.459286	0.812207
mult_3(-1)	-0.055945	-0.031322	-0.031322	0.025695	0	0	0	0.078649	-0.001046	
u	0	0.96717	0	-0.050505	1.000000	1.000000	0	0	0	-1.001636

THEORETICAL MOMENTS

VARIABLE	MEAN	STD. DEV.	VARIANCE
pai	1.0000	0.0000	0.0000
c	0.9672	0.0248	0.0006
n	0.9672	0.0000	0.0000
r	1.0101	0.0013	0.0000
a	0.0000	0.0256	0.0007
u	0.0000	0.0080	0.0001
mult_1	-16.8067	0.0000	0.0000
mult_2	-0.0000	0.0000	0.0000
mult_3	0.0759	0.0000	0.0000
mult_4	1.0016	0.0257	0.0007

MATRIX OF CORRELATIONS

Variables	c	r	a	u	mult_4
c	1.0000	-1.0000	1.0000	0.3122	-1.0000
r	-1.0000	1.0000	-1.0000	-0.3122	1.0000
a	1.0000	-1.0000	1.0000	0.3122	-1.0000
u	0.3122	-0.3122	0.3122	1.0000	-0.3122
mult_4	-1.0000	1.0000	-1.0000	-0.3122	1.0000

COEFFICIENTS OF AUTOCORRELATION					
Order	1	2	3	4	5
c	0.9500	0.9025	0.8574	0.8145	0.7738
r	0.9500	0.9025	0.8574	0.8145	0.7738
a	0.9500	0.9025	0.8574	0.8145	0.7738
u	0.0000	0.0000	0.0000	0.0000	0.0000
mult_4	0.9500	0.9025	0.8574	0.8145	0.7738
Total computing time : 0h00m04s					

5. Conclusion

Au cours des quinze dernières années, l'étude des modèles DSGE est devenue l'un des champs de recherche les plus actif de la théorie macroéconomique. D'important progrès ont été accomplis depuis les premiers modèles RBC, et des modèles plus riches ont été développés. Les nouveaux modèles mettent l'accent sur des mécanismes différents, quoique non exclusifs (*ie* : imperfections des marchés, rigidités économiques, réelles et nominales, perturbations variées), qui sont devenus nécessaires pour analyser le cycle économique, les politiques de stabilisation et les réformes structurelles. Aucun de ces modèles ne fournit encore de cadre englobant permettant d'unifier tous les mécanismes, mais peut être la recherche d'un tel cadre est-elle illusoire face à la complexité des phénomènes macroéconomiques étudiés.

Ce chapitre a présenté deux utilisations pratiques des modèles DSGE. La première analyse les effets des chocs externes, d'offre ou de demande, sur les variables du système. La deuxième évalue le coût en bien-être des fluctuations et détermine les règles optimales de politique économique. Dans les deux utilisations, il a été question de conduire une analyse simple des outils mathématiques nécessaires pour formuler la réaction d'un système à anticipation rationnelle face à un choc exogène et pour calculer le bien être associé à différents régimes de politique économique, en particulier la politique monétaire. Des applications sur la plateforme Dynare/Matlab de ces deux exercices ont été, finalement, conduites.

Parmi les utilisations des modèles DSGE non abordés dans le présent chapitre, on peut citer : La vérification des hypothèses retenues ;

la reproduction des faits stylisés ; la prévision macroéconomique. On trouvera dans la bibliographie indicative quelques références utiles.

6. Bibliographie

Adam C., O'Connell S., Buffie E., Patillo C. (2009), «Monetary Rules for Managing Aid Surges in Africa», *Review of Development Economics,* 13(3), 469.

Adjemian, S et **Devulder, A.,** (2011), «Évaluation de la Politique Monétaire dans un Modèle DSGE pour la Zone-Euro» *Dynare Working Papers 7, CEPREMAP.*

Adjemian, S., H. Bastani, M. Juillard, F. Karame, F. Mihoubi, G. Perendia, J. Pfeifer, M. Ratto, and S. Villemot (2011), « \ Dynare: Reference Manual, Version 4», *Dynare Working Papers, 1, CEPREMAP.*

Allegret J.P. and **M Benkhodja** (2011), «External Shocks and Monetary Policy in a Small Open Oil Exporting Economy», *EconomiX Working Papers,* no 2011-39,

Bayoumi, T. (2004), «GEM : A New International Macroeconomic Model», *International Monetary Found, IMF Occasional Papers,* 239

Berg, A, R Portillo, Shu-Chun S. Yang, et **L.Fe Zanna**, (2013), « Public Investment in Resource-Abundant Developing Countries», *IMF Economic Review,* Vol. 61, No. 1, pp. 92–129

Andrle M, A Berg, R. Armando Morales, R Portillo et J Vlcek, (2013), «Forecasting and Monetary Policy Analysis in Low-Income Countries; Food and non-Food Inflation in Kenya», *IMF Working Papers 13/61, International Monetary Fund.*

Arellano C., Bulir A., Lane T., Lipschitz L. (2009), «The Dynamic Implication of Foreign Aid its Variability», *Journal of Development Economics,* 88, 102.

Blanchard O., et **M. Kahn**, (1980), «The Solution of Linear Difference Models under Rational Expectations», *Econometrica,* 48 :1305–1313

Botman, D. P., Laxton, D., Muir, D. et **Romanov,** A. (2006), «A New-Open-Economy-Macro Model for Fiscal Policy Evaluation», *International Monetary Fund, IMF Working Papers,* 06/45

Batte L., BENASSY-QUERE A., Carton B., Dufrenot G. (2009), «Term of Trade Shocks in a Monetary Union: An Application to West-Africa», *CEPII Working Paper*, 2009-07.

Bergin P. (2003), «Putting the New Open Economy Macroeconomics to a Test », *Journal of International Economics*, 60, 3–34.

Carton, B. et Guyon, T. (2007), «Divergences de Productivité en Union Monétaire. Présentation du modèle Oméga3», *Direction Générale du Trésor et de la Politique Economique*, Documents de Travail de la DGTPE, 2007/08

Christiano L. Eichenbaum M. et Evans C. (2005), «Nominal Rigidities and the Dynamic Effects of a Shock to Monetary Policy», *Journal of Political Economy*, 113, pp 1–45.

Chung, H. T., Kiley, M. T. et **Laforte, J.-P.** (2010), «Documentation of the Estimated, Dynamic, Optimization-based (EDO) model of the US economy :2010 version», *Federal Reserve Board, Division of Research & Statistics and Monetary Affairs, Finance and Economics Discussion Series*, 2010-29.

Christoffel, K., Coenen, G. et **Warne, A.** (2008), «The New Area-Wide Model of the Euro area», *European Central Bank, European Central Bank Working Paper Series*, 944.

Dagher J. et Gottschalk J. (2010), «Oil Windfalls in Ghana: a DSGE Approach», *International Monetary Fund, IMF Working Paper* /10/116.

Elif C. Arbatli et K Moriyama (2011), « Estimating a Small Open-Economy Model for Egypt: Spillovers, Inflation Dynamics, and Implications for Monetary Policy», *International Monetary Fund, IMF Working Paper* WP/11/108

Ellison M (2015), « Real Business Cycle Theory», *MPhil Macroeconomics, University of Oxford*, disponible à l'adresse http://users.ox.ac.uk/~exet2 581/mphil/lecture2_2015.pdf

Erceg, C. J., Guerrieri, L. et **Gust, C.** (2005), «SIGMA : A New Open Economy Model for Policy Analysis», *Board of Governors of the Federal Reserve System. International Finance* Discussion Papers, 835.

Galí **J.**, López-Salido **D.** et Vallés **J.** (2003), «Technology Shocks and Monetary Policy: Assessing the Fed's Performance», *Journal of Monetary Economics*, 50, pp. 723–743.

Gomes, S., Jacquinot, P. et **Pisani, M.** (2010), «The EAGLE. A Model for Policy Analysis of Macroeconomic Interdependence in the Euro-Area», *European Central Bank, ECB Working Paper Series*, 1195

Guangling D.L. et R **Gupta,** (2007), «A Small-Scale Dsge Model For Forecasting The South African Economy», *South African Journal of Economics, Economic Society of South Africa*, vol. 75(2), pp 179–193, 06.

Giannoni **M. et** Woodford M. (2005), «Optimal Inflation Targeting Rules », dans Bernanke B. et Woodford M. (eds), *Inflation Targeting, University of Chicago Press.*

Harrison, R., Nikolov, K., Quinn, M., Ramsay, G., Scott, A. et **Thomas, R**. (2005), «The Bank of England Quarterly model», *Bank of England*, London

Houssa R. et R Puslenghea (2010), «A Model for Monetary Policy Analysis for Sub-Saharan Africa», *Open Econ Review*, 21, 127–145.

Ireland (2004). «Technology shocks in the New Keynesian Model», *Review of Economics and Statistics*, 86, 923–936.

Klein P (2000), «Using the Generalized Schur form to Solve a Multivariate Linear Rational Expectations Model», *Journal of Economic Dynamics and Control*, 24, pp 1405–1423,

Juillard M (2011), «User Manual for Optimal Policy Package», MONFISPOL FP7 project SSH-225149, disponible à l'adresse: http://www.monfispol.eu/reports/report_1.1.2.pdf

Kose, M. A. (2002), «Explaining Business Cycles in Small Open Economies, How much do World Price Matter? *Journal of International Economics*, 56, pp 299–327.

Kose N. A. et Riezman R. (2001, «Trade Shocks and Macroeconomic Fluctuation in Africa», *Journal of Development Economic*, 65(1), pp 55–80.

King R et **M.W.Watson** (2002), «System Reduction and Solution Algorithms for Singular Linear Difference Systems under Rational Expectations», *Computational Economics*, 20 :57–86, 2002.

Mordi Charles N.O., Michael A. Adebiyi Adeniyi O. Adenuga Magnus O. Abeng Adeyemi A. Adeboye , Emmanuel T. Adamgbe Osaretin O. Evbuomwan (2013), «DSFE Model for Monetary Policy Analysis in Nigeria», *Central Bank of Nigeria*

Mendoza E. G. (1995), «The Terms of Trade, the Real Exchange Rate, and Economic Fluctuations», *International Economic Review*, 36(1), 101–137.

Moyen S. **et Sahuc** J. (2008), «Le modèle d'Equilibre Général de la Nouvelle Synthèse. Quelles Hypothèses Retenir ?», *Economie et Prévision*, 2008/2 (n° 183–184)

Murchison, S. et **Rennison, A.** (2006), «ToTEM : The Bank of Canada's New Quarterly Projection Model», *Bank of Canada Research Department.* Technical Report, 97

Mwabutwa C, M Bittencourt et N Viegi (2013), «Monetary Policy Response to Foreign Aid in an Estimated DSGE Model of Malawi», *ERSA working paper* 350

Özbilgin H. (2010), «Financial Market Participation and the Developing Country Business Cycle», *Journal of Development Economics* 92, 125–137.

Peiris S., Saxegaard M. (2010), «An Estimated Dynamic Stochastic General Equilibrium Model for Monetary Policy Analysis in Mozambique», *International Monetary Fund,* IMF staff papers, vol. 57, no 1, pp. 256–280.

Ratto, M. et **Röger, W.** (2005), «An Estimated new Keynesian Dynamic Stochastic General Equilibrium Model of the Euro-area. *European Commission*», Economic Papers, 220

Ratto, M., Roeger, W. et **Veld, J.** (2009), «QUEST III : An Estimated Open Economy DSGE model of the Euro-Area with Fiscal and Monetary Policy, *Economic Modelling*, 26(1), pp 222–233.

Rotemberg et Woodford (1998), «Interest-Rate Rules in an Estimated Sticky PriceModel», *NBERWorking Paper*, No. 6618

Rotemberg and Woodford (1998), «An Optimization-Based Econometric Framework for the Evaluation of Monetary Policy: Expanded Version», *NBER Technical Working Paper*, No. 233

Samake I., P Muthoora, et **B Versailles** (2013), «Fiscal Sustainability, Public Investment, and Growth in Natural Resource-Rich, Low-Income Countries: The Case of Cameroun», *International Monetary* Fund, IMF Working paper/13/144

Sims Christopher.A. (2001), «Solving Linear Rational Expectations Models», *Computational Economics*, 20, pp 1–20.

Sims (2010), «Solving DSGE Models with Dynare», *Graduate Macro II, The University of Notre Dame*, disponible à l'adresse http://www3.nd.edu/~esi ms1/dynare_examples.pdf

Schmitt-Grohe S et M Uribe, (2004a), « Optimal Operational Monetary Policy in the Christiano-Eichenbaum-Evans model of the U.S. Business Cycle», *NBER Working Papers* 10724.

Schmitt-Grohe S et M **Uribe** (2004b), «Optimal Simple And Implementable Monetary and Fiscal Rules», *NBER working paper,* no. 10253.

Smets, F. et **Wouters, R.** (2003), «An Estimated Dynamic Stochastic General Equilibrium Model of the Euro Area», *Journal of the European Economic Association,* 1(5), pp 1123–1175.

Uhlig, H. (1999), «A Toolkit for Analyzing Nonlinear Dynamic StochasticModels Easily», dans R. Marimón and A. Scott (eds) Computational Methods for the Study of Dynamic Economies. *Oxford University Press.*

Titres parus

Vol. 32 – Elachhab Fathi, *Macroéconomie quantitative et théorie des fluctuations. Applications aux pays en développement*, 2024.

Vol. 31 – Laurent Adatto, Camille Aouinaït, Son Thi Kim Le and Michelle Mongo (Eds.), *Innovation Ecosystems in the New Economic Era. Digital Revolution and Ecological Transition*, 2023.

Vol. 30 – Joëlle Forest et Bertrand Bocquet (dir.), *Imaginer le futur à partir du passé*, 2023.

Vol. 29 – Manon Enjolras, Mauricio Camargo, Christophe Schmitt (eds.), *Innovation and Internationalization of Small and Medium Enterprises. A Crossroads Perspective*, 2022.

Vol. 28 – Samuel-Jacques Priso-Essawe, *Intégration régionale « appropriée » en Afrique. Éléments juridiques d'effectivité*, 2021.

Vol. 27 – Vincent Herbert (dir.), *Tourisme et Territoires. Espaces d'innovations*, 2021.

Vol. 26 – Jean-Alain Héraud et Nathalie Popiolek, *L'organisation et la valorisation de la recherche. Problématique européenne et étude comparée de la France et de l'Allemagne*, 2021.

Vol. 25 – Stéphanie Lachaud-Martin, Corinne Marache, Julie McIntyre, Mikaël Pierre (eds.), *Wine, Networks and Scales. Intermediation in the Production, Distribution and Consumption of Wine*, 2021.

Vol. 24 – Verónica González-Araujo, Roberto-Carlos Álvarez-Delgado, Ángel Sancho-Rodríguez (eds.), *Ethics in Business Communication. New Challenges in the Digital World*, 2020.

Vol. 23 – Didier Caveng, *L'éthique dans la finance. Les banques genevoises à l'épreuve des faits*, 2019.

Vol. 22 – André Tiran et Dimitri Uzunidis (dir.), *Libéralisme et protectionnisme*, 2019.

Vol. 21 – Dominique Desjeux, *The anthropological perspective of the world. The inductive method illustrated*, 2018.

Vol. 20 – Benoît Bernard, *Management Public. 65 schémas pour analyser et changer les organisations publiques*, 2018.

Vol. 19 – Dimitri Uzunidis (dir.), *Recherche académique et innovation. La force productive de la science*, 2018.

Vol. 18 – Jean Vercherand, *Le marché du travail. L'esprit libéral et la revanche du politique*, 2018.

Vol. 17 – Dominique Desjeux (dir.), *L'empreinte anthropologique du monde. Méthode inductive illustrée*, 2018.

Vol. 16 – Sophie Boutillier, *Entrepreneuriat et innovation*, 2017.

Vol. 15 – Arvind Ashta, *Microfinance. Battling a Wicked Problem*, 2016.

Vol. 14 – Jean Vercherand, *Microéconomie. Une approche critique : Théorie et exercices*, 2016.

Vol. 13 – Réseau de Recherche sur l'innovation, Blandine Laperche (dir.), *Géront'innovations. Trajectoires d'innovation dans une économie vieillissante,* 2016.

Vol. 12 – Société Internationale Jean-Baptiste Say, Dimitri Uzunidis (dir.), *Et Jean-Baptiste Say… créa l'Entrepreneur*, 2015.

Vol. 11 – Faïz Gallouj, Francois Stankiewicz (dir.), *Le DRH innovateur. Management des ressources humaines et dynamiques d'innovation*, 2014.

Vol. 10 – Charlotte Fourcroy, *Services et environnement. Les enjeux énergétiques de l'innovation dans les services*, 2014.

Vol. 9 – Rémy Herrera, Wim Dierckxsens, Paulo Nakatani (eds.), *Beyond the Systemic Crisis and Capital-Led Chaos. Theoretical and Applied Studies*, 2014.

Vol. 8 – Réseau de Recherche sur l'Innovation, Sophie Boutillier, Joëlle Forest, Delphine Gallaud, Blandine Laperche, Corinne Tanguy, Leïla Temri (dir.), *Principes d'économie de l'innovation*, 2014.

Vol. 7 – Michel Santi, *Capitalism without Conscience*, 2013.

Vol. 6 – Arnaud Diemer, Jean-Pierre Potier, Léon Walras, *Un siècle après (1910–2010)*, 2013.

Vol. 5 – Sophie Boutillier, Faridah Djellal, Dimitri Uzunidis (Réseau de Recherche sur l'Innovation) (dir.), *L'innovation. Analyser, anticiper, agir,* 2013.

Vol. 4 – Aurélie Trouvé, Marielle Berriet-Solliec, Denis Lépicier (dir.), *Le développement rural en Europe. Quel avenir pour le deuxième pilier de la Politique agricole commune* ?, 2013.

Vol. 3 – Sophie Boutillier, Faridah Djellal, Faïz Gallouj, Blandine Laperche, Dimitri Uzunidis (dir.), *L'innovation verte. De la théorie aux bonnes pratiques*, 2012.

Vol. 2 – Faridah Djellal, Faïz Gallouj, *La productivité à l'épreuve des services,* 2012.

Vol. 1 – Abdelillah Hamdouch, Sophie Reboud, Corinne Tanguy (dir.), *PME, dynamiques entrepreneuriales et innovation*, 2011.

www.ingramcontent.com/pod-product-compliance
Ingram Content Group UK Ltd.
Pitfield, Milton Keynes, MK11 3LW, UK
UKHW021921290926
8980IPUK00016B/1389

9 782875 749222